KB204107

자유와 행복으로 가는 길 ①

마음과 수행에 관한 모든 것

BUDDHA 수행법

Buddhapāla

SATI PRESS

Namo Tassa Bhagavato Arahato Sammāsambuddhassa

오직
한 분 뿐인 당신께
마음담아 공양올립니다.

直入

예로부터 수행자는 둘러가지 않고 직접 핵심으로 나아간다.

평범한 수행자는 수행으로 자기문제를 해결하고, 뛰어난 수행자는 수행을 완성하고 활동하며 명예를 얻고, 존경할 만한 수행자는 중생을 위해 자신이 성취한 수행을 회향한다. 모든 것은 사회적으로 생산한다. 생산은 사회에서 하고 분배와 소유는 사적으로 이뤄지는 것은 곤란하다.

수행은 자유와 행복으로 가는 좋은 친구다.

수행을 즐기자. 수행은 쉽고 재미있다. 안개속을 지나면 옷이 안개에 젖듯 수행을 가지고 놀다보면 맑은 향기가 몸과 마음에 스민다.

행복은 좋은 느낌이다. 좋은 사람과 함께 가는 산이 좋은 산이듯 맑은 마음으로 사는 세상이 행복한 세상이다.

수행은 지친 마음에 활력을 주고 오염된 마음을 정화하고 혼돈된 마음을 정돈하고 어두운 마음을 밝혀 자유롭고 행복한 세상으로 인도하는 길라잡이다.

원리를 올바로 이해하면 창의력이 나오고 기술을 정확히 익히면 유효성이 나온다. 마음관리 방법을 제대로 익혀 필요할 때 사용할 수 있으면 족하다. 5분 사용하고자 500시간 투자하는 것은 비효율이다.

수행은 삶에서 직면하는 어려움을 극복하는 좋은 도구다. 수행을 어떻게 하는지만 알아도 삶에 활용해 자유롭고 행복하게 살 수 있다.

운동이 건강에 좋듯 수행은 마음근육을 키워 마음탄력을 높이고 마음에너지를 충전해 마음공간을 맑고 건강하게 가꾸고 몸과 마음에 쌓인 피로를 풀고 삶의 질을 높일 수 있다.

만일 누군가 Buddha가 되겠다고 생각하면 어느 정도 비용을 지불해야 한다. 그냥 되는 것은 아무것도 없다.

수행을 지도해준 통도사 淸霞 大長老, 殊眼 大長老, Mahāsī U Vasava 大長老를 마음깊이 존경한다. 항상 올바른 길 일러준 香果大長老, Sopaka 大長老께 감사드린다. 늘 넉넉한 마음 베풀어준 梵海大長老와 수행을 마치고 먼저 간 希文禪師께 고마운 마음 전한다. 함께 수행하는 도반 모두 Arahant Maggaphala 성취하소서.

Saṅgha 산림을 총괄하고 대중이 편안하게 수행할 수 있게 후원하는 隨眞行 석정옥님, 공학개념을 정리하고 도표를 그린 慧藏 장준현님, 마음산업 문을 연 智慧 이태호님, 거칠고 서툰 글 교정해준 법우님, 어려운 여건에서도 이 책을 출판할 수 있도록 애써준 德雲 주영배님, 이 책을 편집한 천윤경님과 무량수 관계자 모두 행복하소서.

ABM(佛紀) 2500년 시월 SATI 복전 날 아침

일러두기

1. 이 책은 2000년 「불교수행의 기본이론」을 초간한 이래 총 6판이 된다.

2. 이 책은 내용전달 상 「BUDDHA 가르침」에 있는 내용과 몇 장이 겹친다.

3. SATI 미학, SATI 사회학, 마음공학 등 몇 장은 완성된 이론과 기술을 제시한 것이 아니라 그 방향으로 나아갔으면 하는 바람으로 새로운 분야 문을 연 것이다. 성근 이론과 거친 표현을 눈 밝은 사람이 보완하고 완성하기 바란다.

4. 이 책은 「자유와 행복으로 가는 길」 시리즈 ①권이다. 이 책은 수행일반, 마음과학, 수행기술, 수행이론, 불교흐름 등 5편으로 나눴고, 8부 35장으로 구성한다. 수행기술에 관심있는 사람은 21장부터 읽어도 되고 마음과학에 관심있는 사람은 9장부터 읽어도 된다. 모든 내용이 마음관리와 수행기술에 관한 것이므로 문자로만 이해하려고 하면 한계가 많다. 가능하면 SATI Ārāma나 SATI School에서 개설하는 마음과 수행 관련 프로그램에 직접 참여하면 이해하기 한결 수월할 것이다.

1부 마음과학 Manology는 1장으로 구성한다. 여기서는 마음과학, SATI 수행, 오리지널 불교 전반을 다룬다.

2부 SATI 철학은 7장으로 구성한다. 여기서는 수행 사용가치, SATI 문화, SATI 미학, SATI 철학, SATI 인간학, SATI 사회학, Buddha 발명품 등을 다룬다. 여기서는 Buddha가 창안한 마음과학과 SATI 수행을 삶에 어떻게 활용하고 누릴 지를 살펴본다. 그리고 Buddha가 세계, 존재, 사회, 인간에 대한 기본관점을 이해하는데 도움될 것이다.

3부 마음과학은 6장으로 구성한다. 마음실체, 마음구조, 마음공학, 마음작용, 비교마음, 마음산업 등을 다룬다. 여기서는 Buddha가 체계화해 놓은 마음에 관한 모든 것을 현대인이 이해할 수 있는 언어와 마음과학 개념으로 구체화했다. 마음구조는 마음과 수행을 다루는 분야에서 활동하는 사람이 배우고 익히면 유용하게 사용할 수 있을 것이다. 마음공학은 현장에서 활동하는 사람이 스트레스 관리나 마음관리 관련 프로그램을 구상하거나 실행할 때 유용하게 활용할 수 있을 것이다. 마음운동을 시민운동으로 승화해 사회현실에 참여해 활동하는 사람에게는 중요한 지침서가 될 것이다.

4부 수행활용은 4장으로 구성한다. 여기서는 SATI 상담이론, SATI 학습이론, 의료복지 분야, 경영 분야 등을 다룬다. 여기서 다루는 주제는 마음과학과 SATI 수행을 상담과 학습 분야, 경영과 노동 분야, 의학과 교정재활분야, 예술과 운동 분야에 활용할 수 있는 방법을 모색할 수 있을 것이다.

5부 수행기술은 9장으로 구성한다. 여기서는 수행 분류와 영역, 수행지향점과 출발점, 수행할 때 준비사항, 앉아서 하는 좌념, 걸으며 하는 행념, 생활하며 하는 생활념, 노동하며 하는 노동념 등 마음닦는 SATI(念) 수행, 마음비우는 Suñña(空) 수행, 마음전하는 Mettā(慈) 수행, 수행점검 기술 등을 다룬다. 여기에서 제시한 대로 수행기술을 배우고 익혀 기초를 잘 닦으면 수행이 크게 진보할 것이다.

6부 수행이론은 7장으로 구성한다. 여기서는 SATI 수행 이론구조, SATI 강화기술, SATI 수행 진행과정, SATI 수행 특징, 10종 통찰장애,

수행격언, 화두수행 등을 다룬다. 여기에서 다루는 내용은 수행할 때 참고하면 유익할 것이다. 간화선(화두선) 수행자가 여기에서 제시한 수행 이론과 기술을 배우고 익히면 많은 의문이 풀리고 수행향상에 도움될 것이다.

7부 불교흐름은 1장으로 구성한다. 여기서는 한국불교 처음부터 오리지널 불교와 SATI 수행이었다를 다룬다. 지금까지 우리가 잘못 알고 있던 한국불교사 진실을 있는 그대로 개괄하여 살펴본다. 이 장을 제대로 이해하면 오리지널 불교와 한국불교 차이점을 이해할 수 있고, 불교기준을 정하고 불교가 나아갈 바를 명확히 알 수 있을 것이다.

5. 이 책에 사용한 개념은 Buddha 언어인 pāli어고 pāli어에 없는 Mahāyāna(摩訶衍, 大乘部) 개념은 saṅskṛt어다. pāli어 로마자표기는 Oxford university에 본부를 둔 「Pāli Text Society」 표기법에 따르고, pāli어 한글표기는 「Mūla Saṅgha, 根本僧伽」 표기법에 따른다.

6. 대문자 SATI는 Buddha가 창안한 불교 정통수행법, 소문자 sati(念)는 마음근육과 알아차림 기능으로 사용한다.

7. 외국인 이름과 외국지명은 로마자로 표기한다.
　　예) Buddha

8. 중국인 이름은 로마자로 표기한다.
　　예) 大鑑慧能 → Da jian Hui Neng(大鑑慧能)

9. 중요한 수행개념은 가능한 pāli어로 표기한다.
　　예) paññā(般若, 慧)

10. 한글과 한문음이 같을 경우( ), 한글의미가 pāli어나 한문 뜻과 같
   을 경우[ ]로 표기한다.
   예) 초선(初禪), 마음괴로움[dukkha, 苦]

11. 처음 나온 pāli어는 pāli어(한문음사, 한문의역)로 표기한다.
   예) saṅgha(僧伽, 衆, 敎團)

12. SATI 수행은 저자 본인의 수행경험과 지혜에 기초했고 Buddha
수행지침서인 Vinaya Piṭaka(律藏), Sutta Piṭaka(經藏), 淸霞大長老, U
Vasava 大長老에 의존했다. Abhidhamma Piṭaka(論藏), Mahāsī 大長
老, 선배수행자 경험과 paññā는 참조했다. 그 외 인용한 것은 일일이
출전을 밝히지 않았다.

13. 이 책에 수록한 내용은 Buddha 이래 축적한 불교와 인류 공동자
산이다. 누구든 필요할 경우 비영리목적의 인용과 복사를 허가한다. 그
러나 상업으로 사용하는 것은 엄격히 금지한다. 비영리목적으로 사용
할 때는 반드시 출처를 밝혀주기 바란다.

14. 이 책의 연대표기는 ABM, BCE, CE를 사용한다.
   ABM(佛紀)은 After Buddha Mahāparinibbāna 약어다. Buddha 입
멸후부터 계산한 불교연호다. 원래 Buddha가 BCE 486년 음력 4월 보
름에 입멸했으니 BCE 485년 음력 4월 보름을 1년으로 계산해야 한다.
그러나 현재 불기는 남방에 전해진 전설에 따라 실제 입멸년도보다 58
년 많이 계산한 BCE 542년을 1년으로 삼는다. Mūla Saṅgha(根本僧
伽)는 BCE 485년을 불기 1년으로 계산한다. 따라서 2014년은 불기
2500년이다.
   BCE는 Before Common Era 약어다. CE는 Common Era 약어다.

모음

a 아 ā 아- i 이 ī 이- u 우 ū 우- e 에 o 오

자음

ka 까	kha 카	ga 가	gha ㄱ하	ṅ ㄴ
ca 짜	cha 차	ja 자	jha ㅈ하	ñ ㄴ
ṭa 따	ṭha 타	ḍa 다	ḍha ㄷ하	ṇ ㄴ
ta 따	tha 타	da 다	dha ㄷ하	n ㄴ
pa 빠	pha 파	ba 바	bha ㅂ하	m ㅁ
ya 야	ra 라	la 라	ḷa 라	va 와, 봐 / 위, 뷔
sa 싸	ha 하	ṁ ㅇ		

발간사

　Buddha가 창시한 불교는 사회로는 평등, 평화, 공정, 정의, 관용, 포용, 공존을 지향하고 개인으로는 자유, 여유, 청정, 만족, 행복을 추구하는 수행공동체다.

　불교와 수행에 관한 모든 것은 마음과 수행에 기초해야 올바르게 알 수 있다. Arahant Maggaphala를 성취하지 못한 상태에서 최초 Arahant인 Buddha 생각과 행동을 이해하는 것은 한계가 있다.

　Buddha 가르침은 Maggaphala에 들어 Nibbāna를 성취한 수행자 몸과 마음, 율장과 경장, 어록에 저장돼 전해진다. 이런 자료에 저장된 Buddha 가르침을 있는 그대로 이해하기 위해서는 우리 스스로 Arahant Maggaphala를 성취해야 가능하다. 그것은 Buddha가 돼야 진정한 Buddha 마음을 이해할 수 있기 때문이다.

　Mūla Saṅgha SATI Ārāma는 Buddha가 창안한 오리지널 불교와 Buddha 정통수행법인 SATI 수행에 관한 책을 「자유와 행복으로 가는 길」 시리즈로 출간한다. SATI 수행을 직접 체험한 수행자가 Buddha와 눈 밝은 수행자의 수행성과물을 현대언어와 마음과학 개념을 사용해 쉽고 유용하게 안내해 줄 것이다.

　이런 노력이 인류의 현재와 미래, 이익과 번영, 자유와 행복, 평등과 평화, 공정과 정의, 이해와 배려, 관용과 포용, 공존과 어울림으로 기여할 수 있기를 간절히 기대한다.

ABM(佛紀) 2500(2014)년　10월　18일

Mūla Saṅgha(根本僧伽) 대표법우 慧日 조명제

목차

1
마음과학 Manology
41~72

1장 마음과학 Manology 43

2
SATI 철학

73-304

4
수행활용

479~591

6
수행이론

725~992

6
수행이론

725~992

불교흐름

7

993-1036

부록

마음과 수행에 관한 모든 것

BUDDHA 수행법

수행일반

마음과학
Manology

1

보이는 게 전부다

1

마음과학
Manology

check point

이 장에서는 마음과학, SATI 수행, 오리지널 불교 전반을 서술한다. 여기서 설명한 것을 배우고 익히면 마음과학, SATI 수행, 오리지널 불교에 대한 이해폭을 넓고 깊게 할 수 있다.

1. 혁명가 Buddha

1. 흔히 부처로 번역하는 Pāli어 Buddha(佛陀, 覺者)는 동사 bujjhati 에서 온 말이다. 이 단어는 「알다, 자각하다, 발견하다, 깨닫다」 등으로 쓰이는데 그 명사형인 Buddha는 「깨달은 자, 발견자」 란 의미다.

2. Buddha를 영어로 enlightenment로 번역한다. 이 단어는 흔히 계몽으로 쓰이는 용어다. 자유와 행복으로 가는 새로운 길을 발견하고 그것을 필요로 하는 사람에게 자신이 발견한 길을 가르쳐주었다는 의미다.

3. 교육(education)이 사회에서 허용하는 지식을 전달하는데 초점둔 것이라면 계몽(enlightenment)은 현재 우리가 직면한 문제를 기존 지식으로 해결할 수 없을 때 문제해결을 위한 새로운 관점을 발견하고 대중에게 가르쳐준다는 의미다.

4. 새로운 길을 발견하고 그 길을 가고자 할 때 기존 장에서 기득권을 가진 사람이 순순히 허용하지 않는다. 그래서 계몽은 처음부터 혁명 성격을 띤다.

5. 깨달은 자로 번역하는 Buddha 또한 삶에 대한 새로운 관점을 제시함으로써 당신이 직면한 문제를 해결하려고 노력했다. 그런 의미에서 Buddha는 자유와 행복으로 가는 새로운 길을 발견하고 실천한 혁명가였다.

2. 제조자와 사용자

1. 물건 만든 제조자는 자신이 만든 물건에 대해 책임져야 한다.

2. 사용자가 잘못 이해하고 사용하다 발생한 것은 예외로 하지만 대부분 우리가 사용하는 것에 문제가 발생하면 그 물건을 만든 생산자에게 1차로 책임묻는다.

3. 우리가 사는 이 세상이 불평등, 폭력, 집단광기 등으로 얼룩져 삶의 현실이 척박하다면 당연히 그런 세상을 만든 생산자가 책임져야 한다.

4. 신을 믿는 사람 주장처럼 이런 세상을 만든 제조자가 그들이 믿는 창조신이라면 이런 현실을 창조한 신이 당연히 책임져야 한다.

5. 삶을 만든 창조자가 우리자신이라면 직면문제에 대한 책임은 당연히 우리자신에게 있다. 그렇기 때문에 책임지고 삶의 현실에 참여해 변화시키려는 자세가 필요하다.

3. 생산과 소비

1. 우리가 사용하는 모든 것은 사회에서 생산하고 소비한다. 사회에서 생산한 것이기에 사회에서 공유하고 사용하는 지혜가 필요하다. 생산은 사회에서 하고 소유와 사용은 개인이 하는 것은 모순이다.

2. 우리가 소유한 것에 많은 존재의 땀과 노력이 스며있다. 자신만의 노력으로 이뤄진 것은 아무것도 없다. 자신이 소유한 것이라도 그것을 필요로 하는 다른 존재와 함께 사용하려는 자세가 필요하다.

3. 필요한 에너지를 자신에게 집중하는 것은 자기능력을 실현하는 것이기에 최대한 발휘하는 것도 의미있다. 그러나 그 결과물을 자신과 인

연있는 사람만 소유하고 사용하는 것은 옹졸하고 궁색하다.

4. 사회에서 획득한 것을 사회로 돌려주는 것이 올바른 삶의 태도다. 능력은 최대한 발휘하되 그 결과물은 함께 공유하는 것이 바람직한 삶의 자세다.

5. 수행도 마찬가지다. 수행성과물 또한 수행자 개인 것만은 아니다. 그것은 사회에서 생산한 것이기에 사회로 회향해 함께 공유하고 사용하는 것이 올바른 삶의 태도다.

6. 다른 존재 희생없이 수행할 수 없다. 수행자는 최대한 에너지를 절약하고 행동해 자기수행을 완성하고 그 성과물을 사회로 돌려 공유하고 함께 누려야 한다.

7. 다른 존재 에너지를 소비만 하는 것은 사회기생충이다. 필요한 에너지를 함께 나누고 공유하고 공존하려는 지혜를 가져야 한다. 현재 내가 소유한 것은 지금 여기에서 내가 점유하고 사용할 뿐이다. 상황이 변하면 모든 것은 변한다. 이것이 삶의 실재다.

4. 아름다운 사회

1. 사람과 사람, 사람과 물질 사이에 마음이 있다. 물질조건을 개선하는 것만큼 마음환경을 맑고 아름답게 가꾸는 것도 필요하다. 마음이 맑을 때 세상은 아름답고 세상이 청정할 때 삶이 평화롭다.

2. 물질평등에 주안점을 둔 사회주의나 욕망에 기초한 자본주의나 모두 삶의 질을 높이기 위해 노력했다. 그러나 마음을 적절히 관리하지 않고서는 자유와 행복에 관한 어떤 문제도 해결할 수 없다는 사실 또한 엄연한 현실이다.

3. 긍정이든 부정이든 현재 우리가 누리는 정치, 경제, 환경 등 모든 것은 우리 스스로 만들었다.

4. 마음오염원은 지나온 삶의 흔적이다. 이것은 내적불평등이다. 이것에 기초해 잘못된 제도나 관습 등을 만들고 외적불평등을 초래하고 인류를 고통으로 몰아넣었다.

5. 사회구조가 평등해도 그 속에서 살아가는 사람 마음공간이 욕망이나 분노 등 마음오염원으로 가득 차 있으면 행복지수는 높지 못할 것이다.

6. 개인이 모여 공동체를 구성한다. 공동체구성원 자질과 역량은 공동체수준과 삶의 질을 결정한다.

7. 사회구조를 정의롭게 하는 것 못지않게 공동체구성원 마음환경을 맑고 건강하게 가꾸어 사회공동체가 평화롭고 청정하게 유지할 수 있도록 하는 것이 수행 사회기능이다.

8. 개인이 맑아야 사회가 청정하고 사회가 건강해야 구성원이 행복하게 살 수 있다. 그렇기 때문에 개인청정을 위해 노력해야 하고 동시에 사회건강을 위해서도 행동해야 한다.

9. 수행으로 마음오염원을 제거하고 실재통찰 지혜를 키우는 것이 사회 불평등, 폭력, 집단광기 등을 근원에서부터 제거하고 평등하고 평화롭게 공존할 수 있게 하는 토대를 만드는 것이다. 수행은 마음오염원을 제거하고 맑고 아름다운 세상을 건설하는 좋은 도구다.

5. 존재함

1. 존재는 존재할 뿐이다. 존재가 답을 가지고 있기도 하지만 관념이나 가치관 등은 행동하는 사람이 답을 결정하기도 한다.

2. Buddha는 모든 존재는 개별인자가 조건에 따라 결합해 새로운 존재를 형성하고 조건이 변하면 존재도 변한다고 보았다. 변하지 않는 것은 아무것도 없다는 연기(paṭicca samuppāda, 緣起)에 입각해 비결정 세계관으로 존재와 세상을 보았다.

3. 길 옆 나무는 단지 존재할 뿐인데 지나가는 사람이 다양한 의미를 부여하고 평가한다. 존재에 어떤 의미나 가치를 부여하지 말고 있는 그대로 실재를 볼 수 있어야 한다.

4. 모든 존재는 자연에서 와서 자연에 머물다 자연으로 돌아간다. 사람에게만 예외로 적용되는 자연법칙은 없다.

5. 생명가진 존재 최대과제는 현재 삶을 지속하는 것이다. 그 이외 것은 모두 부차다. 철학, 종교, 문학 등에서 사람을 고상하게 묘사하지만 한 겹만 벗겨보면 적나라한 삶의 실재를 볼 수 있다.

6. 생명유지는 다른 존재 희생을 의미한다. 다른 존재 희생없이 단 한 순간도 자기생명을 유지할 수 없는 것이 자연이다. 그것은 선악문제가 아니라 생명현상 본질이다.

7. 삶의 방식을 단출하게 하고 자원을 절약하고 다른 존재에게 피해 주지 않고 여유롭고 행복하게 머물다 조용히 사라지는 것이 자연이치다. 이것이야말로 다른 생명을 살리고 푸른 행성을 아름답게 가꾸는 유일한 길이다.

6. 관계맺음

1. 존재는 관계와 상황 속에만 있다.

2. 홀로 독립해 존재하는 것은 아무것도 없다. 존재는 관계와 상황 속에서 서로 규정하고 재규정한다.

3. 모든 존재는 서로 관계맺고 서로 의존하고 서로 영향미치고 서로 해체하고 서로 재구성하는 과정을 거치며 변화발전한다.

4. 서로 관계맺고 서로 영향미치기에 어느 한 존재의 일방통행을 다른 존재가 용납하지 않는다. 그렇기 때문에 함께 공존하는 것 외에 달리 길이 없다.

5. 서로 공존하기 위해서는 공존법칙이 필요하다. Buddha는 그것을 인과(hetu phala, 因果) 그리고 이해와 배려(mettā karuṇā, 慈悲)로 보았다.

6. 노력한 것이 노력주체에게 돌아가는 것, 서로 이해하고 배려하는 것, 관용과 포용하는 것이야말로 아름다운 세상만드는 도구다.

7. 존재와 존재, 사람과 사람이 관계맺을 때는 원칙이 있어야 한다. 원칙은 차가움이 생명이다. 그러나 그 상쾌함에도 따뜻한 온기가 흘러야 한다. 따뜻함없는 관계는 영혼없는 생명체에 불과하다.

7. 인식과 행위

1. 존재하는 것은 인식과 행위만 있다. Buddha는 인식과 해석 수준에 따라 삶의 태도가 결정된다고 보았다.

2. 상대로 인해 내가 규정되고 나로 인해 상대가 규정된다. 인식주체가 존재하지 않는데 어떻게 인식대상이 존재할 수 있겠는가?

3. 존재는 존재할 뿐이다. 존재를 어느 수준에서 인식하느냐에 따라 행동유형과 삶의 태도가 결정된다.

4. 마음공간에 욕망과 이기심[lobha, 貪], 분노와 적의, 원망과 서운함[dosa, 嗔], 편견과 선입관, 가치관[moha, 痴] 등 마음오염원인 āsava(流漏, 貪嗔痴 三毒心)가 많고 마음공간이 그런 노폐물로 오염되면 존재를 자기입장에서 해석하고, 자기에게 이익되는 방향으로 행동하고, 행위결과를 예측해 행동하고, 행동이 끝나면 처음기준으로 결과를 평가하고, 그 결과에 스스로 구속되고 힘들어 한다. 그러면 삶의 질이 낮아진다.

5. SATI 수행으로 마음공간에 존재하는 마음오염원을 제거하고, 마음상태가 맑고 건강하면 존재를 있는 그대로 보고, 해당상황에서 자신이 해야 할 일을 하고, 상황이 그치면 그 상황으로부터 자유로워진다. 어떤 일을 하더라도 결과를 예측해 행동하지 않는다. 처음부터 기대하지 않고 행동했기 때문에 결과를 평가하고 구속될 이유가 없다. 상황이 발생하면 그 상황에서 자신이 해야 할 일을 하고 상황이 끝나면 해당상황으로부터 벗어나 자유로워진다. 그러면 삶은 자유와 행복으로 충만하고 여유롭고 넉넉해진다.

8. 자유와 행복

1. 자유로운 삶, 여유로운 삶, 청정한 삶, 행복한 삶, 공존하는 삶은 우리 스스로 만들어야 한다.

2. 우리 삶은 우리 것이고 Buddha 삶은 Buddha 것이다. Buddha가 우리 삶을 어쩌지 못하듯 우리 또한 Buddha 삶을 어쩌지 못한다. 각자

삶은 스스로 몫이다.

3. 모든 구속으로부터 자유로울 때 삶은 행복으로 충만해진다. 물리구속뿐만 아니라 정신구속으로부터도 벗어나야 한다. 이것이 진정한 자유로움이다. 그래야 삶이 여유롭다.

4. 진정한 자유란 구속으로부터 벗어남만 의미하지 않는다. 벗어나야 한다는 그 생각으로부터도 자유로워야 한다. 직면한 실재를 있는 그대로 보고 행동하는 것이야말로 진정한 자유다.

5. 행복은 좋은 느낌이다. 느낌은 마음에서 일어난다. 마음이 건강하면 느낌은 좋게 일어난다. 마음건강을 해치는 주범이 바로 욕망, 분노, 편견 등 마음오염원이다. 이런 오염원이 마음공간에 존재하면서 몸과 마음을 얽매고 삶을 구속한다. 그런 존재로부터 자유로워질 때 느낌은 좋게 일어나고 삶은 행복으로 충만해진다.

9. 평등과 평화

1. 물질과 정신 등 모든 조건이 평등할 때 삶은 평화롭다. 진정한 평화란 평등을 전제해야 실현가능하다.

2. 물리적인 불평등과 폭력이 존재할 때 삶은 척박해진다. 물리적인 불평등과 폭력은 우리 스스로 만들었다.

3. 법이나 제도 등 물리적인 불평등은 그런 사회를 만든 사람 마음공간에 욕망과 이기심 같은 내부불평등으로 인해 만들어진 것이다. 법이나 제도 등 외부불평등은 참여활동으로 바로잡을 수 있지만 마음공간에 존재하는 내부불평등인 욕망과 이기심은 수행으로 제거할 수 있다.

4. 폭력이나 전쟁 등 물리폭력은 그런 사회를 만든 사람 마음에 분노

와 적의 같은 내부폭력으로 형성한 것이다. 외부폭력은 현실에 참여하고 개입해 해결해야 하지만 마음공간에 존재하는 내부폭력인 분노와 적의는 수행으로 제거해야 한다.

10. 공정과 정의

1. 삶은 정의로워야 한다. 현실이 척박하고 힘들지라도 삶을 대하는 태도가 정의로울 때 삶은 행복감으로 충만해진다.

2. 정의란 사람이 당연히 실천해야 하고 누려야 하는 권리다. 정의란 인간존중과 인간존엄 바탕위에 인간답게 사는 것이다.

3. 자연질서 혹은 삶은 다른 존재 희생과 에너지를 통해 유지된다. 이것이 삶의 실재다. 존재가 누려야 하는 당연한 권리를 서로 인정하고 그것을 실현할 수 있도록 함께하는 것이 정의로운 태도다.

4. 정의는 공정한 태도로부터 시작한다. 정의실현은 공정하게 만든 규칙이 투명하게 적용될 때 가능하다.

5. 공정은 노력대가가 노력주체에게 돌아가는 것이다. 이것이 맑음이고 인과법이다.

6. 오늘날 우리가 누리는 모든 법, 제도, 관습, 관념은 사람이 만들었다. 정의나 공정에 관한 기준도 사람이 만들었다.

7. 마음공간에 욕망, 분노, 편견 등 마음오염원이 많은 사람이나 공동체는 그런 마음오염원에 기대어 법, 제도, 기준 등을 자기에게 유리하고 이익되는 방향으로 만들고 불평등하고 불공정하게 타인에게 강요한다. 이것이 모든 괴로움 출발점이다.

8. 정의로운 삶, 공정한 규칙, 아름다운 동행 출발점은 마음공간에 존

재하는 욕망, 분노, 편견 지수를 낮추는 것으로부터 시작해야 한다.

11. 이해와 배려

1. 존재는 각자 처한 상황과 입장에 따라 사유와 행동 유형이 각기 다르게 나타난다.

2. 특수성을 기초로 보편성이 나온다. 특수성을 무시한 보편성은 폭력이나 집단광기로 흐르고 다른 존재에 대한 폭력으로 나타난다.

3. 특수성만 주목하면 인류가 추구해야 할 보편가치인 자유와 행복, 평등과 평화, 공정과 정의, 이해와 배려, 관용과 포용, 공존과 어울림 등 소중한 가치를 소홀히 다루기 쉽다.

4. 상대를 이해하려고 하면 이해 못할 것이 없고 비난하려고 하면 비난하지 못할 꼬투리도 없다. 존재를 있는 그대로 보고 존재에 대한 깊고 넓게 이해하고 배려하는 자세가 필요하다. 이것이 함께 공존하고 어울려 사는 삶의 기초가 된다.

12. 관용과 포용

1. 존재는 다양하다. 모든 존재는 같을 수 없다. 서로 다른 것이 자연이다. 다양성을 차별기준이 아니라 개성과 특성으로 이해할 때 삶은 한층 풍요로워진다.

2. 나와 다른 존재 생각이나 행동을 이해하고 배려하고 관용하고 포용할 수 있어야 하고 함께 공존하고 어울려야 한다. 이것은 아름다운 삶

의 출발점이다.

3. 다른 존재가 만든 기준이 나에게 적합하지 않을 수 있고 그런 기준을 일탈하기도 하고 기준을 지키지 않은 사람에게 기준을 지키라고 강압수단을 사용하기도 한다. 어떤 사람은 기존의 낡은 기준을 새로운 기준으로 변화시키려고 노력한다.

4. 모든 과정이 자연스런 삶의 모습이다. 나의 삶의 태도가 다른 존재 삶의 방식이나 이익과 첨예하게 부딪칠 수 있다. 그럴 때 상대를 비난하고 다양한 강압수단을 사용해 제압하지 말고 이해와 배려, 관용과 포용으로 감싸안고 공존하려는 자세가 필요하다. 그런 태도가 삶을 여유롭게 한다.

13. 공존과 어울림

1. 존재는 홀로 독립해 살 수 없다. 모든 존재는 다른 존재와 함께 어울리고 공존하며 산다. 이것이 자연이다.

2. 산에 소나무만 있지 않고 여러 잡목이 공존한다. 명산에는 호랑이, 토끼, 사슴이 어울려 산다.

3. 여러 존재가 공존하기 위해서는 공존규칙이 필요하다. 마음과학, SATI 수행, 오리지널 불교를 창시한 Buddha는 인과(因果) 그리고 이해와 배려(慈悲)를 자유와 행복, 평등과 평화, 이해와 배려, 관용과 포용, 공존과 어울림으로 가는 공존규칙을 제시했다.

4. 노력대가가 노력주체에게 돌아가는 것, 상대에 대한 깊고 넓은 이해와 배려는 공존과 어울림으로 가는 자양분이다.

14. 천상천하

1. 마음은 사람이 무엇을 어떻게 할지 결정하는 중요한 기능을 한다. 마음상태에 따라 다른 존재와 관계수준이 정해지고 다른 존재와 어떻게 관계맺느냐에 따라 마음상태가 결정된다. 다른 존재와 관계맺는 핵심은 마음과 마음 연결을 본질로 한다.

2. 사람은 삶에 필요한 물질을 획득하는데 삶 전체를 투자한다. 그것만으로 부족하다. 때로는 삶의 질을 높이기 위해 모든 것을 창조하고 누리는 마음상태를 적절히 관리하는 것도 필요하다.

3. 삶은 물질만으로 부족하다. 건강하고 풍요로운 마음상태가 뒷받침돼야 행복하게 살 수 있다. 누구나 행복하게 살기 원하지만 모두 행복할 순 없다. 행복은 저절로 이뤄지지 않는다. 그것은 구체적인 노력으로 성취해야 한다.

4. 행복은 형식과 내용으로 구성된다. 형식은 물질, 객관, 조건이고 내용은 정신, 주관, 느낌이다. 조건은 외부에 존재하고 느낌은 마음공간에서 일어난다. 동일자극에도 마음상태에 따라 느낌은 다차원으로 일어난다. 느낌이 마음에서 일어나기 때문에 외부자극을 수용하는 마음상태는 행복과 불행을 결정하는 핵심기능을 한다.

5. 물질조건이 좋아야 한다. 그것은 삶에 중요하다. 그것이 필수요소다. 동시에 그것을 받아들이고 가공하고 누리는 마음상태도 맑고 건강해야 한다. 마음을 청정하게 하는 것은 구체적이고 현실적이고 무엇보다 유효해야 한다.

6. 우리가 불행하다고 느끼는 것은 물질부족뿐만 아니라 정신빈곤이 원인이기도 하다. 사회구조를 평등하고 평화롭게 만드는 것 못지않게 마음공간을 맑고 아름답게 가꾸는 것도 필요하다.

7. 물리와 심리 구속으로부터 자유롭고 당당하게 살고 싶은 사람에게 Buddha가 직접 만든 SATI 수행을 권한다. 흔히 수행이 어려울 것이라고 생각하지만 조금만 관심기울이면 누구나 즐길 수 있다.

8. 오늘날 사람은 욕망과 경쟁, 갈등과 폭력으로 대표하는 자본주의 문화를 소비하며 산다.

9. 우리가 꿈꾸는 세계는 욕망과 폭력이 아니라 자유와 행복, 평등과 평화, 공정과 정의, 이해와 배려, 관용과 포용, 공존과 어울림에 기반한 세상이다.

10. 천상천하유아독존(天上天下唯我獨尊)이라고 한다. 지금 그리고 여기 새로운 문화를 창조하고 누리는 당신이 세상주인이다.

15. 마음은 빈 통

1. 마음은 빈 통이다. 마음공간에 쓰레기를 채우면 쓰레기통이 되고 향수를 채우면 향수병이 된다.

2. 마음이 원하는 대로 마음공간을 채울 것이 아니라 욕망, 분노, 편견 지수는 낮추고 만족, 평화, 공존 지수는 높이는 것이 자유와 행복으로 가는 올바르고 유효한 길이다.

3. 욕망, 이기심, 분노, 적의, 원망, 서운함, 편견, 선입관, 가치관이 마음공간 오염주범이다. 이것이 마음공간에 존재하면 삶이 힘들다. 간단한 훈련으로 마음오염원 정화방법을 배우고 익히면 삶은 청정함, 행복함, 즐거움으로 가득 찰 것이다.

16. 마음비움

1. 존재를 분석, 사유, 논리로 체계화하고 가공하는 것은 마음채우는 과정이다. 이것은 물질을 효과있게 다루고 전문성을 높이고 출세하기 좋다. 그 과정에서 데이터에 거품이 끼고 마음공간은 쓰레기 데이터로 가득차고 삶을 옭아맨다.

2. 존재를 분석, 사유, 논리로 체계화하지 않고 있는 그대로 알아차림 하는 것은 마음비우는 과정이다. 마음오염원인 탐진치 3독심(貪嗔痴 三毒心)은 가공할수록 마음공간이 오염되고 행복지수는 낮아진다. 마음공간 오염주범을 제거하고 앎에 낀 거품을 빼고 마음비우면 행복지수가 높아진다. 마음비우는 과정이 수행이다. 마음오염원은 분석, 사유, 논리로 체계화하지 않고 알아차림 과정을 통해 제거할 수 있다.

3. 사람은 사물을 가공하는데 익숙하다. 이런 방법은 일반물질 다루는데 효과있다. 그러나 마음은 그렇게 해서 잘 다뤄지지 않는다. 마음 다룰 때는 마음에 내재한 법칙에 기초해 다루는 것이 효과있다. 마음은 일반물질과 다른 특수물질이다. 이런 특수물질을 다룰 때는 데이터를 압축해 다루는 직관방법이 유효하다.

17. 마음향기

1. 꽃향기는 바람을 거슬러 갈 수 없지만 마음향기는 바람을 거슬러 멀리까지 퍼진다. 맑은 향기는 자신과 세상을 맑히는 원동력이다.

2. Buddha가 창안하고 실천한 방법대로 1,500 시간 정도 수행하면 한 걸음에 Maggaphala(摩訶婆羅, 道果)에 들어 Nibbāna(涅槃, 寂滅)

를 체험하는 지점까지 갈 수 있다.

3. Buddha는 아무리 둔재라도 7년이면 Sotāpatti(須陀洹, 豫流)를 성취할 수 있다고 했다. 화두수행 창시자인 Da Hui Zong Gao(大慧宗杲, 1088~1163)는 10일이면 가능하다고 했다. Buddha가 발견한 자유와 행복으로 인도하는 SATI 수행은 누구나 실천하면 최상 행복을 체험할 수 있다.

18. 오아시스

1. 자기마음을 적절히 다스리지 못하는 사람에게 마음관리 방법을 가르쳐주고 평화로운 마음상태를 가질 수 있도록 도와주는 것은 삶의 오아시스이자 중요한 사회활동이다.

2. SATI 수행 존재이유는 불교도나 수행자를 늘리는 것이 아니다. 수행은 보다 행복한 삶을 살 수 있도록 마음에너지를 제공하는 것이다. 갯벌이 바다 허파고 녹지대가 도시 오아시스이듯 마음맑히는 수행은 삶을 여유롭게 하고 사회공동체를 아름답게 하는 삶의 청량제다.

3. 나무는 스스로를 위해 살지만 나무가 내뿜는 산소는 많은 존재에게 생명 에너지를 제공한다. 우리는 행복한 삶을 누리기 위해 마음맑히지만 맑은 마음에서 나오는 마음향기는 다른 존재 삶에 휴식과 여유를 제공한다. 자신이 청정하게 사는 것만으로 다른 존재에게 행복을 줄 수 있다. 마음맑히는 것은 또 다른 차원의 환경운동이다.

4. 행복한 삶은 지혜롭게 살 때 가능하다. 지혜로운 삶은 올바르게 행동할 때 성취된다. 올바른 삶은 청정함으로 충만한다. 몸과 마음이 청정할 때 모든 물리와 심리 구속으로부터 자유롭다. 그 자유와 청정 크

기만큼 행복도 커진다. 이것이 수행목적이다.

19. 마음기관

1. 마음은 인체 구성기관이다. 눈은 시각대상을 다루고 귀는 청각대상을 다룬다. 사람 몸에 많은 기관이 있고 그것은 서로 연계해 작동하고 몸과 마음을 유지한다.

2. 뇌는 인체 개별기관에서 수집한 데이터를 통합하고 분배하고 몸을 지배한다. 마음은 안으로 뇌를 지배하고 마음공간에 입력하는 데이터 가공, 판단, 통제, 느낌, 명령을 담당하고 밖으로 다른 존재와 연결기능을 한다.

3. 개별기관을 지배하는 뇌는 개별기관과 비교할 수 없을 정도로 복잡하다. 그 복잡한 뇌를 통제하고 외부대상과 연결통로인 마음이 가진 능력은 무한대다. 이런 뛰어난 기능을 가진 마음을 물질차원(뇌과학)으로 환원해 다루는 것은 충분치 않다. 마음은 마음차원(마음과학)에서 다뤄야 유효성이 크다.

20. 원리와 기술

1. 원리를 올바르게 이해하면 창의력이 나오고 기술을 정확히 익히면 유효성이 나온다. 원리를 이해하지 못하고 기술만 사용하면 창의력이 빈약하고 기술만 익히고 원리를 제대로 알지 못하면 생각과 행동이 경직된다.

2. 뇌작동으로 파생한 마음은 관계성, 운동성, 반응성 등 세 가지 물리특성을 가진다. 마음과학은 마음이 가진 세 가지 물리특성에 따라 수행을 비롯해 마음변화의 다양한 이론과 기술을 개발한다.

3. 무엇을 하든 원칙과 기본에 충실해야 한다. 수행도 마찬가지다. 기본을 충분히 익히기 전에 응용하는데 눈을 돌리면 설익게 된다.

21. 근기와 수행

1. SATI 수행은 마음맑히는 기술이다. 마음 구조와 특성을 정확히 이해하고 Buddha로부터 전해온 정통기술을 올바르게 이전받는 것이 중요하다. 무엇보다 기본에 충실해야 한다.

2. Buddha는 앉아서 하는 좌념(坐念), 걸으며 하는 행념(行念), 생활하며 하는 생활념(生活念), 일하며 하는 노동념(勞動念) 등 마음맑히는 SATI(念) 수행, 마음공간에 존재하는 욕망이나 분노 등 마음오염원을 비우고 맑음으로 채우는 Suñña(空) 수행, 맑은 마음을 필요한 존재에게 보내는 Mettā(慈) 수행 등을 강조했다.

3. 중국에서는 좌념을 강조한 묵조수행(默照禪), 좌념뿐만 아니라 생활념과 노동념을 강조한 화두수행(看話禪, 話頭禪), 소리를 알아차림 기준점으로 삼은 염불수행(念佛禪)으로 발전한다. 티베트는 소리를 알아차림 기준점으로 삼은 Mantra(眞言) 수행과 성(性)을 알아차림 기준점으로 삼은 Tantra 수행을 강조한다. 한국은 전통으로 중국영향을 강하게 받았다. 중국에서 유행하면 얼마 지나지 않아 그대로 받아들여 사용했다.

4. 현재 한국에서 많은 수행자가 선호하는 수행법은 동념(動念) 기법인 화두수행(看話禪, 話頭禪)이다. 그러나 실제로 행해지는 수행기술을

보면 정념(靜念) 기법인 묵조수행(黙照禪)이다. 내용과 형식의 불일치는 많은 수행자를 혼돈으로 빠뜨린다.

5. 거의 대부분 불교수행 이론과 기술은 인도에서 발생하고 전파한다. 인도에서 새로운 수행 이론과 기술이 만들어지고 50년 정도 지나면 중국에 전해지고 중국에 전해진 수행 이론과 기술은 10~20년 안에 한국과 일본에 전해진다. 세계불교 흥망은 항상 인도불교 부침과 함께 한다.

6. Buddha는 수행법보다 수행자근기를 강조했다. 수행자는 특정수행법에 집착하기보다 먼저 Buddha가 창안한 SATI 수행에 따라 기본을 충분히 익힌 다음 자기 근기나 여건에 맞게 적절히 응용하는 것이 순서다.

7. 이는 Buddha 수행법이 다른 것이 아니라 문화와 삶의 방식이 다르고 근기가 다르므로 같은 수행법이라도 사람과 상황에 따라 다르게 적용해야 하기 때문이다.

8. Buddha를 따르면 Buddha가 되고 조사(祖師)를 따르면 조사가 되고 Lama(喇嘛)를 따르면 Lama가 된다. 불교 기준이자 모범은 창시자인 Buddha다. 수행자는 Buddha가 창안하고 실천해 Arahant를 이룬 정통수행법을 먼저 배우고 익히는 것이 올바른 자세다.

22. 좋은 도구

1. 수행 사용가치는 인류의 현재와 미래, 이익과 행복에 기여하는 것이다. 수행은 자유로운 삶, 여유로운 삶, 행복한 삶, 공존하는 삶으로 인도하는 좋은 친구고 길라잡이다.

2. 마음과학과 SATI 수행은 건강한 사람이나 정상인을 대상으로 삼

고 정신의학, 심리상담학, 심리치료는 부적응상태에 빠진 사람을 대상으로 한다.

3. 심리학, 심리상담학, 의학은 마음구성 기본인자, 마음화학반응, 마음물리특성은 규명하지 않고 표면에 나타난 마음작용만 주목해 마음을 다룬다. 그것은 마음작동 과정만 이해하고 마음작동 원리는 이해하지 못하기 때문이다.

4. 마음은 분석대상이 아니라 변화대상이다. 마음은 분석, 사유, 논리로 변화되지 않는다. 마음변화를 위해서는 마음작동 과정은 기본이고 작동원리를 올바르게 이해해야 한다.

5. 마음변화를 위해서는 유효한 변화 도구와 기술을 사용해야 한다. 마음에 관해 심리학, 심리상담학, 의학이 한계에 부딪힌 것은 마음을 분석대상으로 삼았고 마음작동 과정만 주목했고 원리를 충분히 이해하지 못했기 때문이다. Buddha는 마음을 변화대상으로 보았다. 그것은 마음작동 과정뿐만 아니라 원리까지도 올바로 이해했기 때문이다.

6. 분석은 일반물질을 다루는데 탁월한 효과있다. 그러나 마음같은 특수물질을 다루기는 한계가 많다. 마음은 데이터를 압축해 다루는 직관기술을 사용해 다뤄야 유효하다.

7. 의학이나 뇌과학자는 마음을 물질이나 뇌차원에서 접근한다. 마음은 뇌활동으로 파생한 특수현상이다. 분자수준 뇌작동으로 파생한 마음작용은 분자차원에서 설명할 수 없는 훨씬 더 복잡한 현상이다. 뇌와 마음은 차원을 달리하는 존재다. 그렇기 때문에 처음부터 마음에 대한 이해와 도구에 기초해 접근해야 마음을 유효하게 다룰 수 있다.

8. 의학은 마음다루는 도구로 화학요법에 의존하는 경향이 많다. 몸밖에서 화학물질을 인공으로 만들어 몸에 주입함으로써 뇌활동으로 파생한 마음작용을 다룬다. 이것은 뇌를 마취해 다루는 마음통제 방법이다.

9. 마음은 뇌차원(뇌과학)이 아닌 마음차원(마음과학)에서 이해하고 접근해야 답을 찾을 수 있다. 마음을 뇌차원으로 환원해 다루면 극히 제한된 진실만 알게 될 뿐이다.

10. 뇌와 마음은 밀접하게 관계맺고 있지만 분명히 다른 현상이다. 마음은 뇌로부터 나왔지만 신경전달물질로 이뤄진 단순복합체가 아니다. 신경전달물질 차원에서 마음을 이해하고 다루려는 태도는 마음에 관해 많이 부족하다.

11. 몸, 행동, 약물이 마음상태에 영향미치지만 마음이 건강해지는 것은 아니다. 마음이 건강하고 활기차면 마음뿐만 아니라 몸과 행동에 영향미치고 함께 건강해진다.

12. 차는 움직이지만 차를 탄 사람 근육이 강화되지 않듯 약물요법은 마음을 통제할 수 있지만 마음자체를 건강하게 하지는 못한다. 마음은 마음운동인 SATI 수행으로 건강하고 활기차게 할 수 있다.

13. 욕망, 분노, 편견 등 마음오염원은 심리현상이지만 그것이 몸과 마음에 쌓이거나 해체될 때 생리흔적을 남긴다. 몸에 남긴 생리흔적을 통해 마음상태를 알 수 있다.

14. 일반물질을 다룰 때는 물질에 내재한 법칙, 특성, 구조 등을 올바르게 이해하고 다뤄야 효과있다. 마음도 마찬가지다. 마음은 뇌에서 나온 특수물질이다. 다소 까다롭고 복잡해도 마음이 가진 법칙, 특성, 구조 등을 정확히 이해하고 다뤄야 유효성이 있다.

15. 마음은 마음구성 기본인자가 복잡한 화학반응을 거쳐 마음물리특성이 발생하고 사유나 정서 과정같은 마음작용을 전개한다.

16. 마음다루는데 마음구성 기본인자, 마음화학반응, 마음물리특성 등을 이해하는 것은 중요하다. 이것을 잘 모른 채 마음다루면 유효성이 낮다.

17. 마음전문가는 마음이 가진 제 법칙을 올바르게 알고 마음을 다룰 수 있어야 한다. 이것은 물 전문가가 물 분자구조, 화학반응, 물리특성 등을 잘 모른 채 물을 다루면 효과있게 다루기 어렵고 질이 낮고 물에 관한 전문가라고 할 수 없는 것과 같은 이치다.

18. 발생순서로는 마음은 몸에서 나왔지만 영향관계로는 자신을 만든 몸을 지배하고 통제한다. 그렇게 때문에 마음 다룰 때 몸에서부터 시작해야 한다. 이것이 마음관리 올바른 방법이다. 이렇게 해야 마음을 효과있게 다룰 수 있다.

19. 마음과학은 존재를 개별요소가 조건에 따라 결합해 전개하는 전체 관계와 상황에 기초해 이해한다.

20. 마음과학은 사람과 사람, 사람과 자연 등 모든 존재가 분리해 독립으로 존재하지 않고 서로 관계맺고 서로 영향미치고 서로 균형이루고 함께 공존한다는 세계관에 기초해 삶과 존재를 바라본다.

21. 몸과 마음, 인지와 행동, 사유와 정서 등은 동일현상의 다른 표현이다. 이것은 서로 관계맺고 서로 의존하고 서로 영향미치고 서로 해체하고 서로 재구성하는 과정을 거치면서 변화발전한다.

22. Buddha가 창안한 SATI 수행, 마음과학(Manology: mano, 意 + ology, 科學), 오리지널 불교[Buddha sāsana, 根本佛敎]는 사람, 지역, 시대에 따라 다양한 형식과 다차원으로 발전한다.

23. 마음과학과 SATI 수행은 철학, 미학, 심리학, 심리상담학, 뇌과학, 의학이 이룩한 성과물을 계승하고 그 한계를 극복하고 문제해결을 위한 관점을 제시하고 실천하는 새로운 도구다.

24. 마음과학은 마음을 분석대상이 아닌 변화대상으로 삼는다. 마음과학은 4가지 마음구성 기본인자 가운데 마음근육이자 알아차림 기능인 sati(念)를 마음 핵심기능으로 이해하고 sati 강화를 마음관리에 가장

중요한 요소로 규정한다.

25. Buddha가 창안한 수행은 다음 세 가지다.

표2 수행종류 --

    ① 마음맑힘 SATI(念) 수행
    ② 마음비움 Suñña(空) 수행
    ③ 마음나눔 Mettā(慈) 수행

----

26. SATI 수행은 좌념, 행념, 생활념, 노동념 등이 있고, Suñña 수행은 자비희사 4무량심(四無量心)이 있고, Mettā 수행은 자비념(慈悲念), 재시(財施), 무외시(無畏施) 등이 있다.

27. 마음맑히는 수행은 마음해방[citta vimutti, 心解脫], 앎의 해방 [diṭṭhi vimutti, 見解脫], 삶의 해방[paññā vimutti, 慧解脫]이라 하고 삶의 토대를 튼튼하게 한다. 마음비우는 수행은 삶의 토대를 여유롭게 하고, 마음나누는 수행은 삶의 토대를 풍요롭게 하고 다른 존재와 관계를 부드럽게 한다.

28. SATI 수행은 BCE 531년 음력 4월 보름 새벽 3시 무렵 인도 Buddhagaya(佛陀伽耶) 보리수 아래서 훗날 Buddha로 알려진 Gotama Siddhattha(瞿曇 悉達多, 義成就, BCE 566~486)가 감각기관에서 6감과 마음근육이자 알아차림 기능인 sati를 발견하고 이것을 이용해 기억 이미지와 결합한 욕망, 이기심, 분노, 적의, 원망, 서운함, 편견, 선입관, 가치관 등 마음오염원(貪嗔痴 三毒心)인 āsava(流漏) 해체에 관한 이론과 기술을 창안하고 체계화한 것이다.

29. 이것이 마음과학과 SATI 수행이다. 후대인은 이것을 오리지널 불교라고 했다. 이것을 창안한 사람이 Buddha다. 새로운 길을 발견하

고 실천한 자, 즉 계몽가라고 불렀다. 여기서는 혁명가로 부른다.

30. Mūla Saṅgha(根本僧伽) SATI Ārāma는 Buddha가 창안한 마음과학과 SATI 수행을 현대인이 사용하는 언어와 논리로 설명하고 그 이름을 MOST(Mindscience Origin Sati Technic)라고 새롭게 정의한다.

31. MOST는 심리학, 심리상담학, 철학, 미학, 예술, 문화, 의학, 교육학, 사회학뿐만 아니라 마음다루고 활용하는 분야에 새로운 틀을 제공해줄 것이다.

23. 마음운동 SATI LIFE

1. 인권을 지키는 국제사면위원회 Amnesty International, 의료사각지대에 놓인 사람을 지원하는 국경없는 의사회 Médecins Sans Frontieres, 지구환경을 지키는 Greenpeace 처럼 마음운동 SATI LIFE는 마음환경 중요성을 주목하고 건강한 마음환경을 지키기 위해 활동한다.

2. 마음운동 SATI LIFE는 욕망, 이기심, 분노, 적의, 원망, 서운함, 편견, 선입관, 가치관으로 통제할 수 없는 마음상태 때문에 고통받는 사람이 자유로운 삶, 여유로운 삶, 청정한 삶, 행복한 삶, 공존하는 삶을 살 수 있도록 지원하고 마음건강 이론과 기술을 개발하고 마음환경을 지키기 위해 교육과 실천, 입법운동 등 사회운동을 펼치는 모임이다.

3. 마음운동은 마음과 수행, 자유와 행복에 관해 이론과 기술을 가진 비영리단체가 인류의 현재와 미래, 자유와 행복, 공정과 정의, 이해와 배려, 관용과 포용, 공존과 어울림을 담당함이 바람직하다.

4. 영리단체는 모든 것을 이익차원에서 사고하고 행동한다. 영리단체

가 마음운동을 하면 마음을 평온하고 여유롭게 하자는 운동이 도리어 마음을 지치고 황폐하게 할 수 있다.

5. 마음운동도 사회가 담당하고 법이나 제도로 뒷받침해야 한다. 그러나 모든 것을 국가나 사회가 해결할 때까지 기다릴 수 없다. 문제를 자각하고 능력을 갖춘 개인이나 단체가 먼저 시도해야 한다.

6. Mūla Saṅgha SATI Ārāma는 수행도 사회산물이란 입장을 가진다. 먼저 자신이 수행하고 건강한 마음을 갖추고 그 결과물을 사회로 돌려주는 것을 중요한 수행자의무라고 인식한다.

24. 마음산업

1. 마음작동 원리인 마음과학과 마음관리 기술인 SATI 수행을 잘 활용하면 사회에서 유용하게 응용할 수 있다. 수행은 마음관리가 고유기능이지만 다른 분야에 보조로 활용하면 해당분야 수준이 성숙하고 생산성을 높일 수 있다.

2. 수행자가 수행과정에서 알게 된 마음에 관한 수준높고 삶에 도움되는 정보를 필요한 사람이 필요할 때 유용하게 사용할 수 있도록 제공하는 활동이 마음운동이다.

3. 산업현장에서 생산활동으로 지치고 피곤해진 노동자 뇌와 마음에 휴식과 활력을 불어넣고 소모한 마음에너지를 보충하고 스트레스를 관리하고 건강한 마음상태를 갖춰 생산성을 높이고 삶의 질을 향상할 수 있도록 이론과 기술을 제공하는 것이 마음산업이다.

4. SATI 수행을 감정노동처럼 마음관리나 스트레스 관리가 생산성향상과 직결되는 분야에서 마음상태와 스트레스를 적절히 관리하는데 효

과있게 활용할 수 있다.

5. 수행을 심리학, 심리상담학, 의료복지 분야에 적절히 활용하면 성인병이나 스트레스를 관리하는데 유효하게 사용할 수 있고 교육, 경영, 스포츠, 예술 등에 활용하면 생산성을 높이고 차원이 다른 작품을 만들수 있고 사회비용을 현저히 감소시킬 수 있다.

6. 수행은 실용주의를 중시하는 서양에서 적극 활용한지 이미 오래됐고 동양에서도 유용하게 활용하는 길을 모색하기 시작했다.

7. SATI 수행을 창시한 Buddha는 Migadāya(鹿野苑)에서 발표한 불교창립선언문[Dhamma cakka pavattana desanā, 轉法宣言]에서 "많은 존재의 현재와 미래, 자유와 행복, 이익과 번영을 위해 수행을 사용하라"고 당부했다.

8. 이런 전통에 따라 지난 2600여 년 동안 수행자는 돈과 수행을 가능한 결합하지 않았다. 수행 사용가치를 지키려는 아름다운 전통은 앞으로도 지켜져야 한다. 어떤 경우라도 출가수행자는 돈과 수행을 결합해서는 안 된다.

9. 산업현장에 수행을 접목하는 것은 다른 차원이다. 그런 일을 하는 사람도 자기삶을 유지해야 한다. 그들이 다른 사람을 자유롭고 행복하게 살 수 있도록 함께 하면서 자기삶에 필요한 물질을 획득할 수 있다면 좋은 일이다. 다른 사람 욕망이나 분노 관리, 갈등이나 스트레스 관리 등을 지도할 수 있는 직업도 창출할 수 있다. 이것이 마음산업이다.

25. 수행이 전부다

1. 조선 500여 년 동안 불교와 수행 기반은 송두리째 무너졌다. 조선

말 몇몇 수행자와 지식인의 노력으로 어느 정도 되살아났지만 온전히 복원하기에는 역사한계가 너무 컸다. 그들은 형식을 갖추는데도 역부족이었다.

2. 일제강점기를 지나면서 왜곡됐던 불교교단은 해방이후 일본불교를 청산하고 Saṅgha(僧伽, 衆, 敎團)와 수행도량 복원에 전념했다. 그 과정에서 독재정권과 폭력에 의존했고 교단은 정권하수인으로 전락했다.

3. 해방이후 남한에 온 미국은 이 땅에 크리스트교를 이식하고자 노력했다. 그들은 한국정서를 담고 있는 것은 낡은 것으로 규정하고 제거대상으로 삼았고 기독교이고 미국적인 것은 과학이고 시대에 앞선 것으로 상징조작했다.

4. 1980년대부터 조계종개혁을 주도한 것은 민주화운동에 투신한 출가수행자였다. 많은 노력으로 조계종단에 형식 민주주의는 어느 정도 정착했지만 수행이나 철학 개혁은 접근도 못했다.

5. 지난 100년 민족사 대변혁기를 거치면서 등장한 조계종은 수행이나 철학 토대에서 출발한 것이 아니라 정치논리로 탄생했다. 이것은 한국불교 발전원동력이자 동시에 걸림돌이기도 하다.

6. 지난 조계종역사를 살펴보면 자파 이기주의에 기초해 종단정치 상층부 장악을 위한 법과 제도변화에만 매달렸고 수행, 교육, 철학은 언제나 관심 밖이었다.

7. 선배수행자 역할이 무너진 교단을 복원하는 것이었다면 지금부터 우리가 해야 할 일은 내용을 채우는 것이다. 그것이 바로 마음과 수행이다. 그 중심에 마음과학, SATI 수행, 오리지널 불교가 있다.

8. 철학관점을 올바르게 정립하고 Buddha 정통수행법인 SATI 수행이론과 기술을 정돈하고 마음작동 구조를 규명해 수행효율성을 높이고

수행 사용가치를 드러내는 것이다.

9. 이제 조계종 수행자는 교단내부 헤게모니 쟁탈전을 중지하고 수행운동과 철학운동을 전개하고 Buddha가 창안한 오리지널 불교와 Buddha 정통수행법인 SATI 수행에 기초해 수행가풍 정체성을 확립해야 한다.

10. 한국불교나 조계종이란 편협한 울타리를 벗어나 지혜와 자비에 기반해 우주를 품을 수 있는 인재를 양성하고 인류의 현재와 미래, 자유와 행복, 평등과 평화, 공정과 정의, 이해와 배려, 관용과 포용, 공존과 어울림으로 회향해야 한다. 이것만이 마음과학, SATI 수행, 오리지널 불교를 창안한 Buddha 자비심에 보답하는 길이다.

11. Buddha는 불교창립선언(轉法宣言)에서 많은 사람의 자유와 행복, 이익과 번영을 위해 수행으로 봉사하라고 했다. Mahāyāna(大乘部)도 그랬고 보조지눌(普照知訥, 1158~1210)도 그랬다.

12. 올바른 지혜를 갖춘 스승은 불교나 교단을 위해 행동하라고 말한 적이 없다. 단지 자기마음을 맑히고 다른 사람이 자기마음을 맑혀 그들이 자유롭고 행복하게 살 수 있도록 기여하라고 강조했다.

13. 다른 존재를 위해 살면 자연히 대중이 주목할 텐데 어리석게도 자기 것을 지키려고만 한다. 그 누구도 이기적인 사람이나 단체와 함께 하지 않는다. 베푸는 것이 지키는 것이라는 평범한 진리를 체득해야 한다.

14. 이제 한국불교는 수행자 기본자세로 돌아가야 한다. 그 첫출발이 수행이고 모범이 Buddha다.

15. 한국불교 개혁은 Buddha를 기준으로 삼고 Buddha 정통수행법인 SATI 수행으로 재출발해야 한다. 조계종 소의경전인 Vajracchedikā Prajñāpāramitā Sūtra(金剛般若波羅蜜經, 金剛經)에서 제시한 수행법도 Buddha가 창안하고 직접 행해 Arahant Maggaphala(阿羅漢 道果)

를 성취하고 Nibbāna(涅槃, 寂滅)를 체험한 SATI 수행이다.

26. 처음이다

1. 이 책은 Buddha가 창안하고 실천한 마음과학, SATI 수행, 오리지 널 불교에 관한 핵심 이론과 기술을 상세하고 정확하게 설명해 놓았다.

2. 이같은 책은 2600년 불교역사상 찾아보기 힘들고 2000년 한국불 교사에 처음으로 저술된 수행 이론과 기술 서적이다.

3. 이 책에서 제시한 마음구성 기본인자, 마음화학반응, 마음물리특 성, 기억구조[M=IA], 마음무게 증감구조, 기억에너지 증감구조, 마음 오염원 해체 이론과 기술, sati 강화 이론과 기술은 인류역사상 최초로 제시한 마음과학 이론이다.

4. 이 책은 Buddha가 말로 설명한 Vinaya Piṭaka(律藏), Sutta Piṭaka(經藏), 눈 밝은 수행자가 체험하고 서술한 Abhidhamma Piṭaka(論藏), 어록(語錄)을 개념, 도표, 공식으로 간략히 정리했다. 이 책에서 제시한 마음과학 몇 가지 공식은 수행, 행복, 마음다루는 분야 기초가 될 것이다.

5. 이 책은 Mūla Saṅgha SATI Ārāma에서 수행하는 사람을 위해 집 필했다. 그러나 수행자뿐만 아니라 마음다루는 분야에 종사하는 사람 에게도 유용할 것이다.

6. 이 책은 앞서 출판한 「불교수행의 이론과 실재」에서 수행부분만 재편집했고 통합 6판이 된다. 이 책은 마음과학 개론서이자 불교기준 이다.

SATI 철학

2

존재에 답 없음

2
수행 사용가치

check point

이 장에서는 수행 사용가치와 그리고 수행이 개인삶과 사회공동체에 어떻게 기능하고 왜 필요한지를 배우고 익힌다.

1. 분석에서 변화로

1. 마음을 분석하는 것과 마음이 변화하는 것은 다르다. 마음과학과 SATI 수행은 마음을 변화하기 위해서 마음을 분석하는 것이지 분석자체가 목적은 아니다.*

2. 지금까지 심리학, 심리상담학, 의학에서는 마음을 분석, 사유, 논리로 체계화해 다루는 것이 전부였다. 마음, 자유, 행복은 분석으로 이해할 뿐만 아니라 실천으로 변화시키는 것이다.

3. 수행은 마음을 분석대상이 아니라 변화대상으로 본다. 마음변화를 위한 이론이 마음과학이고 변화도구가 SATI 수행이다. 자유와 행복 그리고 마음변화는 실천으로 성취하는 것이지 분석으로 이해하는 것이 아니다.

스승흐름

「무당-신부-목사-의사-교사-심리상담사」로 이동이 서구 스승문화 흐름이다. 누군가 다른 존재가 설정한 기준으로 내 문제를 해결하기 위해 진단하고 판단하고 행동한다. 그 중심에 정작 문제당사자는 없다. 우리는 학생말을 듣기보다 학생을 가르치는 교사말을 듣고 판단하는 경향이 많다. 모두가 교사입장에서 학생을 진단하고 해결관점을 제시하는 것은 폭력이다.

환자말보다 환자를 진단하고 평가한 의사말이 더 권위갖는 것처럼 우리는 학생말에 주목하기보다 학생을 평가한 교사말에 주목한다. 그러나 가장 필요한 것은 당사자말을 직접 듣고 스스로 해결할 수 있도록 함께하는 것이다. 세상에 떠도는 루머도 마찬가지다. 본인말은 들어보지도 않고 자기생각에 기초해 추측하고 상상한다. 언젠가 화가 천경자(1924~)가 자신이 그리지 않았다고 주장하는 그림을 감정가는 천경자그림이 맞다고 했다. 신기할 뿐이다.

정신치료나 심리상담 장점은 문제를 분석, 사유, 논리로 체계화해 해결하는 것이다. 그것이 도리어 단점이 되기도 한다. 문제를 진단하고 해결하는 것을 자신이 미리 정해둔 이론에 따라 짜맞추는 경향이 있다. 문제는 그들이 주장하는 이론은 주장일까? 법칙일까?

2. 상담에서 명상으로

1. 서구에서 발달한 정신분석학이나 심리상담학은 마음을 변화시키기 위해 분석, 사유, 논리 기법을 사용한다.*

2. 인도와 동양에서 발달한 수행은 처음부터 마음을 변화대상으로 보았다. 그래서 마음변화 이론과 기술이 발달했다. 그 가운데 가장 유효한 것으로 알려진 것이 Buddha가 창안하고 실천한 마음과학과 SATI 수행이다.*

스승수준

학생은 스승수준을 넘을 수 없고 스승은 자기경험 한계에서 자기수준만큼 제자를 가르친다. 자신이 아는 것을 넘어서 제자를 가르칠 수 없는 것이 현실이다. 부모도 마찬가지다. 자신이 살아온 삶의 흔적에 기초해 자식에게 조언한다. 그래서 스승과 제자, 부모와 자식 생각이 다를 수 밖에 없다. 10년쯤 내다보며 가르쳤는데 20~30년 후 그들이 생각한 것을 넘어선 변화가 기다리고 있다면 제자나 스승이 경험하는 현실은 매우 곤혹스러울 것이다.

누군가를 가르친다는 것이 결코 쉬운 일은 아니다. 더구나 자기경험에 절대가치를 부여하고 사고하고 행동하며 다른 존재를 평가하고 가르치는 것은 조심할 일이다.

존재는 그 자체로 완성해있고 스스로 자기문제를 해결할 수 있는 가능성과 능력을 갖고 있지만 어느 정도 시차가 존재한다. 그렇기 때문에 스스로 성장할 수 있도록 기다리고 바라봐주는 여유가 필요하다.

과유불급

지나침은 모자람만 못하다. 모든 것을 말이나 논리로 해결하려는 태도는 곤란하다. 때로는 말보다 여유롭게 기다리는 것도 필요하다. 스승이 지나치게 개입하면 학생의 문제해결 능력이 현저히 떨어진다. 부모가 자식을 지나치게 감싸면 자생력이 생기지 않고 홀로설 수 있는 의지가 약해져 결국에는 도태한다.

「현재 너의 문제는 바로 이것이다. 그렇기 때문에 내가 이런 이론에 기초해 해결할 수 있어!」

이런 태도는 문제를 해결할 수도 있지만 이런 태도야말로 사람을 더 나약하게 만들고 홀로설 수 있는 기회를 박탈하고 상대에게 의존하는 사람으로 만든다.

3. 정신치료, 정신분석, 심리상담, 서구에서 이해한 명상은 증상에 따라 처방하는 대증요법을 선호한다. 인도와 중국에서 이해한 SATI 수행은 전체 관계와 상황을 이해하고 원인처방을 중시한다.

4. 마음을 변화시키는데 분석, 사유, 논리는 기본이다. 그러나 그것만으로 부족하다. 거기에 더해 마음변화를 위한 이론과 기술이 필요하다. 그 핵심기술은 분석, 사유, 논리를 압축해 사용하는 직관(sā-mukkaṅsika, 直觀, 凝縮)이다.

5. 마음과 수행, 자유와 행복에 관한한 분석시대는 끝났다. 이제 변화시대다. 그 중심에 마음과학과 SATI 수행이 있다.＊

3. 이완에서 활력으로

1. 미국을 통해 확산된 명상은 긴장되고 경직된 몸과 마음을 이완시키고 휴식하는데 초점둔다.

좋은 스승은 제자가 스스로 독립할 수 있도록 교육하고 때가 되면 제자가 홀로설 수 있도록 물러난다. 지혜로운 부모는 자식이 스스로 생존할 수 있도록 고기잡는 방법을 터득하도록 유도한다. 자기마음을 스스로 추스르고 홀로설 수 있도록 도움주는 수행은 삶의 좋은 벗이다.

친절 혹은 폭력

친절도 지나치면 불편하다. 어떻게 남의 문제를 해결할 수 있단 말인가. 의사가 치료하는 것이 아니라 몸이 스스로 낫는 것이다. 정신과 의사, 심리상담사, 명상지도자가 흔히 빠지기 쉬운 함정은 바로 자신이 상대를 변화시킬 수 있다는 생각이다. 이것은 착각이다. 변화는 스스로 하는 것이지 외부에서 시키는 것이 아니다. Buddha는 소를 물가로 끌고 갈수 있어도 물을 먹고 안 먹고는 소가 결정할 문제라고 했다. 도와준다는 이름으로 지나치게 개입하는 것은 폭력이다. 최상 도움은 홀로설 수 있도록 지켜보는 것이다. 그러기 위해서 약간의 내공이 필요하다.

2. 미국에서 명상의 이완기법을 주목한 것은 그들의 산업형태와 밀접한 관계있다. Silicon Valley를 중심으로 발달한 IT산업 특성상 노동자가 실내에서 책상에 앉아 컴퓨터 앞에서 작업하는 경우가 많다.

3. 실정이 이렇다보니 장시간 노동으로 몸은 경직되고 수축하며 마음도 과중한 스트레스에 노출돼 굳어진다. 경직되고 수축한 몸과 마음을 이완시키고 충분한 휴식을 제공하는 것이 생산성향상과 직결되는 문제였다.

4. 그들은 인도나 중국에서 오랜 전통을 가진 몸을 이완시키는 Yoga나 Taijiquan(太極拳)을 주목하고 도입해 활용한다.

5. 동시에 인도에서 Buddha가 창안한 SATI 수행에서 마음 이완기법과 뇌와 마음 휴식 메커니즘을 주목하고 도입해 사용한다.

6. Buddha가 처음 SATI 수행을 창안한 목적은 경직되고 수축한 마음은 이완하고 휴식이 필요하지만, 과도한 노동으로 지치고 무기력해진 마음은 휴식과 더불어 마음운동으로 활력을 불어넣고 마음에너지를 보충하고 마음탄력을 높이는 것이 필요하다고 보았다.

7. Buddha가 창안한 마음운동인 SATI 수행은 이완기법뿐만 아니라 활력기법도 중시한다. 휴식을 통해 풀어내는 것뿐만 아니라 운동을 통한 에너지를 보충하고 탄력을 높이는 것도 주목한다.

4. 욕망에서 지혜로

1. 서양을 통해 확산한 명상은 욕망, 분노, 스트레스 관리 프로그램으로 이해하는 경향이 강하다. 그러나 인도에서 Buddha가 SATI 수행을 창안할 때는 욕망, 분노, 스트레스 관리는 기본이고 전체상황 통찰기능

인 paññā(般若, 慧)를 성숙시키는 것이 목적이었다.

2. 자본주의는 욕망을 부추겨 작동하는 구조다. 자본주의 사회에서 생활한다는 것은 처음부터 욕망충족을 위해 무한경쟁과 다차원 폭력에 노출해있다. 끝없는 욕망은 무한폭력을 낳고 폭력 강도와 차원은 점차 증가한다. 물질은 풍요로워지는지 몰라도 삶의 질은 거칠고 척박해진다.

3. 서구인은 무한경쟁과 다차원 스트레스를 가져오는 사회구조는 그대로 두고 욕망충족 과정에서 발생하는 스트레스나 분노를 견디는 도구가 필요했다. 그런 필요성에 의해 SATI 수행 기능 가운데 마음근육 이완기법을 주목하고 도입해 명상으로 포장해 전 세계로 확산시켰다.

4. 모든 존재는 관계맺고 있고 서로 영향미치고 변화발전한다. 존재실재가 이렇기 때문에 관계속에서 공존지혜가 필요하다. 자기욕망을 충족할 뿐만 아니라 다른 존재와 공존하려는 자세는 삶을 한층 풍요롭게 한다.

5. 홀로 독립해 존재하는 것은 없다. 절대상황은 없다. 모든 것은 상대적이다. 관계와 상황 속에서 서로를 규정하고 재규정한다. 그렇기 때문에 전체상황 통찰기능인 paññā를 키우는 것은 자유와 행복으로 가는 길에 중요하다.

6. 문제는 내부에 있을 수도 있고 외부에 존재할 수도 있다. 나에게 있을 수도 있고 상대에게 있을 수도 있고 관계한 모든 존재에게 있을 수도 있다. 그럼으로 전체상황 통찰기능을 키우는 것은 삶의 질을 향상하는 핵심요소다.

5. 의존에서 독립으로

1. 사람기질을 그 특성에 따라 의존형과 독립형, 수동형과 능동형, 내향형과 외향형, 4대기질 등 다양한 기준으로 구분한다.

2. 어떤 사람은 누군가에게 의존해 일을 해결하고 어떤 사람은 타인이 자기일에 개입하는 것을 싫어한다.

3. 어떤 사람은 자기일을 해결하지 못하고 다른 사람에게 수동으로 끌려가고 어떤 사람은 자기일을 스스로 알아서 능동으로 해결한다.

4. Buddha가 창안한 SATI 수행은 자존감과 독립심, 능동성과 홀로서기를 좋아하는 사람이 선호한다. Buddha는 천상천하유아독존(天上天下唯我獨尊)이라고 해서 자존감과 독립성을 강조했다.

5. SATI 수행은 마음운동을 통해 마음근육을 키우고 마음탄력을 높이고 뇌와 마음을 휴식하고 기억이미지와 결합한 마음오염원을 제거하고 마음공간을 정화해 욕망, 분노, 스트레스로부터 자유롭고 행복한 삶을 살 수 있도록 한다.

6. 결국 사람이다. 자기일은 스스로 해결할 때 자존감과 만족도가 높다.

6. 치료에서 건강으로

1. 심리상담, 심리치료, 정신치료는 부적응상태에 빠졌거나 정신이상있는 사람을 대상으로 한다.

2. 수행은 정상인을 대상으로 그들의 마음건강을 위해 활동한다.

3. 이런 의미에서 수행은 마음건강에 관한한 예방의학 입장을 취한다. 병이 발생한 후에 치료하는 것보다 미리 예방하는 것이 좋다.

4. 심리상담, 심리치료, 정신치료가 이미 발생한 부적응상태 교정이나 치료가 목적이라면 수행은 건강한 사람을 더 건강하게 하는데 초점 둔다.

5. 수행은 마음운동을 통해 마음근육을 키우고 마음탄력을 높이고 뇌와 마음을 휴식하고 기억이미지와 결합한 마음오염원을 제거하고 마음공간을 정화해 욕망, 분노, 스트레스로부터 자유롭고 행복한 삶을 살 수 있도록 한다.

7. 명상에서 수행으로

1. Buddha가 창안하고 실천한 마음과학과 SATI 수행은 삶의 방향을 찾고 삶의 갈증을 해결하고 삶의 거품을 제거하고 존재를 대하는 태도를 성숙하고 마음을 관리하고 자유롭고 행복하게 사는 것이 목적이다.

2. 인도에서 Buddha가 창안하고 실천한 마음과학과 SATI 수행이 미국으로 가서 그것이 발생한 역사배경을 제거하고 개량해 대중에게 나올 때는 정작 중요한 삶의 문제나 철학관점은 제거되고 스트레스 관리, 욕망과 분노 관리, 몸과 마음 휴식 프로그램으로 포장해 명상이란 이름으로 유통된다. 이것이 미국을 통해 전 세계로 확산된 명상 프로그램이다.

3. Yale 갱스터란 말이 있다. 이것은 Yale 대학을 중심으로 한 미국 인문학풍을 풍자한 말이다. 미국대학 인문학 장점은 세계 곳곳에서 다양한 관점을 가진 학문을 받아들여 자기틀에 용해해 독특한 새로운 관

점을 창조하는 것이다. 그 과정에서 해당학문이 만들어진 역사, 사회, 문화, 자연 배경은 제거하고 실용주의에 기초해 필요한 것만 발췌해 사용한다.*

4. 이제 미국을 중심으로 서구에서 발전시킨 명상 프로그램을 그것을 만든 본고장에서 처음 그들의 필요성에 의해 창안한 사람이 다시 도입해 그 원래 목적과 사용가치에 충실하면서 서구에서 발전시킨 이론과 기술을 수용하고 불필요한 거품을 걷어내고 필요한 것을 취합해 만든 것이 MOST다.

8. 최고기술

1. 가위나 책처럼 어떤 제품은 그것이 만들어진 이후 같은 종류로는 더 이상 새로운 기능을 가진 제품을 만들 수 없는 것이 있다.

2. Buddha가 창안한 SATI 수행처럼 어떤 것을 만들었는데 시공을

Yale 갱스터

80년대 중반 민주화운동이 일어나고 시위가 결렬해지자 현수막이 내걸리기 시작했다. 그곳에 쓰인 문구가 「폭력추방 자유수호」였다. 이 얼마나 좋은 내용인가? 문제는 그 펼침막을 내건 단체가 퇴역장성 모임이었다. 그 말은 민주화운동하지 말고 전두환(1931~)을 중심으로 한 군부집권을 용인하라는 말의 다른 표현이다.

이런 내용이 미국으로 가서 당시 한국사회 역사배경을 제거하고 가공해 「폭력추방 자유수호」만 본다면 이 얼마나 인류 보편가치를 추구하는 슬로건인가? 미국 인문사회학은 사회나 역사 배경을 제거하고 소주제에 집중함으로써 괄목할만한 학문업적을 이룬 것은 사실이지만 그 과정에서 중요한 것을 빠뜨리기도 한다.

유럽사회학이 사회구조를 파악하는데 주력했다면 미국사회학은 세세한 개별주제를 다루는데 능숙하다.

초월해 해당분야 최고기술인 경우도 있다.

9. 공동주제

　1. 욕망, 분노, 스트레스 같은 주제는 만 년 전이나 지금이나 인류 공동주제다.
　2. 이런 주제는 시공을 초월하고 문화권을 넘나들며 항상 담론주제다. 많은 사람이 해당분야 최고 이론과 기술을 창안하기 위해 노력한다.

10. 수행필요성

　1. 모든 분야는 그것이 담당하는 고유영역, 필요성, 사용가치가 있다. 해당분야가 다루는 고유영역과 사용가치를 올바로 알고 행동하면 유효성이 크다.*

이론과 법칙

　이론은 주장의 다른 이름이다. 주장이 실천을 통해 유효성을 검증받으면 법칙이 된다. 누구나 자기생각을 주장할 수 있다. 그러나 자기주장이 대중으로부터 인정받으려면 실천을 통해 유효성을 검증받아야 한다. 유효성을 검증받으면 진리가 되고 법칙이 된다. 상황이 변하면 유효성도 변한다. 진리는 항상 움직인다. 동시에 진리는 매 순간 절대다. 그렇기 때문에 진리는 상대다.

　자연과학은 검증을 중시한다. 아무리 권위있는 사람 주장도 실천을 통해 검증받지 못하면 단지 주장에 불과하다. 지금 이 순간 검증받지 못했다고 거짓이라고 할 수 없다. 현 단계에서 거짓은 아닐지라도 참은 아니다.

　인문학은 권위를 중시한다. 그래서 어떤 것을 주장할 때 권위있는 사람이 말한 것을 앞세운다. 다른 존재 권위를 빌려 자기주장에 힘을 싣는다. 더 본질은 인문학은 주장에 대한 검증이 용이

2. 수행이 추구하는 것은 자유로운 삶, 여유로운 삶, 청정한 삶, 행복한 삶, 공존하는 삶이다.*

3. 치과는 이를 다루고 안과는 눈을 다루듯 수행은 마음과 행복을 대상으로 삼는다.

4. 아픈 몸을 치료하는 것이 이기주의가 아니듯 지친 마음을 휴식하고 욕망, 이기심, 분노, 적의, 원망, 서운함, 편견, 선입관, 가치관으로 요동치는 마음을 평화롭게 가꾸는 것은 삶에 필요하다.

5. 자신이 잘 사는 것만으로도 다른 존재에게 안정과 행복을 줄 수 있다. 한 걸음 더 나아가 다른 사람 마음을 맑힐 수 있도록 도와주는 것은 의미있는 일이다.

하지 않다는 점이다. 그래서 원인을 통해 결과를 검증하기보다 해당결과에 미친 요인을 추론한다. 그것은 인문학이 사회나 사람을 다루다 보니 실험하기가 쉽지 않기 때문이다. 사회과학도 마찬가지다. 복잡하고 변화무상한 사람과 사회현상을 일반물질처럼 증명하기 쉽지 않다.

Freud 정신분석 이론은 마음작용과 행동유형에 대해 그가 주장한 이론이다. 다른 심리학이나 심리상담학에 관한 많은 내용도 이론이다. 그것은 실천으로 검증한 것이 아니라 단지 그럴 것이라는 주장이다.

수준과 상황

사람마다 존재를 대하고 일 처리방식이 다르다. 그것을 성격이라고 한다. 어떤 사람은 다른 사람이 자기일에 개입하기 원하고 어떤 사람은 자기일은 스스로 해결하기 원한다.

자존심 강한 사람은 스스로 자기문제를 해결하기 좋아하고 의존심 강한 사람은 다른 사람이 자기일에 개입해 해결해주면 좋아한다.

사람성격에 따라 개입하고 상담하는 것을 좋아하기도 하고 부담스러워하고 싫어하는 사람도 있다. 그렇기 때문에 다른 사람문제에 접근할 때는 상대 근기와 상황에 따라 접근하는 태도를 달리 해야 한다.

사회지위가 높거나 자존감 큰 사람은 자기문제를 스스로 해결할 수 있는 가능성과 능력을 기본으로 갖추고 있다. 그들은 자기일에 타인이 개입하고 시시콜콜 이야기하는 것을 좋아하지 않는다.

사회지위가 낮거나 의존심 큰 사람은 자기문제에 다른 사람이 개입해 해답을 제시하고 자신을 인도해주는 것을 좋아한다.

6. 홀로설 수 없는 사람을 돕는 것이 의미있듯 자기마음을 맑히고 요동치는 마음상태로 힘들어 하는 사람 마음을 평화롭게 해 그들이 품위 있게 삶을 살 수 있도록 도와주는 것은 아름다운 일이다.

7. 자연을 청정하게 가꾸는 것이 인류의 번영과 행복을 위해 가치있는 일이듯 사람마음을 맑게 가꾸는 것은 삶의 질을 한층 성숙하게 해준다.

8. 수행으로 내뿜는 맑은 향기는 자기삶뿐만 아니라 관계맺고 살아가는 존재에게 맑음과 여유로움을 제공한다. 이것이 수행필요성이다.*

대개 서구에서 발달한 정신분석학이나 심리상담학은 상대일에 적극 개입하기를 좋아한다. 수행이나 명상은 가능한 개입을 자제하고 스스로 해결할 수 있도록 여유갖고 기다리는 것을 선호한다.

환자를 치료하는 것은 의사나 약물이 아니라 몸이 스스로 치료한다. 의사나 약은 몸이 스스로 치료하는 방해요소나 불필요한 것 제거역할을 한다.

사람을 키우는 것도 마찬가지다. 사람은 스스로 성장하고 자기일은 스스로 할 수 있는 능력과 가능성을 갖추고 있다. 스승이나 조언자가 할 수 있는 일은 스스로 능력이나 가능성을 발휘할 수 있도록 도와주는 것이다. 조심할 일이다.

불교식 오리엔탈리즘

동양시선으로 동양을 보지 않고 서양관점에서 동양을 보는 것이 오리엔탈리즘이다. 서양의 이성, 지성, 합리, 경험에 기초해 동양을 보고 이해한 것을 토대로 동양사람을 교육하고, 그렇게 교육받은 동양사람은 자신이 배운 대로 이성, 지성, 합리, 경험으로 포장한 서양기준으로 동양사람을 가르친다. 우리는 분명 동양사람으로부터 배우지만 사물을 바라보는 관점은 처음부터 서양사람이 정한 기준, 관념, 포장, 잣대 그대로다.

불교나 수행도 마찬가지다. 현재 많은 불교학자가 외국으로 유학가 불교를 배우지만 대부분 지역은 영국, 프랑스, 독일, 일본, 중국, 미국, 스리랑카고 수행은 주로 미얀마다. 그러나 그곳에서 불교를 가르치는 사람 또한 영국이나 미국에서 불교를 배웠다고 자랑하고 수행은 미얀마에서 했다고 강조한다. 그리고 정작 불교와 수행이 만들어진 인도로 가서 불교나 수행을 배우지 않는다. 브라질 어느 대학에서 용비어천가를 전공했다면 이상하게 들리는데 Harvard 대학에서 동양학이나 불교학을 전공했다고 하면 존경하는 시선으로 보는 것은 또 다른 형태 사대주의는 아닌지 궁금하다.

11. 수행 사용가치

1. 수행 사용가치를 올바로 알면 수행을 통해 우리가 필요한 것을 얻을 수 있다.*

2. 간판은 그곳이 무엇하는 곳인지 분명한 정보를 제공한다. 자신이 필요한 것이 무엇인지 분명히 알고 그것을 어디서 어떻게 얻을 수 있는

어디서 누구에게 배우든 그것은 중요하지 않다. 제대로만 배우면 된다. 그럼에도 불구하고 어떤 것은 현지에서 배울 필요가 있다. 문제는 오리지널을 부정하고 무시하는데 있다. 항상 가리지 날이나 설익은 친구가 건방떤다.

불교는 수행이 전부다. 수행은 철학이나 사유로 하는 것이 아니라 기술이다. 수행기술은 대학 강단이나 연구실에서 말이나 생각으로 익히는 것이 아니라 수행도량에서 몸과 마음으로 익혀야 한다. 불교나 수행을 배우기 위해 대학으로 갈 것이 아니라 수행처로 가야한다. 대학은 불교나 수행을 가르치는 것이 아니라 문자나 분석을 가르친다. 대학에서 불교를 배웠다고 하지 말고 그곳에서 문자나 분석을 배웠다고 해야 정확하다. 그런데도 그곳에서 문자나 분석을 배웠다고 하지 않고 불교나 수행을 배웠다고 한다. 그리고 다른 사람에게 분명 문자나 분석을 가르치는데 불교나 수행을 가르친다고 한다. 현재 거의 모든 불교대학이나 승가대학에서 불교나 수행을 가르치지 않고 문자나 분석을 가르친다. 이것이 현실이다. 그리고 유명대학 간판을 판다.

이것이 불교식 오리엔탈리즘이다. 불교식 오리엔탈리즘은 서양학자 시선과 수준으로 이해한 문자나 분석에 기초한 불교나 수행을 배워서 그대로 다른 사람에게 불교나 수행이라고 가르치는 것을 말한다.

수행처 구분법

많은 수행도량이 있다. 모든 수행도량이 같은 목적으로 수행하는 것은 아니다. 해당 수행도량이 지향하는 목적을 제대로 이해하지 못하고 참여하면 시간과 정열을 낭비하고 아까운 에너지를 소비하고 낭패볼 수 있다. 수행자가 자신이 원하는 것이 무엇인지 분명히 알고 자신이 필요로 하는 수행도량이나 프로그램을 선택하고 참여하는 것이 필요하다.

① 휴식 프로그램

몸과 마음 휴식을 목적으로 하는 수행도량이 있다. 이런 수행도량은 프로그램을 짤 때부터 휴식을 염두에 두고 느슨하게 프로그램을 짜고 약간의 노동과 수행, 법문과 대화할 수 있도록 허용

한다. 휴식을 필요로 하는 사람에게는 요긴하지만 Maggaphala에 들어 Nibbāna를 체험하려는 사람에게는 독이 될 수 있다. 대표적인 수행도량이 Thich Naht Hanh(1926~)이 설립한 프랑스 Plum Village다. 많은 사람이 와서 휴식하며 자유로움과 행복감을 누린다.

② 치유 프로그램

상처입은 몸과 마음을 치유하기 위한 프로그램이 있다. 이런 프로그램은 처음부터 수행으로 Maggaphala를 성취하고 Nibbāna를 체험하는 것은 관심없고 부적응상태에 빠진 사람이나 치료를 필요로 하는 환자를 위한 프로그램에 관심있다. 대표적인 프로그램이 Jon Kabat Zinn(1944~)이 창안한 MBSR(Mindfulness Based Stress Reduction)이다. 많은 병원이나 심리치료 프로그램에서 사용한다. 이 프로그램은 vipassanā에 기반해 만든 프로그램이지만 수행이 아닌 치유 프로그램이다.

③ 깨침 프로그램

삶의 답을 찾기 위해 깨침을 추구하는 프로그램이 있다. 이런 프로그램은 풀리지 않는 답답함을 해소하기 위해 목숨바쳐 해답을 찾는다. 간절함이 큰 만큼 행위 또한 격렬하다. 간절함이 깨침원동력이다. 대표적인 프로그램이 간화선(看話禪, 話頭禪)이다. 유명한 수행도량으로는 통도사(通度寺)나 봉암사(鳳巖寺)가 있다. 이 프로그램은 Maggaphala에 들어 Nibbāna를 체험할 수도 있고 견해탈(見解脫)이나 혜해탈(慧解脫)에 머물 수도 있다. 그것은 수행점검으로 검증해야 한다.

④ Arahant 프로그램

Buddha가 창안한 정통수행법인 SATI 수행으로 Maggaphala에 들어 Nibbāna를 체험하고 Arahant를 성취하는 프로그램이 있다. 이 프로그램만이 Maggaphala를 성취하고 Buddha를 이룰 수 있는 유일한 것이다. 이 프로그램에 기반해 수행지도하는 수행도량은 처음부터 프로 수행자를 양성하기 위해 수행자를 지도한다. 철저하게 오후불식, 묵언, 독서금지를 실시하며 수행점검을 통해 수행자를 Buddha로 이끈다. 신과 윤회를 부정하고 자연법칙을 중시한다. 자기수행뿐만 아니라 사회현실에 참여해 사회정의를 실현하고 아름다운 사회를 만들기 위해 노력한다. 마음운동, 마음산업, 수행운동을 펼치며 수행사회화를 위해 애쓴다. 대표적인 수행도량으로 미얀마 Mahāsī와 인도와 한국의 SATI Ārāma가 있다.

⑤ 잡동사니 프로그램

잡동사니 프로그램이 있다. 원칙도 없고 철학도 없이 온갖 수행 프로그램을 모아놓아 수행법 수집창고 같다. 열심히 설명하지만 무엇을 말하고자 하는지 들을수록 애매해진다. 스스로 수행을 완성하지도 않고 다른 사람에게 수행지도한다고 애쓴다. 현란한 말재주, 화려한 수사, 사회지위를 내세워 대중을 현혹하지만 정작 대중은 그들 실체를 정확히 파악하고 있다. 단지 자신만 모른다.

지 정확히 알아야 필요한 것을 필요할 때 올바로 얻을 수 있다.*

1) 깨달음추구

3. Buddha(佛陀, 覺者)는 최상행복을 찾아 출가했다. 젊은 시절 삶이 흔들리고 답답하고 혼돈스럽고 암울할 때 새로운 돌파구를 찾아 집을 나서 길을 떠났다.*

국수집과 보리밥집

보리밥집은 보리밥 팔고 국수집은 국수 판다. 오리지널 불교나 SATI 수행 고유영역은 존재가 아니라 존재를 대하는 마음이다. 공부자체가 아니라 공부과정에서 발생하는 스트레스나 마음상태를 어떻게 관리할 수 있느냐고 진학이나 합격 자체가 아니라 그 과정에서 요동치는 마음상태를 관리할 수 있느냐며 사업자체가 아니라 사업과정에서 일어나는 욕망이나 분노, 긴장이나 스트레스를 어떻게 유효하게 관리하느냐며 인간관계를 어떻게 슬기롭게 처리하느냐다.

불교도나 수행자가 대승부불교가 힌두신을 각색한 관세음보살에게 시험합격이나 사업성공을 비는 것은 문제가 많다. 삶의 과정에서 발생하는 긴장, 스트레스, 욕망, 분노로 인해 발생한 괴로운 마음상태를 맑고 평안하게 하고 스트레스를 해소하기 위해 자문구하거나 수행을 원하면 적극 도와주어야 한다. 그것이 수행 고유영역이기 때문이다. 분명한 것은 존재가 아니라 존재를 대하는 마음이다.

그릇 크기

강호에 전해지는 전설에 무술고수는 안목이 넓어야 한다고 한다. 처음에 자신을 보고, 다음은 천하를 보고, 마지막으로 중생을 보아야 한다.

허접한 하수는 겨우 자신이 익힌 기술로 밥먹고 살고, 중간 고수는 익힌 기술로 세상에 나아가 지위와 명예를 쌓고, 진정한 고수는 자신이 이룩한 모든 것을 중생의 자유와 행복, 평등과 평화, 공정과 정의, 이해와 배려, 관용과 포용, 공존과 어울림으로 회향한다.

수행도 마찬가지다. 하수는 수행소비자가 되어 자기 고민거리 해결하고 만족하고, 중수는 세상에 나아가 수행을 가지고 천하를 휘젓고 다니고, 진정한 고수는 수행을 사회로 회향해 중생의 아픔을 씻어내고 삶의 오아시스 역할을 한다.

小士는 능력이 없는데 의욕은 넘치고 오라는 곳은 없지만 마음은 바쁘고, 中士는 능력도 있고

표3 수행 사용가치와 활용 ---

가치와 활용	지향점	기대효과
수행가치	깨달음(Buddha, 佛陀, 覺者)	삶의 갈증해소 삶의 거품제거
	삶의 방향	
	존재를 대하는 태도	
	앎의 해방	
	마음건강	욕망, 분노, 편견 관리
	마음에너지 보충	
	뇌와 마음 휴식	
삶의 활용	스트레스 관리	의료복지 분야 보조도구 경영, 교육 분야 보조도구 예술, 스포츠 분야 보조도구
	마음산업	
	아름다운 세상만들기	사회참여
	마음운동	
	취미생활	

의욕도 있고 오라는 곳도 있고 갈데도 많아 몸과 마음이 적당히 바쁘고, 大士는 능력이 출중해 오라는 곳은 많아 몸은 바쁘지만 마음은 한가하다.

출가목적

출가수행자가 자신이 처음에 가진 출가목적이 무엇인지 잊고 사는 경우가 많다. 출가수행자가 꼭 명심해야 할 것은 자신이 왜 출가했으며 수행목적이 무엇인지 스스로 자각하고 깨어있는 것이다.

출가목적이 처음부터 없었다면 할 말 없지만 Buddha가 Migadāya에서 5 bhikkhu(比丘)에게 수행지도하려고 하자 그들은 「당신은 고행을 포기하고 사치에 빠졌기 때문에 그대에게서 수행지도를 받을 수 없다」고 완강히 거부한다. 그러자 Buddha가 질문한다. 그대의 출가목적은 무엇입니까 고행하는 것이 출가수행 최종목적입니까 아니면 고행이 자유와 행복으로 가는 도구고 수단입니까 그러자 5 bhikkhu는 반성하고 「자신의 출가수행 궁극목적은 고행이 아니라 자유와 행

4. Buddha를 깨달음으로 번역하지만 발견자란 의미도 있다. 자유와 행복으로 가는 길을 발견했다는 의미다.*

5. 계몽(enlightenment)이란 의미도 있다. 기존에 알고 있던 것이 유효성을 상실하고 새로운 돌파구가 필요할 때 누군가 그 길을 발견하고 대중이 유용하게 사용할 수 있도록 지도하는 것이 계몽이다.*

복」이라 말하고 수행지도 받는다. 지금 자기자신에게 물어보자. 당신의 출가목적은 무엇인가?

현재 자신이 하고 있는 일을 보자. 자신이 소속된 종단이나 문중을 지키는가, Buddha 가르침을 따르는가, 스승을 시봉하고 사찰을 운영하는가, 포교하고 봉사하는가, 경전에 쓰인 문자를 해석하고 논리로 체계화하는 것인가, 스스로 깨침을 이루고 부처를 성취하는가, 이도저도 아니면 기생충으로 사는가, 자신이 기생충인지도 모르고 사는가 스스로 자신을 잘 살필 일이다.

쾌락과 행복

쾌락은 단순히 즐거움을 추구하는 것이고 행복은 자신이 하는 일에 의미를 부여하고 실천하는 것이다. 쾌락은 더 강한 자극을 요구하고 행복은 더 의미있고 올바른 일을 찾는다. 그래서 쾌락은 처음부터 육체적인 것이고 행복은 육체뿐만 아니라 정신적인 풍요로움도 더해야 가능하다.

단순히 성적쾌락만을 쫓는 것은 추하다고 생각하지만 사랑하는 사람이 서로 좋아하는 것은 아름답다고 생각한다. 단순히 맛을 찾아 먹는 것에만 초점맞추면 음식 포르노라고 하지만 먹는 사람 건강을 생각하고 소비자뿐만 아니라 생산자와 환경까지도 생각하면 생태환경주의자라고 한다.

단순히 수행을 소비하고 사는 것은 수행을 도구삼아 자기쾌락만 추구하는 수행소비자 혹은 수행 쾌락주의자에 지나지 않는다. 수행을 통해 먼저 자기마음을 맑히고 나서 다른 사람 자유로운 삶, 여유로운 삶, 청정한 삶, 행복한 삶, 공존하는 삶을 위해 봉사하고 함께 어울리는 것은 수행자의무이자 아름다운 삶의 태도다.

계몽과 혁명

교육 education은 대중이 이미 알고 있는 내용을 가르치는 것이고 계몽 enlightenment은 기존에 알고 있는 지식이 유효성을 상실하고 더 이상 직면한 문제를 해결할 수 없을 때 문제해결을 위한 새로운 길을 발견하고 그 길을 대중에게 알려주는 것이다.

계몽은 처음부터 혁명성격을 띤다. 변화는 변화만 의미하지 않는다. 그것은 기득권변화도 포함한다. 기존 장에서 기득권 가진 사람은 변화를 원치 않는다. 그러므로 새로운 것으로 변화를 주장하고 실천하는 것은 많은 시련이 따른다. 그럼에도 불구하고 그런 사람이 있기에 인류문명이

6. 많은 사람이 Buddha처럼 최상깨달음을 발견하고 자유롭고 행복하기 위해 수행한다. 문제는 깨달음내용이 무엇인가 하는 것이다. 「깨닫다」는 동사다. 동사는 수식어가 있어야 의미가 살아난다.*

2) 삶의 방향정함

7. 누구나 삶의 구속으로부터 벗어나 자유롭고 행복하게 살고 싶다. 이것을 혜해탈(paññā vimutti, 慧解脫), 혜청정(paññā visuddhi, 慧淸淨), 삶의 해방이라고 한다.

8. 그러나 모든 사람이 자유롭고 행복하게 살 수 있는 것은 아니다. 자유와 행복, 삶의 해방은 신이 주는 것이 아니라 스스로 성취하고 누리는 것이다.

진보한다.

Buddha를 영어로 계몽을 의미하는 enlightenment로 번역한다. 삶을 바라보는 새로운 관점을 제시하고 직면한 문제를 해결할 수 있는 유효한 길을 발견하고 실천했다는 의미다. Buddha는 BCE 531년 음력 4월 보름쯤 보리수 아래서 삶에서 의미를 강조하고 쾌락보다 만족을 중시하고 함께 공존하고 어울리는 삶의 태도를 중시하는 새로운 삶의 길을 발견했다.

처음 Buddha는 자신이 발견한 이 길은 익숙한 삶의 방식에 길들어 있는 사람이 이해하기 어려울 것이라고 생각했다. 그러나 눈 밝은 사람이 있으면 이해할 수 있을 것으로 믿고 실천했다. 처음부터 Buddha는 기존 관념이나 삶의 방식을 거부하고 자신이 발견한 자유로운 삶, 여유로운 삶, 청정한 삶, 행복한 삶, 공존하는 삶을 위해 혁명적인 삶을 살았다. 처음부터 모든 기득권을 내려놓고 시작했다.

깨침과 행복

흔히 최고깨달음을 성취하면 행복할 것으로 생각한다. 그것은 착각이다. 깨쳤기 때문에 행복한 것이 아니라 자유와 행복으로 가는 길을 깨달은 것이다. 자전거타는 법을 터득한 것이지 깨치니 자전거를 탈 수 있다는 것은 논리가 비약했다. 상식선에서 이해하고 실천하자. 그래야 답이 있다.

9. 삶이 흔들리고 혼돈스러울 때 삶을 안정시키기 위해 각 문화권이나 시대에 따라 다양하게 노력한다.*

10. 유목문화에 기반한 사람은 그들의 문화전통에 따라 현실에서 벗어나 여행을 떠나라고 권한다. 일상을 벗어나 여행과정에서 삶의 방향을 발견하고 삶이 안정된다.

11. 농경문화에 기반한 사람은 여행을 떠나기 쉽지 않다. 그들은 눈 밝은 수행자를 찾아 삶에 대한 조언을 구하고 마음속으로 여행과정에서 삶의 방향을 발견하고 만족한다.

12. 인도사람은 사회의무를 마치면 가정을 떠나 여유롭고 초월한 무소유 삶을 사는 수행자되어 이곳저곳 유행(cārika, 遊行) 하며 삶을 마감한다.

3) 삶의 갈증해소

13. 삶이 답답하고 불만족스러울 때 각 문화권이나 시대마다 마음갈증을 해소하기 위해 다양하게 노력한다.

14. 유럽은 즐겨 여행을 권한다. 현재 직면한 문제는 현재수준에서 해결하기 쉽지 않다. 늘 하던 방식대로 사유하고 행동해서 해결할 수 있는 것이라면 처음부터 문제되지 않는다.

여산진면목

여산에 살 때는 여산 참모습을 볼 수 없지만 여산을 떠나 멀리서 보면 여산실재를 알 수 있다. 수행자가 삶의 현장을 떠나 출가수행하는 것은 그것이 목적이 아니다. 자신이 살고 있는 삶의 실재를 더 잘 보기 위해 잠시 삶의 현장을 벗어나는 것이다. 그래서 Buddha는 출가수행하는 것을 마음속으로 떠나는 여행이라고 보았다.

15. 현재 나에게 문제된다는 것은 그것을 해결하기 위해 다른 차원 사유와 관점이 필요하다는 것을 의미한다. 이럴 때 현재 하고 있는 일을 잠시 내려놓고 현실을 떠나 여행하며 새로운 사람을 만나고 다양한 삶과 문화를 경험하면서 사유가 변하고 존재를 바라보는 관점에 혁명이 일어난다. 그러면 삶의 갈증이 풀리고 여유로운 삶을 누릴 수 있다.

16. 동양도 즐겨 여행을 권한다. 삶을 달관한 눈 푸른 스승을 찾아 그들의 지혜를 통해 삶의 갈증을 해소하고 수행하며 마음속으로 여행을 떠난다.

17. 마음속으로 여행하면서 있는 그대로 삶을 대면하고 때로는 얼굴을 붉히고 때로는 환희에 찬 모습을 발견하고 미래에 대한 희망으로 설레기도 한다.

18. 존재를 바라보는 관점에 일대혁명이 일어난다. 존재나 상황이 변한 것이 아니라 바라보는 안목이 변하고 새로운 면을 발견한다. 그리고 삶의 갈증을 해소하고 만족지수를 높이고 넉넉하고 여유로운 삶을 살 수 있다.

4) 삶의 거품제거

19. 삶에 거품이 끼기도 한다. 경제에 거품이 끼면 제거해야 하듯 삶에 낀 거품도 빼야 한다.

20. 몸에 거품이 끼어있을 수 있다. 잘못된 습관같은 몸에 낀 거품은 수행자 행동규범인 sīla(戒)로 규칙정하고 지킴으로써 제거할 수 있다.

21. 생각에 거품이 끼어있을 수 있다. 망상같은 생각거품은 sati 집중기능인 samādhi(三昧, 止, 定)로 마음압력(三昧力)을 만들어 제거할 수 있다.

22. 앎에 거품이 끼어있을 수 있다. 잘못된 지식같은 앎에 낀 거품은 전체상황 통찰기능인 paññā로 제거할 수 있다.

5) 태도성숙

23. 존재를 대하는 태도가 성숙하지 못해 문제가 발생하기도 한다.

24. 존재가 문제근원이기도 하다. 그럴 때는 존재에게 책임을 물어야 한다. 존재를 대하는 태도가 성숙하지 못해 문제를 복잡하게 하기도 한다. 이럴 때는 존재뿐만 아니라 존재를 대하는 자기태도를 성숙시켜야 한다.

25. 존재를 대하는 태도를 성숙하기 위해서는 생각만으로 잘 되지 않는다. 삶 속에서 배우고 익혀야 한다.

26. 서양은 여행을 선호했다. 여행하며 다양한 사람과 문화를 만나면서 생각을 유연하게 하고 행동을 여유롭게 하고 삶을 구조조정했다.

27. 동양은 자신을 돌아보고 반성하는 성찰과 입장을 바꿔 서로를 이해하고 배려하는 역지사지 자세를 중시한다.

28. Buddha는 수행을 통해 마음속으로 여행을 즐겨 권한다. 현실을 잠시 벗어남으로써 현실에 매몰돼 좁아진 안목을 극복하고 주변을 둘러보고 실재를 통찰할 수 있는 지혜를 갖출 수 있다.

29. 수행을 통해 스스로 생각을 고요히 하고 실제상황에서 자기태도를 돌아봄으로써 존재를 보다 성숙하게 이해하고 반응할 수 있다.

6) 앎의 해방

30. SATI 수행으로 앎에 낀 거품을 제거하고 전체상황 통찰기능인

paññā 수준이 성숙하면 아는 것으로부터 자유로워질 수 있다. 이것을 견해탈(diṭṭhi vimutti, 見解脫), 견청정(diṭṭhi visuddhi, 見淸淨), 앎의 해방이라고 한다.

31. 인류역사는 어둠에서 밝음으로 혼돈에서 정돈으로 무지에서 명지로 어리석음에서 지혜로움으로 발전과정이다.

32. 사람지혜가 성숙하면서 존재에 내재한 실재, 법칙, 본성을 알게 되었다. 동시에 그렇게 안 것에 철저히 구속돼있는 것도 사실이다.

① 앎의 정화

33. 우리는 자신이 알고 있는 앎의 수준만큼 사고하고 행동한다. 더 높은 앎을 얻기 위해 현재 자신이 알고 있는 것으로부터 철저히 자유로워져야 한다. 자신이 알고 있다는 것은 현단계 자신이 가진 지식 안에서 아는 것을 의미한다.

34. 현재 진리라고 생각하는 것은 다른 차원에서 비진리일 수 있다. 앎이란 현재 자기수준에서 알고 있다는 사실을 염두에 두고 마음문을 열어두어야 한다.

35. 기존에 알고 있는 것으로부터 자유로워지는 것은 모르는 것에서 자유로워지는 것만큼 중요하다. 새로운 것을 알기 위해 노력하는 것만큼 이미 알고 있는 것으로부터 자유로워지려고 노력해야 한다.

36. 많이 알아야 하지만 질 높게 아는 것은 더 중요하다. 기존의 앎을 새로운 앎으로 성숙시키는 것은 기본이다. 동시에 자신이 알고 있는 것으로부터 자유로울 때 삶의 질은 한층 높아진다.

② 있는 그대로

37. 실재를 있는 그대로 보아야 한다. 그러면 삶의 질이 향상하고 삶

은 자유와 행복으로 충만해진다.

38. 실재를 있는 그대로 보면 해당상황에서 결과를 예측하지 않고 자신이 해야 할 일을 할 수 있고 상황이 종료하면 행위를 종료하고 행위결과를 구분하거나 판단하지 않고 미련없이 내려놓고 행위영향력으로부터 자유로울 수 있다. 그 자유로움만큼 행복지수는 높아진다.

39. 실재를 있는 그대로 보지 못하면 해당상황에서 자신에게 유리한 방향으로 행동하고 행위결과에 집착하고 그 영향력에 구속된다. 그 구속크기만큼 고통지수는 높아진다.

40. 삶이 분석, 사유, 논리로 덮여있을 때 구분과 차별이 일어난다. 이것은 갈등과 폭력을 낳고 실재를 통찰하지 못하고 감각을 자극하고 현상에 매몰된다. 그러면 삶이 답답하다.

41. 자유롭고 행복한 삶을 누리기 위해 편견과 선입관을 버리고 존재를 있는 그대로 보아야 한다. 상대를 배려하고 공존하려면 마음을 열고 욕망, 분노, 편견 지수를 낮춰야 한다. 이것이 다른 존재와 함께 공존하는 삶의 토대다.

42. 인식대상이 마음거울에 상을 맺는 순간 알아차림해 실재를 있는 그대로 통찰하면 된다. 그러나 인식대상을 알아차림하는 순간 마음공간에 존재하는 지나온 삶의 흔적인 기억이미지가 개입해 마음근육이자 알아차림 기능인 sati(念)를 덮는다.

43. 그러면 인식대상을 있는 그대로 보지 못하고 자기입장에서 자기수준에서 해석하고 미래를 예측하고 반응한다. 편견이나 선입관, 가치관에 기초해 존재를 구분하고 차별한다. 그리고 좋은 것은 취하고 싫은 것은 멀리하는 마음갈증인 갈애(taṇhā, 渴愛)가 일어난다.

44. 갈애를 그대로 두면 점차 탐욕(lobha, 貪)으로 발전하고 힘을 사용해 존재를 자기가 원하는 대로 통제하려는 집착(upādāna, 執着)이 일

어나고 행동(kamma, 羯磨, 業) 한다.

45. 마음갈증이 클수록 집착도 커지고 행위는 격렬해진다. 그 크기만 큼 고통도 커진다. 인식대상에 집착하는 마음 때문에 고통이 발생한다. 고통소멸은 집착으로부터 벗어날 때 가능하다.

46. 욕망해소는 자신이 가진 편견, 선입관, 가치관을 내려놓으면서 시작한다. 그러면 삶은 맑고 청정해진다. 맑은 마음은 삶을 자유롭고 행복하게 한다. 구속에서 자유로워지는 도구가 SATI 수행이다.

47. 마음공간에 가득 찬 탐진치 3독심인 마음오염원은 실재를 볼 수 없게 만들고 존재를 자기방식대로 이해하고 행동하게 한다. 이것이 모든 고통원인이다. SATI 수행으로 마음오염원을 제거하면 삶이 청정해지고 행복해진다. 이런 의미에서 SATI 수행은 마음성형이다.

7) 마음건강

48. SATI 수행으로 마음오염원을 제거하고 마음을 맑고 아름답게 가꾸면 자유롭고 행복하게 살 수 있다. 이것을 심해탈(citta vimutti, 心解脫), 심청정(citta visuddhi, 心淸淨), 마음해방이라고 한다.

49. 우리는 삶의 토대인 물적조건을 갖추는데 많은 에너지를 소비한다. 사람이 사는데 물적조건은 필수지만 때로는 삶을 포장하는 겉치레기도 하다. 이런 포장을 비집고 나오는 욕망, 이기심, 분노, 적의, 원망, 서운함, 편견, 선입관, 가치관 등 마음오염원에 기초한 행동은 삶을 초라하게 만든다.

50. 몸과 마음에 대한 체계적인 훈련으로 더 높은 품성을 가질 기회를 얻지 못하는 것은 불행한 일이다. 나쁜 품성 1차피해자는 그런 품성을 소유한 자기자신이다.

51. 마음과 행위를 절제하지 못하고 욕망, 분노, 가치관에 기초해 거칠게 행동하는 것은 자신은 물론 타인까지 힘들게 한다.

52. 체계적인 수행으로 절제된 행동, 부드러운 언어, 맑고 고요한 마음상태를 소유하면 자신은 물론이거니와 다른 사람 삶까지 행복하게 한다.

53. 몸이 건강한 것은 복받은 일이듯 마음이 건강한 것은 행복한 일이다.

54. 몸과 마음은 분리해 생각할 수 없다. 이 둘은 동일존재 다른 표현이고 서로 밀접히 연관해있다. 수행으로 마음오염원을 정화하고 삶을 맑고 아름답게 가꾸는 것은 무엇보다 중요하다.

55. 마음이 건강하면 외부자극에 대한 탄력과 대응력이 높아지고 동일자극에 대한 느낌이 좋아진다. 마음이 건강하지 못하면 조그만 자극에도 민감하게 반응하고 느낌은 좋지 않게 일어난다.

56. 마음을 건강하게 하는 핵심은 마음근육이자 알아차림 기능인 sati를 강화하는 것이다. 마음근육인 sati 강화과정이 수행이다.

57. 불교는 마음종교라거나 마음을 깨치면 Buddha라고 해서 마음을 중요하게 다룬다. Buddha가 마음을 강조한 것은 오염된 마음을 맑히고 접촉다음에 일어나는 느낌을 좋게 하고 실재를 있는 그대로 보고 올바르게 행동하고 자유롭고 행복하게 살기 위함이지 마음자체는 아니다.

58. 느낌이 일어나는 공간이 마음이다. 마음이 건강할 때 외부자극에 대한 탄력이 높고 좋은 느낌이 일어난다.

59. 건강할 때는 주변이 다소 혼란해도 초연할 수 있지만 피곤할 때는 조그만 자극에 과민하게 반응한다. 마음이 건강할 때는 다소 거칠고 큰 자극도 좋게 받아들이고 여유있게 반응하지만 지쳐있을 때는 지나

가는 개만 봐도 짜증나는 것이 사람마음이다.

60. 접촉다음에 일어나는 느낌이 좋으면 행복하고 찜찜하면 불행하다고 생각한다. 그래서 접촉이 좋은 방향으로 이뤄지도록 토대를 부드럽고 평화롭게 가꾸는 것이 필요하다.

61. 그것은 기본이다. 그러나 그것만으로 부족하다. 접촉다음에 일어나는 느낌을 좋게 하려면 접촉수용체인 마음이 청정하고 건강해야 한다. 그래야 자극에 탄력도 좋고 느낌도 행복하게 일어나기 때문이다.

8) 마음관리

62. 마음은 스스로 자정력과 자생력을 갖고 있다. 마음에 힘을 가해 건강하게 하는 것보다 마음건강을 해치는 마음오염원을 제거하고 나머지는 마음에 맡겨두는 것이 마음관리 올바른 길이다.

63. 마음건강을 해치는 것은 욕망과 이기심[lobha, 貪]이다. 마음공간이 이런 오염원으로 가득 차있으면 삶이 피곤해진다.

64. 욕망과 이기심보다 더 마음을 지치게 하는 주범은 분노와 적의, 원망과 서운함[dosa, 嗔]이다. 이것은 마음뿐만 아니라 몸까지 힘들게 한다.

65. 이보다 더 심각한 것은 편견과 선입관, 가치관에 기초해 사물을 인식하고 해석하고 행동하는 어리석음[moha, 痴]과 무명(avijjā, 無明)이다.

66. 욕망과 분노는 자극이 크기 때문에 스스로 통제하려고 노력한다. 그러나 편견과 선입관은 자극이 부드럽기 때문에 자각하기 쉽지 않고 잘 통제할 수 없다.

67. 생명가진 존재는 태어나서 죽을 때까지 끊임없이 접촉하고 반응

하며 살아간다. 사람이 판단하고 행동할 때 자신이 살면서 형성한 삶의 흔적에 기초해 관념을 형성하고 존재를 구분하고 차별한다. 그리고 좋은 것은 취하고 싫은 것은 밀쳐낸다.

68. Buddha는 마음오염원인 āsava(流漏)를 세 가지 독가스[tayo akusala, 三不善, 三毒心]라고 불렀다. 이것이 삶을 지치게 하는 근본 원인이다. 이런 마음오염원 제거야말로 자유와 행복으로 가는 첫걸음 이다.

69. 대지가 독가스로 오염되면 해독제로 정화해야 하듯 오염된 마음 공간은 paññā로 해독할 수 있다. paññā는 마음근육이자 알아차림 기능 인 sati와 sati 집중기능인 samādhi로 성장한다. sati와 samādhi 성숙과 정이 수행이다. 수행은 마음오염원 해독제 생산과정이다.

70. 주변을 깨끗이 정돈하면 보는 사람도 청정해진다. 생활공간이 어수선하면 보는 사람도 혼란스럽다. 미래를 설계하고 앞으로 나아가듯 지나온 삶의 흔적, 업장, 기억무게, 마음무게, 스트레스, 기억이미지를 정화하는 것도 필요하다.

71. 지나온 삶의 흔적인 마음오염원 정화는 삶을 아름답게 가꾸는데 필수다. 좋은 사람과 함께 가는 산이 아름다운 산이듯 맑은 마음으로 사는 세상이 청정하고 행복한 삶의 토대다.

72. 마음이 안정되면 삶이 평화롭고 다른 존재와 관계도 풍요롭다. 마음이 들뜨고 산만하면 삶이 얽히고 피곤하다.

9) 마음에너지 보충

73. 차에 기름이 떨어지면 주유소에서 넣고 배가 고프면 음식을 먹어 몸에 필요한 영양분을 공급하듯 마음에너지가 고갈하면 수행으로 보충

해야 한다.

74. 문제는 마음에너지 증감구조에 대해 잘 모른다는 사실이다. 마음에너지란 개념도 생소하다. 마음에너지 증감구조를 이해하는 것이 필요하다.

75. 마음근육이자 알아차림 기능인 sati가 인식대상에 끌려가면 마음에너지를 많이 소모하고 피곤하고 한 지점에 머물면 마음에너지 소비를 최소화하고 보충해 활기차진다.

76. 마음공간에 입력한 데이터를 가공하면 마음에너지를 많이 소모하고 피곤하고 마음근육이자 알아차림기능인 sati를 활성화하고 다른 기능은 휴식하면 마음에너지를 덜 소모하고 보충해 활기차진다.

77. 자극이 크고 속도가 빠르고 일이 복잡할수록 몸뿐만 아니라 마음에너지도 많이 소모한다. 자극이 부드럽고 속도가 느릴수록 마음에너지 소모량이 감소하고 마음은 활기차진다.

78. 욕망과 분노 지수가 높을수록 마음에너지 소모량이 크고 마음은 지치고 피곤해진다. 마음상태가 고요하고 평화로우면 마음에너지 소모량이 최소화하고 마음은 건강해진다.

79. 머리로 작업하거나 스트레스나 갈등 지수가 높은 곳에서 일하는 사람일수록 뇌와 마음 에너지를 많이 소모한다. 마음노동 중에서 분석, 사유, 논리로 존재를 가공할수록 더 많은 에너지를 소모한다.

80. 마음에너지 보충방법은 간단하다. 마음기능을 멈추고 마음이 휴식할 수 있도록 해야 한다. 문제는 일반기계와 달리 마음기능을 중단할 수 없다는 점이다. 그래서 마음기능 가운데 마음근육이자 알아차림기능인 sati만 활성화해야 한다.

81. 문제는 그것이 말처럼 그렇게 쉽지 않다는데 있다. 우리는 태어난 이래 끊임없이 존재를 분석, 사유, 논리로 체계화하며 존재를 가공

하는데 길들어있기 때문에 존재를 가공하지 않는 마음휴식 훈련을 받아 보지 않았다. 그래서 실제로 어떻게 해야 하는지 잘 모른다. 그 해답이 SATI 수행이다.

82. 마음근육이자 알아차림 기능인 sati를 기준점에 밀착고정해 한 곳에 머물고 마음공간에 입력하는 데이터를 분석, 사유, 논리로 가공하지 않고 알아차림만 해야 한다. 그러면 마음은 에너지 소모를 줄이고 보충하고 마음은 활기차진다. 아주 간단하고 단순하다. 조금만 훈련하면 의외로 쉽게 가능하다.

10) 뇌와 마음 휴식

83. 몸이 과도하게 일하면 피곤하듯 마음도 많은 데이터를 처리하면 지친다. 충분한 휴식이 노동유효성을 높이듯 적당한 마음휴식은 건강하고 활기찬 마음상태를 유지할 수 있게 해준다.

84. 마음이 지치고 피곤한 것은 과도한 마음노동과 마음운동부족 때문이다. 마음에 무리주는 노동은 존재를 분석, 사유, 논리로 체계화하는 과정이다.

85. 이런 일은 삶을 유지하는 필수기능이고 마음공간에 입력한 데이터처리가 마음이 담당하는 일이지만 처리량이 많거나 까다로울 때 몸뿐만 아니라 마음도 힘들다. 이때는 하던 일을 잠시 멈추고 마음이 휴식할 수 있도록 해야 한다.

86. 우리는 몸휴식은 잘 알지만 마음휴식은 잘 모른다. 마음휴식도 몸휴식처럼 기본구조가 비슷하다. 마음이 피곤한 것은 마음근육이자 알아차림 기능인 sati가 피곤하기 때문이다. sati를 한 곳에 머물게 하면 마음은 휴식한다.

87. 몸은 피곤하면 한 곳에 머물지만 마음은 피곤할수록 조그만 자극에도 끌려간다. 마음이 통째로 인식대상에 끌려가는 것이 아니라 마음근육이자 알아차림 기능인 sati만 인식대상에 구속되고 끌려간다.

88. 마음근육이자 알아차림 기능인 sati를 한 곳에 머물게 하고 충분히 휴식하게 하는 체계적인 훈련이 필요하다. 그것이 존재를 분석, 사유, 논리로 체계화하지 않고 있는 그대로 알아차림하는 것이다.

89. 마음근육이자 알아차림 기능인 sati를 한 곳에 머물게 하고 분석, 사유, 논리로 존재를 가공하지 않는 훈련이 SATI 수행이다.

90. 몸에 기준점 정하고 그 기준점에 마음근육이자 알아차림 기능인 sati를 밀착고정한다. 어떤 데이터가 마음공간으로 들어와도 그것을 알아차림만 해야 한다. 그러면 마음은 휴식한다.

91. 뇌가 많은 에너지를 소모할 때 뇌파가 높게 나타난다. 반대로 에너지를 덜 소모하면 뇌파가 낮다.

92. 마음근육이자 알아차림 기능인 sati가 한 곳에 머물 때 뇌파가 낮고 sati가 인식대상에 구속되고 끌려가면 뇌파가 높다. sati가 존재를 분석, 사유, 논리로 가공하면 뇌파가 높고 sati가 존재를 알아차림하고 가공하지 않으면 뇌파는 낮다.

93. 뇌와 마음 휴식원리는 비슷하다. 뇌와 마음이 휴식하기 위해서는 수행으로 뇌와 마음이 쉬도록 해야 한다. 뇌와 마음이 에너지를 절약하고 보충하는 이론과 기술은 동일하다.

11) 스트레스 관리

94. 오늘날 한국에서 흔히 사용하는 외래어 가운데 하나가 스트레스라고 한다. 즐겨 사용하지만 정작 스트레스를 제대로 관리할 수 있는 이

론과 기술은 많지 않다.

95. 스트레스는 존재에 가해지는 힘에 대응하는 힘이다. 스트레스는 외부충격에 반응하고 견디는 내부힘이다. 스트레스가 높다는 말은 외부자극에 대해 내부저항이 크다는 것을 의미한다.

96. 스트레스를 견디기 위해서는 몸과 마음에 존재하는 힘을 그곳으로 집중하면 다른 곳의 에너지가 고갈하고 몸과 마음이 지친다. 그 결과 몸에서 나타나는 반응이 외부침입을 막아주는 면역체계 붕괴다. 그러면 문제가 복잡하고 심각해진다.

97. 스트레스를 관리를 위한 세 가지 방법이 있다.

(표4) **스트레스 관리** ··

① 기억이미지와 결합한 마음오염원을 분리해 마음공간에 가해지는 힘을 감소하는 것이다.

② 가해지는 힘을 분산하는 것이다.

③ 마음근육이자 알아차림 기능인 sati 힘을 강화하는 것이다.

----

98. 마음공간에 가해지는 하중은 기억이미지와 결합한 마음오염원을 해체함으로써 해소할 수 있다. 기억이미지와 결합한 마음오염원을 제거하기 위해서는 마음근육이자 알아차림 기능인 sati 힘이 좋아야 한다.

99. 기억무게는 그대로 두고 마음공간에 가해지는 하중 분산방법이 있다. 가해지는 하중을 분산하기 위해서는 접촉면적을 넓히거나 접촉강도를 높여야 한다. 관심돌리기, 행동교정, 인지교정은 오늘날 심리상담이나 심리치료 분야에서 즐겨 사용하는 하중 분산방법이다.

100. 이렇게 하면 일시로 관심돌리고 가해지는 하중을 분산할 수 있지만 마음근육이 강해지지는 않는다. 가해지는 하중으로부터 다른 곳으로 관심돌리기 위해서는 상당한 자극이 필요한데 그렇게 하면 마음근육이 향상하지 않는다.

101. 다음에 비슷한 경우가 발생하면 동일상황에 노출된다. 스트레스 관리 기본은 마음근육 강화인데 마음근육을 강화하지 않고서는 어떤 경우도 스트레스 관리효율성이 높지 않다.

102. SATI 수행을 통해 마음근육을 강화하면 스트레스를 적절히 관리할 수 있다. 스트레스는 없애는 것이 아니라 반응하고 견디는 것이고 스트레스 상황으로부터 탈출하는 것이다. 이것이 스트레스 관리 출발점이고 SATI 수행이 추구하는 근원처방이자 스트레스 관리 큰 기술이다.

12. 삶의 활용

1. 수행은 이론과 기술 측면에서 삶에 유용하게 활용할 수 있다.

2. 수행은 시민운동 차원에서 마음운동으로 전개할 수 있고 다양한 산업분야에 활용할 수 있다.

3. Buddha가 창안한 SATI 수행을 활용해 마음관리, 스트레스 관리, 분노관리 등 각종 프로그램을 개발할 때 철학관점에 기초하고 사람관점에 중심두고 이론과 기술을 개발하고 사용해야 한다.

4. 수행기술은 앉아서 하는 좌념(坐念), 걸으며 하는 행념(行念), 생활하며 하는 생활념(生活念), 일하며 하는 노동념(勞動念) 등 마음맑히는 SATI(念) 수행, 마음오염원을 비우고 맑음으로 채우는 Suñña(空) 수행,

인연있는 사람에게 맑은 마음보내는 Mettā(慈) 수행을 기본으로 하고 그 위에 필요한 것을 얻어 사용한다.*

1) 스트레스 분야

5. 한국인이 즐겨 사용하는 외래어가 스트레스라고 할 정도로 스트레스란 용어는 사회전반에 일상화돼있다.

6. 심혈관계, 뇌신경계, 소화기계 등 발병원인이 스트레스에 기인하는 것이 많다고 한다. 몇몇 분야 산업에 스트레스가 생산성 주요인으로 등장한지 이미 오래다. 이렇듯 스트레스로 인해 발생하는 사회비용은 말할 수 없이 많다.

산업사회와 정보사회

산업사회 특징은 소품종 대량생산이다. 모든 것을 단순화해야 대량생산이 가능하다. 그렇다보니 거칠고 무미건조하고 사용가치만 드러난다.

정보사회 특징은 다품종 소량생산이다. 이것을 가능케 해주는 것이 컴퓨터다. 소비자의 각각 다른 쓰임새에 맞추어 다양한 제품을 필요한 만큼 만든다. 제품이 다양하고 사용가치뿐만 아니라 디자인도 신경쓴다.

산업사회 특징인 대량생산을 바탕에 깔고 정보사회 특징인 다품종 소량생산을 가능케 한 것이 Apple과 Steven Paul Jobs(1955~2011)였다. iphone이라는 단순한 기능을 가진 프레임을 대량생산하고 그 위에 다양한 기능을 가진 application을 사용한다. 기막힌 발상이다. 모두가 정보시대에 맞추어 옮겨갈 때 그들은 산업사회 장점을 토대로 정보사회 장점을 살리고 대박을 터뜨렸다. 그 위에 감성을 자극하는 디자인으로 포장했다.

MOST도 비슷한 구조다. 좌념(坐念)과 행념(行念)이라는 기본 프로그램 위에 다양한 기술을 얻어 사용하며 마음근육을 키우고 알아차림 기능을 강화하고 마음에너지를 보충하고 뇌와 마음을 휴식하고 마음과 스트레스를 관리한다.

2,600여 년 전 인도에서 Buddha가 창안하고 지금 한국에서 Buddhapāla가 재정립한다. 그것이 가능한 것은 욕망, 분노, 스트레스 주제가 2,600년 전이나 지금이나 인류공동 고민거리이기 때문이다.

7. 몸으로 인해 발생하는 스트레스는 몸이나 뇌 차원에서 해결할 수 있다. 마음차원에서 기인한 스트레스는 몸차원으로 접근하면 부족하다. 마음은 마음차원에서 접근하고 해결하는 것이 올바른 자세다.

8. 그 중심에 SATI 수행이 있다. SATI 수행은 이론과 기술면에서 마음차원에서 발생한 스트레스 해결할 수 있는 유효한 도구다.

2) 의료복지 분야

9. 한국에서 한 해 천만 명 이상이 당뇨나 고혈압 등 성인병으로 병원을 찾는다. 그러나 성인병은 치료 못지않게 관리도 중요하다. 성인병관리는 운동요법과 식이요법만큼 마음관리도 중요하다.

10. SATI 수행으로 마음근육을 키우고 마음탄력을 높이고 욕망이나 분노를 적절히 관리하면 성인병관리에 도움될 뿐만 아니라 예방에도 도움된다.

11. 우울증이나 불면증으로 고통받는 사람도 많고 그것으로 인해 지불하는 사회비용도 만만치 않다.

12. 우울증 발병원인은 여러 가지가 있다. SATI 수행은 마음에너지 부족과 마음근육 무기력이 우울증발생에 영향미친다고 본다.

13. 우울증관리는 여러 가지 처방에 더해 마음에너지 보충과 마음근육 강화 프로그램이 필수다. 그 중심에 SATI 수행이 있다. 여러 선진국에서 우울증은 약물요법 못지않게 육체운동에 마음운동인 명상을 병행하라고 권한다.

14. 미디어, 도박, 술 같은 중독증상 치료에 현재 사용하는 여러 가지 방법에 더불어 SATI 수행을 사용하기 권한다.

15. SATI 수행으로 뇌와 마음이 휴식하고 마음에너지를 보충하고 마

음근육을 키우고 자신을 성찰하면 여러 중독 증상으로부터 빠져나오기 쉽고 재발을 방지하는데 도움된다.

3) 경영 분야

16. 생산성향상을 위해 여러 가지 방법을 강구해야 하지만 동시에 생산성향상을 가로막는 요소를 제거하는 것도 중요하다. 그 가운데 갈등이나 스트레스로 인해 생산성향상이 방해받는 경우가 많다. 이런 경우는 SATI 수행을 통해 몸과 마음을 쉬어주고 마음근육을 키우고 마음에너지를 보충하면 갈등이나 스트레스 해소에 효과있다.

17. 노동자가 자기일에 과도하게 몰입해 몸과 마음 에너지를 소진하고 탈진해 의욕을 상실하고 무기력해지는 직무소진이 일어나는 경우도 있다.

18. 이런 경우 잠시 일에서 떠나 여행이나 의미있는 일하고 휴식이 필요하다. 운동을 통해 휴식하고 활력을 키우고 SATI 수행을 통해 뇌와 마음이 휴식하고 마음에너지를 보충하고 마음근육을 키우는 것도 중요하다.

19. 감정노동자가 자기감정을 적절히 관리할 수 있다면 좋다. 그러나 현실은 그렇게 생각만큼 쉽지 않다.

20. 우리는 삶의 과정에서 접촉을 피할 수 없다. 접촉다음에 느낌이 일어나고 그 느낌을 대상으로 마음이 움직이고 감정이 일어난다. 느낌을 있는 그대로 알아차림할 수 있으면 좋다. 느낌을 대상으로 일어난 다양한 감정에 휩싸이고 그런 감정을 적절히 관리하지 못하면 삶은 힘들고 지친다.

21. 이럴 때 상황을 있는 그대로 알아차림하고 자신이 처한 상황에서

해야 할 일에 최선을 다하고 상황이 종료하면 해당상황으로부터 벗어나 자유롭게 하는 SATI 수행이 감정과 마음 관리에 효과있다.

22. 노동자가 직무에 제대로 몰입하지 못하면 생산성이 떨어진다. 그래서 직무몰입도를 높이기 위해 여러 가지 방법으로 노력한다. 수행자가 즐겨 사용하는 알아차림 대상(기준점)에 집중하는 방법을 활용해 마음근육을 키우고 대상에 집중하는 힘을 키우면 직무몰입도를 높일 수 있다.

4) 교육 분야

23. 학습과정에서 큰 고민거리 가운데 하나가 주제에 집중하지 못해서 학습효과를 높이지 못하는 것이다. 이럴 때 공부주제에 효과있게 집중하기 위해서 수행자가 사용하는 알아차림 기법을 사용하면 집중력향상에 도움된다.

24. 학교는 지식만 배우는 곳이 아니다. 그곳도 사회다보니 사람사는 모습은 어디나 비슷하다. 학생과 학생, 학생과 교사 사이에 다양한 인간관계를 형성한다. 그렇게 형성하는 인간관계를 적절히 다루지 못하면 학습을 크게 방해할 수 있다.

25. 공부할 때 일어나는 욕망이나 분노를 적절히 관리하지 못하면 학습을 방해할 수 있다. 욕망, 분노 등 마음상태가 주제집중을 방해할 수 있다.

26. 학습과정에 뇌와 마음을 과도하게 사용해 피곤할 수 있다. 뇌와 마음이 과도한 노동으로 피곤하면 학습효율성이 낮아진다. 피곤한 뇌와 마음이 충분히 휴식할 수 있어야 학습효과가 좋게 나온다. SATI 수행으로 뇌와 마음을 휴식하면 학습효율성을 향상시킬 수 있다.

5) 예술과 스포츠 분야

27. 창작활동은 큰 용기와 결단, 넓은 사유와 성찰, 고도의 집중력과 창의력 등 깊은 내공이 필요한 분야다.

28. 예술, 연예, 스포츠 분야 창작활동은 새로움을 창조하는 과정이다. 참신한 아이디어는 자유와 상상, 용기와 결단을 먹고 자란다. 누구나 기발하게 상상할 수 있지만 모든 사람이 그것을 현실화하는 것은 아니다. 그것은 실천하려는 용기와 결단이 필요하다.

29. 이런 분야는 항상 대중과 함께 호흡한다. 대중 시선과 평가에 늘 노출해있다. 대중관심으로부터 자유롭지 못하다. 자칫 내공이 부족하면 대중시선에 사로잡혀 정작 자신이 해야 할 일을 제대로 하지 못한다.

30. 그렇기 때문에 대중시선으로부터 자유로워야 한다. 때로는 대중시선을 놓아두고 자기길을 가야한다. 그래야 제대로 된 작품이 나온다.

31. 누구나 평가할 수 있다. 평가는 자기 수준이나 입장에서 한다. 그러므로 다른 사람 시선이나 평가를 존중하고 경청할 필요있지만 그것에 흔들리면 많은 것을 놓칠 수 있다.

32. 남에게 보여주는 것도 필요하지만 자신이 좋아서 하는 일이라면 적당히 무시하는 것도 필요하다. 물론 큰 용기와 결단, 그리고 필요한 비용을 지불해야 한다.

33. 살다보면 별일이 다 있다. 그런 별일에 일일이 걸리고 인사하고 시비하면 정작 자기일을 소홀히 할 수 있다. 중요한 것은 삶의 과정에서 만나는 별일이 아니라 나의 삶이다. 자기일을 충실히 하면 별일은 바람에 날리는 먼지처럼 사라진다.

34. 인생사 모든 것이 대중이나 상대보다 자기자신과 투쟁이다. 대중시선을 존중하지만 무엇보다도 자기기준에 충실해야 한다. 그래야 호

흡을 길게 가질 수 있고 수준높은 작품이 나올 수 있다. 그래서 Buddha
는 자신을 이기는 것이야말로 위대한 승리라고 했다.

35. 예술활동은 충분한 휴식과 활력, 많은 마음에너지가 필요하다.
SATI 수행은 분명 내공을 깊게 해 줄 것이다.

6) 지도자 분야

36. 대중을 앞에서 이끄는 것은 영광이기도 하지만 동시에 모험이기도
하다. 리더는 항상 대중과 함께하지만 늘 혼자이고 적당히 고독하다.

37. 많은 사람으로부터 조언받고 정보도 많지만 마지막은 혼자 결단
해야 한다.

38. 미래에 대한 비전뿐만 아니라 직면한 현실의 본질을 분명히 볼
수 있는 안목도 요구된다. 직면한 문제뿐만 아니라 미래에 대한 투자도
필요하다. 흐름을 정확히 통찰할 수 있는 지혜도 필요하고 관계맺은 존
재사이 역학관계를 관찰하는 것도 중요하다.

39. 결국 경영은 사람일이다. 무엇보다 우선해 사람에 대한 애정이
있어야 한다. 존재에 대한 이해와 배려, 관용과 포용, 공존과 어울림이
핵심이다. 그것을 중국은 덕, 불교는 자비, 서양은 사랑이라고 즐겨 표
현한다.

40. 문제가 발생하면 여러 사람을 만나 대화하고 조언구하고 전문가
와 분석, 사유, 논리를 사용해 답을 찾거나 눈 밝은 스승을 찾아 지혜를
구하기도 한다.

41. 현실에서 살짝 비켜나 여행, 운동, 명상하며 거품빼고 해답이 떠
오를 때까지 기다릴 수 있는 전략적인 인내도 필요하다. 결국 내공이
다. 그 중심에 SATI 수행이 있다.

13. 취미활동

1. 삶을 풍요롭게 하는 것이 취미활동이다. 사람이 밥만 먹고 살 수 없고 일만하고 살 수 없다. 때로는 몸과 마음을 쉬고 자신이 좋아하는 일을 하고 삶의 활력을 얻는다.

2. 여러 가지 취미활동이 있다. 등산이나 운동하며 즐기고 봉사활동이나 시민운동하며 의미를 찾는다. 꽃을 가꾸거나 텃밭을 갈며 꿈을 키운다.

3. 거기에 더해 마음운동으로 마음근육을 키우고 마음에너지를 보충하고 삶의 흔적을 정화하고 인연있는 사람에게 맑은 마음보내며 삶을 풍요롭게 하는 SATI 수행을 취미로 갖는 것도 좋다.

4. SATI 수행을 취미로 하는 것은 상당히 멋있다. 취미활동으로 자기만족도를 높이고 다른 사람에게 보이는 모습도 괜찮다.

5. 나이들면서 두 가지 취미활동이 필요하다. 하나는 다른 사람과 어울리는 것이고 다른 하나는 혼자 할 수 있는 것이다.

6. 매번 다른 사람과 어울릴 수 없다. 나이들면서 이런저런 이유로 인연있는 사람이 떠나고 혼자있는 경우가 많다. 이럴 때 다른 사람과 어울리는 것 못지않게 혼자할 수 있는 것이 있으면 삶에 활력이 생긴다.

7. 혼자할 수 있는 것 가운데 SATI 수행은 폼도 나고 마음근육도 키우고 마음에너지를 보충하고 운동도 겸할 수 있어 좋다.

8. 눈을 감고 배를 보고 인연있는 사람에게 마음보내고 여유롭게 삶을 관조하고 삶을 정리할 수 있는 SATI 수행을 취미로 권한다. 이런 품위있는 취미 하나쯤 가지고 있으면 삶이 넉넉할 것이다.

14. 마음운동

1. 정치는 정의, 경제는 공정을 주제로 삼는다. 철학은 직면한 문제를 해결할 수 있는 관점을 제시하고, 윤리학은 선과 악을 다루고, 미학은 아름다움과 추함의 기준을 정한다.

2. Buddha가 창안한 SATI 수행은 자유와 행복을 주제로 삼는다. 삶의 방향을 정하고, 삶의 갈증을 해소하고, 만족지수를 높이고, 존재를 대하는 태도를 성숙시키고, 욕망, 분노, 편견으로 혼돈스러운 마음공간을 정돈하고, 마음운동으로 마음근육을 강화해 마음탄력을 높이고, 마음에너지를 보충하고, 스트레스를 유효하게 관리할 수 있는 수행은 삶의 오아시스다.

3. 사회는 다양한 존재가 자신이 가진 특성에 기초해 삶을 산다. 홀로 존재할 수 있는 것은 아무것도 없다. 함께 고민하고 행동하고 누리는 것이 사회다. 모든 것은 사회에서 생산하고 소비하고 존재한다.

4. 자신이 잘 할 수 있는 분야에 집중해 활동하고 개인과 단체가 결합해 함께 힘을 모아 한 걸음씩 사회는 발전한다.

5. 자기인권을 스스로 지킬 수 없는 사람을 도와주는 인권운동은 의미있는 일이다. 환경을 보호하는 환경운동은 중요한 시민운동 가운데 하나다. 경제정의와 사회정의를 실현하는 활동은 사회를 지키는 소중한 버팀목이다. 소비자 보호운동은 사회에 필요한 자양분이다.

6. 마음운동 SATI LIFE는 자유로운 삶, 여유로운 삶, 청정한 삶, 행복한 삶, 공존하는 삶으로 가는 길라잡이다. SATI 수행은 자유와 행복으로 가는 좋은 벗이다.

SATI 문화

check point

이 장에서는 관계맺기, 지식과 지혜, 소유와 사용, 버림과 비움, 동화함, 단순함과 간결함, 당당함과 홀로서기, 여유로움과 만족함, 다양함과 어울림, 자유로움과 행복함, 평등함과 평화로움으로 대표하는 수행문화 특징과 이론구조를 배우고 익혀 삶의 자양분으로 삼는다.

1. 창조와 소비

1. 뭔가를 가공해 새로운 존재로 만드는 과정이 생산이다. 공장에서 기계로 찍어낸 것을 생산, 자기생각에 기초해 수작업으로 만든 것을 창작이나 예술이라고 한다. 기본의미에서 생산, 예술, 창작은 같은 의미다.

2. 사람이 만든 모든 것이 문명이고 만들어진 존재를 사용하는 것이 문화다. 문화는 소비의 다른 이름이고 누림을 강조한 용어다.

3. 존재는 드러난 특성이 있고 내재한 법칙이 있다. 존재가 가진 법칙을 잘 이해하고 사용하면 존재사용 효율성이 높다. 사용에도 드러난 특성이 있고 그 속을 흐르는 법칙이 있다. 이것을 올바로 이해하면 삶의 과정이 풍요롭다.

4. 존재에 내재한 법칙을 규명하는 것이 과학이다. 과학이나 철학이 존재에 내재한 법칙을 규명하는 점에서 같은 의미다. 과학은 존재에 내재한 법칙을 다루고 철학은 존재를 대하는 사람 사유와 행동에 관한 법칙을 규명한다.

5. 철학은 문제해결 관점을 제시한다. 특정관점에 따라 실천하는 것이 혁명이다. 자신이 발견한 문제해결의 새로운 관점을 다른 사람에게 가르치고 행동하는 것이 계몽이다. 그래서 계몽은 처음부터 혁명성격을 띤다.

6. 계몽이나 교육은 특정기준에 따라 존재를 봐달라는 주문이다. 처음부터 아름다움과 추함, 선악 기준이 없는데도 존재를 어떻게 이해하고 행동하라고 주문하는 것은 결국 자기생각을 다른 존재에게 강요하는 것이다.

7. 처음부터 정해진 기준이 없다. 사람이 필요에 의해 기준을 정하고 따를 뿐이다. 그런데도 자기생각을 다른 사람에게 강요하는 것은 폭력

이다. 계몽이나 교육은 항상 폭력성격을 가진다. 비평이나 평론은 만들어진 존재를 특정기준에 따라 평가하는 것이다.

8. 현대사회는 생산과 소비가 대부분 분리해있다. 그래서 생산제품에 하자가 있거나 문제를 발견하면 격리할 수 있다.

9. 욕망, 이기심, 분노, 적의, 원망, 서운함, 편견, 선입관, 가치관, 스트레스 같은 마음작용은 생산자와 소비자가 일치한다. 이것이 마음이해 출발점이다.

10. 어떤 이유나 조건이든 분노 최종생산자는 자기자신이다. 다른 사람이나 특정조건에서 이렇게 행동을 할 수밖에 없었다고 해도 그런 행동 최종생산자는 자기자신이다. 그렇게 생산한 마음작용 최초소비자 또한 자기자신이다.

11. 이렇듯 생산자와 소비자가 일치하고 분리 불가능한 마음상태는 그 수준이 어떻든 관리할 수 있는 기술 하나쯤 가지고 있어야 삶이 한결 여유롭다.

2. 자본주의 문화

1. 오늘날 대부분 사람은 자본주의 문화 소비자로 산다. 욕망과 폭력, 경쟁과 갈등으로 표출되는 자본주의 문화는 삶을 풍요롭게도 하지만 때로는 지치게도 한다.

2. 자기 욕망과 이기심을 충족하기 위해 폭력에 의존하고 다른 존재를 소외하고 한정된 자원을 자신에게 집중하는 과정에서 삶의 토대가 척박해진다.

3. 자본주의 기본구조는 단순하다. 자본주의는 자본을 중심으로 구축

하고 자본의 소유와 세습을 허용한다. 물질의 생산, 교환, 소비 과정에서 자본을 축적하기도 하고 박탈하기도 한다.

4. 보다 많이 소유하고 세습하기 위해서는 자본이 순환해야 한다. 자본이동은 상품 생산과 소비로써 가능하다. 소비는 제품이 만들어진다고 이뤄지지 않는다. 그것은 소비자 필요와 욕구가 있어야 가능하다.

5. 욕망을 자극하고 소비를 촉진하기 위해 등장한 것이 광고다. 자본주의 꽃이라는 광고는 대중에게 새로운 제품소개가 1차목적이다. 그러나 실상은 욕망을 자극하고 소비를 촉진해 자본순환을 통해 더 많은 자본축적에 초점맞춘다.

6. 일반대중은 삶에 필요하지 않은 것을 구입해 집에 쌓아 둔다. 가정이 기업 물품창고로 변한 지 이미 오래다. 생산자 또한 자본축적을 위해 필요하지 않은 제품을 만들고 광고와 상징조작으로 소비를 부추긴다.

7. 자본주의는 더 많은 생산과 소비를 위해 기업이 앞장서 자원을 고갈하고 환경을 파괴한다. 소유와 세습을 위해 불필요한 자원을 소유하고 사람과 사람, 사람과 자연 사이 긴장과 갈등, 소외와 고립을 초래한다.

8. 자본주의는 욕망을 절제하고 갈등을 해소하기보다 이기심을 충족하기 위해 다차원 폭력에 의존해 인류공동체 행복과 평화를 파괴한다. 그 결과 삶의 토대는 척박해지고 푸른 지구는 점차 사람이 살 수 없는 행성으로 변해간다.

9. 인류역사에서 가장 후기에 만들어진 자본주의는 인류문명을 꽃피운 면도 있지만 인류를 파멸로 이끌기도 한다. 자본주의는 사람이 만든 것 가운데 가장 욕망과 폭력에 기반한 문화다.

10. 자본주의는 한동안 지속하겠지만 그 대안으로 비폭력 평화로운 문화, 모든 존재가 어울려 공존하는 넉넉한 문화, 여유롭고 자원을 절

약하는 새로운 문화가 절실히 필요하다.*

3. SATI 문화

1. 수행은 새로운 문화를 배우고 익히는 과정이다. 우리가 어떤 문화를 창조하고 소비하느냐에 따라 삶의 양식을 결정한다. 안개 속을 지나면 옷은 안개에 젖듯 수행을 가지고 놀다보면 맑은 향기가 자연스럽게 몸과 마음으로 스민다.

표5 수행문화 특성

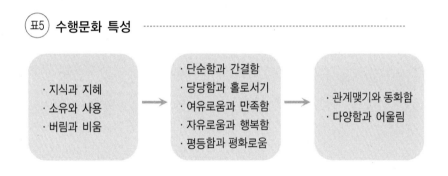

· 지식과 지혜
· 소유와 사용
· 버림과 비움

→

· 단순함과 간결함
· 당당함과 홀로서기
· 여유로움과 만족함
· 자유로움과 행복함
· 평등함과 평화로움

→

· 관계맺기와 동화함
· 다양함과 어울림

Save Earth

자본주의는 기업이 환경을 파괴하고 사회주의는 국가가 환경파괴를 주도한다. 자본주의든 사회주의든 환경문제로부터 자유롭지 못하다. 그 대안으로 사람과 자연이 함께 공존하는 녹색주의가 대두한다. 지구를 살리는 길은 소비가 아니라 절약이고 폭력이 아니라 평화고 구분과 차별이 아니라 함께 어울리는 공존이다. 이것을 잡화(雜華), 화엄(華嚴), 어울림의 아름다움이라고 한다.

1) 관계맺기

2. Buddha가 강조한 것이 관계다. 이것은 오리지널 불교와 SATI 수행 세계관이다.

3. Buddha는 보리수 아래서 Arahant Maggaphala(阿羅漢 道果)를 성취하고 Nibbāna(涅槃, 寂滅)를 체험하고 나서 대선언을 했다.

표6 관계맺기 --

① 존재는 조건에 따라 개별존재가 결합해 전체를 구성한다. 개별존재는 전체 관계속에서 의미가 규정되고 재규정된다.

② 서로 관계맺는다는 것은 홀로 독립해 존재하는 것이 아니라 다른 존재와 어울리고 공존하는 것을 의미한다. 존재는 다른 존재로부터 독립해 존재하는 것이 아니라 서로 관계맺고 서로 영향미치고 변화발전한다. 그렇기 때문에 어떤 현상을 볼 때 개별존재만 이해하기보다 전체상황과 다른 존재와 관계 속에서 파악해야 한다. 이런 관점으로 세계를 보는 것이 연기세계관[paṭicca samuppāda, 緣起]이다.*

----

4. Buddha는 천상천하유아독존(天上天下唯我獨尊)이라고 선언했다. 하늘아래 나 자신이 가장 존귀하다는 자존감이다. 나 자신이 소중하기 때문에 함께 공존하는 다른 존재 또한 귀한 존재다. 그래서 서로 존중

인연과 사랑

창조신을 믿는 크리스트교는 신의 사랑을 강조한다. 신을 믿지 않는 오리지널 불교와 SATI 수행은 관계를 강조한 인연을 중시한다.

하고 이해하고 배려하며 어울려 살아야 한다.

5. 관계이해가 실제통찰이다. 현상은 복잡하고 혼돈스럽지만 현상에 내재한 실재, 본성, 법칙은 명료하다. 복잡한 존재는 하나하나 분석해 접근하는 것이 좋다. 어느 정도 지식이 쌓이면 부분뿐만 아니라 전체상황을 볼 수 있는 안목을 갖춰야 한다. 이것이 paññā(般若, 慧)다. 수행 현실목표는 바로 paññā 수준을 높이는 것이다. 누구나 paññā를 가지고 있다. 문제는 그 수준이 어느 정도인가다.

6. 그렇다고 부분이해를 소홀히 해서는 안 된다. 부분에 대한 이해도 못하고 전체를 보려고 하면 허황된 말장난[papañca, 戲論]에 그칠 수 있다. 부분도 볼 수 없는데 전체통찰은 곤란하다.

7. 부분과 전체를 볼 수 있는 폭넓고 균형잡힌 안목을 갖춰야 한다. 삶이나 사람을 이해할 때 부분과 단편 이해보다 전체상황에서 이해하는 것이 올바르고 현명하다.*

8. 지식기반 사회는 사물을 부분으로 이해하는 경향이 있다. 지식기반 문화는 오늘날 학교 교과편성에서 알 수 있듯 존재를 구분하고 차별하는데 익숙하다. 사람이나 가치관과 같은 복잡하고 미묘한 대상을 다

전인교육

오늘날 학교에서 국어, 수학, 철학, 역사로 교과목을 분리해 교육한다. 이런 교육방법은 John Dewey(1859~1952)로부터 시작해 미국에서 발달한 교육제도다. 이것은 장점이 많다. 복잡한 현상을 다룰 때 범위를 한정짓고 분리해 접근하면 쉽게 답을 구할 수 있다. 그러나 사람을 다룰 때 부분으로 다루기보다 전체를 이해하는 것이 필요하다. 어느 한 분야 일을 잘하는 것과 그 사람 전체를 평가하는 것은 별개문제다. 한국이 미국 교육제도를 따르다보니 한 분야에 뛰어난 능력으로 삶에 필요한 물질 획득구조로 발전했다. 전인교육이란 부분이 아닌 전체상황과 연관관계를 올바로 이해하고 다른 존재와 공존방식을 익히는 것이다. 전인교육은 사물을 부분과 전체 모두 볼 수 있도록 하는 것으로부터 출발해야 한다. 많은 사람이 대안교육을 말한다. 기존 교육이 가진 장점을 받아들이고 그 바탕위에 새로운 가치체계를 세우는 전인교육이나 통합교육이 대안교육이란 용어보다 더 적절할 것 같다.

룰 때 분석하고 구분해 이해하는 것 못지않게 전체를 통찰하는 안목을 갖춰야 실재를 있는 그대로 볼 수 있다.

9. 존재가 복잡하고 까다로울 때 연구 편리성과 효율성을 위해 범위를 한정짓는 분석기법이 대중성을 획득한다. 이런 방법은 자연과학이나 사회과학에 탁월하다. 그러나 사람을 다루고 마음과 행복을 주제로 삼는 수행, 마음과학, 심리학, 심리상담학, 정신분석학, 선악을 다루는 윤리학, 문제해결 관점을 다루는 철학, 아름다움과 추함을 다루는 미학과 예술, 사람 사이 관계를 다루는 사회과학에는 부족하다. 분석기법에 기초한 지식과 함께 전체상황에서 통찰하는 지혜를 활용하는 것이 유용하다.

10. SATI 수행은 사물을 전체상황에서 이해하고 다른 존재와 관계속에서 의미를 규정하는 안목을 열어준다. 이런 수행문화는 현대문명화 단점을 보완하는 좋은 도구다.

11. 압축을 통한 여유와 여백, 몇 개의 상징으로 많은 의미를 전달하는 고맥락과 고효율, 관계와 흐름을 중시하는 수행문화는 동서문화 최정점에서 볼 수 있다. 직관에 기초한 수행문화는 동양문화 정수이자 한층 성숙하고 수준높은 문화다.

12. 일반물질은 형체파악이 쉽고 고정돼있고 질량도 있어 분석, 사유, 논리를 사용하면 다루기 쉽다. 마음은 형체파악이 까다롭고 가변이고 특수물질이기 때문에 분석, 사유, 논리로 다루기가 적절치 않다.

13. 마음거울에 맺힌 상은 빠르게 움직이고 접근하면 형체가 변하기 때문에 실재파악이 까다롭다.

14. 마음같은 특수물질을 다룰 때 인식대상이 마음거울에 상을 맺는 순간 그 형체가 변하기 전에 자신이 가진 모든 지식을 압축하고 집중해 한 순간에 실재를 파악해야 한다. 이런 능력이 직관이다. 이것이 마음

다루는 도구다.*

15. 우리는 오랫동안 존재를 분석, 사유, 논리로 체계화하는데 길들었다. 그래서 어떤 데이터가 마음거울에 상을 맺으면 즉각 가공한다. 이런 마음작용을 멈추고 존재를 있는 그대로 보는 도구가 바로 직관이다. 그러면 전체상황 통찰기능인 paññā가 열린다.

2) 지식과 지혜

16. 지식은 간접경험에 의존하고 지혜는 직접체험에 기초한다. 지식은 개별사물에 내재한 법칙을 중시하고 지혜는 전체상황을 보는 안목을 강조한다.

17. 지식은 다른 사람 경험을 기록한 책이나 강의를 통해 개념으로 얻고 지혜는 스스로 경험해 체득한다.

18. 지식은 물건을 만드는데 관여하고 지혜는 만들어진 물건을 어떤 용도로 사용할지 결정한다.

19. 지식은 생존과 물질을 다루고 지혜는 삶의 질과 행복에 주목한다.

20. 지식은 양에 기반하고 지혜는 질에 기초한다.

21. 지식은 데이터를 분석, 사유, 논리로 체계화해 성장하고 지혜는 데이터를 한 순간 한 지점에 집중하고 압축해 성숙한다.

22. 지식은 존재가 답을 가지고 있다고 보기 때문에 존재를 덮고 있

분석과 압축

드라마는 분석과 논리 기법을 사용하고 광고는 압축과 직관 기법을 이용한다. 소설은 분석과 논리 기법을 사용하고 시는 압축과 직관 기법을 이용한다. 회화는 분석과 논리 기법을 사용하고 스포츠 사진은 압축과 직관 기법을 이용한다. 이성과 지성은 분석, 사유, 논리에 기초하고 감성, 느낌, 정서는 응축과 직관이 토대다. 수행은 분석기법이 아닌 직관기법을 사용한다.

는 혼돈을 제거하면 존재에 내재한 답을 찾을 수 있다고 본다. 지혜는 존재가 답을 가지고 있지 않다고 보기 때문에 답은 존재가 처해있는 전체상황에서 스스로 결정한다고 본다.

23. 지식은 복잡한 현상을 하나하나 분리해 접근한다. 지식은 결정세계관 위에 성립한다. 지식은 개별능력을 중시하고 현대과학을 발전시킨 서구인이 좋아한다.

24. 지혜는 마음공간에 존재하는 모든 지식을 압축해 사용한다. 지혜는 비결정세계관을 선호한다. 지혜는 마음과 수행, 자유와 행복에 주목하고 다른 존재와 관계를 중시하는 동양인이 좋아한다.

25. 지식은 처음부터 존재에 정해진 답이 있다고 보기 때문에 자신이 설정한 기준에 일치하지 않으면 문제해결이 아니라고 생각한다. 이런 사고방식은 사물을 객관으로 다루고 행위를 표준화하기 좋다. 그러나 한편으로 자유로운 사고를 방해하고 행동이 경직될 수 있고 정해진 답을 제시하라고 상대를 압박함으로써 폭력일 수 있다.

26. 지혜는 처음부터 답이 정해져있지 않다고 보기 때문에 자유로운 사유를 존중한다. 자유로운 사고는 사물을 주관으로 다루고 행위를 자의로 할 수 있다. 유연하지만 무원칙하고 무책임할 수 있다.

27. 지식은 출세도구고 생존을 유리하게 하고 대개 학교에서 배운다. 학교는 분석, 사유, 논리로 데이터를 가공해 지식으로 발전시켜 부가가치를 높이도록 훈련하는 곳이다.

28. 지혜는 행복지수를 높이고 삶을 성숙시키는 도구다. 지혜는 Ārāma(精舍)에서 수행으로 획득한다. Ārāma는 압축과 직관으로 지식에 낀 거품을 제거하고 기억이미지와 결합한 마음오염원을 해체해 지식순도를 높이는 곳이다. 수행은 자유로운 삶, 여유로운 삶, 청정한 삶, 행복한 삶, 공존하는 삶으로 인도하는 훈련이다.

29. 우리가 아는 대부분 지식은 책이나 강의를 통해 얻는다. 그렇게 해서 아는 지식은 엄밀한 의미에서 내 것이 아니다. 다른 사람 경험을 기록한 책을 통해 해당지식을 간접으로 안 것이다. 책에 서술한 내용을 아는 것이 아니라 다른 사람이 경험했다는 것을 책을 통해 안 것이지 내가 직접체험한 것이 아니다.

30. 이런 실상을 모르고 마치 내가 그것을 직접경험해 안 것처럼 스스로 착각하고 사회도 그렇게 믿고 집단최면에 걸려 행동한다. 그래서 현명한 사람은 어려서 책을 통해 다른 사람이 경험한 내용을 알지만 어느 정도 성장하면 여행이나 직접체험을 통해 얻는 경험을 중시한다.

31. 현대사회는 지식기반 문화를 창조하고 소비한다. 교육체계는 지식획득에 초점맞춘다. 지식기반 사회는 오늘날 현대문명을 이룩하는데 공헌했고 삶을 편리하고 유용하게 만들었다.

32. 삶이 편리하고 유용해진 것만큼 행복지수가 향상했느냐 하는 것은 다른 문제다. 현대사회는 점점 더 갈등과 긴장, 경쟁과 폭력, 소외와 고립으로 물든다. 이런 문화를 비켜갈 수 없지만 수행으로 그 단점을 보완할 수 있다.

33. 객관법칙을 다루고 답을 찾는 물질영역은 지식이 유용하다. 처음부터 정해진 답이 없는 사용영역, 사람영역, 자유와 행복 영역은 지식뿐만 아니라 지혜도 필요하다.

34. 지금 우리는 지식부족이 아니라 지혜결핍이 문제다. 지식과 지혜, 부분과 전체 통찰안목이 요구된다. 수행문화는 지식문화가 빠뜨려 놓은 것을 채우고 현대문명을 성숙시키는 자양분이 될 수 있다.

3) 소유와 사용

35. 우리는 뭔가 소유함으로써 만족한다. 그러나 필요한 만큼 사용하고 나머지는 남겨두는 것이 현명하다. 그것이 무소유 아름다움이다.*

36. 무소유란 아무것도 가지지 않는 것이 아니라 불필요한 것을 소유하거나 소비하지 않는다는 의미다.

37. 대부분 사람은 현재 필요하지 않은 것도 소유하고 배타영역을 설정해야 안심하고 만족한다. 이런 행위는 욕망에 기초한 것으로 결국 관계된 존재를 힘들게 한다.

38. 모든 존재는 서로 관계맺고 있기 때문에 어느 한 쪽 일방통행을 다른 쪽이 용납하지 않는다. 그러므로 함께 살아가려는 공존기술을 익히는 것이 필요하다.

39. 삶의 양식을 비탐욕과 자연친화로 가꾸는 것은 공존으로 가는 첫걸음이다. 이것이 자연법칙이다. 이런 현실을 무시하고 욕망에 기초해 행동하면 갈등은 커지고 삶은 척박해진다.

40. 존재는 그 자체로 완성돼있다. 존재는 다른 존재와 비교대상이 아니다. 존재는 그 자체로 고유가치를 가진다. 존재는 자신이 가진 특성으로만 실재한다. 존재를 다른 것과 비교하고 구분하고 차별하는 것은 어리석은 태도다.

41. 생명유지는 다른 존재 희생을 의미한다. 다른 존재 에너지를 사

사용가치와 교환가치

물의 사용가치는 목마를 때 마시는 것이다. 그러나 물이 교환가치로 바뀌면 목이 말라도 교환도구를 가지지 않으면 마실 수 없다. 현대사회는 재화가 사용가치로 쓰이지 않고 교환가치로 기능한다. 현대인은 교환유효성만 주목하는 문화를 소비하며 산다. 이것이 삶에 활력을 불어넣기도 하지만 도리어 지치게 하는 요인이기도 하다.

용하지 않고 한 순간도 살 수 없는 것이 생명현상 실상이다. 이것은 선악문제가 아니라 생명현상 본질이다. 소유와 소비를 최소화하고 삶의 양식을 간소하게 하면 공동체 평화, 공존, 행복 지수가 높아진다.

4) 버림과 비움

42. 우리는 삶에 뭔가 채우려고 애쓴다. 그러나 삶은 채우는 것 못지않게 버리고 비우는 것도 필요하다.

43. 마음공간에 뭔가 채우면 만족지수가 높아져야 하는데 도리어 욕망지수가 올라가고 만족지수는 낮아진다. 그러나 비우고 버리면 욕망지수는 낮아지고 만족지수는 올라간다. 비움이야말로 삶을 풍요롭게 하는 열쇠다.

44. 우리는 오랫동안 채우는 삶에 길들어있다. 필요한 데이터는 수준 높고 양이 많을수록 좋다. 그러나 욕망, 분노, 적의 등 마음오염원으로 마음공간을 채우는 것은 바람직하지 않다.

45. 행복하기 위해 마음공간을 채운 지식이 도리어 삶을 힘들게 한다. 마음오염원으로 가득 찬 마음공간은 그 자체가 불행씨앗이다. 몸과 마음을 지치게 하는 마음오염원을 깨끗이 비워야 자유롭고 행복하게 살 수 있다.

46. 잡고 있는 것[upādāna, 取]을 놓아야 다른 것을 취할 수 있다. 잘 잡는 방법이 놓을 줄 아는 용기와 결단이다. 이 단순한 원리를 몸으로 체득하고 실천하기가 쉽지 않다.*

원숭이 잡는 법

원숭이 잡는 법 가운데 하나가 야자열매에 손이 들어갈 만한 구멍뚫고 그 속에 조그만 열매를

47. 자기능력을 발휘하는 것은 욕망이나 이기심이 아니라 삶의 본질이다. 그러나 성취한 것을 자신과 인연있는 사람만 독점하는 것은 궁색하고 편협하다.

48. 우리가 소유한 것 가운데 사회에서 생산하지 않은 것은 아무것도 없다. 자신이 소유한 것은 자기 땀뿐만 아니라 다른 존재 땀과 노력도 포함돼있다. 현재 내가 소유한 것은 단지 지금 내가 점유해 사용하고 있을 뿐이다. 자신이 소유한 것은 사회에서 생산한 것이므로 사회를 위해 돌려주는 것이 올바른 삶의 태도다.

49. 내가 가진 것을 다른 존재와 공유하고 사회로 회향할 때 삶의 질이 한층 성숙한다. 버리고 떠나는 것은 포기하고 체념하는 것이 아니라 새로운 것을 위한 출발점이다.

50. 삶의 과정에서 몸과 마음에 낀 거품을 제거하면 좋다. 거품은 상대도 낄 수 있고 자신도 낄 수 있다. 먼저 자신에게 낀 거품을 제거하는 것이 순서다.

51. Buddha는 마음거울에 맺힌 상을 있는 그대로 알아차림해 생각거품을 제거하고 마음공간을 비우면 실재를 있는 그대로 볼 수 있다고 보았다. 생각거품이 빠짐으로써 마음공간이 맑아지고 행동이 안정되고 삶이 간소해진다.

52. 취함이 아니라 놓음, 채움이 아니라 비움, 가짐이 아니라 베풂과 공유가 우리를 자유와 행복으로 인도하는 길라잡이다.

넣어두는 것이다. 원숭이가 구멍에 손을 넣어 열매잡고 손을 빼려면 잘 빠지지 않는다. 사냥꾼이 가까이 와도 손에 움켜쥔 것을 놓지 못하고 낑낑대다 잡힌다. 삶도 마찬가지다. 놓으면 얻을 수 있는데 놓기가 쉽지 않다. 잔은 비워야 채울 수 있다. 이치는 단순하다. 문제는 실천이다.

5) 동화함

53. 수행문화는 존재를 변화시키기보다 함께 어울리고 동화함이 특징이다. 시간갖고 상대를 이해하고 배려하며 서로 동화할 수 있는 여유를 즐긴다.

54. Buddha는 소를 물가로 끌고 갈 수 있지만 물을 먹고 안 먹고는 소가 결정한다고 했다. 유용한 정보는 함께 공유하지만 자기생각을 다른 존재에게 강요하는 것은 폭력이다.*

55. 물 흐르듯 자연스럽게 서로에게 동화하는 것이야말로 당당하고 아름답다. 앞서 가는 사람이 할 일은 모범을 보이는 것이고 선택은 대중몫이다. 옳은 것이 있으면 정보를 주고 설득하는 것은 무방하지만 강요하는 것은 좋지 않다.

56. 자연스러움이란 가만히 있는 것이 아니다. 현상에 내재한 실재를 이해하고 그 상황에서 자신이 해야 할 일을 하는 것이다. 이것을 Buddha는 무위(asaṅkhāra, 無爲)라고 했다.

57. Vajracchedikā Prajñāpāramitā Sūtra(金剛般若波羅蜜多經, 金剛經)는 무위삶이야말로 불교와 비불교 구분기준이라고 주장한다. 자신이 처한 상황에서 해야 할 일을 하고 결과로부터 자유로울 것. 이것이

생각폭력

크리스트교에 기반한 서구문화는 자신이 믿는 생각을 다른 존재에게 강요하는 측면이 강하다. 스스로 변화하도록 기다리기보다 상대를 억지로 변화시키려고 애쓴다. 이것을 받아들이면 문제없지만 저항이 일어나면 심각해진다. 이것이 서구문화 특징이다. 그래서 크리스트교가 전파하는 곳은 항상 분쟁이 기다린다. 오늘날 전 지구차원에서 진행되는 전쟁도 미국가치관을 다른 나라에 강요과정에서 일어나는 현상이다. 중국은 성리학(性理學)으로 대표하는 참여유교가 자기가치관을 다른 존재에게 지나치게 강요한다.

진정 아름다운 삶이다.

58. 자신에게 이익되는 방향으로 움직이고 자신이 하고 싶은 것을 하고 결과를 예측해 행동하고 행위결과를 평가하고 그것에 얽매이고 구속되면 삶이 답답해진다. 이런 삶의 방식을 유위(saṅkhāra, 有爲, 行)라고 한다.

6) 단순함과 간결함

59. 살면서 삶이 복잡해지는 것은 어쩔 수 없는 현실이지만 때로는 단순함과 간소함도 필요하다. 지위높고 여유있으면 삶이 화려하고 복잡해진다. 그것은 피할 수 없는 현실이지만 가능하면 간소하게 사는 것도 멋있다. 화려함 못지않게 간결함도 매력이다.*

60. 초보자는 장식을 많이 해도 뭔가 부족함을 느끼지만 전문가는 불필요한 것을 가능한 줄이고 행동을 단순하고 간결하게 한다. 속이 빈약할수록 겉치장이 화려하다. 안이 꽉차면 밖을 장식할 필요를 느끼지 못한다.

61. 마음이 맑고 건강하면 다른 존재와 복잡하게 얽힌 것이 단순해진다. 단순함은 빈약함이 아니라 충만함으로 다가온다. 마음에너지가 충

SATI style

pāli어 「sati 집중하다」 란 말이 samādhi 또는 jhāna다. jhāna를 한문으로 음사하면 선나(禪那)다. 선(禪) 또는 참선(參禪)이다. 禪을 한국은 sun, 일본은 zen으로 발음한다. 서구에 선을 소개한 사람이 일본 조동종(曹洞宗) 출신 Daisetsu Teitaro Suzuki(鈴木大拙貞太郞, 1870~1966)다. 이렇다보니 선의 일본식 발음 zen이 서구에서 대중성을 얻었다. 더불어 직관이나 zen style이라는 용어도 생겼다. 이 개념은 오늘날 단순미 상징개념으로 널리 쓰인다. 응축미(凝縮美)라고 한다. 직관은 압축 또는 응축인데 이 말의 실제의미는 간결함, 쉬움, 전체를 봄 등이다. zen style을 오리지널 의미를 살려서 여기서는 SATI style이라고 한다.

만할 때 삶은 여유로워진다.

62. 복잡하고 화려하던 삶이 간소해지면 지금까지 가치있는 것으로 생각한 것이 무의미해진다. 이럴 때 어느 정도 욕망 금단현상도 나타나지만 그것을 슬기롭게 극복하면 단순함의 대자유를 누릴 수 있다.*

7) 당당함과 홀로서기

63. 대부분 사람은 자기삶의 주인공으로 살지 못하고 다른 존재에 종속해 사는 경우가 많다.

64. 어려서는 부모, 학생 때는 진학, 성장한 뒤는 출세나 가정 꾸리는 것이 삶을 지배한다. 자동차나 모바일 폰 등 삶에 유용한 도구를 사용하지만 그것에 종속되고 그 부속품으로 사고하고 행동한다. 우리의 필요에 의해 신을 창조하지만 도리어 신의 노예로 전락한다.

65. 스스로 자기인생의 진정한 주인공이 돼야 한다. 자신이 자기삶의 주인공이 되지 못할 때 삶은 초라해진다. 자기문제에서 소외되고 다른 존재에 의존할 때 삶은 당당하지 못하고 궁색해진다.

66. 내 인생은 나의 것이다. 어느 누구도 대신할 수 없다. 이렇게 소중한 삶을 다른 존재에게 의존하고 검증되지 않은 주장을 따르기에 삶이 너무 짧고 소중하다.

67. SATI 수행으로 마음근육이 튼튼하고 마음에너지가 충만하면 홀로설 수 있다. Buddha는 큰 고함소리에 놀라지 않는 사자처럼 당당하

말장난 수준

인도철학은 잔이 비어있는 것(有)으로 잔 안에 아무것도 없는 것(無)을 증명한다. 잔에 아무것도 없는 것(無)으로 잔이 비어있는 것(有)을 증명한다.

고 그물에 걸리지 않는 바람처럼 자유롭고 흙탕물에 물들지 않는 연꽃처럼 초연하게 살라고 주문했다.

68. 우리는 좋은 접촉은 즐기고 싫은 접촉은 피하려고 한다. 삶을 마감하는 순간까지 접촉은 피할 수 없다. 접촉을 피할 것이 아니라 접촉 다음에 일어나는 마음작용에 구속되지 않고 자유롭고 당당하게 사는 것이 핵심이다.

69. 당당함과 홀로서기 핵심은 마음근육, 마음에너지, 그리고 알아차림이다. 마음근육이 약하고 마음에너지가 부족하고 마음근육이자 알아차림 기능인 sati 힘이 약하면 인식대상에 구속되고 끌려가지만 마음근육이 튼튼하고 마음에너지가 충분하고 sati 힘이 강하면 홀로설 수 있다.

70. SATI 수행을 가지고 놀다보면 어느새 당당하고 초연해진 자신을 발견할 수 있다.*

8) 여유로움과 만족함

71. 삶은 각박하고 복잡하고 힘들다. 그게 삶의 실재다. 그러나 그런 삶속에서 조그마한 여유를 가질 수 있으면 삶은 훨씬 풍요로워진다.

72. 여유롭기 위해서는 힘이 있어야 한다. 힘이 있으면 여유갖고 느

텅 빈 충만

많은 의미를 함축하면 꽉 찬 충만으로 다가오지만 입력한 것 없이 압축하면 단순무식해진다. 무식함과 현명함은 한 치 차이다. 화려하게 꾸미는 것도 매력이지만 꼭 필요한 것만 갖추는 단출함이 멋이기도 하다. 아마추어 목수와 프로목수 차이는 못박는 개수라고 한다. 아마추어는 10개 박고도 미심쩍어하지만 프로는 한두 개 박고 돌아선다. 초식이 화려하다고 싸움 잘 하는 것은 아니다.

굿하게 기다릴 수 있다. 여유로움은 육체힘 못지않게 마음힘을 더 요구한다. 그 중심에 마음근육과 마음에너지가 있다.

73. SATI 수행으로 마음근육을 키우고 마음에너지를 충만하면 주변 상황이 다소 복잡하고 힘들더라도 여유가 생기고 버댈 수 있다.

74. 자기욕망을 충족해줄 존재를 찾아 헤매지만 하나의 욕망을 충족하면 또 다른 욕망이 일어난다. 욕망을 완벽하게 충족해줄 물질은 우주 공간에 없다. 욕망충족 과정에서 겪는 긴장과 스트레스는 삶을 지치고 힘들게 한다. 이것이 욕망본질이다.

75. 문제는 물질부족에 있는 것이 아니라 욕망 때문에 만족하지 못하는 마음이다. 욕망을 완벽하게 차단할 수 없지만 어느 정도 절제하고 만족지수를 높일 수 있다. 이것이 자유와 행복으로 가는 올바른 길이다.

76. 대개 물질과 관련된 답은 마음밖에 있지만 자유와 행복에 관련된 답은 마음안에 있다. 자유와 행복에 관한 답을 외부에서 찾으면 욕망을 충족해줄 존재를 얻으려고 애쓰지만 내부에서 답을 찾으면 만족지수를 높이려고 노력한다.

77. 자신이 가진 편견, 선입관, 가치관을 내려놓으면 존재는 있는 그대로 드러나고 원하는 답이 보인다. 찾는 것이 아니라 보이는 것이다. SATI 수행은 마음오염원을 제거하고 만족지수를 높이는 좋은 도구다.*

사바세계

pāli어 saha(娑婆)는 두 가지 의미가 있다. 하나는 평등(平)이나 동등(同)이다. 사바세계에 사는 중생은 비슷한 업을 가진 존재라는 의미다. 잘못을 저질러 교도소에 있는 죄수나 그 사람을 지키기 위해 근무하는 교도관이나 그곳에 갇혀 살기는 똑같다는 의미다. 흙탕물에 뒹구는 중생이나 그 중생 구제하겠다는 Buddha나 흙탕물에 뒹굴기는 마찬가지라는 재미있는 용어다. 다른 하나는 인내(忍)다. 사바세계는 험한 곳이기 때문에 참고 사는 것이 잘 사는 비결이란 의미다.

9) 다양함과 어울림

78. 존재할 뿐이다. 존재는 인식하는 사람수준에 따라 다차원으로 인식된다. 우리는 자신이 가진 편견과 선입관에 기초해 존재에 다양한 가치를 부여하고 구분하고 차별한다. 그러나 답은 존재가 아니라 인식하는 사람 마음속 관념으로 존재한다.

79. 존재는 구분과 차별 대상이 아니다. 존재는 드러난 고유특성만 있다. 모든 존재는 함께 어울려 공존하는 것으로 인식해야 한다. 모든 존재는 서로 어울려 조화롭게 산다. 다른 존재와 어울려 사는 삶(雜華)이 진정한 아름다움(華嚴) 이다.

80. 삶은 홀로 독립해 존재하지 않는다. 삶은 다른 존재와 관계속에 이뤄진다. Buddha는 다른 존재와 서로 관계맺고 서로 의존하고 서로 영향미치고 서로 해체하고 서로 재구성하며 어울려 사는 세계를 연기세계[paṭicca samuppāda, 緣起]라고 했다.

81. 존재와 존재를 이어주는 중심에 마음이 있다. 마음을 맑고 아름답게 가꾸는 것은 다른 존재와 관계수준을 높이는 핵심이다. 관계질은 마음수준이 결정하고 마음상태는 관계수준을 결정한다.

82. 다른 존재와 관계는 마음과 마음 연결로 이뤄진다. 다른 존재에 좋은 감정이 있으면 부드럽고 우호행동이 나오지만 좋지 않은 감정을 가지면 행동이 거칠다. 관계가 어떻게 맺어지느냐에 따라 마음상태를 결정하기도 한다.

83. SATI 수행은 다른 존재와 관계를 좋게 맺고 이미 맺어진 관계는 맑고 아름답게 만드는 도구다. 자기삶만 추구하고 관계된 다른 존재를 이해하고 배려하지 않을 때 그것은 자신에게도 불행이고 관계된 존재도 힘들다.

84. 이것이 자연이다. 사람도 자연법칙으로부터 자유로울 수 없다. 사람에게만 예외로 적용되는 법칙은 존재하지 않는다. 다른 존재와 함께 어울리고 공존하려는 노력이야말로 우리가 추구해야 할 소중한 가치고 진정한 아름다움이다.*

10) 자유로움과 행복함

85. Buddha는 구속되는 것만큼 고통지수가 커지고 자유로워지는 것만큼 행복지수가 높아진다고 보았다.

86. Buddha는 욕망, 이기심, 분노, 적의, 원망, 서운함, 편견, 선입관, 가치관 등 마음오염원으로부터 벗어난 자유즐거움[vimokkha sukha, 解脫樂]이 가장 큰 행복이라고 보았다.*

87. 우리는 술, 돈, 권력, 마약, 음악, 인터넷, 모바일 폰, 신 같은 존재를 필요에 의해 창조하고 자신이 만든 것에 구속되고 의존한다.

88. 우리는 뭔가에 의존하지 않고 홀로 독립해 존재하는 것을 힘들어한다. 그래서 의존할 대상을 찾고 그것에 길들여지고 편안해한다. 그러

명산조건

명산에 토끼, 호랑이, 사슴, 독사가 어울려 산다. 이것을 잡화(雜華), 화엄(華嚴), 어울림 아름다움이라고 한다. 산에 소나무만 있으면 얼마나 밋밋할까?

Buddha 즐거움

Buddha는 네 가지 즐거움을 누렸다.

① 혼자 있어도 만족하고 즐거운 것.
② 다른 생명을 해치지 않는 것.
③ 자유롭고 집착하지 않는 것.
④ 다른 존재를 존중하며 자제하고 겸손한 것.

다 의존하던 존재가 사라지면 불안해하고 금단현상을 일으킨다.

89. 대부분 사람은 출세하려고 노력한다. Buddha는 출세하는 것만큼 중요한 것이 자유롭고 행복하게 사는 것이라고 보았다.

90. 우리가 출세하려고 애쓰는 것은 삶에 필요한 물질을 획득하기 위함이지 출세자체가 목적은 아니다. 대부분 사람은 목적과 수단을 혼동하고 삶의 목적을 잃어버리고 수단에 매몰돼 힘들어 한다.*

91. 돈은 삶의 유지도구다. 그것은 삶의 수단이지 목적이 아니다. 돈은 고통을 피하게 할 수 있고 삶을 편리하게 할 수 있다. 그러나 돈 때문에 행복해지는 것은 아니다.

92. Buddha는 있으면 좋고 없어도 그만인 상태가 진정한 자유와 행복이라고 생각했다. 존재가 있느냐 없느냐 행위를 하느냐 하지 않느냐보다 더 본질은 존재에 구속될 것인가 자유로워질 것인가다.

93. 모든 구속으로부터 자유로워지는 것이야말로 행복으로 가는 올바른 길이며 자기삶의 주인공되는 길이다.

94. Buddha는 자유롭고 여유롭고 청정하고 공존하고 의미있게 사는 것이 행복한 삶이라고 규정했다.

목적과 수단

돈버는 목적은 잘 먹고 잘 살고 삶의 질을 높이는 것이다. 그러나 많은 사람이 돈이 수단이란 사실을 망각하고 돈을 버는데 매몰된다. 정치목적이 사회를 정의롭고 공정하게 하는 것이고 그 수단으로 권력을 잡는 것이다. 그러나 대부분 사람은 그런 목적은 상실하고 수단인 권력잡는데 주력한다. 돈이나 권력을 잡으면 그 다음이 없다. 수단을 성취하는 것이 목적인 삶은 그 목적을 얻고 나면 무엇을 해야 할지 몰라 헤맨다. 그리고 타락하고 망한다.

SATI 수행도 마찬가지다. Arahant Maggaphala를 성취하고 Nibbāna를 체험하는 것은 수단이지 목적은 아니다. 수행목적은 자기자신뿐만 아니라 모든 존재가 자유로운 삶, 여유로운 삶, 청정한 삶, 행복한 삶, 공존하는 삶을 사는 것이다. 깨달음을 성취한 후 그 너머 목적을 잃지 않아야 한다. 항상 꿈너머 꿈, 원력너머 원대한 원력을 가지고 있어야 한다. 그래야 길을 잃지 않는다.

11) 평화로움과 평등함

95. 모든 존재에게 기회와 가능성이 공정하고 투명하게 열려있을 때 삶의 질이 높아지고 행복수준은 향상된다.

96. 평등할 때 평화로운 삶이 보장되고 평화로울 때 함께 공존하고 행복하게 살 수 있다.*

97. Buddha는 노력한 것에 상응하는 대가가 노력주체에게 돌아가는 것[hetu phala, 因果]이 정의, 공정, 청정이라고 규정했다.

98. 법이나 제도 같은 외적불평등은 단기, 현실, 실질 참여활동으로 올바르게 할 수 있다.

99. 불평등한 법이나 제도는 그것을 누리는 계급이 스스로 바로잡으려고 하지 않는다. 그것이 잘못이라고 느낀 사람 노력으로 변화시킬 수밖에 없다.

100. 욕망같은 내적불평등은 장기, 근원, 본질로 욕망, 분노, 편견 지수 등 마음오염원을 제거하고 행동을 절제하는 것이 핵심이다.

101. 욕망이나 이기심 같은 내적불평등을 제거하는 일은 법이나 제도 같은 외적불평등을 해소하는 일과 밀접히 연결돼있지만 다른 과정이기도 하다.

102. 내적불평등을 해소하는 것은 오직 스스로 자기 마음공간으로 들어가 욕망이나 이기심 같은 마음오염원을 제거해야 한다. 그러나 법이

평등과 평화

평등과 평화는 동전양면 같다. 평화로우면 평등해질 것이고 평등하면 평화로울 것이다. 이것은 철학과 가치관, 삶을 바라보는 관점문제다. 민중은 평등해야 평화가 깃든다고 보고 기득권층은 화합할 때 행복한 삶을 보장한다고 주장한다. 민중은 균(均)이나 동(同) 철학을 강조하고 상류층은 화(和) 논리를 주장한다. 이것이 원효(元曉, 617~686) 화쟁사상(和諍思想) 본질이다.

나 제도가 잘못이라면 현실에 참여해 변화시켜야 한다. 그 길 밖에 달리 길이 없다.

103. 외적불평등은 직접 사회현실에 참여해 바꾸어야 한다. 그러나 법이나 제도도 사람이 만들었기 때문에 마음공간에 있는 욕망과 이기심 등 마음오염원을 제거하는 것도 소홀히 하면 안 된다.

104. 삶의 과정에서 다른 존재와 경쟁과 갈등은 피할 수 없다. 그 과정에서 일어나는 문제를 해결하기 위해 대부분 사람은 대화와 조정, 양보와 타협보다 폭력에 의존한다. 그것이 쉽기 때문이다. 그러나 쉬운 것과 올바른 것은 구분해야 한다.

105. 폭력에 의존하는 것은 삶의 질을 떨어뜨릴 뿐만 아니라 자유와 행복으로 가는 길을 방해한다. 평화로운 삶은 정의, 공정, 투명이 전제돼야 한다.*

106. 내적, 외적 불평등과 폭력을 제거하고 평등, 평화, 공존 지수를 높이기 위해 현실에 참여해 법이나 제도를 바로잡는 것 못지않게 수행과 교육으로 마음을 맑히고 가치관을 변화시키고 앎을 구조조정하고 문화를 바꾸는 것도 중요하다.

Samaṇa 沙門

pāli어 samaṇa(沙門)는 평등을 의미한다. Buddha 당시 반전 · 평화 · 평등 운동하던 사람을 총칭해 samaṇa라고 했다. 이들은 신과 윤회를 부정했고, 욕망, 폭력, 불평등에 기초한 삶의 방식도 부정했다. 출가주의, 독신주의, 검소함, 머리깎음, kāsāya(袈裟), 탁발 등은 모두 samaṇa 문화유산이다. Buddha도 이들을 만나 그 일원이 되고자 출가했다. 그리고 그 장점을 계승하고 단점은 극복해 오리지널 불교와 SATI 수행을 창안했다.

4
SATI 미학

check point

이 장에서는 마음관리 이론과 기술인 SATI 수행을 미학차원에서 이해하고 실천하기 위해서 SATI 미학에 대한 몇 가지 관점을 정립한다.

1. 새로운 시도

1. SATI 미학은 처음 시도하는 분야다. 처음부터 길이 있는 것이 아니다. 사람이 다니면 길이 생긴다.

2. 모든 것이 그렇듯 후발주자는 선발학문으로부터 이론을 전개하고 설명하는 형식을 차용해야 한다. 이 책도 마찬가지다. 여기서는 강대석이 지은 《미학의 기초와 그 이론의 변천》(서광사, 서울, 2004)을 많이 참고했고 일부문장은 용어만 치환하거나 인용하기도 했다.

3. SATI 미학은 완성된 학문을 서술하기보다 SATI 미학이 추구해야할 가치와 방향 그리고 몇 가지 개념정립을 위한 것이다. 그 다음은 이분야에 관심있고 능력있는 분이 발전시키기 바란다.

4. 철학은 삶의 과정에서 직면하는 문제를 해결하기 위한 관점을 제공하고, 윤리학은 삶의 과정에서 판단하고 실천해야 할 선악문제에 대한 기준을 제공하고, 종교는 영원한 삶에 대한 관점을 제공하고, 과학은 존재에 내재한 법칙성을 규명하고, SATI 수행은 자유로운 삶, 여유로운 삶, 청정한 삶, 행복한 삶, 공존하는 삶을 중심영역으로 삼는다.

표7) 제 학문 영역 --

	논리학	윤리학	미학	철학	종교학	수행학
영역	理性	意志	感性	生	靈魂	心
대상	眞假	善惡	美醜	方向	常斷	幸不幸

5. 미는 미학 중심대상이다. 미학은 단순히 미만 다루는 것이 아니다. 삶의 과정에서 직면한 존재에 대한 미적현상을 다루는 학문이다.*

6. 예술학은 문학, 회화, 음악, 건축 등 개별예술에 내재한 특수법칙을 다룬다. 미학은 개별예술을 관통하는 규칙과 미적현상 전체를 다룬다.

7. SATI 미학은 미적현상 가운데 미적가치에 초점둔다. 미적가치 중에서 마음상태, 행동양식, 사유형식을 기본대상으로 삼는다. 이런 관점에서 SATI 미학은 SATI 수행과 밀접하게 관계있다.

2. 철학관점

1. 존재이해 수준에 따라 개인 사고와 행동을 결정한다.

2. 존재에 기준을 정하고 포장할 때 존재를 바라보는 관점이 무엇인가에 따라 달라진다. 그래서 철학이나 세계관이 필요하다.

3. SATI 미학은 SATI 수행과 마찬가지로 다음같은 철학관점을 가진다.

4. 발생순서로는 존재가 사유를 선도하고 사유가 존재에 영향미치지만 영향관계로는 마음근육이자 알아차림 기능인 sati(念)가 존재와 사유를 선도한다. 그런 의미에서 SATI 미학은 연기론에 기초한 SATI 주의 입장을 취한다. 이 책 199쪽 표12 3법인을 참조하면 많은 도움될 것이다.

미적가치

멋있는 것, 천박한 것, 매력적인 것, 진부한 것, 영웅적인 것, 비극적인 것, 희극적인 것, 우아한 것, 추한 것, 아름다운 것, 숭고한 것, 익살스러운 것 등이 미적가치 혹은 미적특성 중심개념이다. 문제는 이런 개념기준이 고정된 것이 아니라 시대와 장소, 계급과 상황에 따라 끊임없이 변한다는 사실이다.

3. 이성 · 감성 · 혜성

1. 이성, 감성, 혜성은 각자 고유영역이 있다. 그 영역을 올바로 알고 핵심이론을 분명히 이해하면 구체적으로 판단하고 실제적으로 행동할 수 있다.

1) 이성

2. 이성(理性)은 인식대상인 존재를 대상으로 한다. 감각기관을 사용해 존재를 접촉하고 인식하고 사고하고 판단한다. 존재와 접촉하는 것은 감각기관이지만 평가하는 것은 이성이다.

3. 존재를 인식할 때 이성을 사용해 존재에 내재한 규칙성을 이해하면 효율적으로 존재를 다룰 수 있다.

4. 이성주의자는 물질을 다루기 때문에 분석, 사유, 논리를 사용한다. 그래야 과학적이라고 인정한다. 이들은 존재를 이해하고 설명하는데 논리기법을 사용하지 않으면 비과학으로 취급한다.

2) 감성

5. 감성(感性)은 존재를 접하고 일어나는 느낌을 대상으로 한다. 존재를 인식하고 평가하는 것은 이성이지만 접촉을 느끼는 것은 마음이 한다.

6. 감각접촉 후 일어난 느낌을 다루기 때문에 감성이 풍부하면 삶이 여유롭고 행복감이 충만해진다.

7. 감성은 느낌을 다루기 때문에 분석, 사유, 논리를 사용하지 않고

마음공간에서 일어나는 느낌을 중시한다. 그래서 이성주의자로부터 비과학이고 저급한 학문으로 취급당하기도 한다. 그러나 이들이 사용한 느낌이나 감성은 인류 정신문명을 발전시킨 원동력 가운데 하나다.

8. 말이나 글로 설명하는 것이 효과있기도 하지만 어떤 것은 책 한 권보다 사진 한 장이나 시 한 편이 더 직접적이고 설득력있기도 하다. 이것이 느낌이나 감성이 가진 힘이다.

3) 혜성

9. 혜성(慧性)은 이성과 감성을 압축해 전체상황 통찰을 대상으로 한다. 오성(悟性)이나 각성(覺性)이라고도 한다.

10. 혜성은 존재를 인식하고 느끼고 난 후 이 존재를 구체적으로 어디에 어떤 목적으로 어떻게 사용할지를 관계와 상황에서 통찰한다.

11. 혜성은 전체상황 통찰과 실질행동을 대상으로 하기 때문에 존재를 다루는 이성기법인 분석, 사유, 논리를 사용하되 늘어뜨려 사용하지 않고 압축해 사용한다. 논리가 없는 것이 아니라 고도로 압축하고 비약해 다루기 때문에 그 속에 많은 분석과 논리가 수준높게 존재한다.

12. 동시에 혜성은 감성재료인 느낌을 다루기 때문에 접촉다음에 일어나는 느낌을 지금 여기서 느끼는 대로 있는 그대로 이해하려고 노력한다. 이것이 직관이다.

13. 이성에 기초해 물질을 다루는 과학과 감성에 기초해 느낌을 다루는 직관, 이 둘을 통합해 전체상황 통찰기능인 혜성은 고도의 사유과정과 풍부한 감성과정을 아우르는 것으로 SATI 미학, SATI 예술, SATI 수행과 밀접히 연관돼있다.

4. SATI 미학 · SATI 수행 · SATI 예술

1. SATI 미학은 아름다움이란 무엇인가를 규명하고 기준을 정하고, SATI 예술은 그렇게 정해진 기준에 따라 개별, 구체, 직접 실행하는 것이다.

2. SATI 미학은 존재에 아름다움과 추함의 기준을 정하고 존재를 포장하고 존재 현상과 행동에 주목한다.*

3. SATI 미학은 삶의 과정에서 직면한 모든 것에서 미적현상 특히 마음상태와 행동유형을 대상으로 한 미적가치를 중심주제로 삼는다.

4. 구체적인 상황에서 어떤 마음상태나 행동유형이 아름다운 것, 여유로운 것, 숭고한 것인지 다루고 미적현상을 습득하고 행동하는 원칙과 기준을 정한다.

5. 기존 종교나 불교는 삶을 선(善)과 불선(不善)으로 나눈 윤리기준과 가치관에 기초해 사유하고 행동했다.

6. 삶을 선과 악, 옳음과 그름으로 이해하고 행동하면 삶이 경직되

포장기술

삶의 과정에서 지나치게 화려한 것은 곤란하지만 적당히 존재를 포장하는 것은 필요하다. 서구 미학과 예술 역사는 때로는 존재를 포장하기도 하고 때로는 덧씌워진 포장을 벗겨내기도 한다.

중세 크리스트교 철학은 자기일기장(성경)에 적힌 대로 주장하고 포장했다. 근대는 크리스트교에서 주장하던 기준이나 포장을 벗겨내고 이성, 지성, 합리의 이름으로 새로운 기준을 정하고 포장했다. 프랑스를 중심으로 합리주의자는 중세 크리스트교처럼 주장만 할 것이 아니라 상대를 설득할 수 있도록 설명하고 포장했고 영국을 중심으로 경험주의자는 자신이 경험한대로 주장하고 포장했다. 현대는 근대에 세운 기준과 포장을 부정하고 존재에 덧씌워진 포장을 벗겨내고 기준을 해체했다. 이것을 해체주의, 탈구조주의, 포스트모더니즘이라고 한다.

자본주의나 공산주의 등도 근대에 세운 삶의 기준이고 포장이다. 이제 이런 거추장스런 기준이나 포장을 걷어내고 간소하고 단출하게 포장할 때가 됐다. 인도나 중국의 SATI 수행자는 처음부터 존재를 덮고있는 포장지를 벗겨내자고 주장했다.

고 거칠다. 삶을 아름다움으로 이해하고 행동하면 삶이 부드럽고 여유롭다.

7. 존재에 처음부터 정해진 기준은 없다. 본질측면에서 보면 어떤 것도 정해진 것이 없다. 그러나 현상측면에서 보면 우리는 매순간 인식대상을 접촉하고 판단하고 선택하고 행동하며 살아간다.

8. SATI 수행은 존재에 덧씌워진 포장을 벗겨내고 정해진 기준을 해체하고 존재본질 이해과정이다.

9. SATI 수행은 채우는 것이 아니라 비우는 과정이다. 논리로 늘어놓는 것이 아니라 압축하고 간소하게 하는 과정이다. 복잡하게 하는 것이 아니라 단순하게 하는 과정이다. 어렵게 하는 것이 아니라 쉽게 하는 과정이다.

10. SATI 수행은 현상측면을 중시하며 살아온 사람에게 본질을 보면 현상에서 보지 못하던 것을 볼 수 있고 삶이 여유롭고 풍요로워질 것이라고 말한다.

11. SATI 수행은 마음거울에 맺힌 상을 덮고 있는 욕망, 이기심, 분노, 적의, 원망, 서운함, 편견, 선입관, 가치관 등 마음오염원 제거기능을 한다.

12. 어떤 사고와 행동에 길들여진 삶의 방식은 편리하기도 하지만 때로는 그런 기준에 얽매여 삶을 힘들게도 한다. 그래서 본질측면을 강조하는 SATI 수행이 필요하다.

13. SATI 예술은 SATI 수행과 그 입장을 달리한다. SATI 예술은 존재의 현상과 행동 측면에서 출발한다.

14. 현상측면에 초점맞추면 뭔가 기준을 정하고 존재를 구분하고 차별하고 선택하고 행동한다. 그것이 최상은 아닐지라도 매순간 뭔가 선택하고 행동해야 한다. 그것이 삶의 실재다.

15. 처음부터 정해진 기준이 없다고 보는 SATI 수행과 달리 SATI 예술은 의도와 행동을 전제로 하기 때문에 뭔가 기준을 정하고 포장과 정이 필요하다.

16. 삶의 과정에서 어쩔 수 없이 해야 하는 포장이라면 해당존재 사용가치를 드러내고 그것을 사용하는 사람이 필요성을 분명히 해줄 수 있도록 올바로 그리고 최소한만 포장하자는 것이 SATI 예술 지향점이다.

17. 걸어다니며 일하는 것이나 차타고 다니며 생활하는 것처럼 어떤 도구를 사용하느냐에 따라 삶의 양식과 질에 크게 영향미친다.

18. 존재에 기준을 정하고 포장하는 것은 존재를 바라보는 관점과 수준에 따라 달라진다. 그래서 존재이해 관점, 철학, 세계관을 요구한다.

19. SATI 수행을 미학이나 예술 차원으로 승화하는 것이 이 장 저술 목적이다.

5. SATI 미학 필요성

1. 모든 것은 필요에 의해 만들어진다. SATI 미학, SATI 예술, SATI 수행도 마찬가지다.*

과학과 철학

과학발전에 따라 철학도구도 바뀐다.

중세까지 보편진리에서 개별사물로 발전했다고 생각했다. 그들은 원인에 따라 결과가 온다는 연역법(演繹法)을 사용했다. 이런 개념에 기초해 신이 우주를 창조했다는 상징조작이 가능하다.

근대에 오면 개별존재에 보편법칙이 내재돼있다고 생각했다. 그들은 개별사례를 통해 결과를 초래한 원인을 추론한다는 귀납법(歸納法)을 주목했다. 이것은 과학발달로 인해 결과에 어떤 요

2. 삶의 양식 변화, 사회구조 변화, 생산성향상, 과학발전 수준, 인간 지혜가 성숙함에 따라 미학이나 예술 기준도 변한다.

3. 미학이나 예술은 생존과 삶의 질과 밀접히 연관갖고 출발한다. 생존과 삶의 질을 향상시키기 위해서는 생산성이 높아야 한다. 생산성향상을 위한 필요에 의해 미학과 예술이 출발한다.

4. 미학흐름은 실재와 가상, 사실과 허구, 포장과 해체. 내용과 형식 등 주제를 중심으로 개인과 학파. 시대와 지역에 따라 주장이 다르다.

1) 고대중국 미학흐름

5. SATI 미학 필요성을 이해하기 위해서는 먼저 고대중국 미학흐름을 살펴보는 것이 도움된다.

6. 고대중국 미학흐름은 서울대학교 미학대계간행회에서 발간한 미학대계 제1권 『미학의 역사』(서울대학교출판문화원, 2007, 서울)로부터 많은 지혜를 빌려왔다. 이 책은 SATI 미학 필요성에 관한 관점을 정립하는데 많이 도움됐다.

① 생산력

7. 고대인 미적현상 기준은 생산력이었다. 그것이 생존을 유리하게 하고 삶의 질을 향상시킬 수 있는 유일한 무기였기 때문이다.

소가 영향미쳤는지 이해하기 시작한 것이다.

현대에 오면 운동원리를 이해하는 변증법(辨證法)을 중시한다. 연역법이나 귀납법은 운동과정은 설명하지만 운동원리를 설명할 수 없다. 그러나 현대는 과학발달로 인해 운동원리를 설명할 수 있게 되자 과학뿐만 아니라 사람 사유형식과 행동유형에 비약적인 발전이 있게 된다.

오늘날 심리학, 심리상담학, 정신의학에서 마음 작동과정은 열심히 설명한다. 그러나 정작 마음 작동원리에 대해서 직접 설명하는 것이 부족하다. 그것은 마음과학에서 가능하다.

8. 경제와 삶의 형태가 채집경제에서 농업경제, 산업경제를 거쳐 금융산업과 정보사회로 바뀌고 삶의 방식이 변했지만 그 중심에 생존, 삶의 질, 생산력향상이라는 주제가 핵심으로 자리잡고 있다.

② 자연력

9. 고대시대 생산력을 좌우한 것은 자연력(自然力)이었다. 이 시기 사람노동보다 자연현상이 생산력에 미치는 영향이 더 컸다. 그래서 태양을 비롯해 바람, 비 등은 물론이고 크고 웅장하고 기이한 자연물을 숭배하면서 생산성향상에 필요한 자연환경 조성을 간절히 바랐다.*

③ 신력

10. 사람상상력이 점차 풍부해지자 생산력 결정요소로 자연력보다 더 힘센 존재를 상정했다. 그들은 자연력을 통제하는 힘센 존재로 다양한 신(神)을 설정했다. 그들은 신을 다음같이 두 가지 유형으로 표현했다.

11. 하나는 신에게 뇌물바쳐 은총을 간청하는 것이다. 신에게 아부하고 신이 좋아할 물건을 뇌물로 바치고 신을 찬양하고 은총을 구걸했다. 그들은 제사형식을 빌어 신에게 공물바치고 신을 찬송하고 화려하게 상징조작했다.

12. 다른 하나는 신의 도움을 간청하는 것이다. 신에게 자신의 나약함과 무능함을 드러내고 신의 위대함을 찬양하며 신의 노예임을 강조

하늘과 땅

옛 사람은 비가 오지 않으면 하늘에 기우제를 지내고 비를 빌었다. 오늘날 사람은 비가 오지 않으면 땅을 파고 수맥을 찾거나 인공강우를 뿌려 비를 내리게 한다.

했다. 그러면 신이 감응하고 자신을 도와줄 것으로 상상했다.

④ 정치력

13. 강제력을 사용해 사람을 통제하고 지배하는 정치지도자나 무력지배자가 생존, 삶의 질, 생산성향상에 영향미친다고 믿는 사람은 정치지도자를 숭배하고 찬양했다.

14. 고대로부터 지금까지 정치권력과 종교권력이 결합하고 상징조작해 일반민중을 지배한다.

⑤ 자발력

15. 사람지혜가 점차 성숙하면서 자연력, 신력, 정치력 못지않게 강압수단을 통해 충성심을 강요하는 것보다 자발충성을 이끌어내는 것이 생산성향상에 도움된다고 보았다.

16. 그들은 민중으로부터 자발충성을 이끌어내기 위해 인(仁)이나 덕(德)같은 덕목이 필요하다고 보았다. 인이나 덕 개념은 상대를 이해하고 배려하는 것으로 강제력을 사용하는 것보다 부드럽고 유연한 지도력을 의미한다.

17. 이것은 헤게모니를 장악하는 것으로 그렇게 해야 일반민중으로부터 자발충성을 얻을 수 있다고 보았다. 그래야 생존, 삶의 질, 생산성향상에 도움되기 때문이다. 그렇게 해서 등장한 개념이 군자(君子)나 성인(聖人)이다.

⑥ 자연인

18. 같은 시기 다른 관점을 가진 부류가 있었다. 그들은 모든 것이 생존을 위한 것이라면 정상인은 평화시기에는 생존에 유리하지만 정상인

이란 사실이 전쟁같은 비상시기에는 직접 전투에 참여해야 하고 목숨 잃을 확률이 높기 때문에 도리어 생존이나 삶의 질을 향상하는데 불리하다고 보았다.

19. 그들은 진인(眞人)이란 개념을 창안했다. 기존의 군자나 성인이 상징조작을 통해 대중을 조직하고 법이나 제도를 만들어 민중을 통제하고 충성심을 유도해 생산성향상을 가져왔지만 그것만으로 부족했다.

20. 진인은 자연질서를 중시하고 인간본성에 충실하고 자연질서에 순응해 살고 개성과 다양성을 존중한다.

21. 이것은 정치지도자가 강제력을 사용해 법이나 제도를 만들고 존재를 상징조작하고 그들의 감정이나 생각을 통제하거나 획일화해 생산성을 향상시키려는 방법과 정반대였다.

22. 진인은 신체장애나 기인형상을 한다. 그래야 전쟁같은 비상시기에 생존에 유리하다고 본 것이다. 이러한 진인은 생존을 더 많이 고려한 측면이 있다.

23. 그렇다보니 존재이해, 생존양식, 삶의 질에 대한 관점은 기존관점을 벗어나 지극히 주관이었다.

24. 이때까지 사람을 조직하고 통제하고 자발충성을 강요하고 신체장애를 생존조건으로 본 것은 지배층중심으로 이뤄졌기 때문이다. 아래로부터 민중이 주체가 된 변혁의지는 많은 세월을 더 기다려야 했다.

⑦ 사람에서 예술로

25. 국가체제를 어느 정도 정돈하고 사회전체 생산력이 향상하고 잉여생산물이 넉넉해지자 미적관심이 사람에서 예술작품으로 옮아갔다.

26. 음악, 서예, 그림, 조각, 건축 등으로 미적관심이 옮아가면서 문화가 풍부해졌다. 이때까지 문화는 일반민중이 아니라 상류층과 지식

인전유물이었다.

27. 이것은 물리적인 힘을 예술과 문화로 포장하는 것이 대중장악을 위한 상징조작에 훨씬 유리하다는 것을 이해했다는 반영이다.*

28. 예술작품 소비가 늘고 공급이 부족해지자 문화소비자 못지않게 예술창작자 영향력도 점차 확대한다.

29. 그것은 예술 창작과 소비가 소비자뿐만 아니라 생산자 발언권이 강해졌다는 것을 의미한다. 이제까지 소비자필요에 의해 작품을 창작했지만 창작자관점에서 작품을 제작하고 평가하고 감상하는 것으로 예술축이 바뀌었음을 나타낸다.

⑧ 예술에서 민중으로

30. 현대로 접어들면 미적관심은 예술작품에서 다시 사람으로 옮아간다. 행위가 아름다움과 추함 기준으로 주목받았다. 이것은 기존 가치판단에 변화가 일어났음을 의미한다.

31. 기존 가치판단 기준은 봉건제 사회구조에 기초해 신분제를 반영해 불평등하게 이뤄졌다. 새로운 기준은 불평등하고 비합리적인 것을 합리와 평등에 기초해 크게 변화시켰다.

32. 이런 변화는 기존 지배문화에서 평등문화로 사회변화를 반영한다. 이제까지 소수 엘리트가 기준을 정하고 민중을 조직하고 통제하고

제국주의

제국주의는 다음같은 요건을 갖춰야 한다.

① 경제력확보를 위한 원료, 생산, 소비 시장확보.
② 군사력과 강압수단 확보.
③ 이론창안 힘.
④ 문화포장 힘.

지배하는 것이 생존, 삶의 질, 생산성향상에 도움되었다면 이제 그런 방식이 더 이상 유효하지 않음을 의미한다.

33. 이것은 모든 존재가 평등하고 공존하며 어울려 사는 것이 생존은 물론이고 생산성향상에 유효하고 삶의 질을 고양시킬 수 있는 시대로 접어들었음을 나타낸다. 그것은 봉건제가 종말을 고하고 자본주의나 공산주의 사회로 전환했음을 의미한다. 시대변화를 반영해 미학관점도 변했다.*

34. 항상 역사가 그렇듯 주장하는 이론과 현실 사이의 거리가 있게 마련이다. 진정한 자유와 행복, 평등과 평화, 공정과 정의, 이해와 배려, 관용과 포용, 공존과 어울림은 이뤄진 현실이라기보다 끊임없이 추구해야 할 소중한 가치로 남아있다.

2) SATI 미학 필요성

35. 지금은 자본주의나 공산주의 등 기존 사회체제가 그 유효성이 의문받고 새로운 사회구조와 산업형태를 요구받는다. 오늘날은 생존, 삶의 질, 생산성향상에 기여하는 미적현상의 새로운 기준과 다양한 관점이 필요한 시대다.

36. 농업경제에서 산업경제를 지나 금융산업과 정보사회로 사회구조나 경제형태가 변하면서 생존과 삶의 질에 대한 관점변화가 요구된다.

37. 사회가 변하면서 행위는 기본이고 그것에 더해 그런 행위를 하는

기준에 따라

피부가 뽀얀 사람이 멋있다고 볼 수 있지만 오뉴월 땡볕에 시커멓게 그을린 주름진 모습이 아름답다고 볼 수 있다. 미적 가치, 관점, 기준이 바뀌면 아름다움과 추함 기준도 변한다.

사람 마음상태까지 중시하는 시대로 접어들었다. 이 시점에서 SATI 미학, SATI 예술, SATI 수행을 주목한다.

38. 절대빈곤을 벗어나고 생존문제가 기본인 사회에서 민중 관심초점은 당연히 삶의 질로 옮아간다.

39. 삶의 질의 중심고리는 자유와 행복이다. 기존 물리, 심리, 지식, 관습 등 모든 구속으로부터 벗어난 자유로움이 삶의 질을 향상시키고 행복까지 결정한다.

40. 근대는 중세를 지배한 봉건제, 크리스트교, 힌두교, 대승부, 유교 지배와 주장과 권위로 암울했던 현실을 극복하기 위해 중세에 정해진 모든 기준의 유효성에 종언을 고하고 그들이 만든 기준을 해체하고 변화된 사회에 적합한 새로운 기준을 정했다.

41. 지성, 이성, 합리, 평등, 평화, 정의, 공정의 이름으로 정한 새로운 기준은 소수 엘리트가 주도했다. 중세에 비해 인류 보편가치가 크게 발전했지만 그들 또한 자신이 정한 기준에 기초해 다른 존재에게 다양한 폭력을 행사하기는 마찬가지였다.

42. 근대사회를 디자인한 사람은 그들이 세운 질서나 기준이 아닌 것은 미개한 것, 천박한 것, 비과학인 것, 비합리인 것으로 몰아세우고 자신이 만든 질서를 전 지구차원에 강요했다.

43. 현대는 근대에 정한 기준과 질서를 거부하는 해체운동이 일어났다. 그것이 포스트모더니즘, 탈구조주의, 해체주의다.

44. 근대 과학발전 수준에서 알게 된 것에 기초해 지성, 이성, 합리, 평등, 평화, 정의, 공정 이름으로 정한 새로운 기준은 3~400년이 지나면서 새로운 과학지식과 사회현상을 반영해 변화를 요구받고 역사무대에서 퇴출당한다.

45. 오늘날 관심은 국가차원을 벗어나고 문화권을 초월하고 종교영

역을 극복하고 지구차원을 넘어 우주차원으로 옮겨 간다.

46. 과학기술 발달은 인간 지식과 지혜를 고양하고 사유와 행동을 무한대로 확장한다. 이것은 외부세계와 다차원 접촉을 의미한다.

47. 오늘날은 근대사회가 범선타고 항해하며 지구를 돌던 것과 차원을 달리한다. 우주선을 타고 우주공간을 항해하고 있다. 이제는 지구차원이 아니라 태양계도 벗어나 우주차원으로 관심을 확장한다.

48. 인간지혜와 삶의 방식 변화는 과학발전과 더불어 인간활동과 긴밀히 연관돼있다. 그것은 다양성을 이해하고 받아들이지 못하고 자기중심으로 사고하고 행동하면 생존이 위협받으며 삶이 힘들어진다는 것을 의미한다. 열린 마음으로 접촉대상을 받아들일 때 생존뿐만 아니라 삶의 질을 높이고 자유롭고 행복하게 살 수 있고 생산성향상에 도움된다.

49. 마음을 열고 사유를 유연하게 하고 행동을 품위있게 하지 않으면 무한공간과 다차원의 존재가 창조하고 누리는 다양한 문화를 이해하고 수용하기 쉽지 않다. 이런 현실을 받아들이고 사고하고 행동하면 생존, 생산성향상에 도움된다.

50. 이제까지 자기기준으로 다른 존재를 평가하고 판단했다면 이제는 다양성에 기초해 다른 존재를 판단하고 평가하고 행동하는 것을 요구한다.

51. 마음공간에 존재하는 욕망, 이기심, 분노, 적의, 원망, 서운함, 편견, 선입관, 가치관 등 마음오염원을 제거하고 그런 마음오염원으로부터 벗어나 자유로울 때 생존뿐만 아니라 삶의 질도 높아진다.

52. 사람인품과 예술작품에 더하여 그런 것을 창작한 사람 사유와 마음까지도 미학범주로 확장한 것이 SATI 미학이다.

53. 사회구조나 산업형태가 변한 것도 미적현상이나 미적가치 기준이 변하게 하는 요인이다.

54. 농산물을 생산하던 사회나 물건을 생산하던 사회는 육체건강함이 생존, 삶의 질, 생산성향상에 절대다. 그러나 정보사회 노동형태는 컴퓨터 기반산업으로 마음건강과 창의력이 생존, 삶의 질, 생산성향상에 더 요구되는 덕목이다.

55. 외부보다 실내 작업시간이 많고 몸보다 마음을 많이 사용하는 노동환경은 긴장된 근육을 이완하고 지친 근육을 휴식하고 무기력한 근육 강화가 요구된다. 육체뿐만 아니라 마음근육 이완과 탄력, 휴식과 활력도 필요하다.

56. 오늘날 육체뿐만 아니라 마음상태가 생존, 삶의 질, 생산성향상에 주변수로 등장했다. 스트레스, 분노, 긴장, 경쟁, 갈등은 이전 사회보다 그 강도가 더 높다. 이런 요소는 생존, 삶의 질, 생산성향상에 많이 영향미친다. 따라서 이런 요소를 유효하게 관리하는 것이 요구된다.

57. 사회구조가 변하면서 삶의 양식이나 행동유형뿐만 아니라 예술작품에 대한 기준도 변했다.

58. 오늘날은 이전과 비교할 수 없을 정도로 복잡하고 다양하다. 이런 사회는 도리어 단순하고 간단하고 쉬운 것이 효과있다.

59. 기존 예술은 근대사회 주요덕목이었던 지식, 이성, 합리, 과학 개념에 기초해 분석, 사유, 논리로 나열하고, 형식, 균형, 조화 등을 중시했고 채움과 포장을 강조했다.

60. 새로운 예술은 존재에서 형체와 색체를 해체했고 사회에서는 신분과 자본을 해체했다.

61. 현대에는 채움보다 비움, 포장보다 해체, 논리보다 압축, 복잡함보다 단순함, 화려함보다 간결함, 빽빽함보다 여백, 긴장감보다 여유로움이 미적가치로 자리잡았다.

62. 직관(sāmukkaṅsika, 直觀, 凝縮)에 기초해 창작한 그림이 선화

(SATI Style, 禪畵)다. 이것은 많은 의미를 압축해 단순하게, 복잡한 것을 간단하게, 어려운 것을 쉽게 표현한 것을 의미한다.

63. 주제를 쉽고 간단하게 전체를 이해할 수 있게 한 것이 직관이다. 이것은 SATI 수행에서 차용한 것이다.

64. 복잡하고 어려운 것일수록 단순하고 쉽게 사유하고 표현하고 행동하는 것이 유효하다. 그래야 생존에 유리하고 삶의 질을 높이고 생산성을 향상시킬 수 있다.

65. 변화된 사회환경에 적합하게 미적가치 기준을 새롭게 정립하고, 마음상태나 행동유형으로 미적대상을 확장해 아름다운 삶, 품위있는 삶, 풍요로운 삶에 기여하는 것이 SATI 미학 필요성이다.

6. SATI 미학 기본대상

1. 모든 학문은 기본대상이 있다.

2. 미학은 아름다움뿐만 아니라 삶의 과정에서 발견하고 창조하고 누리는 모든 미적가치 전 영역을 대상으로 삼는다. 창작활동, 예술대상, 예술감상, 예술비평 등을 대상으로 삼지만 사람에 따라 그 강조점은 달라질 수 있다.

1) 기본대상

3. SATI 미학이나 SATI 예술이 학문이 되려면 기본대상과 표현도구가 있어야 한다. 거기에 더해 역사성과 다른 학문과 연관성도 있어야 한다. 그리고 실천결과가 삶에 얼마나 유용한지도 검증해야 한다.

4. SATI 미학은 기존 미학이나 예술에서 대상으로 삼는 것에 더해 사람 마음상태, 사유방식, 행동양식까지 그 대상을 확장한다. SATI 미학 기본대상은 마음상태, 사유방식, 행동유형이다.

5. 아름다움을 이해할 때 해당존재에 대한 느낌을 외면하고 말할 수 없듯 아름다움 본질을 파악하기 위해서 그것을 느끼는 마음상태, 사유방식, 행동유형을 알아야 한다. 그런 의미에서 SATI 미학 이론에서 마음작용, 사유방식. 행동유형 문제가 개입한다.

6. 마음상태는 마음상태로만 존재하지 않는다. 어떤 형태이든 사유방식과 행동유형으로 표출한다. 사유방식과 행동양식은 마음상태와 밀접히 관계맺는다.

7. 모든 행위는 행위하는 자신뿐만 아니라 다른 사람과 사회에 일정 정도 영향미친다. 예술작품도 마찬가지다. 그냥 창작하는 것은 아무것도 없다. 창작자는 물론이고 감상자에게도 영향미친다.

8. 감상자도 작품을 보며 느끼고 사유할 때 자신이 경험한 사회현실을 반영하고 예술가도 예술작품을 만들 때 자신이 직면한 사회현실을 반영해 창작한다. 비평가도 마찬가지다. 그렇기 때문에 마음상태, 사유방식, 행동유형은 미학과 예술에 밀접히 연관되므로 마음상태나 행동유형, 더 나아가 사유방식까지도 SATI 미학에서 연구대상으로 삼는 것이다.

9. SATI 미학이 기본대상을 마음, 사유, 행동 등을 직접 다루는 SATI 수행으로 확장하는 것은 미학, 예술, 수행이 서로 보완하고 필요로 하는 부분이라고 이해했기 때문이다.

2) 표현방식

10. SATI 미학의 표현방식은 전체상황 통찰기능인 혜성이다. 혜성은 직관과 감성에 기초하고 결합하고 압축해 삶의 방향을 정하는 기능을 한다.

11. SATI 미학은 그 내용과 형식 둘 다 강조하고 논리나 합리를 중시한다. 논리, 분석, 사유를 사용하지만 과감하게 압축하고 비약해 사용한다. 이것이 직관이다. 그래서 비논리로 보이기도 한다.*

12. SATI 미학은 이성뿐만 아니라 감성에 호소해 이해할 뿐만 아니라 감동하고 행동으로 옮기도록 유도한다. 방향을 보여줄 뿐 결정하거나 직접 행동하도록 강요하지 않는다. 때로는 답을 주기도 하지만 대부분 스스로 판단하고 결정하고 행동하는 것을 선호한다.*

13. 마음상태같은 특수물질을 연구대상으로 삼을 때는 그것을 다루는 특수도구를 사용해야 한다. 일반물질 다루는 도구는 마음같은 특수물질을 다루기에 많이 부족하다.

14. 마음작용같은 특수물질은 자기 스스로 마음공간 속으로 들어가

선문답

선문답은 잘 들으면 이상하고 진짜 잘 들으면 사오정같다. 이것은 논리가 없는 것이 아니라 분석, 사유, 논리를 압축하고 비약해 사용하기 때문에 그렇게 보인다. 자세히 살펴보면 그 속에 분석, 사유, 논리가 응축해있음을 알 수 있다. 이것은 근세 이성주의자가 저차원이라고 매도했던 현상이 아니라 이성을 압축해 다루는 이성과는 차원이 다른 고차원 지성과정이다.

달과 손가락

달을 가리키는 손가락을 보면 달을 보지 못한다. 손가락은 단지 방향만 지시한다. 말의 낙처(落處)를 잘 살펴야 한다. 말꼬리 따라가면 모두 놓친다. 은유와 비유, 상징과 압축을 즐겨 사용하는 수행처에서 조심할 일이다.

마음상태를 변화시키는 예술활동 즉 창작활동을 해야 한다. 그러한 마음변화는 다른 사람은 잘 알 수 없고 오직 행위자 스스로 체험하고 다른 사람은 그 사람 행동을 통해 유추할 수 밖에 없다.

15. 삶의 방향을 정하는 점에 있어서 철학, 미학, 예술, 수행은 공통주제를 갖는다. 그러나 그 표현방법은 각각 다르다.

16. 철학은 그 내용이 반드시 옳지 않지만 형식논리나 합리성을 중시한다. 철학은 추상의미인 개념을 사용해 보편진리를 제시하려고 노력한다. 철학은 내용을 강조하고 이성에 호소하고 확신을 심어주려고 한다. 철학은 중심주제와 그 해결방법을 분명히 제시한다. 그것을 올바로 제시하느냐 못하느냐 차이는 있지만 결론은 분명하다. 자기주장이 분명히 있다.

17. 예술은 존재를 다루고 형상을 사용한다. 예술은 반드시 그런 것은 아니지만 비논리인 비유와 상징 등 간접방법을 사용한다. 예술은 존재를 표현해 보편관념을 제시하려고 한다. 예술은 하나의 전형을 존재속에 대표로 나타내 확신시키려고 한다. 예술은 내용과 형식을 모두 강조한다. 예술은 감성에 호소해 감동시키려고 한다. 때로는 논리나 지식보다 예술이 훨씬 더 강렬하게 작용하기도 한다. 예술은 중심주제와 해결방법을 독자상상력을 밑받침으로 암시한다. 예술은 결론이 독자상상력에 맡겨지고 해답을 스스로 찾아야 하는 경우가 많다.

18. 마음작용과 사유과정은 분명히 존재하지만 그것을 다른 사람에게 보여줄 수 없다. 우리는 행동유형을 보고 마음작용과 사유과정을 유추할 수밖에 없다. 마음작용과 사유과정은 보여줄 수 없어도 분명히 존재한다.

19. 마음작용을 표현할 때 행동이라는 형식을 통해 마음작용이라는 내용을 간접으로 드러낸다. 따라서 말이나 글을 사용해 논리와 추상의

미인 개념을 사용하기도 하지만 행동을 통해 직접 설명하기도 한다.

20. 마음상태, 사유방식, 행동양식까지 미학차원으로 이해하고 설명하려고 시도한 것이 SATI 미학 기본임무다.

21. 미학이나 예술에서 창작자, 감상자, 비평가가 분리해있고 필요에 의해 분리가 가능하다. 그러나 SATI 미학이 대상으로 삼는 마음상태, 사유방식, 행동양식 같은 대상은 분리가 불가능하고 서로 일치해있다.

22. 욕망, 이기심, 분노, 적의, 원망, 서운함, 편견, 선입관, 가치관 등 마음작용은 생산자와 소비자가 일치한다. 이것은 처음부터 분리가 불가능하다.

23. 존재를 사유하고 느끼는 것은 사람마다 다양하고 다차원이다. 사유나 느낌에 관한 객관형식을 찾고 표현하기 쉽지 않다. 그럼에도 불구하고 그것을 관통하는 보편규칙을 찾는 것이 SATI 미학이 하는 일이다.

24. 마음작용, 사유방식, 행동유형은 고정해있지 않고 끊임없이 움직인다. 마음작용은 분명히 실체가 있지만 형체를 보여줄 수 없다. 이런 존재를 대상으로 보편법칙을 이해하고 특수성을 규명하는 것이 말처럼 쉽지 않다. 이것이 SATI 미학 특수성이자 한계다.

7. SATI 미학 미적가치

1. 존재가 사유를 선도하고 사유는 존재에 영향미친다.

2. 새로운 것이 나타나면 처음에 거부감을 보이지만 점차 그것에 익숙해진다. 그것은 생각이나 행동이 존재를 통해 학습되기 때문이다.

3. 미학 연구대상인 미적현상과 예술현상에서 중요한 위치를 차지하는 것이 미적가치다. 미에 대한 가치기준을 어디에 둘 것인가가 핵심이다.

1) 미적가치

4. 사람은 인식대상이 자기생각과 일치하면 아름답다고 느끼고 일치하지 않으면 아름답지 않다고 생각한다.

5. 사람생각은 시대, 인종, 지역, 계급, 상황에 따라 다르기 때문에 아름다움에 대한 기준은 절대이거나 보편일 수 없고 항상 상대고 주관일 수밖에 없다.

6. 아름다움에 대한 기준은 그가 살고 있는 사회수준이나 시대상황과 더불어 끊임없이 변한다. 모든 것은 역사와 사회에서 조건지어지고 변화하고 평가되기 때문에 절대기준은 없다.

7. 아름다움에 대한 기준도 보는 관점이나 수준에 따라 다르게 평가한다. 존재는 결국 인식하는 사람 관점에서 평가되고 재평가된다. 그 기준은 객관대상을 보고 인식하는 사람이 주관으로 정한다.

8. 행동은 생각을 실천한 결과다. 인간이 만든 모든 것은 그것을 만든 목적과 일치하느냐에 따라서 아름답거나 추하다고 판단한다. 이러한 일치와 불일치는 주관이지만 동시에 객관이기도 해야 한다.

9. 예술작품에서 미적가치나 형식미가 중요한 역할을 한다. 존재를 멋있게 묘사하는 것과 멋있는 존재를 표현하는 것은 다르다.

10. 예술작품에서 내용은 중요하다. 그러나 내용만으로 아무것도 할 수 없다. 그렇기 때문에 형식이 필요하다. 그러나 예술을 형식으로 나타내려고 하면 예술이 빈약해진다. 그래서 내용과 형식이 통일하면 의미있고 멋있는 예술작품이 탄생한다.

2) SATI 미학 미적가치

11. 존재에 힘을 가해 다른 존재로 변화시키는 것이 생산이다. 생산은 창조, 창작, 예술의 다른 말이다.

12. 마음이나 행동에 에너지를 가해 다른 형태로 변화시키는 것은 생산과정이고 창작활동이다. 이제까지 수행 혹은 마음관리란 개념으로 사용했지만 이것을 미학과 예술 차원으로 이해한 것이 SATI 미학이다.

13. SATI 미학은 마음상태, 사유방식, 행동유형에서 어떤 것이 아름다운 것인지, 멋있는 것인지, 숭고한 것인지, 추한 것인지에 대한 미적가치를 다룬다.

14. SATI 예술은 SATI 미학에서 규정한 미적가치를 실현하기 위해 직접 마음상태와 행동유형 변화를 다룬다.*

15. 일반미학이 그렇듯 SATI 미학은 답을 찾는 과정이 아니라 답을 정하는 과정이다.

마음성형

딸과 어머니 대화

딸 : 엄마 어디가노.

엄마 : 와. 수행간다.

딸 : 절에 시주할 돈 있으면 나 얼굴 좀 고쳐주라

엄마 : 니 얼굴이 어때서. 자연스럽고 좋기만 하네.

딸 : 엄마는 뭘 몰라. 절에 시주할 돈 있으면 내 얼굴에 투자 좀 해라. 그게 미래를 위해 좋겠다.

엄마 : 나도 성형이 필요해서 성형외과 간다.

딸 : 에이. 딱 보니 절에 가구먼.

엄마 : 너를 보니 부글부글 끓어오르는 이 마음을 고치러 선방간다. 지금은 나에게 마음성형이 필요할 때란다. 그렇지 않으면 그 피해가 고스란히 너에게 가거든, 딸!

수행으로 마음상태 변화과정은 몸상태를 고치는 것처럼 마음성형이다.

16. SATI 미학에서 다루는 미적대상, 미적현상, 미적가치, 미적특성의 몇 가지 주제는 다음같다.

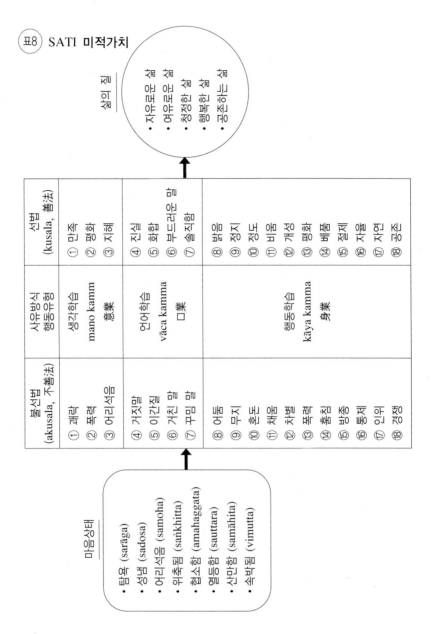

표8 SATI 미적가치

17. 미학흐름은 실재와 가상, 포장과 해체, 사실과 허구, 내용과 형식 등 주제를 중심으로 개인과 학파, 시대와 지역에 따라 주장이 다르다.

18. 존재가 직접 마음공간으로 들어오는 것이 아니라 감각기관을 통해 존재 이미지가 마음공간으로 입력되고 마음거울에 상이 맺힌다. 존재는 분명 객관으로 존재하지만 우리가 보는 것은 마음거울에 맺힌 가상세계인 이미지다.

19. Buddha는 존재를 있는 그대로 보는 것이 중요하다고 보았다. 보이는 것이 전부다. 그 너머 무엇이 있다는 것은 허구다. 단지 인식주체 수준만큼 다차원으로 해석하고 사유하고 행동한다.

20. 존재에 덧씌워진 포장을 벗겨내면 존재를 있는 그대로 볼 수 있다. 이렇게 포장을 벗겨내는 과정이 SATI 수행이다.

21. SATI 예술은 존재(질료)에서 불필요한 요소를 제거하고 포장(관념)을 최소화해 존재 사용가치를 있는 그대로 그러내는 것이다. 이것이 SATI 미학에서 미적현상, 미적가치, 미적특성 판단기준이다.

3) Text 이해

22. 이제까지 Buddha가 창안한 오리지널 불교와 SATI 수행을 담고 있는 경전이나 조사어록(祖師語錄)을 선(善)과 불선(不善)의 윤리관점이나 체(体)와 용(用)의 철학관점에서 이해하고 행동했다. 이렇게 선악 등으로 구분하는 이분법은 봉건시절 일반민중을 귀족과 천민으로 신분 구분하던 사회구조에서 유효한 틀이었다.

23. 오늘날 자유롭고 평등한 시대 이런 이분법은 그 유효성을 상실하고 더 이상 사회를 지탱하는 기본가치로 작동하기 힘들다.

24. 이런 현실을 바탕으로 오리지널 불교와 SATI 수행을 미학과 예

술 관점으로 이해하고 행동하는 새로운 해석틀이 필요하다.

25. 모든 존재는 각자 고유특성을 가지고 있다. 함께 어울리고 공존하며 사는 것이 자연이치고 삶의 실재다. 각자 드러난 특성과 내재한 본성에 기초해 이해하는 것이 아름다움 기준이고 실천덕목이다.

26. 불교와 수행에 관련된 Text를 SATI 미학과 SATI 예술이라는 새로운 해석틀을 가지고 이해하고 분석하면 인식지평을 크게 확장시킬 수 있을 것이다.

8. SATI 미학 출발점과 지향점

1. SATI 미학 출발점과 지향점을 올바르게 이해하면 SATI 미학을 활용해 무엇을 어떻게 할 것인지 그 목적이 분명해지고 행동이 간결해진다.

2. SATI 미학 출발점과 지향점을 이해하기 전에 먼저 서구 미학흐름을 살펴보는 것도 도움된다.

3. 서구 미학흐름은 진중권(1962~)으로부터 많은 지혜를 빌려왔다. 그가 지은 『미학 오디세이 1 · 2 · 3』(휴머니스트, 완결개정판 1판, 2012, 서울)은 SATI 미학 관점정리에 많이 도움됐다.

1) 서구 미학흐름

4. 사회현상이 변할 때는 해당분야만 변하는 것은 아니다. 모든 것은 함께 연관해있기 때문에 상황과 관계에서 서로 힘이 작용하고 함께 변한다.

5. 미학도 마찬가지다. 미학이나 예술만 변하는 것은 아니다. 그것은 당대 과학발전과 더불어 철학, 정치, 사회, 문화, 자연 현상과 밀접한 관계에서 변화발전한다.

6. 우리가 간과하기 쉬운 것은 미학, 예술, 문화, 종교 변화를 정치나 경제 세력이 변하는 것처럼 생각하기 쉽다는 점이다.

7. 미학 등이 변하는 것은 새로운 흐름이 밀려와 대중성을 획득했더라도 이전 것을 추종하는 세력이 일정정도 있는 상태에서 새로운 흐름이 자리잡고 공존한다. 이 점을 놓치면 오류를 범할 수 있고 편협하게 이해할 수 있다.

8. 서구에서 존재를 다룰 때 대개 5감(五感, 眼耳鼻舌身)을 사용한다. 그래서 존재를 다루는데 탁월하지만 마음을 다루는데 많이 부족하다.

9. 서구 예술은 시각과 청각 중심으로 창작활동이 이뤄졌다. 시각은 건축, 조각, 미술 중심이고 청각은 소리를 사용해 음악을 창작한다.

10. 서구미학은 예술작품이 사람에게 즐거움을 주거나 진리를 드러낸다는데서 출발한다.

① 존재해체

11. 서구 미학은 미적현상을 존재를 중심으로 다룬다. 존재에 원래부터 형태가 내재해있는데 작가가 포장을 해체하고 본래 있던 형체를 드러내든 작가가 자기생각을 투사하든, 존재에서 형체를 해체하든 색채를 해체하든, 작가가 인위로 존재를 다루든 자연현상으로 만들어진 것이든, 예술가가 창작한 것이든 공장에서 기계로 생산한 것이든, 현실에 참여한 것이든 예술자체만을 위한 것이든, 오리지널 원본이든 복제품이든, 즐거움을 추구하든 진리를 드러내든, 진리든 가상이든, 결국 존재가 미적대상이다.

12. 고전주의는 존재에 엄격한 규칙을 정하고 형식을 중시한다. 사실주의에 입각해 얼마나 존재를 있는 그대로 사진처럼 묘사하는지가 핵심이다.

13. 그들은 존재를 짜인 틀에 맞추려고 노력하고 일반민중보다는 귀족이 누리는 풍요로운 삶을 묘사하는데 주력한다. 때로는 존재를 거칠거나 활기차게 묘사하지만 이런 흐름은 많은 시간이 흐른 뒤에 가능했다.

14. 현대예술이 등장하면서 존재에서 형체와 색채를 해체했다. Pablo Ruiz Picasso(1881~1973)가 그린 작품을 보면 그림에서 존재는 시공을 비틀거나 겹치며 복잡하게 전개된다. 문외한은 설명들어도 이해하기 힘들 때가 있다. 작가가 존재 형체와 색체에서 어느 부분을 주목하고 표현하는지에 따라 그림모양이 달라진다.*

15. Piet Mondrian(1872~1944)이 창작한 그림을 보면 존재에서 색채와 형체가 단순하거나 자연에서는 좀처럼 나타나지 않는 색을 사용하는 것을 볼 수 있다. 그런 작품을 창작한 작가가 존재 형태나 색깔에서 어느 부분을 표현하는지에 따라 달라진다.

16. 존재에서 형체와 색채만 해체하고 융합해 재구성하는 예술가도 등장한다. 그들은 그림에서 청각대상인 음악을 들을 수 있고 음악에서 시각대상인 그림을 상상할 수 있다고 주장한다.

17. 오늘날은 통신과 컴퓨터 기술에 기반한 다양한 예술형식이 등장한다. 존재에서 형체나 색채만 해체하고 재구성해 나타나는 것이 아니

그림과 사진기

사진기가 등장하자 더 이상 존재를 사실대로 묘사할 필요가 없어졌다. 그래서 이제까지 존재를 사실대로 묘사해 먹고 살던 작가는 존재에서 형체와 색체를 제거하고 왜곡하는 작업을 시작했다. 존재에서 형체와 색체가 해체하고 작가관점에서 재구성되자 작품이 난해해지고 자의해석이 가능해졌다.

라 통신발달은 시공을 압축하고 컴퓨터 그래픽은 시공이 융합, 압축, 왜곡시켜 표현한다.

18. 이런 현상은 창작작품 진본과 복제품 구분을 애매하고 의미없게 하며 도리어 복제품이 원본보다 더 영향력이 크게 나타나기도 한다. 영화, TV, 소설은 처음부터 복제품을 통해 영향력을 극대화하려고 등장한 예술이다.

19. 참여예술이 등장하고 민중삶을 있는 그대로 표현하는 흐름이 등장한다. 그들은 현실에 적극 참여하며 지배계층이 상징조작한 관념을 해체하고 민중입장에서 새로운 관념을 등장시킨다.

20. 그들은 풍요로운 귀족삶을 묘사하기보다 노동현장이나 노동자 삶을 사실에 기초해 즐겨 묘사한다. 욕망으로 일그러진 자본주의 삶을 표현하기보다 탐욕에 찌든 모습을 표현하며 지친 민중모습과 더불어 꿈과 희망, 그리고 혁명의지 드러내기를 주저하지 않는다.

21. 예술의 순수성을 주장하고 예술은 그 자체로만 기능해야 한다고 강조하고 스스로를 순수파라고 규정하고 활동하는 예술가도 있다.

22. 예술작품이 소비자요구뿐만 아니라 예술가가 주도해 만들기도 한다. 종교인이나 귀족 등 소비자요구에 의해 창작된 예술작품은 비교적 사실에 기반하고 소비자가 이해하기 쉽다. 그러나 예술가가 자기생각에 기초해 창작한 작품은 존재에서 형체나 색채를 해체하거나 시공을 압축하고 비틀어 표현함으로써 창작작품 이해를 위해 전문설명이 필요하다.

23. 오늘날 예술계는 작가와 소비자 연결매체인 평론가, 매스컴, 공연무대, 배급회사 영향력이 점차 커지고 있다.

24. 예술 작가나 소비자는 작가와 소비자, 작품을 연결하는 매체시선으로부터 자유로울 수 없다. 결국 그들이 만든 틀에 구속되고 그들

의 요구와 타협하며 창작과 소비 활동이 이뤄지는 것이 오늘날 예술현
실이다.

25. 결국 서구 미학흐름은 존재에 덧씌워진 포장을 해체하기도 하고
새로운 관념을 덧씌우기도 하고, 예술작품이 소비자나 작가뿐만 아니
라 연결매체가 개입해 창작방향을 결정하기도 한다. 창작물 소비자가
귀족이나 자본가뿐만 아니라 일반민중으로까지 확산되면서 변화발전
한다.

② 관념해체

26. 예술가가 존재해체하는 한편으로 철학가를 중심으로 관념해체
운동이 일어났다.

27. 중세는 크리스트교가 주장하는 방향으로 존재, 사유, 행동을 관
념으로 포장했다. 그들이 주장하는 것을 따르면 선이고 벗어나면 악으
로 규정했다.

28. 16세기를 지나면서 중세가 끝나고 근대문이 열린다. 영국에서 경
험주의(Empiricism)가 등장하면서 우리가 경험한 것만 가지고 말해야
한다고 주장했다. Francis Bacon(1561~1626)으로 대표하는 경험주의
자는 존재를 포장하지 말고 우리가 경험한 것을 토대로 사유하고 행동
해야 한다고 강조했다.

29. 유럽대륙에서 합리주의(Rationalism)가 등장하면서 크리스트교
주장을 강하게 거부했다. Rene Descartes(1596~1650)를 대표로 그들
은 존재, 사유, 행동, 주장을 다른 사람이 이해할 수 있고 납득할 수 있
도록 해야 한다고 주장했다. 결국 존재를 세련되게 포장해야 한다는 다
른 표현이다.

30. 그들은 존재이해 수준을 이전과는 비교할 수 없을 정도로 명확하

게 했고 과학발전 수준을 끌어올렸고 삶의 질을 고양시켰다.

31. 경험주의든 합리주의든 과학, 이성, 합리, 지성, 논리 등의 이름으로 이전 것을 비과학, 비이성, 비합리, 비논리, 신비주의 등으로 매도하고 자신이 발견하고 규정한 것만이 진리라고 주장하고 포장했다. 이 것은 전선을 명확히 하고 적과 아군을 구분하는 상투적인 방법이다.

32. 포스트모더니즘, 탈구조주의, 해체주의 이름으로 철학자나 미학자가 등장했다.

33. 그들은 근대문을 연 사람도 합리, 이성, 지성 등 새로운 포장지로 존재를 포장하고 있다는 사실을 주목했다. 이것은 새로운 유형의 폭력이라고 보았다. 근대들어 합리, 이성, 지성 등으로 포장된 것에 대한 해체운동은 20세기 들어 현대가 열리면서 본격적으로 시작된다.

34. 그들은 존재에서 본질측면을 강조한다. 동시에 현상의 다양성을 주목한다. 본질측면에서 보면 선악이나 미추가 있을 수 없다. 모든 존재는 그 자체로 완성돼있고 다른 누구로부터 차별받지 않으며 함께 어울려 공존하는 것이 삶의 현실이라고 주장한다.

35. 현상측면에서 보면 분명히 존재는 차이와 특성이 있고 가능성과 능력이 다름을 볼 수 있다. 존재는 끊임없이 완성도를 높여야하는 불완전한 것으로 교육과 통제가 필요하다고 보았다.

36. 실존주의(Existentialism)가 등장하고 현실참여 활동이 활성화한다. 그들 주장은 분명하다. 개인 주체의지를 강조하고 현실에 직접 참여해 삶의 변화를 스스로 책임져야 한다고 강조했다.

37. 그들은 다른 사람이 만든 관념이나 시선으로 나를 평가하지 말라고 강조한다. 나의 삶은 나의 것이다. 나는 나이고 싶다. 나에 관한 모든 것은 내가 주체가 돼 결정하고 행동하고 책임진다는 것을 선호했다.

38. 그들은 제조자가 책임져야 한다는 확실한 메시지를 사회에 보냈

다. 지금 우리가 경험하는 이 세상을 신이 만든 것이라면 이런 불공정하고 불평등하고 폭력이 난무하는 사회를 만든 신이 책임져야 할 것이고 만일 이런 현실을 당대를 사는 우리가 만들었다면 우리 스스로 직접 현실에 참여해 변화시켜야 한다고 주장했다. 그리고 그들은 구체적으로 현실사회에 참여해 활동했다.

39. 그들은 다른 존재에게서 가해지는 관념과 시선으로부터 자신을 해체했고 세상에서 신을 해체했다.

④ 어둠해체

40. 인류지혜는 어둠에서 밝음으로, 혼돈에서 정돈으로, 무지에서 정지로 발전해왔다.

41. 16~18세기 과학혁명(Scientific Revolution)이 일어나고 인류삶의 질을 획기적으로 변화시켰다. Galileo Galilei(1564~1642), Isaac Newton(1642~1727) 등 많은 과학자가 존재에 드러난 혼돈을 극복하고 존재에 내재한 규칙성을 규명했다.

42. 과학혁명은 기술혁신과 더불어 산업혁명(Industrial Revolution)을 일으켰다. 그 중심에 증기기관을 개량한 James Watt(1736~1819)가 있다.

43. 18세기 중엽 영국 방직공업에서 시작된 기술혁신은 생산력의 획기적인 증가를 가져왔고 그것은 필연적으로 생산관계 변화를 불러왔다.

44. 이것은 자본주의 출발점이었고 동시에 시민혁명을 거쳐 신분해체와 계급해방으로 이어지는 인류해방 서막을 알리는 신호탄이었다.

⑤ 신분해체

45. 16세기 초 포르투갈과 스페인은 신항로를 개척하면서 유럽대륙에서 강국으로 자리잡았다. 네덜란드는 중계무역을 통해 세계중심으로 진입했다. 영국은 기술혁명에 성공하면서 세계를 향해 정복야욕을 들어냈다. 프랑스는 시민혁명을 통해 선진사회로 성장했다.

46. 1640년부터 시작해 1689년 명예혁명(Glorious Revolution)으로 끝난 영국혁명[Puritan Revolution, 淸敎徒革命]과 1789년부터 시작해 1794년에 끝난 프랑스혁명(French Revolution)을 거치면서 일정정도 신분해체가 완성됐다. 그러나 이것은 귀족과 자산가를 위한 것이었지 일반민중을 위한 것은 다시 백년을 더 기다려야 했다.

47. Thomas Hobbes(1588~1679)나 John Locke(1632~1704) 등이 사회계약설 등 개인과 국가에 대한 새로운 관점을 제공하고 시민혁명에 이론틀을 제공했다

48. 신분해방은 그냥 오지 않았다. 천년이상 지속되던 신권왕정 왕과 귀족 중심 신분세습 사회구조를 민권헌법 민중중심 능력제로 변화시키는데 민중피를 요구했다. 그들이 주장하고 실천한 핵심은 신분해체였다.

⑥ 계급해체

49. 유럽에서 시민혁명을 통해 신분해방은 일정정도 이뤄졌다. 그러나 형태만 바뀌었을 뿐 자본을 통한 계급지배가 계속됐다. 신분해방까지는 천년이상 시간이 필요했지만 계급해방은 그렇게 많은 시간이 필요하지 않았다.

50. 1789년 프랑스혁명을 거치면서 민중힘으로 왕과 귀족으로부터 신분해방이 이뤄졌지만 그 열매는 시민계급과 자산계급이 독점하고 변

혁주체였던 노동계급은 소외됐다.

51. 1848년 노동자혁명을 시작으로 유럽대륙에서 노동계급이 자본계급에 대항해 계급해방 운동을 시작했다. 그들은 각지에서 노동조합을 설립하고 공산당을 만들어 사회변혁을 위해 구체적이고 실제적으로 활동했다.

52. 사회구조를 자본주의에서 공산주의로 바꾸어야 한다는 철학자이자 혁명가가 등장한다. 그들은 Karl Heinrich Marx(1818~1883)와 Friedrich Engels(1820~1895)가 창안한 이론을 무기로 신분해체를 위해 행동했다.

53. 그 중심이론서가 1847년 발표된 Manifest der Kommunistischen Partei(共産黨宣言)와 1860년부터 1880년 사이에 저술되고 1867년 1권이 출판된 후 1885년 2권, 1894년 3권이 출판된 Das Kapital(資本論)이다.

54. 1905년부터 시작해 1917년에 끝난 러시아혁명(Russian Revolution)과 1911년 신해혁명을 시작으로 1949년 중화인민공화국이 탄생할 때까지 중국혁명(China Revolution)을 거치면서 민중은 자기힘으로 신분해방을 이끌어 냈다.

55. 그런데 정작 계급해방과 혁명이론을 창안한 유럽대륙은 민중혁명을 통한 신분해체가 이뤄지지 않고 선거를 통한 계급해방으로 진행됐다. 선거를 통해 헤게모니를 장악하려다 보니 대중선택을 받아야 하는데 그 수단이 복지사회였다.

56. 중세는 신분이라는 형식을 중시했다. 모든 것은 개인 능력과 노력과 상관없이 자신이 태어난 가문이 속한 사회계급으로 규정되고 구속됐다. 모든 것은 신분세습 구조에서 생산과 소비가 이뤄지고 대부분 잉여생산물은 지배층으로 귀속됐다. 생산은 사회적으로 이뤄졌는데 소

유와 소비는 소수 개인에게로 집중됐다.

57. 이런 모순을 극복하고 생산과 소비 주체를 일치시키자는 운동이 일어났다. 그 운동 주체는 노동자 자신이었다. 그들은 Karl Heinrich Marx와 Friedrich Engels가 체계화한 이론을 무기로 자본독점 해체를 위한 투쟁을 시작했다. 그러나 그들은 권력은 해체하지 못했다. 인민독재란 개념이 등장했지만 결국 당권을 가진 소수가 권력을 독점했다.

⑦ 가족해체

58. 신분사회든 자본사회든 공산사회든 오늘날 우리가 유지하는 가족은 해체하지 못했다. 그 결과 가족을 매개로 신분과 자본 그리고 권력이 이전됐다.

59. 가족해체 없이는 진정한 평등과 평화가 쉽지 않다는 것도 현실이다. 가족을 매개로 모든 것을 이전하다보니 자기욕망도 가족을 중심으로 이전하는 것이 현실이다.

60. SATI 수행을 창안한 Buddha는 가족유지를 지지했지만 출가수행으로 가족을 꾸리지 않는 것도 승인했다.

61. Buddha는 수행공동체인 Saṅgha(僧伽, 衆, 敎團)를 설립하고 재가수행자는 결혼해 가족을 거느리는 것을 허용하고 출가수행자는 결혼하지 않고 사유재산을 소유하지 않고 Saṅgha를 중심으로 모든 것을 공유하는 수행공동체, 생활공동체, 문화공동체를 만들고 SATI 수행에 기초해 개인과 사회 변혁을 실천했다.

2) 지향점

62. SATI 미학 궁극지향점은 분명하고 간결하다. 그것은 자유로운

삶, 여유로운 삶, 청정한 삶, 행복한 삶, 공존하는 삶을 사는 것이다.

63. 실제로는 존재를 있는 그대로 보는 것[yathābhūtha ñāṇadassana, 如實知見]이다. 존재를 객관화하고 있는 그대로 보는지 자기수준에 기초해 주관으로 이해하는지에 따라 사고방식과 행동유형은 크게 차이난다.

64. 현실로는 자신이 처해있는 관계와 상황에서 자신이 할 수 있는 것에 최선을 다하고 상황이 종료하면 즉각 해당 관계와 상황으로부터 자유로워지는 것[vimutti, 解脫]이다.

65. 직접으로 존재를 있는 그대로 보기 위해서는 지나온 삶의 흔적에 기초해 마음공간에 저장한 모든 관념을 해체하는 것이다. 그 출발은 알아차림이다.

3) 출발점

66. SATI 미학은 다른 존재에게 의도적으로 고통을 주지 않고 자기 생존을 모색하며 함께 공존하는데서 출발한다.

67. SATI 미학은 존재를 다룰 때 6감(六感, 眼耳鼻舌身意)을 사용한다. 그래야 존재뿐만 아니라 마음과 사유, 행동까지도 다룰 수 있기 때문이다.

① 알아차림

68. 마음공간에 저장해둔 지나온 삶의 흔적인 관념해체 출발은 인식대상이 마음거울에 상을 맺는 순간 알아차림하는데서 시작한다.

69. 그것이 인식과 행동이든, 존재와 관념이든, 내용과 형식이든, 본질과 현상이든, 실재와 가상이든, 진리와 허구든 그 출발은 마음거울에

상이 맺힌 것을 알아차림하는데서 시작한다.

70. 알아차림 기능인 sati(念), 의도 알아차림 기능인 sampajāna(自知)를 통해 전체상황 통찰기능인 paññā(般若, 慧)가 성숙한다. 알아차림 기능인 sati 성숙이 SATI 미학 출발점이다.

② 욕망해체

71. 자본주의는 욕망을 부추겨 작동하고 공산주의는 양심에 호소한다. 자본주의는 인간욕망을 주목했고 공산주의는 양심을 강조했다. 그리고 사회주의(공산주의) 국가경영은 실패하고 자본주의는 상황을 적절히 주도하며 전지구차원에서 활발하게 활동한다.

72. 공산혁명이 자본해체와 인간해방을 목적으로 출발했지만 절반만 성공하고 멈추었다. 그것은 자본형식은 일정정도 해체할 수 있었지만 욕망통제를 위한 적절한 이론과 수단을 확보하지 못했기 때문이다.

73. BCE 531년 음력 4월 보름 신새벽 Buddha는 Buddhagaya 보리수 아래서 오른손으로 땅을 짚으며 위대한 선언을 한다.

(표9) **욕망해체 이론과 기술**

내가 자유와 행복으로 가는 길을 깨달았다.

내가 욕망과 관념 해체 이론과 기술을 발견했다.

---

74. Buddha는 흔히 SATI 수행으로 알려진 욕망과 관념 해체 이론과 기술을 발견했다. Buddha는 이것을 발견하고 마음공간에 존재하는 삶의 흔적인 기억이미지와 결합한 욕망[lobha, 貪], 분노[dosa, 瞋], 편견

[moha, 痴] 등 마음오염원을 해체하고 관념을 해체함으로써 대자유를 체험했다. 그리고 맑은 행복감을 누렸다.

75. Buddha가 발견하고 창안한 SATI 수행으로 욕망을 해체함으로써 개인으로는 자유로운 삶, 여유로운 삶, 청정한 삶, 행복한 삶, 공존하는 삶을 살 수 있었고 사회로는 사회정의를 실현하고 삶의 질을 높이는데 기여할 수 있었다. 욕망해체가 SATI 미학 출발점이다.

③ 견해탈

76. 보이는 것이 전부다. 대부분 사람은 보이는 것 너머 다른 것이 존재할 것으로 상상한다.

77. 산은 산이고 물은 물이듯 존재는 존재할 뿐이다. 존재를 인식하는 사람이 자신이 살아온 삶의 흔적에 기초해 자기수준에서 존재에 의미를 부여하고 관념으로 포장한다.

78. 그렇게 되면 산은 더 이상 산이 아니고 물 또한 더 이상 물이 아니다. 산과 물 앞에 다양한 수식어가 붙는다. 그것은 전체상황 통찰안목이 좁고 자기수준만큼 보기 때문이다.

79. 마음공간에 존재하는 삶의 흔적인 기억이미지와 결합한 마음오염원을 제거하고 마음공간을 맑히면 여전히 산은 산이고 물은 물일뿐이다.

80. Buddha가 창안한 SATI 수행은 기억이미지와 결합한 관념해체의 훌륭한 도구다.

81. SATI 수행으로 기억이미지와 결합한 마음오염원인 탐진치 3독신을 해체하고 마음공간을 맑혀 존재를 있는 그대로 볼 수 있게 하는 견해탈(diṭṭhi vimutti, 見解脫)을 성취하는 것은 SATI 미학 출발점이다.

④ 내용과 형식 통일

82. 존재는 다양하고 다차원이다. 존재는 밝은 면도 있고 어두운 면도 있다. 선한 면도 있고 악한 면도 있다. 존재에서 어떤 면을 보고 행동할 것인가가 핵심이다.

83. 존재에서 욕망을 보고 집착하고 구속되고 힘들어 할 수 있고 고통을 보고 집착을 내려놓고 자유로워지고 행복할 수 있다.

84. 내용과 형식은 통일해있다. 그러나 내용이 그대로 형식으로 드러나지 않는다. 내용은 다차원으로 포장돼 나타난다.

85. 어떤 사람은 형식을 주목하고 구속되고 어떤 사람은 내용을 주목하고 속박된다. 대개 기득권을 지키는 입장은 형식을 중시하고 새로운 기득권을 창안하려는 사람은 내용을 주목한다.

86. 우리가 살아가는데는 내용도 중요하고 형식도 필요하다. 내용의 중요성만 강조하면 삶이 허황되기 쉽고 형식의 필요성만 강조하면 행동이 경직된다.

87. Buddha가 창안한 SATI 수행과 SATI 미학은 존재나 상황에서 내용과 형식을 중시한다. 내용에 경도된 사람에게는 형식의 필요성을 강조하고 형식에 집착하는 사람에게는 내용의 중요성을 설명한다.

88. 전체상황 통찰기능이 paññā다. paññā는 SATI 수행으로 성장한다. 그 중심에 SATI 미학이 있다.

9. 변혁문제

1. 인간활동은 어떤 목적을 향해 나아간다. 사람이 활동할 때 아무 이유없이 하지 않는다. 본인이 의식하든 않든 자기생각을 다른 존재에 작

용하고 변화시키기 위해 사유하고 행동한다.

1) 변혁문제

2. 모든 것은 사회생활에서 중요하다. 수행과 사회, 예술과 사회 관계
도 마찬가지다.

3. 한편에서 수행이나 예술이 사회를 위해 존재해야 한다고 주장한
다. 그래서 수행이나 예술이 사회정의에 기여해야 하고 개인의 자유와
행복에 복무해야 한다고 말한다.

4. 다른 한편에서 수행이나 예술은 그 자체목적을 갖기 때문에 다른
목적을 위해 사용해서는 안 된다고 주장한다. 그렇게 하면 수행이나 예
술 가치를 천박하게 하는 것이라고 강조한다.*

5. 분명한 것은 수행이나 예술이 홀로 독립해 존재하는 것이 아니란
사실이다. 모든 것은 사회속에서 존재하고 생산하고 소비하고 변화발
전한다. 사회에서 생산하고 소비하는 것이라면 사회를 위해 봉사하는
것이 올바른 태도다.

6. 수행이나 예술은 사람과 사람이 서로 관계맺고 서로 의존하고 서
로 생각나누고 서로 영향미치고 서로 해체하고 변화시키는 수단이다.
수행이나 예술 수준이 높을수록 전달역할을 더 효과있게 한다.

7. 존재 가치나 기준은 처음부터 정해진 것이 없다. 시대와 장소, 인

대중예술

한때 우리사회는 대중가요 부르는 사람이 특정무대에서 공연하는 것을 거부했다. 그런 무대는
흔히 클래식으로 대표하는 서양전통에 따른 음악인만 설 수 있었고 그것을 고상한 것으로 간주
했다. 이것은 서구 중심주의와 우월주의를 반영한 것으로 우리의 무지와 천박성을 드러내 보이는
것이다. 처음부터 정해진 기준이 없다는 것에서 출발한 미학과 예술이 아니던가?

종과 계급에 따라 변한다. 진리기준은 말이나 주장에 있지 않고 사회속에서 실천을 통해 나타난다.

8. 모든 것은 역사산물이다. 수행이나 예술도 마찬가지다. 수행자나 예술가 상상력도 그들이 태어나 성장하고 교육받은 사회환경이나 자연환경으로부터 자유롭지 못하다.

9. 그렇기 때문에 SATI 미학, SATI 예술, SATI 수행은 우리자신은 물론이고 사회를 변화시키고 모든 존재가 자유로운 삶, 여유로운 삶, 청정한 삶, 행복한 삶, 공존하는 삶을 위해 기여해야 한다.

2) 실천문제

10. 모든 것은 역사관점뿐만 아니라 현재관점도 중요하다. 현재 우리 삶과 무관한 그 자체목적만 가진 학문은 없다. 그러므로 SATI 미학도 역사관점과 더불어 현재관점에서 연구하고 비판해야 한다.

11. 모든 가치는 실제활동 연관성에 따라 평가한다. 모든 이론의 참과 거짓은 실천을 통한 유효성에 따라 평가한다. SATI 미학도 여기에서 예외일 수 없다.

12. SATI 미학은 사회성격을 띤다. 모든 예술작품 창작과 소비가 사회에서 이뤄진다. 그러므로 사회의미를 가지지 못하면 존재이유나 실천의미가 없다.

13. 미학은 미에 대한 개념을 규정하고 개인이나 사회 예술수준을 높이고 개인과 사회에 직접 영향미친다. 예술도 마찬가지다. 이것이 미학과 예술의 가치이자 효용성이다.

14. SATI 미학과 SATI 예술 기능이나 목적이 다른 존재에게 영향미치는 것이라면 그 핵심은 마음정화다. SATI 예술이나 SATI 수행은 마

음공간에 존재하는 욕망이나 분노 같은 마음오염원을 정화하는 것이 존재목적이다.

15. catharsis(淨化)는 미학, 예술활동, 예술감상 추구목적이다. 자기가 원하는 작품을 보면서 마음이 정화하기도 하지만 창작이나 비평 과정에서 정화되기도 한다.

16. 마음정화란 관점에서 미학이나 예술 추구목표와 SATI 예술이나 SATI 수행 추구목표가 일치한다. 그래서 SATI 수행을 미학이나 예술 차원에서 이해하면 많은 것을 표현할 수 있고 삶이 한층 풍요로워진다.

10. 인접학문

1. SATI 미학이 연구대상 성격에 따라 연구방법과 다른 학문과 관계를 결정한다.

2. SATI 미학을 예술학, 심리학, 심리상담학, 교육학, 사회학, 정치경제학, 스포츠학, 자연과학, 의학 등 개별학문과 연계해 연구할 수 있다.

3. 개별학문이 해당학문 특수성을 연구한다면 미학은 개별학문에 내재한 아름다움에 관한 보편법칙을 추구한다. 보편법칙을 추구한다는 점에서 철학과 미학은 관련성이 많다.

4. 미학은 항상 보편법칙을 추구한다. 예술이론, 예술사, 예술비평, 예술활동 전 영역에 공통으로 연관되는 보편법칙을 연구하는 것이 미학과제다. 그런 의미에서 미학은 철학성격을 띠고 예술학과 구분된다.

5. 미학분석, 예술작품 분석, 감상분석, 개인과 사회 영향분석, 내용과 형식 분석에서 미학은 항상 보편법칙을 추구한다.

6. 예술연구는 예술감상이나 예술법칙 연구와 관련있다. 예술작품을 더 잘 이해하기 위해서 예술활동 이해도 필요하다.

7. 미의 본질을 연기론으로 이해하느냐 유물론으로 보느냐 관념론으로 해석하느냐 문제 또한 세계를 관계된 것으로 이해하느냐 변화하는 것으로 보느냐 고정된 것으로 해석하느냐에 따라 미의 본질이 다르게 나타난다. 이런 의미에서 존재를 바라보는 관점을 제공하는 철학은 SATI 미학과 밀접한 연관있다.

8. 존재를 SATI 주의로 이해하느냐 행동주의로 해석하느냐 인지주의에 기초하느냐에 따라 미와 예술 이해와 실천이 다르게 나타날 수 있다. 이런 의미에서 존재를 대하고 행동원리를 추구하는 마음과학, 심리학, 교육학은 SATI 미학과 밀접히 관계있다.

9. 예술작품을 창작하는 사람 마음상태뿐만 아니라 예술작품을 감상하고 비평하는 사람 마음상태도 중요하다. 어느 것이나 마음상태나 사유형태가 관여한다. 이런 의미에서 마음과학이나 심리학을 이해하는 것은 기본이다.

10. 결국 미학이나 예술활동은 마음상태, 사유형식, 행동유형에 영향 주기 위한 것이다. 변화가 목적이라면 마음상태, 사유형식, 행동유형의 변화를 추구하는 SATI 수행과 연관된다. 이것은 인지과학이나 행동과학과 밀접히 연관있다.

11. 모든 것은 사회에서 생산하고 소비한다. 미학이나 예술도 마찬가지다. 예술가가 뭔가를 창작하는 것도 사회에서 이뤄지고 감상자가 예술품을 소비하고 비평하는 것도 사회에서 이뤄진다. 미학이나 예술은 삶, 자유, 행복 등과 직접 연관된다. 이런 점에서 SATI 사회학과 밀접히 연관있다.

5
SATI 철학

check point

이 장에서는 Buddha가 이해한 존재, 세계, 사람, 관념형성, 행동학습 등에 관한 관점을 배우고 익힌다. 이 장을 이해하면 마음과학, SATI 수행, 오리지널 불교에 대한 인식 폭과 깊이가 넓어질 것이다.

1. 철학기능

1. 모든 것은 고유한 사용가치가 있다. 철학도 마찬가지다. 우리가 철학 사용가치를 올바로 이해하면 철학을 사용해 무엇을 할 수 있는가를 알 수 있고 삶에 유용하게 사용할 수 있다.

1) 변화필요

2. 직면한 삶이 만족스러우면 어떤 변화도 필요치 않다. 변화가 필요하다는 것은 현재 직면한 현실에 만족하지 못한 것을 의미한다.
3. 현재 문제가 된다는 것은 기존 이론이나 방법이 유효성을 상실하고 직면한 문제를 해결할 수 없다는 것을 나타낸다.
4. 많은 사람이 문제를 인식하고 해결책을 찾으면서도 정작 자신이 기존에 해오던 익숙한 것을 놓지 못한다. 그러면 답이 없다. 기존방법대로 해서 유효성이 있다면 처음부터 문젯거리가 되지 않았을 것이다.

2) 삶의 도구

5. 직면한 현실에 만족하지 못하고 변화필요성을 느낄 때 그것을 극복할 수 있는 도구를 찾는다.
6. 각자 자기수준과 처한 상황에 기초해 다양한 방법을 찾지만 모두가 만족할 해결관점을 찾기가 쉽지 않은 것도 현실이다.

3) 철학기능

7. 철학은 직면한 문제를 해결하는 관점을 제공하는 도구다. 철학이 문제를 직접 해결하는 것이 아니라 문제해결 관점을 제공한다. 이것이 철학기능이다.*

8. 철학은 존재에 내재한 법칙을 규명하는 학문이다.

9. 철학은 존재와 사람 관계를 규정하고 존재를 이해하고 행동하는 사유방식과 행동유형을 규명하는 학문이다.

10. 과학이 개별존재에 내재한 법칙을 규명하고 철학은 전체존재에 내재한 법칙을 규명한다.

11. 현상은 복잡하고 혼돈스럽지만 인내심가지고 분석, 사유, 논리를 사용해 관찰하면 혼돈속에 내재한 법칙을 규명할 수 있다.

12. 내용과 형식은 일치한다. 그러나 내용이나 법칙이 그대로 형식으로 드러나지 않는다. 내용이 그대로 형식으로 드러나면 과학이 필요치 않을 것이다. 복잡하고 혼돈스런 현상을 주의깊게 관찰하면 현상에 내재한 법칙을 발견할 수 있다.

13. 존재에 내재한 법칙을 알 수 있으면 행동을 객관화할 수 있고 미래를 예측하고 행동할 수 있고 행위유효성을 높일 수 있다.

철학유파

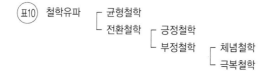

표10 철학유파 ─┌─ 균형철학
　　　　　　 └─ 전환철학 ─┌─ 긍정철학
　　　　　　　　　　　　 └─ 부정철학 ─┌─ 체념철학
　　　　　　　　　　　　　　　　　　 └─ 극복철학

4) 근본문제

14. 철학 근본문제는 존재와 의식 관계다. 존재와 사유 가운데 어느 것이 1차인가에 대해 어떻게 대답하느냐에 따라 유물론과 관념론으로 나눈다.

15. 그것은 존재인식 수준이나 관점에 그치지 않고 사유방식과 행동유형에 지대하게 영향미친다.

16. 모든 존재를 신이 창조한 것으로 믿는 사람은 신에 의존해 자신이 직면한 문제를 해결하려고 한다. 모든 것은 자연상태로 존재한다고 믿는 사람은 자연질서를 규명해 문제 해결관점을 찾는다.

2. SATI 철학

1. 마음과학, SATI 수행, 오리지널 불교를 창안한 Buddha는 Sabbe Āsava Sutta(一切流漏經)에서 수행이 모든 것을 해결할 수 없다고 분명히 말했다.

2. Buddha는 이 경에서 피해야 할 것은 피해야 하고 참아야 할 것은 참아야 하고 수용해야 할 것은 수용해야 하고 제거해야 할 것은 제거해야 하고 마음관리해야 할 것은 마음관리로 극복할 수 있다고 말했다. 수행이 만병 통치약은 아니란 말이다.*

아스피린 처방

아스피린 처방이란 말이 있다. 배가 아파도 아스피린, 머리가 아파도 아스피린, 진학 때문에 고

3. 수행은 욕망, 이기심, 분노, 적의, 원망, 서운함, 편견, 선입관, 가치관 등 마음오염원 제거도구고 마음변화 이론과 기술이고 자유와 행복으로 가는 안내자다.

1) 정의

4. SATI 철학은 직면한 문제를 수행을 통해 해결관점을 찾는 과정이다.

5. SATI 철학은 마음과 수행에 관한 기본원리와 핵심기술을 규명하고 수행 이론과 기술을 객관화하고 표준화해 수행효율성을 높인다.

6. SATI 철학은 Buddha가 창안한 SATI 수행을 비롯해 각종 수행에서 주장하는 마음변화 기본원리와 핵심기술을 규명하는 학문이자 도구다.

7. SATI 철학은 Buddha가 창안한 SATI 수행을 비롯해 각종 수행이 실제 역사환경에서 다양하게 변화발전하는 기본원리와 핵심기술을 규명하는 학문이자 도구다.

2) 근본주제

8. SATI 철학에서 다루는 근본문제는 인식대상[viññāna, 識,

민해도 아스피린, 돈이 없어도 아스피린만 먹으면 모든 것을 해결할 수 있다고 처방하는 것을 비꼬아 말한 것이다.

아스피린 처방을 능수능란하게 사용하는 곳이 종교집단이다. 모든 것을 신이 해결한다거나 불보살이 해결한다고 처방한다. 직면한 어려움을 신이나 불보살에게 의지하면 그들이 해결해줄 것이라고 말한다. 만일 의사가 몸이 아플 때 아스피린만 먹으면 좋아질 것이라고 처방하면 난리칠 텐데 정작 종교집단은 그렇게 처방하고 따른다. 그래서 종교사업이 번창한다. 참으로 신기하다.

dhamma, 法]과 인식주체[sati, 念]다.

9. Buddha는 인식주체를 마음근육이자 알아차림 기능인 sati(念), 인
식대상은 마음거울에 맺힌 상[viññāna, 識]으로 보았다. 모든 알아차림
대상이 인식대상이다.

10. Buddha는 마음작용을 포함해 모든 인식대상은 물질[rūpa, 色]
로 취급하고 알아차림 기능인 sati만 마음[mano, manas, 意]으로 규정
했다.*

11. 존재 인식수준이 삶의 태도와 질을 결정한다.

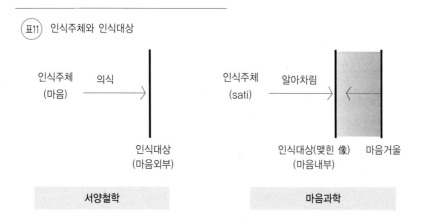

(표11) 인식주체와 인식대상

주체와 대상

서양철학은 마음 외부존재를 인식대상으로 규정하고 그것을 인식하는 마음을 인식주체라고 한
다. Buddha(마음과학)는 마음거울에 맺힌 상을 인식대상으로 보고 그 상을 알아차림하는 기능인
sati를 인식주체라고 한다. 마음거울에 맺힌 상 전부를 인식대상, 즉 물질(色)로 규정하고 그것을
알아차림하는 sati만 마음(心)으로 규정한다.

Buddha 관점이 마음을 더 올바르고 세밀하게 이해한 것이다. 화려하고 복잡한 개념을 사용한
다고 존재를 올바르게 이해한 것은 아니다. 철학, 심리학, 심리상담학, 의학에서 사용한 용어가
복잡하고 화려한 것과 그것이 존재를 올바르게 설명하고 있는가 하는 점은 구분해야 한다. 초식
이 화려하다고 싸움 잘하는 것은 아니다.

12. 마음거울에 맺힌 인식대상 혹은 기억이미지와 그것을 알아차림하는 인식주체인 sati 역학관계가 실재보는 수준을 결정한다.

13. 마음근육이자 알아차림 기능인 sati 힘이 약해 기억이미지 힘에 밀려 기억이미지(관념)가 sati를 덮으면 실재를 볼 수 없다. sati 힘이 강하면 기억이미지 개입을 차단하고 실재를 있는 그대로 볼 수 있다.

14. 인식대상과 인식주체 사이 역학관계가 마음에너지 이동을 결정한다.

15. 마음근육이자 알아차림 기능인 sati 힘이 약해 sati가 인식대상에 끌려가면 마음에너지를 소비하고 몸과 마음이 피곤하고 무기력해진다. sati 힘이 좋아 인식대상을 선택하고 머물면 마음에너지를 절약하고 보충해 몸과 마음이 건강하고 활기차다.

3. 존재 이해관점

1. 존재를 어떻게 인식하느냐에 따라 사유방식과 행동유형이 달라진다.

2. 세계나 존재를 바라보는 틀은 크게 두 가지다. 하나는 모든 것이 결정돼있다고 보는 결정세계관과 어떤 것도 결정돼있지 않다고 보는 비결정세계관이다.

3. 다른 하나는 존재와 사유관계에서 존재가 1차고 사유가 존재에 의존해있다고 보는 유물론과 사유가 1차고 존재가 사유에 의존해있다고 보는 관념론이다.

1) 결정론과 비결정론

4. 유물론, 관념론, 윤회론은 결정세계관에 속하고 불교연기론이나 도교철학은 비결정세계관에 속한다.

5. 마음다루는 수행, 심리학, 심리상담학, 의학도 어떤 이론은 결정세계관에 기초해 논리를 전개하고 어떤 것은 비결정세계관에 기초해 존재를 설명한다.

6. 결정세계관은 지중해를 중심으로 하는 서양문명에서 선호하고 비결정세계관은 인도나 중국 문명에서 발달했다. SATI 수행은 비결정세계관에 기초해 사유하고 행동한다.

7. 결정세계관은 질서정연해 편리하지만 낙관주의에 빠질 수 있고 때로는 확신이 지나쳐 자기생각을 다른 존재에게 강요하는 경향이 있다. 비결정세계관은 역동이고 흥미롭지만 가변이라 비관주의에 빠질 수 있고 혼돈스럽기도 하다.

2) 유물론과 관념론

8. 유물론은 존재와 사유 관계에서 존재가 1차고 모든 것은 물질로 통일해있고 의식이 존재에 의존한다고 본다. 관념론은 의식이 1차고 모든 것은 의식으로 통일해있고 존재가 의식에 의존한다고 본다.*

존재와 의식

Buddha가 되고 난 후 진정한 의미의 Buddha 생각과 행동을 할 수 있고 Buddha가 되겠다고 마음먹고 노력한 결과 Buddha가 될 수 있다. 전자를 유물론이라 하고 후자를 관념론이라고 한다.

Buddha는 연기론을 주장했다. 연기론은 존재의 관계, 상황, 흐름을 중시한다. 존재와 사유 가운데 어느 것이 먼저라고 할 수 없다. 그것은 실제상황에서 시간과 공간, 주체와 객체로 범위를

9. 관념론은 객관존재(神)가 우주(物)를 만들었다는 객관관념론(唯神論)과 인식하는 마음이 있을 때 존재를 알 수 있다는 주관관념론(唯心論)으로 나뉜다.

4. Buddha 기본틀

1. Gotama Siddhattha(瞿曇 悉達多, 義成就, BCE 566~486)가 BCE 531년 음력 4월 보름 최상행복을 찾아 출가한 지 7(6)년, 35살이던 해 무상정자각(Anuttara Sammā Sambuddha, 阿耨多羅三藐三菩提, 無上正自覺)을 성취하고 Buddha(佛陀, 覺者)를 이룬다. 이후 80살로 입적할 때까지 45년 동안 매년 1300km를 이동하며 인도대륙에 자신이 발견한 마음과학과 SATI 수행을 지도했다.*

한정지으면 답을 구할 수 있다. 발생순서로 선후인 것과 영향관계로 중요하게 기능하는 것은 반드시 일치하지 않는다. 존재는 시간과 공간, 실제상황에서 서로 관계맺고 서로 영향미친다는 Buddha 관점을 연기론이라고 한다.

앎과 행동

경험이 신념에 앞선다고 하면 유물론이고 신념이 경험에 앞선다고 하면 관념론이다. Buddha는 실제상황에서 어느 요소가 앞서는지 이해하는 것이 중요하다고 보았다. 그런 관점이 연기론이다. 실제상황이 빠진 절대상황은 존재이해에 위험하다.

먼저 알고 난 뒤에 행동하는 경우도 있다. 뭔가를 먼저 발견한 후 어떤 원리로 그렇게 됐는지 이론구조를 뒤에 이해하기도 한다. 아는 것이 먼저인지 행동이 먼저인지는 닭과 달걀 관계만큼 오랜 주제다.

Buddha는 보리수 아래 금강석 위에 앉아 SATI 수행으로 최상깨달음을 성취한 후 마음 구조와 기능, 마음구성 기본인자, 마음화학반응, 마음물리특성 등을 알 수 있었다. 어떤 원리에 의해 마음이 오염되고 정화되는지 마음이 건강해지고 피곤해지는지 마음에너지를 소비하고 충전하는지 명확히 설명할 수 있었다.

1) 철학관점

2. Buddha 존재 이해관점은 다음 세 가지다. 이 세 가지 철학관점에 기초해 마음과학과 SATI 수행을 창안했다.

표12 **3법인**

3법인	불교개념	현대개념	내 용
무아(無我) (anatt)	연기(緣起) (paṭicca samuppāda)	관계성	1. 존재는 홀로 독립해 존재하지 않는다. 2. 다른 존재와 서로 관개맺고 서로 의존하고 서로 영향미치고 서로 해체하고 서로 재구성하며 변화발전한다.
무상(無常) (anicca)	변법(變法) (vipariṇāma dhamma)	운동성	1. 존재는 고정해있지 않는다. 2. 시간과 공간 속에서 끊임없이 운동하고 변화발전한다.
고(苦) (dukkha)	공(空) (suñña)	반응성	1. 사람과 존재는 서로 접촉하고 반응하며 변화발전한다. 2. 사람이 접촉한 존재에 어떻게 반응하느냐에 따라 삶의 질이 변한다. 3. 존재는 항상 양면성을 띠고 있다. 어두운 면이 있으면 밝은 면도 있다. 그렇기 때문에 존재에 내재한 어떤 면을 볼 것인가가 삶의 질을 결정한다. Buddha는 존재에 내재한 욕망이나 분노를 보고 집착하면 괴로움이 증가하지만 존재에 내재한 고통과 속박을 보고 내려놓고 벗어나면 자유와 행복지수가 증가한다고 보았다. 4. 인식대상인 존재도 변하고 인식주체인 사람도 변한다. 변하는 인식대상을 변하는 인식주체가 접촉하고 관계맺고 존재하는데 변하는 시차가 서로 다르다. 그 차이만큼 인식대상에 불만족함을 느낀다. 그 불만족감 크기만큼 괴로움도 커진다. 5. 삶의 과정에서 괴로움이 문제지 즐거움은 문제되지 않는다. 항상 괴로움이 문제다. 괴로움을 대하는 태도가 삶의 질을 결정한다.

① 3법인

3. Buddha가 존재를 바라보는 철학관점인 연기(緣起, 無我, 관계성), 변법(變法, 無常, 운동성), 고락(苦樂, 空, 반응성) 세 가지 관점을 3법인(ti dhamma lakkhaṇa, 三法印)이라고 한다.*

4. 이것이 마음과학과 SATI 수행을 창안한 Buddha가 존재를 바라보고 이해한 관점이다. Buddha는 흑백론, 절대주의, 신, 윤회론을 배격하고 상황론, 상대주의, 자연주의를 주목하고 강조했다.

② 관계성

5. Buddha는 모든 존재는 서로 관계맺고, 서로 의존하고, 서로 영향미치고, 서로 해체하고, 서로 재구성하며 변화발전한다고 보았다. 이것이 연기(paṭicca samuppāti, 緣起)다. 다른 말로 무아(anatta, 無我) 혹은 인연이다. 여기서는 관계라고 한다.

6. Buddha는 모든 것은 변하고 변하지 않는 것은 아무것도 없고 변하지 않는 것은 아무것도 없다는 이 법칙만이 영원히 변하지 않는다고

힌두 철학관점

창조신 Brahma(梵), 신이 만든 우주질서 saṁsāra(輪廻), 윤회설에 따라 현실세계에 나타난 신분질서 vaṇṇa(色) 이 세 가지를 믿고 생활하는 것이 힌두철학이다. Buddha는 이런 힌두철학을 부정하고 오리지널 불교와 SATI 수행을 만들었다. Buddha가 주장한 오리지널 불교철학 핵심인 3법인은 바로 힌두철학인 신과 윤리를 부정한 것이다. 힌두철학은 다음같다.

표13 힌두 철학관점

atta(sk. ātman, 我)	① 창조신 Brahma 분신 ② 대우주인 Brahma(梵)에 대응하는 소우주 ③ 이것이 윤회주체임
nicca(常)	① atta가 윤회과정에서 그 정체성이 변하지 않음
sukha(樂)	① 즐거움이 가득함

보았다. 그것이 연기세계관이다.*

7. 연기는 개별인자가 조건에 따라 다른 존재와 결합하고 조건이 변하면 결과 또한 변한다는 입장을 가진다. 이것이 관계성이다.

8. 연기설은 관점을 신과 윤회 중심 힌두세계관에서 자연중심 세계관으로 바꾼 것이다.

9. 힌두철학은 모든 것은 신이 창조하고 윤회질서로 만들어진 것이라고 주장한다. Buddha는 신과 윤회는 허구고 모든 것은 자연질서로 창조되고 변화발전한다고 보았다. 이것은 존재를 이해하는 세계관의 대변혁을 의미하고 사유구조와 행동양식에 일대변혁을 가져왔다.

③ 운동성

10. Buddha는 모든 존재는 고정해있지 않고 끊임없이 운동한다고 보았다. 이것이 변법(vipariṇāma dhamma, 變法)이다. 다른 말로 무상(anicca, 無常)이다.

11. 변법은 존재 물리특성은 고정해있지 않고 끊임없이 움직이며 변화발전한다고 본다. 이것이 운동성이다.

12. 변법은 존재 이해관점을 신과 윤회 중심 힌두세계관에서 자연중심 세계관으로 바꾼 것이다.

몸과 마음

서구에서 몸과 마음을 분리해 사고한 것은 17세기 유럽에서 Lene Descartes를 중심으로 시작했다. 근대과학은 신심이원론(身心二元論)에 기초해 발전했다. 그러나 현대물리학에서 양자역학이 등장하고 심리학은 사람을 몸과 마음으로 분리하지 말고 전체로 이해하자는 유기체이론이나 장이론이 등장해 사람이해 수준을 한층 높였다. 동양수행자는 인도나 중국에서 2600여 년 전부터 몸과 마음, 개인과 사회, 사람과 자연을 분리하지 않고 전체로 이해해야 한다는 관점을 가지고 있었다.

13. 힌두철학은 모든 존재는 다른 존재와 섞이지 않고 그 자체로 존재하며 그런 존재실재는 어떤 경우도 변하지 않는다고 주장했다. 그러나 Buddha는 이런 관점이 허구라고 보았다. 존재실재는 내 생각이나 바람과 상관없이 존재가 가진 법칙에 따라 움직인다고 보았다. 이것이 자연법칙이다.

④ 반응성

14. Buddha는 모든 존재가 어떻게 관계맺고 반응하느냐에 따라 삶의 질이 달라진다고 보았다. 이것이 공(suñña, 空)이다. 다른 말로 고락(dukkha sukha, 苦樂)이다.

15. 공에 대한 Buddha 견해는 어떤 공간에 뭔가 있으면 불공(不空, 有), 없으면 공(空, 無)이다. 공과 불공이 한문으로 무(無)와 유(有)로 쓰인다.

16. 이것은 수행으로 어둠에서 밝음으로, 혼돈에서 정돈으로, 무지에서 정지로, 욕망이나 분노가 있는 마음상태에서 그런 마음오염원이 없는 마음상태로 변화를 의미한다. 이것은 삶의 질이 변한 것이다.

17. 공은 존재 해석관점을 신과 윤회중심 힌두세계관에서 자연중심 세계관으로 바꾼 것이다.

18. 존재는 다른 존재와 관계맺고 서로에게 긍정이든 부정이든 영향 미친다.

19. 존재 법칙성과 관계성을 이해하고 노력하면 삶이 긍정으로 변할 수 있다. 그래서 SATI 수행이 필요하고 희망이 존재한다.

2) 존재 구성원리

20. Buddha는 존재 구성원리를 연기(paṭicca samuppāda, 緣起)로 보았다. 모든 존재는 개별인자가 조건에 따라 결합해[paṭicca, 緣] 새로운 현상을 만든다[samuppāda, 起]고 이해했다.

21. Buddha는 개별인자가 조건에 따라 결합해 새로운 존재를 만들고, 그렇게 만들어진 존재는 다른 존재와 조건에 따라 결합해 새로운 존재를 만들고, 이렇게 중중첩첩 전개된 것이 우주라고 보았다. 이렇게 존재 구성원리를 보는 관점을 연기세계관이라고 한다.

22. 연기는 존재 구성측면을 설명한 것이고 변법은 연기로 구성된 존재 물리특성을 설명한 것이다.

3) 존재 물리특성

23. 모든 존재는 개별인자가 조건에 따라 결합한 것이다. 그렇게 구성된 존재 물리특성은 조건이 변하면 존재 형식, 본성, 특성도 변한다는 것이다.

24. 조건에 따라 결합한 존재 물리특성은 신이 만들거나 고정불변한 것은 없고 조건에 따라 끊임없이 변하며 변하지 않는 것은 아무것도 없다는 이 법칙만이 영원히 변하지 않는다는 관점을 취한다.

25. Buddha는 개별존재가 조건에 따라 결합한 존재 물리특성은 관계성(緣起), 운동성(變法), 반응성(空, 苦樂)의 3법인이라고 보았다.

4) 행동원칙

26. 사람은 존재이해에서 그치지 않고 인식수준에 따라 특정한 사유
양식과 행동유형을 나타낸다.

① 공존

27. 모든 존재는 서로 관계맺고 서로 영향미친다. 어느 한 존재의 일
방행동을 다른 존재가 용납하지 않는다.

28. Buddha는 관계맺은 존재가 다 같이 잘 사는 방법은 공존하는 것
이라고 보았다. 서로 공존하기 위해서 공존법칙이 필요하다. 공존법칙
은 두 가지가 있다. 하나는 인과고 다른 하나는 이해와 배려.

② 인과

29. 노력한 것[hetu, 因]에 상응한 대가를 노력주체에게 돌려주는 것
[phala, 果]이 공존 첫 번째 원칙이다. 이것이 정의, 공정, 청정 토대다.

30. 사회에서 생산하고 사회에서 소비하지 않은 것은 아무것도 없다.
생산은 사회에서 하고 소유나 소비는 개별로 하는 것은 내용과 형식이
불일치하다. 그러면 곤란한 문제가 발생한다.

31. 우리가 소유한 것은 알게 모르게 다른 존재 땀과 희생이 포함돼
있다. 그렇기 때문에 홀로 독립해 살려하지 말고 다른 존재와 함께 어
울리고 공존하려는 자세가 올바른 삶의 태도다.

32. 열심히 노력해 자기능력을 최대한 발휘하는 것은 자기능력을
성취하는 것이다. 성취한 결과물은 필요한 정도만 사용하고 나머지는
사회로 돌려주어 필요한 존재가 유용하게 사용할 수 있게 하는 것이
좋다.

③ 이해와 배려

33. 다른 존재와 인연맺고 산다는 것은 소중하다. 함께 살면서 서로 경쟁하고 긴장하고 갈등하는 것은 기본이다. 그러나 서로를 경쟁상대나 적대관계로 인식하고 행동하는 것은 삶을 불편하고 힘들게 한다.

34. Buddha는 모든 존재는 각자 처한 입장이나 상황이 다르다고 보았다. 그런 현실을 무시하고 자기입장에서 판단하고 행동하는 것은 곤란하다. 서로를 이해하고 배려할 때 삶의 토대가 여유롭고 평화롭고 삶의 질도 높아진다.

35. 좋아하든 싫어하든 다른 존재와 관계맺고 서로 영향미치고 함께 어울려 살 수 밖에 없는 것이 삶의 실재다. 서로를 이해하고 배려하며 행동하는 것은 의미있고 아름다운 일이다.

36. 관계맺은 존재가 서로에게 즐거움[mettā, 慈]주고, 슬픔[karuṇā, 悲]을 제거하고, 함께 기뻐[muditā, 喜]하고, 편견이나 선입관 없이 어울리고 공존[upekhā, 捨]할 때 아름다운 사회를 만들 수 있다.

5) 기본틀

37. Buddha는 다음같은 기본관점을 가지고 대중수준이나 여건에 따라 삶이나 존재를 자세히 설명하기도 하고 요약해 말하기도 했다.

38. Buddha는 존재를 바라보는 수준에 따라 삶의 태도를 결정하고 존재는 자기수준에서 아는 만큼 보이고 보이는 만큼 사고하고 행동한다고 보았다.

39. 마음공간에 존재하는 삶의 흔적인 기억이미지와 결합한 마음오염원을 해체하고 마음공간이 맑으면[anāsava, 無漏] 존재에 의미를 부여하지 않고 있는 그대로 볼[vijjā, 明] 수 있다.

40. 존재를 있는 그대로 볼 수 있으면 직면한 상황에서 자신이 해야 할 일을 하고 자신이 하고 싶은 것이나 자신에게 이익되는 방향으로 행동[kamma, 羯磨, 業]하지 않고 미래를 예측해 행동[asaṅkhāra, 無爲]하지 않는다.

41. 상황에 따라 행동하기 때문에 상황이 종료하면 행위결과[kamma bala, 業力]로부터 자유롭다[vimutti, 解脫]. 그러면 삶이 청정(visuddhi, 淸淨)해지고 다른 존재와 공존[upekhā, 捨]하며 자유롭고 행복[sukha, 樂]하게 살 수 있다. 그러면 삶의 질이 높아진다.

42. 마음공간에 존재하는 삶의 흔적인 기억이미지와 마음오염원[āsava, 流漏]이 결합해 마음공간이 흐려지면 존재에 의미를 부여하고 있는 그대로 보지 못하고 자기입장에서 주관으로 이해[avijja, 無明]한다.

43. 존재를 있는 그대로 보지 못하면 직면한 상황에서 자신이 하고 싶은 일을 하고 자신에게 이로운 방향으로 행동하고 결과를 예측해 행동[saṅkhāra, 有爲, 行]한다.

44. 존재에 의미를 부여하고 행동하기 때문에 상황이 종료하면 자신이 가진 기준으로 존재를 구분하고 차별하고 결과를 평가하고 자신이 가진 평가에 스스로 구속[upādāna, 結縛]된다. 그러면 삶이 답답하고 궁색[dukkha, 苦]해진다.

5. SATI 주의

1. Buddha는 마음근육이자 알아차림 기능인 sati(念)가 인지와 행동 선도도구라고 보았다. Buddha는 인지와 행동은 분리해 존재하는 것이

아니라 서로 관계맺고 서로 영향미치고 변화발전하는 것으로 보았다.*

2. Buddha는 마음근육이자 알아차림 기능인 sati가 자유로운 삶, 여유로운 삶, 청정한 삶, 행복한 삶, 공존하는 삶으로 인도하는 도구라고 했다.

3. 물질과 정신, 몸과 마음, 개인과 사회는 동일존재 다른 표현이다. 같은 존재를 어느 차원에서 인식하느냐에 따라 다르게 이해하고 행동한다.

4. 오늘날 몸과 마음을 분리해 사고한 것은 Rene Descartes (1596~1650) 이후 서구사상 주류로 자리잡았다. 인도와 중국을 중심으로 한 동양은 몸과 마음을 같은 존재 다른 표현으로 보았다.

5. 몸과 마음은 서로 관계맺고, 서로 의존하고, 서로 영향미치고, 서로 해체하고 서로 재구성하며 변화발전한다. 이 둘은 분리할 수 없고 전체를 함께 다뤄야 한다. Buddha는 이것을 색심불이(色心不二)나 색즉시심(色卽是心)으로 이해하고 동일존재 다른 표현으로 이해했다.

6. 행동이 변하면 생각이 바뀌고 앎이 성숙한다. 앎이 바뀌면 생각이 변하고 행동이 성숙한다. 어느 것이 먼저라고 할 수 없고 어느 것이 다른 것에 의존해 있다고 할 수 없다. 실제상황에서 판단하고 행동해야

인지주의와 행동주의

앎과 생각이 변하면 행동과 삶이 변한다고 본 것이 인지주의다. 이것은 관념론이나 기능주의에 기초해 논리를 전개한다. 심리상담에서 인지교정 혹은 인지치료란 사물을 바라보는 관점을 변화하도록 하는 훈련방법이다. 이런 훈련을 통해 부적응상태를 벗어나 현실에 순조롭게 적응할 수 있다고 본다. 기능주의나 인지주의는 의식의 능동성을 주목한다.

행동과 삶이 변하면 앎과 생각이 변한다고 본 것이 행동주의다. 이것은 유물론이나 구성주의에 기초해 논리를 전개한다. 심리상담에서 행동치료란 행동이나 삶의 방식을 변화해 앎과 생각을 바꾸도록 하는 훈련방법이다. 이런 훈련을 통해 부적응상태에서 벗어나 현실에 순조롭게 적응할 수 있다고 본다. 구성주의나 행동주의는 의식의 수동성을 주목한다.

한다.

7. 발생순서 선후관계가 영향관계를 반드시 규정하지 않는다. 행동주의는 구조역할을 강조하고 마음수동성을 주목했다. 인지주의는 기능역할을 중시하고 마음능동성을 강조했다.

8. Buddha는 상황이나 행동이 변하면 생각이 변하고 앎이 변한다는 행동주의 원칙을 중시했다. 이것이 훈습(vāsanā, 薰習), 학습(sajjhāya kiriyā, 學習), 수행(bhāvana, 修行) 이다.

9. Buddha는 앎이 변하면 생각이 변하고 행동이 바뀐다는 인지주의 입장을 주목했다. 일체의 편견, 선입관, 가치관 등 마음오염원을 제거하고 존재를 객관화해 있는 그대로 이해하는 것을 중시했다. 이것이 심해탈(citta vimutti, 心解脫), 견해탈(diṭṭhi vimutti, 見解脫), 혜해탈(paññā vimutti, 慧解脫)이다.

10. Buddha는 몸과 마음은 서로 관계맺고 있기 때문에 이 둘을 분리해 다루지 말고 동시에 같이 다뤄야 하다고 보았다. Buddha는 행동과 인지는 분리해 독립으로 전개하는 것이 아니라 함께 동시에 진행하는 것으로 보았다.

11. 사람은 평소 학습하고 행동한 대로 존재를 인식하고 인식한 대로 행동한다. 인식이나 행동이 어느 것이 먼저라고 할 수 없다. 인식한 대로 행동하거나 행동한 대로 인식하거나 분명한 것은 마음거울에 맺힌 상을 알아차림한 후 사고과정이나 행동과정이 전개한다는 사실이다.

12. 행동과 사유 맨 앞에 알아차림이 존재한다. 알아차림 기능인 sati 가 사유와 행동을 선도한다. 이것을 여기서는 SATI 주의라고 규정한다.*

앎의 수준

앎은 크게 두 종류가 있다. 하나는 분석과 사유에 기초해 존재를 이해하는 것이고 다른 하나는

표14 Buddha 가르침 기본틀

삼

(無漏) → 명(明) → 무위(無爲) → 해탈(解脫) → 청정(淸淨) → 행복(涅槃)
anāsava vijjā asaṅkhāra vimokkha visuddhi nibbāna

(염) sati — paññā(慧) →

조제

괴로움(苦) ← 오염(汚染) ← 결박(結縛) ← 유위(有爲) ← 무명(無明) ← (流漏)
dukkha   saṅkilesa   upādāna   saṅkhāra   avijjā   āsava

13. SATI 주의는 존재 구성방식인 연기세계관, 존재이해 방식인 3법인, 행동원칙인 업론(kammatā, 業論) 그리고 마음과학, 오리지널 불교, SATI 미학, SATI 예술, SATI 수행, SATI 철학과 더불어 중요한 개념 가운데 하나다.

14. 관념형성과 행동학습에 관한 Buddha 기본입장은 존재가 답을 가지고 있는 것이 아니라 인식하는 사람이 답을 결정한다는 비결정세계관이다. 존재를 어느 수준에서 이해할 것인가가 핵심이다.

15. Buddha는 존재인식 도구인 sati가 행동과 인식을 끌고 가는 주체로 보았다. sati를 통해 앎을 변화해 행동을 바꾸고 행동을 바꿔 앎을 변화시키는 과정이 SATI 수행이다.

(표15) SATI 주의 ·······

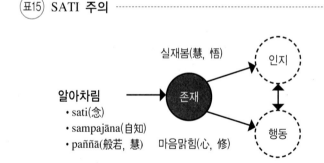

분석과 사유를 압축해 전체로 이해하는 것이다. 전자를 분석지(ñāṇa, 智, 分析智) 후자를 직관지(sāmukkaṁsika, 直觀智)라고 한다. 분석지는 물질을 다루는데 효과있고 직관지는 마음다루는데 유효하다. 직관지는 다음 세 가지 유형이 있다.

① sati(念): 마음거울에 맺힌 상 알아차림 기능. 마음작용 첫 번째 과정
② sampajāna(自知): 행동하기 전에 먼저 일어난 의도 알아차림 기능. 현상밑에 존재하는 뿌리

6. 관념형성과 행동학습

1. Buddha는 관념형성과 행동학습 과정을 8정도(ariya aṭṭhaṅgika magga, 聖八支道), 10선법(dasa kusala dhamma, 十善法), 12연기(dvā-dasa paṭicca samuppādaṅgāni 十二支緣起)에서 상세히 설명했다.

1) 8정도

2. Buddha는 존재를 바라보는 태도가 삶의 질을 결정한다고 보았다. 그리고 마음을 맑히고 앎을 정화하고 삶을 정돈하는 도구인 마음과학과 SATI 수행을 창안했다.

3. Buddha는 Migadāya에서 최초로 수행지도할 때부터 Kusinārā에서 입멸할 때까지 한결같이 당신이 창안한 수행법을 SATI 수행이라고 말했다.

4. Migadāya에서 최초로 수행지도할 때 맨 처음 8정도를 설명하고 수행지도했고 Kusinārā에서 입멸하는 순간 8정도가 있으면 나의 가르침이고 8정도가 없으면 나의 가르침이 아니라고 분명히 강조했다.

5. Buddha는 존재를 정견(sammā diṭṭhi, 正見)으로 보는지 사견(mic-chā diṭṭhi, 邪見)으로 보는지에 따라 관념형성과 행동학습이 다르게 이

ㄴ 실재 이해기능, 원인과 결과를 아는 능력

③ paññā(慧): 특정상황 발생과 전개, 전체상황 통찰기능

sati는 한 지점을 알아차림하는데 초점두고, sampajāna는 한 상황의 의도와 결과에 초점두고, paññā는 전체상황 통찰기능에 초점둔다. 그 모든 것의 출발점이자 선도하는 것이 마음근육이자 알아차림 기능인 sati다. 분석지는 모든 것을 잘게 쪼개 이해하는 능력이고 직관지는 모든 것을 응축해 이해하는 능력이다.

뤄진다고 보았다.

6. Buddha는 잘못 형성한 관념을 정화하고 잘못 학습한 행동을 재학습해 교정하기 위해서는 존재와 상황을 있는 그대로 올바르게 알아차림하는 것[sammā sati, 正念]과 잘못된 관념을 정화하고 올바르지 못한 행동을 재학습하기 위한 올바른 노력[sammā vayāma, 正精進]을 요구했다. 8정도는 다음같다.

표16 **8정도**

八正道	三學
① sammā diṭṭhi(正見): 올바른 관점, 견해, 세계관	慧
② sammā saṅkappa(正思): 올바른 의도, 목적의식	
③ sammā vācā(正語): 올바른 말	戒
④ sammā kamma(正業): 올바른 행위	
⑤ sammā ājīva, (正命): 올바른 직업, 생존수단	
⑥ sammā vāyāma(正精進): 올바른 노력	
⑦ sammā sati(正念): 올바른 알아차림	定
⑧ sammā samādhi(正定): 올바른 sati 집중	

2) 10선법

7. Buddha는 몸[kāya kamma, 身業], 말[vāca kamma, 口業], 생각[mano kamma, 意業]을 올바르게 학습하는 것과 잘못 학습하는 과정을 10선법(dasa kusala, 十善法)과 10불선법(dasa akusala, 十不善法)으로 나눠 상세히 설명했다.

8. Buddha는 관념형성과 행동학습을 선도하는 것이 마음근육이자 알아차림 기능인 sati라고 보았고, 관념과 행동을 변화시키는 노력인

viriya(精進), 추동하는 힘인 samādhi(三昧, 止, 定)가 보조한다고 했다.
10선법과 10불선법은 다음같다.

表17 10선법

불선법 (akusala, 不善法)	사유방식 행동유형	선법 (kusala, 善法)
① rāga(貪愛, 쾌락) ② dosa(瞋恚, 폭력) ③ moha(愚癡, 어리석음)	생각학습 (mano kamma, 意業)	① arāga(不貪愛, 만족) ② adosa(不瞋恚, 평화) ③ amoha(不愚癡, 지혜)
④ musā vāda (妄語, 거짓말) ⑤ pisuṇā vācā (兩舌, 이간질) ⑥ pāpanā(惡口, 거친 말) ⑦ samphappalāpa (綺語, 꾸밈 말)	언어학습 (vāca kamma, 口業)	④ mūsa vāda veramanī (不妄語, 진실) ⑤ pisuṇa vācā veramanī (不兩舌, 화합) ⑥ pāpanā veramanī (不惡口, 부드러운 말) ⑦ samphappalāpa vera- manī (不綺語, 솔직함)
⑧ pāṇātipāta (殺生, 살생) ⑨ adinnādāna (偸盜, 훔침) ⑩ kāmesu micchācāra (邪淫, 방종)	행동학습 (kāya kamma, 身業)	⑧ pāṇātipāta veramanī (不殺生, 비폭력) ⑨ adinnādāna vera- manī (不偸盜, 평등) ⑩ kāmesu micchācāra veramanī(不邪淫, 절제)

9. Buddha는 존재를 올바른 관점[sammā diṭṭhi, 正見]으로 보고 맑은 방향으로 관념을 형성하고 좋은 쪽으로 행동을 학습하라고 권했다. 그러면 삶은 자유와 행복으로 충만해진다.

10. 존재를 잘못된 관점[micchā diṭṭhi, 邪見]으로 보고 흐린 방향으

로 관념을 형성하고 좋지 않은 쪽으로 행동을 학습하면 삶은 구속과 괴로움으로 가득 찰 것이다.

11. Buddha는 잘못 학습한 사유, 언어, 행동을 올바르게 재학습하는 것이 필요하다고 보았다. 그래야 삶의 질을 높이고 인간다운 삶을 살 수 있다고 했다.

12. Buddha는 관념 형성과 정화, 행동 학습과 재학습을 선도하는 것이 마음근육이자 알아차림 기능인 sati로 보았다. Buddha는 sati가 구속과 괴로움, 자유와 행복을 선도하고 학습하는 핵심도구로 결론지었다.

3) 12연기

13. 사람은 관념형성이나 행동학습된 것 없이 백지상태로 잉태된다. 어머니자궁에 잉태한 후 본능과 학습으로 최초 관념과 행동을 형성한다.

14. 마음공간에 입력되는 이미지는 욕망, 이기심, 분노, 적의, 원망, 서운함, 편견, 선입관, 가치관 등 마음오염원인 탐진치 3독심(貪瞋痴 三毒心)과 결합해 무게를 가지고 마음공간에 저장된다. 이것이 지나온 삶의 흔적인 기억이미지다.

15. Buddha는 존재를 있는 그대로 보고 행동하면 기억무게가 감소하고 삶이 자유롭고 행복하지만 자기입장에서 보고 행동하면 기억무게가 증가하고 삶이 구속되고 힘들다고 보았다.

16. Buddha는 관념형성과 행동학습 과정을 12연기에서 다음같이 설명했다.

표18 **12연기**

순관(anuloma, 順觀)		역관(paṭiloma, 逆觀)		
① avijja(無明)	paccaya(緣)	① avijja(無明)	nirodha(滅)	관념 형성
② saṅkhāra(行, 有爲)	paccaya(緣)	② saṅkhāra(行, 有爲)	nirodha(滅)	
③ viññāṇa(識)	paccaya(緣)	③ viññāṇa(識)	nirodha(滅)	
④ nāmarūpa(名色)	paccaya(緣)	④ nāmarūpa(名色)	nirodha(滅)	
⑤ saḷāyatana(六入)	paccaya(緣)	⑤ saḷāyatana(六入)	nirodha(滅)	행동 학습
⑥ phassa(觸)	paccaya(緣)	⑥ phassa(觸)	nirodha(滅)	
⑦ vedanā(受)	paccaya(緣)	⑦ vedanā(受)	nirodha(滅)	
⑧ taṇhā(渴愛)	paccaya(緣)	⑧ taṇhā(渴愛)	nirodha(滅)	
⑨ upādāna(取)	paccaya(緣)	⑨ upādāna(取)	nirodha(滅)	
⑩ bhava(有)	paccaya(緣)	⑩ bhava(有)	nirodha(滅)	
⑪ jāti(生), jarā(老), maraṇa(死)	paccaya(緣)	⑪ jāti(生), jarā(老), maraṇa(死)	nirodha(滅)	삶의 과정
⑫ soka(憂), parideva(悲), dukkha(苦), domana(惱), supāyāsa(愁)	sambhavanti(發生)	⑫ soka(憂), parideva(悲), dukkha(苦), domana(惱), supāyāsa(愁)	nirujhanti(消滅)	삶의 질

① 관념형성

17. 대부분 사람은 존재나 상황을 자기 입장이나 관점에서 주관으로 이해하고 받아들이면 무명(avijjā, 無明)이다. 존재나 상황을 있는 그대로 객관으로 이해하고 받아들이면 명(vijja, 明)이다.

18. 존재나 상황을 자기 입장이나 수준에서 이해하고 받아들이고 해당상황에서 자신에게 이익되는 것, 자신이 하고 싶은 것, 결과를 예측하고 행동하려는 의도를 일으킨다. 이것이 유위 (saṅkhāra, 有爲, 行)다.

19. 존재나 상황을 있는 그대로 보고 객관으로 이해하고 받아들이고 해당상황을 자기의도대로 통제하려는 생각을 일으키지 않고 처한 상황

에서 자신이 해야 할 일만 한다. 이것이 무위(asaṅkhāra, 無爲)다.

20. 행동하되 의도에 기초하지 않고 상황과 필요에 따라 행동하는 것 [akamma, 無業]과 자기이익을 위해 의도가지고 행동하는 것[kamma, 業]은 결과를 처리하는데 차이가 많다.

21. Buddha는 행동하되 의도를 가지지 말고 자신이 처한 상황에서 자신이 해야 할 일만 할 것을 주문했다.

22. 의도가 일어나면 그 의도를 현실화하기 위해 의도를 가공하고 그 의도를 성취하기 위해 분석, 사유, 논리로 답[viññāṇa, 識]을 찾는다.

23. 처음부터 특정 목적이나 의도를 가지고 행동하면 결과를 처음의 도와 비교하고 평가하고 존재를 구분하고 차별한다.

24. 목적이나 의도 없이 상황이나 필요에 의해 행동하면 상황이 종료한 후 결과를 처음의도와 비교하고 구분하고 차별하지 않는다 [aviññāṇa, 無識].

25. 처음부터 의도가 없기 때문에 비교하고 구분하고 차별할 근거가 없다. 상황이 종료하면 그 상황에서 자유롭다.

26. 의도를 가공하고 자기수준에서 답을 찾고 그 답을 마음공간에 관념형태로 저장한다. 관념으로 마음공간에 저장한 것이 명색(nāma rūpa, 名色)이다.

27. 사람은 행위결과를 자신이 처음 설정한 의도와 비교하고 평가해 마음공간에 특정관념으로 입력하고 필요할 때 사용한다.

28. 위와 같은 과정을 거치며 관념을 가볍고 맑은 방향으로 형성하기도 하고 무겁고 흐린 방향으로 형성하기도 한다.

29. SATI 수행으로 마음공간에 존재하는 기억이미지와 결합한 마음 오염원인 탐진치 3독심(貪嗔痴 三毒心)을 해체하면 기존에 형성한 관념을 정화하고 앎을 구조조정한다.

30. 대부분 사람은 행동하기 전에 결과를 예측하고 특정행동을 한다. 그리고 행위가 끝나면 처음의도와 결과를 비교하고 평가해 존재를 구분하고 차별하고 그 평가결과에 스스로 구속[bandhana, 結縛]된다. 그러면 삶이 힘들다.

31. 처음부터 특정목적을 가지지 않고 행동하거나 행위결과를 예측하지 않고 행동하면 자신이 처한 상황에 따라 자신이 해야 할 일을 하고 상황이 종료하면 그 상황에서 자유롭다[vimutti, 解脫].

32. 처음부터 의도가 없기 때문에 행위결과를 비교하고 평가하지 않는다. 상황과 행동만 존재할 뿐이다.

33. Buddha는 존재에 구속되는 만큼 행복지수는 제한당하고 자유로워지는 만큼 행복지수는 증가한다고 보았다. 자유크기가 행복크기를 결정한다고 말했다.

② **행동학습**

34. Buddha는 행동학습 과정을 12연기에서 다음같이 설명했다.

35. 감각대상[cha visaya, 六境]과 감각기관[cha indriya, 六根]이 접촉(phassa, 觸)하면 그 데이터가 마음공간에 입력돼 마음거울에 상[cha viññāṇa, 六識]을 맺는다.

36. 접촉다음에 일어난 마음상태를 알아차림하고 자유로워지는 것과 알아차림을 놓치고 접촉다음에 일어난 느낌이나 느낌을 대상으로 발생한 감정이나 마음상태에 집착하고 매달리는 것은 삶의 질과 행동유형에 큰 차이가 있다.

37. 삶의 과정에서 접촉을 피할 수 없고 접촉다음에 마음작용이 일어나지 않을 수 없다. 단지 그 상태를 알아차림하고 자유로워질 것인지 그것에 매몰되고 구속될 것인지에 따라 삶의 태도와 질이 달라진다.

38. 접촉다음에 느낌[vedanā, 受, feeling]이 일어난다. 그 느낌을 대상으로 감정상태[emotion, 感情], 마음작용[citta, 心], 사유작용[vitakka, 尋]이 일어난다.

39. 감정이나 마음 상태에 구속되면 삶이 힘들고 벗어나 자유로워지면 삶의 질이 높아진다. 감정이나 마음 상태에서 벗어나기 위한 유효도구가 마음근육이자 알아차림 기능인 sati 힘이다. sati 힘이 크면 감정이나 마음 상태 속박에서 벗어나 자유로울 수 있다.

40. 감각접촉으로 데이터가 마음공간에 입력하고 마음거울에 상을 맺으면 마음공간에 입력해있던 기억이미지(관념) 가운데 관련된 것이 개입해 알아차림하는 sati를 덮거나 마음거울에 맺힌 상을 덮는다.

41. 존재는 있는 그대로 마음거울에 상을 맺지만 그것을 알아차림하는 사람이 존재를 자기수준에서 해석하고 이해한다. 이미 마음공간에 입력해 둔 관념(名色)이 감각접촉을 통해 활성화하고 개입해 앎과 행동형성에 영향미친다.

42. 감각접촉 다음에 특정느낌[vedanā, 受]이 일어난다. 자극과 느낌은 지극히 주관이다. 자신이 형성한 관념수준에 따라 동일자극도 느낌은 다양하게 일어나고 느낌을 대상으로 감정이나 마음 상태도 다차원으로 이뤄진다.

43. 마음공간에 삶의 흔적으로 형성한 편견, 선입관, 가치관 등 관념(마음오염원)이 존재하면 접촉다음에 일어난 느낌에 의미를 부여하고 다른 존재와 비교하고 평가해 좋은 것은 취하고 싫은 것은 밀쳐내려는 마음갈증[taṇhā, 愛, emotion]이 일어난다.

44. 마음공간에 편견, 선입관, 가치관이 존재하지 않고 존재를 있는 그대로 보고 존재에 의미를 부여하지 않고 다른 존재와 비교하거나 평가하지 않고 접촉다음에 일어난 느낌을 있는 그대로 알아차림하고 마

음갈증을 일으키지 않으면 삶이 여유롭고 다른 존재와 함께 어울리고 공존할 수 있다.

45. 접촉대상에 의미를 부여하고 느낌을 대상으로 발생한 감정이나 마음 상태에 집착[upādāna, 取]하고 구속하면 삶은 답답하고 힘들다. 집착은 행동[kamma, 羯磨, 業]으로 발전한다. 그러나 존재를 있는 그대로 알아차림하고 자유로워지면 삶은 자유와 행복으로 충만해진다.

46. 행동은 반드시 흔적[bhava, 有]을 남긴다. 자신이 남긴 삶의 흔적은 이전 삶의 결과물이자 동시에 다음단계 출발점이다.

47. 존재에 의미를 부여하고 행위결과를 예측하고 자신에게 유리한 방향으로 행동하면 욕망, 이기심, 분노, 적의, 원망, 서운함, 편견, 선입관, 가치관 등 흔적을 남긴다. 삶(生老病死)은 슬픔, 비통함, 괴로움, 고뇌, 근심(憂悲苦惱愁)으로 채워진다.

48. 존재에 의미를 부여하지 않고 행위결과를 예측하지 않고 자신이 처한 상황에서 자신이 해야 할 일만 하고 상황이 종료하면 그 상황에서 자유로워진다. 마음오염원이 쌓이지 않으면 삶은 자유로움과 행복함으로 충만해진다.

49. 삶을 맑은 방향[paṭiloma, 逆觀]으로 학습하면 자유와 행복 지수가 높아지고 삶의 질이 향상하지만 흐린 방향[anuloma, 順觀]으로 학습하면 구속과 고통 지수가 증가하고 삶이 고달파진다.

50. Buddha 관점은 단순하고 분명하다. 행동하되 의도를 가지지 마라. 의도를 가지고 행동하면 삶의 과정이 힘들지만 의도를 가지지 않고 행동하면 삶은 자유와 행복으로 넘쳐날 것이다.

6
SATI 인간학

check point

이 장에서는 사람에 대한 Buddha가 이해한 관점을 배우고 익힌다. 모든 것이 사람을 위한 것이다.
수행도 마찬가지다. 수행을 통해 사람 마음, 행동, 삶을 변화하고자 한다면 사람 본성과 특성이 무엇
인지 올바로 아는 것이 필요하다.

1. 인류는 사람본성을 규명하는데 많은 시간과 노력을 들이고 다양한 견해를 제시한다. 거기서 한 걸음 더 나아가 사람본성을 규정하고 그것에 기초해 삶의 방식을 제시하고 통제한다.*

1. 사람본성

1. 사람 본성이나 특성에 대한 관점을 어떻게 가지느냐에 따라 사람에 대한 사유형식이나 행동유형이 달라진다.

2. 마음과학, SATI 수행, 오리지널 불교를 창안한 Buddha는 사람은 그 자체로 완성돼있고 모든 능력과 가능성을 다 지니고 있다고 보았다.

3. Buddha는 사람은 Buddha가 될 가능성[buddha dhamma, 佛性]도

아는 대로 행동하기

Meng Zi(孟子, BCE 372~289)는 사람본성이 원래 선하기 때문에 사람다룰 때 법이나 제도 등 강압수단에 의존하지 말고 양심에 호소해야 한다고 주장했다. Xun Zi(荀子, BCE 298~238)는 사람본성이 원래 악하기 때문에 양심에 호소해서는 안 되고 법이나 제도 등 강압수단에 의존해야 한다고 주장했다. 크리스트교는 인간은 신의 의지로 만들어진 존재이기 때문에 신의 뜻대로 살아야 한다고 주장했다. 힌두교 윤회론은 사람본성은 「전생-금생-내생」으로 이전하고 형성되기 때문에 전생행위에 의해 금생본성이 형성된다고 주장했다.

사람을 나약한 존재나 추한 존재라고 규정하는 사람은 직면한 문제를 인간 스스로 해결할 수 없고 신에게 의존할 때만 고통스러운 삶에서 벗어날 수 있다고 주장하고 그런 방향으로 유도한다. 그러나 사람의 나약함과 추함을 부각하는 이면에 신의 위대함을 강조하는 측면이 있다. 인간은 나약하며 악한 존재라는 인간이해는 전제 왕조시대 대표유물이다. 이런 사유구조는 해당시대 지배계층 이익을 대변한다. 왕은 전지전능하고 강한 힘의 소유자고 선한 존재로 규정하고 민중은 나약하고 약한 존재로 상징조작한다. 모든 힘의 원천인 왕은 어리석고 나약한 존재인 민중을 지배하는 것이 당연하다고 세뇌했다. 전제 왕조시대 지배논리를 정당화하고 그들의 이익에 복무한 사유구조는 유럽문화권은 크리스트교, 인도문화권은 힌두교, Mahāyāna(大乘部), Mastra(眞言), 중국문화권은 유교, 도교, Mahāyāna 등이다.

있고 중생이 될 가능성[satta dhamma, 衆生性]도 있다고 보았다.

4. Buddha는 사람이 자기문제를 결정할 수 있는 능력과 의지력을 갖고 있지만 이런 사실을 스스로 깨닫지 못하고 있거나 이런저런 요인으로 실천하지 못한다고 이해했다.*

5. Buddha는 사람이 가진 가능성 가운데 어떤 요소를 계발할 것인지는 자연환경, 사회환경, 교육수준이 영향미치고 그 가운데 개인의지가 크게 영향미친다고 보았다.

6. Buddha는 사람이 살아가는 기술, 존재를 대하는 태도, 일 처리능력을 근기(upanissaya, 根機)라고 했다.

7. 자연이나 사회 등 환경요인, 선천으로 타고난 성질, 후천으로 학습한 성격 등이 어우러져 근기를 형성한다. 이 가운데 어떤 요소를 중시하느냐에 따라 다양한 이론과 기술이 만들어진다.

8. Buddha는 사람이 어느 특정본성만 가지고 태어나는 것이 아니라 다양한 특성이 응축해있고 그 가운데 어느 한두 가지 특성이 강하게 나타난다고 보았다.

9. Buddha는 천함, 고귀함, 오염됨, 청정함, 깨침, 어리석음은 태어난 가문이나 말에 의해 정해지지 않고 오직 행위로 결정된다고 보았다.

관점차이

Buddha는 사람마음은 방치하면 오염되고 마음공간을 오염시키는 노폐물인 욕망(貪,) 분노(嗔), 편견(痴)을 제거하면 맑아진다고 보았다. Da Jian Hui Neng(大鑑慧能)을 포함한 중국선사는 사람마음이 맑은 줄 깨달으면 오염된 마음공간이 맑아지고 한 번 맑아지면 더 이상 마음이 오염되지 않는다고 보았다.

이런 관점에서 보면 Da Jian Hui Neng(大鑑慧能)이 힌두철학을 대변하고 Da Tong Shen Xiu(大通神秀)가 Buddha 입장을 대변한다. 힌두철학은 Brahma(梵) 신의 본성이 아주 맑고 깨끗하다고 보았다. 그것을 대승부철학은 청정법신(淸淨法身)으로 상징조작했다. 그것이 Vairocana(毘盧遮那)다. 마음본성이 원래 맑다는 것은 Buddha 관점이 아니라 힌두철학이다.

10. Buddha는 사람은 태어날 때 선천으로 타고난 성질과 살면서 후천으로 형성한 성격이 결합해 일처리 총역량인 근기를 형성하고 자기 근기에 따라 일을 하면 능률이 높아진다고 보았다.

11. Buddha는 사람이 가진 성질, 성격, 근기는 고정불변한 것이 아니라 끊임없이 변한다고 보았다.

12. 사람이 가진 이런 특성은 어떤 것이 다른 것에 비해 좋거나 나쁜 것이 아니고 어떤 것이 우수하거나 열등하다는 의미가 아니다. 단지 그 특성에 따라 범주나눈 것이다.

13. 옛 사람은 바탕이 되는 질(質)은 선천으로 타고나고 현상으로 나타나는 격(格)은 후천으로 학습하는 것으로 보았다. 그래서 질은 아버지를 닮고 격은 어머니 영향이 크다고 생각했다.

2. 사람성질

1. Buddha는 사람이 태어나면서 선천으로 타고나는 재질을 성질(dhātu, 大, 性質, 氣質)이라고 했다. 그런 성질 위에 후천으로 학습한 성격(carita, 性格, 品性)이 있다고 보았다. 성질과 성격이 어우러져 다양한 개성과 근기를 나타낸다.

2. Buddha는 사람성질을 지대, 수대, 화대, 풍대 네 가지로 구분했다.*

수행기술

수행할 때 마음근육이자 알아차림 기능인 sati 힘을 키우기 위해 몸에 기준점(도구) 정하고 수행한다. 이때 몸에서 지수화풍 4대를 모두 보아야 한다. 그러기 위해서는 4대를 모두 다 보는 것이 아니라 그 가운데 어느 한 요소에 초점두고 훈련하면 sati 힘이 커지면서 점차 모든 것이 다 보인다. 보는 것이 아니라 보여지는 것이다.

3. 고대인도에서 수행자가 수행할 때 수행자근기를 구분한데서 차용해 오늘날 Waldorf 학교부터 심리상담까지 성격에 기초해 교육과 직업을 선택하도록 유도한다.

1) 지대

4. 지대(pathavī dhātu, 地大)는 대지처럼 중감(重感)과 질감(質感)을 특성으로 한다.

5. 지대는 무거움과 가벼움, 딱딱함과 부드러움이 특성이다.

6. 이 성질을 가진 사람은 포용력, 안정감, 끈기력, 인내심이 있다.

7. 이 성질을 가진 사람은 자기자신이 상대나 상황을 받아들이고 포용한다.

8. 이 성질 장점은 대지와 같은 포용성, 지치지 않는 끈기력, 무한한 인내심이다. 대지가 모든 것을 받아들이고 견뎌내듯 주변상황에 흔들리지 않고 상대를 포용하고 동화한다. 많은 사람과 함께할 수 있지만 이것이 도리어 단점이 돼 잡탕이 되고 무한정 시간을 허비하기도 한다.

9. 이 성질을 가진 사람은 조용함, 안정감, 인내심이 강하다. 다소 게으르고 느리지만 매사 마음편하고 기분이나 상황에 흔들리지 않고 상황을 침착하게 받아들이고 행동한다.

10. 이 성질을 가진 사람은 일할 때 큰 흐름만 짚어주면 스스로 알아서 잘 처리한다. 문제는 시간이 오래 걸린다는 점이다.

2) 수대

11. 수대(āpo dhātu, 水大)는 물처럼 압감(壓感)을 특성으로 한다.

12. 수대는 흐름과 막힘, 팽창과 수축이 특성이다.

13. 이 성질을 가진 사람은 적응력, 유동성, 부드러움이 있다.

14. 이 성질을 가진 사람은 자기자신이 상대나 상황에 맞추고 적응한다.

15. 이 성질 장점은 물과 같은 적응력이다. 물처럼 부드럽게 자신을 상대에게 맞춘다. 이것이 단점이 되기도 한다. 스스로 자기입장을 표현하지 못하고 낑낑대다 몸과 마음이 지친다. 마음내키지 않아도 받아들이다 한계에 도달하면 폭발하고 판이 깨지기도 한다.

16. 이 성질을 가진 사람은 감성이 풍부하고 자기중심이고 조용하고 진지하다. 의지가 강하고 이상이나 진실을 따르고 완벽주의에 치우치기 쉽다. 때로는 어떤 일에 지나치게 집착한다. 소극이고 수동이고 답답해 보이기도 한다. 자신이 주변수가 아닌 종속변수로 활동하는 경우가 많다.

17. 이 성질을 가진 사람은 주변상황에 과민하게 반응하고 사소한 일로 주변을 힘들게 하고 감정변화 폭이 크다. 매사를 안 좋은 쪽으로 보고 우유부단해 결단하지 못하고 시간을 많이 허비한다.

18. 이 성질을 가진 사람은 일할 때 본인이 감당할 수 있을 정도만 하는 것이 좋다. 너무 잘하려는 경향이 있기 때문에 때로는 적당히 하도록 유도하는 것도 요령이다.

3) 화대

19. 화대(tejo dhātu, 火大)는 불처럼 열감(熱感)을 특성으로 한다.

20. 화대는 뜨거움과 차가움이 특성이다.

21. 이 성질을 가진 사람은 적극성, 활동력, 강함, 짧음이 있다.

22. 이 성질을 가진 사람은 자기 생각이나 의지를 상대에게 강요하고 억지로 변화시키려고 한다.

23. 이 성질 장점은 적극성과 활동력이다. 일을 추진할 때 불처럼 격렬하게 밀어붙이고 활동성도 뛰어나다. 난관에 부딪혀도 도전하고 극복하려는 의지가 강하다. 이것이 도리어 단점이 되기도 한다. 자기생각을 지나치게 강요하고 때로는 폭력을 사용해서라도 성취하려고 한다. 오랫동안 일을 추진하지 못하는 측면도 있다.

24. 이 성질을 가진 사람은 활동력이 있고 결단력도 있고 의지가 강하고 성공에 대한 욕구도 강하다. 자기의지를 적극 표현하고 성격이 급해 화도 잘 낸다. 다혈질이고 일의 성취도도 높다.

25. 이 성질을 가진 사람은 사고와 개념화를 잘 하고 모험심이 강하며 실패에 대한 두려움이 적고 역동성이 크고 자아도 큰 편이다. 인내심과 정의감이 강하나 타인을 배려하는 마음이 부족하다.

26. 이 성질을 가진 사람은 일할 때 짧고 강도있게 하는 것이 좋다.

27. 이 성질 소유자는 체면과 자존심을 중시한다. 자존심이 상하면 일을 성취하려는 승부욕이 치솟는다. 문제는 어디까지 건드릴 것인가다. 너무 깊이 건드리면 곤란하다. 판이 깨지기도 한다.

4) 풍대

28. 풍대(vāyo dhātu, 風大)는 바람처럼 동감(動感)을 특성으로 한다.

29. 풍대는 흔들림과 번댐, 움직임과 멈춤이 특성이다.

30. 이 성질을 가진 사람은 자유로움과 진취력이 있다.

31. 이 성질을 가진 사람은 기존 사고방식에 구애받지 않고 자유롭게 사고하고 행동한다.

32. 이 성질을 장점은 가변성과 자유로움이다. 전통에 구애받지 않고 새롭게 생각하고 낙천이고 개방이고 편견도 적다. 자유롭고 기분따라 행동하고 지구력과 책임감이 약하고 우유부단하다. 행동이 침착하지 못하고 삶을 가볍게 생각하기도 한다. 호기심이 강하고 어떤 것이라도 의심부터 한다.

33. 이것이 단점이 되기도 한다. 지나치게 시대에 앞서가다 고립되기도 하고 너무 자유로워 책임감이 없고 생각이나 행동이 가변이라 예측하기 어렵다. 그런 것에 스스로 고민하지도 않는다.

34. 이 성질을 가진 사람은 일할 때 책임지기보다 자유롭게 일할 수 있는 환경을 좋아하고 관심 분야나 주제를 바꿔가며 일하는 것이 좋다.

35. Buddha는 모든 사람이 네 가지 성질을 복합으로 가지고 있다고 보았다. 어느 한 가지 성질만으로 그 사람을 특징지을 수 없고 네 가지 성질이 균등하게 나타나지도 않는다.

36. 사람성질을 네 가지로 나눈 것은 어느 것이 우수하거나 좋다는 것이 아니라 해당성질이 가진 특성을 구분한 것이다. 나이나 환경에 따라 특정성질이 활성화하고 SATI 수행으로 성질을 변화시킬 수 있다.

37. SATI 수행으로 성질이 바뀔 때는 자신이 가진 성질은 그대로 있고 단점을 보완하는 성질이 나타나 상향으로 균형맞춘다. Buddha는 자신에게 강하게 나타난 것을 장점으로 보았다.

38. 지대성질 포용력과 끈기에 화대성질 적극성과 활동력이 보완되든지 풍대성질 자유로움에 지대성질 안정감이 추가되는 식으로 변한다.

39. Buddha는 사람이 태어날 때부터 가지고 있는 특정성질에 따라 일하면 효과있다고 보았다. 배우자를 선택하거나 함께 일할 동료를 찾거나 친구를 사귈 때도 자기성질을 보완해줄 사람이 좋은 상대라고 보았다. 사람성질을 파악하는데 오랜 관찰이 필요하다.

표19 고유특성

4대	인식대상	근기	특성
지대	딱딱함과 부드러움 무거움과 가벼움	포용과 완고 지구력과 불변성	수동적 내향적 정적
수대	팽창과 수축 흐름과 막힘	적응과 유연 답답함과 가연성	
화대	뜨거움과 시원함	적극과 활동 열정과 속성	능동적 외향적 동적
풍대	흔들림과 벋댐	진취와 자유 가벼움과 유동성	

3. 사람성격

1. 사람은 선천으로 타고난 성질뿐만 아니라 지리, 환경, 교육, 사회, 문화 배경에 기초해 후천으로 형성한 성격(carita, 性格)을 지니고 있다.

2. 후천으로 형성한 성격도 선천으로 타고난 성질 못지않게 삶에 크게 영향미친다. Buddha는 사람성격을 크게 세 가지 범주로 구분했다. 이것이 선천으로 타고난 성질과 결합해 근기를 형성한다.

표20 **사람성격**

	성격구분	필요수행	
		특수수행	기본수행
감성	① 욕망성격	asubha(不淨念)	sati(念) Suñña(空) Mettā(慈)
감성	② 분노성격	mettā(慈悲念)	sati(念) Suñña(空) Mettā(慈)
혜성	③ 의존성격	sati(念)	sati(念) Suñña(空) Mettā(慈)
혜성	④ 편견성격	upekkha(捨)	sati(念) Suñña(空) Mettā(慈)
이성	⑤ 지식성격	anicca(無常)	sati(念) Suñña(空) Mettā(慈)
이성	⑥ 논리성격	paññā(般若, 慧)	sati(念) Suñña(空) Mettā(慈)

1) 감성

3. 정서공간이 풍부하면 삶의 질이 높아진다.

① **욕망성격**

4. 욕망성격[rāga carita, 貪格]은 욕망이나 이기심을 특성으로 한다.

5. 욕망이 적은 사람은 베풀기 좋아하고 자유로운 삶을 추구한다. 욕망이 많은 사람은 마음가는 대로 소유하고 소유한 것을 움켜쥐고 있어야 안심한다. 마음갈증[taṇhā, 渴愛]에 구속되고 존재에 집착한다.

6. 이 성격을 가진 사람은 자기욕망을 충족하기 위해 부지런히 노력한다. 때로는 욕망이나 이기심을 충족하기 위해 원칙이나 법을 무시하고 수단과 방법을 가리지 않고 행동한다. 유혹에 약하고 현실에 잘 적응한다.

7. 이 성격을 가진 사람은 자신이 힘들 때를 생각하거나 자신보다 더 어려운 사람을 돌아보고 자비를 베푸는 습관을 기르는 것이 도움된다. 모든 것은 사회에서 생산하고 사회에서 소비한다는 것을 통찰하고 다른 사람과 함께하려는 자세를 갖추는 것이 좋다.

8. 이 성격을 가진 사람은 사물이 부패해가는 모습을 관찰하는 백골관(kāpotaka aṭṭhi bhāvanā, 白骨觀)이나 존재 부정측면을 주목하는 부정관(asubha bhāvanā, 不淨觀)으로 마음관리하는 것이 도움된다.

9. 어둠은 밝음으로 밀어내고 욕망과 이기심은 존재 부정측면을 보는 것으로 몰아낸다. 이런 수행이 존재에 대한 유혹을 방지하기 때문이다.

② 분노성격

10. 분노성격[dosa carita, 嗔格]은 화를 특성으로 한다.

11. 미움이나 분노가 적은 사람은 다른 사람을 사랑하고 감싸안고 공존하려고 노력한다. 분노가 많은 사람은 자기의지대로 하지 못하면 화를 내고 타인을 공격한다.

12. 이 성격을 가진 사람은 항상 상대 나쁜 면을 보고 단점을 강조하고 비판하는 경향이 강하다.

13. 이 성격을 가진 사람은 상대를 이해하고 배려하는 자세를 갖추는 것이 필요하다. 항상 마음에 자비심을 담고 상대를 관용과 포용하는 마음이 필요하다.

14. 이 성격을 가진 사람은 상대를 이해하고 배려하고 공존하려는 Mettā(慈) 수행과 연민[Karuṇa(悲)]으로 마음채워 적의를 몰아내는 Suñña(空) 수행으로 마음관리하는 것이 도움된다.

15. 따뜻함만이 차가움을 밀어낸다. 이런 수행이 마음공간에 자비심을 담고 타인을 이해하고 배려하며 관용을 베풀고 포용하는 힘을 제공

한다.

2) 혜성

16. 혜성이 풍부하면 전체상황 통찰기능이 성숙하고 편견이 적고 독립심이 크지만 빈약하면 편견이 많고 의존성이 크다.

③ 의존성격

17. 의존성격[saddhā carita, 信格]은 믿음을 특성으로 한다.

18. 의존심이 적은 사람은 독립심이 강하고 자기문제를 스스로 해결한다. 의존이 강한 사람은 자기문제를 스스로 해결하지 못하고 힘있는 존재에게 의존하고 마음이 허전하고 늘 불안하다.

19. 이 성격을 가진 사람은 마음근육을 키워 마음탄력을 향상시키고 마음에너지를 보충하는 SATI 수행이 좋다. 다른 존재에 의존하는 것에서 벗어나 자기자신이 자기삶의 주인공임을 자각하고 내공을 키우면 홀로설 수 있고 당당한 삶을 살 수 있다.*

④ 편견성격

20. 편견성격[moha carita, 痴格]은 어리석음을 특성으로 한다.

21. 편견이 적은 사람은 존재를 있는 그대로 이해하고 관계나 인연을

믿음문제

결국 무엇을 믿을 것인가 하는 것이 핵심이다. 증명되지 않은 가설이나 주장을 믿을 것인지 증명된 사실을 믿을 것인지 문제. 증명되지 않은 주장을 믿으면 비과학믿음, 주 미신을 믿는 것이지만 사실에 기초해 존재를 이해하면 과학믿음 즉 진리를 믿는 것이다. 뭔가 믿을 바에는 신이나 미신을 믿기보다 과학, 진리, 마음닦는 수행자를 믿는 것이 좋다.

중시하고 전체상황을 파악하고 지혜롭게 행동한다. 편견이 많은 사람은 본질을 제대로 이해하지 못하고 단면만 보고 전체를 이해한 것처럼 행동하다 조금만 복잡한 문제에 직면하면 어떻게 할지 몰라 헤맨다. 관계나 인연을 소홀히 하고 자기중심으로 사고하고 주관으로 해석한다. 부분에 집착하고 어리석게 행동한다.

22. 이 성격을 가진 사람은 upekha(捨)로 마음공간을 채워 자신이 가진 편견을 내려놓고, 존재를 있는 그대로 보는 Suñña 수행으로 마음관리하는 것이 도움된다.

23. 모든 존재는 사회에서 생산하고 소비하고 존재한다는 실재를 통찰하는 것이 필요하다. 관계나 인연을 중시하고 공존하고 함께 어울림을 추구하는 것이 필요하다.

3) 이성

24. 분석, 사유, 논리를 사용해 지식을 습득하면 삶이 한결 여유롭고 풍요로워 진다.

⑤ 지식성격

25. 지식성격[buddhi carita, 覺格]은 지성을 특성으로 한다.

26. 올바른 앎이 많은 사람은 열린 마음으로 문제를 객관이고 과학으로 접근해 해결한다. 잘못된 앎이 많은 사람은 닫힌 마음으로 문제를 주관이고 비과학으로 사유하고 행동한다.

27. 이 성격을 가진 사람은 지식크기가 인격을 결정한다고 생각한다. 지적우월감이 지나치면 다른 존재를 무시하는 경향이 있다. 존재가치는 평가기준에 따라 다르게 결정된다는 것을 이해하고 항상 겸손하게

행동하고 타인을 이해하고 배려하고 공존하려는 자세를 갖추는 것이 필요하다.

28. 이 성격을 가진 사람은 모든것은 변한다는 안목인 anicca(無常) 으로 마음공간을 채우고, 나만이 최고라는 자만심[ami māna, 有我]을 비우는 Suñña 수행으로 마음관리하는 것이 도움된다.

⑥ 논리성격

29. 논리성격[vitakka carita, 心格]은 분석을 특성으로 한다.

30. 논리력이 풍부하면 사물을 체계있게 분석해 이해한다. 논리력이 약하면 산만하고 혼돈스럽게 이해한다.

31. 이 성격을 가진 사람은 원칙을 강조하고 사물을 구분하고 차별하기 쉽다. 다소 차갑게 느껴지지만 일 처리능력이 뛰어나다.

32. 이 성격을 가진 사람은 전체상황 통찰기능인 paññā(般若, 慧)로 마음관리하는 것이 도움된다.

33. 수행으로 분석사고뿐만 아니라 직관사고를 키울 수 있다. 분석과 논리는 물질다루는데 유효하나 마음다루기는 부족하다. 존재에 대한 따뜻한 마음을 갖고 다양성을 인정하고 함께하려는 자세를 갖추는 것이 현명하다.

34. Buddha는 어느 한 가지 성격만으로 사람을 특징지을 수 없고 6 가지 성격이 균등히 나타나는 것도 아니며 나이, 상황, 수행 정도에 따라 특정성격이 보다 활성화되기도 한다고 보았다.

35. Buddha는 사람성격은 학습으로 형성되는 경향이 강하기 때문에 마음과 행동을 적절히 관리하고 삶의 현장을 바람직한 방향으로 가꾸는 것이 중요하다고 보았다.

4. 사람근기

1. 사람이 일을 감당할 수 있는 총역량을 근기(upanissaya, 根機)라고 한다. 근(根)은 그릇 크기를 가리키고 기(機)는 일 처리능력을 말한다.

2. 근기는 사람이 선천으로 태어난 성질과 후천으로 형성한 성격, 지적수준, 환경요인, 자연환경 등이 결합한 총체적인 일 처리능력이다.

3. Buddha는 일하거나 수행할 때 자기근기에 기초하면 유효성이 높다고 보았다.

4. 특정한 한두 가지 성질과 성격 위에 다른 성질과 성격이 섞이는 경우도 있고 특정시기, 주변환경, 처한 상황에 따라 특정 성질과 성격이 우위를 점하기도 한다. 성질이나 성격은 고정불변한 것이 아니고 SATI 수행이나 노력으로 변화시킬 수 있다.

5. Buddha는 수행자 성질, 성격, 근기를 먼저 파악한 후 거기에 적합하게 수행지도했다. 이것이 대기설법(abhiupanissaya khatā, 對機說法)이다.

6. Buddha는 사람근기를 지대, 수대, 화대, 풍대 네 가지로 분류했다. 4대근기는 크게 수대와 지대 같은 정(靜)인 수동근기와 화대와 풍대 같이 동(動)인 능동근기, 화대나 지대처럼 독립근기와 풍대나 수대처럼 의존근기로 나뉜다.

표21 **사람근기** --

선천 성질		후천 성격		총 능력
地水火風	+	감성	욕망·분노	=	개인역량
		혜성	의존·편견		
		이성	지식·논리		地水火風

5. 인간다운 삶

  1. 사람은 태어난 이상 인간답게 살 권리가 있다. Buddha는 모든 존재가 평등하다고 보았다. 생명은 그 자체로 고귀하며 다른 존재와 비교 대상이 아니다.

  2. 사람이 다른 존재보다 우월하거나 동물이 식물보다 가치있거나 어떤 존재를 다른 존재보다 귀중하게 취급하는 것은 편견이나 가치관에 기초한 것이다. 존재에 처음부터 좋고 나쁜 것은 없다. 모든 것은 상대와 상황에 따라 규정하고 재규정한다.

  3. Buddha는 다음같은 삶의 양식을 인간답게 사는 것으로 규정했다.

표22 **인간다운 삶** ---

① 자기생각을 다른 존재에게 강요하지 않는 것

② 욕망이나 분노에서 벗어나 자유롭게 사는 것

③ 다양성을 인정하고 공존하는 것

④ 타인을 이해하고 배려하는 것

⑤ 관용을 베풀고 포용하는 것

⑥ 자기가 하고 싶은 일을 하며 생활하는 것

⑦ 자신이 해야 할 일을 하는 것

⑧ 자기일에 충실하고 타인일에 간섭하지 않는 것

⑨ 다른 존재 어려움을 외면하지 않는 것

⑩ 다른 존재에게 피해주지 않는 것

⑪ 자기가 성취한 것을 다른 존재와 공유하는 것

⑫ 원칙을 지키는 것

⑬ 전체상황 통찰기능인 paññā를 갖추는 것

⑭ 존경할 만한 사람을 존경하는 것

⑮ 고정된 것은 아무것도 없고 모든 것은 변한다는 관점을 가지는 것

⑯ 열린 마음으로 사는 것

4. Buddha는 이런 기준에 따라 자기삶을 경영하면 살아갈 때 자유로운 삶, 여유로운 삶, 청정한 삶, 행복한 삶, 공존하는 삶을 살 수 있다고 보았다.

5. Buddha는 이렇게 삶을 살 때 자기삶의 주인공이 될 수 있다고 확신했다.

7
SATI 사회학

project

check point

이 장에서는 수행자가 수행과정에서 알게 된 마음관리에 관한 소중한 지식을 사회로 회향해 자유로운 삶, 여유로운 삶, 청정한 삶, 행복한 삶, 공존하는 삶에 기여할 수 있는 이론과 방법을 배우고 익힌다.

1. 삶의 실재

1. 어떻게 사는 것이 행복하고 사람답게 사는 것인지에 대해 수없이 질문하고 고민한다. 그러나 분명한 것은 삶에 정해진 것은 아무것도 없다는 사실이다. 삶은 태어나서 죽는 순간까지 삶의 각 단계에서 직면한 문제를 해결하면서 끊임없이 전개된다.*

2. 존재실재나 생명현상 본질을 찾기 위해 광활한 우주공간을 휘젓고 다니거나 마음공간 깊은 곳을 헤매기도 한다. 그 어디에도 삶에 정해진 답을 찾을 수 없는 것이 현실이다.

3. Buddha는 삶에 정해진 답이 없다고 보았다. 삶에 특정의미를 찾는 것 자체가 허깨비장난이라고 보았다. 존재는 단지 존재할 뿐이다. 처음부터 정해진 답이 없다. 답은 각자 마음속 관념으로 존재한다.*

주장과 실재

주장하는 것과 실제로 그런 것은 별개문제다. 상대방이 주장한다고 내용이 바뀌는 것도 아니다. 다른 사람 평가에 자유롭기는 참으로 어렵고도 쉬운 문제다. 다른 사람 주장으로 내용이 바뀌지 않는다는 평범한 진리에 따라 자기일에 최선을 다하는 모습이 아름답다. 어차피 세상살이 모든 사람이 좋아하거나 싫어하지 않는다. 부정하는 사람보고 그만두기보다 지지하는 사람보고 행동하는 것이 현명하다. 항상 그만두어야 할 사람은 그만둘 핑계를 찾고 계속해야 할 사람은 해야 할 이유를 찾기 마련이다. 어리석은 사람은 다른 사람 평가와 시비에 흔들려 정작 자기길을 가지 못하는 사람이다.

마음과학, SATI 수행, 오리지널 불교를 창안한 Buddha도 흔들리지 않고 끝까지 함께한 제자가 여섯 명뿐이었다고 한다. Buddha도 "많은 사람이 나들면서 만지지만 뿌리깊이 박힌 기둥은 흔들리지 않는다"는 문지방비유를 즐겨 들어 흔들리는 제자를 격려했다.

바람불면 버들가지 흔들리는 것이 자연이치다. 그것을 시비하면 곤란하다. 단지 나의 길을 갈 뿐. 세상사 내 알바 아니다. 오직 배 움직임(일어남-사라짐)만 볼 뿐(坐斷十方 但念腹足).

존재에 답없음

서양은 존재자체를 주목한다. 존재에 나타난 현상은 복잡하고 혼돈스럽지만 분석, 사유, 논리로

4. 삶은 생존과 삶의 질로 구성돼있다. 생존문제 중심고리는 물질이다. 생존문제를 해결하면 지금보다 높은 삶의 질을 추구한다. 생존문제는 1차고 필수다. 삶의 질 문제는 2차고 선택이다. 삶의 질 중심고리는 자유와 행복이다.

5. 풍요로운 물질은 삶을 행복하게 하지는 못해도 괴로움에서 탈출하는데 도움된다. 돈이 많으면 그것이 행복과 직결되는 것은 아니지만 편리할 수 있다. 물질이 여유있으면 삶이 편리하고 불편함을 감소할 수 있다. 그러나 그것이 우리를 반드시 행복하게 해줄 수 없다.

6. 가난할 때는 물질만 제공하면 대부분 문제를 해결할 수 있지만 조금 여유로울 때 부딪히는 문제는 훨씬 복잡하다. 그것은 행복이 문제핵심이기 때문이다. 행복은 정해진 기준이 없고 지극히 주관이다.*

체계화하면 존재에 내재한 규칙성을 이해할 수 있다고 생각했다. 그렇게 해서 지식이 발전했다. 지식은 개별존재 이해능력이다. 지식은 존재에 내재한 규칙을 찾는 과정이다.

동양은 존재자체보다 존재 사용측면을 주목한다. 존재사용은 처음부터 정해진 답이 없기 때문에 실제상황에서 개인이 답을 결정해야 한다고 보았다. 존재는 인식하는 사람수준에 따라 다차원으로 이해되기 때문에 답은 사람마음에 관념형태로 존재한다. 그래서 전체상황에서 판단하고 행동하는 지혜가 발달했다. 지혜는 전체상황 통찰기능이다. 지혜는 만들어진 것을 어떤 용도로 사용할 것인지 결정한다. 동양은 다른 존재와 관계를 중시하고 서양은 개인능력을 주목한다.

행복은 복잡하다

아픔은 전선이 하나다. 어떤 고통이라도 그것만 제거하면 해결할 수 있다. 즐거움은 전선이 다양하고 복잡하다. 그것은 즐거움에 대한 각자 기준과 취향이 다르기 때문이다. 아픔을 치료하는데는 이론없지만 놀러가자고 하면 말이 많다. 물질이 부족할 때는 전선이 하나다. 그것은 물질만 제공하면 만사 해결할 수 있기 때문이다. 물질을 해결하고 행복으로 관점이 옮아가면 복잡하고 미묘해진다. 그것은 행복에 대한 각자 기준이 다르기 때문이다.

사회가 단순할 때는 몇몇 엘리트가 주도하는 정치가 유효할 수 있지만 보다 성숙해진 사회는 다양성을 인정하는 민주주의가 유효하다. 규모가 작을 때는 조그만 일에도 전체가 영향받지만 규모가 커지면 한 쪽에 비가 내려도 다른 쪽에는 해뜨고 바람분다. 전체상황을 볼 수 있는 안목이 필요하다.

표23　생존과 행복

행복형식 : 물질영역　　　　　　　　　　　　　　　行복내용 : 마음영역

1) 생존문제

7. 모든 존재는 자연지배를 받는다. 인간도 자연일부로 자연법칙에서 자유로울 수 없다. 인간에게만 예외로 적용하는 자연법칙은 존재하지 않는다.

① 생존

8. 생명가진 존재에 있어 가장 중요한 일은 현재 삶을 지속하는 것이다. 그 이외 것은 모두 부차다.

9. 삶의 문제를 직접 다루는 정치나 경제는 말할 것도 없고 시, 소설, 철학, 종교 등에서 미사요구를 사용해 삶을 고상하게 포장하지만 그 속을 한 겹만 벗겨보면 생존문제가 중심고리로 자리잡고 있음을 알 수 있다.

10. 사람은 자기의지와 상관없이 태어났다. 태어난 이상 그 어떤 것 보다 우선해 생존문제가 핵심이고 1차다.

② 도구

11. 사람은 삶에 필요한 물질을 도구를 사용해 획득한다. 존재이해 관점이나 교육수준에 따라 생산도구나 행동양식을 결정한다.

12. 인류역사는 삶에 필요한 물질을 스스로 획득하는데서 시작해 점차 분업형태로 발전했다. 현대사회는 고도로 분업화하고 전문화해 있으면서 서로 연대하고 협조하고 공존한다.

13. 삶에 필요한 물질획득 과정이 모든 존재에게 정의롭고 공정하고 평등하고 평화롭게 열려있는 사회에서 살아가는 사람은 그렇지 못한 사람보다 행복하게 살 수 있다.

③ 희생

14. 생명을 지속하기 위해서는 에너지가 필요하다. 그 에너지는 다른 존재로부터 가져와야 한다. 다른 존재 희생없이 자기 생명연장은 현실로 불가능하다.*

15. 생존문제 해결과정은 선택이 아니라 필수다. 그 과정에서 자신에게 유리한 방향으로 움직인다. 이것은 선악이나 미추 문제가 아니라 생

육식과 채식

흔히 육식은 살생하는 것이고 채식은 살생하지 않는 것이라고 말한다. 한 걸음 물러나 보면 동물이나 식물이나 생명가진 것은 마찬가지고 자기생명 귀하지 않은 것은 아무것도 없다. 사람이 동물과 식물을 구분하고 차별하는 것은 단지 우리 마음속 관념일 뿐이다. Buddha는 많은 경전에서 동물이건 식물이건 폭력을 두려워하는 자에게 폭력을 사용하지 말라고 주문한다.

상류층 힌두교도는 채식만 한다. 그 아래는 계란을 먹는다. 그 아래는 생선을 먹는다. 그 아래는 육식도 한다. 채식풍습은 힌두철학에 기반한 것이다. 이런 전통이 중국으로 와서 도교와 결합하고 채식주의가 중국불교 전통으로 자리잡았다.

Buddha 이래 정통 불교수행자는 재가수행자가 보시하는 어떤 것이라도 거절할 수 없고 가능한 모두 받아야 한다. 탁발하면서 채식과 육식을 구분할 수 없다. 채식과 육식을 구분하는 것은 불교전통에 벗어난 것이다. 불교는 잡식이 전통이다.

명현상 본질이다.*

16. 다른 존재 희생위에 나의 삶이 가능하다. 그렇기 때문에 삶의 방식을 간소히 하고 덜 탐욕적으로 가꾸고 실천하는 것이 다른 생명을 살리는 유일한 길이다.*

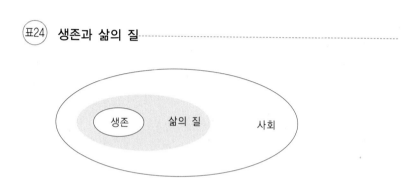

표24 생존과 삶의 질

생각나름

모피코트 입은 모습이 아름답다고 할 수 있지만 동물가죽 뒤집어쓰고 있다고 보면 다른 느낌이 들 수 있다. 목욕한 뒤 하얀 피부가 멋있다고 볼 수 있지만 오뉴월 땡볕에 밭매는 모습이 매력있다고 볼 수 있다. 아름다움과 추함은 지극히 주관이듯 행복과 불행도 지극히 주관이다. 어떤 삶의 모습이 멋있고 아름다울까?

Life Style

육류 1kg을 생산하기 위해 곡물 25kg이 필요하다. 육류 1kg을 생산하기 위해 사용하는 물은 곡물 1kg을 생산하는데 드는 양보다 8배 많이 든다. 오늘날 물과 식량부족에 대해 우려하지만 선진국 사람 육류위주 식습관이 물과 식량 부족을 야기한 원인 가운데 하나다.

생명가진 존재의 삶은 다른 존재 희생위에 가능하다. 단 한 순간도 다른 존재 희생없이 생존하는 것은 불가능하다. 이것은 선악문제가 아니라 삶의 본질이다. 인류 현재와 미래, 이익과 행복을 위해 육류소비를 줄이는 것이 물과 식량 문제를 해결하는 유효한 길이다. life style을 간소히 하고 소비를 줄이고 삶을 단출히 하는 것은 푸른 지구를 살리고 다른 존재와 공존하는 현명한 길이다.

2) 삶의 질

17. 생존문제가 해결되면 삶의 질의 문제로 관심초점이 옮겨간다. 삶의 질의 중심고리는 자유와 행복이다.

① 행복

18. 행복은 좋은 느낌이다. 행복은 접촉다음에 일어난 느낌이 좋으면 좋고 싫으면 나쁘다.

19. 행복한 느낌이 일어나는 공간이 마음이기 때문에 마음상태는 접촉다음에 일어나는 느낌이 행복과 불행을 결정하는데 직접 영향미친다.

20. 행복과 불행에 관한 관점은 지극히 주관이다. 행복은 각자 취향과 가치관이 다르기 때문에 기준을 정할 수 없다.

② 느낌

21. 느낌은 두 가지 요소가 결합해 일어난다.

22. 하나는 조건과 형식이다. 이것은 감각외부에 존재하고 객관이고 물질이고 계량할 수 있다. 다른 하나는 조건과 형식을 받아들이는 수용체인 마음이다. 이것은 감각내부에 존재하고 주관이고 접촉을 받아들이는 수용체고 계량하기 까다롭다. 이 둘이 결합해 느낌이 일어난다.

23. 동일자극에 느낌이 다르게 일어나는 것은 느낌을 일으키는데 관여하는 기제가 외부에서 가해지는 자극뿐만 아니라 수용체인 마음상태도 관여하기 때문이다.

표25 **자극과 반응** --

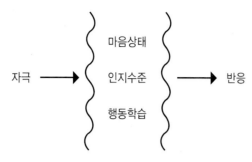

24. 보다 좋은 느낌을 가지기 위해서는 외부에서 가해지는 자극이 좋아야 함은 기본이다. 거기에 더해 수용체인 마음이 건강하고 안정돼야 한다. 마음을 건강하고 안정되게 하는 과정이 SATI 수행이다.

25. 접촉다음에 일어나는 느낌을 대상으로 발생하는 감정이나 마음상태가 삶을 얽매고 힘들게도 하고 자유롭고 행복하게도 한다.

2. 사회공동체

1. 모든 존재는 서로 내적·외적으로 밀접히 연관해있다. 모든 존재는 서로 관계맺고, 서로 의존하고, 서로 영향미치고, 서로 해체하고, 서로 재구성하며 변화발전한다.*

꿈꾸는 세상

푸른 행성에 온 이상 이곳을 떠날 때까지 살 수 밖에 없는 것이 삶의 실재다. 삶을 유지하기 위해 필요한 것이 어디에 있고 필요할 때 어떻게 획득해 사용하고 누릴 수 있는지에 대해 아는 만큼 삶은 여유롭고 풍요롭다. 삶에 필요한 자양분 획득도구를 갖추는 교육방법은 크게 세 가지다.

2. 모든 존재는 같은 종끼리 집단을 이루고 생활한다. 사람도 마찬가지다. 인류역사가 시작한 이래 개인과 집단 이익을 극대화할 수 있는 다양한 유형의 사회형태가 역사산물로 만들어지고 발전해왔다.

3. 사람은 태어난 순간부터 해당사회 자연, 역사, 사회, 문화 영향을 받으며 성장하고 부모의 사회지위나 재산정도에 따라 삶의 출발점이 각기 다르다. 그것이 근원불평등 출발점이다.

4. 사람은 자신이 태어난 사회가 형성해 놓은 지식과 지혜를 습득한다. 그것은 삶과 사유체계 토대를 형성한다.

첫째는 이성, 지성, 합리, 분석에 기초한 지식교육, 둘째는 감성, 느낌, 직관에 기초한 정서교육, 셋째는 혜성에 기초한 지혜교육이다. 이 셋은 삶에 절대로 필요한 도구다. 지식은 삶에 필요한 자양분 획득도구고, 정서는 느낌을 풍요롭게 하는 도구고, 지혜는 획득한 자양분을 사용하고 누리는 도구다. 지식은 존재를 이해하고 답을 찾는 도구고, 지혜는 전체상황을 통찰하고 답을 결정하고 존재를 누리는 도구다. 이 셋은 분리하는 것이 아니라 동전양면처럼 동일존재 다른 표현이다. 이 셋은 서로 관계맺고 서로 의존하고 서로 영향미친다.

어릴 때부터 분석, 사유, 논리에 기초한 지식교육은 뇌와 마음이 충분히 성장하고 여물기도 전에 마음공간에 들어온 데이터를 가공하느라 뇌와 마음에 하중을 많이 주고 빨리 지치게 한다. 그래도 부모는 어린 자식이 초보지식을 받아들여 사용하는 것을 보고 흐뭇해한다. 그런 유혹에서 자유롭기가 참으로 쉽지 않다.

지식위주 조기교육으로 나타나는 부정요인은 오래전부터 많은 전문가로부터 경고받은 주제다. 오늘날 유사자폐증, 집중력결핍, 정서장애 등이 발생하는데 인터넷 등 미디어뿐만 아니라 지식위주 조기교육에도 문제없는지 고민하고 살펴봐야 한다.

어릴 때 지식교육보다 감성교육으로 세상에 대한 데이터를 마음공간에 입력하고, 어느 정도 몸이 성장하고 지혜싹이 여물어 외부 데이터를 가공할 정도로 뇌와 마음이 충분히 자라서 많은 데이터를 가공해도 그 하중을 견딜 수 있을 만큼 성장한 13~15세 전후해 분석, 사유, 논리를 사용한 지식교육을 통해 세상보는 안목을 기르는 것이 좋다.

이런 교육철학에 기초해 학습한 학생이 학업성취도, 삶의 만족도, 행복지수, 공존지수 등이 높다고 한다. 교육학자가 주창한 조기교육은 지식습득에 기초한 것이 아니라 자연속에서 정서를 풍부하게 하고 사회속에서 혜성을 성숙시켜 세상보는 안목을 키우는 것이었다.

교육이 본래 사용가치로 쓰이지 않고 교환가치로 기능하는 현대사회에서 어떤 것이 올바르고 효과있다고 해도 실천하기가 쉽지 않은 것 또한 현실이다. 비교하는 것이 너무 많고 선전과 선동

5. 이전세대가 형성해놓은 삶의 양식에 적응하지 못하면 해당사회에서 도태하거나 그 사회를 변혁하려고 노력한다.

6. 개인삶은 다른 사람 삶뿐만 아니라 사회공동체나 자연계 다른 존재와 연관해있다. 관계한 모든 존재가 함께 공존하기 위해 자기삶 뿐만 아니라 다른 존재 삶의 이해와 배려, 관용과 포용, 공존과 어울림으로 함께 하려는 자세가 중요하다. 이것을 Buddha는 자비(mettā karuṇā, 慈悲)라고 했다.*

7. 삶에 필요한 물질을 획득하는 가능성이 모든 사회구성원에게 평등하고 공정하게 열려있는 사회가 살기 좋은 사회다.

은 대중의 눈과 귀를 멀게 한다. 남의 떡이 커 보이는 것 또한 현실이다.

시험치지 않기 때문에 시험만을 위해 공부하지 않고 다른 학생과 비교하지 않기 때문에 자신이 좋아하는 것을 배우며 누리고 사물을 바라보는 틀을 고정하지 않아 자유롭게 상상하고 풍요롭게 표현할 수 있는 곳, 그러고도 사회에 진출해 행복하게 살 수 있는 실력을 갖출 수 있다면 얼마나 좋을까?

문제는 우리사회가 그런 교육제도를 받아들일 만큼 성숙하고 다양성을 인정할 수 있느냐다. 학생 지식과 지혜 싹이 충분히 성장할 때까지 부모를 포함해서 사회공동체가 인내와 여유 갖고 기다릴 수 있느냐에 달렸다. 결국 학생교육에 앞서 부모와 선생 그리고 사회교육이 선행해야 한다. 이런 교육공간을 창조하고 누릴 수 있다면 얼마나 좋을까? 이런 공간을 만들고 누리는 사람이 도처에 많다. 단지 시야가 좁아서 잘 보이지 않을 뿐이다. 아는 만큼 보인다.

보석같이 소중한 아이가 자유롭게 꿈꾸고 여유롭게 상상하고 즐겁게 배우고 행복하게 공존하는 모습을 생각하는 것만으로도 행복한 일이다. 세상은 꿈꾸는 자의 몫이다.

에티켓과 자비

접촉다음에 처음 일어난 마음작용이 상대를 배려하면 자비고 한두 바퀴 돌아서 배려하면 에티켓이다. 지하철에서 노약자를 만난 순간 자리를 양보하는 마음이 일어나는 것은 자비심이지만 속마음은 양보하기 싫지만 이 상황에서 양보하지 않으면 창피할 것이라고 판단해 자리를 양보하면 에티켓이다. 불특정다수가 어울려 사는 현대사회는 자비심보다 에티켓이 발달한다. 에티켓이 발달하면 얼굴은 웃지만 마음은 멍들기도 한다. 자비가 발달한 사회는 스트레스 지수가 낮고 행복지수는 올라간다. 무엇을 하든 자신이 하고 싶어 하고 즐겁게 하는 것이 잘사는 비결이다.

8. 우주에 존재하는 에너지를 내 쪽으로 결집하는 것은 자기능력이지만 그렇게 모은 에너지를 자기와 가족만을 위해 사용하는 것은 편협하고 옹졸하다.

9. 모든 존재와 연관해있기 때문에 내가 소유한 것에도 다른 존재 땀과 노력이 포함해있다. 지금 내가 소유한 것이라도 내가 필요한 만큼 사용하고 다른 존재가 필요할 때 사용할 수 있도록 배려하는 것이 현명하다. 이것이 다른 존재와 평화롭게 공존하는 지혜.*

10. 사람은 특성과 능력이 각기 다르다. 어떤 사람은 주어진 환경에 스스로 적극 적응해 살 수 있지만 그렇지 못한 사람도 있다. 그렇기 때문에 나의 능력을 나와 인연있는 존재뿐만 아니라 필요한 존재를 위해 베푸는 것이 공존기초가 된다.

1) 사회실재

11. 사람은 사회에서 태어나고 사회에서 살다 사회에서 사라진다.

사회생산

현재 내가 소유한 모든 것은 사회에서 생산한 것이다. 생산은 사회에서 함께 하고 소유는 개인으로 하는 것은 모순이다. 소유 또한 사회에서 함께 해야 한다. 이것이 정의롭고 청정한 사회다.

우리는 각자 소유한 것을 자신과 인연있는 사람끼리만 공유하려고 한다. 이런 마음상태는 마음오염원으로 오염된 것으로 그 1차 피해자는 바로 자기자신이 될 수 있다. 욕망을 절제하고 다른 존재와 공존하며 필요한 것을 공유하는 것은 아름다운 일이다. 그 맑고 아름다운 마음상태 직접 수혜자는 바로 자기자신이다.

자기능력을 최대한 발휘하는 것은 자기역량을 드러내 보는 것이고 결과에 집착하지 않고 시원하게 놓아버릴 수[vimutti, 解脫] 있어야 한다. 결과에 집착할 때 삶은 추해진다. 이것이 모든 괴로움시작이다. 행위는 열심히 하되 그 결과물로부터 자유롭고 흔들리지도 말자(不取於相 如如不動). Buddha 리더십 가운데 가장 돋보이는 것이다. Buddha가 Suttanipāta(經集)에서 한 말을 금강경에서 다시 한 번 강조했다.

12. 삶 전부가 이뤄지는 사회공동체를 아름답게 가꾸는 것은 자유로운 삶, 여유로운 삶, 청정한 삶, 행복한 삶, 공존하는 삶을 위해 중요하다.

① 관계맺기

13. 사회는 개별존재가 다른 존재와 관계맺은 집합체다.

14. 삶은 홀로 독립해 존재하지 않는다. 항상 다른 존재와 관계맺고 함께 어울려 공존한다. 이것이 삶의 실재다. Buddha는 이것은 연기(paṭicca samuppāda, 緣起, 관계성)라고 했다.

15. 사람은 태어나면서 이뤄지는 가족과 사회속에서 살면서 형성하는 다양한 관계맺기에 기초해 살아간다.

② 역학관계

16. 관계맺기 중심에 힘이 있다. 우리는 다른 존재와 맺은 역학관계에 따라 생존방식과 삶의 질이 결정된다.

17. 힘이란 어느 한편 일방통행을 허용하지 않는다. 힘은 항상 상호작용한다. 서로 영향미치고 서로 해체하고 재구성하며 변화발전한다.

2) 공존원칙

18. 모든 존재는 다른 존재와 관계맺고 살아간다. 삶의 중심에 힘이 존재하고 그 힘은 상호작용하기 때문에 서로 공존하는 것이 잘사는 유일한 길이다. 함께 공존하기 위해서는 공존규칙이 필요하다.

표26 **공존원칙** --

   ① 인과(hetu phala, 因果)

   ② 이해와 배려(mettā karuṇā, 慈悲)

----

① 인과

19. 마음과학, SATI 수행, 오리지널 불교를 창안한 Buddha는 첫 번째 공존규칙으로 인과(hetu phala, 因果)를 제시했다.

20. 노력한 대가가 노력주체에게 돌아가주는 것. 이것이야 말로 함께 공존할 수 있는 유일한 길이다.

21. 원칙은 칼날처럼 시퍼렇고 엄격하게 지켜져야 한다. 그래서 원칙은 상쾌하지만 상황에 따른 개인에 대한 이해화 배려가 부족할 수 있고 해당상황에 적응하지 못하고 힘들어 할 수 있다.

② 이해와 배려

22. 두 번째 공존규칙으로 상대에 대한 이해와 배려를 제시했다.

23. 모든 존재는 처한 상황이 각자 다를 수 있고 개인이 가진 능력이 차이 난다. 이것이 자연이다. 어떤 존재는 상황에 잘 적응하지만 다른 존재는 적응하지 못하고 힘들어 할 수 있다.

24. 상대에 대한 깊은 이해와 넉넉한 배려는 삶에 따뜻한 온기를 더해주고 향기롭게 하는 자양분이다.

3. 가치판단

1. Buddha가 제시한 가치판단 기준은 분명하다.

(표27) **가치판단 기준** --------------------------------

　① 인과(hetu phala, 因果)

2. 그것은 행위결과가 아니라 결과를 파생한 원인, 의도, 진행과정, 상황 등을 종합해 판단하는 것이다. 그 중심에 인과(hetu phala, 因果)가 있다.

3. Buddha는 결과는 가치판단 기준이 아니라고 분명히 말했다. 어떤 문제가 발생하면 어떤 상황에서 그 문제가 일어났는지 설명하라고 제자에게 주문했다. 그리고 상황, 관계, 원인 등을 종합해 가치판단하고 해결관점을 제시했다.

4. Buddha는 다른 생명을 죽이지 말고 살릴 것, 폭력에 의존하지 말고 평화로울 것, 공정하고 정의롭고 무엇보다 투명할 것, 다른 존재를 이해하고 배려할 것, 관용을 베풀고 포용할 것, 다른 존재에게 자기생각을 강요하지 말 것 등을 가치판단 중심개념으로 내세웠다.

5. Buddha는 존재가치를 결정하는 절대기준은 없고 어떤 존재를 다른 존재와 비교해 가치를 결정해서는 안 되며 항상 상황, 상대, 관계속에서 규정되고 재규정된다고 보았다.

6. Buddha는 모든 존재는 그 자체로 완성돼있고 개별존재는 다른 존재와 비교대상이 아니라고 보았다. 존재는 단지 존재할 뿐이고 존재에 처음부터 정해진 가치는 없고 존재는 고유특성으로만 다른 존재와 구

분된다고 보았다.

7. 가치판단 기준은 지극히 주관이고 개인마다 다르다. 존재를 대하는 사람이 자기기준에 기초해 존재를 구분하고 차별한다.

8. 아름다움과 추함, 좋은 것과 나쁜 것 등에 관한 기준과 평가는 시대, 환경, 필요, 개인에 따라 끊임없이 규정되고 재규정되면서 변화발전한다.

9. 어떤 존재나 행위를 특정시기에는 아름답고 의미있다고 통용하다가 다른 시기에는 추하고 가치없는 행위로 평가하는 것이 부지기수다.

4. 사회 구조와 기능

1. 사회구성 최소단위는 무엇일까? 사회작동 핵심구조가 있을까? 많은 사람은 이 문제를 주목하고 그 규칙성을 규명하기 위해 노력한다.

1) 사회구조

2. 사회현상은 고정하지 않고 끊임없이 변하는 사회구조를 바탕으로 그 속에서 생활하는 존재가 반응하며 살아간다.

3. 사회구조는 사회구성 개별요소가 서로 결합해 일정한 틀을 형성한다.

4. 포괄적이고 거시적으로는 정치, 경제, 문화, 산업 구조 등을 형성하고 개별적이고 미시적으로는 가족, 친구, 학교, 지역공동체 등을 구성한다.

5. 사회구조는 사회관계속에서 작동하는 체계로 이해하려는 관점은

사회구조를 이해하는데 도움된다.

6. 사회구조를 제대로 이해하려면 관찰 가능한 세계 배후에 존재하는 사회구조 심층작동 원리를 파악하는 것이 필요하다.

2) 사회기능

7. 사회구성원은 해당사회 구조속에서 개인이나 집단을 이루고 개인 삶이 정치, 경제, 문화, 교육, 종교 등으로 기능하며 상호 관계맺고 상호작용하고 자기가 처한 현실에 적응하고 기능하며 생존한다.

8. 삶이 이뤄지는 사회라는 공간에서 개인이나 공동체 등 관계맺은 주체 사이에 힘이 서로 작용하며 서로 기능하고 반응하고 공존한다.

5. 사회반응

1. 모든 것은 사회에서 생산되고 사회에서 분배되고 사회에서 소비되고 소유된다. 사회는 삶이 이뤄지는 공간이다.

2. 사회구성원은 자신이 처한 사회현실에 주어진 대로 수동으로 기능하고 생존하지 않는다. 자신이 원하는 삶이나 사회를 만들기 위해 능동적으로 반응하고 도전하고 행동한다.

3. 사회현상에 대한 인간의 사회반응은 사회진화와 사회변동으로 나타난다.

4. 사회변동은 우리가 원하든 원하지 않든 사회에 내재한 규칙성에 따라 변화한다.

5. 변화속도와 변화형식은 어느 정도 통제 가능하다. 욕망과 폭력에

기초해 진행할 수 있고 양심과 평화에 기초해 전개할 수 있다. 급격하
게 전개할 수 있고 충격을 완화하며 부드럽게 나아갈 수 있다.

6. 특정상태 삶의 질을 좋은 것으로 규정하고 그곳으로 가려고 하는
것이 유효하게 보일지 모르지만 현실은 더 많은 문제를 야기할 수 있다.

7. Buddha는 삶의 질을 낮추는 부정요소를 제거함으로써 삶의 질을
높여 행복으로 가는 것에서 출발했다. 물론 그 반대길도 가능하다.*

① 존재와 의식

11. 존재와 의식 관계에서 모든 것은 존재로 통일돼있고 존재가 의식
에 대해 1차라고 주장하면 유물론이다.

12. 반대로 존재와 의식 관계에서 모든 것은 의식으로 통일돼있고 의
식이 존재에 대해 1차라고 주장하면 관념론이다.

13. 사회변동을 이해할 때 존재가 1차라고 생각하면 존재변화를 위해
노력할 것이고 의식이 1차라고 주장하는 사람은 의식변화를 위해 노력
할 것이다.

14. Buddha는 유물론을 토대로 존재와 의식의 상호 관계와 작용을
중시한 연기론을 주장했다. Buddha는 전체상황 통찰기능인 paññā(般
若, 慧)를 강조했다.

15. 그것은 해당시기 내용과 형식, 존재와 의식 관계에서 어느 요소를
강화할 것인지 이해하고 행동하는 것이 중요하다고 보았기 때문이다.

16. 내용과 형식, 존재와 의식, 양과 질은 통일돼있지만 그것의 전개

사회학흐름

이전에는 삶의 질을 높이기 위해 노력했지만 오늘날은 삶의 질을 떨어뜨리는 요소를 제거하는
데 초점맞추고 이론을 개발하고 실행 프로그램을 짠다.

과정에서 일정 정도 시차가 존재한다. 불일치하는 시공간격을 줄이고 일치시키려는 노력이 필요하다.

② 생산과 분배

17. 자연을 개조하고 삶에 필요한 물질을 분배하는 것은 중요하다. 그래서 분배정의가 이뤄져야 한다.

18. 분배정의 못지않게 생산정의도 실현하도록 해야 한다. 공정하게 나누는 것도 중요하지만 함께 일하는 것도 필요하다.

③ 생산력과 생산관계

19. SATI 사회학은 생산력(내용)이 생산관계(형식)를 규정한다는 입장을 취한다. 동시에 사회발전 단계에서 일정정도 생산관계가 생산력 발전에 영향미친다. 그렇기 때문에 해당시기 어떤 요소를 강화하고 적용할지 이해하는 안목이 필요하다.

20. 생산력이 증가하면 생산관계 구조조정이 요구된다. 생산관계 구조조정은 대개 기득권 변화와 연계해 진행되기 때문에 폭력을 수반하며 전개된다.

21. 인류역사상 자기기득권을 스스로 포기하고 내려놓는 경우는 드물기 때문이다. 그것은 힘과 힘이 부딪치고 많은 존재 희생을 통해 가능하다.

6. 전문과 연대

1. 사회공동체를 평등하고 평화롭고 살기 좋게 만드는 것은 개인이나

몇몇 공동체만으로 불가능하다. 그것은 사회구성원 모두 공동의무다.

2. 개인삶과 공동체운명은 하나로 연결돼있기 때문에 사회 각 부분은 각자 전문성에 기초해 연대하고 공동문제를 해결해야 한다.

3. Saṅgha(僧伽, 衆, 敎團)도 사회일부기 때문에 Saṅgha가 추구하는 기본활동인 수행뿐만 아니라 사회구성원으로서 기본활동인 사회정의를 성취하고 모든 존재가 다 함께 인간답게 살 수 있도록 다른 공동체와 연대하는 일도 소홀히 하면 안 된다.

7. 아름다운 사회만들기

1. 우리는 아름다운 사회를 만들기 위해 노력한다. 우리가 꿈꾸는 사회는 자유로운 삶, 여유로운 삶, 청정한 삶, 행복한 삶, 공존하는 삶이 펼쳐지는 사회다.*

(표28) **아름다운 사회만들기** ----------------------------------

① 서로 관계맺고 공존하며 함께 어울려 사는 사회

② 자유롭고 행복한 삶을 보장하는 넉넉한 사회

③ 모든 가능성이 평등하게 열려있는 평화로운 사회

④ 공정한 규칙이 적용되고 정의가 실현되는 청정한 사회

⑤ 서로 경쟁하되 상대를 배척하지 않는 따뜻한 사회

⑥ 서로를 이해하고 배려하는 여유로운 사회

⑦ 상대를 관용하고 포용하는 널널한 사회

⑧ 능력이 없어도 차별받지 않고 삶을 유지할 수 있는 품위있는 사회

⑨ 개인의사가 존중받고 타인에게 강요하지 않는 자유로운 사회

⑩ 인간과 자연이 함께 어울려 사는 아름다운 사회.

2. 개인과 사회는 내적·외적으로 밀접히 관계맺고 있다. 사회가 청정할 때 그 속에 사는 개인도 청정하고 개인이 행복할 때 그들이 모여 사는 사회도 아름답다.

3. Buddha는 모든 존재가 함께 어울려 사는 세계가 평등하고 평화롭고 정의롭고 자유롭고 청정하고 행복하게 공존에 기초해 만들어진 것을 아름다운 사회라고 보았다.

1) 자유와 행복

4. 누구나 자유롭고 행복하고 싶다. 그러나 모두가 자유롭게 살 수 없다. 자유로운 삶, 행복한 삶은 신이나 타인이 주는 것이 아니라 스스로 노력하고 성취해야 한다.*

Social designer

당신이 꿈꾸는 사회는 어떤 모습입니까?

평등하고 평화로운 사회
불평등과 폭력이 난무하는 사회
욕망과 이기심에 기초한 사회.
양심과 공존이 흐르는 사회
공정과 정의가 머무는 사회
불공정과 불의가 춤추는 사회
이해와 배려가 살아있는 사회
아집과 독선이 넘치는 사회
관용과 포용이 있는 사회
편협과 옹졸함이 판치는 사회
공존과 어울림이 흐르는 사회
자유와 행복이 넘치는 사회
여유로움과 웃음이 있는 사회

5. 행복은 좋은 느낌이다. 느낌은 마음에서 일어난다. 마음이 건강하면 느낌은 좋게 일어난다. 느낌을 대상으로 일어난 감정상태 혹은 마음상태에 따라 행복과 불행을 결정한다.

6. Buddha는 자유크기가 행복크기를 결정한다고 보았다.

7. 모든 구속에서 자유로울 때 삶은 행복으로 충만하다. 물리구속뿐만 아니라 심리구속이나 앎의구속에서 벗어나야 한다. 이것이 진정한 자유로움이다. 그래야 삶이 여유롭고 아름답다.

8. 진정한 자유란 구속에서 벗어남만을 의미하지 않는다. 벗어나야 한다는 그 생각에서도 자유로워야 한다. 실재를 있는 그대로 보고 해당상황에서 자신이 해야 할 일을 하고 상황이 종료하면 해당상황에서 벗어나 자유로워지는 것이야말로 진정한 자유다.

9. 사람은 살면서 다양한 존재와 접촉하고 다차원으로 구속당한다. 물리구속뿐만 아니라 마음공간에 존재하는 삶의 흔적인 욕망, 분노, 편견 등 마음오염원에도 구속된다. 이런 오염원이 마음공간에 존재하면서 몸과 마음을 구속하고 삶을 얽맨다. 이런 존재에서 자유로울 때 삶은 행복으로 충만하다.

어떤 사회에 살고 싶으세요.
당신이 꿈꾸는 사회를 직접 디자인해 보세요.
Social Designer가 되어 그런 사회를 직접 만들어 보세요.

우리가 만든 괴물

우리가 피땀 흘려 좋은 세상을 만들기 위해 노력한 것은 사실이지만 그렇게 노력한 결과 무한경쟁에 노출해있고, 경쟁에서 밀려난 사람이 설 자리가 없고, 자살과 스트레스 지수가 세계최고이며, 가진 자나 지배층만 살기 좋은 세상, 우리가 이런 괴물을 만들었다. 오늘날 한국사회가 우리가 꿈꾼 사회라면 우리 꿈 자체를 심각하게 고민하고 조정하고 새로운 꿈을 꾸어야 한다.

10. 물리구속에서 자유로워지는 것은 기본이다. 그러나 물리구속에서 자유롭기 위해서 많은 비용을 지불해야 한다. 그러나 물리흔적이 저장돼있는 기억이미지 구속에서 자유로워지는 것은 조금만 노력하면 가능하다.

11. 어떤 경우든 삶의 흔적이나 기억이미지를 제거할 수 없다. 그러나 우리가 노력하면 기억무게는 제거할 수 있다.

12. SATI 수행은 기억무게를 제거해 구속에서 자유로워지는 것이지 삶의 흔적이나 기억이미지 자체를 없애는 것은 아니다. 기억이미지는 지울 수 없다. 그것은 삶이 끝나고 뇌가 기능을 멈추면 자연히 소멸한다.

(표29) **세 가지 자유** ---

① diṭṭhi vimutti(見解脫): 자기가 가진 견해, 관점, 세계관으로부터 자유로워지는 것.

② paññā vimutti(慧解脫): 이미 알고 있는 앎과 삶의 방식에서 자유로워지는 것.

③ citta vimutti(心解脫): 욕망, 분노 등 마음오염원으로부터 자유로워지는 것.

----

13. SATI 수행 핵심은 마음공간에 존재하는 지나온 삶의 흔적, 기억무게를 수행으로 제거하고 마음공간을 정화하고 삶의 구속에서 자유로워지는 것이다.

14. 행위[kamma, 羯磨, 業]는 순간에 이뤄지고 소멸한다. 그러나 행위영향력[kamma bala, 業力]은 오랫동안 지속하면서 삶을 얽맨다.

15. 우리는 행위에 구속되는 것이 아니라 행위영향력에 구속된다. 행위영향력은 다른 존재뿐만 아니라 자기자신에게 미칠 수 있다.

16. 이것을 Buddha는 업장(kamma āvaraṇa, 業障)이라 하고 서양은

스트레스라고 한다. 여기서는 기억무게 또는 마음무게라고 정의한다.*

17. 삶의 과정에서 접촉은 피할 수 없지만 조금만 노력하면 접촉다음에 일어나는 느낌, 그 느낌을 대상으로 일어나는 감정이나 마음 상태에서 자유로울 수 있다.

18. 접촉다음에 일어난 마음작용을 알아차림하고 효과있게 다스리면 자유와 행복지수도 증가한다. 그러나 접촉다음에 일어난 느낌과 그 느낌을 대상으로 일어나는 감정이나 마음 상태를 알아차림하지 못하고 구속되면 고통지수가 높아진다.

19. 접촉다음에 발생한 느낌과 그 느낌을 대상으로 일어난 감정이나 마음 상태에서 알아차림하고 자유로울 수 있는지 놓치고 그 마음작용에 구속되는지가 핵심이다.

20. 마음근육이자 알아차림 기능인 sati 힘이 약하면 에너지를 많이 가진 기억이미지나 인식대상에 구속된다. 이 상태를 결(saṁyojana, 結) 혹은 박(bandhana, 縛)이라고 한다. 이 상태는 마음근육이자 알아차림 기능인 sati가 마음오염원인 āsava(流漏)에 구속된 상태다.

업론과 윤회론

Buddha는 자신을 업론자(kamma vādin, 業論者)로 규정했다. 업은 행위, 특히 자기의지가 개입한 행위를 말한다. 행위는 순간에 이뤄지고 소멸하지만 행위영향력은 지속하면서 관계한 존재에 영향미치고 외부로 퍼져나가기도 하고 자신에게 되돌아오기도 한다. 이것은 개인행위가 사회공간에서 이뤄지는 것을 의미한다. Buddha는 가치판단이나 행위판단 기준으로 인과(因果), 다른 존재와 상황, 관계, 공존을 중시하는 연기(緣起)를 강조했다.

윤회설은 행위가 개인으로 이뤄지고 그 결과물 또한 개인으로 축적하고 이전한다고 본다. 행위가 축적하고 이전하는 장소로 atta(sk. ātman, 我)를 설정한다.

Buddha는 행위 사회측면을 강조했기 때문에 여기 그리고 지금[ida ca idāni, 此現]을 중시했고 윤회론자(saṁsāra vādin, 輪廻論者)는 개인행위를 중시했기 때문에 저곳 그리고 과거와 미래를 주목했다. Buddha는 객관성을 강조했기 때문에 존재를 있는 그대로 실재보기를 강조했고 윤회론자는 신의 은총을 중시했기 때문에 기도를 주장했다.

21. 마음공간에 존재하는 기억이미지 힘이 클수록 마음근육이자 알아차림 기능인 sati를 구속하고 고통지수는 커지고 행복지수는 낮아진다. 그러나 기억이미지 힘이 약하거나 마음근육 힘이 강할수록 sati는 기억이미지에서 자유롭고 고통지수는 감소하고 행복지수는 증가한다.*

22. Buddha는 SATI 수행으로 마음근육이자 알아차림 기능인 sati를 강화해 기억무게를 줄이면 마음거울에 맺힌 상의 영향력에서 자유로울 수 있다고 했다.

2) 평등과 평화

23. 어떤 사람은 평등하면 평화로울 것이라고 말한다. 다른 사람은 평화로워야 평등해질 것이라고 주장한다.*

자유와 구속

Buddha는 구속으로부터 자유를 말했다. Buddha가 즐겨 사용한 개념은 행복을 뜻한 nibbāna(涅槃, 寂滅)와 자유를 의미한 vimutti(解脱), 지혜를 가리킨 paññā(般若, 慧), 자비를 상징한 mettā karuṇā(慈悲)다.

均과 和

고문서에서 평등론자 혹은 민중입장을 대변하는 사람은 均 혹은 同을 주장한다. 지배자입장을 대변하는 사람은 和를 주장한다. 한 가마니 가진 사람이 아흔 아홉 가마니 가진 자에게 자신이 일한 정당한 대가를 달라고 주장할 때 아흔 아홉 가마니를 가진 사람이 한 가마니 가진 자에게 화합하게 살면 자연히 평등해질 것이라고 강조한다.

오늘날 언론보도를 보면 해당 언론사입장을 분명히 알 수 있다. 노동자가 정당한 노동대가를 지불하라고 시위하면 대부분 언론은 시민을 볼모로 한다고 노동자를 나무란다. 그러나 기업생산성에 따른 공정보상이 어느 정도인지에 대해서 잘 말하지 않는다.

신라시대 활동한 원효(元曉)를 일컬어 화쟁국사(和諍國師)라고 한다. 그러나 그 또한 지배층입장에서 和철학을 강조하고 있음을 알 수 있다.

24. 삶에 필요한 물질을 획득하고 다른 존재와 어울려 사는 공간인 사회가 평등하고 평화롭게 공존할 수 있으면 좋다. 그러나 현실은 그렇지 못하다.

25. 다양한 형태 불평등이 존재하고 다차원 폭력이 난무하고 여러 가지 구분과 차별이 존재한다. 이런 외적 불평등, 폭력, 구분과 차별은 신이 아니라 이 땅에 사는 우리가 사유한 대로 만들었다.

26. 자기 욕망과 이기심을 충족하기 위해 법과 제도를 만들고 자신과 생각을 달리하는 존재를 구분하고 차별하기 위해 다차원 강압수단을 사용한다.

27. 법이나 제도를 만든 사람 마음에 욕망, 분노, 편견 지수가 높으면 법이나 제도를 불평등과 폭력으로 만들고 집단광기가 발산하는 방향으로 만든다.

28. 법이나 제도를 만든 사람마음에 욕망, 분노, 편견 지수가 낮으면 법이나 제도를 평등하고 평화롭고 공존하는 방향으로 만든다.

29. 현재 기득권가진 사람이나 계급이 기득권을 포기하고 내놓는 경우는 인류역사상 단 한 번도 없었다. 잘못된 현실은 그것을 바로잡으려는 의지있는 사람이 바꿀 수 밖에 없다.

30. 잘못된 현실을 바로잡고 살기좋은 사회를 건설하기 위한 단기, 구체, 직접, 현실의 방법은 참여활동을 통해 법이나 제도를 바꾸는 것이다.

31. 장기, 본질, 근원 방법은 그런 법이나 제도를 만들고 누리는 사람 마음공간을 정화하는 것이다. 그 실제도구가 마음맑히는 SATI 수행이다.

32. SATI 수행으로 마음공간에 존재하는 욕망, 이기심, 분노, 적의, 원망, 서운함, 편견, 선입관, 가치관 등 마음오염원인 āsava를 제거하

는 것은 아름다운 사회, 청정한 사회, 행복한 사회, 공존하는 사회를 건설하는 출발점이자 핵심이다.

33. 이런 의미에서 수행이나 교육은 장기, 본질, 근원으로 문제해결을 위한 유효한 도구다.

34. 물질과 마음에 관한 모든 조건이 평등할 때 삶은 평화롭다. 진정한 평화란 평등을 전제해야 실현가능하다.

35. 물질불평등과 현실폭력이 존재할 때 삶은 척박하다. 그것은 우리 스스로 만들었다.

36. 법이나 제도 등 외적불평등은 그런 사회를 만든 사람 마음공간에 존재하는 욕망과 이기심 같은 내적불평등으로 인해 만들어진 것이다. 외적불평등은 참여활동으로 바로잡아야 하지만 마음공간에 존재하는 내적불평등인 욕망과 이기심은 SATI 수행으로 제거해야 한다.

37. 폭력이나 전쟁 등 물리폭력은 그런 사회를 만든 사람 마음공간에 존재하는 분노와 적의 같은 내적폭력으로 형성한 것이다. 외적폭력은 실제로 현실에 개입해 해결해야 하지만 마음공간에 존재하는 내적폭력인 분노와 적의는 스스로 자기 마음공간으로 들어가 해소해야 한다. 그 중심에 SATI 수행이 있다.

3) 공정과 정의

38. 공정해야 정의를 실현할 수 있다. 공정하지 못한데 정의로운 삶은 있을 수 없다.

39. 정의란 사람답게 사는 것이고 사람이 당연히 해야 하는 일이다. 삶은 정의로워야 한다. 현실이 척박하고 힘들지라도 삶을 대하는 태도가 정의로울 때 삶은 행복감으로 충만하다.

40. 자연질서 혹은 사람삶은 반드시 다른 존재 희생과 에너지를 통해 연장된다. 이것이 삶의 실재다. 그렇기 때문에 다른 존재가 자기삶을 살 수 있도록 해야 하고 그들이 누려야 하는 당연한 권리를 인정하고 그것을 실현할 수 있도록 함께하는 것이 사회정의다.

41. 사람은 홀로 독립해 살 수 없다. 다른 존재와 관계맺고 어울려 함께 산다. 다른 존재와 공존하기 위해서는 공존원칙이 필요하다.

42. SATI 수행을 창시한 Buddha는 공존원칙으로 인과(hetu phala, 因果) 그리고 이해와 배려[mettā karuṇa, 慈悲]를 제시했다.

43. 노력한 것에 상응하는 대가를 노력한 주체에게 돌려주는 것이 인과다. 함께 사는 존재를 이해하고 배려하는 것이 무엇보다 필요하다. 상대입장을 이해하고 배려하는 행동은 삶에 온기를 더한다.*

44. 사람으로서 사람답게 사는 것과 그들이 당연히 누려야 할 권리를 누리도록 상대를 이해하고 배려하는 삶이야말로 아름다운 삶이다. 우리는 그런 사회를 만들기 위해 노력하고 행동해야 한다.

45. 정의는 공정한 태도에서 시작한다. 오늘날 우리가 누리는 모든 법, 제도, 관습, 관념은 사람이 만들었다. 정의나 행복에 관한 어떤 기준도 모두 다 사람이 만들었다.

46. 그 모든 것을 만든 사람 마음에 존재하는 관념에 기초해 법이나 제도를 만들고 강압수단을 사용해 타인을 강제하고 구속한다.

말은 옳은데

간혹 말은 옳은데 기분 나쁘고 신경질나는 경우도 있다. 때로는 다른 사람에게 심한 말을 들어도 수긍하고 받아들이는 경우도 있다. 그 차이가 무엇일까? 그것은 말에 온기가 있느냐 없느냐 차이다. 상대입장이나 상황을 충분히 이해하고 배려하면 따뜻함을 느끼지만 상황을 배제하고 내 입장에서 말하면 상대는 그 말에서 냉기를 느낀다. 그리고 말은 옳은데 싸가지가 없다고 생각하기 쉽다.

47. 마음공간에 욕망, 분노, 편견 등 마음오염원이 많고 그런 마음오염원에 기대어 삶의 현장에서 정의와 공정에 대한 모든 기준을 자신에게 유리한 방향으로 정하고 타인에게 강제한다.

48. 공정하고 정의로운 사회를 방해하는 모든 것을 거부하고 불의하고 불공정한 법, 제도, 관습을 바로잡기 위해 사회현실에 참여하고 행동하는 것은 기본이다.

49. 정의로운 삶, 공정한 원칙을 적용하는 사회를 만드는 것은 SATI 수행으로 마음공간에 존재하는 욕망, 분노, 편견 지수를 낮추는 것에서 시작해야 한다.

4) 이해와 배려

50. 한정된 자원을 소유하는 과정에서 서로 경쟁하고 긴장과 갈등이 생긴다. 경쟁은 필연으로 삶을 힘들고 지치게 한다.

51. 존재가 어울려 살기 위해 어쩔 수 없이 관습이나 전통이 생기고 법이나 제도를 만든다. 이러한 모든 것은 사람이 사람을 위해 만들었다. 자유롭고 행복한 삶을 위해 만든 것이 어떤 사람에게는 족쇄가 되고 현실에 적응하지 못하고 일탈행위를 할 수 있다.

52. 정해진 규칙에 따라 일탈행위에 대해 제재를 가하지만 그런 사람에게도 애정갖고 이해하고 배려하는 자세가 필요하다.

53. 존재는 각자 처한 상황과 입장에 따라 사유와 행동 유형이 다를 수 있다.

54. 개별성을 기초로 보편성이 나온다. 개별성을 무시한 보편성은 필연으로 폭력이나 집단광기로 흐르고 다른 존재에 폭력으로 나타난다.

55. 개별성만 주목하면 인류가 추구해야할 자유와 행복, 평등과 평

화, 공정과 정의, 이해와 배려, 관용과 포용, 공존과 어울림 등의 소중한 가치를 소홀히 다루기 쉽다. 항상 보편성위에 따뜻한 마음을 갖고 살아야 한다.

56. 상대를 이해하려고 하면 이해 못할 것이 없고 비난하려고 하면 비난하지 못할 핑계가 없다. 존재에 대한 깊고 넓은 이해와 배려하는 자세가 필요하다. 이것이 함께 어울려 공존하는 삶의 기초가 된다. 무엇을 하든 존재에 대한 애정이 있어야 한다.*

Life design

당신은 어떤 삶을 살고 싶으세요.

자유로운 삶
여유로운 삶
만족하는 삶
행복한 삶
공존하는 삶
어울리는 삶을 살고 싶으세요. 아니면

구속된 삶
척박한 삶
불만족한 삶
불행한 삶
혼자사려는 삶
편협한 삶을 살고 싶으세요.

당신이 상상하는 삶은 어떤 것인가요.
당신이 꿈꾸는 대로 당신삶을 디자인해 보세요.

5) 관용과 포용

57. 삶은 온기가 흘러야 한다. 삶이 차가우면 곤란하다. 관용과 포용은 사람을 사람답게 하는 아름다운 덕목이다.

58. 모든 존재는 같을 수 없다. 다름이 자연이다. 다름을 차별기준이 아니라 개성과 다양성으로 이해할 때 삶은 한층 풍요로워진다.

59. 나와 다른 존재 생각이나 행동을 이해하고 배려하고 관용하고 포용해야 하고 함께 어울리고 공존해야 한다.

60. 이해와 배려, 관용과 포용은 아름다운 삶의 출발점이다. 다른 사람이 만든 기준이 나에게 적합하지 않을 수 있고 기준을 지키지 않은 사람이나 단체에 기준을 지키라고 항의하기도 한다. 어떤 사람은 낡은 기준을 새로운 기준으로 바꾸려고 노력한다.

61. 그 모든 과정이 자연스런 삶의 실재다. 그런 삶의 태도는 때로는 다른 존재 삶의 방식이나 이익과 첨예하게 부딪칠 수 있다. 그럴 때 상대를 비난하고 물리적인 강제수단을 사용해 제압하지 말고 관용과 포용으로 감싸안고 함께하려는 삶의 자세가 필요하다. 삶에 맑음과 온기, 만족과 여유를 불어넣는 것이 수행 사용가치다.

6) 공존과 어울림

62. 존재는 홀로 독립해 살 수 없다. 모든 존재는 다른 존재와 함께 어울리고 공존하며 산다. 이것이 자연이고 삶의 실재다.

63. 산에는 호랑이만 사는 게 아니다. 명산에는 호랑이, 토끼, 사슴도 살고 소나무만 있지 않고 여러 잡목이 함께 어울려 산다.

74. 상대의 상황이나 입장에 대한 깊고 넓은 이해와 배려는 공존과

어울림으로 가는 자양분이다. 존재에 대한 이해와 배려를 자비심이라고 한다. 이것이 수행 가치판단 기준이다.

8. 참여활동

1. 인권지킴이 국제사면위원회 Amnesty International, 의료사각지대에 놓인 사람을 지원하는 국경없는 의사회 Médecins Sans Frontieres, 지구환경을 지키는 Greenpeace 처럼 마음운동 SATI LIFE는 마음환경 중요성에 주목하고 실천한다.*

원력너머

원력보살이란 말이 있다. 자신이 하는 행위가 자기자신만을 위한 것이 아니라 그것을 필요로 하는 사람을 위해 활동하는 사람을 가리키는 말이다. 그래서 원력을 크게 가지라고 주문한다.

훗날 Buddha로 불린 Gotama Siddhattha는 12살 때부터 꿈이 하나 있었다. 그것은 Buddha를 이뤄 모든 구속으로부터 대자유를 성취하는 것이었다. 그는 왕위계승 0순위를 포기하고 갓 태어난 아들과 부인을 남겨두고 동경하던 꿈을 찾아 야밤에 성을 넘었다. 그 후 장장 7여 년 동안 고행과 Yoga 수행을 했지만 자신이 원하는 목적을 이룰 수 없었다. 마침내 기존 수행법을 버리고 Buddhagaya 보리수 아래서 SATI 수행으로 Buddha를 이뤘다. 꿈을 이룬 순간 성취감과 동시에 허무함이 몰려왔다.

꿈을 좇는 사람이 그 꿈을 이뤘을 때 더 이상 살아야할 의미를 찾을 수 없어서 자살하거나 방황하는 경우가 많다. Gotama Siddhattha도 마찬가지였다. 최상깨달음을 성취한 후 행복함과 동시에 허전함이 밀려올 때 어떻게 해야 할지 몰라 조용히 사라질 것을 심각하게 고민했다. 무상정자각을 성취한 보리수 아래서 2개월 정도 머물면서 많은 생각을 한 끝에 새로운 꿈을 설정했다. 그것이 바로 자신이 발견한 SATI 수행, 자유와 행복, 평등과 평화, 공정과 정의, 이해와 배려, 관용과 포용, 공존과 어울림으로 가는 새로운 길[majjhima paṭipāda, 中道]을 허공에 대고 외치는 것이었다. 행여 눈밝은 사람있어 그것을 이해하고 사용하면 좋고 그렇지 않아도 괜찮다는 소박한 꿈을 안고 길을 떠났다. 그리고 여든이 되던 해 Kusinārā에서 입멸할 때까지 45년 동안 매년 1300km를 맨발로 걸어다니면서 자유와 행복이 필요한 사람에게 수행을 가르쳤다.

꿈이 없는 사람은 삶이 허무하다고 한다. 그래서 꿈꾸며 살라고 한다. 그러나 꿈이 좋은 대학이나 돈벌어 성공하는데 머문다면 삶이 초라하고 궁색하다. 그런 꿈도 소중하고 가치있는 것이지만

2. 마음운동 SATI LIFE는 인류의 자유로운 삶, 여유로운 삶, 청정한 삶, 행복한 삶, 공존하는 삶을 위해 마음건강이 필요하다는 것을 이해하고, 마음환경을 맑고 건강하게 가꾸기 위해 노력한다.

3. 마음운동 SATI LIFE는 민중을 대상으로 마음운동 중요성을 역설하고 실천한다. 마음운동을 통해 마음근육을 키우고 마음에너지를 충전해 활기차고 건강한 마음상태를 갖출 수 있도록 노력한다.

4. 마음운동 SATI LIFE는 건강할 때 더 건강하게 하는 것이 마음건강에도 효과있고 사회비용도 줄일 수 있다고 본다. 예방의학 차원에서

그 꿈 너머 더 큰 원대한 꿈을 설정하고 행동하는 것도 멋있다. 내가 이루고자 하는 원대한 꿈을 실천하기 위해 돈을 벌거나 권력을 잡는다면 그 삶이 참으로 멋있고 함께 공존하는 존재에게 의미있을 것이다.

Jetavana Anāthapiṇḍika Ārāma(祇樹給孤獨園)를 만들어 Buddha에게 공양올린 Anāthapiṇḍika(給孤獨, BCE 6세기경 활동)는 자신이 살고 있는 지역 모든 사람 배고픔을 없애주는 것이 꿈이었다. 그는 자기꿈을 이루기 위해 돈을 벌었다. 마침내 돈을 벌고 Buddha를 만나자 모든 재산을 기부해 무료급식소를 만들고 음식을 공양하고 Ārāma를 만들어 많은 사람이 자유로운 삶, 여유로운 삶, 청정한 삶, 행복한 삶, 공존하는 삶을 살 수 있도록 기증했다. 말년에 막내딸은 Sotāpatti에 들었지만 정신이상으로 죽고 자신은 위암과 비슷한 증상으로 무척 고통스런 상태에서 입멸했다. 입멸할 때 Sāriputta(舍利弗, 舍利子) 존자를 청해 함께 수행한 후 「자신이 기증한 Ārāma에서 많은 사람이 정신적인 풍요로움을 누리는 것을 보니 참으로 행복하다」고 말하고 사라졌다.

초기불교 수행자 꿈은 나도 Gotama Siddhattha같이 Buddha를 이루고 자유롭고 행복하게 사는 것이었다. 자신의 소중한 꿈을 이루기 위해 열심히 수행하고 Arahant를 이뤘다. 그리고 어떤 수행자는 자신이 상속한 Buddha 거룩한 수행법을 사회로 회향했고 어떤 수행자는 자신이 가진 꿈을 이루고 숲으로 사라졌다. 이런 폐단을 극복하기 위해 Mahāyāna가 등장할 때는 「모든 사람이 SATI 수행으로 자유롭고 행복하게 살 수 있도록 도와주는 원대한 꿈을 세우고 수행하라」고 주문했다. 그 큰 꿈을 Mahāyāna 정체성으로 삼았다. 그것이 Mahāyāna라고 금강경 대승정종분(大乘正宗分)에서 말한다. 그래서 Mahāyāna는 즐겨 원력 혹은 꿈을 강조한다.

오늘날 한국불교도는 원대한 꿈이나 원력을 가지고 있다고 꿈자랑만 한다. 그런 꿈을 실천하기 위한 도구를 가지지 않으면 할 수 있는 것이 아무것도 없다. 이불 뒤집어쓰고 민주주의 만세는 아무나 할 수 있다. 그러나 그렇게 해서 세상이 변하지 않는다는 것도 누구나 알고 있다. 꿈, 원력, 서원은 말이 아니라 실천으로 성취되기 때문이다.

마음건강을 이해하고 실천한다.

5. 마음운동 SATI LIFE는 스트레스, 우울증, 불면증, 각종 중독증이 삶의 질에 미치는 영향을 주목하고 마음운동으로 마음건강을 증진하고 사회비용을 줄이고 삶의 질을 향상시키기 위해 활동한다.

6. 마음운동 SATI LIFE는 욕망, 이기심, 분노, 적의, 원망, 서운함, 편견, 선입관, 가치관이 자신뿐만 아니라 타인과 사회에 얼마나 영향미치는지 주목한다. 마음오염원을 해체하고 불평등한 법이나 제도, 폭력이나 편견을 제거해야 함께 자유롭게 공존하며 행복하게 어울릴 수 있는 것을 확신하고 실천한다.

7. 일반 시민운동은 정치정의, 경제정의, 인권정의, 환경운동 등 물리영역을 중심으로 활동한다.

8. 마음운동 SATI LIFE는 마음건강, 건강한 삶, 올바른 앎 등 마음영역을 중심으로 활동한다.

9. 마음운동 SATI LIFE는 마음건강을 위해 필요한 마음건강운동, 뇌와 마음 휴식, 마음에너지 보충, 스트레스 관리, 분노관리, 마음관리, 세상과 존재를 바라보는 철학관점과 존재를 누리는 문화관점을 올바로 갖출 수 있도록 교육하고, 인간다운 삶을 살 수 있도록 정의실현을 기본영역으로 삼고 활동한다.

10. 마음운동 SATI LIFE는 마음과 수행, 자유와 행복에 관한 이론과 기술을 가진 비영리단체가 인류의 현재와 미래, 자유와 행복, 공정과 정의, 이해와 배려, 관용과 포용, 공존과 어울림을 위해 활동하는 것이 필요하다는 것을 이해하고 행동하는 시민단체다.

11. 영리단체는 모든 것을 이익차원에서 사고하고 행동한다. 영리단체가 마음운동을 하면 마음상태를 평온하고 여유롭게 하자는 운동이 도리어 마음을 지치고 황폐하게 할 수 있기 때문이다.

12. 마음운동 SATI LIFE는 마음건강도 몸건강처럼 개인뿐만 아니라 사회도 함께 고민하고 해결관점을 찾기 위해 법이나 제도로 뒷받침해야 한다고 주장하고 마음건강 관련 입법운동을 실천한다.

13. 모든 것을 국가나 사회가 해결할 때까지 기다릴 수 없다. 문제를 자각하고 실제능력을 갖춘 개인이나 단체가 먼저 시도하고 대중이 함께 참여해 실천해야 한다.

14. SATI 수행은 수행도 사회산물이란 입장을 갖는다. 먼저 자신이 수행하고 성취한 결과물을 사회로 돌려주는 것이 자연스럽고 중요한 수행자 사회의무라고 인식하고 행동한다.

15. 마음운동 SATI LIFE는 욕망, 이기심, 분노, 적의, 원망, 서운함, 편견, 선입관, 가치관으로 통제할 수 없는 마음상태 때문에 고통받는 사람이 자유로운 삶, 여유로운 삶, 청정한 삶, 행복한 삶, 공존하는 삶을 살 수 있도록 지원하고 스트레스 없는 삶, 욕망, 분노, 편견에서 자유로운 삶을 위해 마음건강 운동과 관련한 사회운동을 펼치는 모임이다.

16. 그 중심에 생명이 있고 자연이 있고 사람이 있다. 그리고 자유로움과 따뜻함이 있다.*

종교와 미신

종교는 미신이다. 종교는 진리를 믿는다고 말한다. 그러나 그 속내를 들여다보면 진리를 믿기보다 진리일 거라는 믿음을 믿는다. 종교는 객관으로 검증된 사실을 믿는 것이 아니라 그럴 것이라는 주장을 믿는다. Buddha는 객관으로 검증된 사실을 믿어야 한다고 주장했다. Buddha가 거부한 것은 주관확신에 기초한 믿음, 즉 미신이었다. 그것을 무명 또는 어리석음이라 했고 실재를 있는 그대로 통찰하는 안목을 paññā라고 했다.

흔히 관세음보살을 믿는다고 한다. 그러나 관세음보살은 한 번도 그 존재를 객관으로 검증된 적이 없다. 단지 관세음보살은 이런 존재고 열심히 기도하면 원하는 것을 이룰 수 있다는 주장과 믿음만 있다. 관세음보살을 직접 확인하고 믿으면 과학이고 그럴 것이라는 주장을 믿고 따르면

9. 삶의 다양한 모습

1. 삶은 다양한 모습을 하고 있다. 어떤 삶의 양식이 옳거나 그르다고 규정할 수 없다. 삶은 단지 삶일 뿐이다. 그런데도 삶에 많은 의미를 부여하고 그것에 구속돼 허우적거리는 것이 삶의 실재다.*

2. 어떤 삶이든지 그것은 역사산물로 나름대로 의미를 가진다. 특정

미신이다. 과학은 존재에 내재한 법칙을 규명하고 그것을 이용해 삶에 필요한 물질을 효과있게 획득하는 도구다. 진리는 유효성이 있어야 하고 과학은 실천을 통해 유효성을 검증해야 한다. 검증된 사실과 유효성을 믿는 것이 과학이다. Buddha는 신이나 윤회설을 부정했다. 그것은 객관으로 증명할 수 없고 논리로 말할 수 없고 현실로 설명할 수 없기 때문이다. 불교도는 전통으로 이 구절을 그대로 인용해 아침저녁 예불할 때 암송한다.

절에 가면 Buddha가 돼야 한다고 주장하고 수행을 강조하지만 수행으로 마음을 맑히기보다 기도로 욕망을 부추기는 경향이 강하다. 기도는 그 본질상 신에게 내가 원하는 것을 이뤄달라고 비는 과정이다. 내가 할 일은 신에게 내 문제를 해결해달라고 매달리는 것이고 신이 할 일은 내 문제를 해결하는 것이다. 그것을 성취하면 기도영험있다고 한다.

다른 차원에서 보면 기도에 영험이 있고 없고 보다 더 중요한 것은 그것이 불교가 추구하는 중심영역인가 아닌가 하는 점이다. 사업 잘 하는 것이나 시험에 합격하는 것은 모두 행복 형식이고 조건이다. 불교가 추구하는 것은 갈등, 스트레스를 수행으로 해소해 맑고 건강한 마음을 가꿔 행복하게 사는 것이다. 사업성공이나 시험합격은 불교나 수행 중심영역이 아니다. 이것은 관세음보살이나 아미타불이 아닌 해당분야 전문가에게 자문구하는 것이 옳다. 그래야 실제로 도움받을 수 있다. 사업자체나 시험합격만을 묻는다면 Buddha는 그 분야에 문외한이다. 그런 과정에서 겪는 마음불안이나 스트레스를 수행자에게 물어보면 제대로 답을 일러줄 것이다.

기도의 비불교모습은 도덕적이지 않고 불공정하다는데 있다. 자신이 원하는 것을 투명하고 정당한 방법을 사용해 성취하지 않고 힘을 가진 존재에게 보시금으로 포장한 로비로 부도덕하고 불공정한 방법으로 성취하는 것이다. 뇌물제공뿐만 아니라 담당자사진을 방에 걸어 두고 아침저녁 담당자이름 부르고 사진 앞에 과일을 차려놓고 절하며 청탁하고 그것을 안 담당자는 그를 「자기추종자」라고 편애한다면 이것은 부도덕한 일이다. 만일 그런 존재가 있다면 사회공동체에서 정의이름으로 추방하고 격리수용해야 한다.

그런데 우리는 부끄러운 줄 모르고 종교, 신, 불보살, 기도, 구제, 영험이란 이름으로 이같은 행동을 공공연히 한다. 크리스트교는 Yahweh 신, Mahāyāna는 각종 불보살이름을 부르며 절하고 과일이나 꽃을 차려놓고 자신이 원하는 것을 이뤄달라고 열심히 빈다. 3일 빌면 3일기도고 100일 빌면 100일기도다. 그리고 자신이 원하는 것이 이뤄지면 영험있다고 자랑한다. 대부분 교회,

성당, 절 속내를 보면 기도를 통해 욕망을 부추기며 교세를 확장한다. 그들은 사회가 욕망으로 넘쳐난다고 말하지만 정작 그것을 부추긴 것은 그들 자신이다.

신이나 Buddha가 피조물이나 중생으로부터 뭔가를 받고 반대급부를 제공한다면 그것은 선물이 아니라 뇌물이고 부도덕한 행위다. 정상사회, 청정공동체는 부도덕하고 정의를 파괴하는 개인이나 단체와 공존할 수 없다. 이런 행동양식은 자신에게 아부하고 뇌물 주는 사람 뒤 봐주는 Mafia family 관리방식이다. 내 앞에 줄서고 아부하면 거두고 그렇지 않으면 내치는 행위는 투명사회, 공정사회, 열린사회 적이고 사회정의를 무너뜨리는 주범이다. 만일 주변에 그런 신이나 Buddha가 있으면 즉각 이 사회에서 격리해야 하고 성직자란 이름으로 그런 행위를 조장하는 사람은 정의사회에서 추방해야 한다. 존경하는 마음으로 드리는 것은 그 자체로 아름답다. 그런 행위는 권장해야 한다. 뇌물과 선물 차이는 반대급부가 있느냐 없느냐에 달려있다. 그런 판단은 지극히 주관이다. 오직 양심에 달린 문제다.

Life Design School

사회에 적응하는 지식은 가정과 학교를 중심으로 배운다. 그러나 오늘날 한국에서 학교교육은 상위학교로 진학하는데 초점두다보니 삶을 경영하는 교육이나 훈련이 부실하다.

사춘기에 접어들면 성교육을 받는다. 그러나 젊은이가 사회에 나와 다른 존재와 관계맺고 생활하며 삶에 필요한 물질을 정당하게 획득하고 유지하는 과정에서 다른 존재와 함께하는 삶의 태도를 배울 곳이 마땅치 않다.

삶의 과정에서 몸과 마음이 힘들 때 어디서 어떻게 해소할 수 있는지 배우거나 그것을 가르쳐주는 곳이 별로 없다. 어깨너머로 눈동냥 밖에 달리 뾰족한 수가 없다.

나이들어 결혼할 때쯤 배우자를 어떻게 만나 인연을 가꿀지에 대한 준비가 소홀하다.

직장을 다니거나 아이를 키우느라 정신없이 일에 매달리다 어느 날 준비없이 모든 것이 떠나갈 때 밀려오는 허무함은 삶을 힘들게 한다.

나이들어 사회생활을 정리하고 제2인생을 설계할 때쯤 무엇을 해야 할지 몰라 당황하거나 경제와 육체 여건이 허락하지 않아 망설일 때의 막막함은 삶을 초라하게 한다.

다사다난했던 지구여행을 끝내고 푸른 행성을 이별할 때쯤 어떻게 마무리하고 쌈빡하고 미련없이 떠나는게 멋있고 아름다울지 고민할 때면 삶에 뭔가 부족함을 느낄 수 있다. 품위있게 살다 쿨하게 내려놓고 멋있게 떠날 수 있도록 몸과 마음을 훈련하는 공간이 있으면 얼마나 좋을까?

어차피 자기인생은 자기것이기에 스스로 해결해야 하는 것이 현실이지만 왜 삶을 다자인해주고 조언해주는 곳은 없을까? 있는데 무심코 지나친 것일까? 어떻게 살아야 하는지 삶을 디자인해주는 곳이 있으면 참 좋겠다. 그런 공간이나 학교 하나쯤 있는 세계가 아름다운 세상이다. Life Design School, 자유로운 삶, 여유로운 삶, 청정한 삶, 행복한 삶, 공존하는 삶을 위해 하나쯤 필요할 것 같다.

한 가치기준으로 다른 것을 평가하는 것은 독선과 오만이고 다른 존재
에 대한 폭력이다.*

3. 삶의 모습은 다양하고 지극히 상대적이고 서로 보완하고 규정하고
재규정하며 얽혀있다.

4. 나와 다른 삶의 모습을 이해하고 부족한 부분을 서로 도와가며 공
존하는 것이 현명하고 열린 삶의 자세다.*

10. 삶의 과정에서 해결할 것

1. 인생은 많은 단계를 거치며 진행한다. 삶의 각 단계마다 우선으로
해결해야 할 일이 있고 다음단계를 위해 준비해야 할 것도 있다.*

2. 어떤 일을 하든 처음 시작할 때는 그것과 관련한 정보를 수집하고

주장과 사실

이론의 다른 표현이 주장이다. 이론은 어디까지 논리를 갖춰 말하는 주장이다. 내용을 실천으
로 증명하면 사실이 된다. 대부분 심리학계통 이론은 주장인 경우가 많다. 주장은 실천을 통해 증
명해야 사실로 인정받는다. 자연과학은 증명하지 못한 이론은 주장으로 간주한다. 그러나 심리학
을 비롯한 인문과학, 사회과학, 종교는 실험으로 증명하지 않은 주장을 마치 증명된 사실처럼 이
론으로 포장해 통용하는 경우가 많다. 과학은 증명에 기초하고 종교는 권위에 의존하는 경향이
강하다. 주장의 다른 이름인 이론을 마치 증명된 사실처럼 주장하고 믿고 따른다. 조심할 일이다.

분명히 아는 것

몸이 아프면 병원에서 전문가와 상의하고 마음이 불편하면 수행도량에서 수행으로 극복할 수
있다. 지식이 부족하면 학교로 가고 지혜가 필요할 때 염실(念室)로 간다. 물질이 필요하면 노동
으로 획득하고 마음에너지가 필요하면 SATI 수행으로 보충한다. 현 단계에서 자신에게 무엇이
필요한지 분명히 아는 것이 지혜다.

가공해 마음채우는 것이 현명하다. 그러나 어느 정도 익숙해지면 마음 공간에 있는 정보를 응축하고 정돈하고 비워야 한다. 그래야 효과있고 성숙하게 일을 처리할 수 있다.

3. 정보가공 수준에 따라 삶의 문제는 다차원으로 전개한다. 전공이나 지식과 관련한 정보는 적극 가공해 부가가치를 높여야 한다. 대개 정보를 가공해 부가가치를 높일 때 분석, 사유, 논리 도구를 사용한다. 그것을 통해 지식이 성장한다.

4. 분석, 사유, 논리가 치밀하고 체계있으면 삶에 필요한 물질을 효과있고 풍요롭게 획득할 수 있고 출세할 수 있다. 그러나 지식은 가공과정에서 거품이 끼게 마련이다.*

5. 정보를 가공해 부가가치를 높인 것이 지식이다. 지식에 낀 거품을 제거하고 지식순도를 높인 것이 지혜다. 지혜는 지식을 가공해 부가가치를 높인 것이다.

어린이와 어른

어린 아이에게 마음을 쉬거나 비우라고 하면 고개를 갸우뚱거리지만 뭔가 배우면서 마음채우라고 하면 좋아한다. 어른에게 마음을 쉬거나 비우라고 하면 공감하지만 마음채우라고 하면 살기도 바쁜데 쓸데없는 짓 한다고 불평한다. 나이와 지위에 따라 필요한 것이 다를 수 있기 때문에 상황에 따라 구분하고 판단하는 안목이 필요하다. 그것을 볼 수 있는 안목이 지혜다.

지식 혹은 허구

우리가 알고 있는 지식은 스스로 경험해 안 것이기보다 책을 통해 안 것이 대부분이다. 그런데 문제는 책을 저술한 사람은 본인이 직접경험한 것일 수 있는데 그것을 읽는 사람은 자신이 경험한 것이 아니라 다른 사람이 경험한 것을 글로 표현한 것을 통해서 안 것이다. 그러므로 우리가 안다는 것은 다른 사람이 알고 있다는 것을 안 것인데 자신이 책을 통해서 안 것을 마치 자신이 경험해서 안 것으로 착각한다. 따라서 우리가 많이 안다는 것은 직접경험이 아니라 허구인 경우가 많다.

6. 지식은 물건만드는 도구고 지혜는 만들어진 물건 사용도구다. 지식은 데이터에 거품이 끼면서 성장하고 지혜는 데이터에 낀 거품을 빼면서 성숙한다. 학교는 지식 획득방법을 가르치고 수행도량은 지혜 성숙방법을 가르친다.

7. 물리학자는 물질에 내재한 법칙을 규명하고 수행자는 마음에 낀 거품을 제거한다. 환경운동가는 자연을 보호하고 수행자는 마음건강을 챙긴다.

8. 물질정보는 가공하고 양을 늘리는 것이 효과있다. 이것은 가공할수록 유용하게 사용할 수 있다.

9. 욕망, 이기심, 분노, 적의, 원망, 서운함, 편견, 선입관, 가치관 등 탐진치 3독심(貪嗔痴 三毒心) 같은 마음오염원은 가공하지 않는 것이 현명하다. 이것은 가공할수록 마음건강을 해친다.

10. 마음오염원은 마음근육이자 알아차림 기능인 sati(念)와 sati 집중 기능인 samādhi(三昧, 止, 定), 전체상황 통찰기능인 paññā(般若, 慧)로 제거해야 마음공간을 맑고 건강하게 가꿀 수 있다. 마음공간을 채워야 할 때 적극 채워야 하지만 비워야 할 때 깨끗하게 비우는 것이 마음건강에 좋다.*

11. 마음거울[mano, 意]에 맺힌 상[viññāṇa, 識]을 따라가면 생각거

여기 그리고 지금

금강경 18장 마지막에 「이미 지나간 과거에 얽매이지 말고, 아직 오지 않은 미래에 구속되지 말고, 현재에 매몰하지 말라 過去心不可得 現在心不可得 未來心不可得」 는 구절이 있다. 대개의 경우 그러면 어떡하란 말입니까? 하고 반문한다. 이것은 「지금 이 순간 직면한 존재를 있는 그대로 알아차림하고 깨어있으라」 는 말이다. 경전을 읽다보면 가끔 핵심구절을 생략해놓은 것을 볼 수 있다. 그것은 기본이기 때문에 굳이 강조하지 않는다. 생략한 것을 볼 수 있는 안목이 경안(經眼)이다.

품으로 마음채우는 것이고 알아차림하고 자유로우면 마음비우는 것이다.

12. 물질과 관련한 것은 마음채우는 것이 현명하고 생존지수를 높일 수 있다. 마음오염원 같은 것은 마음비우는 것이 좋고 행복지수를 높일 수 있다.

13. 현재 삶에 매몰되지 말고 미래를 위해 준비해야 할 것은 차근차근 준비하는 것이 필요하다. 삶의 각 단계를 무시하고 살면 오직 한 번뿐인 삶을 무의미하고 힘들게 낑낑대다 끝낼 수 있다.

14. 이미 지난 과거에 얽매이거나 오지 않은 미래에 매달리지 말고 현재에 매몰되지 않고 여기 그리고 지금 이 순간 마음거울에 맺힌 상을 알아차림하고 깨어있으면 자유롭고 행복하게 살 수 있다.

11. 삶의 영역

1. 생존에 필요한 물질획득 전 과정이 삶의 일반영역이다. 그 가운데 사람마음만 분리해 다루는 분야가 삶의 일반영역 가운데 마음 특수영역이다.*

수행처와 병원

우리는 즐거움이 부족해 괴롭다고 느낀다. 그러나 Buddha는 즐거움부족이 아니라 괴로움 때문에 즐겁지 못하다고 보았다. 즐겁지 않아도 좋지만 괴롭지만 않으면 세상은 살아볼 만하다고 보았다. 건강하지 않아도 아프지만 않으면 좋다.

즐거움속성은 맑고 부드럽지만 괴로움속성은 탁하고 날카롭다. 한두 방울 먹물이 통 속 맑은 물을 흐린다. 하루 종일 즐겁다가도 잠자기 전 한두 마디 들은 말이 모든 즐거움을 날려버린다. 이것은 즐거움과 괴로움 속성이 각기 다르기 때문이다.

2. 마음 특수영역 중에서 수행으로 마음관리하는 것이 수행 특수영역이다. 그 가운데 Buddha가 창안한 이론과 기술에 기초해 마음관리하는 것이 SATI 수행 특수영역이다.

표30 삶의 영역

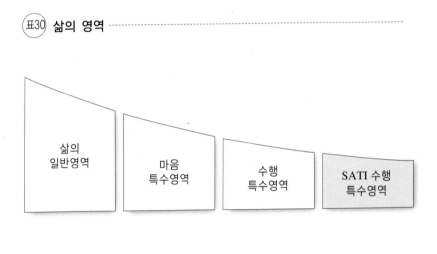

삶의
일반영역

마음
특수영역

수행
특수영역

SATI 수행
특수영역

Buddha는 즐거움을 통해 행복으로 가는 것은 각자 알아서 하고 괴로움 때문에 행복하지 못한 사람에게 마음공간에 있는 괴로움뿌리를 제거해 자유롭고 행복하게 살 수 있도록 도와주는 일을 정체성으로 삼고 활동했다. 병원은 사람에게 몸에 나타난 괴로움을 제거해 행복하게 살 수 있도록 도와주는 것을 정체성으로 삼고 일한다. 병원은 즐거움을 제공하는 곳이 아니라 몸괴로움을 제거하는 곳이다.

병원이 아픈 사람을 치료하는 것이 본래기능이듯 수행은 지치고 괴로운 마음을 편안하고 휴식하게 해주는 곳이다. 오리지널 불교와 SATI 수행은 몸즐거움을 제공하는 것이 아니라 마음괴로움을 제거하고 행복하게 살 수 있도록 도와주는 기능을 한다.

해당단체 사용가치를 잘 알고 가야 한다. 몸즐거움을 찾으려면 놀이동산으로 가고 몸통증을 제거하려면 병원으로 가야 한다. 수행도량은 즐거움을 제공하는 곳이 아니다. 절에 와서 즐거움을 찾지 않는 것이 좋다. 수행도량은 마음괴로움을 제거하고 자유와 행복을 추구하는 것이 원래 사용가치다.

1) 삶의 일반영역

3. 삶에 필요한 물질 획득과정은 단순하면서 복잡하게 얽혀 있다. 그것을 크게 범주나누면 물질다루는 물질영역과 마음다루는 마음영역으로 구분한다. 이 두 영역을 합해 삶의 일반영역이라고 한다.*

4. 사람은 대개 이 두 영역 가운데 어느 한 분야에 종사하면서 삶에 필요한 물질을 획득한다. 고대사회는 이 두 분야가 분리되지 않고 공존했지만 사회가 발전하면서 점차 개별영역으로 분화해 삶에 필요한 물질을 획득한다.

5. 현대사회는 삶에 필요한 물질획득 방식과 도구가 다양하게 발전했다. 사람은 직업이란 도구를 사용해 삶에 필요한 물질을 획득한다.

6. 세월이 흐르면서 많은 직업이 생겨났다 사라지고 새로운 직업이 나타난다. 어떤 직업은 부모로부터 물려받고 어떤 직업은 스스로 선택한다. 역사, 사회, 자연 환경에 따라 어떤 직업은 존경받고 어떤 것은 비난받는다.

7. 자기직업에 만족하는 사람도 있고 그렇지 못한 사람도 있다. Buddha는 자신이 하고 싶은 일을 하면서 삶에 필요한 물질을 획득할 수 있는 사회를 맑고 아름다운 세상[極樂淨土] 이라고 보았다. 이런 세계가

정보수준

① data : 가공하기 전 모든 원자료
② information : 정보, 기준에 따라 분류한 자료, 사용자에게 필요한 자료
③ knowledge(ñāṇa,知) : 정보 해석능력. 분석, 사유, 논리를 사용해 정보를 가공해 부가가치를 높인것. 존재 이해능력
④ wisdom(paññā, 慧) : 지식 활용능력. 지식에 낀 거품을 제거하고 지식 질과 순도를 높인 것. 존재 활용능력

Buddha가 꿈꾼 이상세계였다.

2) 마음 특수영역

8. 삶에 필요한 물질획득 일반과정에서 마음에 관한 제반문제를 다루는 과정을 특화해 마음 특수영역이라고 한다.

9. 마음다루는 영역이 서구는 정신의학, 심리학, 심리상담학으로 발전했고 동양은 마음과학, SATI 수행으로 발전했다.

3) 수행 특수영역

10. 삶에 필요한 물질획득 과정에서 발생하는 마음문제를 수행으로 해결하기 위한 과정을 특화해 수행 특수영역이라고 한다.

11. 마음관리 특수형태인 수행은 동서양 문화권에서 다양하게 발전했다. 인도는 Yoga 수행을 통해 신과 합일(梵我一如) 과정에서 마음관리 이론과 기술이 발전했다.

12. Buddha 입멸 후 불교가 인도대륙을 넘어 동서양 문화권으로 전파해 해당지역에 존재하던 수행과 결합하면서 다양한 형태로 적응하고 변화발전했다.*

사용가치와 교환가치

Ārāma 사용가치는 수행으로 마음오염원을 제거하는 것이다. Ārāma에 마음오염원을 제거할 수행공간이 없고 수행지도할 사람이 없으면 그것은 대중을 기만하는 것이다. 어떤 Ārāma에 가더라도 그곳에 수행할 수 있는 염실(念室)이 있고 수행지도할 수 있는 사람이 있는지 먼저 물어봐야 한다.

문화산업에 문화가 없고 산업만 있으면 천박해지고 벤처산업에 기술은 없고 산업만 있으면 사

4) SATI 수행 특수영역

13. 마음다루는 분야는 인류역사만큼 다양하고 다차원으로 발전한다.

14. 그 가운데 Buddha가 창안한 이론과 기술을 사용해 마음관리하고 자유와 행복을 추구하는 분야를 SATI 수행 특수영역이라고 한다.*

15. SATI 수행이 추구하는 궁극목표는 자유와 행복이다. 삶은 다양한 요소로 구성해있고 범위도 넓기 때문에 특정한 한두 단체가 모든 것을 다 할 수 없다.

16. SATI 수행은 자유와 행복, 마음과 수행에 관한 분야를 중심영역으로 삼는다. SATI 수행이 마음다루고 마음건강을 강조하는 것은 행복과 불행한 느낌이 일어나는 공간이 마음이기 때문이다.

17. 마음이 맑고 건강하고 탄력이 좋으면 외부에서 들어오는 자극에 대응력을 갖출 수 있고 느낌을 좋은 쪽으로 유도할 수 있다. 마음상태를 건강하게 가꾸는 것은 탐진치 3독심(貪嗔癡 三毒心) 같은 마음오염원 제거에서 시작한다.

18. 어둠에서 밝음으로 혼돈에서 정돈으로 무지에서 정지로 중생에

기꾼되기 쉽다. 수행처에 수행은 없고 사찰경영만 존재하면 대중을 속이는 것이다. 원래 사용가치로 쓰지 않고 교환가치나 상품가치로 바꾸면 곤란하다.

정크 데이터

불량주식을 정크 본드라고 한다. 정크 푸드는 패스트 푸드처럼 건강에 해로운 음식을 가리킨다. 정크 데이터란 마음건강에 해로운 데이터를 일컫는 새로운 용어다.

욕망, 이기심, 분노, 적의, 원망, 서운함, 편견, 선입관, 가치관에 기초해 사물을 보는 것이 모두 정크 데이터에 해당한다. 이것은 마음공간에 존재하며 마음오염원이 돼 마음공간을 오염시키고 마음건강을 해친다. 좋은 음식을 먹어 정크푸드 독성을 제거할 수 있듯 정크 데이터는 sati, samādhi, paññā로 제거할 수 있다.

서 부처로 무기력하고 산란한 마음상태에서 활기차고 평화로운 마음상태로 변화과정이 SATI 수행이다.

19. BCE 531년 음력 4월 보름 Buddha가 인도 Buddhagaya 보리수 아래 금강보좌(Vajra ratana āsana, 金剛寶座) 위에서 SATI 수행을 창안한 이래 인도뿐만 아니라 중국이나 한국 등에서 다양한 형태로 SATI 수행이 발전했다.

20. Buddha는 자신이 창안한 마음관리 이론과 기술을 SATI 수행이라고 했다. 이것을 토대로 인도는 Mantra 수행, Tantra 수행으로 변형했고, 중국은 조사수행(祖師禪), 여래수행(如來禪), 염불수행(念佛禪), 화두수행(看話禪, 話頭禪), 묵조수행(黙照禪)으로 발전했다.

21. SATI 수행 특수영역은 다음같은 원칙을 적용한다.

표31) **SATI 수행 특수영역**

① Buddha가 창안하고 직접 행한 SATI 수행 이론과 기술에 따라 수행할 것

② Buddha가 설한 근본경전인 Nikāya(部, Āgama, 阿含), 특히 Paṭhama Dhammacakka Pavattana Sutta(初轉法輪經)와 Mahāpari Nibbāna Sutta(大般涅槃經)에 기초해 이론과 기술을 창안할 것

③ sati(念), sampajāna(自知), samādhi(三昧, 止, 定), paññā(般若, 慧) 등 수행도구를 사용할 것

④ 기준점 정하고 이름붙일 것

⑤ 기준점은 몸[rūpa, 色: kāya, 身]에 두고 알아차림하다 방해현상이 나타나면 그것을 알아차림하고 즉시 기준점으로 돌아올 것. 새로 나타난 현상이 알아차림을 방해하지 않으면 기준점을 계속 알아차림할 것

⑥ 좌념, 행념, 생활념, 노동념 모두 중시할 것, 그 가운데 좌념과 행념이 기본임

이런 원칙을 적용하면 SATI 수행 특수영역이라고 할 수 있다.

12. 수행정체성

1. 수행자는 수행이 추구하는 것이 무엇인지 분명히 알고 수행해야 한다. 수행자가 원하는 것과 해당수행이 제공하는 것이 일치하면 좋지만 그렇지 않으면 원하는 것을 얻지 못할 수 있다.

표32 **수행자모임**

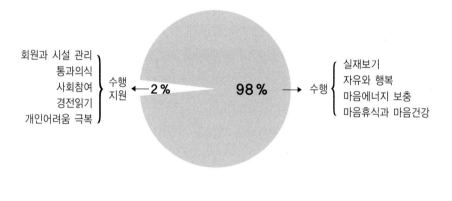

1) 수행정체성

2. 수행을 어떻게 정의하느냐에 따라 수행자 행동유형을 결정한다. 현재 우리가 알고 있는 SATI 수행은 2천 6백 년 전 불교를 창립한 Bud-

dha가 생각한 것일 수 있고 아닐 수 있다. 수행에 드리운 역사먼지를 털어내고 처음 창립한 그대로 오리지널 불교와 SATI 수행을 이해하는 것이 필요하다.

3. Buddha가 창안한 SATI 수행은 인류의 자유와 행복, 현재와 미래에 기여하는 것을 목적으로 한다. Buddha는 Migadāya에서 한 불교창립선언문[dhamma cakka pavattana desanā, 轉法宣言]에서 이점을 분명히 했다.

4. 수행은 자유로운 삶, 여유로운 삶, 청정한 삶, 행복한 삶, 공존하는 삶으로 인도하는 좋은 도구다. 수행은 마음공간을 덮고 있는 거품을 제거하고 실재를 있는 그대로 볼 수 있도록 해준다. 수행은 삶의 청량제다.

5. SATI 수행은 스스로 통제할 수 없는 욕망, 이기심, 분노, 적의, 원망, 서운함, 편견, 선입관, 가치관 같은 마음오염원(貪嗔痴 三毒心)을 제거하고, 욕망, 분노, 편견 지수를 낮춰 자유롭고 행복하게 살 수 있도록 해준다.

6. SATI 수행은 삶을 더 풍요롭게 하기 위해 잠시 일상을 벗어나 마음속으로 들어가 여행하고 휴식하며 지나온 삶을 정돈하고 앞으로 살아갈 삶의 설계과정이다.*

마음속으로 여행

여행은 삶의 청량제다. 여행은 새로운 것을 만나고 다양한 사람과 사물을 접하고 마음을 넓히는 과정이다. 여행 중에 만나는 새로운 것을 있는 그대로 보고 떠나면 좋지만 그렇지 않고 자신이 가진 가치관으로 판단하고 집착하면 괴로워진다.

마음속으로 여행도 마찬가지다. 수행은 마음속으로 들어가 지나온 삶의 흔적을 만나고 앞으로 살아갈 삶의 설계과정이다. 지나온 삶의 흔적은 마음공간에 흩어져있다. 때로는 얼굴 뜨거운 것도 만나고 어떤 때는 가슴 벅찬 감동을 만난다. 그 모든 것을 있는 그대로 알아차림하고 내려놓

2) 수행공동체

7. 수행공동체 Saṅgha는 Buddha가 창안한 정통수행법인 SATI 수행을 하기 위해 모인 사람이 스스로 형성한 모임이다. 수행으로 지나온 삶을 맑혀 자유롭고 행복하게 살려는 사람이 모인 공동체다. 하지만 그곳도 사람사는 곳이라 사람사이에 일어나는 잡다한 것을 피할 수는 없다.

8. 수행공동체인 Saṅgha를 운영하기 위해 돈도 필요하고 수행자를 위한 음식도 있어야 한다. 사람이 머물며 수행하는 염실(SATI hall, 念室)이나 숙소 같은 건물도 준비해야 하고 Ārāma 관리와 행정도 중요하다.

9. 수행공동체 Saṅgha도 사람이 모인 곳이라 각종 통과의식도 필요하다. 개인 통과의식뿐만 아니라 단체에서 해야 하는 각종행사도 피할 수 없다.

10. 수행공동체 Saṅgha도 사회일부다. 사회를 정의롭고 청정하게 유지하기 위한 여러 가지 활동에 참여해야 하고 소외된 이웃이나 홀로설 수 없는 사람을 위해 봉사도 해야 한다.

11. SATI 수행을 창안한 Buddha에 관해 배워야 하고, 수행자 행동유형을 담고 있는 Vinaya Piṭaka(律藏), Buddha가 다른 사람에게 수행지도한 내용을 담고 있는 Sutta Piṭaka(經藏), 율장과 경장에 관한 주석서인 Abhidhamma Piṭaka(論藏), 역대 훌륭한 수행자가 자기 수행경험을 기록해 둔 조사어록(祖師語錄)도 배우면 도움된다.

고 떠나야 한다. 그래야 마음속으로 여행이 가볍고 즐겁다. 만나는 것마다 의미를 부여하고 시비하면 얼마 지나지 않아 지치고 힘들어진다. 단지 알아차림만 하고 버리고 떠나기, 이것이 마음속으로 여행핵심이다.

12. 수행자가 어려운 일에 직면했을 때 지혜와 인내로 해결하면 좋다. 그러나 수행자도 사람인지라 안 되는 줄 알면서 때로는 Buddha나 신에 의존해 극복하려는 마음이 일어나기도 한다.

13. 수행도량에서 하는 일 가운데 가장 중요한 것은 수행이다. 수행 이외 것은 부차다. 수행자모임인 Saṅgha에서 수행이 차지하는 비중은 98% 이상이다. 수행하지 않는 사람은 더 이상 수행자가 아니며 수행도량에 머물 이유없다. Buddha는 항상 제자에게 수행상속자[dhamma santati, 修行相續者]가 돼야 한다고 강조했다.

3) 사회참여

14. 법이나 제도를 만들고 운영하는 것은 사람이다. 그것을 만든 사람마음에 욕망, 분노, 편견 지수가 높으면 법이나 제도를 불평등과 폭력으로 만들고 나와 남을 구분하고 차별하고 자신과 인연한 사람에게 이로운 방향으로 행동한다.*

양심과 욕망

사회과학은 마음은 사회구조나 자연환경에 지배받고 마음상태가 사회구조나 존재양식에 영향 미친다고 본다. 그것은 진실이다. 마음은 사회구조나 물질만으로 파악하기엔 너무 복잡하고 개인차가 많다. 마르크스주의가 국가경영에 일정정도 실패한 것은 이 점을 소홀히 취급한 것도 중요 요인이다. 그들은 의식이 존재에 의존하기 때문에 존재가 변하면 의식은 저절로 변할 것으로 보았다. 그것은 분명 옳은 견해이기는 해도 존재와 의식 변화 사이 시차가 존재함을 간과했다. 그리고 존재와 의식 특성이 다르다는 사실을 이해하지 못한 것도 문제였다. 물질과 마음은 서로 밀접히 연관해있지만 각자 나름대로 변화법칙이 있다. 그렇기 때문에 물질과 마음 변화 프로그램을 동시에 가동해야 한다. 마르크스주의가 물질이 의식을 선도한다고 믿고 의식에 내재한 법칙을 규명하는데 소홀해서 물질과 마음 변화 사이에 놓인 시차 극복방법을 가지지 못한 것이 자본주의에 밀린 중요요인 가운데 하나다. 결국 자본주의는 인간욕망을 자극했고 사회주의는 인간양심을 믿었다. 사회주의는 혹독한 비용을 지불했다. 양심은 비용을 요구한다.

15. 욕망, 분노, 편견 지수가 낮으면 법이나 제도를 평등하게 만들고 다른 존재와 평등하고 평화롭고 행복하게 공존하는 방향으로 행동한다.

16. 단기, 직접, 구체, 현실로 사회에 참여해 법이나 제도를 바꾸어야 한다. 그러나 장기, 근원, 본질로 그러한 법이나 제도를 만든 사람 마음 공간에 존재하는 욕망, 분노, 편견 등 마음오염원을 제거해야 한다.*

(표33) **삶의 실재**

삶 (생존)	물질, 비교, 계측	외적(사회, 육체) 문제해결 ① 사회불평등(법, 제도, 관습) 제거 ② 사회폭력(개인, 집단, 국가) 제거 ③ 사회광기(편견, 광기, 가치관) 제거	구체, 직접, 현실, 단기
삶의 질 (자유와 행복)	마음, 무비, 무측	내적(개인, 마음) 문제해결 ① 욕망과 이기심(貪) 제거 ② 분노나 적의, 원망과 서운함(嗔) 제거 ③ 편견, 선입관, 가치관(痴) 제거	근원, 본질, 핵심, 장기

결정세계관은 낙관주의에 빠진다. 결정세계관에 기초한 마르크스주의가 인간의 선한 특성을 강조하고 악한 특성을 등한시한 것은 순진한 발상이다. 이에 반해 자본주의는 비결정세계관을 가진다. 더 직접으로 고정된 틀이 없다고 해야 옳다. 단지 인간욕망을 자극해 돈버는 방법만이 자본주의에서 선이다. 자본주의는 자신에게 자본 집중방법으로 욕망자극법을 사용한다. 인간의 악한 면을 부추겨 성공한 것이 자본주의다.

진흙탕 혹은 同事攝

Buddha는 Sallekha Sutta(除去經)에서 다음같이 말한다.

「Cunda(純陀)여! 스스로 진흙에 빠진 사람이 다른 진흙에 빠진 사람을 건져올리는 것은 불가

17. 대부분 시민단체는 법이나 제도를 바로잡는데 온 힘을 집중한다. 그것이 중요하기 때문이다. 그러나 그것만큼 필요한 것이 기억이미지와 결합해있는 마음오염원을 제거하고 마음근육을 키우고 마음에너지를 충전해 마음건강을 지키는 것이다.

18. 물질 풍요로움은 기본이다. 그것에 더해 마음 풍요로움에 관심갖는 사회가 성숙한 사회다.

19. 마음다루는 일은 아무나 할 수 없다. 어느 정도 연륜, 경험, 전문성을 요구하는 분야다. 이 일은 열심히 노력해도 성과물이 밖으로 잘 드러나지 않는다. 사실이 이렇다 보니 이 일을 할 수 있는 개인이나 단체가 많지 않다.

20. 이 일이 힘들고 어렵더라도 누군가는 반드시 해야 한다. 이론이나 기술을 가지고 있는 사람이나 단체는 그런 의무를 소홀히 해서는 안 된다.

21. 지친 마음에 활력주고 오염된 마음을 정화하고 구속된 마음을 자유롭게 하고 혼돈스런 마음을 정돈하고 지나온 삶의 흔적에서 벗어날 수 있게 도와주는 것은 다른 시민운동과 더불어 중요한 참여활동이다. 이것이 수행 사회기능이다.

능하다. Cunda여! 스스로 진흙에 빠지지 않은 사람만이 진흙에 빠진 다른 사람을 건져 올리는 것이 가능하다. Cunda여! 자신을 제어하지 않고 수행하지 않고 마음오염원을 완전히 제거하지 않은 사람이 다른 사람에게 수행지도하는 것은 불가능하다. Cunda여! 오직 자신을 제어하고 수행으로 마음오염원을 완전히 제거한 사람만이 다른 사람에게 수행지도해 그들이 가진 마음오염원을 제거할 수 있다.」

이것을 Mahāyāna는 진흙에 빠진 사람을 건지기 위해서는 자신이 진흙에 들어가야 한다고 해석했다. 이것이 동사섭(同事攝)이다.

간혹 자기수행을 완성하지 않은 사람이 다른 사람에게 수행지도하는 경우가 있다. Buddha는 분명히 말했다. 정말 그대가 대자비심을 가졌다면 그래서 수행으로 다른 사람에게 봉사하고 싶다면 먼저 자기수행을 완성해라. 그리고 실천하고 회향해라.

22. 오염된 물질세계는 함께 살아가는 구성원이 공동으로 정화할 수 있다. 그러나 오염된 마음은 오직 자기자신만이 맑힐 수 있다. 사회는 마음을 맑힐 수 있도록 제도를 만들고 도와주는 역할만 할 수 있다. Buddha도 다른 사람 마음을 맑히는데 조언자일 수밖에 없다.

23. 평등에 주안점을 두었던 사회주의나 욕망에 기초한 자본주의가 삶의 질을 높이기 위해 노력한 것은 사실이지만 마음오염원을 적절히 관리하지 않고서 자유와 행복에 관한 어떤 문제도 해결할 수 없다는 사실에 직면했다.*

24. 사회구조를 평등하고 평화롭게 만드는 것 못지않게 마음을 맑고 아름답게 가꾸는 것도 필요하다. 넘쳐나는 물질이 아니라 나약한 마음이 문제다.

25. 지난 인류역사에서 물질이 사람에게 해를 끼친 적은 없었다. 항상 물질을 사용하는 사람이 문제였다. 그 중심에 욕망, 이기심, 분노, 적의, 원망, 서운함, 편견, 선입관, 가치관 등 마음오염원이 있다.

26. 마음이 원하는 것을 제공하는 것 못지않게 하고 싶은 것을 절제하는 것도 현명하다. 이기심을 충족하는 것도 의미있지만 만족지수를 높이고 욕망, 폭력, 편견 지수를 낮추는 것이 삶을 품위있게 하고 자유와 행복에 있어서 더 본질이다.*

이상과 현실

자본주의는 욕망을 부추기는데 주목했고 공산주의는 양심을 강조했다. 자본주의는 사람 마음속에 존재하는 욕망과 이기심을 자극해 생산과 소비를 통한 자본축적을 권장했다. 공산주의는 의식이 존재에 의존하기 때문에 물질평등만 가져오면 욕망, 이기심, 분노, 적의, 원망, 서운함, 편견, 선입관, 가치관이 소멸될 것으로 믿었다. 그러나 물질평등과 마음 평화로움이 일치하는데 시차가 존재한다는 사실을 간과했다.

27. 현재 우리가 누리는 정치, 경제, 문화, 환경은 그것이 긍정이든 부정이든 사람이 만들었다. 사회를 만들고 관계를 형성하고 인간과 자연을 맺어주는 마음을 정화해 맑고 아름다운 사회를 건설할 수 있는 토대를 제공하는 것, 이것이 수행 사회역할이다.

28. 수행 존재이유는 단순히 수행자를 늘리는 것이 아니다. 수행으로 많은 사람이 자유롭고 행복하게 살 수 있도록 마음에너지를 제공하는 것이다.

29. 우리가 누리는 것 가운데 사회에서 생산하지 않은 것은 아무것도 없다. 그렇기 때문에 수행도 사회구성원이 함께 소비하고 누릴 수 있도록 사회로 회향해야 한다. 이것이 수행사회화 핵심이다.

Mind design

당신은 자기마음을 어떤 상태로 가꾸고 싶으세요.

욕망이 넘치는 마음상태
분노로 요동치는 마음상태
적개심으로 오염된 마음상태
편견으로 가득 찬 마음상태
옹졸한 마음상태
속박된 마음상태
답답한 마음상태를 원하세요

여유로운 마음상태
평화로운 마음상태
툭 터인 마음상태
해방된 마음상태
행복감이 흐르는 마음상태를 갖고 싶으세요.

당신이 바라는 마음상태는
당신 스스로 창조하는 것입니다.

30. 개인이 청정할 때 사회가 맑아지고 사회가 투명할 때 개인삶도 아름답다. 이 둘은 분리해 생각할 수 없고 어느 것이 먼저라고 규정할 수 없다. 이 둘은 함께 추진해야 하고 자기능력으로 할 수 있는 것을 먼저 실천해야 한다.

31. 개인이나 단체가 모든 것을 다 할 수 없다. 수행공동체는 수행으로 사회구성원 마음을 맑히도록 도와주고 자유롭고 행복한 사회를 건설하는데 기여하는 것을 정체성으로 삼고 출발했다.

32. 단기로 할 일은 단기로 하고 장기로 할 것은 장기로 해야 한다. 직면한 문제를 풀어가는 것 못지않게 문제근원을 제거하는 일도 소홀히 해서는 안 된다.

Buddha 발명품

project

check point

이 장에서는 Buddha가 발견하고 창안한 것을 배우고 익혀 마음관리 효율성을 높인다.

1. Buddha란 발견자라는 의미다. 우리가 모르고 있던 것을 실천을 통해 발견하고 자신이 알게 된 지식을 다른 사람에게 가르쳐준 계몽가이자 삶을 변화시키려고 실천한 혁명가다.

2. 가족이나 물처럼 대체불가능한 것이 있고, 종이나 가위처럼 처음 만들고 나서 이같은 종류로는 더 이상 좋은 것이 나올 수 없는 것이 있고, 어떤 것은 처음 창안한 것이 기술로나 품질로나 최상품인 것이 있다.

3. Buddha는 마음과 관련해 많은 것을 발견했다. 이런 발견은 인류가 발견하고 창안한 마음관리에 관한 것에서 최상으로 평가받는다. 오늘날 여전히 Buddha가 창안한 SATI 수행을 능가할 만한 마음관리와 스트레스 관리 프로그램이 만들어지지 않고 있으며 여전히 대중성을 획득하고 있다.

4. 욕망, 분노, 편견, 스트레스 같은 주제는 3천년 전이나 지금이나 Buddha로부터 우리까지 인류공동 담론주제다.

5. Buddha가 발견한 것 가운데 주목할 만하고 여전히 유효성을 인정받는 것은 다음같다.

표34 Buddha발명품 ┄┄┄┄┄┄┄┄┄┄┄┄┄┄┄┄┄┄┄┄┄┄┄┄┄┄┄

① 6감 발견
② sati 기능
③ 마음근육
④ 마음압력
⑤ 마음에너지
⑥ sati 지렛대(브레이크)
⑦ sati 현미경
⑧ SATI 수행

1. 6감

1. 사람감각이 6개(六境, 六根, 六識)라고 주장한 것은 인류역사상 Buddha가 최초다. 사람감각을 5감으로 설명하는 것과 6감으로 이해하는 것은 차원이 다르다.

2. 이것은 수학에서 1에서 9까지 아홉 개 숫자를 가지고 숫자조합하는 것과 0을 더하여 열 개로 숫자를 사용하는 것만큼 차이가 크다. 6감 발견이 Buddha의 위대한 업적 가운데 하나다.

3. 오늘날 철학, 의학, 정신분석학, 심리학, 심리상담학이 가진 한계는 감각기관을 5감차원으로 이해한 것이다.

4. 마음과학과 SATI 수행이 마음에 관한 정확하고 세밀하고 탁월한 관점은 감각기관을 6감차원으로 이해한데서 출발한다.

5. 6감기능 가운데 감각기관을 통해 마음거울에 상을 맺게 하는 마음거울 기능과 마음거울에 상을 맺는 순간 알아차림하는 sati 기능 발견으로 마음관리가 한층 발전했다.

2. sati 기능

1. 마음거울에 맺힌 상을 알아차림하는 sati 기능이야말로 Buddha가 발견한 것 가운데 최상이다.

2. 알아차림 기능인 sati가 마음화학반응, 마음물리특성, 마음작용, 마음관리, 스트레스 관리 주변수다. 알아차림 기능인 sati 힘 강약에 따라 마음작용은 다차원으로 발전한다. sati 기능은 마음공학 핵심도구다.

3. Buddha가 창안한 SATI 수행은 마음근육이자 알아차림 기능인

sati 강화 프로그램이다.

3. 마음근육

1. 일반육체처럼 마음도 근육기능이 있다. 마음근육이 sati다.

2. 마음근육은 마음관리, 스트레스 관리, 마음작용에 가장 많이 활용하는 도구다.

3. 마음근육이 발달하면 욕망이나 분노에 끌려가지 않고 인식대상을 선택하고 머물 수 있고 마음에너지를 보충해 활기차고 마음탄력을 키워 외부자극에 대한 대응력이 커진다.

4. 마음근육이 약하면 인식대상에 끌려가 구속되고 마음탄력이 적고 마음에너지를 많이 소모하고 외부자극에 대한 대응력이 약하고 지치고 힘들다.

5. Buddha가 창안한 SATI 수행은 마음근육 강화 프로그램이다.

4. 마음압력

1. 자연계처럼 마음도 압력이 있다. 마음압력이 samādhi(三昧, 止, 定)다.

2. 마음압력은 마음공간에서 만들어 사용할 수 있다. 마음압력을 활용해 기억이미지와 결합한 욕망, 이기심, 분노, 적의, 원망, 서운함, 편견, 선입관, 가치관 등 마음오염원을 해체한다.

3. 마음압력은 힌두교 Yoga 수행자가 처음 발견하고 사용했지만

Buddha는 그들이 어렵게 생각하고 포기한 마음압력 향상에 대한 새로운 이론과 기술을 발견했다. 그것이 마음근육이자 알아차림 기능인 sati를 활용하는 것이었다.

4. Yoga 기술은 마음을 인식대상에 밀어서 밀착고정하는 것이 핵심이다. 그것은 마음이 인식대상에 밀착고정(梵我一如)해 오랫동안 머물면 힌두창조신 Brahma(梵)와 하나되고 은총받는다고 생각했다. 마음이 인식대상으로 밀착하며 발생하는 마음압력(三昧力)은 잘 몰랐고 관심도 없었다.

5. SATI 수행은 마음거울에 맺힌 상을 알아차림하는 것이 핵심이다. 인식대상을 이름붙이고 알아차림하는 것은 인식대상을 두드리는 것이다. 두드리는 것이 미는 것보다 압력발생을 크게 하고 파괴력도 크다.

6. Buddha는 배나 발 움직임에 기준점 정하고 그것이 움직일 때마다 이름붙이고 알아차림(두드려) 해서 마음압력을 만들어 사용했다.*

7. Buddha는 자신이 발견한 마음근육이자 알아차림 기능인 sati를 활용해 마음압력(三昧力)을 최고수준까지 높일 수 있었고 그렇게 높인 마

밀기와 두드리기

공학에서 미는 것과 두르리는 것 중에서 두드리는 것이 미는 것보다 힘을 더 많이 발생시킨다고 한다. 굴착기가 대상을 미는 것보다 두드릴 때 압력이 훨씬 더 많이 발생한다. 공사현장에는 굴착기가 많은 압력을 만들기 위해 따따따 하고 두르린다고 시끄럽다.

Yoga 수행자는 마음을 대상에 밀기만했다. 그러나 Buddha는 그렇게 해보니 일정정도 이상 마음압력이 커지지 않는 것을 발견했다. 많은 시행착오 끝에 두드리는 방법을 발견했다.

SATI 수행자는 배나 발 움직임에 기준점 정하고 그 움직임을 이름붙이고 알아차림한다. sati가 인식대상을 이름붙이고 알아차림하는 것이 망치로 머리를 두드리는 것처럼 강한 압력이 발생한다. 그렇게 만든 압력을 수십 배 증폭시켜 마음공간에 보내서 기억이미지와 결합한 마음오염원을 해체한다. 미는 것이 아니라 두드리는 것이야말로 SATI 수행 핵심기술이다.

표35 밀기와 두드리기 ···

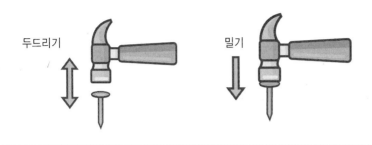

두드리기   밀기

음압력을 사용해 기억이미지와 결합한 마음오염원을 해체할 수 있었고 스트레스 상황에서 효과있게 벗어날 수 있었다.

8. Buddha가 창안한 SATI 수행은 바로 마음압력을 높이는 프로그램이고 그 압력을 활용해 기억이미지와 결합한 마음오염원 해체 프로그램이다.

9. SATI 수행은 마음근육이자 알아차림 기능인 sati(念) 힘을 키우는 것이 핵심이다. 그것은 sati 힘을 활용해 마음압력(三昧力)을 만들고 증폭해 기억이미지와 결합한 마음오염원 해체가 목적이기 때문이다.

5. 마음에너지

1. 마음도 에너지가 있다. 마음에너지 소모와 보충에 관한 이론과 기술을 창안한 분이 Buddha고 그 기술이 SATI 수행이다.

2. 에너지란 운동할 수 있는 힘이다. 일반물질도 에너지를 가지고 있고 마음도 에너지를 가지고 있다. 마음에너지가 풍부한 사람은 활기차

게 활동하지만 부족하면 피곤하고 지친다.

3. 마음근육이자 알아차림 기능인 sati가 인식대상을 선택하고 머물면 마음에너지 소모를 최소화하고 보충하고 활기차진다. sati가 인식대상에 끌려가면 마음에너지 소모량이 많아지고 피곤하고 지친다.

4. Buddha는 마음물리특성을 올바로 알았고 마음에너지 증감구조를 이해했다. 그 원리에 따라 소모한 마음에너지를 보충해 활기차게 살았다.

5. Buddha가 창안한 SATI 수행은 바로 마음에너지 보충 프로그램이다.

6. sati 지렛대

1. 물건을 그냥 들면 힘들지만 도구를 활용하면 수월하게 이동할 수 있다. 기계는 삶을 편리하게 해주는 유용한 도구다.

2. 마음도 마찬가지다. 마음구성 기본인자 가운데 하나인 마음근육이자 알아차림 기능인 sati 힘을 키우고 그것을 지렛대나 브레이크처럼 활용하면 마음관리 효율성을 높일 수 있다.

3. 욕망, 분노, 편견 등 마음상태가 발생하고 전개할 때 마음근육이자 알아차림 기능인 sati 힘이 좋으면 브레이크 걸어 마음작용을 멈추게 할 수 있다. 또한 마음근육이자 알아차림 기능인 sati를 기준점으로 보내 마음압력(三昧力)을 키워 기억이미지와 결합한 마음오염원을 해체할 수 있다.

4. Buddha가 창안한 SATI 수행은 sati 지렛대 혹은 sati 브레이크 힘을 키우는 프로그램이다.

7. sati 현미경

1. 작은 물건은 확대해서 보면 잘 볼 수 있다.

2. 마음거울에 맺힌 상을 있는 그대로 보려고 하면 잘 보이지 않는다. 이때 마음구성 기본인자 가운데 마음근육이자 알아차림 기능인 sati를 훈련해 힘을 키우면 현미경처럼 인식대상을 더 잘 볼 수 있다.

3. 일반현미경처럼 마음현미경은 인식대상을 확대할 뿐만 아니라 존재를 있는 그대로 보는데 초점둔다.

4. 존재는 있는 그대로 존재한다.

5. 그러나 존재가 감각기관과 접촉하고 마음거울에 상을 맺을 때 마음공간에 존재하는 욕망, 분노, 편견 등 마음오염원(貪嗔痴 三毒心)인 기억이미지가 개입해 마음거울에 맺힌 상을 덮거나 마음근육이자 알아차림 기능인 sati를 덮는다. 그러면 존재를 있는 그대로 보지 못하고 내식대로 보고 내수준에서 이해하고 행동한다.

6. 존재를 덮고 있는 포장을 해체하고 그 속에 있는 실재를 있는 그대로 보기 위해서 존재를 포장하는 마음오염원을 해체하고 마음공간을 맑혀야 한다. 그러기 위해서 마음근육이자 알아차림 기능인 sati 힘이 좋아야 한다.

7. Buddha가 창안한 SATI 수행은 마음현미경 배율(힘)을 키우는 과정이다.

8. SATI 수행

1. Buddha가 발명한 것 가운데 최상품은 바로 SATI 수행이다. SATI 수행으로 마음공간에 존재하는 삶의 흔적이 기억이미지와 결합해있는 마음오염원을 해체하고 마음공간을 맑히면 존재를 있는 그대로 볼 수 있다.

2. 자유로운 삶, 여유로운 삶, 청정한 삶, 행복한 삶, 공존하는 삶으로 가는 도구인 SATI 수행은 인류 삶의 질을 한층 높였다.

마음과학

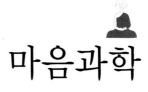

마음과학

3

마음크기가 원크기를 결정한다

9
마음실재

check point

이 장에서는 마음에 대해 과학, 객관, 논리로 배우고 익혀 마음과학자 Buddha 정통수행법인 SATI 수행을 이해하고 자유로운 삶, 여유로운 삶, 청정한 삶, 행복한 삶, 공존하는 삶의 토대로 삼는다.

1. 마음실재

1. 마음은 사람이 무엇을 언제 어디서 어떻게 할지를 결정하고 다른 존재와 관계수준과 존재양식을 결정하고 행복과 불행을 좌우하고 인생 전체를 다루는 핵심기능을 한다. 마음을 어떻게 가지느냐에 따라 앎이 바뀌고 생각이 변하고 행동이 달라진다.

2. 우리가 마음에 대해 말할 때 주관, 관념, 추상으로 주장하는 경우가 많다. 그러나 마음을 안다고 할 때 구체, 직접, 객관이어야 한다. 정확히 알면 어떤 방식으로든 분명히 표현할 수 있다. 직접 설명할 수 없다는 것은 모른다는 것의 다른 표현이다.*

3. 일반물질은 형체를 파악하기 쉽고 어느 정도 고정돼있지만 특수물질인 마음은 형체를 파악하기 어렵고 빠르게 움직이고 쉽게 바뀐다. 그리고 물질과 마음은 둘 다 무게를 가지고 있다.

4. 이같은 마음물리특성으로 인해 마음은 실체없고 복잡하고 이해하

물분자와 마음분자

물전문가에게 물 최소단위나 물분자가 무엇인지 질문하면 「H₂O」라고 대답한다. 그것은 물분자가 「수소입자 두 개와 산소입자 한 개로 구성된다」는 것을 올바르게 알기 때문에 분명하게 대답할 수 있다.

심리학자, 심리상담학자, 정신분석학자, 의학자, 뇌과학자, 수행자, 마음과학자에게 「마음분자구조 혹은 마음 최소단위는 무엇입니까? 혹은 기억분자구조 혹은 기억 최소단위는 무엇입니까?」하고 질문하면 제대로 대답할 수 있을까?

물전문가가 물분자구조에 대해 상세히 자신있게 말할 수 있는데 마음전문가는 마음분자구조를 제대로 말하지 못한다면 뭔가 심각한 문제가 있는 것은 아닐까?

google 검색창에서 마음분자나 기억분자를 검색어로 찾아보면 수만 건이 뜨지만 유효한 것은 찾을 수 없다. 대부분 마음이나 기억을 뇌과학이나 화학차원에서 설명한다. 그러나 마음은 뇌가 아닌 마음차원에서 설명하고 검증해야 한다. 진리는 취향이나 주장으로 결정하는 것이 아니라 실천으로 유효성을 증명해야 한다.

기 어려운 것으로 생각하고 마음에 대해 말할 때 주관확신에 기초한 허구가 난무한다.*

5. 마음도 물질이기 때문에 일반물질처럼 물리특성을 가진다. 다소 까다롭기는 해도 마음이 가진 물리특성에 기초해 마음 구조와 작용을 객관이고 논리로 설명하고 검증해야 한다. 마음에 내재한 법칙, 실재, 본성, 특성을 이해하면 마음을 체계있고 효과있게 다룰 수 있다.*

6. 하위체계를 다룰 때는 하위체계를 다루는 이론과 도구를 사용하고 상위체계를 다룰 때는 상위체계를 다루는 이론과 도구를 사용해야 한다. 마음다룰 때 일반물질 다루는 이론과 도구를 사용하면 곤란하다. 마음다루는 이론과 도구를 개발하고 적용해야 한다.

7. 어느 정도 고정해있고 형체를 파악하기 쉬운 일반물질은 분석, 사

느낌과 구성인자

아름다움을 느끼는 것과 아름다운 존재 구성인자를 설명하는 것은 다른 차원이다. 고통을 느끼는 것과 그 느낌을 일으키는 뇌구조, 뇌구성인자, 신경전달물질을 분석하고 설명하는 것은 다르다.

느낌은 뇌가 아니라 마음에서 일어난다. 마음을 일으키는 뇌구조, 뇌구성인자, 신경전달물질을 설명하는 것으로 마음공간에서 일어나는 느낌을 이해하고 처방하려는 것은 처음부터 접근을 잘못한 것이다.

양자론과 마음분자

Max Karl Ernst Ludwing Planck(1858~1947)는 에너지가 만약 불연속이라면 에너지에 더 이상 분할할 수 없는 최소단위가 있지 않을까 하는 기발한 상상을 했다. 이것은 에너지도 다른 물질처럼 원자에 해당하는 것이 있을 수 있다는 추측을 가능케 했다. 이같은 단순한 생각이 현대물리학에 새로운 장을 열었다.

Buddha는 간단하면서도 기발한 생각을 했다. 마음현상은 연속일까 불연속일까? 마음구성 최소단위가 무엇일까? 마음구성 최소단위가 있다면 어떤 인자로 마음을 구성하는가? 어떤 메커니즘으로 인해 마음무게가 증감하는가? 기억구성 최소단위는 무엇일까? 이 단순하고 기발한 생각에서 오늘날 마음과학, SATI 수행, 오리지널 불교가 발생했다.

유, 논리를 사용해 다룬다. 그러나 쉽게 바뀌고 형체를 파악하기 쉽지 않은 마음같은 특수물질은 분석, 사유, 논리를 압축해 다루는 직관이 효과있다.

8. 우주 생성, 유지, 소멸, 구성원리, 화학반응, 물리특성을 다루는 것이 우주과학이다. 우주에서 지구를 특화해 다루는 것이 지구과학이다. 지구에서 생명을 특화해 다루는 것이 생명과학이다. 생명에서 사람뇌를 특화해 다루는 것이 뇌과학이다. 뇌작동으로 생겨난 마음을 특화해 다루는 것이 마음과학이다. 이것은 각각 차원과 특성이 다르기 때문에 해당차원에 알맞은 이론과 도구를 개발하고 사용해야 유효성이 있다.

9. 우주과학은 광활한 우주로 관심을 확장하고 마음과학은 마음공간으로 초점을 압축한다. 물리학은 존재에 내재한 법칙성, 물리특성, 작동원리를 규명하고 철학은 직면한 문제 극복관점을 제시하고 존재를 이해하고 행동하는 기본원리를 연구한다. 행동과학은 사람행동을 체계있게 다루고 인지과학은 존재 인식방식을 다룬다. 마음과학은 마음구성 기본인자, 마음 구조와 기능, 마음화학반응, 마음물리특성, 마음작용을 다룬다.

표36 제 과학 고유영역 --

우주과학 〉	지구과학 〉	생명과학 〉	뇌과학 〉	마음과학 –	행동과학 –	인지과학
↑	↑	↑	↑	↑	↑	↑
우주에 관한 학문	지구에 관한 학문	생명에 관한 학문	뇌에 관한 학문	마음에 관한 학문	행동에 관한 학문	인지에 관한 학문

2. 마음특성

1. 마음은 몸(물질)에서 나왔다. 마음은 자신을 만든 물질뿐만 아니라 마음까지 통제하고 관리한다. 그렇기 때문에 마음다룰 때 마음보다 몸에서 시작하는 것이 효과있다.*

2. 몸이 마음에 접근하는 통로를 만들어 준다. 몸을 통해 마음에 접근해야 문을 열고 마음공간으로 들어갈 수 있다.

3. 발생순서로는 몸에서 마음이 나왔지만 영향관계로는 몸이 마음에 영향미치고 마음도 몸에 영향미친다. 그러므로 Buddha가 창안한 SATI 수행 정통파는 항상 몸을 마음관리 출발점으로 삼는다.

표37 **마음관리 출발점** ··

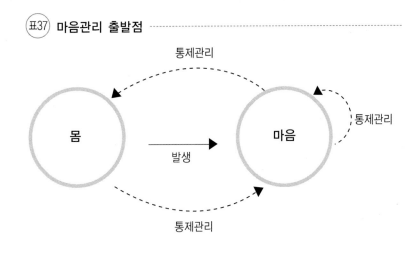

정통파생각

Buddha를 비롯해 SATI 수행 정통파는 항상 몸에서 시작해 마음을 다스렸다. 그들은 몸을 떠난 수행은 있을 수 없다고 생각했다. 보조지눌(普照知訥)도 마찬가지다. 수심결(修心訣)에서 「만약 Buddha를 찾으려고 하면 Buddha는 바로 이 마음이다. 어찌 마음을 먼 곳에서 찾는가? 마음은 몸을 떠나지 않고 있다. 若欲求佛 佛則是心 心何遠覓 不離身中」고 했다.

4. 삶은 홀로 독립해 존재하지 않는다. 삶은 다른 존재와 관계속에서 규정되고 재규정된다. 다른 존재와 어떤 방식으로 어느 수준으로 관계 맺을지는 마음이 결정한다.

5. 다른 존재와 관계맺는 질에 따라 마음상태가 결정되고 마음상태에 따라 다른 존재와 맺는 관계수준이 정해진다. 다른 존재와 관계맺는다는 것은 그 양과 질이 어떻든 마음과 마음 연결을 본질로 한다. 마음은 존재와 존재를 연결하는 도구이자 통로다.

6. 몸은 부모로부터 뇌와 유전자를 통해 물려받고 마음에 담긴 내용은 사회에서 학습으로 이전받는다. 습관이나 정서 같은 몇몇 요인은 유전자에 저장해 이전하는 것으로 추정한다.*

7. 식물은 씨를 통해 몸이 이전한다. 동물은 정자와 난자로 몸이 이전하고 사회를 통해 마음이 이전한다.*

Buddha는 5온(五蘊)이 공(空)하다고 했는데 후세인은 공만 이야기한다. 저 사람이 나쁜 사람이라고 했는데 저 사람은 온데간데없고 나쁜 사람에 관한 이야기만 한다.

허깨비장난

Buddha는 과거, 현재, 미래는 존재하지 않는다고 보았다. 과거 이미지(과거생각)가 현재 마음거울에 상을 맺고 앞으로 할 일에 대한 미래 이미지(미래의지)가 현재 마음거울에 상을 맺는다. 그것은 실체가 아니라 단지 마음거울에 맺힌 상(이미지)일 뿐이다. 과거기억이나 미래의지를 반영하는 현재 마음도 끊임없이 변한다. 마음거울에 맺힌 상(이미지)을 실제상황인 것처럼 붙잡고 시비하는 것은 어리석다. 그래서 옛 어른은 허깨비붙들고 시비하지 말라고 했다. 인식대상은 이미 변했는데 마음공간에 존재하는 기억이미지만 변하지 않는다고 착각한다. 그러면 어떡하나? 현재 마음거울에 맺힌 상을 있는 그대로 알아차림하면 된다. 존재에 의미나 가치를 부여해 구분하고 차별하지 말고 있는 그대로 보는 것이 핵심이다.

윤회부정

육체는 소멸하지만 정신은 소멸하지 않고 다른 존재 몸을 빌려 삶이 지속한다고 주장하는 윤회설은 오래 살려는 사람욕망이 만들어 낸 허구다. 이것은 식물이 씨를 통해 하는 생명이전 방식에

8. 동물은 자연산물을 가공하지 않고 있는 그대로 사용하지만 사람은 필요에 따라 적절히 가공해 사용한다. 이것은 물질뿐만 아니라 마음도 적용된다. 동물은 외부자극에 본능으로 대응하지만 사람은 접촉다음에 일어난 마음작용을 어떤 형태로든 가공해 반응한다.*

9. 마음은 가상공간(사이버 공간)이다. 뇌가 작동하고 뇌전기가 나오면 그것을 활용해 뇌에서 가상공간인 사이버 공간이 형성된다. 그것을 마음이라고 한다.*

마음이전 방식을 조잡하게 연결한 바람과 주장이다. Buddha는 윤회를 통해 몸과 마음이 이전하지 않는다고 누차 강조했다.

신을 인정하면 힌두교고 부정하면 불교다. 윤회설을 인정하면 힌두교고 부정하면 불교다. 세습과 계급 제도를 인정하면 힌두교고 부정하고 능력제를 인정하면 불교다. 시간과 공간에서 과거와 미래, 거기와 저곳에 초점두면 힌두교고 여기 그리고 지금에 주목하면 불교다. 힌두교는 타력과 기도를 주장하고 불교는 자력과 수행을 강조한다. 이런 의미에서 대승부와 밀교부는 95% 넘어 힌두교라고 해야 한다.

예술 · 문화 · 수행

예술은 창조하는 것이고 문화는 만들어진 것을 소비하는 과정이다. A를 B로 변화하는 것을 생산, 창조, 예술이라고 한다. SATI 수행은 오염된 마음을 청정하게 하고 무기력한 마음을 활기차게 하고 산란한 마음을 평화롭게 하고 무거운 마음을 가볍게 한다. 이런 의미에서 SATI 수행은 창조이자 예술이며 동시에 그것을 누리는 문화다.

일반물질은 생산과 소비가 어느 정도 구분되지만 마음은 생산과 소비 주체가 하나다. 수행문화는 수행으로 변화된 마음상태를 소비하고 누리는 과정이다. 수행하지 않은 사람은 창조한 마음상태가 없기 때문에 날것 그대로 마음상태를 소비한다. 먼저 수행하고 그 결과물을 삶에 적용해 누리자는 것이 수행문화인데 언제부터인가 수행은 간곳없고 문화타령만 한다. 붕어빵에 붕어가 없다고 했던가?

발생과 영향

발생순서가 영향력 강약을 결정하지 않는다. 먼저 발생한 것이 영향력에 있어서 항상 우위에 있지 않다. 존재가 사유에 앞서지만 사유가 수동으로 존재하는 것은 아니다. 때로는 사유가 존재

10. 뇌작동이 멈추면 가상공간도 소멸한다. 이것은 전기가 들어오면 컴퓨터에 사이버 공간을 형성하고 전기가 끊기면 사이버 공간이 소멸하는 것과 같은 원리다.*

11. 인식대상은 존재자체가 입력된 것이 아니라 이미지만 입력된다. 이미지를 마음공간에 입력할 때 욕망, 이기심, 분노, 적의, 원망, 서운함, 편견, 선입관, 가치관 같은 마음오염원(貪瞋痴 三毒心)이 이미지와 결합해 들어온다.

12. 새로 입력하는 이미지는 마음공간에 존재해있던 기억이미지와 결합하고 그 기억이미지가 가진 에너지를 흡수해 저장한다. 자극이 있으면 마음공간에 저장해있던 기억이미지가 마음공간에 회상해 활동한다. 자극이 없으면 기초의식만 흐른다.*

에 강하게 영향미치기도 하고 능동으로 작용하기도 한다. 뇌가 마음을 만든 중요한 기제 가운데 하나임은 틀림없고 발생순서로 마음에 앞서지만 반드시 마음이 뇌에 종속해 존재하는 것은 아니다. 마음은 뇌에 강하게 영향미치기도 하고 능동으로 작용하기도 한다.

자동차 엔진

자동차 엔진이 작동하면 에너지가 나오고 차가 움직이듯 뇌신경조직이 작동하면 뇌에서 에너지 흐름을 형성하고 마음현상이 발생한다. 자극이 있으면 반응하고 자극이 없으면 기초의식만 흐른다. 뇌가 멈추면 마음은 자동으로 없어진다. 옛 스님은 마음은 기타 소리 같다고 했다. 기타를 치면 소리가 나지만 그냥두면 소리가 나지 않는다. 뇌신경조직이 작동을 멈추었는데 그곳에서 나오던 에너지 흐름이 소멸하지 않고 다른 생명체로 옮겨가 새로운 삶에 시동을 걸어준다는 것이 윤회설이다. 자동차 엔진을 꺼보자. 엔진에서 나오던 에너지가 다른 자동차로 옮겨가 시동을 걸어주는지. 상식선에서 접근하자.

이미지 입력

산이 마음공간으로 들어 온 것이 아니라 산에 대한 이미지를 마음공간에 입력하고 저장하고 자극이 있으면 마음거울에 회상한다. 과거가 마음공간으로 들어온 것이 아니다. 과거행위에 대한 데이터가 이미지 형태로 마음거울에 상을 맺고 마음공간에 저장한다. 미래도 마찬가지다.

13. 마음공간에 입력한 기억이미지는 자체질량만 있지만 기억이미지와 결합한 마음오염원 양과 질에 따라 기억무게가 달라진다. 기억이미지와 결합한 마음오염원은 저절로 없어지지 않고 반드시 마음근육이자 알아차림 기능인 sati(念) 힘으로 제거할 수 있다.

14. 이런 과정을 거치면서 기억이미지가 최초로 에너지를 부여받는다. 이렇게 생성된 마음에너지(마음오염원)는 이후 삶을 마칠 때까지 증감하면서 때로는 삶을 구속하고 힘들게도 하고 때로는 자유롭고 행복하게도 한다.

15. 마음은 몸과 마찬가지로 태어날 때부터 자기에너지를 가지고 있다. 태어나면서 외부대상을 접촉하고 생존본능에 따라 인식대상을 구분하고 차별해 좋은 것은 취하고 싫은 것은 밀쳐내려고 노력한다. 그리고 접촉상황을 이미지화(관념화)해 마음공간에 저장하고 필요할 때 회상해 사용한다.

16. 접촉다음에 반드시 마음작용이 일어난다. Buddha는 접촉다음에 일어난 마음작용을 방치하면 기억이미지와 마음오염원이 결합해 기억무게가 증가해 삶을 구속하고 힘들지만 그것을 알아차림하면 기억이미지와 결합한 마음오염원을 해체하고 자유롭고 행복하게 살 수 있다고 보았다. 기억이미지와 결합한 마음오염원 해체과정이 SATI 수행이다.

17. 마음은 데이터를 6감(六感, 眼耳鼻舌身意)으로 받아들여 통합, 저장, 회상, 가공한다. 마음은 받아들인 데이터와 마음공간에 저장한 데이터(기억이미지)를 결합해 사용하고 마음공간에 저장한 데이터를 재가공해 사용한다.

18. 인식대상과 마음공간에 존재하는 기억이미지가 어느 수준에서 결합하느냐에 따라 데이터 가공수준을 결정한다.

19. 새로 입력하는 데이터와 마음공간에 저장해있는 기억이미지가

결합하는 양과 질에 따라 데이터 가공수준이 달라진다. 데이터 처리주체인 sati 힘이 데이터 처리수준에 영향미친다.

20. 마음은 입력한 데이터를 한 번에 하나씩 처리한다. 마음이 데이터를 처리할 때 6감(六感, 眼耳鼻舌身意)을 통해 입력 데이터를 동시에 처리하는 것 같지만 마음근육이자 알아차림 기능인 sati와 전체상황 통찰기능인 pañña(般若, 慧)를 사용해 한 번에 하나씩 처리한다.

21. 사람은 활동하는 폭만큼 다양한 접촉이 이뤄지고 다차원으로 반응한다. 접촉다음에 일어난 느낌[vedanā, 受, feeling]을 대상으로 마음작용, 감정상태, 사유작용[vitakka, 尋]이 다차원으로 전개한다.

22. 마음거울에 맺힌 상을 알아차림하는 수준에 따라 다차원으로 판단하고 다양하게 행동한다.*

반응한계선

자극은 있지만 sati 기능이 약해 그것을 알아차림하지 못할 수 있다. 이런 상태를 「정서가 경직했다. 마음이 메말랐다」 고 한다. 이것은 마음공간이 삶의 무게로 경직됐기 때문이다. 어릴 때 떨

(표38) **반응한계선**

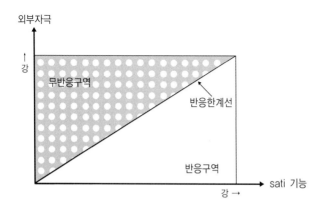

23. 행위는 순간에 이뤄지고 소멸하지만 영향력이 오랫동안 지속한다. 행위가 지속하는 것이 아니라 행위영향력이 지속하고 그것이 삶을 구속한다. 행위영향력에 구속되는 것만큼 삶은 고달프고 괴로움은 증가한다.

24. 마음은 입력한 데이터를 비교, 분석, 조합, 추리, 유추, 논리, 종합, 판단, 예측으로 가공하고 다차원으로 느끼고 느낀 만큼 반응한다. 마음공간에 입력한 데이터는 알아차림, 가공, 판단, 느낌, 반응으로 끊임없이 되먹임(feedback)하면서 변화발전한다.*

25. 마음거울에 맺힌 상을 자각하지 못해도 마음공간에 입력한 데이터는 사유과정을 거쳐 정서층으로 들어가거나 정서과정을 거쳐 사유층으로 들어간다. 이 둘은 끊임없이 되먹임하면서 다양한 마음작용을 일으킨다. 사유과정과 정서과정 가운데 어느 것이 먼저라고 할 수 없다.*

어지는 낙엽만 봐도 깔깔대지만 나이들면 삶의 무게로 sati 기능이 약화하고 정서기능이 경직돼 어지간한 자극은 감지하지 못하고 무덤덤해진다. 그러면 슬픔뿐만 아니라 행복도 느낄 수 없다. 자극을 알아차림하지만 그것에 초연한 것과 아예 감지하지 못하는 것은 다르다. 경직된 마음공간을 SATI 수행으로 부드럽게 만들고 무기력한 마음근육을 강화하고 탄력을 좋게 해야 외부자극을 있는 그대로 느끼고 반응할 수 있다. 이것을 동사섭법회(同事攝法會)를 주관하는 용타(龍陀, 1940~)는 반응한계선이라고 한다. Buddha는 sati 기능이 약하고 반응한계 이하로 자극이 가해지면 자극은 있지만 그것을 자각하지 못한다고 보았다. 결국 알아차림 혹은 깨어있음이 핵심이다.

마음오염원

음식을 만들면 찌꺼기가 남는다. 이것을 잘 썩히면 거름이 되지만 그대로 방치하면 환경을 오염시킨다. 신문이나 책에서 필요한 정보를 얻으면 나머지는 버린다. 이렇게 버려진 것이 생활공간을 오염시킨다. 삶에 필요한 정보는 다양한 매체를 통해 다차원으로 획득하지만 데이터 가공과정에서 발생하는 쓰레기 데이터는 마음공간에 남아 마음환경을 오염시킨다. 욕망, 이기심, 분노, 적의, 원망, 서운함, 편견, 선입관, 가치관 등 찌꺼기 데이터, 정크 데이터, 마음오염원을 어떻게 처리할 것인가? 여기서는 마음공간을 오염시키는 주범인 마음오염원 제거활동인 SATI 수행을 「마음환경운동」이라고 정의한다.

26. 동일존재도 사람마다 다르게 느끼고 사유하는 것은 타고난 성질, 후천으로 학습한 성격, 자연환경, 사회환경, 지적수준, 알아차림과 판단 수준에 따라 데이터를 다차원으로 가공하기 때문이다.

표39 **인지와 반응**

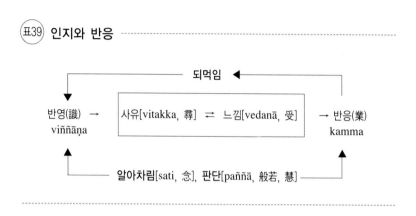

27. 마음공간에 새로 입력하는 데이터가 이미 마음공간에 저장돼있는 기억이미지와 결합해 발전하는 순간부터 망상(papañca, 妄想)이라고 한다. 이 상태를 생각거품으로 마음채운다고 한다.

사유층과 정서층

사유기능은 입력한 데이터를 비교, 분석, 조합, 추리, 유추, 논리, 종합, 판단, 예측으로 가공하고 정서층에 전달해 느낌을 일으킨다. 정서기능은 외부자극을 받아들여 기쁨과 슬픔, 행복과 불행 등 느낌을 일으키고 사유층으로 보내 다양하게 가공한다. 정서기능은 데이터 가공수준과 정서공간 유연성에 따라 다차원으로 반응한다. 동일 데이터도 개인에 따라 다차원으로 가공하고 다양하게 느낀다.

사유기능이 발달하면 존재를 분석, 논리, 체계, 객관으로 이해하고 전체상황을 볼 수 있고 지혜롭게 행동한다. 이 기능이 발달하지 못하면 존재를 신비, 비논리, 주관, 부분으로 이해하고 우둔하고 단순하게 행동한다. 정서기능이 발달하면 직관이 뛰어나고 감성이 풍부하고 마음이 부드럽고 인식대상을 전체로 이해한다. 이 기능이 발달하지 못하면 정서가 경직되고 마음이 산만하고 삶이 거칠고 무미건조하다.

28. 존재가 마음거울에 상을 맺는 순간 알아차림하면 입력한 데이터가 더 이상 발전하지 않는다. 이것을 마음비운다고 한다. 마음공간에 입력한 데이터(기억이미지)가 마음오염원과 결합해 발전한 것이 āsava(流漏)다.*

표40 데이터 입력과 출력 ┄┄┄┄┄┄┄┄┄┄┄┄┄┄┄┄┄┄┄┄┄┄┄┄┄┄┄┄┄┄

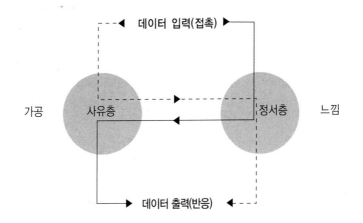

마음채움과 마음비움

마음거울에 상이 맺히고 마음공간에 존재하는 지나온 삶의 흔적과 결합해 발전하면 「마음채운다, 마음오염한다」고 한다. 「마음비운다, 마음맑힌다」는 것은 마음거울에 상이 맺힌 순간 마음근육이자 알아차림 기능인 sati가 그것을 알아차림하고 해당 데이터가 마음공간에 존재하는 다른 데이터와 결합해 더 이상 발전하지 못하게 통제하는 것이다.

sati 기능이 강해 외부데이터가 마음공간에 입력하는 순간 알아차림하면 다른 데이터와 결합해 발전하지 않는다. 앞집 개가 짖을 때 「들림」하고 알아차림하면 마음비우는 것이지만 「앞집에 도둑이 들었나, 주인이 밥을 주지 않았나」 등으로 가공하면 입력한 데이터는 하나지만 그것이 발전하면서 생각거품을 일으키고 마음공간을 가득 채운다.

마음공간에 새로 입력하는 데이터가 기억이미지와 결합해 발전할 때 지나온 과거흔적과 결합해 발전하면 saññā(想, 과거생각), 앞으로 뭔가 하려는 미래의지와 결합해 진행하면 saṅkhāra(行, 有爲)라고 한다.

29. 마음은 관계성(緣起, 無我), 운동성(變法, 無常), 반응성(空, 苦樂), 건강성, 안정성, 청정성 등 몇 가지 물리특성이 있다. 마음이 가진 물리특성을 이해하고 마음을 다루면 마음관리 효율성을 높일 수 있다.

표41 **마음물리특성** --

① 마음은 인식대상을 따라 옮겨 다닐 수 있고 한 곳에 머물 수 있고 원하는 곳에 머묾과 옮김을 자유자재로 할 수 있다.
② 머묾과 옮김을 자유자재로 하기 위해서 마음근육이자 알아차림 기능인 sati 힘이 강해야 하고 유연성과 순발력도 갖춰야 한다.
③ sati 힘이 약해 인식대상에 끌려가면 마음에너지를 많이 소모하고 피곤하고 무기력해진다.
④ sati 힘이 강해 인식대상을 선택하고 한 곳에 머물면 마음에너지를 적게 소모하고 보충해 활기차고 건강해진다.

----

30. 마음먹은 대로 일이 잘되면 기분 좋고 행복하다고 느낄 수 있고 마음이 활기차고 행복한 사람이 일을 더 잘 할 수 있다. 성공한 사람이 활기차고 행복할 수도 있고 활기차고 행복한 사람이 일성취도를 높일 수 있다. 이 둘 가운데 어느 것이 먼저라고 할 수 없다. 상황에 따라 필요한 것을 적절히 사용하면 좋다.

3. 마음발생

1. 마음현상이 발생하고 작동하는 공간은 인체신경조직, 특히 뇌신경조직이다. 뇌가 작동하면 뇌전기가 일어나고 이것이 복잡하게 상호작

용하면서 마음사이버 공간을 형성하고 마음작용이 발생한다.*

2. 이것을 의식, 정신, 심리, 마음이라고 한다. Buddha는 이것을 mano(manas, 意)라고 했다.*

3. 발생순서나 발생기관으로써 뇌나 뇌전기가 마음에 앞선다는 것이지 그것이 영향관계나 위상차이를 규정하지 않는다. 때로는 마음이 뇌

부대현상론

Buddha는 마음발생을 부대현상론(附帶現象論)으로 보았다. 수력발전에서 물과 철이 특수하게 결합해 작동하면 물이나 철에 존재하지 않는 전기라는 제3현상이 나타난다. 이것이 부대현상론이다. 이것은 역학 에너지가 전기 에너지로 전환한 것이지만 전기 에너지를 역학 에너지 다루듯하면 제대로 다뤄지지 않는다. 전기는 전기 에너지가 가진 특성에 기초해 다뤄야 하듯 역학 에너지도 마찬가지다.

마음다룰 때도 이런 원칙을 적용한다. 마음은 뇌작동으로 나왔지만 뇌와 성질을 달리하는 특수물질이다. 뇌신경조직이 분자차원에서 작동한 결과 그것과 차원이 다른 제3현상인 마음이 발생한다. 이것은 마음일으키는 뇌구성인자가 분자차원이라는 것이지 그 작동으로 발생한 마음이 분자차원에서 작동한다는 것을 의미하지 않는다. 마음은 더 복잡하고 고차원에서 작동한다. 마음은 분자차원이 아니라 마음차원에서 접근해야 답을 구할 수 있다. 오늘날 정신의학에서 마음다룰 때 분자차원 물질인 약을 만들어 사용한다. 이것은 마음작용을 뇌차원으로 환원해 다루거나, 마음작용은 분자차원이 아니라 훨씬 더 복잡한 차원에서 이뤄진다는 점을 간과했거나, 현대의학이 마음에 대한 이해수준이 충분치 않다는 것을 의미한다.

뇌크기

의식작용이 발생하는 공간인 뇌의 무게는 평균 1.5kg로 몸무게의 2.5% 정도이고, 뇌를 펼치면 200~300㎠로 신문지 반 장 정도 면적이고, 그 부피는 1.8L 정도다. 뇌는 약 10^{11} 개의 뉴런이 있으며 10^{14}개의 시냅스가 존재한다. 뇌 뉴런 하나는 다른 뉴런과 수천 개의 시냅스 연결을 이룬다. 사람의 뇌에서 수학으로 조합 가능한 시냅스 수는 우주에 존재하는 원자의 총수보다 많다. 그렇게 많은 연결점에서 창의력이 나온다. Richard F. Thompson 저, 김기석 역, 『腦』(성원사, 서울, 1996), p13.

각 동물의 뇌와 체중과의 관계는 다음과 같다. 공룡 1/2000, 고래와 코끼리 1/2000, 유인원 1/100, 그리고 사람 1/40 정도이다. 사람의 뇌가 몸무게에 비교해서 가장 크면서 동시에 뇌세포 간의 유기적 결합 또한 가장 치밀하다. 서유헌 저, 『잠자는 뇌를 깨워라』(평단문화사, 서울, 2000), p17.

나 뇌전기 작용에 영향미친다, 뇌와 마음은 분명 다른 존재다.

4. 마음발생 장소인 뇌를 정점으로 한 인체신경망은 몇 가지 개별인자가 결합해 작동한다. 뇌가 작동하면 마음사이버 공간이라는 가상공간이 형성된다. 뇌작동으로 발생한 가상공간인 마음사이버 공간은 뇌구성인자와 다른 특수성질(마음)을 띤다. 뇌구성인자는 일반물질이지만 뇌작동으로 생겨난 마음은 일반물질과 차원을 달리하는 특수물질이다.

5. 마음작용을 일으키는 기본인자가 무엇인지 결정할 수 없다. 그것은 과학발전과 함께 어느 차원에서 보느냐에 따라 다르게 정의한다. 현단계에서 뇌를 중심으로 한 인체 신경조직이 마음발생기관(mechanism, 機制)이라고 이해한다.

6. 현 단계에서 뇌구성인자를 분자차원에서 이해할 수 있다. 그러나 분자차원인 뇌활동으로 나온 마음작용은 분자차원으로 설명할 수 없는 더 고차원 복합수준에서 이뤄진다.*

발전기·전기·사이버 공간

발전기와 발전기 작동으로 생겨난 전기, 그 전기를 사용해 만들어진 사이버 공간은 각기 성질이 다르다. 뇌신경조직이 작동하면 뇌에서 전기현상이 발생한다. 뇌전기가 고도로 작동하면 마음사이버 공간을 형성한다. 뇌신경조직 작동과 뇌전기발생 그리고 마음사이버 공간 생성은 서로 밀접히 연관해있다. 그러나 뇌가 뇌전기는 아니듯 뇌전기 또한 마음사이버 공간은 아니다. 이것은 다른 현상이고 다른 차원이다. 뇌작동으로 생겨난 마음을 뇌 다루듯 하면 잘 다뤄지지 않는다. 뇌는 뇌차원(뇌과학)에서 다루고 마음은 마음차원(마음과학)에서 다뤄야 유효성이 있다. 각 존재수준에서 해당현상 특성을 이해하고 다뤄야 유효성이 나온다. 발전기는 발전기가 가진 특성에 따라 다루고 전기는 전기가 가진 특성에 따라 다뤄야 한다. 전기특성과 사이버 공간 특성도 서로 다르다.

표42 뇌와 마음

작동원리	작동	매체	작동공간
네크워크	컴퓨터	전자회로	사이버 공간
마음작용	몸·신경조직·뇌	뇌전기	마음사이버 공간

4. 마음기관

1. 마음도 인체기관이다. 인체는 개별인자가 결합해 해당인자에 없는 새로운 기능을 만들어 사용한다. 이렇게 만들어진 개별기관을 전체로 통합하고 통제하는 기관이 뇌다.*

인체기관

인체기관을 다음같이 정의한다.

① 개별기관이 담당하는 고유기능이 있어야 한다. 눈은 시각 데이터를 다루고 귀는 청각 데이터를 다룬다.

② 하부기관을 가지고 있어야 한다. 하나의 세포를 기관이라고 하지 않는다. 여러 부속이 결합해 특정기계를 구성하듯 여러 세포가 모여 하나의 기관을 형성한다. 그런 기관이 모여 더 복잡한 상위기관이 만들어진다.

③ A를 B로 전환시키는 filtering 기능이 있어야 한다. 간은 해독작용을 하고 콩팥은 정화작용을 한다.

이런 조건이 충족하면 인체기관이라고 정의한다. 마음도 이런 구성요소를 갖추면 인체기관이라고 할 수 있다. 마음은 인식대상을 반영하고, 저장하고, 가공하고, 느끼고, 자각하는 기능을 한다. 마음은 4가지 기본인자를 가지고 있고 마음공간에 입력한 데이터를 가공해 사용하기 때문에 여기서는 인체기관으로 정의한다.

2. 마음은 인체기관을 통합하고 통제하는 뇌를 통제하고 뇌를 통해 마음공간에 입력한 데이터를 종합, 분석, 비교, 유추, 판단, 통제하고 가공하고 느끼고 명령한다. 동시에 인체외부에 있는 존재와 연결하는 기관이다. 마음은 인체기관 최정점에 있다.

3. 몸의 각 기관을 통합하고 통제하는 복잡하고 다양한 기능을 하는 뇌를 통제하고 동시에 외부존재와 연결하는 마음은 뇌와 비교할 수 없을 정도로 복잡한 차원에서 작동한다.*

4. 인체기관은 개별세포가 모여 개별기관을 구성한다. 데이터 수집과 입력은 단위세포에서 뇌를 거쳐 마음으로 올라가지만 명령은 마음에서 뇌를 거쳐 단위세포로 내려간다.

5. 단위세포에서 수집한 데이터는 개별기관에서 1차로 처리한다. 그

믿거나 말거나

좌뇌는 이성, 언어, 계산, 논리, 사고를 관장한다. 우뇌는 감성, 느낌, 정서, 공간, 이미지, 창조활동을 담당한다. 오늘날 창의력을 강조하다 보니 우뇌학습법을 강조한다. 그러나 뇌는 좌뇌와 우뇌가 분리해 활동하지 않고 함께 작동할 때 기능을 최대한 발휘한다. 그래야 전체상황 통찰기능인 혜성이 나온다.

좌우뇌를 동시에 작동하는 부위가 정수리 숨골부위다. 이곳을 직관뇌라고 한다. 이곳이 발달해야 뇌와 마음 기능이 최상으로 작동한다. 뇌의 어느 부위가 어떤 기능을 담당하는지 어느 정도 밝혀졌다. 수행자는 전통으로 좌뇌와 우뇌를 함께 사용하는 것을 중시한다. 수행과정에서 이런 것을 우연히 알았다.

전해오는 말에 의하면 뒤쪽 뇌가 발달하면 기억기능이 뛰어나고, 앞과 좌우 뇌가 발달하면 계산과 판단 능력이 뛰어나고, 정수리부위가 발달하면 직관력이 뛰어나다고 한다. 직관뇌를 많이 사용하면 뇌가 후천으로 성장하는 것을 볼 수 있다.

수행자는 오랜 경험으로 뇌의 특정부위가 어느 정도 발달하지 않으면 수행을 시키지 않았다. 그 이유는 수행진도가 많이 나가면 좌뇌와 우뇌가 함께 최대치로 가동되고 마음공간에 존재하는 모든 기억이미지(데이터)가 마음근육이자 알아차림 기능인 sati가 향하는 곳으로 함께 이동하면서 구조조정한다. 이때 뇌에 과부하가 걸리는데 뇌가 충분히 발달한 사람은 그 하중을 견디면서 pañña가 자라나지만 그렇지 못한 사람은 뇌작동 프로그램이 엉키고 꺼지는 것을 볼 수 있다. 이런 경우는 아주 희귀하다.

렇게 처리한 데이터는 뇌로 보내진다. 6감을 통해 뇌에 전해진 모든 데이터가 뇌에서 통합해 2차로 처리한다.

6. 뇌에서 통합해 처리한 데이터는 마음으로 가서 3차로 처리한다. 마음은 뇌에서 전달한 데이터를 이미 마음공간에 저장해 존재하는 데이터(기억이미지)와 결합해 처리하고 판단한다.

7. 마음은 이렇게 처리한 데이터를 어떻게 반응하고 행동하라는 명령을 뇌로 내려보낸다. 뇌는 마음에서 내려온 명령을 개별기관과 단위세포로 분배하고 전달한다.

8. 데이터 수집은 개별세포에서 뇌를 거쳐 마음으로 올라가지만 명령은 반대로 마음에서 뇌를 거쳐 단위세포로 내려간다.

9. 마음을 인체구성 최고기관으로 이해하면 마음 구성과 기능을 자세하고 올바르게 이해할 수 있고 마음을 효과있게 관리할 수 있다.*

10. 최근 Harvard 의과대학이 참여하고 공동으로 실험해 의미있는 결

로봇이 사랑할 수 있을까?

현 단계 사람이 개발한 로봇은 계산기능만 있다. 그러나 미래에 등장할 로봇은 존재를 가공만 하지 않고 사유하고 느끼고 반응하는 기능을 할 수 있도록 발전할 것이다. 그러기 위해서 여러 가지 문제를 극복해야겠지만 사람머리와 같은 메모리 용량과 종합처리 장치인 CPU(중앙처리장치)가 사람이 가진 해마체처럼 입체로 돼있어야 한다. 사람머리는 10^{11}개의 뇌세포와 10^{14}개의 시냅스가 입체로 얽혀있고 이것을 해마체가 처리한다. 이 정도 돼야 사유기능과 함께 정서기능이 나올 수 있다. 현재의 평판 메모리는 계산기능을 넘어서 느낌기능으로 발전하기가 쉽지 않다. 해마체와 같은 메모리가 나오고 인공마음(인공지능)이 만들어지면 사람마음을 대상으로 한 실험을 할 수 있을 것이다.

인공지능이 사유기능과 정서기능을 갖춘다면 그런 로봇을 가지고 실험하는 것은 가능할까? 10세 정도 지능을 가진 로봇을 만들었다면 10세 어린이 같이 대해야 하지 않을까? 그러면 로봇이 사람일까 기계일까? 로봇 인권문제는 어떻게 되는가? 미래는 로봇도 사랑할 수 있을까? 그 대상은 사람일까 아니면 같은 로봇일까? 로봇취향이겠지만 그때가 되면 로봇도 생명체로 다루어야 하지 않을까?

과를 발표했다. PLOS ONE(미국 공공과학 도서관 온라인 학술지)에 발표한 논문에서 8000km 이상 떨어진 사람에게 마음을 전달했다는 것이다.

11. 분명 연구진은 마음발생 기관이나 마음상태 전송장치(device)로 뇌에 기초하지만 여기서 우리가 주목하는 것은 연구진이 뇌(brain)와 마음(mind)을 분리해 사고하기 시작했다는 것이다.

12. 이런 흐름은 일부 뇌과학자나 의학자가 우리가 마음이라고 생각하는 것은 마음이 아니라 뇌라고 주장하던 것에서 진일보해 발생순서로는 뇌가 마음에 앞서지만 이 두 존재는 다른 차원이라는 것을 이해하기 시작했다는 것을 의미한다.

표43) **두뇌간 의사소통 시스템** --

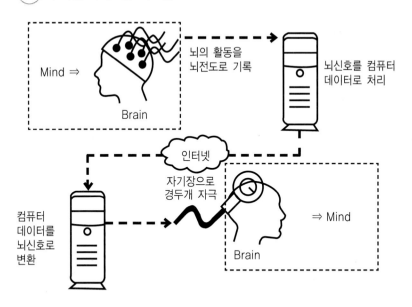

※ www.plosone.org에서 「Conscious Brain-to-Brain Commucnication in Humans Using Non-Invasive Technologies」를 찾아보면 해당논문을 볼 수 있다.

표44 데이터 입력과 출력 --

데이터 입력 ➡

| 외부 데이터 | ➡ | 감각기관 (눈,귀,코,혀,피부) 데이터 수집·반응 | ➡ | 뇌 데이터 통합·분배 | ➡ | 마음 데이터 가공·명령 |

1차 처리기관   2차 처리기관   3차 처리기관

⬅ 데이터 출력

표45 영화와 TV --

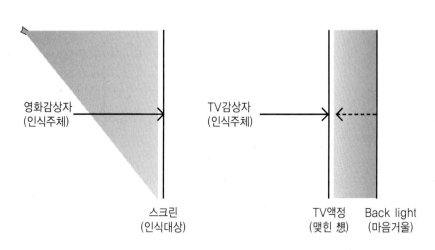

영화감상자
(인식주체)

스크린
(인식대상)

TV감상자
(인식주체)

TV액정   Back light
(맺힌 想)   (마음거울)

※ 영화는 화면앞에서 빔을 스크린에 뿌려서 상을 맺게 하고 TV나 스마트폰은
   화면뒤에서 Back light라는 전자주사기를 통해 빛을 뿌려서 액정에 상을 맺
   게 한다. 마음거울에는 어떻게 상이 맺힐까?

10
마음구조

check point

이 장에서는 마음구성 기본인자, 마음 구조와 기능, 마음화학반응, 마음물리특성, 기억 구조와 기능, sati 기능을 배우고 익힌다. 여기서 서술한 내용은 Buddha로부터 저자에 이르기까지 SATI 수행으로 직접 체득한 내용이다. 여기서 설명한 것은 누구든지 Maggaphala에 들어 Nibbāna를 체험하면 스스로 알 수 있다.

1. 마음 구조와 기능

1. 마음형태, 마음구성 기본인자, 마음기능, 마음화학반응, 마음물리 특성, 마음작용을 분명하게 이해하면 마음과 행동을 유효하게 관리할 수 있다.

1) 마음 발생과 현상

2. 마음발생 기관은 뇌를 중심으로 한 인체신경망이다.

3. 발생순서로는 뇌가 먼저 작동하고 뒤에 마음현상이 일어난다. 영향관계로는 먼저 발생한 몸이 마음에 영향미치지만 뒤에 발생한 마음도 몸에 영향미친다.

2) 마음형태

4. 마음은 뇌작동으로 발생한 뇌전기를 토대로 만들어진 사이버 공간이다.

5. 마음모양은 뇌생김새를 따라 둥글게 형성되는 것으로 생각하지만 특정형태로 고정해있지 않은 것으로 추측한다.*

인공지능

사람상상력은 무궁무진하다. 물질 최소단위가 무엇일까? 하는 단순한 생각에서 원자나 분자를 찾아냈고 에너지는 연속할까 불연속할까? 만일 불연속이라면 최소단위가 무엇일까? 하는 기발한 생각에서 양자역학이 등장하고 새로운 과학시대를 열었다.

몇몇 과학자가 사람 뇌나 마음을 만들 수 없을까 하는 엉뚱하게 생각하면서 인공지능이 등장했다. 머지않아 사람 뇌와 비슷한 기계를 만들 수 있을 것이다.

현재 평판으로 만들어지는 컴퓨터 메모리는 사람머리에 있는 중앙처리장치인 해마체 같은 기능

3) 마음구성 기본인자

6. 뇌활동으로 만들어진 마음[mano, manas, 意]은 4가지 마음구성 기본인자로 구성한다.*

(표46) **마음구성 기본인자** --

① 인식대상을 인지하고 반영하는 마음거울[mano, manas, 意, mind-mirror]

② 인식대상으로 마음거울에 맺힌 상[viññāṇa, 識, image]

③ 마음공간에 저장한 기억이미지[anussati, 記憶, 貯藏, memory]

④ 마음작용 전 과정을 알아차림하는 sati(念, 自覺, awake)

을 수행할 수 없다. 20~30개 정도 인공 시냅스를 연결하면 초보로봇이 움직인다. 사람머리는 시냅스가 10^{14}정도라고 한다. 거의 무한대다. 이 정도라면 스스로 데이터를 가공하고 저장하고 사고하고 느끼고 판단하는 기능이 탄생한다. 그래서 마음을 소우주라고 한다. 상상할 수 없을 정도로 많은 데이터를 처리하기 위해서 중앙처리장치가 젤리처럼 입체모양이라야 가능하다고 한다. 이런 인공뇌를 만들 수 있으면 인공마음도 가능해질 것이다. 그때가 되면 마음에 관한 비밀이 풀릴 수 있을 것으로 기대한다. 문제는 젤리처럼 입체 메모리를 만들기 위해서 소재를 구해야 하는데 아직까지 그런 소재를 찾았다는 소식이 없다. 이 소재를 먼저 찾아내는 사람이 인류미래를 결정하는 주변수가 될 수 있을까?

존재와 실재

존재는 복잡하지만 존재를 덮고 있는 거품을 걷어내면 작동원리가 드러난다. Charls Darwin(1809~1882)은 생물에 내재한 종의 법칙을 규명했고, 세포를 발견한 Robert Hooke(1635~1703)나 DNA 이중나선구조를 발견한 James Watson(1928~)과 Francis Crick(1916~2004)은 생명이해 수준을 크게 발전시켰다. Isaac Newton(1642~1727)은 만유인력법칙을 규명해 과학발전에 크게 이바지했고, Karl Heinrich Marx(1818~1883)는 사회현상에 내재한 법칙을 밝혔다. 현대과학자는 원자핵질량을 규명해 에너지 획득방법을 이해했다. Buddha(BCE 566~486)는 마음구성 기본인자, 마음화학반응, 마음물리특성 여러 법칙을 규명했고

표47 **마음구조**

감각대상[visaya, 境]×감각기관[indriya, 根]→

마음거울[mano, manas, 意]

이미지 형태로 마음거울에 맺힌 상
viññāṇa(識, 인식대상)

↓

마음공간에 저장한 기억이미지
anussati(記=IA)

→

알아차림[sati, 念]

←

마음공간에 저장한
기억이미지[IA, anussati, 記]
dhamma(法) 개임

7. 마음은 우주처럼 공간을 이룬다. 4가지 마음구성 기본인자가 결합하고 마음공간에 데이터를 입력해 저장, 회상, 결합, 가공, 느낌, 판단 등으로 서로 되먹임하면서 작용하고 반응한다.

8. 4가지 마음구성 기본인자가 마음공간에서 다차원 「마음화학반응, mano chemical reactions」, 「마음물리특성, mano physical characteristics」, 사유과정[vitakka, 尋, 가공], 정서과정[vedanā, 受, 느낌], 행동과정[kamma, 業, 반응]으로 되먹임하면서 발전하고 전개한다.

9. 이런 마음작용은 Maggaphala(摩訶婆羅, 道果)에 들어 Nibbāna(涅槃, 寂滅)를 체험할 정도로 sati 힘이 향상하면 스스로 자각[adhigama, 證得]할 수 있다.

10. Buddha가 마음을 보다 분명하게 정의하고 자세히 설명할 수 있었던 것은 머리로 이해한 것[vitakka, 尋, 思惟則]이 아니라 직접 Maggaphala에 들어 Nibbāna를 체험하면서 마음구성 기본인자, 마음 구조와 기능, 마음화학반응, 마음물리특성, 기억 구조와 기능, sati 기능, 마음작용을 체험[abhiññā, 經驗則]으로 정확하게 목격했기 때문이다.*

11. 마음근육이자 알아차림 기능인 sati(念) 같은 일부인자는 마음구성 기본인자이면서 동시에 마음기능이기도 한다. 마음구성 기본인자는

마음작동원리, sati 기능, 기억 구조와 기능, 기억에너지가 증감구조를 발견했다. 이것은 인류가 발견한 의미있는 것 가운데 하나다. 그래서 발견자[Buddha, 佛陀, 覺者]란 닉네임이 붙었다.

불교용어

95% 이상 불교개념은 인식대상이 마음거울에 상을 맺고 그것을 알아차림하고 마음작용이 전개되는 과정에서 만들어졌다. 대부분 불교개념은 사유나 철학을 위한 것이 아니라 마음과학이나 수행기술과 관련한 것이다. 불교경전을 암송으로 전승하다보니 상세한 설명은 생략하고 전문단어를 사용해 내용을 압축했다. 수행기술에 대한 세밀한 설명은 Ārāma에서 수행하면서 수행지도자에게 배웠다. 수행관련 개념은 그 속에 많은 수행기술이 함축해있다.

다음같다.

① mano

12. 마음구성 기본인자 가운데 하나는 감각대상과 감각기관이 접촉하고 그 데이터가 상을 맺게 하는 마음거울[mano, manas, 意]이다. mano는 마음작용 전체를 가리키는 개념으로도 사용한다.*

13. 일반거울은 하나의 감각대상만 상을 맺지만 마음거울은 시각[rūpa, 色], 청각[sadda, 聲], 후각[gandha, 香], 미각[rasa, 味], 촉각[phassa, 觸], 기억[dhamma, 法] 대상 등 6감대상 전부 상을 맺는다.

② viññāṇa

14. 마음구성 기본인자 가운데 하나는 감각대상과 감각기관이 접촉하고 그 데이터, 즉 인식대상이 마음거울에 맺힌 상[viññāṇa, 識]이다. 마음거울에 맺힌 상은 감각대상이 직접 마음공간으로 들어오지 않고 그 이미지만 입력해 상을 맺는다.

15. 마음거울에 데이터가 입력할 때 감각기관별로 입력하고 상도 감각기관별로 맺는다. Buddha는 감각기관을 6개(六根, 眼耳鼻舌身意), 감각대상을 6개(六境, 色聲香味觸法), 마음거울에 맺는 상을 6개(六識, 眼識 耳識 鼻識 舌識 身識 意識)로 범주나눠 구분했다.

마음거울

일반거울은 사물이 거울표면에 상을 맺지만 마음거울은 감각대상만으로 상이 맺히지 않는다. 감각대상과 감각기관이 접촉해 그 데이터를 마음거울에 투사할 때만 상이 맺힌다. 감각기관에 장애를 가진 사람은 마음거울에 상을 맺을 수 없다. 현단계 과학은 6감 가운데 시청각 데이터를 전파로 이동해 상을 맺게 하는 기술까지 발달했다. 최근에 마음공간에 저장한 기억이미지 이동기술을 시도하고 있다. 앞으로 발달할 기술은 후각, 미각, 촉각, 기억이미지 이동기술이 될 것이다.

표48 감각기관

감각대상(六境)		감각기관(六根)		이미지(六識)
色 시각[rūpa]	X	眼 시각[cakkhu]	→	眼識 시각[cakkhu viññāṇa]
聲 청각[sadda]	X	耳 청각[sota]	→	耳識 청각[sota viññāṇa]
香 후각[gandha]	X	鼻 후각[ghāna]	→	鼻識 후각[ghāna viññāṇa]
味 미각[rasa]	X	舌 미각[jivhā]	→	舌識 미각[jivhā viññāṇa]
觸 촉각[phassa]	X	身 촉각[kāya]	→	身識 촉각[kāya viññāṇa]
法 기억[dhamma]	X	意 기억[mano]	→	意識 기억[mano viññāṇa]

16. 거울과 거울에 맺힌 상이 서로 다르듯 마음거울(意)과 마음거울에 맺힌 상(識)도 다른 존재다. 이 둘은 밀접히 관계맺고 함께 움직이지만 서로 다른 형상이다.

17. Buddha는 마음거울과 마음거울에 맺힌 상을 두 과정으로 보았다. 의식은 한 과정이 아니라 마음거울인 의(mano, manas, 意)와 마음거울에 맺힌 상(viññāṇa, 識)인 두 과정이다.

18. 의와 식을 한 과정으로 보는지 두 과정으로 보는지에 따라 마음이해 수준과 차원이 달라진다. 의와 식을 한 과정으로 이해하면 5감차원에서 마음을 이해한 것이고 의와 식을 두 과정으로 보면 6감차원에서 이해한 것이다.

19. 이것은 차원문제다. 지금까지 인류역사상 Buddha가 창안한 SATI 수행이 마음을 가장 수준 높게 이해하고 유효하게 다룬 것은 바로 마음을 6감차원으로 이해했기 때문이다.

20. Buddha 천재성과 위대함은 감각기관에서 6감과 sati 기능을 발견하고 그것을 이용해 마음관리 핵심기술인 마음과학과 SATI 수행을

창안한데 있다.*

③ anussati

21. 마음구성 기본인자 가운데 하나는 마음거울에 맺힌 상(識, 데이터)을 마음공간에 저장한 기억이미지(anussati, 記憶)다. 마음공간에 입력한 데이터를 저장하는 것이야말로 마음이 가진 핵심기능 가운데 하나다.

22. 데이터를 마음공간에 저장할 때 감각대상 자체를 입력하고 저장하지 않는다. 마음거울에 이미지형태로 맺힌 상(六識, 이미지I)에 욕망, 분노, 편견 계열 마음오염원[āsava, 流漏, 貪嗔痴 三毒心]이 결합해 기억이미지(IA^y, 이미지II)로 저장한다.*

23. 마음공간에 새로 입력하는 데이터(六識, 이미지I)와 마음공간에 저장해있는 기억이미지(記, 이미지II)가 어떻게 결합하느냐에 따라 입

6감발견자 Buddha

감각기관을 5감으로 설명하는 것과 의(意)를 포함해 6감으로 설명하는 것은 마음이해 차원을 달리한다. 마음과학과 SATI 수행이 사용하는 풍부하고 세밀한 개념은 감각기관을 6감(六境, 六根, 六識)으로 이해했기 때문이다. 5감은 몸을 설명할 수 있지만 마음은 설명할 수 없다. 감각기관을 6개로 이해한 6감이라야 몸뿐만 아니라 마음도 자세하고 올바르게 설명할 수 있다. Buddha가 경전에서 6경(六境), 6근(六根), 6식(六識)을 반복해 말한 것도 감각기관이 6개란 사실을 설명한 것이다. Buddha는 이것이 마음이해 중요요소란 사실을 알았기 때문에 마음관리와 SATI 수행기술 매뉴얼인 경전에서 반복해 설명했다.

6감발견. 이것은 혁명이다. 이것이 Buddha가 발견한 큰 업적 가운데 하나다. 의학, 정신분석학, 심리학, 심리상담학, 현대철학이 한계를 가진 근본이유 가운데 하나는 마음을 5감으로 이해한 것이다. 마음과학과 SATI 수행이 사용하는 정확하고 세밀한 묘사는 감각기관을 6감으로 분류한 데서 출발한다. 이것은 차원문제다. 오늘날 마음다루는 분야에 종사하는 사람이 흔히 범하는 오류 가운데 하나가 마음을 5감차원에서 다룬다는 점이다. 마음은 6감차원에서 다뤄야 제대로 다룰 수 있다. 마음을 5감차원으로 환원해 이해하면 한계가 많고 제대로 설명할 수 없을 뿐더러 마음에 관해 할 수 있는 것이 별로 없다.

력하는 데이터 무게를 결정한다. 이때 마음근육이자 알아차림 기능인 sati가 주변수고 마음공간에 저장한 기억이미지는 종속변수다.

24. 마음공간에 입력한 데이터 저장공간은 뇌를 중심으로 한 인체신경망을 1차원천 데이터 저장장치(divice)로 삼는다. 그 원천 데이터를 사람이 필요할 때 마음공간에 회상시켜 2차가공하고 재조합해 개념이나 관념으로 만들어 마음공간에 저장한다.

표49 데이터 저장구조 ┄┄┄┄┄┄┄┄┄┄┄┄┄┄┄┄┄┄┄┄┄┄┄┄┄┄┄┄┄┄┄┄┄

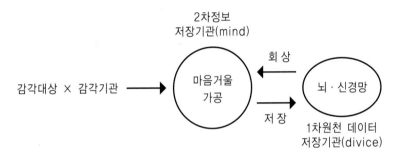

데이터 회상 프로그램

　기억에 관한 다양한 가설을 주장하지만 현단계 인류가 이해한 기억에 관한 정보는 매우 단편이다. Buddha는 마음공간에 입력한 데이터인 기억이미지는 뇌나 마음작동이 멈추기 전까지 소멸하지 않는다고 보았다. 데이터 회상 프로그램에 문제가 생기면 데이터는 분명히 저장돼있지만 회상하지 못할 수 있다. 그러나 교통사고나 고문 등 특수상황에 직면하면 이전에 입력한 데이터가 순간으로 압축해 회상되는 것을 볼 수 있다. 일부 치매환자는 뇌세포가 손상을 많이 입어 평소는 과거나 주변상황을 회상하지 못하다가 돌아가기 직전 기억이 선명히 돌아오는 것을 볼 수 있다. 이것은 한 번 마음공간에 입력된 데이터는 소멸하지 않고 보존하는 것을 의미한다. 데이터 저장 공간에 이상이 생기면 그곳에 저장한 데이터를 다른 공간으로 이동하는 것으로 보인다. 마음공간에 저장된 데이터가 소멸하는 것이 아니라 데이터 회상 프로그램 작동에 문제가 있다고 보아야 한다. 기억에 관한 연구는 기억세포 손상뿐만 아니라 데이터 회상 프로그램 작동을 주목할 필요가 있다. 그러면 기억에 관해 더 많은 것을 이해할 수 있을 것이다.

25. 원천 데이터인 기억이미지는 뇌가 완전히 없어지지 않는 한 소멸하지 않는다. 뇌세포가 점차 혹은 급격히 손상할 때 원천 데이터인 기억이미지는 다른 저장공간으로 이동해 저장하는 것으로 추측한다.

26. 마음이 무겁다는 것은 마음전체가 무거운 것이 아니라 에너지를 흡수해 무게가 증가한 기억이미지가 마음공간에 하중을 가하기 때문이다.

27. 마음이 오염됐다는 것은 기억이미지가 내뿜는 영향력에 마음공간이 노출된 것을 말한다. 마음맑힌다는 것 혹은 수행한다는 것은 마음공간에 저장해있는 지나온 삶의 흔적인 기억이미지가 흡수한 마음오염원을 해체하는 것이다.

④ sati

28. 마음구성 기본인자 가운데 하나는 마음작용 전 과정을 알아차림하는 기능인 sati(念)다. sati는 모든 마음작용을 알아차림하는 핵심기능을 한다. sati는 마음근육 기능을 담당한다.*

29. 마음근육이자 알아차림 기능인 sati는 마음다루는 핵심요소고 주

맺힌 상과 알아차림

일반거울은 사물을 비추는 기능만 있지만 마음은 표면에 상을 맺게 하는 기능과 맺힌 상을 자각하는 기능이 있다. 자동차는 움직이기만 하지만 사람은 움직이면서 스스로 움직이고 있다는 것을 자각한다. 인식대상을 알아차림하는 sati 기능이 있다는 것을 아는 사람과 그렇지 못한 사람은 마음이해 수준이 다르다. Buddha는 자각기능을 sati라 하고 염(念)으로 번역한다. sati는 기억하다(memory)는 의미도 있지만 Buddha는 이것을 알아차림[awake, 自覺]으로 사용했다. 8정도(八正道)의 정념(sammā sati, 正念)은 「올바른 기억이 아니라 정확한 알아차림」으로 번역해야 한다. 알아차림 기능인 sati를 기억으로 번역한 것과 힌두교 창조신 Brahma(梵) 분신인 atta(sk. ātman, 我)를 자아나 영혼으로 번역한 것이 불교번역사 가장 큰 오역이다. sati는 마음근육이자 알아차림 기능이다.

변수다. sati를 알고 마음다루는 것과 모르고 다루는 것은 유효성에 차이가 크다. sati를 올바르게 알고 마음다룰 때 마음관리 효율성이 극대화한다.

30. 기억이미지와 결합한 마음오염원을 제거하고 기억무게를 해체하는 도구가 paññā(般若, 慧)다. paññā는 sati, sampajāna(自知), samādhi(三昧, 止, 定)로 성장한다.

31. sati가 samādhi를 선도하고 sati에 힘을 주는 것이 samādhi다. sati가 망치라면 samādhi는 망치에 가해지는 힘이다. Buddha는 samādhi 힘(三昧力)를 키우기 위해서 sati 힘(念力)을 키워야 한다고 강조했다.

32. 마음이 피곤하거나 무기력하다고 할 때 마음전체가 무거운 것이 아니라 마음근육이자 알아차림 기능인 sati가 피곤하고 무기력한 것이다.

33. 마음근육이자 알아차림 기능인 sati가 집중하는 곳으로 뇌파도 함께 집중한다. 이것을 telepathy라고 한다. telepathy에 마음이 실려 인연있는 사람에게 전달한다. sati 힘 크기에 따라 telepathy 힘도 함께 커진다. 이것을 활용해 인연있는 사람에게 맑은 마음보내는 것이 Mettā 수행이다.

34. 마음근육이자 알아차림 기능인 sati가 집중하는 곳으로 마음공간에 저장한 데이터(기억이미지)도 함께 집중한다. 집중하는 기억이미지 양과 질에 따라 존재를 가공하고 느끼는 힘도 커진다.

35. 마음근육이자 알아차림 기능인 sati와 sati 집중기능인 samādhi 힘으로 기억이미지와 결합해있는 마음오염원을 해체한다.*

지혜 혹은 통밥

존재나 상황을 압축해 이해하는 능력을 paññā, 직관, 통밥, feeling이라고 한다.

4) 마음기능

36. 네 가지 마음구성 기본인자로 구성된 마음(mano, manas, 意)은 다음같이 다섯 가지 기능을 한다.

① 거울기능

37. 마음기능 가운데 하나는 거울기능이다. 일반거울처럼 마음도 거울기능이 있다.

38. 마음거울은 감각기관을 통해 입력한 데이터를 자기표면에 상을 맺는다. 일반거울은 시각 데이터만 상을 맺지만 마음거울은 시각, 청각, 후각, 미각, 촉각, 기억 등 6감대상 전부 상을 맺는다.

② 저장기능

39. 마음기능 가운데 하나는 마음공간에 입력한 데이터(기억이미지)를 보관하는 저장기능(기억기능)이다. 한 번 저장한 데이터(기억이미지)는 소멸하지 않고 마음공간에 저장돼있다.

40. 마음공간에 저장돼있는 기억이미지는 마음공간에 입력한 다른 기억이미지와 결합해 다차원으로 발전한다. 마음공간에 저장돼있는 기억이미지를 가공하고 발전하는 과정에서 기억무게가 증감한다.

41. 마음공간에 저장돼있는 기억무게가 줄면 마음이 가볍고 늘면 무겁다. 마음근육이자 알아차림 기능인 sati 힘이 크면 마음무게가 가볍고 약하면 마음무게가 무겁다.

42. 기억이미지 무게가 줄면 마음근육이자 알아차림 기능인 sati 집중방향으로 기억이미지 집중도가 높아지고 늘면 기억이미지 집중도가 낮아진다. 마음근육이자 알아차림 기능인 sati 힘이 크면 기억이미지 집

중도가 높아지고 약하면 기억이미지 집중도가 낮아진다.

43. 기억이미지 집중도가 높으면 실재를 있는 그대로 볼 수 있고 낮으면 자기관점에서 존재를 이해하거나 존재에 다양한 의미를 부여하고 구분하고 차별한다. 그 결과에 스스로 구속되고 힘들어한다.

③ 가공기능

44. 마음기능 가운데 하나는 마음공간에 입력하는 데이터를 결합, 비교, 분석, 조합, 추리, 유추, 논리, 종합, 판단, 예측으로 가공하고 판단하는 계산기능 혹은 가공기능이다. 이것을 이성이나 지성이라고 한다.

45. 데이터 가공수준은 마음근육이자 알아차림 기능인 sati 힘과 전체상황 통찰기능인 paññā 힘이 결정한다. sati 힘이 강하면 마음공간에 저장해있는 데이터를 특정지점으로 더 많이 집중해 데이터 가공효율성을 높이고 약하면 데이터 집중력이 떨어지고 가공효율성도 낮아진다.

④ 느낌기능

46. 마음기능 가운데 하나는 데이터 가공결과를 판단하고 수용하는 느낌기능[vedanā, 受, feeling]이다. 이것은 저울같은 기능이다. 느낌을 대상으로 다양한 감정상태[emotion, 感情]나 마음상태[citta, 心]가 일어난다. 이것을 감성이나 정서라고 한다.

⑤ 자각기능

47. 마음기능 가운데 하나는 마음작용 전 과정을 알아차림하는 자각기능[sati, 念]이다. 이 기능이야말로 마음이 가진 주목할만 한 특수기능이다. 이 기능을 마음근육 혹은 알아차림이라고 한다.

48. Buddha가 sati 기능을 발견함으로써 비로소 마음을 체계있고 효

과있게 관리할 수 있는 길이 열렸다. Buddha는 sati 기능을 이해함으로써 마음 구조와 기능을 논리를 갖춰 올바르게 설명할 수 있었다. sati 기능을 최초로 발견한 사람이 바로 Buddha다.

49. Buddha는 sati 기능을 발견함으로써 Buddha(佛陀, 覺者)라고 선언할 수 있었다. Buddha는 sati 기능을 사용해 마음공간에 존재하는 욕망, 이기심, 분노, 적의, 원망, 서운함, 편견, 선입관, 가치관 등 마음오염원을 제거할 수 있었다.

50. Buddha는 sati 기능을 이용해 마음을 맑고 건강하게 관리해 자유로운 삶, 여유로운 삶, 청정한 삶, 행복한 삶, 공존하는 삶을 살았다. Buddha가 발견한 sati 기능은 자유와 행복으로 가는 좋은 도구다.

2. 마음물리화학

1. 네 가지 마음구성 기본인자가 결합하고 작용해 마음에너지 결합과 해체, 마음 건강과 안정 등 마음작용 전 과정에 영향미치는 마음화학반응과 마음물리특성이 발생한다.*

마음화학과 마음물리

물은 2H와 O가 결합해 만들어진다. 이때 물이 가진 물리특성이 있고 구성인자가 결합해 일으키는 화학반응이 있다. 물을 다룰 때 물이 가진 물리특성뿐만 아니라 구성인자가 결합해 일으키는 화학반응을 올바르게 알면 물을 활용할 수 있는 폭이 넓어진다. 화학반응을 올바르게 알지 못하고 단지 물이 가진 물리특성만 이해하면 활용분야가 제한될 수 있다.

마음도 마찬가지다. 마음은 뇌작용으로 파생한 특수물질이다. 데이터를 마음공간에 입력하면 다차원 마음화학반응을 거쳐 정서나 사유 같은 마음작용이나 마음물리특성을 갖는다. 이때 마음구성 기본인자가 서로 영향미치며 복잡하게 반응하는 화학작용은 일반감각으로 잘 보이지 않지만 분명히 존재한다. sati 기능이 활성화하면 마음구성 기본인자가 화학반응을 일으키는 전 과정을 자세히 볼 수 있다.

1) 마음화학반응

2. 마음화학반응은 4가지 마음구성 기본인자 가운데 지나온 삶의 흔적인 기억이미지와 마음근육이자 마음작용 전 과정을 알아차림하는 sati 상호작용으로 이뤄진다.

3. Buddha는 기억이미지가 무게를 가지고 있느냐 없느냐보다 마음근육이자 알아차림 기능인 sati 힘의 강약에 따라 마음화학반응이 다차원으로 일어나고 뇌와 신경전달물질, 마음작용, 데이터 처리, 행동유형, 마음에너지, 마음건강, 마음안정 전반에 영향미친다고 보았다.*

4. 마음공간에 저장한 기억이미지는 마음화학반응 종속변수고 마음거울에 맺힌 상을 알아차림하는 sati가 주변수다. sati가 마음화학반응 핵심기능이다. Buddha는 sati 기능을 강화하지 않고서 마음에 관한 어떤 것도 해결할 수 없다고 보았다.*

SATI 수행은 마음을 물리차원뿐만 아니라 화학차원에서도 이해하고 정서, 사유, 행동을 다룬다. 심리학은 마음물리특성을 다루고 의학이나 뇌과학은 신경전달물질과 같은 뇌화학과 뇌물리특성을 다룬다. 그러나 뇌작동 결과물인 마음화학반응이나 마음물리특성은 이해가 부족한 것 같다. 마음구성 기본인자가 복잡하게 상호작용하는 구조를 이해하면 마음을 수행과 산업에 활용할 수 있는 분야가 새롭게 열릴 것이다.

Freud
Freud는 어린 시절 삶의 흔적을 간직한 기억이미지가 에너지를 가지고 있는데 이 에너지를 가진 기억이미지가 마음작용 주변수라고 보았다.

수행과 운동
역기를 하루에 한 시간 정도 들어 한두 달 지나면 팔 근육이 강화한다. 마찬가지로 하루에 한두 시간 화두, 호흡, 배, 발 움직임을 알아차림 대상(기준점)으로 삼고 수행하면 sati 기능이 향상한다. 근육강화 과정이 운동이고 sati 강화과정이 수행이다. 배를 복식호흡처럼 인위로 움직이면 운동이고 배가 자연리듬에 따라 움직일 때 sati가 그 움직임을 알아차림하면 수행이다. 인식대상을 인위로 움직이면 sati가 강화되지 않는다.

5. SATI 수행 핵심은 마음근육이자 알아차림 기능인 sati를 활성화하는 것이다. sati가 활성화하면 마음화학반응에 적극 개입해 마음거울에 이미지 형태로 맺힌 상이 마음공간에 입력할 때 에너지를 적게 흡수해 기억무게가 가벼워진다. 그러면 마음상태는 평화롭고 건강해진다.*

6. 마음근육이자 알아차림 기능인 sati가 마음거울에 상을 맺고 마음공간에 입력하는 데이터 가공주체다.

7. 마음근육이자 알아차림 기능인 sati가 마음거울에 맺힌 상으로 집중하는 순간 마음공간에 존재하던 기억이미지는 sati가 집중한 곳으로

표50 **마음화학반응** ....

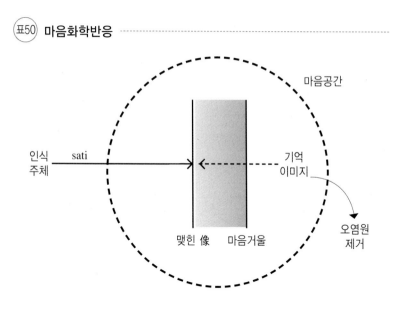

마음공간

인식
주체 sati   기억
                                    이미지

맺힌 像   마음거울   오염원
                                     제거

마음현미경

sati는 자연과학에서 존재를 확대하는 현미경이나 무게를 측정하는 저울같은 기능을 한다. 일반 물질을 관찰할 때 전자현미경 정도면 가능하지만 마음작용을 관찰할 때는 마음밖에서 관찰할 수 없다. 이때는 마음구성 기본인자 가운데 알아차림 기능인 sati를 훈련해서 마음현미경이나 마음저울 같은 기능을 만들어 사용한다.

동시에 집중하면서 마음거울에 맺힌 상을 분석, 사유, 논리, 비교, 종합, 유추, 예측, 이해로 가공[vitakka, 尋]하고, 느끼고[vedanā, 受], 판단[paññā, 慧]하고, 반응[kamma, 羯磨, 業]한다.*

8. 마음근육이자 알아차림 기능인 sati가 인식대상으로 집중할 때 함께 집중하는 기억이미지 사이 상호결합이 이뤄지고 사유과정과 정서과정이 동시에 전개한다.

9. 마음근육이자 알아차림 기능인 sati가 인식대상으로 집중할 때 마음공간에 저장해있는 기억이미지 가운데 인식대상과 관련한 데이터가 한 순간에 얼마나 많이 질 높게 집중하느냐에 따라 인식대상 이해나 실재보는 paññā 수준을 결정한다. 실재를 있는 그대로 보기 위해서는 sati 기능을 활성화해야 한다.

10. sati 힘이 강하면 더 많은 기억이미지를 한 곳으로 집중할 수 있다. sati 집중으로 형성한 압력(三昧力)으로 기억이미지 사이에 결합이 일어나고 기억이미지에 낀 마음오염원을 제거하고 전체상황 통찰기능인 paññā가 성숙한다.

11. 기억이미지 집중수준은 기억이미지에 낀 마음오염원(貪瞋痴 三毒心) 양과 질, sati 힘, 알아차림하는 사람과 인식대상 관련성에 따라 결정된다.

12. 뇌파도 sati가 집중하는 곳으로 쏠린다. 이때 telepathy가 발생한

안경색깔

인식대상은 마음거울에 있는 그대로 반영되지만 그것이 마음거울에 상을 맺는 순간 마음공간에 존재하는 삶의 흔적이나 마음오염원과 결합하고 포장해 나타난다. 대부분 사람은 실재를 덮고 있는 포장을 보거나 자신이 쓴 안경색깔대로 인식대상을 본다. 포장밑에 존재하는 실재를 있는 그대로 보거나 안경너머 존재하는 실재를 보려면 sati 기능이 좋아서 마음오염원을 제거하고 마음환경을 맑게 가꿔야 한다. 이것이 끼고 있는 안경을 벗는 것이다.

다. telepathy 를 통해 마음과 마음이 서로 통한다. 이때 욕망, 분노, 편견 계통 탁한 마음을 전하지 말고 자유와 행복, 평등과 평화, 공정과 정의, 이해와 배려, 관용과 포용, 공존과 어울림에 기초한 맑고 평화로운 마음을 전하는 것이 좋다. 이것을 이용한 것이 Mettā 수행이다.*

13. 욕망, 이기심, 분노, 적대감, 원망, 서운함, 편견, 선입관, 가치관 등 마음오염원은 앎과 행동에 기초해 형성한다. 앎이 구조조정하면 기억이미지가 흡수한 에너지(貪嗔痴 三毒心, 마음오염원)는 자연스럽게 해체한다.

14. 마음근육이자 알아차림 기능인 sati가 마음거울에 맺힌 상을 알아차림하고 그곳으로 집중하는 순간 인식대상 힘이 크고 sati 힘이 약하면 sati가 인식대상 힘에 갇히고 구속된다.

15. 마음근육이자 알아차림 기능인 sati가 인식대상에 끌려가 상황이나 대상에 구속되거나 매몰되면 마음에너지를 급속하게 소모해 피곤하고 무기력해진다.

16. 마음근육이자 알아차림 기능인 sati는 자신이 좋아하거나 몸과 마음에 오랫동안 길든 것에 스스로 끌린다. 이때도 마찬가지다. sati가 인식대상에 끌려가 구속되면 마음에너지를 급속히 소모하고 기억이미지와 마음오염원이 많이 결합하면서 기억무게가 현저히 증가한다.

---

sati 집중

sati가 인식대상에 밀착고정하는 것을 sati 집중 또는 samādhi(三昧, 止, 定)라고 한다. sati는 인식대상이 마음거울에 맺힌 상을 알아차림하는 것이고 sati가 알아차림한 인식대상을 놓치지 않고 따라가는 것이 sati 집중 또는 samādhi다. 흔히 마음집중이라고 하는데 이것은 거친 번역이다. 마음이 통째로 인식대상으로 집중한 것이 아니다. 4가지 마음구성 기본인자 가운데 알아차림 기능인 sati만 인식대상으로 집중한다. 그래서 여기서는 마음집중을 sati 집중으로 정의한다.

2) 마음물리특성

17. 뇌전기작용으로 만들어진 가상공간인 마음은 4가지 마음구성 기본인자가 중중첩첩 결합하고 되먹임하면서 마음화학반응이 일어나고 특정한 마음상태가 발생한다. 이렇게 발생한 마음상태에 나타난 특성을 「마음물리특성」 이라고 한다.*

18. 마음다룰 때 마음이 가진 특성이나 법칙에 기초해야 유효성이 있다. 몸(물질)에서 나온 특수물질인 마음을 일반물질 차원으로 환원해 다루면 곤란하다. 마음은 마음차원에서 도구를 선택하고 다뤄야 답을 얻을 수 있다.*

마음구조

일반물질은 전자현미경으로 확대하면 분자구조를 볼 수 있다. 특수물질인 마음도 마음현미경 [sati, 念]을 사용해 확대하면 4가지 마음구성 기본인자가 작동하는 마음구조를 볼 수 있다. Buddha가 마음을 상세하고 올바르게 설명할 수 있었던 것은 마음현미경인 sati를 활용해 마음구성 기본인자와 마음구조를 있는 그대로 올바르고 정확하게 보았기 때문이다. 아무리 치밀한 가설도 법칙으로 인정받기 위해서는 실천으로 그 유효성을 검증해야 한다. 마음도 마찬가지다. 마음구성 기본인자와 그 작동구조에 대해 정확하게 이해해야 마음을 효과있게 다룰 수 있고 논리를 갖춰 설명할 수 있다. 과학은 권위나 주장이 아니라 실천으로 그 주장을 검증해야 한다. 유명대학 학위나 의사, 과학자, 심리학자, 수행자 주장이 아니라 마음전문가라면 최소한 마음구조나 마음구성 기본인자만이라도 설명할 수 있어야 한다.

수준 따라 도구선택

하위개념을 다룰 때는 하위개념 다루는 틀을 사용하고 상위개념을 다룰 때는 상위개념 다루는 틀을 써야한다. 일반물질 다룰 때는 일반물질 다루는 도구를 사용하고 특수물질인 마음을 다룰 때는 마음다루는 도구를 써야 유효하다. 물은 걸레로 닦아낼 수 있지만 기름은 고분자화합물인 세제를 사용해야 제거할 수 있다.

① 3법인

19. Buddha는 마음에 세 가지 물리특성(법칙)이 있다고 보았다. 그것이 3법인이다.

20. 3법인은 모든 존재는 관계맺고 있다는 관계성(緣起, 無我), 모든 존재는 운동한다는 운동성(變法, 無常), 반응수준에 따라 삶의 질이 변한다는 반응성(空, 苦樂)이다.

② sati

21. 감각대상이 감각기관을 통해 마음거울에 상이 맺히는 것을 알아차림하는 sati 기능이 있다.

22. 알아차림 기능인 sati가 잘 발달하고 활기차고 힘이 좋으면 기억이미지에서 벗어나 자유롭게 살 수 있다. sati가 덜 발달하고 무기력하고 힘이 없으면 기억이미지에 구속되고 삶이 힘들다.

③ 마음근육

23. 마음도 일반육체처럼 근육을 갖고 있다. 그것이 마음근육이다. 마음근육은 알아차림 기능인 sati의 다른 이름이다.

24. 마음근육이 잘 발달하면 인식대상을 선택하여 한 곳에 머물고 마음에너지를 충전하고 기억이미지와 결합한 마음오염원을 해체해 건강하게 살 수 있다. 마음근육이 덜 발달하면 인식대상에 끌려가 마음에너지를 소모하고 기억이미지와 결합한 마음오염원을 해체하지 못하고 피곤해진다.

④ 기억이미지

25. 감각대상이 감각기관을 통해 마음공간에 입력될 때 존재가 직접

입력되는 것이 아니라 이미지만 입력된다.

26. 마음공간에 이미지가 입력할 때 욕망, 분노, 편견 같은 마음오염원이 많이 결합하면 기억무게가 증가하고 마음공간에 하중을 가하고 스트레스가 높아진다. 적게 결합하면 기억무게가 감소하고 마음공간에 하중이 줄고 스트레스가 낮아진다.

⑤ 마음에너지

27. 마음은 운동할 수 있는 힘인 에너지를 가지고 있다.

28. 마음근육이자 알아차림 기능인 sati가 인식대상을 선택하고 머물면 마음근육이 강화되고 마음에너지를 보충하고 인식대상에 끌려가면 마음근육이 무기력해지고 마음에너지를 소모한다.

29. 마음근육이 튼튼하고 마음에너지가 충만하면 마음상태가 활기차고 삶이 건강해진다. 마음에너지를 소모하면 마음상태가 무기력해지고 삶이 피곤해진다.

3. 마음작용

1. 마음은 말이나 논리로 설명할 수 없을 정도로 복잡미묘하게 작동한다. 현단계 과학수준으로 마음작용을 증명할 수 있는 도구가 없다.

2. 오직 SATI 수행자가 직접 마음공간으로 들어가 마음작동 실체를 체험한 경험을 통해 스스로 증명할 수 있을 뿐이다. 미래 언젠가 과학진보가 이뤄지고 마음작동을 증명할 도구가 있으면 마음에 관한 많은 것이 증명될 것이다.

3. 마음작동은 감각대상, 감각기관, 마음거울, 마음거울에 맺힌 상, 마음공간에 저장되었다 개입하는 기억이미지, 알아차림 기능인 sati 상호작용, 역학관계, 화학반응을 거치면서 진행한다.

4. 이 가운데 마음공간에 존재하는 기억이미지와 마음거울에 맺힌 상을 알아차림하는 sati 역학관계가 마음작동 핵심변수다.

5. 마음과학과 SATI 수행을 창안한 Buddha는 마음작동과 마음화학반응 주변수는 마음근육이자 알아차림 기능인 sati라고 보았다.

6. Buddha는 기억이미지 힘보다 알아차림 기능인 sati 힘을 마음화학반응 핵심으로 보았다. 그래서 기억이미지가 가진 힘을 해체하기보다 마음근육이자 알아차림 기능인 sati 힘을 키우는 방향으로 훈련했다. 그것이 SATI 수행이다.

7. 마음화학반응이 일어나고 그 결과물로 마음물리특성이 나타난다. 동시에 사유기능(가공기능)과 정서기능(느낌기능)이 작동하면서 마음화학반응과 마음물리특성에 영향미친다.

8. 그 모든 과정을 알아차림하고 판단하고 결정하고 명령하는 기능이 paññā다. paññā는 전체상황 통찰기능이다. paññā 수준이 삶을 추동하는 원동력이자 방향키다.

9. 마음작동 시작과 끝은 마음근육이자 알아차림 기능인 sati 힘이 핵심이다. 알아차림 기능인 sati, 기억이미지 무게, 사유기능과 느낌기능 개입, 전체상황 통찰기능인 paññā가 상호작동하면서 마음작동이 전개되지만 sati 힘이 강하냐 약하냐에 따라 모든 것을 결정한다.

10. 결국 외부자극과 힘에 버티고 견디는 내부 힘, 즉 sati 힘이 마음작동 모든 것을 결정한다. 그 중심에 마음근육이자 알아차림 기능 강화 훈련인 SATI 수행이 있다.

표51 **마음작동 원리** -

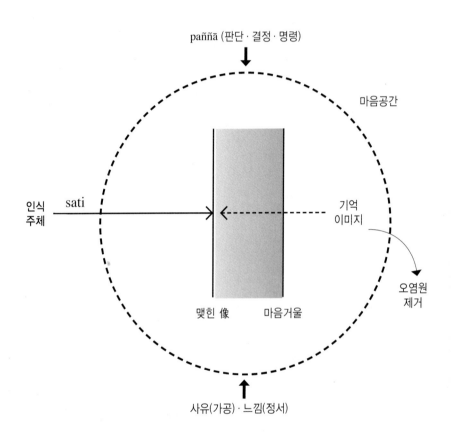

paññā (판단 · 결정 · 명령)

마음공간

인식
주체

sati

기억
이미지

오염원
제거

맺힌 像　　마음거울

사유(가공) · 느낌(정서)

4. 기억 구조와 기능

1. Buddha가 마음과학에서 규명한 기억 구조와 기능, 기억에너지 흡수해체 구조는 다음같다.

표52 **기억구조(기억무게)** --

기억이미지 = 이미지 × 마음오염원

        * 욕망, 이기심[rāga, 貪心]

        * 분노, 적의, 원망, 서운함[dosa, 嗔心]

        * 편견, 선입관, 가치관[moha, 痴心]

M=memory I=image A=āsava

표53 **마음무게** --

$$M_m = \frac{M}{S}$$

M_m : Mass of Mind

M　: memory=IA

S　: sati Power

I　: image

A　: āsava (마음오염원)

1) 기억구조

2. 기억이미지(M=IA)는 이미지(image)와 마음오염원(āsava, 流漏, 貪嗔痴 三毒心)으로 구성한다.

3. 마음은 지나온 삶의 흔적을 이미지 형태로 마음공간에 저장하고 필요할 때 회상해 사용한다. 마음공간에 저장한 기억이미지를 사용해 자신이 현재 직면한 문제와 앞으로 살아갈 문제를 효과있게 해결한다.*

4. 마음공간에 존재하는 기억이미지는 사유과정과 느낌과정을 위한 기초 데이터다. 기억이미지 수준에 따라 데이터 가공수준도 달라진다. 기억이미지 수준이 높을수록 데이터 가공수준도 높아진다.

5. 기억이미지는 마음공간에 새로 입력하는 이미지가 가진 자체질량과 마음공간에 존재하는 기억이미지와 결합하고 기억이미지가 가진 에너지를 이전받아 저장한다.

6. 마음공간에 입력한 데이터[viññāṇa, 識, 이미지]와 마음오염원[āsava, 流漏]이 많이 결합하면 마음공간은 오염되고 기억무게는 늘어난다. 반대로 기억이미지와 마음오염원이 적게 결합하면 마음공간은 청정하고 기억무게는 감소한다. 기억이미지와 결합한 마음오염원은 sati, samādhi, sampajāna, paññā 힘으로 해체할 수 있다. 이것이 SATI 수행 핵심이다.*

데이터 저장구조

오늘날 과학은 이전보다 크게 발전했지만 기억에 대해 아는 것은 미약하다. 뇌의 각 부위가 어떤 기능을 하고, 어떤 기제가 관여하는지에 대해서 어느 정도 이해하지만 마음공간에 입력한 데이터가 어떤 구조로 마음공간에 저장하고 회상하고 작동하는지 극히 일부만 알려졌다. 기억을 다루는 과학자가 마음을 전문으로 다루는 수행자에게 조언을 구하면 얻을 것이 많다.

7. 기억이미지와 결합한 마음오염원 무게가 많을수록 마음공간은 하중받고 삶을 속박하고 힘들어진다. 마음오염원 무게가 적을수록 마음공간은 적게 하중받고 삶은 자유와 행복으로 충만해진다.

8. 지나온 삶의 흔적을 간직한 기억이미지도 힘을 가지고 있고 마음근육이자 알아차림기능인 sati도 힘을 가지고 있다.

9. 마음근육이자 알아차림 기능인 sati 힘이 강하면 지나온 삶의 흔적을 간직한 기억이미지 구속에서 벗어나 자유롭고 마음에너지를 절약해 건강하고 생기넘친다. 기억이미지 힘이 더 강하면 sati를 속박하고 마음에너지를 소모해 피곤하고 무기력해진다.

2) 기억무게 감소구조

10. 기억무게 감소는 세 가지 방식이 있다.

표54 **세 가지 기억무게 감소** --

① 기억이미지와 결합한 마음오염원 물리해체[citta vimutti, 心解脫]
② 기억이미지와 결합한 마음오염원 논리해체[diṭṭhi vimutti, 見解脫]
③ 기억이미지와 결합한 마음오염원 화학해체[paññā vimutti, 慧解脫]

기억무게 측정도구

기억이미지가 가진 무게는 아주 미미하고 마음공간 내부에 존재하기 때문에 현단계에서 어떤 계측도구를 이용하더라도 측정이 불가능하다. 오직 마음공간에서 마음저울이자 마음현미경인 sati를 통해 측정이 가능하다. 분명히 존재하는 마음무게 계측도구가 마음저울이다 보니 객관화하는 것이 까다롭다. 이것은 일반 물리법칙을 미세물리학에 적용하거나 미세입자 질량을 측정해 객관화하는 것이 까다로운 것과 같은 이치다. 마음은 마음차원에서 접근하는 방법을 찾아야 한다.

① 물리해체

11. 기억이미지와 결합한 마음오염원인 āsava를 마음근육이자 알아
차림 기능인 sati(念) 힘을 키워 해체할 수 있다. 이것이 Buddha 정통수
행법에서 마음관리 기본이다.

12. 이것은 SATI 수행으로 마음근육을 키워 기억이미지와 결합한 마
음오염원을 해체하기 때문에 경험칙(經驗則)이라고 한다. 이것은 Mag-
gaphala(摩訶婆羅, 道果)에 들어 Nibbāna(涅槃, 寂滅)를 성취한 것이
다. 한 번 기억무게를 해체하면 재결합하지 않는다.

② 논리해체

13. 기억이미지와 결합한 마음오염원인 āsava를 분석, 사유, 논리를
사용해 해체할 수 있다. 이것은 Buddha 정통수행법에서 마음관리 보
조도구로 사용한다.

14. 이것은 존재이해 관점을 변화시킴으로써 가능한 것으로 인지교
정이나 철학교정에 해당한다. 대개 비불교도나 논리가 발달한 사람에
게 SATI 수행보조 도구로 사용한다. 논리로 기억이미지와 결합한 마음
오염원을 해체하기 때문에 사유칙(思惟則)이라고 한다. 이것은 Mag-
gaphala(摩訶婆羅, 道果)에 들어 Nibbāna(涅槃, 寂滅)를 성취한 것은
아니다. 한 번 기억무게를 해체하면 재결합하지 않는다.

③ 화학해체

15. 기억이미지와 결합한 마음오염원인 āsava를 촉매제를 사용해 화
학결합을 해체할 수 있다. 이것은 Buddha 정통수행법에서 마음관리 보
조도구로 사용한다. 후기로 오면서 중국이나 한국 수행자가 선호하는
방법이다.

16. 이것은 삶이 답답하고 심한 갈증을 느끼지만 분명하고 뚜렷한 해결관점이 보이지 않을 때, 간절히 답을 찾을 때 눈 밝은 스승이 한두 마디 말이나 행동으로 방향을 알려주거나 수행자 스스로 터득하는 방식이다. 흔히 깨달았다고 한다.

17. 이 방법은 논리를 압축하고 물리력을 사용하고 마음화학반응을 통해 기억이미지와 결합한 마음오염원이 한 순간 해체되는 것으로 효과는 좋지만 모험적이다. 이 방법은 인지교정, 철학교정, 마음오염원 해체가 동시에 이뤄진다. 직관(samukaṅsika, 直觀)으로 해체하기 때문에 직관칙(直觀則)이라고 한다.

18. 반드시 전제조건이 있다. 수행자 간절함과 수행지도자 paññā가 어울려야 한다. 그렇지 않으면 인위로 사용하지 않아야 한다. 수행진도 나가면 이런 상태는 자연스럽게 찾아온다. Maggaphala에 들어 Nibbāna를 성취했을 수도 있고 그렇지 않을 수도 있다. 조심할 일이다. 한 번 기억무게를 해체하면 재결합하지 않는다.

19. 이 방법은 마음과학과 SATI 수행을 창안한 Buddha도 한 번씩 사용했지만 주로 화두(話頭) 잡고 수행하는 간화수행자(看話禪, 話頭禪)가 즐겨 사용한다. 그들은 화두를 잡고 의심하라고 하지만 처음부터 간절함이 없으면 의심도 생기지 않는다. 이 방법은 간절함이 생명이다. 간절함이 클 때 효과도 좋다.

3) 기억무게 해체구조

20. 외부 데이터를 6감을 통해 마음공간에 입력할 때 자체무게만 가진 이미지형태로 입력한다.

21. 기억이미지는 무게가 있다. 마음공간에 입력한 이미지는 자체

무게만 있고 그것과 결합한 마음오염원 크기에 따라 기억무게를 결정한다.

22. 마음공간에 저장한 기억이미지가 마음거울에 맺은 상과 결합하면서 마음거울에 맺힌 상에 에너지를 이전한다. 이렇게 해서 새로운 이미지는 무게를 이전받아 마음공간에 새로운 기억이미지로 저장된다.

23. 동일존재를 접하고 그 데이터가 마음공간에 이미지 형태로 저장될 때 흡수무게가 각기 다른 것은 새로 입력하는 데이터와 결합하는 기억무게가 각각 다르기 때문이다.

24. 새로운 데이터를 마음공간에 입력할 때 sati와 samādhi 힘이 좋고, sati 유연성과 순발력이 뛰어나면 sati가 새로 입력하는 데이터와 마음공간에 존재하는 기억이미지와 결합을 교란하고 방해해 에너지 이전을 차단한다.

25. SATI 수행으로 마음화학반응을 간섭, 조작, 통제해 기억이미지와 결합한 마음오염원을 해체하거나 결합하려는 마음오염원을 방해하고 제거하면 기억무게가 가볍고 마음공간은 맑아진다. SATI 수행으로 기억이미지와 결합한 마음오염원을 제거하면 기억이미지는 자체무게만 가진 순수 이미지로 남는다.

26. 기억이미지가 흡수한 무게는 저절로 해체되지 않는다. 시간이 지나면 마음공간 깊은 곳으로 가라앉을 뿐 에너지 자체가 소멸하지 않는다. 기억이미지와 결합한 마음오염원은 SATI 수행이란 실제작업으로 제거할 수 있다.

27. SATI 수행 현실목표는 기억이미지와 결합한 마음오염원 제거다. Maggaphala 4/5지점인 upekhā(捨, 平等) 단계에 도달하면 기억이미지와 결합한 대부분 마음오염원을 제거한다.

28. 기억이미지와 단단히 결합한 마음오염원 뿌리는 잘 뽑히지 않는

다. 그 뿌리는 Maggaphala에 들어 Nibbāna를 체험하면서 뽑혀나간다. 기억이미지와 결합한 마음오염원 뿌리를 완전히 제거해야 비로소 존재를 있는 그대로 볼 수 있다.*

29. 마음이 구속됐다는 것은 기억이미지와 결합한 마음오염원 영향력에 마음근육이자 알아차림 기능인 sati가 구속된 것이다. sati 힘을 키우면 그 영향력으로부터 자유롭고 마음이 가벼워진다.

30. 기억이미지와 결합한 에너지(마음오염원, 貪嗔痴 三毒心) 해체구조는 다음 세 가지다.

31. 첫째, sati 힘을 증폭해 기억이미지와 결합한 마음오염원을 제거한다.

32. 마음근육이자 알아차림 기능인 sati를 기준점인 인식대상에 밀착고정하면 1차로 압력(三昧力)이 발생한다. 이렇게 발생한 압력을 증폭해 2차로 마음공간에 가해 기억이미지와 결합한 마음오염원을 제거하고 기억무게를 해체한다.*

확철대오 혹은 착각

화두수행자는 확철대오해 자신이 바로 Buddha 임을 자각하는 것을 목표로 한다. 일단 확철대오하면 자신이 바로 Buddha이며 더 이상 닦을 것이 없다고 생각한다. 그 주장은 절반은 맞다. Buddha는 마음공간에 마음오염원이 조금이라도 남아 있으면 존재를 있는 그대로 보지 못하고 자기입장에서 주관으로 본다고 보았다. 마음오염원 뿌리는 무명인데 무명은 Arahant Maggaphala에 도달해 Nibbāna를 체험하면서 뽑힌다. 확철대오를 말하기에 앞서 Arahant Maggaphal에 들어 Nibbāna를 체험했는지 먼저 점검해야 한다. 그게 순서다. Arahant Maggaphala에 들지 못한 상태에서 마음에 관해서 뭔가 알았다고 주장하면 그것은 거짓이거나 착각했을 가능성이 높다. 그렇지 않으면 건혜지(乾慧地, maggaphala 2/5지점)에 들어 옆길로 빠지고 지혜장애에 걸린 것이다.

풍선효과

허공에 압력을 가하면 힘이 분산하고 잘 집중하지 않는다. 풍선에 공기를 가두고 압력을 가하

33. 기억이미지와 결합한 마음오염원을 해체하려고 하면 실지로 힘들다. 그것은 기억이미지와 결합한 욕망, 분노, 편견 계통 마음오염원 결합력이 크기 때문이다. 이때는 그냥 해체하려고 하지 말고 힘을 증폭해 해체하는 것이 수월하다.

34. 배나 발 움직임을 기준점으로 삼고 그 기준점에 마음근육이자 알아차림 기능인 sati를 보내면 그 압력만큼 마음공간에 압력이 증폭해 전달된다. 맨손으로 자동차를 들려고 하면 힘들지만 지렛대나 유압기를 사용하면 수월하게 들 수 있는 것과 같은 이치다. 그것은 힘을 증폭하기 때문에 가능하다.

35. 기억이미지와 결합한 마음에너지 해체도구가 마음근육이자 알아차림 기능인 sati다. sati에 힘을 가해주는 것이 samādhi다. Buddha는 올바른 노력[sammā vāyāma, 正精進]과 올바른 알아차림[sammā sati,

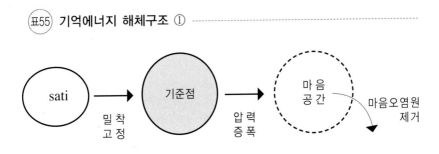

표55 기억에너지 해체구조 ①

면 힘이 집중한다. 마음공간에서 기억이미지에 압력을 가하면 힘이 분산하고 기억이미지에 효과 있게 압력이 집중하지 않는다. 인식대상(기준점)에 sati를 집중해 1차로 압력을 얻고 그것을 증폭해 마음공간 전체에 압력을 가하면 풍선효과가 나타나면서 힘이 집중한다. Buddha는 보리수 아래서 이것을 발견했다. 이 원리를 이용해 기억무게를 해체하고 마음을 정화했다. 그래서 자신을 기억무게 해체법칙을 발견한 사람, 자유와 행복으로 가는 길을 깨달은 사람이란 의미로 Buddha라고 선언했다.

正念]으로 기억이미지와 결합한 마음오염원을 해체할 수 있다고 했다.

36. 둘째, 마음거울에 맺힌 상을 마음근육이자 알아차림 기능인 sati 가 직접 타격해 마음오염원을 제거한다.

37. 기억이미지가 마음공간에 회상돼 마음거울에 상을 맺는 순간 그 것을 알아차림하고 그 기억이미지가 이동하거나 형체를 바꾸기 전 짧은 순간에 sati를 그곳으로 밀착고정해 그 기억이미지와 결합한 마음오염원을 제거해야 한다. 그렇게 하기 위해서는 sati와 samādhi 힘이 강해야 하고 sati 유연성과 순발력도 좋아야 한다.

표56 **기억에너지 해체구조 ②**

38. 셋째, 앎이 구조조정하면서 기억이미지와 결합한 에너지를 해체한다.

39. 마음근육이자 알아차림 기능인 sati가 인식대상으로 집중할 때 마음공간에 있던 기억이미지도 sati가 집중하는 곳으로 함께 집중한다.

40. 이때 sati 힘으로 기억이미지가 서로 밀착하고 상호결합이 이뤄지면서 앎의 구조조정이 일어나고 마음화학반응을 거쳐 기억이미지와 결합한 에너지도 함께 해체한다.

표57 기억에너지 해체구조 ③ ┄┄┄┄┄┄┄┄┄┄┄┄┄┄┄┄┄┄┄┄┄┄┄

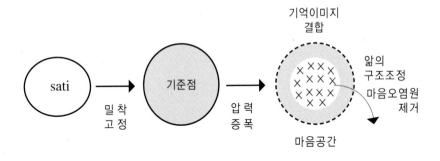

41. 자극과 반응 사이 시차가 존재한다. 사람은 자극받으면 즉각 반응하지 않는다. 나름대로 자기수준에서 마음공간에서 가공해 반응한다.

42. 접촉데이터가 마음거울에 반영하면 마음근육이자 알아차림 기능인 sati가 마음거울에 맺힌 상으로 간다. 이때 마음공간에 저장해있던 관련 데이터(기억이미지)가 sati가 집중하는 곳으로 함께 집중한다. 이때 얼마나 많은 데이터가 집중할지는 sati 힘, 유연성, 순발력이 결정한다.

43. sati 힘, 유연성, 순발력이 강하면 마음거울에 맺힌 상과 관련한 데이터(기억이미지)가 많이 집중해 데이터 가공력이 높아지고 약하면 관련한 데이터를 집중하지 못하고 데이터 가공력도 낮아진다.

44. sati 힘, 유연성, 순발력이 강하면 마음거울에 맺힌 상과 관련한 데이터를 많이 집중하고 불필요한 데이터가 개입하는 것을 막는다. 그러면 데이터 가공력이 높아지고 앎의 질도 향상한다.

45. sati 힘, 유연성, 순발력이 약하면 마음거울에 맺힌 상과 관련한

데이터를 집중하지 못하고 불필요한 데이터가 집중하는 것을 막지 못한다. 그러면 데이터 가공력이 낮아지고 앎의 질도 떨어진다.

4) 신경 클리닉

46. 기억이미지는 마음공간에 저장한다. 마음은 뇌를 중심으로 한 신경조직 작동으로 생성한다. 기억이미지가 착상한 곳은 마음이지만 마음을 만든 것은 신경조직이다. 마음이 무겁다는 것은 신경조직 단위면적당 에너지가 높아진 것을 의미한다. 이 상태를 마음과학은 신경조직이 기억무게로 오염됐다고 한다.

47. 기억이미지와 결합한 마음오염원을 해체하고 기억무게가 가벼워지고 마음공간이 맑아진 것은 신경조직이 정화된 것을 의미한다. 수행으로 기억에너지를 해체하고 마음공간을 맑히는 것이 신경 클리닉과 같은 의미다.

48. 외과방법으로 접근할 수 있지만 삶의 과정에서 오염된 신경조직을 현단계 과학이나 동서양의학은 신경 클리닉 할 수 있는 이론과 기술이 없다.

49. 오직 SATI 수행으로 sati와 samādhi 힘을 키워 기억이미지와 결합한 마음오염원을 해체하고 기억무게를 감소해 신경 클리닉 할 수 있다.*

신경 클리닉

수술이나 상처로 신경이 타격받으면 그곳에 에너지 뭉침을 형성한다. 시간이 지나면 물리봉합은 하지만 신경조직이 흡수한 에너지는 잘 해체되지 않는다. 신경조직이 타격받고 흡수한 에너지 뿌리는 원래 타격받은 곳에 있고 나머지는 분산해 신경망을 따라 움직인다. 그러다 기압이 낮아지거나 계절이 바뀔 때 흩어져있던 에너지가 타격받은 곳으로 뭉치면서 몸에 불편함을 느낀다. 어

5. 마음무게 증감구조

1. 기억무게로 마음이 하중받으면 무게감을 느낀다.

2. 동일하게 하중받아도 마음이 느끼는 무게감은 사람마다 다르다. 그것은 마음근육 탄력과 마음에너지 양에 따라 실제로 느끼는 무게감이 다르기 때문이다.

3. 마음공간에 동일하중이 가해질 때 마음근육 탄력이 약하고 마음에너지가 적으면 무겁게 느낀다.

4. 마음공간에 동일하중이 가해질 때 마음근육 탄력이 강하고 마음에너지가 많으면 가볍게 느낀다.

5. SATI 수행을 통해 마음근육이자 알아차림 기능인 sati 힘을 키우면 기억무게를 줄일 수 있고 스트레스 상황을 효과있게 벗어날 수 있다.

6. 마음무게 감소구조는 다음같다.

표58 **마음무게 감소구조** --------------------------------------

① 기억무게 감소(해체)
② 기억하중 분산(관심돌리기)
③ 마음근육 강화
④ 마음에너지 보충

떤 사람은 몸에 특별한 이상없어도 원인을 알 수 없이 불편하거나 수술후유증을 겪기도 한다. 전문가가 이상없다고 진단했음에도 몸에 불편함을 느끼는 사람은 SATI 수행으로 신경 클리닉 해보기 권한다. 수술하고 몸이 어느 정도 회복한 뒤에 하면 수술로 타격입은 신경조직을 안정하고 신경조직에 낀 에너지 뭉침을 해체하면 건강에 많이 도움될 것이다. sati가 어느 정도 활성화하면 신경조직에 있는 에너지 뭉침 해체과정을 볼 수 있다. 몸에 물리적인 이상이 있으면 의사나 몸전문가 조언듣는 것이 1차다. 여기서는 정상인을 예로 든 것이다.

표59 마음무게 감소방법

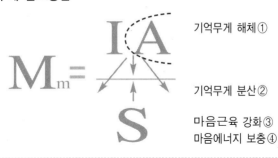

$$M_m = \frac{I\ A}{S}$$

기억무게 해체 ①

기억무게 분산 ②

마음근육 강화 ③
마음에너지 보충 ④

7. 첫째, 마음무게 감소방법은 마음공간에 하중을 가하는 기억무게를 감소하는 것이 핵심이다.

8. Freud는 기억속으로 들어가 기억무게를 줄이려고 노력했다. 억압된 마음에너지를 해소하니 해당 기억무게는 줄어들지만 마음근육이 강화되지 않았다. 다음에 다른 기억무게가 등장해 삶을 왜곡하면 또 다시 반복해 작업해야 하는 단점이 있었다.

9. Buddha 생각은 달랐다. 기억무게가 마음무게를 결정짓는 것은 사실이지만 그렇기 때문에 기억속으로 들어가 기억무게만 줄이는데 주력하지 않았다.

10. 둘째, 마음무게 감소방법은 마음공간에 하중을 가하는 기억무게를 관심돌리기를 사용해 분산시키는 것이다.

11. 이런 방법은 기억무게가 줄어들지 않을뿐더러 마음근육이자 알아차림 기능인 sati 힘도 강화되지 않는다. 그래서 마음과학과 SATI 수행을 창안한 Buddha는 드물게 SATI 수행 보조도구로 사용하기는 해도 즐겨 권하지 않았다.

12. 셋째, 마음무게 감소방법은 마음근육이자 알아차림 기능인 sati 힘을 키워 기억무게를 감소하는 것이다.

13. Buddha는 마음근육이자 알아차림 기능인 sati 힘을 키워 기억무게를 줄이고 기억하중으로 발생한 마음무게를 감소시키고 마음에너지를 보충해 마음상태를 가볍게 할 수 있는 방법을 발견했다.

14. 이 방법 최대장점은 SATI 수행으로 sati 힘을 강화하니 기억무게가 감소하고 마음에너지가 보충되고 마음무게가 감소한다는 점이다.

15. 한 번 마음근육 힘을 키워두면 다음에 비슷한 상황이 나타나도 마음근육 힘보다 적은 기억무게로부터 자유롭게 된다. 기술은 하나인데 다목적으로 사용할 수 있고 효과도 좋고 편리하다.

6. sati 기능

1. SATI 수행은 기억이미지를 없애는 것이 아니라 기억이미지와 결합한 마음오염원 제거 프로그램이다.*

2. 기억이미지와 결합한 마음오염원 제거도구가 sati고, sati에 힘을 더하는 것이 samādhi다.

3. SATI 수행 핵심은 마음근육이자 알아차림 기능인 sati 힘을 키워 기억이미지와 결합한 마음오염원을 해체하는 것이다. 기억이미지와 결

빨래하기

옷을 빨면 천이 없어지는 것이 아니라 옷에 묻은 때만 제거한다. SATI 수행하면 기억이미지가 없어지는 것이 아니라 기억이미지와 결합한 마음오염원만 제거한다. SATI 수행은 기억이미지를 없애는 프로그램이 아니라 기억이미지와 결합한 욕망, 분노, 편견 계열 등 마음오염원 해체 프로그램이다. SATI 수행은 망상을 제거하거나 일어나지 않게 하는 것이 아니라 접촉다음에 일어나는 마음작용이나 망상을 알아차림하는 것이다. 알아차림하면 망상구속에서 자유롭지만 알아차림을 놓치면 망상에 구속되고 삶이 고달프다.

합한 마음오염원을 제거하면 마음은 맑고 건강해지고 삶은 자유롭고 행복해진다.

1) sati 특성

4. 마음근육이자 알아차림 기능인 sati는 인식대상을 따라 옮겨 다닐 수 있고 한 곳에 머물 수 있고 원하는 곳에 머묾과 옮김을 자유롭게 할 수 있다. 머묾과 옮김을 자유롭게 하기 위해서 sati 힘이 강해야 하고 유연성과 순발력도 갖춰야 한다.

2) sati 강약구조

5. 마음근육이자 알아차림 기능인 sati가 스스로 인식대상을 선택하고 움직이면 마음에너지를 절약하고 보충해 마음이 건강하고 활기차고 sati 힘이 강해진다.

6. 마음근육이자 알아차림 기능인 sati가 인식대상 영향력에 구속되고 끌려가면 마음에너지를 소모해 마음이 피곤하고 무기력해지고 sati 힘이 약해진다.

표60 sati 기능 강약구조

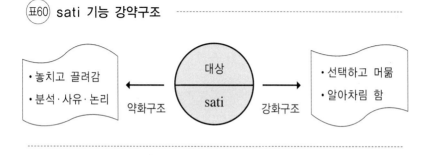

3) sati 강화훈련

7. 몸의 특정한 곳에 기준점 정하고 이름붙이고 알아차림하면 마음근육이자 알아차림 기능인 sati와 samādhi 힘이 향상한다.

8. 마음근육이자 알아차림 기능인 sati를 기준점에 보내 이름붙이면서 알아차림할 때 방해현상이 개입해 기준점 알아차림을 방해하거나 sati가 기준점을 벗어나면 그 방해현상을 알아차림하고 즉각 기준점으로 돌아간다. 이렇게 sati가 기준점과 방해현상 사이를 왔다갔다 하면서 sati 기능이 향상한다. 이때 이름붙이고 알아차림하는 것이 핵심이다.*

표61) **sati 강화방법** --

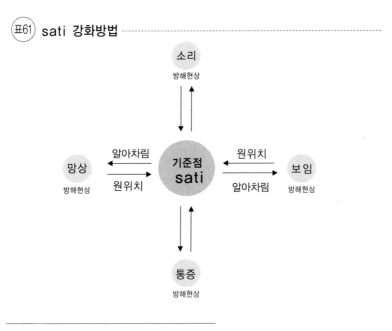

전자와 sati

전기구성인자인 전자를 활용해 다양한 전자제품을 만들어 삶에 유용하게 활용하듯 마음과학은 4가지 마음구성 기본인자 가운데 하나인 알아차림 기능인 sati를 마음관리와 마음산업에 폭넓게 이용한다.

표62 sati 힘과 인식대상 역학관계 ------------------------------------

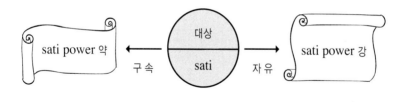

9. 과학자는 다양한 계측도구를 들고 연구실로 간다. 그리고 눈에 보이지 않는 핵 구조와 기능, 화학반응, 물리특성 등을 연구한다. 핵을 분리하거나 결합하면서 에너지 변화를 연구한다. 그렇게 해서 얻은 지식을 사용해 삶의 질을 높이기도 하고 때로는 파멸로 이끌기도 한다.

10. Buddha와 수행자는 방석들고 수행도량으로 가서 마음속으로 들어가 알아차림하기 까다로운 기억이미지가 가진 에너지를 관찰한다.

표63 **과학자와 수행자**

	도구		연구분야
과학자	계측도구 · 연구실	핵물리	에너지 변환 연구
수행자	방석 · 수행도량	마음·기억 물리	기억에너지 흡수·해체 연구

11. Buddha는 기억이미지가 에너지를 흡수해 무거워지면 마음이 무겁고 삶을 구속하고 기억이미지가 흡수한 에너지를 해체하면 마음이 가볍고 삶이 자유와 행복으로 충만해지는 법칙을 발견했다.

12. Buddha는 마음을 올바르게 이해하고 **SATI** 수행을 창안했다.

SATI 수행으로 기억이미지가 흡수한 무게를 감소하고 자유와 행복으로 가는 길을 열었다.

13. Buddha는 자신이 이해한 마음작동 구조를 토대로 마음과학, SATI 수행, 오리지널 불교를 만들었다.*

마음과학

과학자는 다양한 계측도구를 가지고 연구소로 가서 물질에 내재한 법칙을 연구하고 삶에 유용한 여러 가지 도구를 발명했다. Buddha와 수행자는 보리수 아래서 방석을 깔고 마음공간으로 들어가 마음구성 기본인자, 마음 구조와 기능, 마음화학반응, 마음물리특성, sati기능, 기억 구조와 기능, 기억에너지 흡수해체에 관한 이론과 기술을 연구했고 마음닦는 SATI 수행을 발명했다.

Buddha 깨달음으로 전해지는 내용은 기억에너지 흡수해체에 관한 것과 마음이 인식대상에 구속되거나 자유로운 것이 삶의 질과 행복에 미치는 영향이었다. Buddha는 행복으로 가는 길을 깨달았다. 그리고 자유롭고 행복하게 살았다. 바로 이 깨달음내용이 Buddha 핵심가르침이다.

11
마음공학

check point

이 장에서는 수행과정에서 알게 된 마음에 관한 지식을 활용해 마음공학 차원에서 마음변화와 삶의
활용을 배우고 익힌다.

1. 마음공학 입문

1. 마음공학은 새로운 주제다. 현재 완성된 것이 아니라 처음 시작하는 분야다.

2. 개념정의가 서툴고 논리가 성글고 증명이 쉽지 않다. 현단계에서 설명도구뿐만 아니라 증명수단도 제대로 갖춰있지 않다. 마음특수성으로 인해 이론증명을 개인 마음공간에서 직접체험으로 할 수밖에 없다.

3. 현단계에서 마음에 관한 많은 분야는 오직 개인경험에 의해서 마음작용 과정을 증명할 수 있을 뿐이다. 그래서 혼돈스럽고 주장만 존재하는 것처럼 보이지만 마음에 관한 제 현상은 분명히 존재한다. 미래 언젠가 마음작용을 증명할 이론과 도구가 등장할 것으로 기대한다. 동시에 이 분야에 관심있는 사람이 마음공학 이론증명 도구를 개발하기 기대한다.

4. 공학이란 기술개념이다. 기계는 여러 부품으로 구성하고 이것이 상호작동해 에너지(힘)를 발생한다. 이렇게 만든 에너지를 삶에 유용하게 활용한다.

5. 마음공학도 마찬가지다. 마음구성 기본인자가 결합하고 작동해 마음에너지를 효과있게 변환할 수 있다.

6. 마음상태를 관리하고 변화하기 위해 프로그램을 개발하고 마음관리 유효성과 편리성을 높이는 것이 마음공학 중심주제다.

2. 마음공학 기본주제

1. 원리를 올바로 이해하면 창의력이 나오고 기술을 정확히 익히면 유효성이 나온다.

2. 마음작동 과정뿐만 아니라 원리를 올바르게 이해하면 마음관리 유효성을 높일 수 있을 것이다.

3. 마음공학을 이해하고 이론과 기술을 익히기 위해서 마음 구조와 작동 메커니즘, 마음에너지 생산과 활용 구조를 올바로 이해해야 한다.

1) sati 기능

4. sati(念) 기능은 마음공학 기본주제 가운데 하나다. sati 작동구조를 올바로 이해하고 사용하면 효과있게 마음을 관리할 수 있다.

5. sati 기능은 마음과학과 SATI 수행을 창안한 Buddha가 최초로 발견했다. 이 기능을 활용해 마음관리 이론과 기술을 개발했다.

① 정의

6. sati는 마음거울에 맺힌 상을 알아차림하는 기능이다. sati는 마음근육의 다른 이름이다.

② 기능

7. sati 기능이 발달하면 무엇을 하든 스스로 분명히 자각할 수 있고 이 기능이 발달하지 않으면 뭔가 하고 있어도 스스로 무엇을 하는지 잘 모르고 행위자체에 매몰된다.

8. sati 기능이 발달하면 인식대상을 객관화하고 있는 그대로 볼 수 있

고 이 기능이 발달하지 않으면 인식대상을 주관으로 이해하고 자기입장에서 해석하고 판단하는 인지오류를 범할 수 있다.

9. sati 기능이 발달하면 주제에 몰입하고 집중하는 능력인 samādhi(三昧, 止, 定) 힘이 뛰어난다. 이 기능이 발달하지 않으면 주제에 몰입하고 집중하는 힘이 현저히 떨어진다.

10. 주제몰입 기능을 sati 집중이라고 한다. 흔히 집중력이 좋아야 한다고 말한다. 주제에 집중하고 몰입하는 힘이 커지려면 마음근육이자 알아차림하는 sati 기능이 발달해야 하고 마음에너지가 많아야 한다.

11. 알아차림 기능인 sati가 발달하지 않고 기억이미지와 결합한 마음오염원이 많고 기억무게가 크면 그 하중으로 마음무게가 증가하고 스트레스가 높아진다. 기억무게가 크고 스트레스가 높아도 sati 기능이 활기차면 그 하중을 견디고 분산하고 가볍게 한다.

12. 알아차림 기능인 sati가 발달하지 않고 기억이미지와 결합한 마음오염원이 많고 기억무게가 크면 sati는 그 힘에 구속되고 삶의 질이 낮아진다. sati 기능이 활기차면 기억이미지 구속으로부터 벗어나 자유롭게 된다.

13. 알아차림 기능인 sati가 발달하면 마음거울에 맺힌 상을 직관, 논리, 과학에 기초해 객관으로 본다. 이 기능이 발달하지 않으면 주관, 비논리, 비과학에 기초해 자기식대로 본다.

2) 마음근육

14. 마음근육은 마음공학 기본주제 가운데 하나다. 마음근육 작동 메커니즘을 올바로 이해하고 사용하면 효과있게 마음을 관리할 수 있다.

15. 마음근육은 마음과학과 SATI 수행을 창안한 Buddha가 발견했

다. 이 기능을 사용해 마음관리 이론과 기술을 개발했다.

① 정의

16. 마음도 육체처럼 근육을 갖고 있다. 이것을 마음근육이라고 한다. 마음근육은 알아차림 기능인 sati의 다른 기능이다.

② 기능

17. 마음근육이 발달하면 인식대상에 집중하는 몰입도가 높아지고 이 기능이 발달하지 않으면 몰입도가 낮아진다.

18. 마음근육이 발달하면 자극에 대한 탄력과 대응력이 좋아지고 이 기능이 발달하지 않으면 탄력과 대응력이 저하한다.

19. 마음근육이 발달하면 스트레스 견디는 힘이 증가하고 이 기능이 발달하지 않으면 스트레스를 견디는 힘이 약해진다.

20. 마음근육이 발달하면 기억이미지 힘의 구속에서 벗어나 자유로워지고 이 기능이 발달하지 않으면 기억이미지 힘에 구속된다.

21. 마음근육이 발달하면 인식대상에 밀착하는 힘이 커지고 방해현상이 나타나도 인식대상에 고정하는 힘이 커지고 이 기능이 약하면 조그마한 자극에 인식대상과 분리돼 다른 곳으로 이동한다.

22. 마음근육이 발달하면 집중력을 키우고 마음압력을 만들어 기억이미지와 결합한 마음오염원을 해체할 수 있고 이 기능이 발달하지 못하면 집중력이 약하고 마음압력을 키우지 못하고 기억이미지와 결합한 마음오염원을 제거할 수 없다.

3) 마음에너지

23. 마음에너지는 마음공학 기본주제 가운데 하나다. 마음에너지 작동구조를 올바로 이해하고 사용하면 효과있게 마음을 관리할 수 있다.

① 정의
24. 마음에너지는 마음관리 기본 힘이다.

② 기능
25. 마음에너지가 풍부하면 내가 원하는 대로 마음상태를 관리할 수 있고 이 기능이 약하면 마음상태를 관리하기 어렵다.

26. 마음에너지가 풍부하면 어떤 일을 하더라도 활기차고 건강하게 살 수 있고 삶의 질을 높일 수 있고 이 기능이 빈약하면 무기력하고 삶의 질이 낮아진다.

4) 마음압력

27. 마음압력[samādhi bala, 三昧力]은 마음공학 기본주제 가운데 하나다. 마음압력 작동 메커니즘을 올바로 이해하고 사용하면 효과있게 마음을 관리할 수 있다.

① 정의
28. 마음압력은 기억이미지와 결합한 마음오염원 해체동력이다.

② 기능

29. 마음압력이 좋으면 sati 브레이크, sati 지렛대, 마음근육 힘이 좋아지고 마음작용을 유효하게 관리할 수 있고 이 기능이 약하면 마음상태를 유효하게 관리하기 어렵다.

30. 마음압력은 알아차림 기능인 sati를 활용해 만든다. 마음근육이자 알아차림 기능인 sati 힘을 활용해 1차로 압력을 만들고, 그렇게 만든 압력을 증폭해 기억이미지와 결합한 마음오염원 해체한다.

5) 기억무게

31. 매 순간 진행되는 삶의 현장은 감각기관을 통해 기억이미지 형태로 마음공간에 저장된다. 그렇게 저장한 기억이미지 상태에 따라 현재 삶이 영향받는다.

32. Sigmund Freud(1856~1939)는 어린 시절 삶의 흔적, 특히 6세 이전 삶의 흔적이 기억무게로 의식 깊은 곳에 자리잡고 있으면서 이후 삶에 지속해 영향미친다고 보았다. 옛날 할머니도 세 살버릇 여든까지 간다고 보았다.

33. Buddha(佛陀, 覺者 , BCE 566~486)는 지나온 삶의 영향력을 간직한 기억무게가 이후 삶에 지대한 영향미치는 것은 사실이지만 마음거울에 상을 맺고 활동하지 않는 기억무게는 의미없고 기억무게가 마음거울에 상을 맺고 활동할 때만 의미있다고 보았다.

① 정의

34. 기억이미지는 감각대상과 감각기관이 접촉하고 그 데이터가 마

음거울에 이미지 형태로 상을 맺고, 그것이 마음공간에 이미지 형태로 저장된 것이다. 기억이미지는 지나온 삶의 흔적이다.

35. 기억이미지는 인식대상이 마음거울에 상을 맺고 마음공간에 저장되는 순간 이미 마음공간에 저장해있는 욕망(lobha, 貪), 분노(dosa, 嗔), 편견(moha, 癡) 등 마음오염원과 결합하고 무게를 이전받아 마음공간에 저장된다.

② 기능

36. 기억무게에 따라 마음건강과 삶의 질이 영향받는다.

37. 삶의 흔적을 간직한 기억무게와 마음근육이자 알아차림 기능인 sati 역학관계가 마음상태와 삶의 질을 결정한다.

38. 기억무게가 크면 마음공간에 가하는 하중이 크고 스트레스를 높인다. 기억무게가 적으면 마음공간에 가하는 하중이 적고 스트레스를 낮춘다.

39. 기억무게가 크면 마음근육이자 알아차림 기능인 sati를 구속하고 삶이 힘들다. 기억무게가 적으면 마음근육이자 알아차림 기능인 sati를 구속하지 않고 삶이 자유롭다.

40. 욕망, 분노, 편견 등 마음오염원과 기억이미지 결합이 적으면 기억무게가 적고 마음무게가 감소한다. 마음오염원과 기억이미지 결합이 많으면 기억무게가 많고 마음무게가 증가한다.

3. 마음공학 활용

1. 마음공학을 삶의 현장에 활용해 마음관리, 스트레스 관리, 감정관

리, 직무소진 관리, 직무몰입도 향상, 집중력강화 등에 효과있게 사용할 수 있고 삶의 질을 향상하고 마음운동과 마음산업에 활용해 생산성을 높일 수 있다.

1) 스트레스

2. 스트레스에 대한 정의를 어떻게 하느냐에 따라 스트레스 관리에 대한 이해와 처방을 다차원으로 할 수 있다.*

① 정의
3. 스트레스란 존재에 가해지는 힘에 대응하는 힘이다. 스트레스란 외부충격에 견디는 내부 힘이다. 자연계는 힘이 가해지고 접촉이 생기면 그 힘에 대응하는 힘이 발생한다. 가해지는 힘이 강하면 대응하는 힘도 증가한다.

② 영향
4. 스트레스가 몸, 마음, 삶 전체에 미치는 영향이 크다.
5. 스트레스는 삶을 추동하는 요인도 되지만 만병근원이고 삶의 의욕

스트레스 해소

공학에서 스트레스(잔류응력) 해소를 위해 다음같이 몇 가지 방법을 사용한다.

① 방치하기 : 상온에 오랫동안 방치함.
② 가열하기 : 고온으로 가열함.
③ 운동하기 : 기계로 운동함.
④ 타격하기 : 진동기를 활용해 계속 타격함.

이 감소하고 생산성을 저하시키는 요인이 되기도 한다.

6. 여러 가지 방법으로 스트레스를 해소하고 탈출하려고 노력하지만 생각만큼 쉽지 않은 것도 현실이다.

③ 진단과 처방

7. 의학계는 스트레스를 진단할 때 스트레스 받을 때 나오는 신경전달물질을 측정해 진단하고 처방하는 경향이 강하다. 그것만으로 부족하다. 스트레스 상황에 노출되는 마음상태를 충분히 고려해야 한다.*

8. SATI 수행은 스트레스를 해소하기 위해서 몇 가지 측면을 주목한다.

표64 **스트레스 해소방법** ---------------------------------------

① 스트레스 상황 탈출
② 마음공간에 가해지는 하중 분산
③ 스트레스 무게 감소
④ 마음근육 강화

----

9. 첫째, 가해지는 하중을 없애려 하지 말고 스트레스 상황에서 탈출하는 것이 쉽고 효과있다고 본다.

10. 둘째, 가해지는 하중은 그대로 두고 하중을 분산하는 방법이다. 이것을 심리상담에서는 관심돌리기라고 한다. 오늘날 즐겨 사용하는 방

차원문제

스트레스 받아 나오는 신경전달물질은 몸이 스트레스를 받으면 나오는 것인가? 아니면 마음이 스트레스 받아 몸에서 나오는 것인가? 어느 것이 먼저인가? 그런 물질이 나오는 것은 누구도 부정하지 않지만 문제는 무엇이 먼저인가다. 늘 학계에서 논란되는 주제다.

법이지만 근원처방이 아닌 응급처방이자 대중처방이고 작은 기술이다.

11. 셋째, 가해지는 하중을 감소하는 방법이다. 이것이 근원처방이고 스트레스 관리 핵심이다. 이것은 SATI 수행을 통해서 가능하다.

12. 기억이미지와 결합한 마음오염원이 많으면 기억무게가 증가하고 마음공간에 하중을 가한다. 이때 기억이미지와 결합한 욕망, 분노, 편견 같은 마음오염원을 해체하고 제거할 수 있다. 이것이 기억무게를 감소하고 마음공간에 가해지는 하중을 감소하는 방법이다. 이 책 355쪽 표52 기억구조(기억무게), 표53 마음무게를 참조하면 많이 도움될 것이다.

13. 넷째, 마음근육을 강화해 가해지는 하중을 견디는 방법이다. 기억무게가 마음공간에 하중을 가한다고 해서 모든 사람이 동일압력을 느끼는 것은 아니다. 마음근육이 발달한 사람과 그렇지 못한 사람은 같은 하중을 받더라도 체감지수는 달라진다. 마음근육 키우는 방법은 이 책 370쪽 표61 sati 강화방법을 참조하면 많이 도움될 것이다.

14. SATI 수행은 기억이미지와 결합한 마음오염원을 제거해 기억무게를 줄이고 마음공간에 가해지는 하중을 감소시킴으로써 스트레스를 낮출 수 있다고 본다. 스트레스에서 탈출하는 것이 좋고 마음근육 힘을 키우는 것이 핵심이다.

15. 마음공간에 가해지는 힘을 감소하는 것이 근원처방 혹은 큰 기술이고 가해지는 힘을 분산하는 방법은 작은 기술이다.

16. 몸과 마음은 동일존재 다른 표현이다. 몸이 마음에 영향미칠 수 있고 마음이 몸에 영향미칠 수 있다.

17. 몸으로 인해서 발생한 스트레스는 1차로 몸을 통해 해소할 수 있다. 마음으로 인해 발생한 스트레스는 1차로 마음상태를 변화함으로써 해소할 수 있다. 원인을 이해하고 답을 찾고 처방해야 한다.

(표65) 스트레스 구조와 신경조직

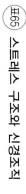

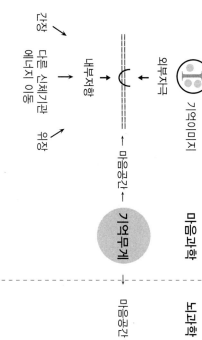

기억이미지

외부자극

마음공간←

기억무게

내부지향

간장
위장

다른 신체기관
에너지 이동

마음과학　　　뇌과학

마음공간← 신경조직 →

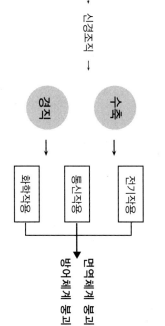

수축

경직

전기작용

통신작용

화학작용

면역체계 붕괴
방어체계 붕괴

해당기관이 정상으로 기능할 에너지를 외부자극을 견디는 곳으로 빼앗김으로써 인체 각 기관이 분배기능을 하지 못하고 몸에 이상현상이 발생한다. 뇌과학에서는 이 부분을 질 설명하지 못하고 있다.

기억무게가 마음공간에 하중을 주고, 하중받는 마음공간은 신경조직에 영향미친다. 신경조직 단위면적당 질량이 늘어나면 신경조직은 수축하고 경직된다. 그러면 신경조직이 하는 기능인 전기, 통신, 화학 작용에 이상이 생기고, 면역체계가 교란되고, 방어체계가 붕괴된다. 그러면 몸에 이상현상이 발생한다.

2) 우울증

18. 오늘날 많은 문제를 야기하는 것이 우울증이다. 우울증에 대한 다양한 의견이 있지만 정답이 없는 것도 현실이다.*

① 정의

19. 우울증은 우울감이 일어나는 것을 주요증상으로 한다. 거기에 더해 의욕저하, 여러 가지 신체, 정신, 마음 증상을 일으켜 일상생활을 힘들게 한다.

대증요법과 원인처방

대증요법은 병이 나타난 현상에 주목하고 현상에 초점맞춰 처방한다. 증상에 대한 처방은 하지만 면역력은 키우지 못한다. 다음에 비슷한 현상에 직면하면 그같은 증상이 반복하는 경향이 있다.

원인처방은 드러난 증상뿐만 아니라 그런 증상을 일으킨 원인, 상호관계, 영향, 균형을 주목한다. 다소 느린 감은 있지만 증상을 완화하고 면역력을 키우고 오랫 동안 효과있다.

우울증이나 직무소진에 관해 진단하고 처방할 때도 마찬가지다. 우울증에 대해 약물요법으로 현재증상은 완화할 수 있다. 우울증이 그냥 오지는 않는다. 사랑하는 사람이 떠났거나 사회지위를 잃었거나 추구해야 할 가치를 상실했을 때 나타나는 경향이 강하다. 그런데 그런 우울한 현상에 초점맞추고 처방하면 유효성이 떨어질 뿐더러 다음에 비슷한 현상이 재발하는 경향이 있다. 대부분 의사는 우울증이 발생한 외적요인은 무시하고 단지 현재 드러나는 우울증만 주목하고 처방한다. 오늘날 한국에서 우울증처방을 보면 약물요법에 지나치게 의존한다. 현재 나타난 현상에 대한 처방을 하는데 문제는 그런 현상이 발생한 원인에 대한 처방이 빈약하고 우울증에 마음상태가 미치는 영향을 과소평가한다.

많은 국가에서 우울증과 같은 정신질환은 운동요법과 더불어 명상과 같은 마음요법을 병행하라고 주문한다. SATI 수행은 우울증에 마음근육을 강화해 마음탄력을 키우고 마음에너지를 보충하고 마음면역력을 향상하는 것이 필요하다고 본다. 약물에 의존하면 우울증상은 완화할 수 있지만 마음근육과 마음에너지를 보충할 수 없고 마음면역력을 강화할 수 없다.

② 영향

20. 우울증이 발생하면 느낌이 우울하고 마음이나 감정 상태가 고통스럽다. 이것은 몸뿐만 아니라 느낌과 감정, 행동과 사고에 영향미치고 존재를 대하는 태도뿐만 아니라 삶 전체에 영향미친다.

21. 삶의 가치를 느끼지 못하고 죽고 싶은 심정, 고립감, 허무감, 죄책감, 무미건조한 마음상태가 일어나고, 몸도 무기력하고 성욕이나 식욕도 감소하고, 소화장애가 발생한다.

22. 직업, 사회, 신체, 마음에 심한 장애를 가져오게 할뿐 아니라 관계와해나 생산성저하, 무능력, 죽음에 이를 수 있다. 증상이 오랫동안 지속할 수 있다.

③ 진단과 처방

23. SATI 수행은 우울증 발병원인을 신체, 사회, 환경 요인에 더하여 다음 세 가지 요인이 영향미친다고 본다.

표66 **우울증** --

① 마음에너지 결핍

② 마음근육 약함

③ 인지오류

----

24. 이것을 요약하면 환경과 신체 요인에 더하여 마음탄력이 약하고 마음에너지가 부족하고, 마음면역력 결핍이 우울증발병 주요요인 가운데 하나라고 본다.

25. 우울증처방은 기존 의학계에서 하는 약물요법에 더하여 SATI 수행 처방도 필요하다.

26. SATI 수행은 우울증으로부터 탈출하기 위해서 몸과 마음 운동에서 출발해야 한다고 강조한다.

27. 사회지위를 상실하거나 사랑하는 사람을 떠나보내고 우울감정에 빠진 것도 마찬가지다.

28. 사회지위나 사랑하는 사람으로부터 에너지를 받고 있다가 갑자기 자기의지와 상관없이 기존지위를 박탈당하고 사랑하는 사람을 떠나보내면 그들이 채우고 있던 마음에너지가 부족하고 그 부족한 양만큼 우울감이 온다.

29. 이때도 여러 가지 요법에 더하여 반드시 해야 하는 것이 마음에너지를 보충하고 마음근육을 키우는 것이다. 그것이 마음탄력을 키우고 마음면역력을 향상시키는 방법이다.

30. 술, 담배, 마약 등을 끊으면 일시로 우울증이 온다.

31. 술이나 담배에 의존해있을 때 그것이 힘이 된다. 그러나 인위로 그런 것을 제거하면 에너지 총량이 급속히 감소하고 그 감소한 에너지 양만큼 우울감이 온다. 여러 가지 요법에 더하여 꼭 빠뜨리지 말고 해야 하는 것이 마음에너지 보충이다. 이것이 마음면역력 키우는 방법이다.

32. 동시에 마음근육 강화가 절대로 필요하다. 마음근육이 발달해있으면 마음에너지 보충을 쉽게 할 수 있고 마음탄력이 좋고 마음상태를 활기차게 해서 보다 효과있게 우울감정으로부터 벗어날 수 있다.

3) 직무소진

33. 최근에 직무소진(burn out)이란 말이 주목받는다. 직무소진은 더

이상 사용할 육체와 마음 에너지가 남아있지 않고 일할 의욕이 없어서 개인이나 기업에서 많은 문제를 야기한다.

① 정의

34. 직무소진은 자신이 해야 할 일을 과도하게 해서 육체와 마음 에너지를 모두 소비하고 더 이상 소비할 에너지가 남아있지 않아 몸과 마음이 극도로 피로한 상태를 말한다.

② 영향

35. 일은 해야 하는데 정작 일하고 싶은 의욕이 일어나지 않고 몸과 마음이 극심하게 피로하고 삶의 활력이 떨어지고 무기력해 생산성이 현저히 낮아지고 사회생활에 문제가 된다. 개인은 물론이고 기업이나 공동체 활력이 떨어진다.

③ 진단과 처방

36. SATI 수행은 직무소진이 일어나는 원인으로 과도한 육체와 마음 에너지 소비, 뇌와 마음 피로, 마음근육 약화를 주목한다.

37. 직무소진은 본인 기대와 주어지는 보상불일치로 인해 발생하기도 한다. 이럴 때 적절한 보상이 주어지면 해소할 수 있다.

38. 구조문제로 인해 발생하는 직무소진도 있다. 이럴 때 구조조정이 필요해서 적당히 업무를 바꿔주는 것도 필요하고 사람을 교체하는 것도 고려해야 한다.

39. 몸과 마음 에너지를 과도하게 소비해 직무소진이 온 경우는 몸과 마음이 충분히 휴식할 수 있게 해야 한다. 문제는 몸에 쌓인 피로는 휴식하면 되지만 마음에 쌓인 피로는 육체휴식만으로 잘 풀리지 않는다

는 점이다.

40. 피로회복은 단지 쉬는 것만으로 충분하지 않다. 휴식에 더해 적당한 운동이 필수다. 운동없는 휴식은 도리어 몸과 마음을 무기력하게 만들 수 있다.

41. 육체 휴식과 운동에 관해서 잘 알고 전문가를 통해 적절한 조언 받고 스스로 할 수 있다.

42. 문제는 뇌와 마음을 어떻게 휴식할 수 있느냐다. 그것은 SATI 수행이 전문이다. SATI 수행을 통해 수월하고 효과있게 뇌와 마음을 휴식할 수 있다.

43. SATI 수행을 통해 마음운동을 하고 마음근육을 키우고 동시에 뇌와 마음을 휴식할 수 있다.*

44. 우리는 소모한 육체에너지 보충에 대해서 잘 알고 있다. 소모한 마음에너지 보충은 SATI 수행이라야 가능하다. 마음에너지 증감구조를 이해하고 그것을 활용해 마음에너지를 보충해야 한다. 그러면 직무 소진에서 효과있게 탈출할 수 있다.

45. 과도한 노동으로 마음근육이 지치고 탄력을 잃었을 경우도 SATI 수행으로 훌륭히 마음근육을 강화하고 활기차게 할 수 있다.

46. SATI 수행으로 마음근육을 키우고 마음에너지를 보충하는 것이 마음탄력을 키우고 마음면역력을 높이는 길이다.

명상과 수행

많은 사람이 명상은 마음휴식 프로그램이라고 알고 있다. 그것은 명상에 관한 일부만 진실이다. 원래 수행은 마음 휴식과 운동 병행 프로그램이었다. 긴장한 마음은 이완하고 무기력한 마음은 마음운동으로 마음탄력을 키우는 것이다. 이것을 서구인이 마음운동보다 마음휴식 프로그램을 주목하고 개량해 이 부분을 대중화한 것이다.

4) 감정관리

47. 감정관리(emotion management)가 효과있게 되지 않으면 자기 자신은 물론 관계하는 사람도 힘들고 대인관계에 심각한 문제가 발생한다. 특히 서비스업 같은 직업은 감정관리를 중시할 뿐만 아니라 감정관리가 생산성향상에 직접 영향미친다.

① 정의

48. 감정관리는 접촉다음에 느낌(vedanā, 受, feeling)이 일어나고, 그 느낌을 대상으로 감정상태나 마음상태[citta, 心, emotion]가 발생한다. 그렇게 일어난 감정이나 마음 상태를 스스로 유효하게 조절하고 관리하는 것이다.

② 영향

49. 감정노동(emotion work)이란 말이 일상화할 정도로 감정관리가 중요하다. 개인 삶뿐만 아니라 서비스업 같이 감정관리를 중시하는 직업은 감정관리를 효과있게 하지 않으면 문제가 심각하게 발생한다.

50. 대중이 모여 관계맺고 서로 영향미치고 사는 현대사회는 적절히 감정관리하지 않으면 본인 스스로도 힘들뿐만 아니라 대인관계도 엉망이 된다.

51. 감정을 적절히 관리하지 못하면 자극에 대해 과민반응하고 사소한 일을 확대하고 공동체평화를 깨뜨리고 불신과 폭력이 증가하고 삶의 질이 척박해진다.

③ 진단과 처방

52. SATI 수행은 감정관리를 효과있게 하기 위해서 마음근육이자 알아차림 기능인 sati 힘 강화, 마음근육과 sati 집중력강화, 상황을 있는 그대로 보고 주관으로 해석하지 않기, 전체상황 통찰기능인 paññā(般若, 慧)를 중시한다.

53. SATI 수행을 통해 알아차림 기능을 강화하면 자기감정이 움직이는 것을 스스로 자각할 수 있다. 그러면 어느 정도 자기감정을 관리할 수 있다.

54. 알아차림 기능이 약하면 자극에 대해 반응하면서도 스스로 무엇을 하는지 잘 모르는 경우가 있다. 그러면 상황에 매몰되고 반응이 격렬해지기 쉽다. 적당할 때 멈추게 하는 브레이크가 필요하다.*

55. SATI 수행을 통해 마음근육이 강해지면 자기감정이 움직이는 것을 효과있게 제어할 수 있다. 부정감정이 강한 에너지를 가지고 마음공간을 휘저어도 마음근육이 강하면 부정감정에 흔들리지 않고 중심잡을 수 있고 감정을 유효하게 관리할 수 있다. 그것이 바로 sati 브레이크다. 마음근육이 발달해야 힘있게 브레이크를 밟을 수 있다.

56. SATI 수행을 통해 존재를 있는 그대로 보는 것이 필요하다. 감정은 접촉다음에 일어나는 느낌을 대상으로 발생한다. 감정은 존재를 있는 그대로 보지 않고 자신이 가진 선입견이나 가치관에 기초해 주관으

깨어있는 삶

SATI 수행 창시자인 Buddha는 뜨거운 돌을 알고 집으면 덜 데지만 모르고 집으면 많이 덴다고 했다. 자신이 무엇을 하든지 분명히 알고 하자. 설사 일탈행위를 해도 스스로 하고 있는 일을 분명히 알면 행위강도가 약해진다. 모르고 하면 곤란하다. 화를 낼 때 스스로 화내는 것을 알고 하면 강도를 조절할 수 있다. 좀 지나면 싱겁기도 하다. 깨어있는 삶, 이것이 SATI 수행이 추구하는 현실목표다.

로 해석하기 때문에 발생하는 경우가 많다.

57. 어떤 존재라도 가치판단하지 말고 사실판단만 해야 한다. 미운 사람 특성이 미운 짓 하는 것이고 잔소리꾼 특성이 잔소리하는 것이다. 사실판단만 하고 행동자체를 알아차림만 해야 한다. 존재를 주관으로 해석하고 나쁜 놈 미운 놈으로 가치판단하면 감정관리가 쉽지 않고 행동으로 발전하고 삶이 복잡해진다.*

58. 전체상황 통찰기능인 paññā를 갖추는 것이 필요하다. paññā는 직면한 현실에서 감정관리를 효과있게 하지 못하고 현상에 따라 감정이 움직이고 감정에 휘둘려 행동하면 그 영향력이 어떻게 전개되고 삶을 얽매는지를 이해하는 전체상황 통찰기능이다.

59. 전체 관계나 상황을 이해하면 어느 정도 자기감정을 관리할 수 있다. 그런 흐름을 놓치고 직면한 현실에 따라 감정이 흔들리면 삶이 얽히고 힘들어진다.

표67 **판단수준** ---

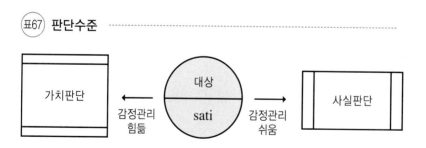

버전이 다르다

Mahasī에는 세계 곳곳에서 많은 수행자가 오다보니 별별화상이 다 모인다. 우리는 그 꼴을 잘보지 못하고 열불이 나는데 그곳 어른 스님은 「이번은 버전이 다른 친구가 왔구먼」 하고 웃고 넘어간다. 우리는 가치판단하고 열불나고 그곳 어른 스님은 있는 그대로 보고 사실판단하고 웃는다.

5) 마음관리

60. 마음관리는 삶에 중요하다. 예로부터 마음관리에 관한 다양한 이론과 기술을 제시하고 실천한다.

① 정의

61. 마음관리는 내가 원하는 대로 마음상태를 통제하고 관리할 수 있는 것이다.

② 영향

62. 마음관리를 제대로 하면 강한 자극에도 마음상태가 고요하고 평화로울 수 있다. 마음관리를 제대로 하지 못하면 조그마한 자극에 마음이 흔들리고 삶이 불편해진다.

63. 마음관리를 올바로 하면 큰 자극에도 알아차림하고 느긋하게 여유부릴 수 있다. 마음관리를 원활이 하지 못하면 사소한 자극에도 과민반응하고 얽매이고 힘들어진다.

③ 진단과 처방

64. SATI 수행은 마음관리는 마음근육이자 알아차림 기능인 sati 기능을 활성화하고 마음에너지를 보충하는데서 시작해야 한다고 본다.

65. SATI 수행에서는 마음관리할 때 기본이자 핵심은 욕망, 분노, 편견 같은 마음오염원 제거보다 그런 마음상태에서 벗어나 탈출하는 것이 효과있다고 본다.

66. 욕망이나 분노 같은 마음오염원은 제거해야 한다. 문제는 욕망이나 분노가 마음공간에 등장하면 그것을 재차 제거해야 한다는 점

이다.

67. 마음과학과 SATI 수행을 창안한 Buddha는 욕망이나 분노 같은 마음오염원은 제거하는 것 못지않게 그것으로부터 탈출해 자유롭게 사는 것을 중시했다.

68. 핵심은 초점을 어디에 맞출 것인가 하는 점이다. 욕망이나 분노에 초점두고 그것을 제거한다고 해서 마음근육이 커지는 것은 아니다. 마음근육을 키우면 욕망이나 분노를 제거할뿐더러 그런 마음오염원으로부터 자유롭게 된다. 마음근육을 키우는 것이 마음관리 주변수다. 그래서 Buddha는 마음근육 키우는 SATI 수행을 중시했다.

69. 마음근육을 키워 놓으면 다음에 비슷한 상황이 나타나도 이미 키워둔 마음근육으로 인해 수월하게 벗어날 수 있다.

70. 평소 마음근육을 키워두지 않으면 용케 해당상황에서 벗어난다고 해도 다음에 비슷한 상황이 일어나면 그런 상황에 다시 구속된다. 마음관리 핵심은 마음근육이자 알아차림 기능인 sati 힘을 키워두는 것이다. 이것이 Freud와 Buddha 관점차이다.

71. 마음근육이 발달하면 강한 자극에 마음상태가 평화로울 수 있다. 마음근육이 발달하지 않으면 조그마한 자극에 마음이 흔들리고 삶이 불편해진다.

6) 주제몰입

72. 현재 하고 있는 일을 성취하기 위해서 주제에 몰입하고 집중하는 힘이 강해야 하고 지속력도 있어야 한다. 그래야 일을 완성할 수 있다. 주제에 몰입하거나 집중하는 힘에 관한 여러 가지 이론과 기술이 있다.

① 정의

73. sati 집중 혹은 sati 몰입은 마음거울에 맺힌 상에 마음근육이자 알아차림 기능인 sati가 집중하는 것이다. 집중력 혹은 몰입도는 주제에 집중하고 몰입하는 힘크기를 나타낸다.

② 영향

74. 집중력이 강하면 진행하는 일을 완성할 수 있는 가능성이 높다. 몰입도가 약하면 일완성도가 떨어질 수 있다.

75. 주어진 일을 성취하지 못하는 사람 특징 가운데 두드러진 것이 주제몰입도가 약하다는 점이다. 성공한 사람 특징 가운데 하나가 주제집중력이 높다는 점이다.

③ 진단과 처방

76. SATI 수행은 주제몰입도나 집중력강약에 따라 추진하는 일성취도가 영향받는다고 본다.

77. SATI 수행은 주제에 몰입하는 실제기능이 마음근육이자 알아차림 기능인 sati라고 이해한다.

78. 마음근육이 활기차고 힘있으면 주제에 몰입하고 집중하는 힘이 커진다. 이 기능이 약하면 조그마한 자극에 주제에서 떨어져 나오고 산만해지고 주제로 다시 돌아가 집중하기 힘들다. 그러면 생산성이 현저히 떨어진다.

79. SATI 수행은 마음에너지가 충만해야 주제에 몰입하고 집중하는 힘이 커진다고 본다. 이 기능이 약하면 주제에 몰입하고 집중하는 힘이 약해진다.

80. 답은 간단하다. SATI 수행을 통해 마음근육을 키우고 마음에너지를 향상시켜야 한다. 그래야 주제에 몰입하고 집중하는 힘을 향상시킬 수 있다.

4. 마음공학 프로그램

1. 마음관리 유효성을 높이기 위해 마음 구조와 기능, 마음에너지 생산과 소비, 그리고 활용구조를 올바로 이해하고 마음공학 차원에서 다양한 프로그램을 만들고 훈련하면 마음관리 유효성이 높아진다.

1) 기본 프로그램

2. 마음과학과 SATI 수행 기반해 프로그램을 만들 때 반드시 다음사항을 적용해야 한다.

① 철학관과 인간관

3. 존재와 인간을 이해하는 철학관과 인간관에 기초하고, 앉아서 하는 좌념과 걸으며 하는 행념을 토대로 하고, 그 위에 프로그램이 추구하는 목적에 따라 다양한 application을 활용한다.*

---

mobile phone과 application

Steven Paul Jobs는 산업시대 대량소품종 생산특징인 기본기능만 갖춘 모바일에 정보사회 소량다품종 생산특징인 다양한 기능을 갖춘 application을 사용해 전 지구차원에서 인류삶에 획기적인 변화를 가져왔다.

MOST는 앉아서 하는 좌념과 걸으며 하는 행념을 기본축으로 하고 그 위에 마음근육 강화, 마

표68 마음공학 프로그램 --

2) 존재 이해관점

4. 마음과학과 SATI 수행에 기반해 마음관리 프로그램을 개발할 때 항상 존재를 바라보고 문제를 해결하는 관점인 철학관과 인간 이해관점인 인간관을 바탕으로 삼고 그 위에 이론과 기술을 펼쳐야 한다.

5. 철학관이나 인간관 없이 마음관리 프로그램을 개발하고 실행하면 대개 잔기술에 치중하거나 시류에 편승해 조잡하고 생명력이 짧고 유효성도 의심스럽고 경박한 것을 만들어 사용하는 경향이 많다.

6. 그런 마음관리 프로그램은 사용하는 소비자에게 도움주기보다 오히려 그런 프로그램을 제공하는 생산자 자신만 이익을 취할 수 있다. 조심할 일이다.

음에너지 보충, 뇌와 마음 휴식, 몰입도향상, 집중력강화, 마음비우기, 마음보내기, 마음맑히기 등 다양한 application을 활용해 마음관리 프로그램을 만들 수 있다.

① 철학관

7. 마음과학과 SATI 수행에 기반한 마음관리 프로그램에서 토대로 삼는 철학기반은 마음과학과 SATI 수행을 창안한 Buddh가 체계화한 3 법인(三法印)이 기본이다.

8. 모든 존재는 서로 관계맺고 있다는 관계성(緣起, 無我), 모든 존재는 끊임없이 변한다는 운동성(變法, 無常), 어떻게 반응하느냐에 따라 삶의 질이 변한다는 반응성(空, 苦樂)이 그것이다.

② 인간관

9. 마음과학과 SATI 수행 기반한 마음관리 프로그램에서 토대로 삼는 사람에 대한 기본관점은 마음과학과 SATI 수행을 창안한 Buddha가 이해한 인간관이 핵심이다.

10. Buddha는 사람은 선천으로 타고난 성질과 후천으로 학습한 성격이 어우러져 일처리 총역량인 근기(upanissaya, 根機)를 형성한다. 이런 근기에 따라 일을 하면 유효성이 높다. 사람근기는 지대, 수대, 화대, 풍대의 4대(四大, 地水火風)라고 보았다.

11. Buddha는 사람은 그 자체로 완성돼있고, 모든 가능성과 능력을 갖추고 있고, 자신이 가진 능력과 가능성을 현실화는 것은 자연환경, 사회환경, 교육수준이 영향미치고 그 가운데 개인의지력이 영향미친다고 보았다.

3) 기본 application

12. 마음과학과 SATI 수행에 기반해 마음관리 프로그램을 개발할 때 다음 다섯 가지 기본 application에 기초해야 한다.

표69 **기본관점** ┄┄┄┄┄┄┄┄┄┄┄┄┄┄┄┄┄┄┄┄┄┄┄┄┄┄┄┄┄┄┄┄┄┄┄┄┄┄

① 마음근육이자 알아차림 기능인 sati 강화

② 욕망, 분노, 편견 등 마음오염원 제거와 기억무게 해체

③ 마음에너지 보충

④ 마음오염원 구속으로부터 자유

⑤ 뇌와 마음 휴식

┄┄┄

13. 이상 다섯 가지 관점을 선도하는 프로그램이 마음근육이자 알아차림 기능인 sati 힘을 강화하는 것이다.

14. 마음작용, 욕망과 분노, 스트레스, 감정 등 마음에서 일어나는 다양한 마음현상을 이해하고 관리하는 여러 가지 이론이 있다.

15. MOST 기반 마음관리 프로그램은 그 이론과 기술이 단순하고 간단하다. 그것은 마음근육이자 알아차림 기능인 sati 힘을 향상시키는 것이다. 이것이 마음공학 핵심이자 출발점이다.

4) sati 강화 application

16. 좌념, 행념, 생활념을 통해 마음근육이자 알아차림 기능인 sati 힘을 키운다. MOST 기반 마음관리 프로그램에서 마음근육이자 알아차림 기능인 sati 힘을 강화하지 못하면 어떤 기술도 의미없다.

17. 좌념과 행념을 기본으로 하고 스트레스 관리, 감정관리, 직무소진, 집중력강화를 위한 application을 추가하면 좋다.

18. 거기에 더해 삶이 흔들리고, 삶의 방향을 정하지 못해 혼돈스럽고, 삶의 갈증을 느끼고, 삶에 낀 거품을 제거하려는 사람은 마음과학,

철학관점, SATI 미학, SATI 예술, SATI 문화 등 다양한 application을 추가하면 효과있다.

19. 그러나 명심해야 할 것은 좌념이나 행념이 핵심이 아니란 사실이다. 핵심은 바로 마음근육이자 알아차림 기능인 sati 힘을 키우는 것이다. sati 힘을 키우는 방향으로 프로그램을 구성해야 다른 이론과 기술을 추가할 수 있고 효과도 크다. 이 책 370쪽 표61 sati 강화방법을 참조하면 많은 도움될 것이다.

5) 기억무게 해체 application

20. 기억이미지와 결합한 욕망, 이기심, 분노, 적의, 원망, 서운함, 편견, 선입관, 가치관 등 마음오염원인 탐진치 3독심(貪嗔痴 三毒心)을 해체하고 기억무게를 감소하는 것은 다음같다.

표70 **기억이미지 해체방식** --

① 마음압력 증폭

② sati 타격

③ 앎 구조조정

----

① 마음압력 증폭

21. 마음근육이자 알아차림 기능인 sati 힘을 증폭해 기억이미지와 결합한 마음오염원을 해체하고 기억무게를 감소시킨다.

22. 마음근육이자 알아차림 기능인 sati를 인식대상(기준점)에 밀착

고정하면 1차로 마음압력(三昧力)이 발생한다. 이렇게 발생한 마음압력을 증폭시켜 마음공간에 재차 가해 기억이미지와 결합한 마음오염원을 제거하고 기억무게를 해체한다.

23. 기억이미지와 결합한 에너지 해체도구가 마음근육이자 알아차림 기능인 sati다. sati에 힘을 가하는 것이 sati 집중기능인 samādhi다. Buddha는 Mahācattārīsaka Sutta(大四十經)에서 올바른 노력[sammā vāyāma, 正精進]과 올바른 알아차림[sammā sati, 正念]으로 기억이미지와 결합한 마음오염원을 해체해야 한다고 말했다. 이 책 362쪽 표55 기억에너지 해체구조 ① 을 참조하면 많은 도움될 것이다.

② sati 타격

24. 기억이미지에 마음근육이자 알아차림 기능인 sati가 직접타격을 가해 기억이미지와 결합한 마음오염원을 해체하고 기억무게를 감소시킨다.

25. 무게를 가진 기억이미지가 마음공간에 등장하고 마음거울에 상을 맺는 순간 그것을 알아차림하고 그것이 이동하거나 형체를 바꾸기 전 짧은 순간 알아차림 기능인 sati를 가지고 인식대상을 알아차림해(두드려) 기억이미지와 결합한 마음오염원을 해체한다. 그러기 위해서는 sati 힘이 좋아야 하고 samādhi 힘이 강해야 한다. 그리고 sati 유연성과 순발력도 좋아야 한다. 이 책 363쪽 표56 기억에너지 해체구조 ②를 참조하면 많은 도움될 것이다.

③ 앎의 구조조정

26. 앎이 구조조정을 거치면서 기억이미지와 결합한 마음오염원을 해체하고 기억무게를 감소시킨다.

27. 마음근육이자 알아차림 기능인 sati가 인식대상으로 집중할 때 마음공간에 존재하는 기억이미지도 sati가 집중하는 곳으로 함께 집중한다.

28. 이때 마음공간에 존재하는 기억이미지가 서로 밀착하고 결합하면서 데이터 구조조정이 일어나고 기억이미지와 결합한 마음오염원이 함께 해체한다. 그리고 앎이 숙성한다.

29. 인지오류와 철학오류로 인해 기억이미지와 결합한 욕망, 분노, 편견 등 마음오염원인 탐진치 3독심이 해체되고 기억무게가 감소하고 마음공간이 맑아지고 앎이 성숙한다.

30. 이것은 마음화학반응이 일어나면서 기억무게에 변화가 발생한 것이다. Buddha는 이것을 혜해탈(paññā vimutti, 慧解脫) 또는 혜청정(paññā visuddhi, 慧清淨)이라고 했다. 이 책 364쪽 표57 기억에너지 해체구조 ③을 참조하면 많은 도움될 것이다.

6) 마음에너지 보충 application

31. 마음에너지를 보충하기 위해서 마음에너지 증감원리를 올바로 이해해야 한다.

32. 마음근육이자 알아차림 기능인 sati는 인식대상을 따라 옮겨 다닐 수 있고 한 곳에 머물 수 있고 원하는 곳에 머묾과 옮김을 자유롭게 할 수 있다. 머묾과 옮김을 자유롭게 하기 위해서는 마음근육이자 알아차림 기능인 sati 힘이 강해야 하고 유연성과 순발력도 갖춰야 한다.

33. 마음근육이자 알아차림 기능인 sati가 인식대상 영향력에 구속되고 끌려가면 마음에너지를 소모해 마음이 피곤하고 무기력하고 sati 힘이 현저히 약해진다.

34. 마음근육이자 알아차림 기능인 sati가 인식대상을 선택하고 움직이면 마음에너지를 절약하고 보충해 마음이 건강하고 활기차고 sati 힘이 강해진다. 이 책 323쪽 표41 마음물리특성을 참조하면 많은 도움될 것이다.

7) 자유로움 application

35. Buddha는 구속크기가 고통크기를 결정하고 자유크기가 행복크기를 결정한다고 보았다.

36. SATI 수행 핵심은 기억이미지, 망상, 스트레스를 없애는 것이 아니라 그런 현상을 알아차림하고 그 구속으로부터 자유로워지는 프로그램이다.

37. 존재가 가진 힘을 제거하고 자유로워질 수 있고 마음근육이자 알아차림 기능인 sati 힘을 키워 구속으로부터 벗어날 수 있다.

38. 마음과학과 SATI 수행을 창안한 Buddha는 마음근육이자 알아차림 기능인 sati 힘을 키우면 기억무게로부터 벗어날 수 있고 동시에 기억무게도 감소하는 것을 발견했다. sati 힘 키우는 운동이 SATI 수행이다. 이 책 370쪽 표61 sati 강화방법을 참조하면 많은 도움될 것이다.

8) 뇌와 마음 휴식 application

39. 뇌와 마음이 휴식하기 위해서는 뇌와 마음이 충분히 휴식할 수 있도록 환경을 조성해야 한다.

40. 뇌와 마음은 존재를 분석, 사유, 논리로 체계화하거나, 존재를 치

밀하게 가공할 때 운동량이 증가하고 에너지를 많이 소모하고 지치고 피곤해진다.

41. 문제는 뇌나 마음 활동을 정지시킬 수 없다는 점이다. 우리가 할 수 있는 일은 뇌와 마음 기능을 최소화해 운동량과 에너지 소모를 줄여 휴식하게 하는 것이다.

42. 어떤 인식대상이라도 분석, 사유, 논리로 체계화하지 말고 있는 그대로 알아차림만 해야 한다. 그러면 뇌와 마음은 휴식할 수 있다.

43. 그러기 위해서는 마음근육이자 알아차림 기능인 sati 힘이 좋아야 한다. 몸에 기준점 정하고 이름붙이고 알아차림하면 sati 기능이 강화하고 samādhi 힘이 향상된다. 이 책 323쪽 표41 마음물리특성을 참조하면 많은 도움될 것이다.

12
마음작용

check point

이 장에서는 4가지 마음구성 기본인자가 결합해 일어나는 마음작용을 배우고 익힌다.

1. 4가지 마음구성 기본인자가 어떻게 결합해 작동하느냐에 따라 마음에너지를 보충하기도 하고 소모하기도 한다. 마음이 피곤하기도 하고 활기차기도 한다. 오염되기도 하고 청정하기도 한다. 마음상태가 불안하기도 하고 평화롭기도 한다.

2. 4가지 마음구성 기본인자가 결합하고 전개되면서 마음화학반응, 마음물리특성, 정서과정, 사유과정, 마음작용이 발생한다. 이것이 서로 되먹임하면서 다차원 마음작용을 전개한다. 마음작용은 다음같이 여덟 가지 범주로 구분할 수 있다.

1. 실재보기

1. 감각대상이 감각기관과 접촉하고 그 데이터를 마음거울에 보내 상을 맺는다. 마음거울에 상이 맺히면 그것을 대상으로 느낌(vedanā, 受, feeling)이 발생한다. 그 느낌을 대상으로 감정상태가 일어난다. 이렇게 일어난 감정상태를 마음상태라고 한다.*

2. 데이터 결합수준과 마음작용은 sati 수준, 기억무게, 마음상태, 해당 데이터와 관련성으로 결정한다. 동일 데이터를 다르게 해석하고 행동하는 것은 사람 수준과 입장이 각기 다르기 때문이다.

마음과 감정

접촉다음에 일어난 느낌을 대상으로 감정상태가 발생한다. 감정상태를 서로 이해하고 배려하는 것이 공감이다. 공감능력에 기초한 심성관리 프로그램이 Rogers가 개발한 공감심리학이다. 이 공감심리학은 바로 Buddha가 창안한 마음관리 프로그램인 SATI 수행에서 도움받아 만든 심성관리 프로그램이다. Buddha는 느낌을 대상으로 일어난 감정상태를 마음상태라고 부른다. 오늘날 감정관리 또는 공감이란 용어를 많이 사용한다.

3. 마음작용에 마음근육이자 알아차림 기능인 sati(念)가 작동하고 sati가 모든 것을 선도한다. sati 기능 강약에 따라 다차원 마음작용이 전개한다. 마음작용에서 sati가 주변수다.*

4. 마음작용은 순식간에 일어난다. 그 짧은 순간 마음공간에 존재한 기억이미지가 개입해 마음근육이자 알아차림 기능인 sati를 덮는다 [āvaraṇa, 蓋].

5. 존재는 있는 그대로 마음거울에 상을 맺지만 마음근육이자 알아차림 기능인 sati를 가리고 있는 덮개나 자신이 끼고 있는 안경색깔에 따라 다르게 해석하고 반응한다.*

6. 현상과 실재, 내용과 형식은 일치한다. 그러나 실재가 그대로 현상

산은 산이고 물은 물

산은 산이고 물은 물이다.(山是山 水是水)

문제는 그것을 인식한 사람이 편견, 선입관, 가치관으로 바라보거나 자기입장에서 보면 산은 더 이상 산이 아니고 물 또한 더 이상 물이 아닌 것으로 보인다.(山是非山 水是非水) 산주인은 저 산 그린벨트 언제 풀리나 하고 바라보지만 환경운동가는 그린벨트 풀리고 개발하면 어쩌나 하고 환경오염을 걱정한다. 앞집 사람은 새벽 4시에 들어와도 신경이 덜 쓰이지만 인연있는 사람은 저녁 11시만 넘어도 마음쓰인다. 다른 집 아이는 전교에서 꼴찌해도 무심하지만 자기집 아이는 반에서 20등만 해도 집에 먼지난다. 지나가는 사람이 보면 동일현상인데 해석이 다른 것은 각자 처한 입장과 거리가 다르기 때문이다. 그래서 옛 어른은 붉은 안경을 끼면 세상이 붉게 보이고 푸른 안경을 끼면 푸르게 보인다고 했다.

세상은 있는 그대로 존재하지만 사람이 끼고 있는 안경색깔이 문제다. 안경을 벗는 것이 실재를 있는 그대로 보는 유일한 길이다. 그러면 산은 여전히 산이고 물 또한 여전히 물이다.(山是山 水是水) 끼고 있는 안경은 무게를 가지고 있기 때문에 저절로 벗겨지지 않는다. sati와 samādhi를 먹고 자란 paññā 힘으로 안경을 벗길 수 있다.

해체주의와 SATI 수행

서양 철학사나 예술사 흐름은 한편에서는 존재에 관념을 덧씌우고 다른 한편에서는 존재에 덧씌워진 관념을 벗겨낸 역사다.

313년 Milan 칙령으로 Rome 국교가 된 크리스트교는 모든 존재에 크리스트교 가치관을 덧씌

으로 드러나지 않는다. 마음거울에 맺힌 상은 마음공간에 존재하는 마

웠다. 왜 그렇게 규정하느냐고 질문하면 몇몇 크리스트교 이론가가 규정한 대로 그냥 믿고 따르라고 강요했다. 그래서 이 시기를 중세암흑기라고 한다. 이 시기 포장술은 매우 거칠고 크리트스교 사상에 기초했다.

1600년대 프랑스를 중심으로 크리스트교 주관확신에 기초한 주장을 극복하고 좀 더 그럴듯하게 존재를 설명하자는 운동이 일어났다. 그 선두에 프랑스 출신 Rene Descartes(1596~1650)가 있었다. 그는 합리론을 주장했다. 그는 존재에 관념을 덧씌울 때 무식하게 주장만할 것이 아니라 다른 사람이 믿을 수 있도록 그럴싸하게 포장하자고 했다. 멋있는 포장기술을 합리론이라고 한다. 합리론은 다른 사람이 신뢰하고 따를 수 있도록 하는 설득도구다. 같은 시기 영국에서 Francis Bacon(1561~1626)은 자신이 경험한 것으로 존재를 규정하자고 주장했다. 이것을 경험론이라고 한다. 이런 흐름을 모더니즘 또는 근대라고 한다. 이것은 포장기술 차이다. 크리스트교 포장술이 조잡하고 거칠었다면 합리론이나 경험론에서 사용한 포장술은 세련되고 그럴듯해 보였다. 전자가 시장에서 물건포장 수준이라면 후자는 백화점에서 포장하는 정도 차이다. 그러나 존재를 포장하자는데 모두 생각이 같았다.

1900년대 Friedrich Wilhelm Nietzsche(1844~1900)부터 오늘날 Michel Foucault (1926~1984)에 이르기까지 존재에 덧씌워진 관념을 걷어내고 포장을 해체하자는 움직임이 활발하게 일어났다. 이것을 해체주의, 탈근대화, 탈구조주의, 포스트모더니즘이라고 한다. 이들은 존재에 덧씌워진 관념(포장)을 걷어내려고 노력했다. 이들이 주장한 핵심은 관계와 상황이었다.

존재에 덧씌워진 포장을 벗겨내야 한다는 점에서 오늘날 해체주의와 SATI 수행은 비슷한 입장을 가진다. 해체주의자는 수행을 보면서 자신이 그렇게 힘들게 쌓아온 논리가 인도에서 BCE 531년부터 Buddha가 실천했고 중국에서 7~13세기 선승이 치열하게 논의한 것을 보고 감탄해마지 않았다.

Buddha는 존재는 있는 그대로 존재할 뿐인데 존재가 마음거울에 상을 맺는 순간 이미 마음공간에 입력해던 삶의 흔적, 기억이미지가 개입해 존재를 포장하거나 sati를 덮는다고 보았다. 우리가 보는 것은 있는 그대로 실재가 아니라 sati를 덮고 있는 관념이거나 끼고 있는 안경색깔의 허상이다. 우리가 어떤 안경을 끼고 보느냐에 따라 존재를 달리 규정한다. 존재를 덮고 있는 포장을 벗겨내는 방법은 끼고 있는 안경을 벗는 것이다.

수행자는 분석, 사유, 논리로 체계화하지 않고 sati 힘을 키워 존재나 sati를 덮고 있는 포장지를 벗겨내려고 노력했다. 서양은 분석, 사유, 논리를 사용하고 말이나 글로 존재에 관념을 덧씌우기도 하고 그것을 사용해 관념을 해체하기도 했다. 그 과정에서 말이 많아지고 논리가 복잡해졌다.

근대 서양에서 등장한 이성주의나 지성주의도 마찬가지다. 우리가 미친 사람에 말할 때 미친 사람에게 직접 듣고 판단하는 것이 아니라 그 사람이 미쳤다고 규정한 의사말을 듣고 판단한다. 서양의 몇몇 사람이 정해놓은 기준을 이성, 지성, 합리라고 한다. 그들은 존재를 이성, 지성, 합리란 새로운 관념으로 덧씌웠다.

음오염원에 기초해 다양한 관념[nāma rūpa, 名色, 개념]으로 포장해 저장하고 회상하고 작동한다.

7. 마음오염원으로 포장한 기억이미지가 새로 마음공간에 들어온 데이터에 개입하면서 마음근육이자 알아차림 기능인 sati를 덮는다. 이렇게 하면 기억무게[kamma āvaraṇa, 業障]는 점차 늘어나고 sati 힘은 서서히 약화하고 실재를 있는 그대로 보지 못하고 자신이 끼고 있는 안경 색깔대로 인식한 것을 실재라고 착각(顚倒夢想)한다.

8. 마음근육이자 알아차림 기능인 sati를 덮고 있는 포장을 뚫고 그 밑에 존재하는 실재를 있는 그대로 보기 위해서 두 가지 방법이 있다. 하나는 인식대상과 sati 사이로 개입하는 삶의 흔적인 기억무게를 줄이는 것이고 다른 하나는 sati 기능을 강화해 개입하는 삶의 흔적(기억이미지)을 밀어내는 것이다.

9. Buddha는 보리수 아래서 마음근육이자 알아차림 기능인 sati를 강화하면 기억무게(마음무게)가 감소하는 것을 발견했다.

10. 마음공간에 존재하는 기억이미지를 직접 다뤄 기억이미지가 흡수한 에너지 해체는 무척 까다롭고 고난도 기술이 필요하다.

11. Buddha는 기억무게가 있느냐 없느냐보다 sati 힘이 강하냐 약하냐를 더 본질로 보았다. sati 힘이 강하면 기억이미지 영향력에서 자유로울 수 있지만 약하면 조그만 자극에 구속될 수 있기 때문이다.

12. Buddha는 기억무게를 줄이기보다 sati 힘을 강화하는 것이 실재를 있는 그대로 보는[yathābhūta ñāṇadassana, 如實知見] 올바른 길이라고 보았다.

13. Buddha는 기억이미지 속으로 들어가 기억이미지가 흡수한 마음오염원 해체는 까다롭지만 sati 기능을 강화하면 그 힘으로 기억무게를 해체하고 실재를 있는 그대로 볼 수 있고 기억무게 구속으로부터 대자

유를 성취할 수 있다고 보았다.

14. 수행핵심은 마음근육이자 알아차림 기능인 sati 힘을 강화하는 것이다. 그러면 기억무게를 해체하고 그 영향력에서 자유로울 수 있다.

15. 훈련방법은 간단하다. 마음근육이자 알아차림 기능인 sati를 강화하면 된다. sati가 sati 집중, 관찰, 이해, 반응 등을 선도하기 때문이다.

2. 자유로움

1. 감각대상(六境, 色聲香味觸法)이 감각기관(六根, 眼耳鼻舌身意)을 통해 마음공간에 입력해 상을 맺는다(六識, 眼識 耳識 鼻識 舌識 身識 意識). 그 순간 이미 마음공간에 입력해있던 기억이미지가 마음공간에 새로 들어온 데이터와 결합한다.

2. 마음공간에 새로 입력한 데이터는 자체무게만 있다. 여기에 마음공간에 있던 지나온 삶의 흔적인 기억이미지가 결합하면서 데이터가 에너지를 이전받고 마음공간에 저장된다.

3. 마음공간에 존재하던 기억이미지가 새로 입력한 이미지에 에너지 이전과정을 거치면서 마음공간에 존재하는 기억무게, 마음무게, 업장무게가 늘어간다. sati 힘이 강해 기억이미지와 결합한 마음오염원을 해체하면 기억이미지, 마음무게, 업장이 해체되고 녹아내린다.

4. 마음근육이자 알아차림 기능인 sati 힘이 약하면 에너지를 많이 가진 기억이미지나 인식대상에 구속된다. 이 상태를 결(saṁyojana, 結) 혹은 박(bandhana, 縛)이라고 한다. 이 상태는 마음근육이자 알아차림 기능인 sati가 마음오염원인 āsava(流漏)에 구속된 것이다.*

5. 마음공간에 존재하는 기억이미지 힘이 클수록 마음근육이자 알아

차림 기능인 sati를 구속하고 고통지수는 커지고 행복지수는 낮아진다. 기억이미지 힘이 약할수록 sati는 기억이미지로부터 자유롭고 고통지수는 감소하고 행복지수는 증가한다.*

6. 행위[kamma, 羯磨, 業]는 순간에 이뤄지고 소멸한다. 그러나 행위 영향력[kamma bala, 業力]은 오랫동안 지속하면서 삶을 얽어맨다. 우리는 행위에 구속되는 것이 아니라 행위 영향력에 구속된다. 행위영향력은 다른 존재뿐만 아니라 자기자신에게 미칠 수 있다.

7. 이것을 Buddha는 업장(kamma āvaraṇa, 業障)이라고 했다. 서양은 스트레스라고 한다. 여기서는 기억무게 또는 마음무게라고 한다.

8. 삶의 과정에서 접촉을 피할 수 없지만 접촉다음에 일어난 마음작용에서 자유로울 수 있다. 접촉다음에 일어난 마음작용을 알아차림하고 효과있게 관리하면 자유와 행복 지수가 증가하고 알아차림하지 못하면 구속과 고통 지수가 높아진다.

9. 마음관리는 접촉다음에 일어난 마음작용을 알아차림하고 자유로

접촉과 자유

존재하느냐 않느냐보다 인식대상에 마음근육이자 알아차림 기능인 sati가 구속되느냐 자유로워지느냐가 핵심이다. 접촉하느냐 않느냐보다 더 본질은 접촉다음에 일어난 마음작용에 sati가 구속될 것인가 자유로워질 것인가다. 다른 사람과 다투고 10일 동안 말하지 않으면 그 사람은 행위영향력에 10일 동안 구속되고 3시간 정도 지나 툴툴털고 일어나면 3시간 동안 구속된다. 10일 동안 구속될 것인지 3시간 동안 구속될 것인가에 따라 10일 동안 행복이 제한당할 것인지 3시간 동안 제한당할 것인지를 결정한다.

자유와 구속

Buddha는 구속에서 자유(解脫), 윤회(輪廻)에서 해탈을 주장했지 윤회자체를 설명하지 않았다. 후세인은 윤회자체를 설명하고 윤회에 구속돼 낑낑댄다. 윤회에서 벗어나 자유롭게 살자고 출발한 불교가 도리어 윤회에 사로잡혀 힘들어한다.

Buddha가 즐겨 사용한 개념은 행복을 뜻한 nibbāna(涅槃, 寂滅), 자유를 의미한 vimutti(解脫), 지혜를 가리킨 paññā(般若, 慧), 자비를 상징한 mettā karuṇā(慈悲)다.

울 수 있는지 알아차림을 놓치고 마음작용에 구속되는지가 핵심이다.

10. Buddha는 마음근육이자 알아차림 기능인 sati를 강화해 기억무게를 줄이면 마음거울에 맺힌 상의 영향력에서 자유로울 수 있다고 보았다.

11. 훈련방법은 간단하다. 마음근육이자 알아차림 기능인 sati를 강화하면 기억이미지에 낀 마음오염원을 해체하고 행위영향력에서 자유로울 수 있다.

3. 무게줄임

1. 마음공간에 입력한 데이터는 자체 에너지를 가진 상태에서 마음공간에 이미 존재해있던 기억이미지가 가진 에너지(마음오염원, 貪嗔痴 三毒心)를 이전받아 마음공간(신경조직)에 착상한다.

2. 마음공간에 존재하는 기억이미지가 가진 에너지 총량만큼 마음공간은 하중받고 마음공간에 가해지는 하중이 클수록 마음상태는 무겁고 피로해진다.

3. Buddha가 만든 기억무게 해체방법인 SATI 수행은 기억이미지 속으로 들어가 기억이미지가 흡수한 에너지를 해체하지 않고 마음공간 바깥에서 마음공간에 압력을 가해 기억이미지가 흡수한 에너지 해체방법을 사용한다.

4. 이것은 스펀지 물빼기와 같다. 스펀지 속으로 들어가 물을 빼려면 까다롭고 잘 빠지지 않는다. 그러나 외부에서 스펀지에 압력을 가하면 물이 쉽게 빠져나오는 것과 같다.

5. 기억이미지 속으로 들어가 기억이미지가 흡수한 에너지를 해체하

는 것이 아니라 마음공간 외부에서 압력을 가해 기억무게를 해체하는 방법이다. 쉽고도 간단한 방법이지만 획기적인 수행발전을 가져왔다.

6. Buddha는 마음근육이자 알아차림 기능인 sati를 인식대상에 밀착 고정해 1차로 압력을 발생하고 그 압력을 증폭해 마음공간에 재차 가해 압력을 증폭시켜 기억이미지와 결합한 마음오염원이 해체하는 것을 발견했다.

7. Buddha는 마음근육이자 알아차림 기능인 sati와 sati 집중기능인 samādhi(三昧, 止, 定)를 이용해 마음무게나 기억무게를 감소하는 원리와 기술을 발견했다.

8. 맨손으로 무거운 것을 들면 힘들지만 기중기를 사용하면 쉽게 들수 있는 것과 같은 이치다. 맨땅에서 높이뛰기하면 한계있지만 지형지물을 이용해 도약하면 더 높이 오를 수 있는 것처럼 알아차림 대상을 이용해 압력을 증폭하는 것이야말로 Buddha가 발명한 가장 획기적인 기술이었다.

9. 마음근육이자 알아차림 기능인 sati를 이용해 압력을 만들어 기억이미지와 결합한 욕망, 분노, 편견 등 마음오염원(貪嗔痴 三毒心)을 해체하는 기술은 힌두교 Yoga 수행기술처럼 인식대상을 미는 것이 아니라 두드려 힘을 생성하는 기술이다. 이 새로운 이론과 기술이 SATI 수행이다.

10. Buddha가 보리수 아래서 발견한 것은 기억무게를 제거하고 지나온 삶의 영향력에서 자유롭고 여유롭고 청정하고 행복하게 사는 것이었다. 그 순간 오른손으로 땅을 짚고 "내가 그 길을 발견했다"고 선언했다. 이것이 Buddha가 보리수 아래서 깨달은 내용이다.*

11. 마음공간에 입력한 기억이미지에 욕망, 이기심, 분노, 적의, 원망, 서운함, 편견, 선입관, 가치관 등 마음오염원이 얼마나 결합하느냐

에 따라 기억무게가 결정된다.

12. 이때 기억이미지와 결합한 마음오염원을 해체하기 위해서 많은 압력이 필요하다. 그 압력을 만드는 것이 마음근육이자 알아차림 기능인 sati다.

13. sati가 인식대상에 집중해 1차로 압력을 만들고 그 압력이 마음공간으로 가면서 증폭된다. 이렇게 증폭된 압력을 사용해 기억이미지와 결합한 마음오염원을 해체한다.

14. 마음무게, 기억무게, 에너지 뭉침 감소방법도 비슷하다. 스트레스 받거나 업장이 무겁거나 기억무게가 증가하는 것은 기억이미지가 주변 에너지를 흡수한 결과다.

15. 스트레스 받으면 몸이 차갑고 신경이나 근육이 수축하고 굳어진다. 이것은 스트레스 받는 순간이 이미지를 형성해 마음공간(신경조직)에 착상하면서 주변 에너지를 흡수해 일어난 현상이다.

16. 마음근육이자 알아차림 기능인 sati 힘이 좋고 순발력과 유연성이 크면 기억이미지가 마음거울에 회상돼 상[dhamma, 達磨, 法]을 맺는 순간 sati가 알아차림해(두드려) 기억이미지와 결합한 마음오염원을 해체한다.

17. 마음공간에 형성한 에너지 뭉침(마음오염원)을 해체하기 위해 강한 sati 힘이 필요하다. 그 힘을 이용해 기억무게를 줄이고 에너지 뭉침

강한 확신과 제스처

한국사람은 강한 확신이 들 때 무릎을 치면서 주장하고 인도사람은 오른손으로 땅을 짚으면서 주장한다. Buddha가 보리수 아래서 마음 구조와 기능을 정확히 이해하고 기억에너지 흡수해체 구조를 깨달았을 때 오른손으로 땅을 짚으면서 「내가 자유와 행복으로 가는 길을 깨달았다. 마음공간에 존재하는 에너지 뭉침, 기억무게 해체방법을 발견했다」고 선언했다. 그 장면을 항마촉지인(降魔觸地印)이라고 한다. 오른손은 땅을 짚고 왼손은 무릎에 올려놓은 모습이다.

을 해체한다. Buddha가 발견한 마음무게나 기억무게 감소방법은 인류 자유와 행복, 이익과 번영에 기여한 위대한 발명 가운데 하나다.

18. 훈련방법은 간단하다. 마음근육이자 알아차림 기능인 sati를 배, 발, 화두 등 기준점에 집중해 1차로 압력을 만들고 그 압력을 증폭해 마음공간이나 기억이미지로 보내 마음무게, 기억무게, 에너지 뭉침을 해체한다.

4. 마음정화

1. SATI 수행은 기억이미지를 없애는 것이 아니라 기억이미지가 흡수한 에너지 뭉침(마음오염원)만 해체한다. 조금만 노력하면 기억이미지가 흡수한 에너지 뭉침은 얼마든지 해체할 수 있고 맑고 아름다운 마음상태를 가꿀 수 있다.

2. 마음공간에 큰 힘을 가진 나만의 추억거리(기억이미지, 業障)가 존재하면 마음공간에 존재하는 다른 기억이미지나 새로 마음공간으로 들어온 데이터(이미지)에 영향미친다.

3. 기억이미지가 자기힘을 다른 존재에게 미치는 상태를 āsava(流漏)나 rajana(染)라고 한다. āsava란 구멍이 나 통속 내용물이 밖으로 새어나온다는 의미다. 이것은 āsava(마음오염원)가 기억이미지로부터 빠져나오는 상태다. 염은 기억이미지 밖으로 흘러나온 āsava에 의해 마음공간이 오염된다는 의미다.

4. 대개 힘을 많이 가진 삶의 흔적인 기억이미지는 마음공간 깊은 곳에 가라앉아있고 가벼운 것은 표면에 떠있다. 자주 쓰는 것은 길이 뚫려있고 사용하지 않는 것은 막혀있다. 중요한 것은 접근하기 쉽고 사소

한 것은 찾아가기 어렵다.*

5. 기억이미지는 마음사이버 공간을 만드는 뇌를 중심으로 한 신경조직이 없어지지 않는 한 소멸하지 않는다. 기억이미지를 저장한 신경공간이 타격받으면 다른 공간으로 그 데이터(기억이미지)를 이동해 저장하는 것으로 추정한다.

6. 마음공간 깊은 곳에 잠재한 무거운 기억이미지(나만의 추억)는 마음표면으로 잘 떠오르지 않는다. 배, 발, 화두, 소리에 기준점 정하고 이름붙이고 알아차림해 sati 힘을 키워 1차로 압력을 만들고 그 힘을 마음공간에 가하면 처음에 작은 기억이미지가 마음표면으로 올라오다 서서히 무거운 기억이미지가 떠오른다.

7. 마음근육이자 알아차림 기능인 sati 힘이 마음공간이나 인식대상에 가해지는 압력만큼 기억무게를 해체한다. 이때 그보다 작은 기억무게도 모두 녹아내린다. Buddha는 이런 간단하고 편리한 방법을 사용해 기억무게, 나만의 추억거리가 가진 에너지 뭉침(마음오염원)을 제거했다.

8. 마음정화는 신경 클리닉이다. 지나온 삶의 흔적은 기억이미지 형태로 마음공간에 저장한다. 마음은 신경작용으로 만들어진 사이버 공간이다.

9. 신경작용과 마음상태는 서로 밀접히 관계맺고 영향미친다. 신경작

비포장도로

비포장도로에 차가 달리면 먼지가 많이 일어나고 포장도로에 차가 지나가도 먼지가 덜 일어난다. 무게를 많이 가진 기억이미지가 마음공간에서 활동하면 활동흔적인 마음오염원이 마음공간에 흩날린다. SATI 수행으로 기억무게를 해체하면 포장도로에 차가 달려도 먼지가 조금 일어나듯 마음공간은 맑고 고요하다. 움직이고 존재할 뿐이다. 자기일을 할 뿐이다. 자기일에 충실할 때 그 모습이 멋있다. 이것을 위의적정(威儀寂靜)이라고 한다.

용은 곧바로 마음상태에 영향미치고 기억이미지가 착상한 마음공간은 뇌를 중심으로 한 신경조직에 영향미친다.

10. 마음이 무겁고 오염됐다는 것은 신경조직이 오염돼 제대로 기능하지 못한다는 의미다. SATI 수행으로 마음을 맑히면 신경조직에서 만들어지는 화학물질인 신경전달물질이 정상화돼 몸과 마음이 건강해지는데 영향미친다.

11. 훈련방법은 간단하다. 마음근육이자 알아차림 기능인 sati를 배, 발, 화두 등 기준점에 집중해 1차로 압력을 만들고 그 압력을 증폭해 마음공간이나 기억이미지에 가해 기억이미지가 흡수한 무게를 제거한다. 그러면 마음공간은 맑고 아름답게 정화된다.*

5. 마음휴식

1. 몸이 피곤할 때 한 곳에 머물고 휴식하면 피로를 풀 수 있다. 마음도 마찬가지다. 마음근육이자 알아차림 기능인 sati를 어느 한 곳(기준점)에 고정하면 마음피로가 풀린다.

달걀 깨뜨리기

책상 옆에 달걀을 쌓아놓고 책상이 무너질 정도로 압력을 가하면 책상이 부서지면서 그보다 약한 것도 깨진다. 큰 기억무게를 한두 개 깨뜨리면 그보다 작은 기억무게는 모두 해체된다. 에너지를 많이 가진 기억이미지는 마음 깊은 곳에 가라앉아 있어 마음표면에 잘 떠오르지 않는다. 그것을 마음표면으로 떠오르게 하는 방법은 간단하다. sati를 인식대상에 집중할 때 생긴 마음압력(三昧力)을 증폭해 마음공간에 가하면 마음 깊은 곳에 가라앉아 있던 무거운 기억이미지가 마음표면으로 떠오른다. 이때 sati가 그것을 알아차림하면 기억무게를 해체한다. 이 방법은 쉽고 효과 있고 반복성도 없다. 한 번 기억무게를 해체하면 더 이상 그 기억이미지에 구속되지 않고 그것보다 작은 기억무게를 가진 것도 모두 해체된다. 그리고 그 영향력에서 자유로워진다.

2. 몸은 피곤할수록 한 곳에 머물려고 하지만 마음은 피곤하거나 무기력하면 한 곳에 머물지 않고 돌아다니려고 한다. 몸은 피곤하면 상당히 강한 자극에도 한 곳에 멈추지만 마음은 피곤할수록 조그만 자극에도 끌려가고 마음에너지를 소모해 피로가 누적한다.*

3. 마음이 피곤하다고 할 때 마음전체가 피곤한 것이 아니라 마음근육이자 알아차림 기능인 sati가 지친 것이다. 마음이 무겁다고 할 때 마음전체가 무거운 것이 아니라 기억이미지를 저장한 마음공간이 기억무게 하중으로 무거워진 것이다.

4. 몸은 낮에 활동하고 밤에 휴식하지만 마음근육이자 알아차림 기능인 sati는 24시간 내내 활동한다.

5. 깨어있을 때는 감각기관이 데이터를 마음공간으로 입력하기 위해 활동하고 잠잘 때는 깨어있을 때 받아들인 데이터(기억이미지)를 분류하고 결합하느라 분주하게 움직인다. 그 결과 sati는 피로가 누적되고 서서히 무기력해진다.*

6. 마음이 에너지를 많이 소비할 때 존재를 치밀하게 분석하고 깊이

마음본성

마음근육이자 알아차림 기능인 sati는 한 곳에 오래 머물지 않고 인식대상을 따라 움직이는 특징이 있다. 돈이 좋은 사람은 돈을 벽에 붙여두고 sati를 그곳으로 보내면 sati가 돈에 가는 순간 「저 돈 어디에 쓸까」 하고 다음단계로 옮겨간다. 그리운 사람 사진을 벽에 붙여놓고 그곳에 sati를 보내는 순간 「지금 저 화상 뭐하고 있을까」 하고 sati는 다른 곳으로 옮겨간다. 그러면서 sati는 자기 에너지를 많이 소모하고 서서히 피곤하고 무기력해진다.

데이터 정리

몇몇 연구에 따르면 밤새워 공부하는 것보다 낮에 공부하고 밤에 자는 것이 마음공간에 입력한 데이터 회상(기억이미지 회상)에 효과있다고 한다. 이것은 깨어있을 때 입력한 데이터를 잠잘 때 sati가 분류하고 정리해 앎을 숙성시키기 때문이다.

사유하고 논리로 체계화할 때다. 욕망, 이기심, 분노, 적의, 원망, 서운함, 편견, 선입관, 가치관으로 존재를 가공할 때 마음에너지를 많이 소모한다. 자극이 강하고 속도가 빠르고 상황이 복잡할수록 마음에너지를 많이 소모한다.

7. 자극이 부드럽고 속도가 완만하고 상황이 단순할수록 마음에너지를 덜 소모한다. 존재를 분석, 사유, 논리로 체계화하지 않고, 욕망, 분노, 편견 계통으로 가공하지 않고 존재가 마음거울에 반영되는 대로 있는 그대로 알아차림하고 sati 움직임을 최소화하고 마음에너지를 절약하고 보충하면 마음이 활기차진다.

8. 마음근육이자 알아차림 기능인 sati를 미리 정해놓은 기준점에 밀착고정해 휴식하면 피로를 풀고 활력을 회복할 수 있다. 그러나 sati는 오랫동안 인식대상을 따라 돌아다니는데 익숙해 한 곳에 잘 머물지 않는 것이 문제다. sati를 한 곳에 고정하는 것이 마음휴식 핵심이다.

9. 훈련방법은 간단하다. 기준점 정하고 이름붙이고 마음근육이자 알아차림 기능인 sati를 그곳에 보낸다. sati가 기준점을 벗어나면 알아차림하고 즉각 기준점으로 돌아온다. 그렇게 하는 과정에서 sati 활력이 커지고 sati가 기준점에 머물고 피로도 풀린다.

10. 이것이 어느 정도 익숙해지면 sati가 한 지점에 머물 수 있고 sati 힘이 더 향상하면 원하는 인식대상에 필요한 만큼 머묾과 떠남을 자유롭게 할 수 있다. 이런 과정을 거쳐 무기력한 마음이 활력을 되찾고 건강해진다.

11. 이렇게 왔다갔다 하는 사이 마음근육이자 알아차림 기능인 sati 휴식이 가능해진다. 1시간 수행할 때 5분 정도 sati를 한 곳에 붙여놓을 수 있으면 하루 피로 다 풀 정도로 뇌와 마음이 휴식한다.*

6. 뇌휴식

1. 데이터 가공주체이자 도구는 뇌와 마음이다. 기계도 어느 정도 가동하면 쉬어주어야 하듯 뇌와 마음도 적당히 휴식해야 데이터 가공력이 높아진다.

2. 뇌를 무리하게 가동하면 유효성이 떨어진다. 어느 정도 가동하면 휴식해야 더 잘 돌아간다.*

3. 일반기계는 시동을 끄면 쉴 수 있다. 그러나 생체인 뇌는 시동을 끌 수 없다. 뇌가 휴식하기 위해서는 뇌기능이 에너지를 최소로 사용하도록 해야 한다. 그러면 뇌는 휴식한다.

4. 뇌는 오랜 습관으로 어떤 데이터가 마음거울에 상을 맺더라도 자

마음휴식

운동하거나 등산 등으로 피로하면 잠 잘 때 몸에 열나고 땀흘리고 몸을 뒤척인다. 그러면서 몸에 쌓인 피로가 풀린다. 마음에 쌓인 피로, āsava, 업장, 스트레스가 해체될 때도 마찬가지다. 일하고 나서 수행하면 얼마 지나지 않아 몸에 열나고 뚜렷하지도 않은 생각거품이 빠져나가고 졸음이 온다. 그러면 수행자는 수행이 잘 안 된다고 생각하기 쉽다. 이것은 함정이다. 마음에 쌓인 피로가 풀리는 현상이 졸음과 열기를 수반하고 생각거품이 빠지는 것이다. 이것은 수행으로 sati가 휴식하고 마음공간에 저장한 기억이미지에 낀 마음오염원을 해체하면서 나타나는 현상이다. 하루에 쌓인 피로는 5분 정도만 sati를 인식대상에 머물게 하면 어느 정도 해체할 수 있다. 이렇게 몸과 마음에 쌓인 피로를 풀 수 있는 사람은 몸과 마음을 건강하게 유지할 수 있다. 하루에 5분, 7일에 1시간 정도면 충분하다.

세 가지 뇌휴식

뇌를 쉬게 하는 세 가지 방법이 있다.

① 뇌가 지나치게 활성화해 곤란할 경우 마취제를 사용해 뇌를 잠재운다.
② 스트레스를 많이 받는 사람이 독한 술을 먹고 깊이 잠들고 뇌도 잠재운다.
③ SATI 수행자가 마음거울에 맺힌 상을 알아차림만 하면서 뇌기능을 최소화한다.

동으로 반응하고 가공한다. 가공해야 하는 데이터는 가공하고 가공하지 않아야 하는 데이터는 가공하지 않도록 훈련하는 것이 필요하다. 그 훈련방법이 SATI 수행이다.

5. 뇌가 휴식하기 위해서는 마음근육이자 알아차림 기능인 sati를 인식대상에 밀착고정해서 마음거울에 맺힌 상을 분석, 사유, 논리로 가공하지 않고 알아차림만 해야 한다. 그렇게 해서 뇌기능이 최소로 활성화하고 에너지를 적게 소비하면 뇌가 휴식할 수 있다. 이것이 뇌, 마음, sati 휴식원리다.

6. 존재를 분석, 사유, 논리로 가공하는 것이 뇌와 마음이 노동하는 것이다. 그렇게 하면 뇌나 마음이 휴식하지 못하고 피로가 누적하고 지친다. 뇌나 마음이 휴식하기 위해서 어떤 데이터도 가공하면 안 된다.

7. 뇌와 마음은 데이터 가공과정에서 많은 에너지를 소비한다. 뇌와 마음이 에너지를 많이 소비하면 뇌파를 높게 형성하고 에너지 소비가 적으면 낮게 형성한다.

8. 뇌파가 높게 형성될 때는 대개 존재를 분석, 사유, 논리로 체계화하거나 복잡한 일을 처리할 때다. 이때 뇌와 마음은 에너지를 많이 사용한다. 분석, 사유, 논리로 체계화하지 않고 일이 단순할 때 뇌파를 낮게 형성한다. 이때 뇌와 마음은 에너지를 덜 사용하고 보충한다.

9. SATI 수행할 때는 낮고 안정된 뇌파가 형성된다. 잠잘 때도 뇌파가 낮게 형성된다. 존재를 분석, 사유, 논리로 체계화할 때는 높은 뇌파를 형성한다.

10. 어떤 경우는 뇌와 마음이 운동하면서 에너지를 소비하는데 휴식과 에너지 보충이 동시에 이뤄진다. 그 훈련방법이 SATI 수행이다.

11. 문제는 오랫동안 길들여진 습관 때문에 데이터를 가공하지 않는 것이 생각만큼 쉽지 않다는 점이다. 그래서 기준점 정하고 이름붙이고

정해놓은 기준점으로 sati를 밀착고정한다. 그러면 마음공간에 입력한 데이터를 가공하지 않고 뇌와 마음이 휴식할 수 있다. 이것이 SATI 수행이다.

12. 훈련방법은 간단하다. 마음공간에 입력하는 어떤 것이라도 가공하지 않을 것, 그것이 뇌와 마음 휴식 유일한 길이다.

7. 거품제거

1. 데이터는 유통하고 창조하는 과정에서 거품이 낀다. 앎에 불필요한 거품이 끼면 지식양은 많아지나 질이 낮아진다. 마음공간에 입력한 데이터(기억이미지)가 보다 수준높은 앎으로 발전하기 위해서 앎(기억이미지)에 낀 거품을 제거해야 한다.

2. 그것은 마음공간에 데이터 입력을 잠시 중지하는 앎의 다이어트 혹은 앎의 단식으로 가능하다. 앎에 낀 거품 제거도구가 paññā(般若, 慧)다. paññā는 sati와 samādhi를 먹고 자란다.*

앎의 다이어트

세포는 소비하고 남는 잉여자양분을 몸에 축적한다. 외부에서 자양분을 공급하지 않으면 세포는 기능을 최소화하고 자신이 축적해놓은 잉여자양분을 소비한다. 이때 장기가 휴식하고 세포를 정화하고 몸무게가 빠지고 건강해진다. 이것이 단식원리다.

앎의 거품빼는 과정도 단식과 비슷하다. 마음공간에 들어온 데이터는 끊임없이 가공하면서 거품을 일으킨다. 그러면 데이터 양은 늘지만 쓸모없는 데이터가 많고 질이 떨어지고 마음공간은 정크 데이터로 오염되고 복잡해진다. 이때 마음공간에 쌓인 쓰레기 데이터를 청소하고 비워야 한다. 쓰레기 데이터 제거방법은 어떤 데이터가 마음공간에 입력해도 분석, 사유, 논리로 체계화하지 않고 보이는 대로 이름붙이고 알아차림하는 것이다. 그러면 앎에 낀 거품을 제거하고 앎의 순도가 높아지고 마음공간을 정화하고 정돈한다. 이것이 앎의 다이어트다.

3. 직관은 인식대상을 분석, 사유, 논리로 체계화하지 않고 있는 그대로 알아차림하는 기술이다. 이것이 잘 안되기 때문에 기준점 정하고 이름붙이면서 훈련한다. 어떤 인식대상이라도 단지 이름붙이고 알아차림만 해야 한다. 직관은 sati와 samādhi로 성숙한다.

4. 인식대상을 분석, 사유, 논리로 가공하지 않고 있는 그대로 알아차림하면 마음공간에 더 이상 새로운 데이터를 입력하지 않는다. 이때 마음근육이자 알아차림 기능인 sati를 사용해 마음공간에 압력을 가하면 마음공간에 산만하게 흩어져 있던 데이터(기억이미지)가 결합하고 재조정하면서 앎에 낀 거품을 제거하고 앎의 수준이 높아진다.

5. 훈련방법은 간단하다. 인식되는 대로 이름붙이고 알아차림만 해야 한다. 그러면 sati 힘이 커지고 그 압력이 마음공간에 가해지면서 앎에 낀 거품을 제거하고 데이터 순도가 높아진다.

8. 앎의 숙성

1. 마음공간에 입력한 데이터는 어느 정도 숙성기간이 필요하다. 이것을 데이터 숙성 혹은 앎의 숙성이라고 한다.

2. 마음공간에 데이터 입력과정이나 입력한 상태에서 데이터에 거품이 끼기도 하고 마음근육이자 알아차림 기능인 sati 힘이나 데이터(앎) 구조조정을 통해 데이터(기억이미지)에 낀 거품이나 에너지를 해체하기도 한다.

3. 마음공간에 존재하는 데이터(기억이미지)는 다른 데이터(기억이미지)와 결합하고 성장해 스스로 앎의 수준을 높이거나 발전하기도 한다.

4. 배울 때 입력만 하고 잘 이해하지 못하던 것도 시간이 지나면 마음

공간에 입력해있는 기억이미지가 서로 결합해 성숙하면서 명료해지는 것을 알 수 있다. 마음공간에 입력한 데이터가 충분히 성숙할 수 있도록 기다리는 여유가 필요하다.

5. 어떤 것이라도 분석, 사유, 논리로 체계화하지 말고 마음거울에 반영되는 대로 인식대상에 마음근육이자 알아차림 기능인 sati를 집중해 알아차림만 해야 한다. 그러면 앎이 서서히 성숙한다. 앎이 완전히 성숙하면 꽃잎이 열리듯 어느 순간 전체상황 통찰기능인 paññā가 열린다.

6. 훈련방법은 간단하다. 어떤 현상이라도 이름붙이고 알아차림만 해야 한다. 앎이 성숙하는데 가장 큰 방해물은 앎의 숙성과정을 건드리는 것이다. 앎의 숙성을 건드리는 것이 분석, 사유, 논리로 체계화하는 것이다.

13
비교마음

check point

이 장에서는 현대의학, 심리학, 심리상담학, 정신분석학, SATI 수행이 이해하고 실천한 마음관리 이론
과 방법을 배우고 익힌다.

1. 몸 · 마음 · 행동 · 삶

1. 몸 · 마음 · 행동 · 삶은 서로 관계맺고, 서로 의존하고, 서로 영향 미치고, 서로 해체하고, 서로 재구성하면서 변화발전한다.

2. 몸, 마음, 행동을 통해 삶과 행복으로 접근할 수 있고 자연환경이나 사회구조로부터 삶과 행복으로 다가갈 수 있다. 이 가운데 어느 것이 먼저라고 할 수 없다. 범위를 한정지으면 답을 구할 수 있고 행동할 수 있다.

3. 어디서 출발하든 그것이 전부는 아니고 자신이 알고 실천하는 것이 모두 옳다고 할 수 없다. 단지 자신이 잘할 수 있고 가능한 부분에서 출발하는 것이 좋다. 모든 것은 서로 의존하고 보완하고 상대이기 때문이다.

4. 존재를 이해할 때 자기분야에서 출발해 몸 · 마음 · 행동 · 삶을 바라보고 인접분야로 폭을 넓히는 것이 올바른 순서다.

5. 대개 의사나 뇌과학은 몸에서 출발해 마음 · 행동 · 삶을 이해하고 수행자는 마음에서 시작해 몸 · 행동 · 삶을 이해한다. 동일주제를 대상으로 삼으면서 사용하는 개념, 중요도, 우선순위, 사고방식, 행동유형이 차이날 수 있다.

표71 마음관리 비교도표

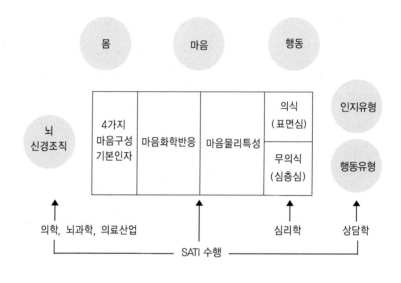

6. 몸이 활동하고 뇌신경조직이 작동하면 신경전달물질과 뇌전기가 발생한다. 그것이 복잡하게 되먹임하고 질로 비약하면 마음사이버 현상이 일어난다. 이렇게 발생한 마음은 4가지 마음구성 기본인자로 구성된다.

7. 마음은 뇌활동으로 파생한 현상이지만 뇌구성인자와 마음구성 기본인자는 차원과 성질이 다르다. 뇌구성인자나 신경전달물질 분석만으로 마음구성 기본인자를 알 수 없다. 마음은 마음차원에서 답을 찾아야 한다.

2. 현대의학과 약물치료

1. 현대의학(뇌과학)은 마음구성 기본인자, 마음화학반응, 마음물리 특성, 마음작용을 잘 이해하지 못하고 뇌와 신경전달물질(약물) 차원으로 환원해 몸·마음·행동을 이해한다.

2. 마음일으키는 기관인 뇌작용과 뇌작용으로 파생한 마음작용을 차원과 특성을 구분해 명확하게 이해하지 못하고 마음을 뇌차원으로 환원해 다루는 오류를 범한다.

3. 일반물질인 뇌, 뇌활동 결과물인 뇌전기, 뇌전기가 복잡한 과정을 거쳐 일으킨 마음작용, 마음작용으로 일어난 행동유형은 각각 성질과 차원이 다른 존재다. 마음과 행동을 일반물질 차원으로 환원해 다룬 것은 접근자체가 잘못됐다. 그러면 마음과 행동을 효과있게 다루지 못한다.

4. 현대의학에서 마음다루는 방법은 크게 두 가지다. 하나는 물질차원에서 화학제품(약물, 신경전달물질)을 사용해 뇌를 마취하거나 마음상태를 조작하는 것이고 다른 하나는 말이나 행동으로 하는 심리치료다.*

5. 병원에 가면 온갖 기계를 사용해 몸에서 일어난 변화를 측정하고 필요한 화학제품(약물)을 몸에 투입해 몸과 마음 다룬다. 이런 방법은 몸과 마음 다루는데 괄목할 만한 성과를 낸 것은 사실이지만 마음을 일반물질 차원으로 환원해 다룬 것은 마음에 관해 충분치 않다.*

마음화학공장

몸은 가장 정밀하고 우수한 화학공장이다. 몸이 스스로 만들어 사용하던 화학제품 생산에 문제가 발생하면 외부에서 화학제품을 만들어 몸에 투입하는 것이 약물요법이다. 이렇게 하면 단기로 효과있지만 장기로 몸은 더 이상 화학제품을 만들어 사용하지 않고 그 기능이 퇴화한다. 몸이 필요한 것을 스스로 만들어 사용할 수 있게 하는 것이 좋다. 그것이 자가치유다. 약물이나 의사가 몸을 낫게 하는 것이 아니라 몸이 스스로 치유하는 것이다.

6. 마음이 뇌작동으로 나온 것이고 뇌가 마음만드는 기관임에 틀림없지만 뇌와 마음은 차원과 특성이 다른 존재다. 뇌는 마음일으키는 기관일 뿐이다. 마음만드는 기관과 그 작동으로 생긴 마음작용은 완전히 다른 물질이다.

7. 마음은 뇌작동으로 만들어진 현상이지만 뇌신경조직이나 신경전달물질 그 자체는 아니다. 마음작용은 그것보다 훨씬 복잡하고 미묘하다. 마음은 신경전달물질 단순합이 아니다. 마음은 마음구성 기본인자의 복잡한 화학반응을 거쳐 완전히 다른 성질과 특성을 가진 고분자 복합화합물이다.

8. 현단계에서 마음을 분자차원에서 이해하려는 것이 현대의학 한계다. 마음은 분자차원보다 훨씬 더 복잡하게 작동하는 물질이다. 뇌신경구조나 신경전달물질에 초점맞춰 그 차원에서 마음다루면 한계가 있을 수밖에 없다. 마음다룰 때 마음이 가진 특성에 기초해 다뤄야 유효성이 나온다.

9. 최근엔 뇌작동(마음) 관찰기계를 만들어 특정상황에서 뇌(마음)가 어떻게 작용하는지 측정한다. 이런 방법은 마음이해에 게으른 방법이고 단편정보만 얻을 뿐이다. 자신이 직접 마음으로 들어가 정밀하게 관찰하지 않고 다른 사람 마음상태만 측정하는 것은 한계가 있다.

10. 현단계 과학수준은 다른 사람 마음공간으로 들어갈 수 없다. 오

뇌와 마음 마취

짜증이 일어나면 행동이 거칠어진다. 이때 신경전달물질을 측정하면 균형맞지 않는다. 이때 의사는 약물을 주입해 신경전달물질을 균형맞춰 해결하려고 한다. 이렇게 하면 마음은 일시로 고요해(명해)지고 행동도 안정된다. 이것은 일종의 뇌와 신경을 마취해 마음작용을 둔화한 것이지 마음이 스스로 안정된 것도 아니다. 마취상태가 깨면 마음은 원상태로 돌아가 다시 조그마한 자극에 흔들린다. 이런 상태를 끊임없이 반복한다. 이것이 한계다.

직 자신만이 자기마음으로 들어갈 수 있다. 그래서 마음을 대상으로 실험할 때 자기마음을 실험대상으로 삼을 수밖에 없다. 이것이 마음이 가진 특성이다.

11. 한의학도 마찬가지다. 마음에서 모든 병이 발생하기 때문에 마음을 다스려야 병도 다스릴 수 있다고 주장한다. 그러나 마음구성 기본인자, 마음화학반응, 마음물리특성 같은 마음작동 원리에 대해 실제로 제시한 것이 없고 서양의학처럼 마음작동 과정만 이해하고 마음작용만 다룬다.

12. 현대의학이 화학약품에 기초해 마음다루는 방식은 마음이 비정상으로 작동하는 병적상태 사람에게 일정정도 효과있다. 이는 뇌를 마취함으로써 행동통제가 가능하기 때문이다. 어디까지나 그것은 뇌를 마취한 것이지 치료는 아니다. 치료제와 마취제는 구분해야 한다.

13. 의사, 심리학자, 심리상담학자는 모든 사람이 마음에 병을 한두개 가지고 있는 것으로 주장하는 경향이 있다. 약간 예민하다고 해도 될 것을 「00증」으로 진단하고 치료해야 한다고 말한다.

14. 최근 의료계는 정상인 마음상태도 의료행위 범주로 삼아야 한다고 관심영역을 확장한다. 이것은 마음건강이나 예방의학 차원에서 바람직한 현상이다.

15. 그러나 기존 마음이해 차원은 곤란하다. 마음건강 핵심은 마음에 대한 과학적인 이해와 구체적인 변화기술이다. 이런 것을 고려하지 않은 채 마음건강을 상품화하는 것은 경계해야 한다.

16. 지나치게 약물에 의존하는 것이 몸의 면역력을 떨어뜨리듯 마음도 마찬가지다 약간 예민하거나 조금 힘든 상태에 직면하더라도 스스로 극복할 수 있도록 여유갖고 도와주는 것이 좋다. 그렇지 않고 다른 사람이나 약물에 의존하도록 유도하는 것은 개인의 주체적인 극복의지

를 약화시키는 주범이다.

17. 더 본질은 정상인 마음상태를 어떻게 다룰 수 있는가 하는 점이다. 이미 발생한 비정상상태를 약물을 이용해 통제하지만 정상인 마음은 약물을 사용해 다룰 수 없다. 예방의학 차원에서 정상인 마음상태를 올바르게 이해하고 다루는 것은 시급하고 필요한 과제다.

18. 정상인 마음상태를 다루는 것에 초점두고 접근한 것이 SATI 수행이다. SATI 수행은 정상인 마음상태를 건강하고 활기차게 가꿔 자유로운 삶, 여유로운 삶, 청정한 삶, 행복한 삶, 공존하는 삶을 살 수 있는 토대를 제공하는 것이 목적이다.

3. 심리학 · 심리상담학과 마음분석

1. 심리학이나 심리상담학은 마음구성 기본인자, 마음화학반응, 마음물리특성을 잘 이해하지 못하고 마음작용이나 행동유형에 초점두고 마음다룬다.

2. 심리학과 심리상담학은 마음을 변화하려고 노력하지만 마음변화보다 마음현상을 분석하는데 주력한다. 심리학이나 심리상담학은 마음작동 원리는 이해하지 못하고 마음작동 과정만 다룬다.

3. 마음구조, 마음화학반응, 마음작용, 마음상태와 행동유형은 서로 연관해있고 서로 영향미치지만 그 연결고리를 올바르게 파악하지 못하고 표면의 마음작용과 행동유형만 통제하려고 애쓴다.

4. 심리학이나 심리상담학 한계 가운데 하나가 마음을 분석대상으로 다뤘다는 점이다. 심리학은 자신이 만든 이론에 맞춰 마음과 행동을 해석하고 변화하려고 한다. 그러나 마음은 분석대상이 아니라 변화대상

이다. 특정이론에 사람을 적용할 것이 아니라 사람을 중심에 두고 왜 그렇게 사고하고 행동하는지 이해하고 설명해야 한다.*

5. 심리학은 마음현상이나 마음물리특성을 논리로 분석하는데 주력했고 심리상담학은 행동유형을 말로 설명하는데 초점둔다. 심리학이나 심리상담학은 설문지를 이용한 심리검사나 성격검사를 선호한다. 심리학이나 심리상담학은 마음과 행동 변화를 강조하지만 분석과 검사를 중시하는 진단차원에 머문다.*

6. 심리학이나 심리상담학은 마음변화 작은 기술이나 현상의 단기변화에 효과있을 수 있다. 큰 기술이나 장기로 마음과 행동이 변하는지 정밀히 검토해야 하고 반복성도 영원한 숙제다. 그리고 주장 · 실천 · 결과가 일치했는지 반드시 실천으로 검증해야 한다.

7. 심리학이나 심리상담학이 행복지수, 스트레스 지수, 성격검사 등

행동과학

다양한 행동유형은 마음작용 결과물이다. 마음작용과 행동유형은 서로 관계맺고 상호 의존해있다. 마음작용이 평화로우면 행동은 부드럽고 거칠면 행동은 성글다. 사람행동을 다룰 때 행동만 초점맞추면 부족하다. 행동을 일으킨 마음구성 기본인자, 마음화학반응, 마음물리특성, 마음작용을 올바르게 이해하고 다뤄야 행동유형을 제대로 이해하고 통제할 수 있다.

관상과 심상

관상이 좋아도 심상만 못하고 심상이 좋아도 실제행동하는 것만 못하다고 한다. 뛰어난 관상가는 시간 두고 사람관상뿐만 아니라 마음씀씀이나 행동거지까지 보고 마지막으로 관상을 판단한다고 한다. 그래야 오류를 줄일 수 있기 때문이다.

독일의 Waldorf 학교는 학생기질에 기초해 교육하거나 직업선택을 조언한다. 그래서 담임선생을 8년 동안 바꾸지 않는다. 여러 가지 이유가 있겠지만 학생기질을 올바로 파악하기 위해서 교사가 오랫동안 학생을 관찰하는 것이 좋다고 보기 때문이다.

오늘날 심리학이나 심리상담학에서 기질검사나 적성검사를 설문지를 통해 하는 경향이 많다. 그것은 시간과 노력을 절약할 수 있는 편리함은 있지만 설문지 몇 문항으로 기질이나 적성을 파악할 수 있다고 생각하는 것 자체가 놀랍다. 어떻게 가능할까?

여러 가지 검사도표를 만들고 마음작용을 객관화하려 노력하고 상당한 성과를 거둔 것도 사실이다. 그러나 그런 것을 검사한다고 마음상태가 변하는 것은 아니란 사실을 간과하거나 이론에 매몰된 경향이 강하다.*

이론노예

자연과학자, 사회과학자, 경제학자가 시중에 나와 있는 이론을 따라가다 이론노예가 되고 창의력이 나오지 않을 때 새로운 이론이나 기발한 아이디어를 인문학 상상력에서 힌트얻는 경우가 많다. 마음과학자, 수행자, 인문학자는 자연과학이나 사회과학자가 만든 이론도움을 많이 받는다. 이것은 인접학문에서 전해받은 지식이 자기분야에서 촉매제로 작용해 상승작용을 일으키기 때문이다.

심리학이나 심리상담학도 마찬가지다. 시중에 유포해있는 이론을 따라가다보면 문제해결 주체성이나 창의성은 사라지고 이론틀에 사람이나 상황을 끼워맞추는 경향이 강하다. 가급적 이론에 사람이나 상황을 적용해서는 안 된다. 항상 사람을 중심에 두고 왜 그런 사고나 행동을 하는지 그 사람이 그렇게 사고하고 행동하는데 어떤 요인이 어떻게 영향 미치는지 규명하는 것이 현명한 방법이다. 어떤 경우든 사람이 중요하다. 특정이론에 사람을 종속해서는 안 되고 사람 사고와 행동을 논리로 설명할 수 있어야 한다.

연역사고는 원인에서 결과를 돌출하는 방법이다. 이것은 신이 우주를 창조했다는 방식과 유사하다. 귀납사고는 결과를 파생한 원인을 규명하는 방법이다. 이것은 자연현상을 과학으로 설명하는 방식과 유사하다. 대부분 심리학이나 심리상담학이 서구에서 시작해 전 세계로 퍼져나갔고 또 이런 이론을 만든 사람이 신을 믿는 사람이 많다보니 자연히 신중심 결정세계관 틀을 벗어날 수 없다. 그 결과 여러 가지 다양한 형식으로 포장했지만 그 속내를 들여다보면 크리스트교 관점을 크게 벗어나지 않음을 알 수 있다.

심리학이나 심리상담학은 서구 콤플렉스에서 시급히 벗어나야 한다. 마음은 동양이 훨씬 효과 있게 다뤘다. 대부분 학자가 서구에서 배우고 돌아와 그것을 가르치다보니 자기학문을 부정할 수 없는 것도 현실이다. 안 될 것은 없지만 브라질에서 아마존 강 생물을 전공했다면 몰라도 그곳에서 홍길동전을 전공했다면 뭔가 이상한 느낌이 든다. 서구 유명대학에서 물리학이나 생물학을 전공했다면 몰라도 그곳에서 불교나 수행을 배웠다고 하면 이상하게 들리지 않는 것은 또 다른 서구 중심주의가 아닌지 돌아볼 일이다.

서구에서 마음다루는 방법은 잔 기술이 발달했다. 그러다보니 말로써 설명하고 해결하려는 경향이 강하다. 반대로 동양 특히 SATI 수행은 마음변화 큰 기술이 발달했다. 그래서 마음변화 기술인 수행을 가르친다. 잔 기술은 한두 번은 효과있고 또 효과가 빨리 나타나는 것 같지만 궁극 해결점을 제공하지 못한다. 큰 기술은 처음에는 별 자극도 없고 효과도 없는 것 같지만 오랫동안 지속해 유효성이 나온다. 잔 기술에 큰 기술을 응용하면 뭔가 어색하지만 큰 기술에 잔 기술을 보완하면 효과가 좋다.

8. 4가지 마음구성 기본인자가 결합해 전개하는 마음화학반응과 마음물리특성에 내재한 운동원리를 정확히 이해하지 못하고 그 결과물이자 운동과정인 사유나 정서 과정 같은 마음물리특성이나 행동유형만 다루면 마음이나 행동을 잘 다룰 수 없고 유효성도 떨어진다.

9. 미국을 중심으로 한 실험심리학이 10년을 못 채우고 새로운 학설이 등장하는 것은 학문활력이라기보다 마음을 제대로 이해하지 못한 반증으로 봐야 한다. 물분자구조에 대한 학설이 바뀐 적이 있던가.*

심리학흐름

마음을 일반물질처럼 연구하고 마음에 내재한 법칙, 본성, 물리특성을 이해하고 마음을 효과있게 다루자고 1879년 독일에서 현대심리학이 출발했다.

1. 독일심리학(제1심리학)

19세기 유럽을 중심으로 심리학이 처음 발생할 때 마음구성인자를 찾는데서 시작했다. 마음구성인자를 찾고 마음작동 원리를 규명하던 사람은 마음구성인자 가운데 기억과 같은 일부만 이해하고 마음구조 전체를 이해하는데 실패했다. 마음이해가 생각만큼 쉽지 않자 마음을 일으키는 기계인 뇌를 연구했다. 마음구조나 구성인자에 대한 명확한 이해를 덮어둔 채 운동과정인 마음작용만 연구했다.

독일심리학은 마음구성인자를 이해하려고 노력했지만 실패했다. 그들은 두 가지 방향에서 연구했다. 하나는 연구실에서 감각기관을 하나하나 분리해 자극과 반응을 관찰하면서 마음을 연구했다. 이런 연구는 마음수동성만 주목할 뿐이었다.

다른 하나는 경험, 사고, 감정 등 마음거울에 떠오른 이미지를 스스로 관찰하는 내성법을 사용해 마음구성인자를 규명하려고 노력했지만 결국 마음거울에 맺힌 상만 분류하다 시간을 허비하고 답을 얻지 못했다. 후자가 사용한 것은 인도불교 부파부에서 사용한 것과 비슷한 방법으로 처음부터 접근법을 잘못 선택했다.

그들은 삶의 현장에서 복합자극에 대한 마음능동성(문화심리학)을 연구했지만 시간도 충분치 않았고 제자도 자기이익을 위해 스승을 왜곡하면서 잊혀졌다. 그러나 삶의 현장에서 존재전체를 주목해야 한다고 주장한 SATI 수행, 장이론(통합주의), 인지심리학과 만나면서 오늘날 다시 활발하게 활동한다.

2. 실험심리학(제2심리학)

1900년대 미국에서 유럽대륙으로 건너와 마음을 대상으로 심리학이라는 새로운 학문을 배운 사람이 다시 미국으로 돌아가 여러 대학에 심리학과를 개설했고 1892년 미국심리학회를 결성했다. 마음공간에서 마음구성인자와 마음원리를 밝히고 복합자극에 대한 마음능동성을 연구하려는 독일심리학에 대응하여 실험실에서 개별 감각기관을 자극해 마음에 관한 데이터를 얻는 미국심리학을 실험심리학이라고 한다.

실험심리학은 폐쇄된 연구실에서 마음작용에 미치는 외적요인, 자극에 대해 감각이 어떻게 반응하고 마음작용이 일어나고 행동유형이 이뤄지는지 연구에 몰두했다. 그러나 감각기관을 하나씩 분리해 실험했고 주로 동물실험 결과를 사람에게 적용했다. 이것은 단일자극에 대해 마음 수동성을 알 수 있지만 삶의 현장에서 외부자극에 반응하는 마음능동성을 연구하기에 역부족이었다.

실험실에서 개별감각을 분석하거나 동물을 실험해 그 결과를 사람에게 적용한 미국 실험심리학이나 개인 마음공간으로 들어가 마음거울에 맺힌 상을 계통별로 구분하는 독일심리학 내성법도 결국 마음구성 중요요소인 마음거울, 마음거울에 맺힌 상, 마음공간에 저장한 기억이미지, 마음작용이 전개하는 전 과정을 알아차림하는 sati, 마음구성인자가 결합해 전개하는 마음화학반응, 마음물리특성, 마음작용, 행동유형에 관해서 감도 잡지 못했다. 그들은 마음운동 과정은 어느 정도 설명할 수 있었지만 마음운동 원리에 대해서는 아무것도 몰랐다.

미국심리학자는 심리학이 자리잡는 과정에서 마음구성 기본인자에 대한 충분한 연구와 이해가 이뤄지기 전에 마음작용을 상품화하는데 주력했다. 그 주된 이유는 눈에 보이지 않는 마음구성인자를 밝히는 것은 돈도 되지 않고 현실에서 실용성도 없다고 본 것이었다. 1차, 2차 제국주의 전쟁이 발생하고 대학에서 심리학 무용론이 등장하자 미국심리학자는 생존차원에서 마음구성인자나 마음구조와 같은 마음작동 원리를 규명하는 것을 포기하고 심리검사 등 1차로 활용할 수 있는 것으로 연구주제를 제한했다. 그렇게 해서 단편으로 얻은 결과물을 상품화하고 교환가치로 활용했다. 그 결과 미국심리학자는 자기의 생존문제 해결에 매달리고 마음구성인자나 마음작동 원리규명을 외면하고 덮어버렸다. 이런 흐름이 미국심리학 전통으로 자리잡고 지금까지 이어진다.

연구실에서 감각기관을 연구하는 것보다 군대나 기업 등 산업현장에 심리학이 발견한 단편지식을 교환가치로 포장해 사업하는 것을 응용심리학이라고 한다. 미국심리학은 실험심리학이라고 주장하며 등장했지만 양상은 응용심리학 중시방향으로 전개했다. 여기에 강력히 반발하고 실험심리학 순수성을 강조하면서 등장한 것이 순수심리학이다.

실험심리학은 마음구성인자를 찾는 과정에서 마음구조를 중시했다. 그 결과 유물론에 기초한 구조주의 혹은 구성주의 심리학이 등장한다. 그들은 마음구성 기본인자와 마음구조를 알아야 마음을 과학화할 수 있다고 믿었다. 관점은 옳았지만 길을 놓치고 아직까지도 헤매고 있다. 구조주의 혹은 구성주의는 행동주의로 발전한다.

한편 존재는 자신이 살고 있는 자연조건에 적응하고 생존하는 과정에서 여러 가지 기능을 직면한 현실에 알맞게 개량하고 살아간다고 본 것이 기능주의다. 기능주의는 관념론에 기초하지만 미국에서 진화론과 능력주의와 결합하였고 우생학을 좋아했다. 기능주의는 마음능동성을 주목하고 인지주의로 발전한다.

3. 정신분석학(제3심리학)

19세기 말 유럽에서 Freud를 중심으로 시작한 것이 정신분석학이다. 정신분석학은 병원현장에서 정신이상이나 부적응상태에 빠진 사람 행동을 분석하고 그런 행동을 일으킨 원인을 유추해 주장한 것이다.

실험실에서 정상인을 상대로 개별감각을 자극하고 반응한 결과물이나 동물을 상대로 실험해 얻은 것은 6감을 전체로 통합해 사용하는 이상심리 현상을 일으키는 사람에게 잘 맞지 않는 경우가 많았다. 정신분석학자는 현장에서 직면한 사람 마음상태를 설명하기 위해 심리상태, 성격유형, 행동유형을 분석하고 다양한 의미를 부여하고 자기생각을 주장했다.

미국 실험심리학이 실험실에서 정상인 심리현상을 일으키는 원리를 찾기 위한 결과물이라면 정신분석학은 병원이나 상담현장에서 이상심리 현상을 일으키는 사람이나 현실에 적응하지 못하는 사람 심리상태를 설명하기 위해 발달했다.

Freud부터 시작한 대부분 심리이론은 논리를 갖춘 주장인 경우가 많다. 단편실험으로 증명한 제한된 사실이 대부분이다. 많은 심리이론은 실험을 통해 내린 결론이라기보다 행동분석을 재조합한 주장이다. 정신분석학이 사람 심리상태나 행동유형을 분석만 하는 것은 사람을 상대로 자기주장을 실험할 수 없다는 것에 기인한다.

정신분석학이나 산업심리학이 현장파라면 실험심리학은 연구파다. 실험주의자는 자기의 동기순수성을 강조하고 순수파 혹은 실험주의자라고 주장하고 현장사람을 응용파라고 매도한다. 현장사람은 현장 중요성과 필요성 그리고 심리학 궁극목적을 강조하며 현장주의자라고 주장하고 실험실 커튼 뒤에서 금속기구 만지는 사람을 순수파, 동물심리학, 금속심리학이라고 조롱한다.

Carl Gustav Jung(1875~1961)은 정신분석학에서 출발해 분석심리학을 창안한다. 그러나 이 둘의 근본차이는 그리 크지 않다.

Freud는 개인의 6세 이전 경험을 주목하고 그 시기 삶의 흔적이 무의식상태로 개인마음에 존재하며 삶에 영향미친다고 주장한다. Jung은 개인이 속한 집단이나 민족에 전승해오는 문화나 사상이 집단무의식 상태로 사회에 존재하며 그 속에 사는 개인에게 영향미친다고 주장한다.

4. 공감심리학(제4심리학)

Carl R. Rogers(1902~1987)를 중심으로 미국에서 시작한 것이 공감심리학이다.

공감심리학은 현실에 적응하지 못하고 힘들어하는 사람을 그들 입장에서 이해하고 공감하고 지지해주면 힘든 현실을 훌륭하게 극복하고 행복하게 살 수 있다고 주장했다.

공감심리학은 대부분 사람이 힘들어하는 것은 다른 사람과 비교하고 평가함으로써 정서가 충격받아 현실에 적응하지 못하는데 원인이 있다고 보았다. 따라서 가능하면 다른 사람과 비교해 평가하지 말고 존재를 있는 그대로 보고 이해하고 받아들이고 지지해주면 부적응상태를 극복할 수 있다고 주장했다.

이런 주장은 많은 사람에게 공감을 불러일으켰다. 지금까지 심리학, 심리상담학, 심리치료, 정신치료는 그 원리를 배우기가 어렵고 현장에 적용하기 위해서 전문훈련이 필요했다. 실정이 이렇다 보니 소수전문가를 중심으로 행해지고 그들이 독점했다. 정신분석학이든 실험심리학이든 그것을 배우기 위해서 많은 노력과 시간을 투자해야 한다. 그러나 공감심리학에서 제시한 기술은 다른 사람 마음상태를 받아주고 공감해주고, 지지해주고, 맞장구쳐주는 것은 준비시간이 그렇게 많이 필요치 않다. 이것이 상담자나 내담자 서로에게 부담주지 않고 편리했다. 오늘날 대부분 상담이론이 이런 관점에서 출발한다.

공감심리학을 창안한 Rogers는 Buddha가 만든 SATI 수행에서 이론토대를 도움받았다. 접촉 다음에 일어나는 느낌을 대상으로 다양한 감정이나 마음상태가 일어난다. 상대감정을 이해하고 배려하고 지지하는 것이 필요하다.

마음수동성에 주목해 사람 감각이나 행동을 하나하나 분리하고 제한된 사실만 이해하거나 동물을 상대로 실험한 것을 사람에게 적용하는 실험심리학이나 행동주의를 거부하는 그룹이 있었다.

그들은 삶의 현장에서 감각기관 전체를 사용하고 자극을 수용하고 반응할 때 마음능동성에 주목하였고, 이들을 현장주의, 장이론(통합주의), 인지주의라고 한다. 이들은 Buddha가 창안한 SATI 수행을 주목하고 이론과 기술에 적극 도입해 활용한다. 그들은 SATI 수행을 명상이라고 이름붙였다.

5. 행복심리학(제5심리학)

그 모든 것에 우선해 자유롭고 행복한 삶에 초점두고 활동하는 것이 마음과학, SATI 수행, 행복심리학이다.

행복심리학은 자유크기가 행복크기를 결정한다고 본다. 우리가 자유롭고 행복하게 사는데 방해하는 것이 물리구속과 육체고통이다. 거기에 더해 심리구속과 정신고통이 자유롭고 행복하게 사는 것을 방해한다.

심리구속은 지나온 삶의 흔적인 기억이미지가 욕망, 이기심, 분노, 적의, 원망, 서운함, 편견, 선입관, 가치관 등 마음오염과 결합해 기억무게가 많아지고 그곳에 마음근육이자 알아차림 기능인 sati가 구속된 것으로 보았다. 훈련(수행)을 통해 sati 힘을 키워 기억이미지와 결합한 욕망, 분노, 편견 계열 등 마음오염원을 해체해 기억이미지 구속으로부터 대자유를 성취할 수 있다. 그 자유크기만큼 행복지수 또한 향상한다.

행복심리학은 구속에서 자유롭기 위해서 존재를 있는 그대로 볼 수 있는 안목이 필요하다고 본다. 존재를 있는 그대로 보기 위해서 마음공간을 채우고 있는 기억이미지와 결합한 마음오염원을 제거해야 한다. 기억이미지와 마음오염원이 많이 결합하면 마음공간이 흐려지고 존재를 있는 그대로 볼 수 없고 내식대로 해석한다. 기억이미지와 결합한 마음오염원을 해체하면 마음공간은 지극히 맑고 깨끗해지고 존재를 있는 그대로 볼 수 있다. 그러면 삶은 자유와 행복으로 충만해진다.

행복심리학은 마음이 자유롭고 행복하기 위해서 마음근육이자 알아차림 기능인 sati가 활기차야 하며 마음에너지가 충만해야 한다고 본다. sati가 인식대상에 끌려가면 마음에너지를 소비하

10. 실험심리학은 뇌작용과 마음작용 사이에 존재하는 마음구성 기본인자와 마음화학반응을 잘 이해하지 못한 것 같다. 이것은 의학·심리학·심리상담학 공통한계다.

11. 실험심리학은 실험실 한정공간에서 감각작용, 마음상태, 행동유형을 집중해 다룬다. 이 방법은 마음에 대해 추상, 관념, 자의로 주장한 것에 비해 보다 논리를 갖췄고 과학에 가깝다.

12. 실험심리학은 감각기관을 분리해 실험하고 측정한다. 이것은 문제를 단순화하고 한정함으로써 답구하기 편리하다. 그러나 복잡하게 전개하는 감각기관과 마음작용을 제한함으로써 마음이해 폭을 좁혀 놓았다.

13. 삶은 실험실처럼 좁은 공간에서 단순하게 이뤄지지 않는다. 삶은 복잡하고 변수가 많다. 그것을 받아들이고 가공하는 마음작용은 훨씬 더 복잡미묘하고 종합으로 이뤄진다.

14. 실험실에서 감각기관을 분리해 단편으로 다룰 때 마음이 개별자극에 대해 수동으로 반응하지만 삶의 현장에서 감각기관을 전체로 사용하고 복합으로 자극이 오면 마음은 능동성을 띤다.

15. 관계와 상황에서 통합작동하는 감각기관을 분리해 다루고 복잡

고 무기력해지지만 sati가 인식대상을 선택하고 머물면 마음에너지를 충전하고 활기차진다.

행복심리학은 마음근육이자 알아차림 기능인 sati가 인지과정과 행동과정, 구속과 자유를 결정하는 핵심으로 본다.

행복심리학은 마음구성인자, 마음 구조와 기능, 마음화학반응, 마음물리특성, 마음에너지 소비와 충전, 마음건강에 관한 원리와 기술을 올바르게 사용하면 자유로운 삶, 여유로운 삶, 청정한 삶, 행복한 삶, 공존하는 삶을 살 수 있다고 본다.

실험심리학, 정신분석학, 구조주의, 기능주의, 행동주의가 마음현상과 행동유형을 개별로 분리해 하나하나 분석하는데 초점둔다면 행복심리학은 마음작용과 행동유형을 전체로 이해하고 변화하는데 초점둔다.

미묘한 마음작용을 실험실처럼 단순하게 다루면 제한된 진실만 이해할
수 있다.

16. 마음작용은 삶의 현장에서 모든 감각기관이 연합해 작용하는 복
합화합물이다. 자극에 대해 수동으로 작용하지만 반응과 행동에 관해
능동으로 작용한다.

17. 행동주의도 사정은 비슷하다. 그들은 마음다루는 것이 아니라 사
람행동을 다룬다고 주장한다. 행동주의는 행동을 파편화해 다루면서
사람마음에 대해 제한된 진실만을 이해한다.

18. 의학·심리학·심리상담학이 근거로 삼는 불완전하고 자의로 이
해한 마음은 때로는 많은 오답을 제공한다. 그들이 이해한 제한된 진리
를 교환가치로 사용하고 상품화해 생존문제 해결도구로 삼는다.

19. 마음이해를 중심으로 한 교환가치와 생존문제는 마음이해 수준
과 영역을 확장하기도 하지만 제한하기도 한다. 때로는 법이나 제도를
만들어 특정단체가 주장하는 것만 인정하는 폐쇄성을 띤다. 사실과 진
리에 앞서 생존문제는 모든 것을 압도하기 때문이다.

20. 의학·심리학·심리상담학이 범한 마음에 관한 오류는 동양에서
마음다루는 분야도 마찬가지다. 마음을 과학과 객관으로 다루지 않고
신비, 미신, 종교 차원으로 격하해 대중을 현혹한다. 의사가 마취제를
사용해 몸을 마취하듯 종교는 윤회설이나 창조신 등 여러 가지 상징조
작으로 마음과 이성을 마취한다.

4. Freud와 정신분석학

1. 현대사회에서 마음에 관해 주목받는 사람 가운데 하나가 Sigmund Freud(1856~1939)다. 부정하든 긍정하든 마음에 대해 이야기할 때 그를 피해갈 수 없다.

2. 그는 거칠기는 했지만 서구인 최초로 마음구성 기본인자와 마음구조를 설명하고 어린시절 성장단계에 따라 형성한 성격특성을 규정하고 그 틀에 맞춰 마음상태와 행동유형을 설명하고 마음과 행동을 통제할 수 있다고 주장했다.

3. Freud는 마음구성 기본인자를 id(原欲), ego(自我), superego(超自我) 세 가지로 보았다. 그는 마음원판을 id라고 했다. 이것이 마음에너지 원천이고 그 핵심은 성 에너지인 libido(性)라고 주장했다.

4. 마음원판인 id에 자극을 가하면 에너지가 활성화해 지향점을 가진다. 마음에너지가 자극으로 활성화하면 마음상태가 불편하고 안정되면 평화롭다. 마음에서 발화한 에너지는 자신이 원하는 것을 제공해주면 원위치해 고요해진다.

5. 이때 제공되는 것은 반드시 물질이어야 한다. id가 필요로 하는 것을 찾아 제공하는 기능이 ego다. ego는 삶에 필요한 에너지 제공 핵심기능이다.

6. 활성화된 에너지가 원하는 것을 ego가 찾는 과정에서 자신이 살아오면서 형성한 편견, 선입관, 가치관에 위배되는 행동을 할 때 통제기능이 superego다. superego는 윤리도덕 기능을 담당한다.

7. superego는 ego에 대해 억압기능을 한다. Freud는 superego가 ego에 가한 압력을 제거하면 마음은 억압상태를 벗어나 원상태로 돌아간다고 보았다.

8. 이때 지나치게 ego를 억압하면 풍선효과가 나타난다. 풍선 한 쪽을 누르면 다른 쪽이 부풀어지듯 어떤 것을 억압하면 다른 쪽으로 힘쏠림현상이 나타난다.

9. Freud는 자신이 하고 싶은 것을 억누르면 그것을 해소하는 것이 아니라 마음 깊은 곳으로 가라앉고 다른 방향으로 표출한다고 보았다.

10. 해소하지 않고 억눌린 삶의 흔적은 큰 에너지를 가지고 의식깊은 곳에 무의식상태(기억이미지)로 저장했다가 행동과 마음 상태에 영향 미치는데 이것이 억압된 기억무게다.

11. 이때 무의식상태에 있던 에너지 뭉침을 자각할 수 있는 의식상태로 떠올리면 기억이미지가 흡수한 에너지를 해체하고 마음이 안정된다고 보았다.

12. superego에 의해 억압된 ego는 마음표면에 잘 나타나지 않고 마음 깊은 곳에 무의식상태로 잠재했다가 잠잘 때 꿈으로 마음표면에 등장한다. 따라서 꿈을 분석하면 마음 깊은 곳에 존재하는 억압상태를 알 수 있다고 보았다. 이것이 꿈해석이다.*

꿈 해몽과 해석

꿈 해몽과 해석 차이는 무엇일까? 꿈해몽은 꿈이 미래를 예지한다고 본 동양 사고방식이다. 꿈은 우리가 앞으로 직면할 미래세계를 미리 나타낸 것이기 때문에 꿈을 잘 해몽해 앞으로 다가올 미래를 대비하는 것이 좋다고 본다.

꿈을 분석하고 해석한 것은 꿈은 어린 시절 억압된 무의식이 마음표면에 등장한 것이기 때문에 이를 잘 해석하면 문제뿌리를 발견하고 해결할 수 있고, 꿈이 과거를 반영한다고 본 서구 Freud 관점이다.

동일현상을 두고 해석이 다를 수 있다. 그런데 하나는 미신이고 다른 하나는 과학이란 주장은 곤란하다. 그것은 답이 없거나 주장에 뭔가 문제있다는 다른 표현이다. 존재는 존재할뿐인데 존재에 자신이 가진 색깔을 덧칠하고 다양한 주장과 해석을 한다. 사람이 어떤 견해를 갖든 그것은 자유다. 그러나 자기 견해와 주장을 다른 사람에게 강요하는 것은 폭력이고 무지다.

Buddha는 존재자체를 부정하지 않는다. 누구든 어떤 현상을 경험했다면 그것은 그 사람 경험

13. 마음표면에 떠오른 생각에 기초해 말하는 것을 세밀히 분석해도 억압기제를 알 수 있다고 보았다. 이것이 자유연상이다. 꿈해석과 자유연상은 Freud 정신분석 두 축이다.

14. Freud는 성장단계에 따라 성격도 발달한다고 보았다. 그는 사람 일생을 5단계로 나누고 6세 이전에 형성한 기억무게에 따라 이후 삶이 영향받는다고 주장했다.*

15. Freud를 비난하는 사람은 그가 주장한 이론이 조잡한 상상력이라고 주장한다. 그를 지지하는 쪽은 신과학이라고 전폭신뢰를 보낸다.

16. Freud가 설명한 마음과 성격 이론의 참, 거짓을 떠나 그는 서구인 최초로 마음구성 기본인자와 마음구조를 나름대로 설명했다. Freud는 자신이 체계화한 정신분석이론에 맞춰 마음작용과 행동유형을 설명했다.*

이다. 단지 자신이 경험한 본질이 무엇인가는 별개문제다. 해당현상을 최대한 객관화해 본질을 있는 그대로 볼 수 있다는 것이 Buddha 생각이다.

Freud와 Hollywood

Freud를 잘 이해하고 활용해 상업화한 것은 심리학이나 심리상담학보다 의료계와 예술계다. 그 선두에 Hollywood로 대표하는 영화산업이 있다. 이전에 대중감각을 자극할 만한 영화를 만들어도 왜 그런 영화를 만들었는지에 대해 제대로 설명할 수 없었다. 대개 개인 경험이나 상상력에 의존해서 궁색하게 설명했다. 그런데 어린 시절 경험, 억압된 성 에너지가 이후 삶에 영향미치며 삶을 추동하고 왜곡한다는 이론은 예술가 특히 Hollywood 영화산업에 가뭄에 단비와 같은 역할을 했다. 수많은 작가와 감독이 Freud 이론에 따라 영화를 만들고 비평가는 Freud 관점에서 작품을 평가했다. 그 이론 참 거짓을 논하기도 전에 대중은 자신도 모르게 Freud 이론 소비자로 길들었다.

처음일까?

Rene Descartes가 물심이원론을 창안할 때 성리학에서 힌트얻었을 것이란 추측이 있듯 Freud는 정신분석이론을 스스로 창안한 것일까? 아니면 어떤 선행이론으로부터 힌트받은 것일까?

17. Freud는 정신이상자로 알려진 사람을 대상으로 마음을 분석했다. 여섯 명이란 제한된 임상실험 자료를 일반인에게 적용했다는 것이 이 이론 한계 가운데 하나다.*

5. Buddha와 SATI 수행

1. Buddha 마음 이해와 관리 방식은 간단하다. Buddha는 뇌신경조직, 신경전달물질, 뇌작동으로 발생한 뇌전기, 뇌전기작용 결과물인 마음사이버 공간, 마음구성 기본인자, 마음화학반응, 마음물리특성, 행동유형은 서로 밀접히 연관해있고 각각 차원과 특성이 다르게 작동한다고 보았다.*

저자는 Buddha가 창안한 마음과학에서 중요힌트를 얻었을 것으로 확신한다. Freud가 활동하던 당시 유럽은 Moscow 학파를 중심으로 불교논리학이 한바탕 학계를 휩쓸고 지나가고 있었고 유식학이 유럽지성계에 소개된 시대였다. Freud도 불교를 배웠다고 고백하고 있고 그의 이론에서 Nibbāna(涅槃, 寂滅) 등 불교개념을 발견할 수 있다. 문제는 그가 꼬리자르기와 포장기술을 통해 그의 정신분석 이론출처를 감추었다고 본다. 누군가 어학을 제대로 공부해서 이 분야를 연구해보면 Freud 이론근원을 알 수 있을 것으로 기대한다. 한 가지 재미있는 사실은 유식학은 마음변화 기술인 수행이 없고 그 기간을 아주 길게 잡는다는 점이다. Freud 이론과 기술에서 정신분석은 있는데 마음변화 기술이 없고 그 치료기간을 길게 잡는 것은 닮은 점이 많다.

일기장 이야기

자기일기장에 적혀있는 것이 사실일 수 있지만 반드시 진실일 수 없다. 일기장에 어떤 사람에 대해 평가한 것이 객관이고 올바르다고 할 수 없다. 그것은 실천으로 증명해야 한다. 어떤 사람은 종교나 권위를 내세우며 자기일기장, 이슬람 Koran, 크리스트교 Bible, 힌두교 Veda, 유교 經典, 불교 Sutta에 기록한 대로 믿어야 한다고 주장한다. 진짜 코메디다. 참으로 재미있는 일이다.

2. Buddha는 4가지 마음구성 기본인자가 결합해 마음화학반응을 일으키고 사유과정이나 정서과정 같은 마음물리특성으로 전개된다고 보았다. 그렇기 때문에 마음다룰 때 마음작동 원리와 특성에 기초해 다뤄야 효과있다고 보았다.

3. 일반물질은 화학반응과 물리특성이 어느 정도 구별되지만 마음은 4가지 마음구성 기본인자가 중중첩첩 결합해 일으키는 마음화학반응과 마음물리특성을 구분하기 까다롭고 미묘하다.

4. 그러므로 마음다룰 때 사유과정과 정서과정 처럼 마음운동 과정인 마음작용만 다루면 잘 다뤄지지 않는다.

5. 마음은 4가지 마음구성 기본인자가 결합해 전개하는 마음운동 원리를 올바로 이해하고 초기단계인 마음화학반응 차원에서부터 다뤄야 마음작용이나 행동유형을 효과있게 다룰 수 있다.*

6. Buddha는 몸 · 마음 · 행동 · 삶 모두 중시했다. 그 가운데 행복으로 가는 길은 4가지 마음구성 기본인자 가운데 마음근육이자 알아차림 기능인 sati가 주변수라고 보았다.

7. Buddha는 마음근육이자 알아차림 기능인 sati는 뇌신경계, 심혈

강단불교

오늘날 대학을 중심으로 이뤄지는 강단불교는 마음을 분석만 한다. 더 직접 말하면 이전에 마음을 변화했던 수행자를 소개하거나 그들이 써놓은 텍스트 해석만 한다. 심지어 어떤 불교학자는 수행자 행동유형이나 마음작용을 논리로 설명하면 자기역할을 다한 것이라고 말한다. 그러나 이런 관점은 무지한 발상이다. 왜냐하면 정치학자는 정치인 행동유형을 분석만 하면 되지만 의대교수는 병을 분석하는데 그치지 않고 치료기술도 가지고 있어야 한다.

Buddha는 자신을 마음다루는 의사 즉 심의(心醫)라고 했다. Buddha 가르침을 배우고 익히는 불교대학은 의과대학과 마찬가지로 마음을 분석할 뿐만 아니라 변화할 수 있는 기술을 배우고 익히는 공간이다. 불교대학에서 가르치는 교수는 의대교수가 환자를 직접 수술할 수 있듯 마음변화에 대한 유효기술을 가지고 있어야 한다.

관계, 내분비계, 소화기계, 호흡계, 면역계, 마음작용, 행동유형 등 삶 전체에 영향미치고 몸이나 행동도 마음작용과 마음건강에 영향미치지만 sati 강화에 미치는 영향은 미미하다고 보았다.

표72 Buddha · Freud · 유식 비교

	Buddha	Freud	유식
세계관	연기설·비결정세계관	결정세계관	윤회세계관·결정세계관
창조신	부정	부정	인정
감각기관	6감	5감	6감변형
마음구성	단층 입체구조	단층 입체구조	3층 입체구조
마음구성인자	4개	3개	언급없음
마음에너지 원천	태어날 때	태어날 때	윤회
마음에너지 이전주체	anussati(기억이미지)	id(원욕)	ālaya(識)
에너지 이전	이미지가 기억이미지와 결합할 때	id가 활성화할 때	7식을 통과할 때
마음에너지 뭉침	기억이미지와 결합한 마음오염원	무의식공간에 저장한 억압된 기억	8식에 저장한 유식
마음에너지 해체도구	SATI 수행	꿈해석, 자유연상	막연한 수행
마음에너지 해체이론	압력이나 직접타격	분석, 사유, 논리, 말	막연한 수행

　Freud는 마음원판인 id가 마음에너지 원천이라고 보았다. 그는 데이터가 마음거울에 상을 맺는 순간 에너지가 활성화한다고 생각했다. 그렇게 활성화한 에너지(욕망)는 반드시 물질을 제공받아야 안정되는데 활성화한 에너지가 필요로 하는 물질을 제공하는 것이 ego다. ego는 활성화한 에너지가 필요한 물질 제공과정에서 자신이 이제까지 학습한 가치관이나 사회통념과 상반된 것을 취할 경우가 있는데 이런 ego 행동을 통제하는 것이 superego다.

　Buddha는 마음원판인 마음거울이나 마음거울에 맺힌 상은 자체 에너지만 있고 마음공간에 저장한 기억이미지가 에너지를 가지고 있는데 이것이 마음공간에 새로 들어오는 데이터(이미지)와 결합하면서 에너지가 이전한다고 보았다. sati가 강하면 새로 입력하는 데이터와 이미 마음공간에 입력해있는 기억이미지와 결합을 방해하고 에너지 이전을 막을 수 있다고 보았다.

Freud는 superego가 억압한 에너지는 다른 방향으로 분출한다고 보았다. Buddha는 마음공간에 존재하는 기억이미지가 가진 무게가 총체로 삶에 영향미친다고 보았다. Freud는 억압한 에너지를 말로 해소할 수 있다고 보았고 Buddha는 sati와 samādhi로 기억무게를 해체할 수 있다고 보았다. 이같은 마음이해와 기술차이는 Freud는 마음을 5감으로 Buddha는 6감으로 이해했기 때문이다.

Freud와 Buddha는 비슷한 생각을 했다. 둘 다 마음공간에 존재하는 기억이미지가 마음공간에 새로 입력하는 이미지나 저장한 기억이미지에 간섭하면서 존재에 대한 해석이 달라지고 삶을 왜곡한다고 보았다. Freud는 큰 기억질량을 무의식공간에 존재하는 억압된 기억이라 했고 Buddha는 마음공간에 존재하는 업장(業障)이라고 했다.

Freud는 현상은 분명히 답을 가지고 있는데 인내심을 가지고 대화나 꿈해석으로 원인을 찾아내 억압을 해체하면 기억무게가 소멸하면서 마음이 시원해진다는 것을 환자 치료과정에서 발견했다고 주장했다. 이 이론에 기초해 서양에서 심리치료가 발달하기 시작했다. Buddha는 존재가 답을 가지고 있을 수 있고 아닐 수 있다고 보았다. 따라서 굳이 억지로 답을 찾을 필요가 없다고 생각했다. sati 힘을 키워 마음압력을 만들고 그 압력을 마음공간에 가하면 압력이 높아지면서 마음깊이 가라앉은 큰 무게를 가진 기억이미지가 있으면 마음표면으로 떠오르는 것을 수행과정에서 발견했다. 이때 마음표면으로 떠오른 무게가진 기억이미지를 sati와 samādhi 힘으로 해체하면 기억이미지 구속에서 자유로워진다고 보았다. Buddha는 마음을 정화하는데 SATI 수행을 즐겨 사용했다.

Freud는 비정상인을 대상으로 마음을 분석했고 Buddha는 정상인을 대상으로 마음을 이해했다. Freud는 환자치료가 목적이고 Buddha는 정상인 마음건강과 자유롭고 행복한 삶이 목적이었다.

Buddha는 마음을 6식차원에서 단층 입체구조로 이해했다. 그리고 몸이 죽으면 마음도 함께 소멸한다고 보았다.

유식은 8식차원에서 Buddha가 이해한 마음을 3층 입체구조로 왜곡했다. 유식은 윤회주체를 설정했기 때문에 6식은 표면심이고 외부데이터 인식기능만 있다고 설정했다. 그렇게 6식[citta, 心]에 반영된 데이터는 7식[manas, 末那識]에서 가공하고 8식[ālaya, 阿賴耶識, 藏識]에 다시 상을 맺고 저장하고 회상하고 다음 생으로 이전하며, 7식을 통과하면서 가공된 데이터가 8식표면에 상이 맺힌 것을 8식이 알아차린다고 보았다.

Buddha는 4가지 마음구성 기본인자 가운데 마음근육이자 알아차림 기능인 sati를 강화하면 마음화학반응 차원에서 마음작용을 통제하고 효과있게 다스릴 수 있다고 보았다. 유식은 마음을 어떻게 닦아야 한다는 방법론이 없다. 그래서 수행시간을 수억 겁으로 길게 잡았다. 이것은 유식이 힌두교 윤회설을 차용했기 때문이다. 그래서 유식은 결국 점교(漸敎)고 화엄철학과 연결된다. 나중에 수행을 강조한 선(禪)에서 지금 이 생에서 Arahant Maggaphala를 성취하고 수행을 마쳐야 한다고 주장했다. 이것이 돈교(頓敎)다.

점돈논쟁은 수행불교와 유식과 화엄 연합 이론투쟁이었다. 이것이 수행불교 승리로 끝나자 수행불교 내부에서 노선투쟁으로 발전했다.

8. 뇌를 마취해 마음다루는 것은 마음작용을 일시로 마취해 통제할 수 있지만 그것이 근원처방은 아니다. 마취효과가 끝나고 마음이 다시 그같은 상황에 놓이면 동일한 마음상태를 반복한다.

9. 심리상담학이나 정신분석학도 마찬가지다. 말이나 행동으로 거친 마음상태를 일시로 통제할 수 있다. 그러나 결국 마음근육이자 알아차림 기능인 sati 힘을 강화하지 않으면 언제든지 같은 상황이 반복된다.

10. Buddha는 마음근육이자 알아차림 기능인 sati를 마음다루는 핵심으로 보았다. sati 기능은 마음작용 전체에 영향미친다. sati 기능을 강화하지 않고 마음에 관한 어떤 것도 해결할 수 없다는 것이 Buddha 기본생각이었다.

11. 존재를 분석, 사유, 논리로 체계화하지 않고 마음공간에 존재하는 과거흔적인 기억이미지에 낀 마음오염원을 제거하면 실재를 있는 그대로 볼 수 있다. Buddha는 이것을 깨달았다.

12. 우리는 오랫동안 분석, 사유, 논리로 존재를 가공하는데 익숙해 있다. 어떤 데이터가 마음공간에 들어오더라도 즉각 가공하고 평가하고 반응한다.

13. 가공해야 할 데이터는 가공하고 가공하지 말아야 할 데이터는 가공하지 않는 훈련이 필요하다. 학교는 존재를 가공하는 이론과 기술을 가르치고 수행도량은 데이터를 가공하지 않도록 훈련하는 곳이다.

14. 물질과 관련한 데이터는 가공하는 것이 현명하지만 마음오염원 같은 데이터는 가공하지 않는 것이 현명하다. 데이터를 가공할 것인지 가공하지 말아야 할 것인지 판단능력이 지혜다.

15. 학교는 데이터를 분석, 사유, 논리로 가공하는데 중점두고 교육한다. 그러면 삶에 필요한 물질을 효과있게 획득할 수 있다. 수행도량은 데이터를 분석, 사유, 논리로 체계화하지 않고 그것을 압축해 사용

하고 존재를 있는 그대로 보는 직관방법을 가르친다.

16. 수행으로 마음오염원을 효과있게 제거하고 마음건강을 회복하면 행복지수를 높일 수 있다. 학교는 생존문제를 다루고 수행도량은 행복문제를 다룬다.

17. 마음공간에 입력하는 데이터를 다루는 두 가지 방식이 있다. 하나는 분석, 사유, 논리로 가공해 마음채우는 것이고 다른 하나는 압축, 응축, 직관을 사용해 가공하지 않고 마음비우는 것이다.

18. 데이터를 가공해 앎의 수준을 높이는 것을 지식이라고 한다. 지식은 물질을 가공하는데 탁월한 효과있다. 지식이 많으면 사회에서 출세하는데 도움된다. 현대사회는 지식기반 사회이기 때문이다.

19. 데이터 가공수준을 높여 지식양이 늘어나는 것과 만족, 자유, 행복, 평등, 평화 지수를 높여 삶의 질이 향상하는 것은 반드시 일치하지 않는다.

20. 욕망, 이기심, 분노, 적의, 원망, 서운함, 편견, 선입관, 가치관 등 마음오염원은 가공하지 않고 마음공간에서 제거하고 비우는 것이 현명하다. 그래야 건강하고 여유롭고 청정한 마음상태를 가질 수 있고 질높은 삶을 누릴 수 있다.

21. 마음오염원은 paññā(般若, 慧)로 제거할 수 있다. paññā는 인식대상을 분석, 사유, 논리로 체계화하지 않고 존재를 있는 그대로 알아차림하는 sati(念)와 sati 집중기능인 samādhi(三昧, 止, 定)로 성장한다.

22. 몸이 병들고 난 뒤 치료하는 것보다 병들기 전에 예방하는 것이 최상이다. 예방이 치료보다 비용이 적게 든다. 마음건강도 마찬가지다. 마음이 지치고 피곤해진 뒤 대처하는 것은 부족하다. 평소 조금씩 마음을 맑고 건강하게 가꾸면 마음에 가해지는 충격을 미리 최소화할 수 있고 마음근육을 키워 자유와 행복 지수를 높일 수 있다.

23. 사람이 살면서 접촉은 피할 수 없다. 접촉을 피할 것이 아니라 접촉다음에 일어난 마음상태나 감정상태를 효과있게 다루는 것이 현명하다. 그 중심에 마음근육이자 알아차림 기능인 sati가 있다. sati 힘이 강하면 접촉다음에 일어난 마음작용을 효과있게 다룰 수 있다.

24. 신경조직에 문제가 생기면 신경과에서 다루고 신경작용으로 생긴 마음상태에 이상있으면 정신과에서 치료한다. 신경작용과 마음작용 둘 다 정상이지만 마음이 가진 특성인 욕망이나 분노로 인해 마음이 피곤하고 불편한 경우는 수행도량에서 SATI 수행으로 해결할 수 있다.

25. 좋은 존재를 접하면 욕망이 일어난다. 이런 마음작용은 이상상태에 빠진 것이 아니라 마음이 가진 본성이다. 이것은 약물로 다스릴 수 없다. 분노, 적의, 원망, 서운함, 편견, 선입관, 가치관도 마찬가지다. 이것은 정상 마음작용이지만 그것으로 마음이 괴로울 때 해소할 수 있는 약물은 없다. 노래를 불러도 운동을 해도 그때 뿐이고 돌아서면 무거운 마음은 그대로 존재한다.

26. 의학에서 약간만 이상해도 환자로 취급한다. 그냥 조금 과민하다고 해도 될 것을 최악상황을 상정하며 설명해 듣는 사람은 겁을 먹고 움츠린다. 미리 판단해 조치하는 것도 좋지만 때로는 여유롭게 기다리는 것도 필요하다.

27. 지나치게 약물에 의존하는 것이 몸의 저항력을 약화시키는 것처럼 마음도 마찬가지다. 마음에 가해지는 충격이나 스트레스는 마음 스스로 극복할 수 있도록 여유갖고 기다리는 것도 중요하다.

28. Buddha가 보리수 아래서 SATI 수행을 해보니 신기하게도 욕망, 분노, 편견 지수가 낮아지고 기억이미지와 결합한 마음오염원이 제거되고 지친 마음이 활기차고 피곤한 마음이 건강하고 산란한 마음이 안정되는 것을 발견했다.

29. 외부에서 들어오는 자극에 대한 대응력이 높아지고 마음탄력이 커지고 실재를 있는 그대로 볼 수 있었다. 삶과 마음을 짓누르던 일체 구속에서 벗어나 자유로움과 행복감을 느꼈다. 그래서 Buddha는 다음 같이 선언했다.

표73 **깨달음내용** --

① 나는 자유와 행복으로 가는 길을 깨달았다.

② 나는 마음오염원(貪嗔痴 三毒心) 해독제[paññā, 般若, 慧]를 발견했다.

③ 나는 마음오염원 해독제 제조과정인 SATI 수행을 창안했다.

----

30. 이후 세상 사람은 그를 Buddha(佛陀, 覺者)라고 불렀다. Buddha 자신도 스스로를 Buddha라고 선언했다.*

큰 바위 얼굴

BCE 2000~BCE 600 년대 사이 고대인도 사회는 중앙아시아에서 인도대륙으로 침입한 백인계통 Ariya 인이 시작한 전쟁이 1500여 년 동안 지속했다. 하루하루 힘든 삶을 살던 사람은 이런 사회혼란을 종식할 위대한 인물출현을 간절히 기다렸다.

당시 사람이 마음모아 기다린 사람은 두 부류였다. 하나는 폭력같은 강압수단에 의존하지 않고 평등과 평화, 원칙과 신뢰, 사람에 대한 애정에 기반해 행동할 정치지도자였다. 다른 하나는 마음 속 욕망, 분노, 편견 지수를 낮추고 사람에 대한 애정과 신뢰를 갖도록 지도해줄 영혼스승이었다. 전자를 전륜왕(cakkavatti rāja, 轉輪王), 후자를 Buddha(佛陀, 覺者)라고 했다. 이 두 사람은 몸에 32가지 특이한 표시(32相)를 가지고 태어난다고 상상했다. 큰 바위 얼굴처럼. Gotama Siddhattha가 「내가 바로 Buddha」라고 선언했을 때 당시 사람은 한편으로 전폭신뢰를 보냈고 다른 한편으로 크게 의심했다. Nazareth에서 Jesus가 자신이 Jews(유태인)가 그토록 기다리던 Christ, 즉 신의 Messiah라고 했을 때 Jews가 보인 반응과 비슷했다.

31. 불교수행자는 반드시 Buddha 방식에 따라 수행해야 한다. 불교수행자가 힌두교 Yoga 수행, 도교수행, 심리학, 정신분석학 등에 기초해 마음관리하면 더 이상 Buddha 제자가 아니다. 그것을 참고하는 것과 그것에 기초하는 것은 분명히 다르다.

32. 다양한 마음관리 방식이 있고 어느 것이 옳다고 할 수 없다. 각자 처한 상황에서 자신에게 적합한 방법을 선택하고 실천하는 것이 현명하다. 무엇이든 선택할 수 있다. 그것은 개인취향이고 자유다. 그러나 내용에 맞게 이름이나 형식을 정해야 한다. 그것이 솔직한 태도다.

33. 오랜 불교역사에서 많은 마음관리 방식이 등장했지만 핵심기술은 모두 Buddha에서 출발했다. 응용한 것은 실제 역사환경에서 발생한 것이기 때문에 역사환경이 다른 곳에 적용할 때는 세심한 주의를 기울여야 한다.

34. 중국불교나 남방불교가 Buddha를 모방한 것을 지금 한국불교가 다시 그들을 모방할 것이 아니라 Buddha로부터 원형을 취하는 것이 현명하다. 그래야 오류를 줄이고 시간과 정열을 아낄 수 있다.

14
마음산업

check point

이 장에서는 수행자가 수행과정에서 알게 된 마음에 관한 수준높은 정보를 산업활동에 활용할 수 있는 가능성을 배우고 익힌다.

1. 마음산업 정의

1. 과학자는 자신이 연구과정에서 알게 된 많은 지식과 기술을 사회에 알려 삶에 기여하고 산업에 적용해 유용하게 사용하려고 노력한다.

2. 그것은 모든 것을 사회에서 생산하고 사회에서 소비하고 누리기 때문이다. 우리가 가진 모든 것은 나의 노력뿐만 아니라 타인의 땀과 정성도 포함해있다. 그렇기 때문에 필요한 사람이 함께 사용해야 한다.

3. 수행자는 수행과정에서 알게 된 마음작동과 마음관리에 관한 소중한 정보를 자기깨달음을 위해 1차로 사용한다.

4. 수행을 마치고 나서 수행으로 얻은 소중한 지식을 인류의 자유와 행복, 평등과 평화, 공정과 정의, 이해와 배려, 관용과 포용, 공존과 어울림으로 유용하게 회향하려고 노력한다.

5. 마음산업은 수행자가 수행도중에 알게 된 소중한 마음관리 이론과 기술을 스트레스 관리, 분노관리, 집중력강화, 뇌와 마음 휴식, 마음에너지 보충, 인간관계 관리 등에 활용해 산업현장 생산성향상에 활용한다.*

6. 삶의 현장에서 활동하는 사람이 SATI 수행을 통해 마음근육을 키우고 마음에너지를 보충해 자기 마음상태를 관리하고 스트레스를 낮추고 인간관계를 여유롭게 해서 자유롭고 행복하게 살 수 있도록 하는 것이 목적 가운데 하나다.

욕심을 줄이자

산업에 마음관리 기술을 활용할 때 세심한 주의가 필요하다. 산업에 수행을 활용하는 것은 어디까지 해당산업이 주체고 수행은 보조다. 그렇기 때문에 프로그램을 짤 때 가능한 수행비중을 높이지 말아야 한다. 욕심이 지나쳐 수행비중을 높이면 그르칠 수 있다. 욕심을 줄이는 것이 관건이다. 1~2%만 쓰자. 그래야 제대로 효과나온다.

7. 다른 사람 스트레스 관리, 집중력강화, 뇌와 마음 휴식을 지도하기 위해 전문가가 필요하다. 그런 인력을 양성하고 활동과정에서 새로운 직업이 만들어진다.

8. 마음산업은 수행자가 수행으로 알게 된 마음관리 이론과 기술을 교환가치, 즉 상품으로 만들어 시장에서 필요한 사람에게 제공해 가치를 창출한다.

9. 수행자는 수행영역인 마음작동 원리를 수행과 깨달음, 분노나 욕망 등 마음작용 관리를 위해서 사용한다. 그것이 수행 사용가치다.

2. 마음산업 필요성

1. Apple 창업자 Steven Paul Jobs(1955~20111) 죽음을 애도하며 많은 사람이 한 말이 고맙다는 것이었다. 그것은 우리가 필요로 한 것을 그가 만들어주었기 때문이다. 그가 만든 것을 돈을 주고 사 썼지만 민중은 자신이 필요한 것을 만들어 준 것에 대해 감사하고 존경을 표했다.

2. 오늘날 한국사회가 직면한 현실은 신자본주의 영향으로 다차원 욕망과 경쟁, 불평등과 폭력에 노출해 민중삶이 거칠어지고 있다. 몸과 마음은 지치고 마음에너지가 고갈하고 스트레스나 갈등 지수는 나날이 높아진다.

3. 이런 사회현실과 시대정신을 직시하고 한편으로 사회구조를 변혁해야 하지만 다른 한편으로 스트레스 지수를 낮추고 마음에너지를 보충하고 몸과 마음에 휴식을 제공해 민중이 자유로운 삶, 여유로운 삶, 청정한 삶, 행복한 삶, 공존하는 삶을 살 수 있도록 이론과 기술을 제공하는 것이 수행자 사회의무 가운데 하나다.

4. 개인목적과 사회목적이 일치할 때 사회변화에 기여할 수 있다. 위대한 일이란 바로 개인욕망과 사회필요성이 일치할 때 나타난다.

5. 현대인은 스트레스, 욕망, 분노, 교육, 경영, 스포츠, 예술, 의료 분야에서 마음관리, 마음에너지 보충, 뇌와 마음 휴식에 관한 이론과 기술을 절실히 필요로 한다. 유효한 것이 있으면 대가를 지불하고서라도 구입해 사용하려고 한다.

6. 대중을 조직하고 운영하는 회사나 공동체는 노동생산성을 높이기 위해 다양하게 노력한다.

7. 한편으로 구조조정이나 새로운 도구를 도입해 직접 생산성을 높이기 위한 방법을 강구한다. 다른 한편으로 구성원 스트레스를 해소하거나 갈등을 제거하고 몰입도와 집중도를 높이고 뇌와 마음 휴식을 통해 생산성을 떨어뜨리는 것을 제거하기 위해 노력한다.

8. SATI 수행이나 심리상담은 생산성을 높이기 위해 직접 관여하기보다 생산성향상을 가로막는 제반요소 해소에 더 효과있다.

9. 마음과학과 SATI 수행을 산업에 활용해 생산성을 높일 수 있는 가능성을 살펴보면 다음같다.

1) 마음관리

10. 마음상태는 모든 노동에 중요하다. 욕망이나 분노로 마음공간이 요동치면 생산성향상을 방해할 수 있다. 그래서 평화로운 마음상태를 갖추기 위해 노력한다.

11. 분노, 적의, 원망, 서운함은 인간관계뿐만 아니라 생산성향상에도 직접 영향미친다. 분노가 마음속에 존재해도 문제지만 직접 표출하면 다른 존재와 인간관계가 얽히고 복잡해진다. 그렇게 하면 함께 일해

야 하는 동료로부터 충분한 협조를 이끌어 낼 수 없을 뿐만 아니라 도리어 방해하기도 한다.*

12. 욕망이나 이기심도 생산성향상을 방해할 수 있다. 욕망이나 이기심은 일 성취요소기도 하지만 생산성향상을 방해하기도 한다.

13. 상대가 잘 하는 것을 칭찬하고 함께 기뻐하기 무척 어렵다. 그것은 인간이 가진 본성이기도 하다.

14. 상대가 자신보다 일을 잘 하거나 대중에게 지지받을 때 그를 칭찬하고 함께 기뻐하기보다 자기 욕망, 이기심, 질투로 인해 일진행을 방해하기도 한다.

15. 욕망이나 이기심, 분노나 적의, 원망이나 서운함이 마음공간에 존재하면 하는 일에 온전히 몰두할 수 없을 뿐만 아니라 상황을 잘못 판단할 수 있고 생산성향상을 방해하기도 한다.

16. 이런 마음오염원을 제거하고 평화로운 마음상태, 청정한 마음상

德 자발충성심

인류는 그동안 생산성향상을 위해 많은 이론과 방법을 강구해왔다. 그것을 분류하면 다음같이 요약할 수 있다.

① 힘으로 충성심을 강제함.
② 돈이나 지위를 보장하는 것으로 충성심을 요구함.
③ 의미부여로 자발충성심을 유도함.

고대로부터 중국은 용장(勇將)이나 지장(智將)보다 덕장(德將)을 중시했다. 그것은 덕을 베풀 때 상대로부터 자발충성심을 유도할 수 있기 때문이다. 기업에서 하는 사회공헌도 소비자로부터 자발충성심을 이끌어낼 수 있기 때문이다. 정치도 마찬가지다. 시민운동을 하며 사회공헌할 때 대중은 그런 사람을 좋아한다. 누가 뭐래도 복장(福將)만한 것이 없다. 복많은 의사는 대충치료해도 환자가 낫고 복없는 의사는 열심히 수술해도 환자가 죽는다는 우스갯소리도 있다.

Buddha는 어려운 일에 직면하면 항상 덕부족을 되돌아보았다. 이런 전통에 따라 불교도는 덕, 자비, 공덕을 베푸는 것이 어려움을 해소하고 장애물을 제거하고 좋은 인연맺게 해주는 역할을 한다고 믿었다. 그래서 공덕쌓는 것을 소홀히 하지 않았다.

태를 가꾸기 위해서 기억이미지와 결합한 욕망이나 분노, 편견 같은 마음오염원 제거가 필요하다. 그 중심에 SATI 수행이 있다.

17. Buddha는 어둠은 밝음으로 밀어내고 분노와 적의는 자비로 밀어낸다고 했다. 자기 마음공간을 욕망이나 분노 등 오염물질로 채울 것이 아니라 자비와 맑음으로 채우면 상대와 관계가 풍요롭고 생산성향상에 도움된다.

2) 감정관리

18. 감정관리는 개인삶뿐만 아니라 공동체도 중요요소다. 감정관리를 효과있게 하지 못하면 삶이 피곤해진다.

19. 살면서 접촉을 피할 수 없고 접촉다음에 느낌[vedana, 受, feeling]이 일어난다. 그 느낌을 대상으로 다차원 감정상태[emotion, 感情]나 마음상태[citta, 心]가 일어난다.

20. 접촉다음에 일어나는 느낌을 대상으로 감정이 어떻게 일어나느냐에 따라 삶의 무게가 달라진다. 삶에서 감정관리는 중요하다.

21. 생산현장에서 감정관리는 생산성향상에 영향미친다. 고객을 직접 상대하는 서비스 계통에서 일하는 노동자는 감정관리가 생산성향상에 직접 영향미친다.

22. 회사는 근무환경을 개선하고 고객대하는 태도를 향상시키고 충분한 휴식과 보상을 제공해야 한다. 그러나 그것만으로 부족하다. 거기에 더해 접촉다음에 일어나는 느낌을 대상으로 발생하는 감정관리가 생산성향상에 직접 영향미치기 때문에 감정관리할 수 있는 교육과 기회를 제공해야 한다.

23. Buddha는 감정관리 출발은 접촉대상에 대한 주관판단을 바로잡

는 인지오류를 교정하는 것과 이미 발생한 감정상태에서 자유로워지는 것이라고 보았다.

24. 존재는 보이는 것이 전부다. 그 너머에 다른 것이 존재하지 않는다. 대부분 사람은 존재를 보면서 있는 그대로 보기보다 자기가치관에 기초해 상황을 평가하고 판단한다. 그러면 삶이 복잡하고 힘들어진다.

25. 직면한 현실을 있는 그대로 보고 그 상황에서 자신이 해야 할 일을 하고 해당상황이 종료하면 즉각 그 상황에서 벗어나 자유로워져야 한다.*

26. 문제는 자신이 직면한 현실을 있는 그대로 보기가 쉽지 않다는 점이다. 대개 자신이 살아온 삶의 흔적과 경험에 기초해 주관으로 볼 수밖에 없다.

27. 대부분 사람은 존재를 자기수준에서 자기식대로 보고 행위결과를 예측하고 행동하거나 자신이 좋아하는 것을 한다. 행위가 끝나면 처음 자신이 가진 기준으로 행위결과를 평가하고 스스로를 그 평가에 구속한다. 그 구속크기만큼 행복지수도 낮아진다.

28. 여기 그리고 지금 우리가 직면한 현실을 있는 그대로 보고 행동하면 좋다. 존재를 있는 그대로 보면 삶의 현실에서 자유로워질 수 있다.

29. 여기에 더해 마음운동을 통해 마음근육을 강화해야 한다. 마음근

고유특성

미운 사람 특성이 미운 짓하는 것이다. 잔소리꾼 특성이 잔소리하는 것이다. 그것이 존재에 드러난 고유특성이다. 그러나 우리는 그런 존재를 보면서 자신이 가진 가치관에 기초해 사유하고 판단한다.

똥특성은 노르스름하고 김이 모락모락 나고 콤콤한 냄새난다. 대부분 사람은 그런 똥을 보고 더럽다고 가치판단한다. 자신이 경험한 삶의 흔적과 가치관에 기초해 존재를 평가하고 행동한다. 사람도 마찬가지다. 드러난 특성에 따라 사실판단만 하자. 그러면 실재를 볼 수 있다.

육 탄력이 커지고 마음활력이 향상하면 기억이미지와 결합한 욕망, 분노, 편견 등 마음오염원을 효과있게 제거할 수 있고 그런 구속으로부터 대자유를 성취할 수 있다. 그 중심에 **SATI** 수행이 있다.

3) 스트레스 관리

30. 현대인이 많이 고민하는 것 가운데 하나가 스트레스다. 다차원 스트레스가 삶을 짓누르고 힘들게 한다. 스트레스는 몸과 마음을 지치게 할 뿐만 아니라 생산성향상을 방해하기도 한다. 그래서 생산현장에서 다양한 방식으로 스트레스 해소를 위해 노력한다.

31. 스트레스 유발요인은 외부에 있기도 하고 내부에 있기도 하다. 발생원인에 따라 처방해야 스트레스에서 온전히 벗어날 수 있다.*

32. 외부자극으로 발생한 스트레스는 외부환경을 변화함으로써 해소할 수 있다. 법이나 제도로 인해 발생한 스트레스는 법이나 제도를 바로잡음으로써 해소가능하다. 존재로 인해 일어난 스트레스는 존재를 개선함으로써 변화가능하다.

33. 몸으로 인해 발생한 스트레스는 운동으로 몸을 유연하게 함으로써 해소가능하다. 생각이나 마음으로 인해 발생한 스트레스는 외부조건을 변화한다고 해서 해소되지 않는다. 그것은 직접 생각을 바꾸고 마음근육을 키우고 마음에너지를 보충하고 기억이미지와 결합한 마음오염원을 제거해야 가능하다.

세균과 면역력

세균이 문제를 일으키기도 하고 면역력이 문제근원이기도 하다. 흔히 세균만 제거하면 병이 낫는다고 생각하기 쉽다. 그러나 그것만으로는 부족하다. 면역력을 갖추지 못하면 언제든지 세균에 감염되기 쉽고 외부침입에 대해 몸이 방어하고 스스로 회복할 수 없다.

34. SATI 수행은 스트레스 해소 출발점을 스트레스에서 탈출하는 것으로 잡는다. 흔히 스트레스를 없애려고 노력한다. 스트레스는 없애는 것보다 탈출하는 것이 수월하다.

35. 스트레스는 받는 것이고 견디는 것이다. 스트레스는 받는 면적을 넓히거나 마음근육을 강화해 마음탄력을 높이고 마음에너지를 충만하게 하는 것도 효과있다. 동시에 존재를 있는 그대로 보는 것도 도움된다.

4) 인간관계 관리

36. 세상살면서 다른 사람과 관계맺고 사는 인간관계는 중요하다.

37. 일을 성취하기 위해 자기능력을 갖추는 것은 재능이지만 그 재능을 현실화하는 것은 인성이다.

38. 재능은 일을 성취하기 위해 개인이 갖춰야 하는 능력이다. 그래서 자기능력을 갖추기 위해 열심히 노력한다. 동시에 일을 대하는 태도도 중요하다. 일 처리태도를 기질, 성격, 근기라고 한다.

39. 일할 수 있는 능력을 갖춰도 그 일을 완성하는 것은 혼자 할 수 없다. 대부분 일은 사회에서 다른 존재와 관계속에서 이뤄진다. 다른 존재 도움없이 아무것도 할 수 없는 것이 현실이다. 그래서 인성중요성을 강조한다.

40. 인성은 관계능력이다. 다른 존재와 관계가 원활하지 못하면 일을 성공하기 힘들다. 현대사회에서 혼자 할 수 있는 것은 거의 없다. 대부분 사회성격을 띤다. 사회속에서 다른 존재와 관계를 통해 이뤄진다. 그렇기 때문에 다른 존재와 관계를 원만하게 하지 못하면 일을 성취할 수 없는 경우가 많다.*

41. 일과 존재 관계를 이해하고 상대와 함께 성취할 수 있는 자세를 갖춰야 한다. 그러기 위해서는 관계중요성을 잘 이해하고 상대를 이해하고 배려하는 자세가 필요하다. 전체상황 통찰기능인 paññā(般若, 慧)를 성숙시키는 것도 중요하다.

42. 최근 조사에 따르면 이직할 때 자신이 감당하는 직무가 적성에 맞지 않아 이직하는 경우는 15%, 인간관계에 문제있어 이직하는 경우는 85% 정도인 것으로 보고한다.

43. 현실이 이렇다면 회사입장에서 직무적성을 향상하는 것 못지않게 인간관계 중요성을 강조하고 원만한 인간관계를 형성하기 위한 교육이 절실히 필요하다.*

44. 인간관계 핵심은 상대에 대한 이해와 배려며 전체상황 통찰능력이다. 거기에 맞춰 상대능력을 존중하고 그에 맞는 일을 맡기고 스스로

재능과 성격

재능은 뛰어난데 대인관계가 서툴러 일을 잘 하지 못하는 경우를 볼 수 있다. 그것은 일을 성취할 수 있는 조건은 갖추었지만 다른 사람과 함께할 수 있는 능력을 소홀히 했기 때문이다.

IMF가 오고 한국경제가 힘들 때 한국 대표기업에서 한 명의 천재가 수십만 명을 먹여살릴 수 있다고 했다. 그리고 뛰어난 인재를 확보하기 위해 혈안이 됐다. 그것은 옳은 말이다. 그러나 틀린 말이기도 하다. 대부분 뛰어난 천재는 자기재능이 특출할 뿐만 아니라 성격 또한 특별한 경우도 있다. 그래서 다른 사람과 함께 협력해 일을 잘 하지 못하는 경우가 많다. 기존에 있던 사람과 관계가 원만하지 못하고 오히려 일능률이 떨어졌다. 성격 혹은 인성은 다른 존재를 대하는 태도로 일을 성취하는 중요수단 가운데 하나다.

사랑과 인연

크리스천은 사랑을 강조하고 불교는 관계를 중시한다. 불교가 자비를 강조할 것으로 생각하기 쉽다. 그러나 불교가 강조한 것은 관계를 중시한 인연이나 연기다. 신을 믿는 종교는 신의 은총을 바라는 신의 사랑을 강조한다. 자연법칙을 중시하는 불교는 자비를 베풀 신이 처음부터 없다. 불교로 각색된 신이 활동하는 Mahāyāna에서 자비를 유독 강조한다. 자연은 베풂보다 관계다. 모든 존재는 내적·외적 중중첩첩 관계속에서 서로 영향을 주고받으며 변화발전한다.

주체가 돼 일하는 것이다.

45. 일을 성취하기 위해 존재를 대하는 태도가 성숙해야 한다. 존재가 문제를 일으키기도 하지만 존재를 대하는 태도가 성숙하지 못해 문제가 복잡해지기도 한다.

46. 다른 사람이 마음에 들지 않을 수 있고 잘못 행동할 수 있다. 상대행동이 자신을 만족시킬 수 없다. 그래서 상대잘못을 지적하기도 한다. 그러나 상대문제는 상대에게 물으면 된다.

47. 상대문제만 지적해서는 부족하다. 그런 상대를 대하는 자기태도가 문제본질이기도 하다. 존재를 대하는 자기태도를 성숙시키기 위해서 노력해야 한다.

48. 상대 입장이나 상황을 충분히 이해하고 배려해야 한다. 서로 처한 입장이나 상황이 같을 수 없다. 이해하려고 하면 못할 것이 없고 트집잡으려고 하면 단점 아닌 것이 없다. 존재 못지않게 존재에서 어떤 면을 볼 것인가도 중요하다. 가능한 있는 그대로 보고 진실하게 행동하는 것이 중요하다.

49. 옛말에 살리는 공사를 하라고 한다. 살다보면 상대와 얽혀 문제가 복잡해질 수 있다. 문제해결을 위해 노력할 때 명심할 것이 상대를 살리기 위해 사고하고 행동해야지 죽이기 위해 사고하고 행동해서는 안 된다는 것이다. 항상 넉넉한 마음과 여유로운 행동으로 관용과 포용으로 상대를 감싸야 한다. 원칙을 존중하되 삶에 온기가 흘러야 한다.

50. Buddha는 인간관계를 원만하게 하고 존재를 대하는 태도를 성숙하기 위해서 SATI 수행을 즐겨 권했다.

51. SATI 수행은 자기 사고와 행동을 찬찬히 들여다볼 수 있는 기회를 준다. 자기행동을 되돌아보면서 스스로 자신에게 자문하고 판단할 수 있는 기회를 가질 수 있다.

52. SATI 수행으로 통해 자기마음을 고요히 하고 자신을 성찰하고 상대 입장이나 상황을 이해하고 배려하며 존재에 대해 무한한 자비심을 갖추는 것이 필요하다.

5) 뇌와 마음 휴식

53. 충분한 휴식은 생산성향상에 필수다. 그러나 현실은 그렇지 못하다. 현대사회 특성은 경쟁과 갈등, 욕망과 폭력으로 몸과 마음이 늘 긴장하고 피로하다.

54. 뇌와 마음이 휴식하기가 쉽지 않은 것이 현실이다. 설사 기회가 주어진다고 해도 뇌와 마음을 어떻게 휴식할 수 있는지 그 이론과 기술을 올바로 알지 못해 혼돈스럽다.

55. 존재를 분석, 사유, 논리로 체계화하고 가공하는 것은 뇌와 마음이 노동하는 것이다. 분석, 사유, 논리로 체계화하지 않는 것이 뇌와 마음이 휴식하는 것이다. 문제는 어떻게 분석, 사유, 논리를 사용하지 않고 뇌와 마음을 노동하지 않고 쉬게 할 수 있느냐다.

56. Buddha가 창안한 SATI 수행은 뇌와 마음이 휴식할 수 있는 훌륭한 방법 가운데 하나다.

57. 뇌와 마음은 실제로 기능을 정지할 수 없다. 그래서 뇌와 마음이 가진 기능 가운데 최소기능만 활성화하는 것이다. 그것이 마음근육이자 알아차림 기능인 sati(念)만 활성화하고 나머지는 그대로 두는 것이다. 그러면 뇌와 마음은 충분히 휴식할 수 있다.

58. 문제는 분석, 사유, 논리로 체계화하지 않고 있는 그대로 본다는 것이 말처럼 쉽지 않다는 점이다. 우리는 태어날 때부터 존재를 분석, 사유, 논리로 가공하는데 길들어있기 때문에 존재를 가공하지 않는다

는 것이 쉽지 않다.

59. 여기에 수행자가 수행할 때 즐겨 사용하는 방법인 존재를 분석, 사유, 논리로 체계화하지 않고 있는 그대로 알아차림하는 방법이 효과 있다.

60. 이런 방법은 수행자가 수행과정에서 알게된 소중한 경험이다. 조금만 훈련해도 뇌와 마음이 휴식할 수 있는 이론과 기술을 배울 수 있다.

6) 집중력강화

61. 집중 또는 몰입은 마음근육이자 알아차림 기능인 sati가 인식대상에 밀착고정하는 것이다.

62. 집중력은 모든 분야에 필요하다. 업무에 집중하고 몰입하는 것은 생산성향상에 직접 영향미친다. 그렇지만 집중력향상을 위한 이론과 기술에 대한 뾰족한 답이 없는 것도 현실이다.

63. 해당주제에 흥미있거나 사회와 개인에 대한 의무감있거나 성취욕구가 강하거나 행위에 다른 보상이 크거나 하면 집중하지 말라고 해도 잘 한다.

표74 **집중력(몰입도) 향상** ------------------------------------

① 다양한 방법으로 집중동기 향상
② 마음근육이자 알아차림 기능인 sati(念) 힘 강화
③ sati가 인식대상으로 집중할 때 개입하는 방해요소 제거

----

64. 집중력강화는 SATI 수행으로 마음근육을 키우는 것이 효과 있다.

65. 마음근육이자 알아차림 기능인 sati를 인식대상에 밀착고정할 때 방해현상이 다양하다. 작업환경, 함께 일하는 동료, 법이나 제도, 마음환경, 욕망이나 분노, 자신이 가진 앎 등이 sati 집중을 방해할 수 있다.

66. 집중력강화는 여러 가지 이론이나 방법이 있다. 그러나 그 모든 것에 필요한 것이 마음근육이자 알아차림 기능인 sati다. sati 힘이 집중 력크기를 결정한다.

67. 수행자가 Arahant를 성취하려고 마음근육이자 알아차림 기능인 sati 강화를 위해 인식대상 집중기술[samādhi, 三昧, 止, 定]과 알아차림 기술[sati, 念]을 사용하면 보다 수월하고 효과있게 생활속에서 집중력 강화훈련을 할 수 있다.

7) 마음에너지 보충

68. 흔히 시간이 부족해 일하지 못한다고 말한다. 그러나 일을 제대로 해본 사람은 시간부족보다 힘이 부족해 일하지 못한다고 말한다.

69. 에너지는 존재를 움직이게 하는 힘이다. 일반에너지 획득과 사용방법에 대해 잘 알지만 마음에너지 획득과 사용방법에 대해 잘 모른다.

70. 신체 에너지가 활기찬 것은 일을 성취하는데 필수다. 거기에 더해 마음에너지가 충만하면 일을 진행하는데 수월하다.

71. 마음과학, 마음작동 구조, 마음에너지 구조를 이해하고, SATI 수행을 통해 마음에너지를 보충하면 생산성향상에 도움된다.

8) 보건의학 활용

72. 매년 질병으로 많은 사람이 고통받는다. 육체고통뿐만 아니라 정신고통도 크다. 이미 발생한 고통을 완화하고 앞으로 다가올 고통을 미리 방어하기 위해 노력한다.

73. 각 문화권마다 의료기술이 다양하게 발전했다. 오늘날은 외과수술과 화학요법 못지않게 사람을 중심으로 한 치료기술이 주목받는다. 시급하게 치료해야 할 것이 아니라면 다소 느리더라도 자연요법에 기초해 치료하는 것에 주목한다.

74. 몸은 의사나 약물이 치료하는 것이 아니라 환자 스스로 치료하는 것에 주목하고 몸이 스스로 회복할 수 있는 환경을 조성하는 것도 소홀히 해서는 안 된다. 세균을 제거하는 것 못지않게 면역력을 높이는 것도 중시한다.

75. 몸상태가 마음환경에 영향미치고 마음상태가 몸에 영향미친다. 몸을 치료할 때 마음상태 중요성을 주목한다. 우울증, 불면증, 중독 등 몇몇 질병은 육체뿐만 아니라 마음상태도 영향미친다.

76. 수술전후 혹은 성인병을 치료할 때 마음환경을 평화롭고 청정하게 하면 치료효과가 향상한다는 다양한 보고가 있다.

77. 여기에 주목해 면역력을 키우고 마음상태를 고요하고 평화롭게 하고 마음에너지를 보충하고 마음근육을 키우는 것이 질병치료와 보건의학에 필요하다. 그 중심에 SATI 수행이 있다.

78. 평소 마음운동으로 마음근육, 마음활력, 마음탄력을 키우고 마음에너지를 보충하고 욕망이나 분노 등 마음오염원을 제거하면 오염된 마음환경을 정화하고 앞으로 다가올 자극이나 충격 대응력을 높여 삶의 질을 향상할 수 있다.

9) 전문분야 활용

79. 교육, 경영, 스포츠, IT산업에서 생산성향상을 위해 이론과 기술을 개발하는데 마음과학과 SATI 수행이 이해한 마음관리 원리와 기술을 적극 활용한다.

80. IT산업은 뇌와 마음 휴식이 창의력과 생산력향상에 직접 관계있다고 본다. 그래서 Silicon Valley를 중심으로 Yoga와 SATI 수행을 활용해 뇌와 마음 휴식을 취하기 위해 노력한다.

81. 학습이론과 기술을 개발할 때 인간관계, 집중력향상, 마음에너지 보충 이론과 기술을 마음과학과 SATI 수행에서 도움받을 수 있다.

82. Waldorf 학교는 수행할 때 수행자근기를 구분하는 4대(四大)를 사용해 4대기질로 활용한다. Harvard 대학은 수행할 때 사용하는 sati 집중기술을 활용해 학습이론을 개발해 사용한다.

83. 경영분야도 마찬가지다. 실무를 직접 담당하는 실무자부터 전체 업무를 총괄하고 책임지는 CEO까지 업무와 인간 관계로 스트레스 받기는 마찬가지다. 그렇게 받는 스트레스를 SATI 수행으로 효과있게 탈출할 수 있다.

84. CEO에게 요구하는 덕목은 분석력 못지않게 판단력도 중시한다. 책임지는 위치에 있는 사람은 판단하고 결정해야 하는 일이 많다. 직접 치밀하게 분석하는 것은 기본이고 거기에 더해 판단, 결정, 선택하는 것이 필요하다.

85. 판단과 선택 문제라면 내공도 필요하다. 올바른 결론을 선택하기 위해 상황이나 자료 유혹에 흔들리지 않는 내공을 요구한다.

86. 현상에 거품이 끼어 복잡하고 혼돈스럽고 판단하기 힘들 때 주변 상황에 흔들리지 않고 번댈 수 있는 힘과 인내심, 존재에 낀 거품을 제

거하고 실재가 있는 그대로 드러날 때까지 흔들리지 않고 기다릴 수 있는 내공이 필요하다. 그래서 예로부터 책임자급으로 올라갈수록 내공 키우는 기술인 SATI 수행을 좋아하고 필요로 한다.

3. 새로운 산업

1. 현대사회는 민중이 필요로 하는 유효하고 편리한 이론과 기술을 제공하느냐가 핵심이지 돈은 본질이 아니다.

2. 2005년 5월 말 명상을 판매했다고 미국 국세청에 신고한 액수만 미화 67억불이라고 한다. 한화 약 8조원 정도다. 2010년 말 전 세계 프로 축구시장이 미화 400억불 정도라고 한다. 이 시기 마음산업도 비슷한 규모일 것으로 추정한다. 이런 마음산업 성장잠재력은 무궁무진하다.

1) 새로운 영역

3. 수행자는 수행과정에서 알게 된 마음관리 이론과 기술을 Arahant Maggaphala(阿羅漢 道果)를 성취하는데 사용한다.

4. 수행을 업으로 삼지 않는 민중은 수행을 반드시 깨달음에 국한해 사용할 필요없다. 일반인은 수행을 자기삶의 질을 높이거나 마음관리 하거나 전공분야에 활용하거나 취미활동으로 사용할 수 있다.

5. 마음관리 이론과 기술을 자유와 행복으로 가는 도구로써 그 사용 가치를 넘어 교환가치와 상품가치로 만들어 필요한 사람에게 제공해 산업활동을 할 수 있다. 이것은 새로운 산업분야이면서 동시에 필요한

분야다.

6. 여기에 주목한 것이 마음산업이다. 수행자가 수행과정에서 알게 된 마음작동 원리에 기초해 마음작용을 통제하고 관리하는 이론과 기술인 마음과학과 SATI 수행을 활용해 산업으로 발전한 것이 마음산업이다.

7. 처음에는 필요에 따라 만들어지고 그 사용가치를 주목한다. 그것이 삶에 유용하고 필요로 하는 사람이 많으면 산업으로 발전한다. 해당제품은 그 사용가치를 교환가치로 포장해 시장에 상품으로 유통한다.

8. 해당제품 성능을 향상시키고 시장에 유통할 전문가가 필요하다. 그런 전문가는 해당분야 이론과 기술을 더 치밀하고 유용하게 해서 인류진보에 기여한다.

9. 전문가도 삶을 유지해야 하기 때문에 자신이 알고 있는 정보와 지식을 교환가치로 가공하고 상품화해 그것을 필요로 하는 사람에게 제공하고 삶에 필요한 재화를 획득한다.

10. 병을 치료하는 의사도 마찬가지다. 처음에 몸을 치료하고 돈받는 것이 무척 서툴고 불편했을 것이다. 치료행위가 사용가치가 아니라 상품가치로 전환하고 치료가 봉사가 아닌 직업이란 사실에 불편할 수 있다.

11. 그 과정에서 사람은 없고 돈만 보이고 의료 사용가치보다 교환가치를 더 주목하기도 한다. 의료가 산업화하면서 부작용도 크다. 그런 과정이 있었기에 오늘날 의학과 의료기술이 발전해 삶의 질을 향상하는데 기여한 측면도 있다.

12. 마음산업도 비슷하다. 마음건강이 개인이나 사회에 중요하다는 것에 모두 공감한다. 우울증, 불면증, 분노, 욕망으로 발생하는 삶의 질

저하는 심각하다. 그래서 많은 사람이 마음건강 중요성을 주목한다.

13. 마음건강 중요성을 이해하고 그 이론과 기술을 다른 사람에게 알리는 시민운동 차원에서 마음운동을 한다. 그것만으로 부족하다. 마음관리 중요성을 알리고 그 이론과 기술을 다른 사람에게 가르쳐주는 전문가도 필요하다.

14. 마음운동 전문가도 삶에 필요한 물품획득 수단인 재화가 필요하다. 마음건강 이론과 기술을 지도하면서 삶에 필요한 재화를 획득할 수 있다면 마음건강 이론과 기술이 수준높게 발전하고 민중에게 확산시킬 수 있다.

15. Buddha는 스스로를 마음다스리는 의사, 즉 심의(心醫)라고 했다. 마음관리 이론과 기술을 마음운동으로 승화하고 시민운동과 마음산업으로 발전시킬 수 있다.

16. 그러나 명심해야 할 것은 마음산업에 마음관리 이론과 기술이 없으면 허망하게 된다는 사실이다. 그리고 수행 사회성격과 더불어 그 고유한 사용가치를 잊어서는 안 된다. 상품가치에 매몰돼 사용가치를 소홀히 하면 곤란하다.

2) 수행에 길을 묻다

17. 필요에 의한 제품생산, 생산성향상을 위한 기술개발, 기술향상을 위한 과학발전, 이와같은 일반법칙은 마음과학과 SATI 수행에 예외없이 적용된다. 결국 개인이나 사회나 필요에 의한 진보는 지식인, 철학자, 계몽가, 혁명가, 전문가를 필요로 한다.

18. 수행자가 Arahant나 깨달음을 얻기 위한 수행과정에서 이해하고 개발한 마음관리 이론과 기술을 민중이 삶의 질을 향상하거나 산업현

장에서 생산성향상을 위해 활용할 수 있도록 프로그램을 개발하고 이론구조를 설명하고 실제기술을 발전시키기기 위해서는 전문가가 필요하다.

19. 다양한 분야에서 수행자가 수행과정에서 발견한 마음관리 이론과 기술을 자기 전문분야에 활용해 인류에 기여하고자 한다.

20. 이런 현실을 적절히 활용하면 수행이 해야 하는 사회역할을 훌륭히 감당할 수 있고 동시에 수행목적과 사회필요성이 일치해 수행을 사회로 회향할 수 있는 좋은 도구가 될 수 있다.

21. 욕망이나 분노로 요동치는 마음으로 괴로운 사람, 갈등이나 스트레스로 힘들어 하는 사람, 마음에너지를 과도하게 소모해 무기력한 사람, 우울증으로 괴로운 사람, 과도한 노동으로 뇌와 마음 휴식이 필요한 사람에게 수행자가 수행과정에서 알게 된 마음관리 이론과 기술을 제공해주고 그들이 자유롭고 행복하게 살 수 있도록 도와주는 것은 중요한 사회참여 가운데 하나다.*

전공분야

① 철학자 : 문제해결 관점을 찾는 자
② 계몽가 : 삶의 새로운 길을 발견하고 알려주는 자
③ 혁명가 : 삶의 새로운 길을 여는 자
④ 지식인 : 새로운 길이 올바른 길인지 고민하는 자
⑤ 전문가 : 검증된 분야 전문가
⑥ 교육자 : 기존의 길을 가르치는 자
⑦ 과학자 : 존재에 내재한 질서 규명하는 자

수행활용

4

나는 자유와 행복으로 가는 길라잡이다

SATI 상담이론

project

check point

이 장에서는 Buddha가 창안한 마음과학자 SATI 수행에 기반한 SATI 상담 이론과 기술을 배우고 익힌다.

이 장은 SATI 상담이론 입문서에 해당한다. SATI 상담이론은 Buddha가 Migadāya에서 5bhikkhu에게 최초로 수행지도한 내용을 담고 있는 Paṭhama Dhamma Cakka Sutta(初轉法輪經)와 Buddha가 수행지도한 내용을 기록한 Āgama(阿含)에 기초해 구성한다. Buddha가 개발한 SATI 상담 이론과 기술을 올바르고 체계있게 배우고 익히면 현장에서 유익하게 사용할 수 있을 것이다.

1. 상담필요성

1. 삶은 다른 존재와 관계속에서 전개된다. 사람과 사람, 사람과 자연 관계가 서로에게 항상 만족할 수 없다. 때로는 만족하고 행복하기도 하고 어떤 때 감당하기 벅찰 정도로 힘들기도 하다. 혼자 힘으로 문제해결하고 상황을 슬기롭게 극복하면 좋지만 그렇지 못할 때 현실에 적응하지 못하고 삶이 힘들어진다.

2. 삶이 힘들 때 누군가 조금만 함께 해주면 수월하게 극복할 수 있지만 혼자힘으로 해결할 때 잘 풀리지 않고 상황이 더 꼬이기도 한다.

3. 심리상담은 다른 존재가 그들 문제를 효과있게 극복하고 현실에 적응해 자유롭고 행복하게 살 수 있도록 함께 하는 과정이다.

4. 마음상담은 상담자가 자기생각을 상대에게 강요하는 과정이 아니라 필요로 하는 내담자가 자신이 직면한 문제를 슬기롭게 극복할 수 있도록 지혜를 나누는 과정이다.

5. 사람은 다른 사람과 마음나누고 정서를 공감하고 안목을 넓혀주고 흐름을 짚어주고 스스로 자기문제를 해결하고 상황을 슬기롭게 극복하는 능력을 가지고 있다.

6. 사람은 장점과 단점을 모두 가지고 있다. 심리상담은 우리가 가진 단점과 잘못을 스스로 자각하고 장점과 지혜를 효과있게 사용할 수 있도록 끄집어내고 도와주는 과정이다.

7. 상담주체는 상담자가 아니라 내담자다. 상담자는 내담자가 자신이 직면한 문제를 슬기롭게 해결할 수 있도록 사고하고 행동해야 한다.

8. 상담자가 내담자문제를 해결해 주는 것이 아니라 내담자가 스스로 문제를 해결하고 홀로 설 수 있도록 함께하는 것이 상담자 몫이다.

9. 소를 물가로 데리고 갈 수 있지만 물을 먹고 안 먹고는 소가 결정

할 문제다. Buddha는 자신을 자유와 행복으로 가는 길라잡이[mag-gadesaka, 案內者]라고 정의했다.

10. 좋은 생각을 전해주고 도와주되 강요해서는 안 된다. 생각과 행동을 강요하는 순간 그것은 폭력이 된다. 지지하고 함께하되 홀로설 수 있도록 유도할 것, 이것이 Buddha 마음상담 핵심이다.

11. 인류는 보다 풍요로운 삶을 위해 물질을 다차원으로 가공하고 문명을 발전시켰다. 동시에 그것을 받아들이고 누리는 마음을 맑고 건강하게 가꾸기 위해 다양한 마음관리 이론과 기술을 개발했다.

12. 마음관리 이론과 기술은 여러 가지 있다. 어느 것을 사용하든 각기 장점과 단점이 있고 좋거나 나쁜 것은 없다. 자신이 처해있는 상황과 근기에 따라 적합한 것을 선택하는 것이 현명하다.

13. Buddha가 개발해 사용한 마음상담 이론과 기술을 심리학자나 심리상담사가 주목했다. 그들은 Buddha가 만든 마음과학과 SATI 수행을 인지치료, 행동치료, 관심돌리기, 공동주제 설정, 놀이치료, 반문하기, 침묵하기, 마음비우기, 마음보내기 등 다양하게 활용한다.

2. Buddha 상담철학

1. Buddha는 수행자에게 수행지도하고 그들이 자유롭고 행복하게 살 수 있도록 함께하는 과정에서 여러 가지 마음상담 이론과 기술을 개발하고 사용했다.

1) 세계관

2. 다른 존재와 관계맺고 활동하는 것은 세계를 바라보는 방식으로부터 완전히 자유로울 수 없다. 자기가 가진 세계관, 지적수준, 정서상태에 기초해 다른 존재와 관계맺고 살아간다.

3. 존재인식 방식과 수준에 따라 사고방식과 행동유형을 결정한다.

4. Buddha는 결정된 것은 아무것도 없다는 비결정세계관에서 출발했다. 존재는 존재일 뿐이다. 존재에 대한 해석과 가치판단을 어떻게 할 것인가는 오직 존재를 인식하는 자신이 결정한다.

5. Buddha는 모든 존재는 서로 관계맺고, 서로 의존하고, 서로 보완하고, 서로 영향미치고, 서로 해체하고, 서로 재구성하는 과정을 거치면서 변화발전한다는 연기세계관[paṭicca samuppāda, 緣起, 無我]에 기초해 사고하고 행동했다.

6. 개별인자가 조건에 따라 결합해 새로운 존재를 만들고 그렇게 만들어진 존재는 다른 조건에 따라 다른 존재와 결합해 새로운 현상을 파생하며 현재우주로 발전했다는 것이 연기세계관이다.

7. 연기세계관은 존재 형성원리다. 연기세계관은 존재는 조건에 따라 서로 관계맺고 조건이 변하면 존재도 변한다는 견해를 가진다. 연기세계관은 관계를 중시하는 세계관이다. 관계중심에 힘이 있고 그 힘을 중심으로 역학관계가 성립한다.

8. 개별존재가 조건에 따라 결합해 만들어진 존재본성은 조건에 따라 끊임없이 변한다. 고정해있지 않고 항상 변하는 것이 존재본성이다. Buddha는 이것을 변법(vipariṇāma dhamma, 變法, 無常)이라고 했다. 변법은 존재본성, 존재에 내재한 물리특성, 운동성을 가리키는 개념이다.

9. 존재변화는 관계맺은 존재 상호작용에서 시작한다. 다른 존재와 관계맺는다는 것은 어느 한편 일방통행을 다른 쪽이 용납하지 않는다는 것을 의미한다.

10. 관계맺은 존재가 행복하게 살기 위한 최고방법은 공존하는 것이다. 공존하려고 노력할 때 관계수준이 향상한다.

11. Buddha는 공존법칙으로 두 가지를 제시했다. 하나는 인과(hetu phala, 因果)고 다른 하나는 이해와 배려[mettā karuṇā, 慈悲]다.

12. 노력대가를 노력주체에게 돌려주는 것, 이것이야말로 관계맺은 존재가 공존할 수 있는 유일한 길이다. 이것이 정의고 평등이다. 평등은 공정에 기초해야 한다.

13. 무엇보다 관계맺은 존재에 애정이 있어야 한다. 존재에 애정이 없으면 서로 마음을 열지 않고 관계가 거칠어진다. 그 첫 출발은 상대에 대한 이해와 배려다. 관계중심에 따뜻한 온기가 흘러야 한다.

2) 인간관

14. 사람본성을 어떻게 규정하느냐에 따라 행동유형을 결정한다.

15. 사람을 나약하다고 보는지 강하다고 인식하는지, 그 자체로 완성존재로 보는지 미완성존재로 보는지, 모든 가능성과 능력을 갖춘 존재로 보는지 부족한 존재로 보는지에 따라 사람대하는 방식이 달라진다.

16. 사람은 누구나 장점과 단점을 가지고 있다. 잘 하는 것과 못 하는 것이 있다. 하고 싶은 것과 반드시 해야 하는 것이 있다. 어떤 상황에서 장점인 것이 다른 상황에서 단점이 되기도 한다. 어떤 곳에서 잘 하던 것도 다른 곳에서 서툴기도 한다.

17. 자신이 하고 싶은 것과 해야 하는 것이 일치할 때 행복해하지만 불

일치할 때 힘들어 한다. 자기의도와 행위결과가 일치하면 만족하고 즐거워하지만 어긋나면 힘들어 한다. 자기 의도, 행동, 결과가 반드시 일치하는 것은 아니다. 그것이 일치하면 좋지만 일치하지 않으면 괴롭다.

18. 이런 상황을 스스로 잘 파악하고 대처하면 좋지만 그렇지 못한 경우가 많다. 처한 상황에서 최선을 다한다고 생각하지만 효과있게 대처하지 못하고 불필요하게 에너지를 낭비하고 자신은 물론이고 주변까지 힘들게 하고 우왕좌왕하는 경우가 허다하다. 이것이 삶의 실재고 본성이다.

19. Buddha는 사람은 모든 능력과 가능성을 가지고 태어난다고 보았다.

20. 자신이 가진 가능성 가운데 어떤 것을 현실화해 삶에 유용하게 사용할 것인지는 자신이 처해있는 자연환경, 사회환경, 교육수준과 함께 선천으로 타고난 성질, 후천학습으로 형성한 성격이 영향미치는데 그 중에서 개인 의지력과 품성이 중요하다고 보았다.

3. 관념형성과 행동학습

1. Buddha는 보리수 아래서 SATI 수행으로 Arahant Maggaphala(阿羅漢 道果)에 들어 Nibbāna(涅槃, 寂滅)를 체험하고 나서 읊은 12연기에서 관념형성과 행동학습으로 paññā(般若, 慧) 수준이 높아지면 자유롭고 행복하게 살 수 있지만 낮아지면 구속되고 힘들게 살 수 있다고 보았다.

1) 존재실재

2. 존재 이해수준에 따라 삶의 태도를 결정한다.

3. Buddha는 존재 이해수준이 삶의 태도를 결정한다는 관점에 따라 마음을 맑히고 앎을 정화하고 삶을 정돈하는 도구인 SATI 수행을 창안했다.

① 존재구성

4. Buddha는 존재 구성원리를 연기(緣起, 無我)로 보았다. 연기는 모든 존재는 개별인자가 조건에 따라 결합해[paṭicca, 緣] 새로운 현상을 만든다[samuppāda, 起]고 보는 관점이다.

② 행동원칙

5. Buddha는 행동원칙으로 공존을 중시했다.

6. 모든 존재는 조건지어져있고 서로 관계맺고있는 것이 실재라면 그런 상황에서 어느 한편 일방행동을 다른 존재가 허용하지 않는다.

7. 존재 구성원리를 연기나 관계로 보는 것은 보는데서 그치지 않고 사고와 행동도 연기나 관계에 기초한다는 것을 의미한다.

8. 연기로 관계맺은 존재가 자유롭고 행복하게 살기 위한 전제조건이 공존하는 것이다. 연기세계관은 관계중요성을 주목한 것으로 자연질서를 중시한 자연세계관이다.

9. 공존하기 위한 기본원칙이 인과와 배려다. 노력한 것을 노력주체에게 돌려주는 것(因果), 서로를 이해하고 배려하는 것(慈悲)을 실천하면 행복하게 공존할 수 있고 삶에 온기가 흐른다.

10. 이런 원칙을 실천할 때 다른 존재에게 즐거움[mettā, 慈] 주고, 슬

픔[karuṇā, 悲]을 제거하고, 기뻐[muditā, 喜]할 때 함께 행복해하고, 일체 편견이나 선입관 없이 함께 어울려[upekhā, 捨] 살 수 있다.

③ 존재특성

11. Buddha는 존재는 연기나 관계에 기초해 구성되고 조건이 변하면 현상도 변하고 존재에 고정불변한 실체없고 끊임없이 변하고 모든 것은 변한다는 이 법칙만이 영원히 변하지 않는다고 보았다. 이것은 존재 물리특성이 운동성에 기초한다는 것을 의미한다.

12. 고정된 것은 아무것도 없고 모든 것은 끊임없이 변한다는 것이 존재 본성, 법칙, 특성이다. 끊임없이 변한다는 존재 물리특성을 Buddha는 변법(變法, 無常)이라고 했다.

13. 변법은 모든 것은 끊임없이 변한다는 운동개념이다. 연기가 존재 구성원리와 관계성에 초점둔 것이라면 변법은 그렇게 구성된 존재 물리특성과 운동성을 이해한 개념이다. 연기가 관계성을 주목한 것이라면 변법은 운동성을 중시한 것이다.

2) 관념형성

14. 우리는 앎, 관념, 행동 없이 생존본능만 가지고 잉태된다.

15. 어머니자궁에서 생존본능과 학습으로 근본관념을 형성하고 근본행동을 학습하고 태어난다.

16. 근본관념과 근본행동을 통해 삶의 흔적이 기억이미지 형태로 마음공간에 입력한다. 기억이미지는 마음오염원인 탐진치 3독심(貪嗔痴三毒心)과 결합해 기억무게를 가지고 마음공간에 저장한다.

17. 마음거울에 맺힌 상이 마음공간에 존재하는 기억이미지와 결합

하고 마음오염원(貪嗔痴 三毒心)를 이전받아 마음공간에 저장하기도 하고 SATI 수행으로 기억이미지와 결합한 마음오염원를 해체하기도 한다. 이렇게 기억무게가 증감하면서 삶이 전개된다.

18. Buddha는 관념형성 과정을 12연기에서 4단계로 구분해 설명했다.

표75) **관념형성** --

① avijjā(無明) : 존재를 자기입장에서 해석하고 받아들이는 것. 대부분 사람은 존재나 상황을 있는 그대로 보지 못하고 자기 입장이나 관점에서 이해하고 받아들인다.

② saṅkhāra(有爲, 行) : 행위결과를 예측하고 행동하려는 의도. 존재나 상황을 자기 입장이나 수준에서 이해해 받아들이고 그 상황에서 자신에게 이익되는 것, 자신이 하고 싶은 것, 행위결과를 예측하고 행동하려는 의도를 일으킨다.

③ viññāṇa(識) : 의도를 실천으로 옮기기 위해 사유하고 가공하는 것. 존재나 상황을 있는 그대로 보고 받아들이지 않고 대개 자신이 가진 의도나 가치관에 기초해 이해하고 평가한다. 그러면 존재나 행위결과에 얽매이고 삶이 답답해진다.

※ 대부분 사람은 행동하기 전에 결과를 예측하고 행동한다. 행위가 끝나면 처음의 도에 기초해 결과를 평가한다. 존재를 구분하고 차별하고 그 평가결과에 스스로 구속된다. 구속하는 것은 아무것도 없다. 단지 스스로 자신이 가진 기준으로 존재를 이해하고 평가하고 스스로 옭아맨다. 그러면 삶이 힘들어진다.

④ nāma rūpa(名色) : 존재를 평가하고 구분해 마음속에 입력한 관념. 존재, 상황을 자기가치관에 기초해 평가하고 마음공간에 특정관념으로 형성하고 입력했다가 필요할 때 끄집어내 사용한다.

----

19. 이같은 방식으로 관념을 형성한다. 실제상황에 직면하면 자신이 형성해 마음공간에 입력해둔 관념을 출력해 사용한다.

20. SATI 수행으로 마음공간에 존재하는 기억이미지와 결합한 마

음오염원을 해체하면 기존에 형성한 관념을 정화하고 앎을 구조조정한다.

3) 행동학습

21. Buddha는 행동학습 과정을 12연기에서 7단계로 구분해 설명했다.

표76 **행동학습** --

① phassa(觸): 감각접촉. 감각대상[cha visaya, 六境]과 감각기관[cha indriya, 六根]이 접촉하면 그 데이터가 마음거울에 이미지형태로 상을 맺는다[cha viññāṇa, 六識].

※ 감각접촉으로 데이터가 마음공간에 입력해 마음거울에 상을 맺으면 마음공간에 존재하는 기억이미지(관념)가 개입해 마음근육이자 알아차림 기능인 sati(念)를 덮거나 마음거울에 맺힌 상을 덮는다.

※ 존재는 있는 그대로 마음거울에 상을 맺지만 그것을 알아차림하는 사람이 존재를 자기 수준이나 입장에서 해석하고 이해한다. 이미 마음공간에 입력해둔 관념[nama rūpa, 名色]이 감각접촉을 통해 활성화하고 개입해 앎과 행동에 영향미친다.

② vedanā(受): 접촉다음에 일어난 느낌작용. 접촉다음에 특정느낌[feeling]이 일어난다. 자극과 느낌은 지극히 주관이다. 자신이 형성한 관념수준에 따라 동일자극에 느낌은 다양하게 일어나고 느낌에 대한 평가도 다차원으로 이뤄진다.

③ taṇhā(愛): 느낌을 대상으로 일어난 마음갈증[emotion, 感情]. 접촉다음에 일어난 느낌을 대상으로 좋은 것은 취하고 싫은 것은 밀쳐내려는 마음갈증이 일어난다.

④ upādāna(取): 마음갈증에 대한 집착과 행동. 접촉다음에 일어난 느낌을 대상으로 발생한 마음갈증을 좋은 것은 취하고 싫은 것은 밀쳐내려고 집착하고 행동한다.

⑤ bhava(有): 집착하고 행동하면 흔적이 남는다. 이렇게 행동을 학습하고 재학습하며 삶이 흘러간다(生老病死).

----

22. 접촉다음에 일어난 마음상태를 알아차림하고 자유로워지는 것과 알아차림 놓치고 집착하고 매달리는 것은 사유작용, 행동유형, 삶의 질에 큰 차이를 가져온다.

23. Buddha는 자유크기가 행복크기를 결정한다고 보았다. 살면서 접촉은 피할 수 없고 접촉다음에 느낌이 일어나고 마음작용이 발생하지 않을 수 없다. 문제는 그렇게 일어난 느낌상태나 마음작용을 알아차림하고 자유로워질 것인지 놓치고 매몰되고 구속될 것인지에 따라 삶의 질이나 태도가 달라진다.

24. 맑은 방향[paṭiloma, 逆觀]으로 관념을 형성하고 행동을 학습하면 자유와 행복 지수가 높아지고 흐린 방향[anuloma, 順觀]으로 관념을 형성하고 행동을 학습하면 구속과 고통 지수가 증가한다.

4) sati 선도

25. Buddha는 존재이해 관점이나 수준에 따라 관념형성과 행동학습이 다르다고 보았다.

26. Buddha는 사유, 언어, 행동을 올바르게 사용하고 맑게 학습해야 한다고 강조했다.

27. Buddha는 8정도(八正道)를 사용해 사유[mano kamma, 意業], 언어[vācā kamma, 口業], 행동[kāya kamma, 身業]을 올바르게 학습하는 것과 잘못 학습하는 과정을 상세히 설명했다.

28. 존재를 올바른 관점[sammā diṭṭhi, 正見]으로 보고 맑은 방향으로 관념을 형성하고 좋은 쪽으로 행동을 학습하면 삶이 자유와 행복으로 충만해진다.

29. 존재를 잘못된 관점[micchā diṭṭhi, 邪見]으로 보고 흐린 방향으

로 관념을 형성하고 좋지 않은 쪽으로 행동을 학습하면 삶이 구속되고 괴로움으로 가득 차진다.

30. Buddha는 잘못 학습한 사유, 언어, 행동을 올바르게 재학습하는 것이 필요하다고 보았다. 그래야 삶의 질을 높여 인간다운 삶을 살 수 있기 때문이다.

31. Buddha는 관념 형성과 정화, 행동 학습과 재학습을 선도하는 것이 마음근육이자 알아차림 기능인 sati라고 보았다. Buddha는 sati를 구속과 괴로움, 자유와 행복을 선도하는 핵심도구로 생각했다.

4. 판단과 행동

1. Buddha는 현실주의자다. 발생순서로 무엇이 먼저고 어떤 요소가 다른 것을 선도하는가 못지않게 영향관계에서 무엇이 본질이고 어느 것이 중요하고 지금 여기서 무엇을 시작해야 하는가를 중시했다.

1) 인지주의

2. 발생순서로 앎과 생각이 변하면 행동과 삶이 변한다고 본 것이 인지주의다. 이것은 사유능동성을 주목한 것이다. 이것은 관념론에 기초해 논리를 전개한 것이다. 기능주의가 여기에 속한다.

3. 심리상담에서 인지치료란 사물을 바라보는 생각을 변하도록 하는 훈련방법이다. 그러면 현재 빠져있는 부적응상태에서 효과있게 벗어나 현실에 적응할 수 있다고 본다.

2) 행동주의

4. 발생순서로 행동과 삶이 변하면 앎과 생각이 변한다고 본 것이 행동주의다. 이것은 행동능동성을 주목하고 사유수동성을 강조한 것이다. 이것은 유물론에 기초해 논리를 전개한 것이다. 구조주의가 여기에 속한다.

5. 심리상담에서 행동치료란 행동이나 삶의 방식을 변화하도록 하는 훈련방법이다. 그러면 현재 빠져있는 부적응상태에서 훌륭하게 벗어나 현실에 적응할 수 있다고 본다.

3) SATI 주의

6. 무엇이 먼저인가 못지않게 지금 이 순간 내가 무엇을 할 수 있는가도 중요하다. 인지와 행동 맨 앞에 마음근육이자 알아차림 기능인 sati가 있다. 그래서 Buddha가 창안한 마음상담 이론을 SATI 주의라고 한다.

7. 마음거울에 맺힌 상을 알아차림한 후 행동, 인지, 앎 등이 진행한다고 본 것이 SATI 주의다.

8. 이것은 발생순서로 유물론이나 관념론, 사유능동성이나 행동능동성, 기능주의나 구조주의로 논의하지만 현상으로 판단하고 행동하기 위해서 마음거울에 맺힌 상을 알아차림한 후 행동, 인지, 앎 등이 전개된다는 것을 주목한 것이다.

9. Buddha는 행동한 대로 인지하든 사유한 대로 행동하든 중요한 것은 인지와 행동에 앞서 마음거울에 상이 맺혔다는 사실을 알아차림하고 판단하고 선택하고 행동해야 한다고 보았다.

5. 부적응상태 Buddha 관점

1. Buddha는 사람이 현실에 적응하지 못하고 부적응상태에 빠지는 요인을 다음같이 보았다.*

2. 첫째, 실재를 있는 그대로 보지 못하고 자기입장에서 자의로 해석하고 행동하는 것(無明, 痴心)이 현실에 적응하지 못하는 부적응상태 출발점으로 보았다.

Buddha와 Freud

Freud는 superego(超自我)에 의해 억압된 기억은 마음깊은 곳으로 가라앉아 행동이나 마음작용에 영향미친다고 보았다. 큰 무게를 가진 나만의 추억, 억압된 기억무게는 꿈이나 대화를 통해 찾아내 해소할 수 있다고 보았다. 이 이론이 발달해 개인상담, 집단상담, 놀이치료를 통해 억압된 기억무게를 찾아내고 해소하는데 주력한다. 억압된 기억무게를 찾아가는 과정에서 내담자는 기억하기도 싫은 과거기억을 들춰낸다. 더 힘든 것은 어느 것이 진정한 억압된 기억무게인지 알 수 없다는 점이다. 억압된 기억무게라고 지목한 것을 찾아냈다고 해도 기억이미지가 흡수한 무게가 스스로 해체되는 것도 아니고 다음에 동일상황이 전개되면 다시 에너지를 흡수하지 않는다는 보장도 없다. 억압상태를 해소했다고 해도 기억이 흡수한 무게가 해체되는 것은 아니다. 기억이미지가 흡수한 무게를 말로 해체하려고 하기 때문에 대화할 때 어느 정도 벗어났다고 생각하지만 조금 지나면 그 상태가 반복된다.

Buddha 생각은 달랐다. 무거운 기억이미지는 마음 깊은 곳에 가라앉아 있어 마음표면으로 잘 떠오르지 않는다. 그것이 마음표면으로 떠오르게 하는 방법은 마음근육이자 알아차림 기능인 sati를 기준점에 밀착고정해 1차로 압력(三昧力)을 얻고 그 압력을 증폭해 마음공간에 재차 가하면 마음공간 깊은 곳에 가라앉아 있던 무거운 기억이미지가 있으면 마음표면으로 떠오른다. 이때 sati 힘으로 기억무게를 해체할 수 있고 없거나 떠오르지 않으면 굳이 찾을 필요없다고 보았다. 왜냐하면 마음표면으로 떠올라 활동하지 않는 기억이미지는 의미없다고 보기 때문이다. 또 해당기억무게가 해체되면 그 기억무게보다 적은 것은 저절로 해체된다. 이 방법은 간단하고 쉽고 효과도 뛰어날 뿐만 아니라 반복되지 않는 특징이 있다.

Buddha나 Freud 둘 다 지나온 삶의 흔적인 기억이미지가 무게를 가지고 마음공간에 존재하면 문제가 된다고 보았다. 그것을 찾아 해소하는 방법은 달랐다. 그것은 서로 살았던 개인, 사회, 문화, 역사, 자연 영향으로 Freud는 말이나 논리로 해결하려 하고 Buddha는 SATI 수행으로 해소하려고 했다.

3. 둘째, 욕망, 이기심, 분노, 적의, 원망, 서운함, 편견, 선입관, 가치관 등 마음오염원이 기억이미지와 결합해 마음공간을 오염시키고, 이런 마음오염원에 구속되고 사고하고 행동하는 것이 현실에 적응하지 못하는 부적응상태 시발점으로 보았다.

4. 셋째, 여기 그리고 지금에 집중하지 못하고 과거와 미래, 이곳저곳으로 돌아다니는 마음상태가 현실에 적응하지 못하는 부적응상태 원인으로 보았다.

5. 넷째, 인식대상이 마음거울에 상을 맺는 순간 있는 그대로 알아차림하지 못하고 존재에 매몰되고 마음에너지를 소모하고 마음이 피곤해진 것이 현실에 적응하지 못하는 부적응상태 요인으로 보았다.

6. Buddha는 보리수 아래서 Arahant Maggaphala를 성취하고 Nibbāna를 체험한 후 읊은 오도송(Paṭhama Bodhi Gāthā, 悟道頌)에서 우리가 현실에 적응하지 못하고 삶이 힘들어지는 것은 힌두교에서 주장하듯 검증되지 않은 신이나 윤회 때문이 아니라고 보았다.*

Buddha 오도송

오도송(悟道頌)은 Buddha가 Arahant Maggaphala에 들어 Nibbāna를 체험하고 모든 āsava를 제거한 후 그 맑고 행복한 느낌을 읊은 깨침노래다. 처음 세 개는 마음으로 읊었고 마지막 하나는 소리내 읊었다. 마음으로 읊은 것은 율장 대품 Paṭhama dhamma cakka Sutta(初轉法輪經)에 나오고 소리내 읊은 것은 Dhammapada(法句經)에 있다. 이것은 Dhammapada에 나오는 오도송이다.

Anekajāti saṁsāraṁ sandhāvissaṁ
anibbisaṁ gahakāraṁ gavesanto
dukkhā jāti punappunaṁ.
Gahakāraka diṭṭhosī puna gehaṁ na
kāhasi sabbā te phāsukā bhaggā
gahakuṭaṁ visankhataṁ visankhāragataṁ

7. Buddha는 현실에 적응하지 못하고 괴로운 상태[dukkha, 苦, 부적응상태]에 직면한 것은 실재를 보지 못하는 무지(avijjā, 無明, 無知), 마음갈증 상태인 갈애(taṇhā, 渴愛), 인식대상에 집착(upādāna, 執着)하기 때문이라고 보았다.

8. Buddha는 우리가 힘들어 하는 것은 어느 한 가지 요인만이 아니라 몇 가지 요인이 복합으로 작용해 현실에 적응하지 못하고 부적응상태에 빠져 힘들어 한다고 보았다.

9. SATI 수행으로 마음오염원을 제거하고 실재를 있는 그대로 보고 마음근육을 키워 마음갈증 상태인 갈애를 제거하고 마음에너지를 보충하고 구속과 집착에서 벗어나면 자유롭고 행복하게 살 수 있다고 보았다.

10. Buddha는 마음근육이자 알아차림 기능인 sati, sati 집중기능인 samādhi(三昧, 止, 定), 의도 알아차림 기능인 sampajāna(自知), 전체

---

cittaṁ taṇhānaṁ khayamajjhagāti.

오랜 세월 생사윤회(saṁsāra, 輪廻) 속에서
얼마나 힘든 삶을 살아왔던가.
이 몸을 만드는 목수[gaha kāraka, 木手, 神]를 찾아다녔지만
끝내 찾지 못하고
수 없는 생을 윤회하면서 고통을 받았다네.

아, 집[dukkha, 苦痛]을 짓는 자[taṇhā, 渴愛]여!
나는 이제 그대를 보았노라.
너는 이제 더 이상 집을 짓지 못하리라.
이제 모든 서까래[phāsukā, āsava, 流漏]는 부서졌고,
대들보[gaha kuṭa, 無知]는 산산이 조각났고
나의 마음은 nibbāna[visaṅkhāragata, 涅槃, 寂滅]에 이르렀고,
모든 욕망은 파괴되었다네[khayamajjhagā]
※Arahant Maggaphala를 얻었다네!

상황 통찰기능인 paññā를 가지고 무지를 제거해 앎을 정화하고 마음
근육을 키워 기억이미지와 결합한 마음오염원을 해체하고 구속으로부
터 벗어나고 마음에너지를 채우면 자유롭고 행복하게 살 수 있다고 보
았다.*

진단과 해결 관점

표77 **부적응상태 관점비교표**

정신분석학(Psychoanalytic theory)을 만든 Sigmund Freud(1856~1939)는 사람이 지나온 삶
의 흔적인 과거에 발목잡혀 행동한다고 본다. Freud는 과거 삶의 흔적인 기억이 억압된 상태로
마음공간 깊은 곳에 자리잡고 있으면서 현재 마음과 행동에 영향미치고 삶을 왜곡하는 것이 부
적응상태 원인이라고 본다. 따라서 마음공간 깊이 가라앉아있는 억압된 삶의 흔적을 찾아 그 억
압을 해소하면 현실에 적응하고 자유롭고 행복하게 살 수 있다고 본다. Frued는 과거흔적을 중
시하고 그 흔적으로부터 벗어나라고 말한다.

개인심리학(Individual psychology theory)을 개척한 Alfred Adler(1870~1937)는 사람이 미래에 저당잡혀 있다고 본다. Adler는 미래에 대한 불안감을 부적응상태 요인으로 본다. 따라서 삶의 과정을 잘 설계하고 훈련해 미리 대비하면 현실에 적응하고 자유롭고 행복하게 살 수 있다고 본다. Adler는 삶의 계획성을 중시하고 다음단계를 위해 준비하라고 주장한다. 여기서 영향받아 발달심리학이나 발달교육학이 등장한다.

특성요인학(Trait-factor theory)을 만든 Edmund Griffith Williamson(1900~1979)은 사람은 자신이 알고 있는 앎의 수준에 저당잡혀있다고 본다. Williamson은 앎의 부족이 부적응상태 원인으로 본다. 따라서 체계적인 교육을 통해 지식수준을 높이면 현실에 적응하고 자유롭고 행복하게 살 수 있다고 본다. Williamson은 지식중요성을 주목하고 앎의 수준을 높이라고 주문한다.

인간중심학(Person-centered theory)을 개척한 Carl R. Rogers(1902~1987)는 사람은 모든 논리와 지식에 우선해 자신이 느끼는 정서에 기반해 행동한다고 본다. Rogers는 다른 사람이 자신을 비교하고 평가하는데서 정서가 타격받는 것이 부적응상태 원인이라고 본다. 따라서 다른 사람과 비교해 평가하지 말고 상대입장을 공감하고 지지해주면 현실에 잘 적응해 자유롭고 행복하게 살 수 있다고 본다. Rogers는 상대와 공감을 중시하고 상대를 지지해주라고 말한다.

합리-정서-행동학(Rational emotive behavior theory)을 개발한 Albert Ellis(1913~2007)는 인간문제는 외부뿐만 아니라 그것을 인지, 해석, 평가하는 내부 마음상태도 중요하다고 본다. Ellis는 인식대상을 받아들여 자기입장에서 해석하는 것이 부적응상태에 빠지는 요인으로 본다. 비합리신념을 합리신념으로 바꾸는 것이 중요하다고 주장한다. 인식대상을 알아차림할 때 인식대상과 느낌을 구분하고 접촉대상을 객관으로 있는 그대로 보고 그것을 접촉하고 일어나는 자기느낌이나 마음상태를 상대에게 설명하는 것이 현실에 잘 적응해 자유롭고 행복하게 살 수 있다고 본다. Ellis는 현실과 인식 불일치를 주목하고 항상 깨어있으라고 말한다.

실존주의(Existentialism)는 현재 자신이 느끼고 자각하는 것이 전부라고 본다. 실존주의는 현재 자기삶이 과거나 미래, 지식이나 정서로 규정하고 억압하는 것을 부적응상태에 빠지는 원인이라고 본다. 그들은 자신을 그 어떤 것으로 규정하지 않기를 원한다. 그들은 과거나 미래, 이곳저곳이 아닌 여기 그리고 지금[here and now]을 주장했다. 그리고 나를 그 어떤 것으로도 규정하지 말라(無我)고 선언한다. 그들은 지금 여기에 머물지 못하는 것을 괴로움시작으로 진단한다. 따라서 자신이 현재 처해있는 현실을 있는 그대로 자각하고 지금 여기 머무는 것이 자유롭고 행복하게 사는 것이라고 본다. 그들은 우리가 직면한 현실제조자가 책임지는 것을 강조한다. 현실을 신이 창조했다면 신이 책임져야할 것이고 당대를 사는 우리가 만들었다면 우리가 현실에 참여하고 해결해야 한다는 입장을 가진다. 삶의 주체성을 강조하고 자기삶의 주인이 되라고 말한다.

게슈탈트 이론(Gestalt therapy)을 창안한 Frederick Saloman Perls(1893~1970)는 지금 그리고 여기 마음거울에 반영된 존재를 알아차림하는 것이 중요하다고 주장한다. Perls는 현재 마음거울에 맺힌 상을 어디에 초점두고 어느 수준에서 알아차림하는지가 부적응상태 원인으로 진단한다. 따라서 직면한 실재를 있는 그대로 알아차림하면 자유롭고 행복하게 살 수 있다고 본다. 게슈탈트는 인식수준을 중시하고 사물을 있는 그대로 보고 개별보다 전체 장속에서 개별존재 의미가 무엇인지 통찰하라고 주문한다.

6. 부적응상태 극복 Buddh 관점

1. Buddha는 괴로운 상태, 만족하지 못한 마음상태, 채워지지 않는 마음갈증 상태, 피곤하고 산만한 마음상태 등 현실에 적응하지 못하는 부적응상태를 극복하기 위해 다음같이 몇 가지 이론과 기술을 개발했다.

2. Buddha는 4가지 마음구성 기본인자 가운데 마음거울에 맺힌 상을 알아차림하는 sati가 마음에너지를 소모해 무기력하고 피곤한 것과 실재를 있는 그대로 보지 못하고 자의로 해석하고 행동하는 것. 이 둘로 인해 현실에 적응하지 못하고 부적응상태에 접어드는 출발점으로 보았다.

인지주의(Cognitivism)는 인지수준이 삶의 질을 결정한다고 본다. 인지주의는 실재를 있는 그대로 인지하지 못하고 자기입장에서 해석하고 왜곡하는 것이 부적응상태 근원이라고 본다. 그들은 사물을 인식할 때 마음능동성을 주목하고 객관으로 있는 그대로 인식할 수 있도록 생각을 변화하는 인지교정에 주력한다.

행동주의(Behaviorism)는 행동수준이 삶의 질을 결정한다고 본다. 행동주의는 잘못 행동함으로써 형성한 지나온 삶이 부적응상태 핵심이라고 본다. 그들은 감정, 사고, 신념 교정보다 행동을 재학습함으로써 자유롭고 행복하게 살 수 있다고 본다. 행동주의는 행동능동성을 주목하고 행동교정을 중시한다.

마음과학과 SATI 수행을 창안한 Buddha는 마음거울에 맺힌 상을 알아차림하는 sati 수준과 전체상황 통찰기능인 paññā 수준이 삶의 질을 결정한다고 본다. Buddha는 삶을 추동하는 것은 신과 윤회가 아니라 무지와 욕망으로 본다. 사람이 현실에 적응하지 못하고 부정응상태에 빠지는 것은 마음근육이자 알아차림 기능인 sati 힘이 약해서 일어난 것이라고 본다. 따라서 마음운동을 통해 마음근육인 sati 힘을 키우고 마음에너지를 보충하고 기억이미지와 결합한 마음오염원을 제거하면 자유롭고 행복하게 살 수 있다고 본다. Buddha는 삶의 주체성과 마음과 행동 상호관계성을 주목하고 자기삶의 주인임을 깨달으라고 말한다.

(표78) 부적응상태 극복 Buddha 관점 ⸺⸺⸺⸺⸺⸺⸺⸺⸺⸺

1. sati 강화	4. 행동바꿈
① 알아차림	5. 마음비움
② 실재봄	6. 마음나눔
2. 철학관점	7. 생각바꿈
3. 마음건강	8. 관심돌림
① 마음근육 강화	
② 마음에너지 보충	
③ 마음오염원 제거	

⸺⸺⸺⸺⸺⸺⸺⸺⸺⸺⸺⸺⸺⸺⸺⸺⸺⸺⸺⸺⸺⸺

1) sati 강화

3. Buddha는 마음근육이자 알아차림 기능인 sati를 강화함으로써 마음에너지를 보충하고 마음을 휴식하고 활기차게 하면 부적응상태에서 벗어나 자유로운 삶, 여유로운 삶, 청정한 삶, 행복한 삶, 공존하는 삶을 살 수 있다고 보았다.

4. 서구에서 발달한 행동주의, 인지주의, 구성주의, 기능주의, 밖풀이, 속풀이, 관심돌리기 등 심리상담 이론과 기술은 일정 정도 삶의 질을 높인 것은 사실이다. 이들 이론과 기술을 창안한 사람이 마음 작동 과정은 어느정도 알고 있지만 원리이해는 부족한 것 같다.

5. 그렇다보니 마음근육이자 알아차림 기능인 sati를 활용해 마음관리 이론과 기술을 개발하지 못했다. 그러나 Buddha는 마음 구조와 기능을 명확히 이해하고, 마음작동 과정뿐만 아니라 원리도 분명히 알았기 때문에 sati 기능을 활용해 마음관리 이론과 기술을 개발해 활용했다.

① 알아차림

6. Buddha는 마음거울에 맺힌 상을 알아차림하지 못하는 것이 괴로움시작이고 부적응상태 출발점이라고 보았다. 어떤 상황에서라도 마음거울에 상을 놓치지 말고 있는 그대로 알아차림하면 부적응상태를 벗어날 수 있다고 보았다.

7. 욕망과 이기심[lobha, 貪]이 마음거울에 상을 맺을 때 알아차림하지 못하기 때문에 인식대상에 집착하고 좋은 것을 추구하고 하고 싶은 것을 하기 위해 노력한다. 이런 행동[saṅkhāra, 行, 有爲]이 모든 괴로움시작이다.

8. 분노와 적의, 원망과 서운함[dosa, 嗔]이 마음거울에 상을 맺을 때 알아차림하지 못하기 때문에 인식대상에 구속되고 좋지 않은 것은 밀쳐내고 하기 싫은 것은 피하려고 노력한다. 이런 행동[saṅkhāra, 行, 有爲]이 모든 괴로움 출발점이다.

9. 편견과 선입관, 가치관[moha, 癡]이 마음거울에 상을 맺을 때 알아차림하지 못하기 때문에 인식대상에 속박되고 존재를 구분하고 차별하고 좋은 것은 취하고 싫은 것은 밀쳐내려고 한다. 이런 노력[saṅkhāra, 行, 有爲]이 모든 괴로움원인이다.

10. 마음근육이자 알아차림 기능인 sati가 약해 마음거울에 맺힌 상을 알아차림하지 못하면 마음공간에 들어온 데이터가 기억이미지와 결합해 망상, 마음오염원, 정크 데이터로 발전하는 것을 방치하면 그것이 sati를 구속한다. 그 속박크기만큼 괴로움도 커진다.

11. 마음근육이자 알아차림 기능인 sati 힘이 강해 마음거울에 맺힌 상을 알아차림하면 그 영향력으로부터 자유로울 수 있다. 그 자유크기만큼 행복함도 높아진다.

12. 마음근육이자 알아차림 기능인 sati 힘이 강하면 자신감과 여유

로움이 생긴다. 참아야 할 때 인내심갖고 견딜 수 있고 움직여야 할 때 언제든지 행동할 수 있다. 마음공간에서 해소할 것은 안에서 해결하고 밖으로 풀어내 해결할 것은 끄집어내 제거할 수 있다.

13. 인식대상 영향력에서 자유로울 때 실재를 있는 그대로 볼 수 있다. 그러면 마음오염원이 발생하지 않고 맑고 건강한 마음상태를 유지할 수 있다.

14. 마음근육과 알아차림 기능인 sati 힘을 키우면 괴로움원인이 되는 마음오염원을 근원에서부터 차단하고 제거할 수 있다.

15. 마음거울에 맺힌 상을 알아차림하는 수준만큼 부적응상태에서 벗어나 자유롭고 행복하게 살 수 있다.

16. Buddha는 상황에 매몰되지 말고 항상 깨어있으라고 강조했다.*

② 실재봄

17. Buddha는 마음거울에 맺힌 상을 있는 그대로 보지 않고 자기 입장과 수준에 기초해 해석하고 행동하기 때문에 현실에 적응하지 못하고 부적응상태에 빠져 괴로움이 시작된다고 보았다.

18. 존재는 존재할 뿐이다. 존재는 답이 없다. 답은 인식하는 사람이 결정한다. 산은 산일뿐인데 그것을 바라보는 사람이 자기관념으로 온갖 수식어를 붙여 산을 구분하고 차별한다. 그리고 스스로 구속되고 힘

깨어있기

Buddha는 사람이 어디서 무엇을 하더라도 그 상황을 올바르게 자각하고 있어야 한다고 보았다. 설사 그 일이 일탈행위라 할지라도 자신이 분명히 해당상황을 알아차림하고 있으면 멀리나가지 않고 행동하는 앞에서 브레이크 걸리고 피해를 줄일 수 있고 언제든지 돌아올 수 있다고 보았다. Buddha는 쇳덩이가 뜨거운 줄 알고 잡으면 덜 데이지만 모르고 잡으면 많이 데인다고 말했다. 항상 깨어있는 삶을 강조했다.

들어 한다.

19. 인류는 많은 노력으로 어둠에서 밝음으로 혼돈에서 정돈으로 무지에서 정지로 흐림에서 맑음으로 옮겨왔다. 그 결과 삶은 풍요롭고 여유롭게 발전했다.

20. 다른 한편 인류는 자신이 알고 있는 앎에 철저히 구속돼있다. 우리가 어떻게 사고하고 행동하든 그것은 자신이 알고 있는 앎의 범위 안에서 사유하고 움직인다.

21. 앎이 인류를 무지와 신비로부터 해방한 것은 사실이지만 동시에 철저히 앎에 구속돼있는 것도 사실이다. 이런 현실을 직시하고 이미 우리가 알고 있는 앎을 내려놓고 존재를 있는 그대로 볼 때 비로소 앎의 자유와 삶의 자유를 성취할 수 있다.

22. 마음거울에 맺힌 상을 있는 그대로 보지 못하는 것은 마음공간에 떠다니는 마음오염원인 탐진치 3독심(貪嗔痴 三毒心), 생각거품, āsava(流漏) 등이 마음근육이자 알아차림 기능인 sati를 덮기 때문이다.*

5가지 거품

마음공간을 덮고 있는 마음오염원(생각거품)은 다섯 가지(pañca āvaraṇa, 五蓋, 五障碍)다.

① 욕망[kāmacchanda, 愛貪]
② 악의[byāpāda, 惡意]
③ 혼침과 졸음[thīnamiddha, 昏沈睡眠]
④ 들뜸과 거친 행동[uddhaccakukkucca, 掉擧惡作]
⑤ 의심[vicikicchā, 疑惑]

Buddha는 이것이 마음공간에 존재해 마음을 흐리게 하고 마음근육이자 알아차림 기능인 sati를 덮어버리기 때문에 존재를 있는 그대로 보지 못하고 자기입장에서 해석하고 행동한다고 보았다. 이것이 삶을 구속하고 괴로움으로 몰아넣는 요인이라고 보았다.

23. SATI 수행으로 마음공간을 덮고 있는 거품을 제거하면 실재를 있는 그대로 볼 수 있고 괴로운 상태를 벗어날 수 있고 부적응상태를 극복할 수 있다.*

2) 철학관점

24. 어떤 사람은 직면한 상황을 잘못 이해해 인지오류를 범하고 자기 생각에 매몰돼 힘들어한다. 이런 사람은 인지오류를 바로 잡아주어야 현실에 적응하고 편안하고 행복하게 살 수 있다.

25. 어떤 사람은 존재를 보는 관점자체에 문제가 있어서 어떤 존재를 접촉하더라도 자신이 가진 편견이나 가치관에 기초해 존재를 이해하고 행동한다. 이런 사람은 존재를 보는 관점인 철학관점을 바로 잡아주어야 현실에 적응하고 행복하게 살 수 있다.

인지·행동·알아차림

생각이 바뀌면 행동이 변하고 삶이 바뀐다는 논리를 상담이론으로 체계화한 것이 인지상담 이론이다. 이것은 사유능동성을 주목한 이론이다.

행동이 바뀌면 생각이 변하고 삶이 바뀐다는 논리를 상담이론으로 체계화한 것이 행동상담 이론이다. 이것은 행동능동성을 중시한 이론이다.

인지와 행동, 관념형성과 행동학습은 서로 관계맺고 영향미치기 때문에 어느 것이 먼저라고 할 수 없고 상황에 따라 서로 보완해 사용하면 효과있다.

그런데 인지와 행동에 앞서 발생하는 것이 있다. 그것은 인식대상이 마음거울에 상을 맺으면 그것을 알아차림하고 나서 인지나 행동이 시작한다는 점이다. 그래서 Buddha는 마음거울에 맺힌 상을 알아차림하는 것을 모든 것의 출발점으로 보았다. 이것은 행동이나 인지에 앞서 알아차림 중요성을 주목한 이론이다.

그것이 바로 SATI 주의다. 오리지널 불교와 SATI 수행을 창안한 Buddha는 전체상황 통찰기능인 paññā와 마음근육이자 알아차림 기능인 sati 강화훈련을 사유와 행복으로 가는 출발점으로 보았다.

26. Buddha도 8정도(八正道)에서 존재를 보는 관점이 올발라야(正見) 하고 어떤 일을 하더라도 일하는 목적이나 의도가 올발라야(正思) 한다고 누차 강조했다.*

3) 마음건강

27. 몸과 마음이 건강하고 활기차면 삶의 질이 높아지고 행복지수도 향상한다. 몸과 마음이 건강하지 못할 때 일에 대한 집중력과 일 처리 능력이 떨어지고 현실에 적응하지 못하고 힘들어 한다.

28. 우리는 몸건강은 잘 알고 있고 적절히 관리한다. 그러나 마음건강은 어떻게 관리해야 할 줄 모르고 헤맨다.

29. 육체건강은 기본이다. 거기에 더해 마음건강도 중요하다. 몸건강 못지 않게 마음건강이 삶에 미치는 영향은 크다. 마음을 건강하게 관리하지 않고서 삶에 직면한 문제를 효과있게 해결할 수 없다. 그래서 Buddha는 마음건강 출발점을 마음건강을 해치는 마음오염원 제거로부터 시작했다.

① 마음근육 강화

30. 마음을 지치고 피곤하게 하는 원인 가운데 하나는 마음근육이자

철학상담

최근 현대식 건물에 철학상담소가 하나둘 생기기 시작한다. 처음에 미아리고개에서 옮겨왔나 생각했는데 그것이 아니었다. 자기가 직면한 상황을 오판해서 부적응상태에 빠진 사람에게 도움 주는 것이 인지치료라면 처음부터 존재를 보는 철학관점이 잘못돼 힘들어 하는 사람에게 존재를 보는 올바른 관점을 제공해 주기 위해 철학상담소가 생긴 것이다. 하기사 단순히 심리상태를 대상으로 삼는 심리상담뿐만 아니라 철학관점을 교정할 수 있도록 도움주는 공간이 많이 생겼으면 좋겠다. 이름은 좋고 볼 일이다.

알아차림 기능인 sati 활력이 떨어지고 무기력한 것이다. 그러면 마음거울에 맺힌 상에 구속되고 힘들어 한다.

31. 마음근육이자 알아차림 기능인 sati가 무기력하면 조그만 자극에 끌려가고 해당현상에 구속되고 에너지를 소비하고 행복지수가 떨어지고 삶이 척박해진다.

32. SATI 수행으로 마음근육 강화훈련을 통해 sati 힘을 키우면 마음탄력이 커지고 외부자극에 대한 대응력이 높아지고 삶이 활기차진다.

② 마음에너지 보충

33. 마음을 지치고 피곤하게 하는 원인 가운데 하나는 마음에너지를 과도하게 소모하고 빈약해진 것이다.*

34. 마음공간이 마음에너지로 가득 차면 삶이 활기차지만 에너지를 소모해 빈약해지면 현실에 적응하지 못하고 삶이 피곤해진다.

35. 배가 고프면 음식을 먹고 차에 기름이 떨어지면 주유소에서 기름을 넣는다. 복잡다단한 삶의 과정에서 마음에너지가 고갈하면 SATI 수행으로 보충해야 한다. SATI 수행은 마음에너지 보충과정이다.

36. 마음근육이자 알아차림 기능인 sati가 인식대상에 끌려다니거나 존재를 분석, 사유, 논리로 치밀하게 가공할 때 뇌와 마음은 에너지를

창조 에너지와 소모 에너지

어떤 삶의 흔적은 소모 에너지로 작용하고 어떤 것은 창조 에너지로 기능한다. 그것은 삶의 흔적을 간직한 기억이미지가 무게를 얼마나 가지고 있느냐와 마음근육이자 알아차림 기능인 sati 힘의 역학관계에 달렸다.

어떤 현상이 마음거울에 상을 맺으면 마음이 무겁고 답답할 때가 있다. SATI 수행으로 기억무게를 해체하면 기억이미지는 무게가 줄어들기 때문에 누구를 대하더라도 마치 어제 만난 사람처럼 감정없이 있는 그대로 대할 수 있다. 원효는 마음이 무거우면 지옥이고 가벼우면 극락이라고 했다. 그래서 옛 어른은 선방문고리만 잡아도 지옥가는 것은 면할 수 있다고 했다.

많이 소모하고 지친다.

37. 마음근육이자 알아차림 기능인 sati가 인식대상을 선택하고 머물거나 존재를 분석, 사유, 논리로 체계화하지 않고 마음거울에 맺힌 상을 있는 그대로 알아차림하면 뇌와 마음은 기능을 최소화하고 마음은 에너지 소비를 줄이고 보충해 활기차진다.

③ 마음오염원 제거

38. 마음이 지치고 피곤한 원인 가운데 하나는 마음공간에 존재하는 기억이미지가 무게를 많이 가지고 마음공간에 존재할 때다.

39. 마음공간에 존재하는 기억이미지와 결합한 마음오염원이 많을수록 마음은 건강을 상실한다.

40. 마음관리 출발점은 마음건강이다. 우리는 마음을 건강하게 유지하기 위해 다양하게 노력한다. Buddha는 마음건강을 위한 출발점을 마음건강을 해치는 마음오염원 제거로부터 시작했다.

41. 욕망과 이기심(貪)은 마음을 지치게 하는 요인 가운데 하나다. 이보다 더 크게 마음을 피곤하게 하는 것은 분노와 적의, 원망과 서운함(眞)이다. 이것은 마음뿐만 아니라 몸까지 피곤하게 한다.

42. 욕망이나 분노 계통은 자극이 거칠기 때문에 스스로 통제하려고 노력한다. 그러나 존재를 구분하고 차별하는 편견이나 선입관, 가치관(癡)은 꾸준히 마음에 영향미치지만 자극이 미묘하고 부드럽고 오랫동안 활동함으로써 길들여지고 무감각해져 자각하기 까다롭고 통제하기 힘들다.

43. 마음오염원 제거는 마음근육이자 알아차림 기능인 sati와 sati 집중기능인 samādhi로 가능하다.

44. 기억이미지와 결합해있는 욕망, 이기심, 분노, 적의, 원망, 서운

함, 편견, 선입관, 가치관은 생각만으로 제거되지 않는다. 그것은 실제 노력으로 해체해야 한다.

45. 욕망, 분노, 편견 등 마음오염원은 홀로 발생하지 않는다. 존재와 접촉하고 마음작용이 발생하고 마음오염원이 등장한다.

46. 마음거울에 맺힌 상(이미지)은 자체무게만 있고 그 이미지와 결합한 마음오염원인 기억이미지도 자기무게를 가진다.

47. 동일상황을 경험해도 그것이 마음공간 입력과정에서 사람마다 기억무게가 다른 것은 마음공간에 저장해있는 기억이미지가 가진 무게가 다르기 때문이고, 마음공간에 존재하는 기억이미지와 새로 마음공간에 들어오는 이미지와 결합이 다차원으로 이뤄지기 때문이다.

48. 기억이미지와 결합한 마음오염원은 결합력이 강하다. 생각이나 세월만으로 해체되지 않는다. 기억이미지와 결합한 마음오염원은 유용한 도구와 기술 그리고 노력으로 제거해야 한다.

49. 기억이미지와 결합한 마음오염원 제거도구가 마음근육이자 알아차림 기능인 sati와 sati 집중기능인 samādhi다.

50. 이 두 가지 기능을 활용해 기억이미지와 결합한 마음오염원을 효과있게 제거할 수 있다. 그러면 마음은 건강해지고 삶은 맑음으로 충만해진다.

51. 마음은 스스로 자정력과 자생력을 갖고 있다. 이런 능력을 가진 마음을 위해 우리가 할 일은 그렇게 많지 않다. 사람이 할 일은 탐진치 3독심인 마음오염원을 제거하는 일이다. 나머지는 마음에 맡겨두면 스스로 알아서 잘한다. *

4) 행동바꿈

52. 몸에 쌓인 습관은 살면서 몸과 마음으로 학습한 결과다. 이렇게 학습한 것은 재학습을 통해 교정할 수 있다.*

53. Buddha는 앎, 생각, 마음, 행동은 길들여지고 학습하는 것으로 보았다. 현재 자기 앎, 생각, 마음, 행동이 마음에 들지 않는 사람은 그 것을 교정하기 위해 새로운 행동규범과 가치관을 정하고 학습하면 자신이 원하는 방향으로 변화시킬 수 있다고 보았다.

54. Buddha는 수행자 행동규범인 계율(sīla vinaya, 戒律)을 정하고

로봇 이야기

간단한 로봇일 경우 로봇 두뇌(인공지능)에 신경세포 연결지점인 시냅스를 20~30개 정도 연결하면 움직인다. 사람뇌는 뇌신경세포가 10^{11} 이고 시냅스가 10^{14} 정도라고 한다. 이런 기능을 가진 뇌가 작동해 일으킴 마음은 거의 무한대다. 그래서 뇌와 마음을 소우주라고 한다. 이런 기능을 가진 뇌에 사람이 할 수 있는 일이 그렇게 많지 않다. 사람이 할 수 있는 일은 뇌나 마음을 지치게 하는 오염요소를 제거하고 마음에 맡겨두면 나머지는 마음이 알아서 잘한다.

밖풀이

이것은 기억이 가진 힘, 마음공간에 존재하는 에너지 뭉침을 마음밖으로 풀어내는 방법이다. 이 것은 자기감정을 속으로 삭이지 않고 자유롭게 표현함으로써 스트레스 받지않고 마음무게를 가볍게 할 수 있다. 이것은 성격이 자유롭고 적극적인 사람, 상대보다 지위높은 사람, 서양에서 선호하는 방법이다.

심각한 것도 사소한 것에서 시작할 수 있다. 말로써 해결할 수 있는 것을 마음속에 넣어두고 혼자 삭이다보면 문제가 복잡하게 발전한다. 자기감정을 대화나 행동으로 드러내고 생각과 느낌을 솔직히 나누는 것이 필요하다.

모든 것을 마음밖으로 풀어낼 수 없다. 때로는 조급함을 누르고 인내심과 여유갖고 마음속으로 삭이는 것도 현명하다. 모든 것을 억지로 마음밖으로 풀어내려고 하는 것은 자기중심일 수 있다. 이런 삶의 태도는 자칫 다른 사람에게 상처주고 서로 어울리지 못하고 관계가 꼬여 공동체화합을 깨뜨리기도 한다. 약간은 게으른 듯 넉넉하게 여유갖고 자신을 돌아보고 서로를 이해할 수 있는 시간을 갖는 것도 다른 존재와 관계를 부드럽고 풍요롭게 하는 출발점이 된다.

이런 행동규범에 따라 학습과정에서 행동이 바뀌고 앎이 성장하고 생각이 성숙하고 삶이 변한다고 보았다.

55. 계는 몸과 행동으로 일으키는 부적응상태를 극복하는 좋은 방법이다. Buddha는 5계(pañca sīla, 五戒), 8정도(ariya aṭṭhaṅgika magga, 聖八支道), 10선법(dasa kusala dhamma, 十善法)을 정하고 사람이 그런 규범에 따라 학습하면 몸에 낀 습관같은 거품을 제거하고 자유롭고 여유로운 삶을 살 수 있다고 보았다.*

56. 삶의 과정에서 사람은 10불선법(dasa akusala dhamma, 十不善法)에 길들어 사고하고 행동하는 것을 습관화하는 경향이 강하다. 그런 잘못된 습관을 교정하고 맑고 행복한 삶을 살기 위해서 맑은 삶으로 재학습과정이 필요하다.

57. Buddha가 창안한 마음과학과 SATI 수행은 이제까지 학습한 것을 걸러내 새로운 삶으로 재학습하는 좋은 훈련도구다.

자리와 이타

흔히 계는 자기행위를 제한하는 것으로 알고 있다. Buddha는 계는 자기행위 능동성을 주문하고 최고이타행이라고 주장했다.

① 식물이든 동물이든 다른 존재 생명을 보호하는 것(不殺生).
② 다른 존재 땀의 대가를 빼앗지 않고 지켜주는 것(不偸盜).
③ 다른 존재를 모함하지 않고 보고 들은 대로 사실과 진실만을 말하는 것(不妄語).
④ 다른 존재 성적의견을 존중하는 것(不邪婬).
⑤ 항상 마음을 깨어있게 하는 것(不飮酒).

마음닦는 SATI 수행이 자신을 위한 투자이자 자리행(自利行)이라면 수행자 행동강령인 계는 생명을 살리고 다른 존재 땀의 대가와 의견을 존중하는 최고이타행(利他行)이자 인류와 지구를 평화롭게 하는 행동강령이다.

5) 맑음채움

58. Buddha는 마음공간에 욕망이나 분노 같은 마음오염원이 넘쳐날 때 마음공간에 맑은 마음을 채우면 삶의 질이 풍요로워진다고 보았다.

59. 마음공간에 분노(byāpāda, 憤怒)가 넘쳐날 때 mettā(慈)로 가득 채우면 분노는 마음공간에서 밀려나고 소멸한다.

60. 마음공간에 적의(vihesā, 敵意, 害心)가 솟아날 때 keruṇā(悲)로 가득 채우면 적의는 마음공간에서 밀려나고 사라진다.

61. 마음공간에 불쾌(arati, 不快)가 일어날 때 muditā(喜)로 가득 채우면 불쾌는 마음공간에서 밀려나고 없어진다.

62. 마음공간에 혐오(paḍigha, 嫌惡)가 발생할 때 upekhā(捨)로 가득 채우면 혐오는 마음공간에서 밀려나고 버려진다.

63. 마음공간에 욕망(ragā, 慾望)이 등장할 때 asubha(不淨)로 가득채우면 탐욕은 마음공간에서 밀려나고 떠나간다.

64. 마음공간에 내가 있다는 자만(asim māna, 有我, 自慢)이 차오를 때 anicca(無常)로 가득 채우면 자만은 마음공간에서 밀려나고 떠나간다.

6) 마음나눔

65. 마음을 굳게 닫고 자기생각에 매몰되면 현실에 적응하지 못하고 힘들어진다. 마음을 활짝 열고 다른 존재와 마음나누면 즐거움은 늘고 슬픔은 줄고 삶이 희망으로 충만해진다.*

66. Buddha는 35세 때 Buddhagaya 보리수 아래서 Arahant Maggaphala를 성취하고 Anuttara Sammā Sambuddha(阿耨多羅三藐三菩提, 無上正自覺)를 이룬 후 매일 새벽 4시부터 6시 사이 Mettā 수행을

했다.

67. 마음이 괴롭거나 삶이 힘든 사람에게 SATI 수행으로 정화한 맑은 향기를 보내주었다. 그 깊이를 알 수 없는 Buddha 자비심은 실천으로 학습된 것이다. 지혜가 수행으로 성장하듯 자비도 실천으로 성숙한다.

68. 누군가에 대한 욕망, 이기심, 분노, 적의, 원망, 서운함, 편견, 선입관, 가치관에 기초한 마음오염원이 일어난 순간을 알아차림하고 즉시 해당존재에게 자유와 행복에 기반한 맑은 마음을 보내는 것이 좋다. 자비심을 보내는 순간 그 사람에 대한 욕망과 분노에서 벗어나 자유롭고 행복하게 살 수 있다.

69. 다른 사람과 말, 행동, 물질을 통해 마음나눌 수 있고 telepathy를 통해 서로 마음전할 수 있다. 물질뿐만 아니라 마음을 사용해 서로 정을 나누면 삶의 질이 한층 성숙할 것이다.

70. 다른 사람과 마음나눌 때 마음오염원에 기초하지 말고 맑음과 평화로움, 자유와 행복에 기초해 맑은 생각을 나누고 상대를 이해하고 배려하고 부드럽고 여유롭게 행동하면 삶의 토대가 풍요로워진다.

속풀이

이것은 기억이미지가 가지고 있는 힘, 마음공간에 존재하는 에너지를 마음속에서 풀어내는 방법이다. 이것은 자기감정을 마음속으로 삭이고 밖으로 표출하지 않는다. 외부충격을 마음공간에서 흡수하고 해소하는 방법이다. 이것은 소극적인 사람, 인내심이 강한 사람, 상대보다 지위낮은 사람, 동양에서 선호하는 방법이다.

모든 것은 마음안에서 해소할 수 없다. 때로는 자기 생각이나 감정을 솔직히 표현해 밖으로 풀어내는 것도 현명하다. 모든 것은 억지로 마음속에서 해소하려거나 참으면 화병(火病)이 생길 수 있고 몸과 마음을 멍들게 한다. 말로 해결할 수 있는 것도 서로 대화하지 않아 불필요한 오해를 사고 다른 존재와 관계를 엉망으로 만들고 공동체화합을 깨뜨리기도 한다.

적절한 표현과 당당한 인내심은 삶을 한층 여유롭고 풍요롭게 하는 양념이 될 수 있다. 지나침은 모자람만 못하다. 스스로 자각할 일이다.

7) 생각바꿈

71. 마음크기가 원크기를 결정하고 원크기가 마음크기를 결정한다. 마음이 몸과 행동에 영향미치고 행동이 몸과 마음에 영향미친다.

72. 앎이 바뀌면 생각이 변하고 생각이 변하면 마음과 행동이 달라진다. 행동이 달라지면 생각이 바뀌고 앎이 구조조정하고 성장한다.

73. 앎, 생각, 마음은 오직 자기자신만이 바꿀 수 있다. 다른 사람이 대신해 줄 수 있는 것은 생각이나 행동 변화가 가져오는 긍정효과나 부정결과에 대해 말해줄 수 있을 뿐이다.

74. Buddha는 자신이 가진 앎과 생각에 낀 거품을 제거하면 앎과 생각에 구조조정이 일어나고 앎과 생각이 바뀐다고 보았다. 앎과 생각에 낀 거품제거 방법을 몇 가지 제시했다.

75. 첫째, 마음근육이자 알아차림 기능인 sati를 배나 발에 집중해 1차로 압력을 만들고 그 압력을 증폭해 마음공간에 재차 가해 기억이미지와 결합한 마음오염원을 제거하는 것이다.

76. 둘째, 마음근육이자 알아차림 기능인 sati를 기준점에 집중하면 마음공간에 존재하던 기억이미지가 sati가 집중하는 곳으로 함께 집중한다. 이때 기억이미지가 sati 집중으로 생긴 압력에 의해 서로 결합하고 생각거품, 앎의 거품이 빠지면서 앎과 생각에 구조조정이 일어난다.

77. 셋째, 실재를 있는 그대로 알아차림하면 생각과 행동이 바뀐다. 마음거울에 맺힌 상을 있는 그대로 알아차림하지 못하고 존재에 매몰되거나 자기 입장이나 수준에서 해석하고 행동하기 때문에 앎과 생각이 바뀌지 않는다. 마음거울에 맺힌 상을 있는 그대로 알아차림하면 앎과 생각에 구조조정이 일어난다.

78. 넷째, 강의듣고 책보고 다른 사람과 대화함으로써 자기 앎과 생

각에 변화를 가져온다. 사람이 흔히 빠지기 쉬운 함정이 자기 앎과 생각에 매몰되는 것이다. 다른 사람과 대화하고 마음나누는 것은 다른 사람 관점과 생각을 알 수 있고 존재와 상황을 이해하고 자기생각을 전환할 수 있는 좋은 과정이다.

8) 관심돌림

79. 마음거울에 맺힌 상의 힘이 강해 마음근육이자 알아차림 기능인 sati를 구속하면 sati는 마음에너지를 과도하게 소모하고 피곤해진다.*

80. 이런 상황이 계속되면 마음에너지를 소모하고 마음이 허해지고 무기력해지기 때문에 해당상황에서 빨리 빠져나오는 것이 중요하다. 그러면 마음에너지를 절약하고 보충해 마음을 건강하게 유지할 수 있다.

81. Buddha는 마음거울에 맺힌 상의 힘이 강하고 마음근육이자 알아차림 기능인 sati 힘이 약할 때 억지로라도 관심을 다른 곳으로 돌리는 것이 마음건강에 좋고 마음에너지 절약에 효과있다고 보았다.

82. 이때 인식대상을 알아차림하고 기준점으로 돌아와야 한다. 인식대상이 계속 개입해 기준점인 배나 발 움직임 알아차림을 방해하면 그 방해현상을 알아차림하고 기준점으로 돌아온다.

83. 계속 방해현상이 개입하면 방해현상을 무시하고 기준점인 배나 발 움직임에 머문다. 이런 현상은 마음근육이자 알아차림 기능인 sati 힘이 인식대상 힘보다 약해 sati가 인식대상에 지배당하고 끌려다니기

중독

인식대상에 몸과 마음이 구속돼 통제불능 상태에 빠져 현실에 적응하지 못하는 상태를 중독이라고 한다. 중독은 이미 마음차원을 넘어서 뇌 변형단계라고 봐야한다.

때문이다.

84. 인식대상에 마음이 전부 끌려가는 것이 아니라 마음근육이자 알아차림 기능인 sati만 끌려다닌다. sati를 배나 발 움직임에 기준점 정하고 알아차림하면 해당상황으로부터 수월하게 벗어날 수 있다. 그러면 삶의 질이 달라진다.

85. Buddha는 앉아있을 때 배 움직임(일어남-사라짐), 걸을 때 발 움직임(들어-앞으로-놓음), 일상생활이나 노동현장에서 행위끝에 마음근육이자 알아차림 기능인 sati를 두고 그것을 알아차림하는 것이 관심돌리기에 효과있다고 보았다. 이때 이름붙이고 알아차림하면 훨씬 더 좋다.*

86. 마음작용이 너무 격렬해 알아차림하기 힘들 때 노래부르거나 운동하거나 하던 일에 더 집중하거나 좋았던 일을 생각하거나 마음이 움직이는 대로 행동할 때 결과를 상상하거나 자비심을 보내거나 다른 사람과 대화하거나 해서 관심을 다른 곳으로 돌려주는 것이 마음건강에 효과있다.

87. Buddha는 Vitakkasaṇṭhāna Sutta(增上心經)에서 알아차림하기, 관심돌리기, 사유중지하기 등 여러 가지 마음관리 기술에 대해 설명한다. 여기서 마지막으로 제시한 기술이 바로 이것이다. 「하다하다 잘 되지 않으면 이빨을 꽉 깨물고 용을 한 번 써 보라.」 비장의 한 수다.*

허접고수

옛날 할머니는 마음이 불편할 때 화나는 마음을 따라가지 않고 염주를 돌리며, 관세음보살하고 마음을 다른 곳으로 돌렸다. 어떤 때 노래를 흥얼거리거나 싱거운 농담으로 관심을 다른 곳으로 돌리기도 했다. 기막힌 생활념이자 마음관리 기술이다. 허접해도 고수란 말이 있다.

7. Buddha 상담기술

1. Buddha 이래 수행지도자는 대중을 만나는 과정에서 유효한 대화기법이나 상담기법을 개발해 사용했다.

2. Buddha는 자기의 지혜와 자비를 필요로 하는 사람을 다양한 방법으로 지지하고 도와주고 함께하고 수행지도했지만 문제해결 주체는

최고계책

Sun Zi(孫子, BCE 544~496)가 싸움법칙(孫子兵法)을 저술할 때 맨 마지막 계책으로 제시한 것이 36계다. 하다하다 잘 되지 않으면 달아나는 것이 상책이라고 지시한다. 일단 달아나고 볼 일이다.

Buddha가 율장에서 계율을 제정할 때 맨 마지막 품이 싸움말리는 법이다. 그 마지막 조항이 싸움을 말리다 잘 되지 않으면 관련된 모든 대중이 길상초로 진흙을 덮듯 해당사안에 대해 묵언하라는 것이다. 제자가 마음관리에 대해 묻자 마지막으로 제시한 기술이 이것이다. 입술을 깨물고 용을 한 번 써 보라. 역시 Buddha 답다.

흔히 고수나 대가가 특별계책을 가지고 있을 것으로 생각한다. 그러나 그들이 가진 최후한수는 지극히 간결하다. 기본에 충실하라. 동서양고수가 가진 마지막 비책은 평범하다. 그러나 효과는 아주 좋다.

Buddha 자신이 아니라 그들 자신이란 사실을 중시했다. 그래서 당신은 항상 안내자(magga desana, 案內者)란 입장을 견지했다.

3. Buddha는 어떻게 사고하고 행동하든 항상 무위(asaṅkhāra, 無爲) 태도를 취했다.

4. 어떤 일을 하더라도 결과를 예측해 행동하지 않았고 자신에게 이익되거나 하고 싶은 것만 하지 않았다. 자신이 처한 상황에서 자신이 해야 할 일을 하고 상황이 종료하면 해당상황으로부터 자유로웠다.

5. 처음부터 결과를 예측해 행동하지 않기 때문에 결과를 비교하거나 평가하지 않았다. 접촉다음에 마음작용이 일어나지 않은 것이 아니라 마음작용이 일어나도 그것을 알아차림하고 벗어나 구속되지 않았다. 그래서 자유롭고 여유롭고 행복할 수 있었다.

6. Buddha는 많은 사람에게 수행지도하고 가르침을 베풀었지만 한 중생[sabbe satta, 有情, 一切衆生]도 가르친 적이 없고 많은 사람이 Buddha로부터 수행지도받고 가르침을 받았지만 한 중생도 배운 사람이 없었다.

7. 한다거나 하지 않는다는 생각도 없었다. 가르친다거나 배운다는 관념도 없었다. 도움준다거나 도움받는다는 마음도 없었다. 단지 직면한 상황에서 각자 역할에 충실할 뿐이다. 그리고 상황이 종료하면 해당 상황에서 벗어나 서로 자유로웠다.

8. 이것이 무위삶이다. Vajracchedikā Prajñāpāramitā Sūtra(金剛般若波羅密經, 金剛經)는 무위법이야말로 불교와 비불교를 구분하는 기준점이라고 강조한다.

9. Buddha는 마음을 열게 하고 몸이 적응하는 준비기술[anupubba kathā, 次第說法], 마음변화 기본기술[buddha sāmukkaṁsika dhamma desanā, 佛修行法門, 最上說法], 마음근육이자 알아차림 기능인 sati를

강화하는 세부기술, 개인에 따라 적용하는 응용기술을 상황에 따라 적절히 사용했다.

1) 준비기술

10. Buddha는 현실에 적응하지 못하는 사람이 찾아오면 먼저 상담자와 내담자가 서로 신뢰하고 마음을 열 수 있게 하는 준비기술이 필요하다고 보았다.

11. 먼저 눈을 맞추고 반갑게 인사하며 서로를 칭찬하고 자리를 권하고 함께 차를 마셨다. 그리고 내담자가 필요로 하는 것을 함께 고민하고 해결점을 찾아보자며 말문을 열었다.

12. 봉사나 기부[dāna, 布施, 善行]로 사회에 기여하는 의미있는 삶, 상대를 배려하고 절제하는 행동[sīla, 戒]이 가져오는 청정한 삶의 아름다움, 지나친 욕망탐닉으로 인한 불행[ādīnava, 不幸], 마음갈증[taṇhā, 渴愛]으로 일어난 괴로움, 동경하는 세계[sagga, 天上]의 즐거움, 행복감, 기대감에 대해 대화하며 서로 마음을 열고 문제를 해결할 수 있는 분위기를 만들었다.

13. 이런 과정을 거치면서 내담자가 상담자조언을 따르려는 마음상태[kalla citta, 順從心], 잘 받아들이려는 마음상태[mudu citta, 柔軟心], 저항없는 마음상태[vinīvaraṇa citta, 無障碍心], 신명난 마음상태[udagga citta, 歡希心], 밝고 청정한 마음상태[pasanna citta, 明淨心]가 되면 내담자가 직면한 현재 부적응상태[dukkha, 苦]를 변화시키기 위한 기본기술이자 공동주제인 SATI 수행을 권했다.

2) 기본기술

14. 상담을 필요로 하는 내담자가 스스로 마음바꾸기 전에 다른 사람이 내담자마음을 바꿀 수 있는 방법은 없다. 소를 물가로 데려갈 수 있어도 물을 먹고 안 먹고는 소가 결정한다.

15. 인류는 마음을 변화시키기 위한 다양한 이론과 기술을 개발했다. 그 가운데 가장 효과있는 방법은 내담자가 스스로 마음바꾸게 하는 것이다. 이것이 심리상담에 가장 유효한 방법이다. 스스로 마음바꾸면 그 효과는 확실하고 오래간다.

① 기본기술

16. 내담자가 자기마음을 스스로 변화하는데 사용한 여러 가지 이론과 기술 가운데 인류가 오랫동안 사용해왔고 효과가 지속되고 휴유증도 없고 비용도 들지 않고 쉽고 간단하게 사용해 온 것이 SATI 수행이다.

17. 수행기법은 기본기술이자 큰 기술이다. 지금까지 알려진 수행법 가운데 BCE 531년 음력 4월 보름 새벽 인도 Buddhagaya 보리수 아래서 Buddha가 개발한 SATI 수행이 최고라고 동서고금을 막론하고 인정한다.

18. Buddha는 SATI 수행은 모든 종류의 슬픔, 괴로움, 기쁨, 마음 갈증상태, 마음무기력을 극복하고 자유와 행복, 이익과 번영으로 인도하는 기본기술이자 큰 기술이라고 강조했다.

19. Buddha는 마음변화를 위한 이론과 기술을 불수행설법(buddha sāmukkaṁsika dhamma desanā, 佛修行說法), 불무상설법(佛無上說法), 선법문(禪法門)이라고 했다. 이것이 SATI 수행이다.

20. SATI 수행은 현실에 적응하지 못하고 겪는 모든 종류 슬픔, 괴로움, 미움, 원망, 욕망, 이기심, 편견, 선입관 등 마음괴로움[dukkha, 苦]에서 벗어나 자유와 행복으로 인도하는 길라잡이다.

② 공동주제

21. Buddha가 만든 SATI 상담이론은 상담자와 내담자가 공동주제를 설정하고 함께 하는 과정에서 자신이 직면한 문제가 개입하면 질문하고 해결하는 방법을 사용한다. 공동주제가 SATI 수행이다.

22. Buddha는 누가 찾아와 자기 고민거리에 대해 대화하고 자문하기 원하면 먼저 SATI 수행하면서 말하자고 했다. 수행도량에 오는 사람은 각자 필요한 것이나 사정이 다르다. 그러나 SATI 수행이라는 공동주제를 설정하고 함께 수행하다 개입하는 문제를 해결했다.

23. 기본기술인 앉아서 하는 좌념은 배 움직임(일어남-사라짐), 걸으며 하는 행념은 발 움직임(들어-앞으로-놓음)을 기준점으로 삼고 수행하라고 일러주었다.

24. 내담자는 Buddha가 가르쳐준 대로 공동주제인 SATI 수행하다 자기문제가 개입하면 그것을 알아차림하고 다시 기준점인 배나 발 움직임으로 돌아간다. 수행을 마치고 Buddha와 함께 수행한 것을 주제 삼아 대화하고 문제해결 관점을 찾았다. 이것이 SATI 수행에 기반한 SATI 마음상담 이론이다.

25. SATI 수행은 오늘날 놀이치료, 미술치료, 음악치료, 심리상담 이론과 기술에 많이 활용한다. 이런 방법은 단기상담뿐만 아니라 장기상담에 효과있고 인생전체 방향을 설정하는데 필요한 도구다.

26. 이 책 5부 수행기술에 SATI 수행 이론과 기술을 자세히 설명해 놓았다. 참고하면 많이 도움될 것이다.

3) 세부기술

27. 공동주제를 풀어갈 때 개입하는 개인문제를 해결하는 세부기술을 몇 가지 주제로 나눠 살펴보면 다음 같다.

① 큰 주제

28. 일상 고민거리를 말하면 그것보다 더 크고 근본고민거리를 던져줌으로써 생각물꼬를 틀어 현재상황에서 벗어나게 한다. 작고 부분질문은 큰 주제로 감싼다.

29. Buddha는 사랑이나 사람관계 등 일상 고민거리를 상담하는 내담자에게 생사문제를 해결해 보라거나 깨달음을 성취해보거나 사회에서 의미있는 일을 해보라고 권했다. 이것을 해결하면 지금 고민하는 작은 문제는 저절로 해소할 수 있다고 유도했다.

30. 이런 상담방법은 일상 고민거리로 인해 부적응상태에 빠진 사람에게 그들이 해당상황에서 효과있게 벗어나는데 도움된다.

② 상황자각

31. 자신이 직면한 문제를 해결하지 못하고 힘들어할 때 대개 자기생각에 매몰돼 주변을 둘러보지 못하거나 상황을 올바로 파악하지 못하고 자기수준에서 사물을 인식하고 해석하기 때문에 전체상황 통찰기능이 부족해 발생하는 경우가 많다.

32. 경험이 풍부하고 지혜로운 사람은 현재 자신이 직면한 문제가 어떤 경로로 여기까지 왔고 어떻게 대처해서 어떤 방향으로 흘러갈 것인지 관계와 상황을 통찰할 수 있다.

33. 현재 자신이 직면한 문제본질이 무엇이며 그 상황에서 무엇이 가

장 중요하며 현재 자신이 해야 할 것이 무엇인지를 명확히 알고 실천해야 한다. 그래야 관계와 상황을 읽을 수 있고 해당상황에서 지혜롭게 대응할 수 있다.

34. 현명한 사람은 상황을 객관으로 인식하고 답을 찾지만 어리석은 사람은 상황에 매몰되고 자기입장에서 답을 찾으려고 한다. 그래서 본질을 놓치고 지엽문제에 집착하고 힘들어 한다.

35. 10대 때는 사랑이 전부인 것처럼 보이지만 30대만 되도 사랑이 밥 먹여 주나 하고 반문한다. 이것은 사랑이 필요없거나 돈이나 권력에 물들었다기보다 삶에서 사랑이 차지하는 비중이 낮아졌고 돈이나 권력 등 사회활동 비중이 커졌기 때문이다.

36. Buddha는 누군가 찾아와 문제해결에 대한 조언을 구할 때 질문 문제에 한정짓지 않고 전체 삶속에서 해당주제를 이해하도록 유도했다.

37. 이런 방법은 직면한 문제나 현실에 매몰되고 집착하는 사람이 전체 관계와 상황을 볼 수 있는 안목을 갖도록 해주고 부적응상태에서 벗어나 자유롭고 여유로워지게 한다.

③ 문답

38. 어떤 문제에 봉착해 스스로 해결하지 못할 때 다른 사람에게 도움받아 직면한 문제를 극복하려고 노력한다.

39. 어떤 사람은 궁금한 것을 질문하면서 자기지식을 과시하거나 상대를 곤경에 빠뜨려 이익이나 명성을 얻기바라는 사람도 있다.

40. 어떤 사람은 자기생각에 매몰돼 질문하거나 자기주장을 강하게 할 때 있다. 이때는 왜 그렇게 사고하고 행동하는지 반문해 상대방이 자기가 한 질문의 모순을 스스로 자각해 생각을 바꾸게 했다.

41. 이것은 지식인과 이론논쟁할 때나 비불교도가 Buddha를 곤경에

빠뜨리려고 할 때 즐겨 사용한 방법이다. Buddha는 제자와 대화하거나 수행지도할 때 문답법을 즐겨 사용했다

④ 내용바꿈

42. Buddha는 어떤 사람이 성심껏 노력하지만 그렇게 하더라도 일 유효성이 없다고 생각할 때 그 사람이 거부감없이 새로운 방법을 받아들이도록 하는 방법을 즐겨 사용했다.

43. 그 사람이 하고 싶은 일을 하도록 하면서 원하는 것을 성취할 수 있도록 하기 위해 논리있고 효과있는 방법을 제시하며 일의 내용과 형식을 바꾸어 주었다. 이것이 전의법(轉意法)이다.

44. Buddha는 어떤 사람이 거리에서 절하며 어머니 왕생극락을 비는 것을 보고 어머니 왕생극락은 절보다 배고픈 사람에게 무료급식하는 것이 효과있다고 유도했다.

45. 이런 방법은 상대 입장과 자존심을 살려주면서 내용과 형식을 일치시켜 부적응상태로부터 효과있게 벗어나게 하는데 도움된다.

⑤ 침묵

46. Buddha는 쓸데없는 말장난[papañca, 戲論]이나 해답을 구할 수 없는 주제로 대화하거나 자신이 가진 지식을 드러내고자 할 때 대답하지 않고 침묵으로 처리했다.

47. 묵빈대처(黙擯對處). 침묵으로 상대하는 것. 이것은 Buddha가 불필요한 대화를 그만두게 하는 방법 가운데 백미다.

48. 교만한 사람이 상대를 시험하거나 곤경에 빠뜨리기 위해 질문하면 그 주제에 대해 직접 대답하지 않고 침묵하거나 아예 무시했다. 무시하는 것도 좋은 문답법이다.

49. 이런 방법은 자존심강한 사람이나 허황된 사람이 자기함정에 빠져 상대를 무시할 때 침묵으로 상대를 무시함으로써 부적응상태를 해소하는데 도움된다. 이런 방법을 Buddha는 범신회초리[rahma danda, 梵罰]라고 해서 간혹 사용했다.

⑥ 체험

50. Buddha는 문자나 사유도 중시했지만 직접행동으로 실천해 현실을 자각하게 하는 방법을 좋아했다. 몸과 마음으로 직접경험하고 스스로 찾아내는 것이야말로 강력한 힘이다. 이불 뒤집어쓰고 민주주의 만세 백날 외쳐도 현실은 변하지 않는다.

51. 직접 경험하지 않고 말이나 문자로 다른 사람 앎을 이전받는 것은 지식습득에 중요하다. 간접경험은 양이 많아도 지식에 거품이 끼고 직접경험보다 질과 힘이 약하다.

52. Buddha 법은 Buddha 법이고 나의 법은 나의 것이다. 다른 사람 경험은 참고사항은 될 수 있어도 직접 나의 것이 될 수 없다.

53. 지식으로 해결할 수 있는 것은 지식으로 해결하고 지혜로 해결할 수 있는 것은 지혜로 해결해야 한다. 삶이나 인생을 다루는 지혜는 스스로 체험을 통해 획득하는 것이 가장 좋다. 다른 사람이 체험한 직접경험도 자신에게는 간접경험이다.

4) 응용기술

54. 모든 이론에 앞서 상담자가 내담자문제를 이해하고 해결할 수 있는 능력이 우선이다. Buddha는 이론과 상담자 중심이 아닌 상담을 필요로 하는 내담자 성질과 상황에 기초해 출발해야 한다고 강조했다.

55. Buddha는 누구든지 지혜와 자비를 필요로 하는 사람이 있으면 먼저 그 사람이 처한 상황, 자연환경, 사회환경, 교육수준, 마음상태, 수행수준을 토대로 선천으로 타고난 성질, 후천학습으로 형성한 성격을 고려해 상대에게 필요한 것을 제공했다. 이것이 대기설법(abhiupanissaya kathā, 對機說法)이다.

56. Buddha는 모든 이론에 앞서 사람이 중심이라고 보았다. 이론은 사람을 위해 존재하는 것이지 사람이 이론을 위해 존재하는 것은 아니다. 아무리 좋은 것이라도 그것을 사용하는 사람이 수용하지 않으면 아무 쓸모없다.

57. 수행법, 심리학, 심리상담학, 정신분석학, 뇌과학 등 이론에 사람을 적용하는 경우가 많다. 그러나 분명한 것은 모든 것에 통용되는 만병통치약은 없다는 사실이다.

58. Buddha는 무엇이 진리를 수호하는 길인지 묻는 질문에 특정견해에 집착하는 것이야말로 진리파괴 주범이라고 말했다. 모든 가능성을 열어 두고 항상 열린 마음으로 존재를 대해야 실재를 있는 그대로 볼 수 있다.

59. 사람은 모든 가능성을 가지고 있고 다양한 본성과 특성을 가진 존재다. 그렇기 때문에 자신이 가진 이론에 집착하고 이론노예가 되지 말고 사람을 중심에 두고 사고하고 행동해야 한다. 무엇보다 사람에 대한 애정이 있어야 사람문제를 해결할 수 있다. 그래야 삶에 향기가 난다.

5) 비교기술

60. 상담목적은 내담자가 현실에 적응해 자유롭고 행복하게 살 수 있도록 도와주는 것이다. 내담자가 처한 부적응상태를 극복하기 위해 스

스로 자기 마음과 행동을 변화하려는 노력이 무엇보다 중요하다. 마음과 행동이 변하기 시작하면 나머지는 조금만 도와주면 스스로 잘 해결한다.

61. 인류는 앎, 생각, 행동, 마음을 변화하기 위한 여러 가지 기술을 개발했다. 동양이나 수행은 내담자 마음과 행동을 변화하는 큰 기술이자 기본기술이 발달했다. 서양이나 심리학, 심리상담학은 내담자마음을 열고 마음을 변화하기 위한 준비과정이나 세부기술이 발달했다. 의학은 병으로 진행된 사람 마음과 행동 통제기술인 신경전달물질 조작이나 뇌 마취기술이 발달했다.

62. 오늘날 심리학, 심리상담학, 의학은 마음과 행동 변화를 위해 인식바꾸기, 생각바꾸기, 행동바꾸기, 관심돌리기, 상황자각하기 등을 창안했다. 그러나 이런 이론과 기술은 준비기술이거나 작은 기술이기 때문에 특정사례에 유효성이 있지만 효과가 꾸준하지 않고 다른 경우에는 적용하기 쉽지 않다는 것을 깨닫기 시작했다.

63. 이런 문제를 극복하기 위해 수행자가 개발한 큰 기술이자 기본기술인 SATI 수행을 주목하고 적극 받아들인다. 문제는 작은 기술 위에 큰 기술을 받아들여 사용하려니 아귀가 잘 맞지 않고 부자연스러울 때가 많다.

64. SATI 수행은 오늘날 심리학이나 심리상담학에서처럼 마음을 열게 하는 준비기술이나 작은 기술이 부족하다. 거대담론은 효과 좋은데 처음 온 사람이 적응하는데 어려움이 있다.

65. SATI 수행은 개인문제를 해결하는데 탁월하게 효과있지만 부부문제처럼 사람과 사람 사이 발생한 문제를 해결하는 잔 기술이 부족하다.

66. 이런 문제를 극복하기 위해 심리학이나 심리상담학에서 개발한

마음열게 하는 준비기술이나 작은 기술을 도입해 활용하면 내담자가 직면한 부적응상태를 효과있게 극복할 수 있도록 도와주는데 유효할 것으로 기대한다.

67. 그것은 마음과 행동 변화 큰 기술이나 기본기술 위에 작은 기술이나 세밀한 기술을 활용하면 효과가 크기 때문이다.

68. SATI 수행은 마음과 행동 변화 큰 기술과 작은 기술 둘 다 유용하게 사용해왔다. SATI 수행은 마음과 행동 변화 핵심이론이고 기본기술이다. 내담자가 받아들여 조금만 익숙해지면 지속가능하고 탁월한 효과있다.

SATI 학습이론

project

check point

이 장에서는 마음과학과 SATI 수행을 학습에 활용하는 이론과 기술을 배우고 익힌다.

1. 연구, 교육, 학습은 데이터 가공, 생산, 이전 과정이다. 더 많은 데이터를 효과있게 가르치고 배우기 위해 다양한 방법을 개발해왔다.

2. 데이터 가공 관여요인은 다음같다.

표80 **학습요인** --

① 입력 데이터 양과 질
② 데이터 가공주체 뇌와 마음 상태
③ 입력 데이터와 마음공간 데이터 결합수준
④ 기존 데이터 간섭수준
⑤ sati 활력도와 집중도
⑥ 마음에너지
⑦ 데이터 이전주체와 학습자 능력과 근기
⑧ 데이터 학습주체 목적의식과 필요성

----

3. 이런 요인이 복합으로 관여해 데이터 입력, 가공, 출력 수준을 결정한다.

4. 이 가운데 데이터 가공주체인 뇌와 마음 휴식, 마음에너지 충전, SATI 활력도와 집중도, 데이터 결합수준, 마음건강, 마음상태, 학습주체 목적의식과 필요성이 관여한다.*

SATI 학습법

교육현장에서 SATI 학습법을 도입하면 학습유효성을 높일 수 있다. 원리는 간단하다. 세 가지 점에서 기존 학습이론에 추가해 사용하면 효과있다.

① 마음공간에 새로운 데이터를 입력할 때 기존 데이터가 간섭하고 입력을 방해할 때 그 방해

5. 여기서는 SATI수행으로 마음근육 강화, 마음에너지 보충, 뇌와 마음 휴식을 연구, 교육, 학습에 활용하는 길을 살펴본다.*

1. 인간관계 성숙

1. SATI 학습이론에서 중요하게 생각하는 것 가운데 하나는 인간관

하는 것을 제거해야 더 많은 데이터를 효과있게 마음공간에 입력할 수 있다. 이것은 수행자가 망상을 제거하고 집중력을 높이는 기술에서 도입했다. 수행할 때 이전에 다른 수행자와 다툰 생각이 떠올라 알아차림을 방해할 때 그 방해현상(망상)을 알아차림하고 기준점으로 돌아가 기준점에 집중하는 것을 응용한 것이다. 가령 공부할 때 이전에 친구와 다툰 기억이 떠올라 공부를 방해할 때 그 생각을 「망상」하고 알아차림하고 나서 공부주제로 돌아가 주제에 집중하는 것이 좋다.

② 학생이나 연구자가 공부나 연구만 하는 것은 아니다. 공부나 연구 이외에 그것을 중심으로 얽힌 다양한 인간관계가 존재한다. 이런 인간관계를 효과있게 관리하지 못하면 공부나 연구를 방해한다. 이럴 때 수행으로 자기마음을 평온하게 관리하면 주변관계가 부드럽고 평화로워진다. 그러면 공부에 전념할 수 있다.

③ SATI 수행으로 마음근육을 강화하고 마음에너지를 보충하고 뇌와 마음이 휴식하면 학습효과를 상승시킬 수 있다.

오늘날 서구 교육학, 심리학, 심리상담학, 정신분석학은 SATI 수행에서 많은 원리를 차용한다. 한국사람은 서구로 가서 그것을 새로운 학문으로 받아들인다. 그러다 수행 한 번 해보라고 하면 요즘 누가 그런 걸 하느냐고 반문한다. 동남아 수행도량으로 가면 발에 걸리는 게 서구인이다. 수준과 안목차이다.

수행과 학습

독일 Waldorf 학교는 학생이 타고난 기질에 따라 공부하는 것이 학습효과가 좋다는 것을 발견하고 기질에 기초해 교육한다. Buddha는 2600여 년 전부터 수행자기질에 따라 수행하는 것이 효과있다고 보고 대기설법(對機說法)으로 수행지도했다. Waldorf 학교에서 도입한 기질에 따른 학습법은 인도철학과 수행자가 사용하던 것으로 근기 분류방법인 지수화풍 4대(四大, 地水火風)를 그대로 채택한 것이다.

계 관리다.

2. 교사나 학생이 가르치고 배우기만 하면 될 것 같지만 가르치고 배우는 것도 사람일이라 사람사이 일어나는 일을 피할 수 없다.

3. 사람사이 일어나는 문제가 교육과 학습에 영향미친다. 살면서 직면한 문제 대부분은 사람을 매개로 발생한다. 이것을 효과있게 처리하지 못하면 교육과 학습에 방해될 수 있다.

4. 많은 양과 질 높은 데이터를 가지고 있어도 이전주체와 학습주체 몸과 마음 상태, 교육수준, 타고난 성질, 후천으로 형성한 성격, 이전기술과 학습태도에 따라 이전 양과 질은 차이난다.

5. 데이터 이전주체인 교사와 학습주체인 학생과 상호작용은 데이터 전달에 중요요소다. 데이터 이전주체가 효과있고 쉽게 이전하기 위해서 학습주체 상태를 통찰할 수 있는 안목이 필요하다.

6. 학생중심 교육을 중시할수록 학생역량을 판단하는 교사역할은 더 중요하다.

7. 학생도 마찬가지다. 교사에 대해 어떤 생각을 가지느냐에 따라 학습에 영향미친다. 교사가 가르치기도 하지만 도리어 학습을 방해할 수 있다.

8. 공부는 혼자하는 것이 아니다. 학생을 중심으로 가족이나 친구 등 사회관계가 이뤄진다. 학생을 감싸고 있는 인간관계를 어떻게 관리하느냐는 학습에 중요하다.

9. SATI 수행으로 몸과 마음에 낀 거품을 제거하고 서로를 이해하고 배려하며 행동할 때 서로에 신뢰도 높아지고 학습효과도 좋아진다.

10. SATI 수행으로 마음맑히고 Suñña 수행으로 마음비우고 Mettā 수행으로 마음나누고 실재를 있는 그대로 통찰할 수 있으면 사람사이 일어난 문제를 유효하게 해결할 수 있다. 사람문제를 해결하고 주변상

황을 정리해 관계망이 평화로울 때 자기일에 온전히 전념할 수 있다.

2. 마음근육 강화

1. SATI 학습이론에서 중요하게 생각하는 것 가운데 하나는 데이터 가공주체인 마음근육이자 알아차림 기능인 sati(念)를 활기차게 가꾸는 것이다.

2. 마음근육이자 알아차림 기능인 sati가 데이터 가공주체다. sati 활력도가 크면 데이터 가공생산성이 높아진다.

3. 우리는 육체근육을 키우는 이론과 방법에 대해서는 잘 알고 다양한 운동방법이 개발돼있다. 그러나 마음근육 키우는 이론과 방법에 대해 잘 모른다.

4. SATI 수행은 마음근육을 키우는 운동이다. 훈련방법은 간단하다. 기준점 정하고 이름붙이며 알아차림하는 것이다.

5. SATI 수행으로 마음근육을 키우고 활력있게 하면 학습효율을 높일 수 있다.

3. 집중력향상

1. SATI 학습이론에서 중요하게 생각하는 것 가운데 하나는 마음근육이자 알아차림 기능인 sati가 인식대상에 집중하는 힘(三昧力)을 키우는 것이다.

2. 마음공간에 입력한 데이터 가공효율성은 sati 집중도(三昧力)가

영향미친다. 마음공간에 질 높은 데이터를 많이 입력해도 그것을 결합하고 가공하는 주체인 sati 집중도가 떨어지면 데이터 가공력이 낮아진다.*

3. 마음근육이자 알아차림 기능인 sati는 마음공간에 산재한 데이터를 연결하고 집중하는 중요기능을 한다.

4. 마음근육이자 알아차림 기능인 sati 힘이 강하고 활기차면 sati가 집중한 곳으로 마음공간에 저장한 데이터도 함께 집중하면서 데이터 가공력이 좋아지고 창의력이 향상하고 학습효과도 높아진다.

5. SATI 수행은 마음근육을 키우고 sati 집중력을 향상시키는 좋은 훈련과정이다.

4. 마음에너지 보충

1. SATI 학습이론에서 중요하게 생각하는 것 가운데 하나는 마음에너지를 넉넉히 보충하는 것이다.

2. 흔히 시간이 모자라 일하지 못한다고 한다. 그러나 시간부족이 아니라 힘이 부족해 일하지 못하는 경우가 더 많다.

3. 몸활력뿐만 아니라 마음에너지가 충만한 것은 일을 추진하는데 필

이름 바로잡기

어떤 수행모임은 SATI 수행을 창시한 분 이름따서 Gotama meditation이라고 부른다. 맞는 말이다. 이전까지 화두수행, 묵조수행, 여래수행, 조사수행, 염불수행, vipassanā, 참선으로 Buddha가 창안한 수행기술을 소비했다. 최소한 마음닦는 기술을 발견하고 만든 사람 이름정도는 써주고 기술을 사용하는 것이 양심있고 예의바른 행동이다.

요요소다. 아무리 머리좋고 여건이 쾌적해도 학습주체 몸과 마음 에너지가 부족하면 아무것도 할 수 없다.

4. 우리는 몸에 필요한 에너지는 어떻게 보충하는지 잘 안다. 그러나 마음에너지가 필요할 때 어디서 어떻게 보충하는지 잘 모른다.

5. SATI 수행은 마음에너지 소비와 보충에 관한 탁월한 이론과 기술을 가지고 있다. 마음근육이자 알아차림 기능인 sati가 가진 물리특성을 적절히 활용해 마음에너지를 보충하면 학습효과를 높일 수 있다.

5. 뇌와 마음 휴식

1. SATI 학습이론에서 중요하게 생각하는 것 가운데 하나는 데이터 가공주체인 뇌와 마음을 휴식해 최적상태를 유지하는 것이다.

2. 데이터 가공주체인 뇌와 마음을 혹사하거나 장시간 가동하면 생산성이 낮아진다. SATI 학습이론은 뇌와 마음을 적당히 쉬어주면 데이터 가공력이 향상되고 학습효과도 좋아진다고 본다.

3. 몸은 쉬거나 잠자면 피로가 풀리지만 뇌와 마음은 끊임없이 가동해 휴식하지 못한다. 잠잘 때도 뇌와 마음은 깨어있을 때 입력한 데이터를 분류하고 관련 데이터와 결합하느라 잠시도 쉬지 않는다. 음악듣거나 영화볼 때도 뇌와 마음은 활동한다.

4. 뇌와 마음 휴식방법은 두 가지다. 하나는 마음공간에 들어온 데이터를 분석, 사유, 논리로 체계화하지 않는 것이다. 그러면 뇌와 마음은 휴식한다. 그 훈련방법이 SATI 수행이다.

5. 다른 하나는 뇌와 마음을 최소기능만 가동하고 나머지는 휴식하게 하는 것이다. 이렇게 하는 방법은 마음근육이자 알아차림 기능인 sati

를 기준점에 밀착고정하는 것이다. 그러면 뇌와 마음은 휴식한다. 이 또한 SATI 수행으로 가능하다.

6. 훈련방법은 동일하고 간단하다. SATI 수행으로 뇌와 마음이 충분히 휴식하면 학습효율을 높일 수 있다.

6. 방해현상 처리

1. SATI 학습이론에서 중요하게 생각하는 것 가운데 하나는 마음근육이자 알아차림 기능인 sati 힘으로 데이터 가공할 때 개입하는 방해요소를 제거하고 데이터 가공효율성을 높이는 것이다.

2. 마음근육이자 알아차림 기능인 sati가 여기 그리고 지금 직면한 인식대상에 집중할 때 학습효과가 높아진다. 문제는 데이터 가공할 때 개입하는 방해요소를 어떻게 처리하고 주제로 돌아와 집중하느냐다.

3. 마음공간에 데이터를 입력할 때 마음공간에 이미 저장해있던 기존 데이터인 기억이미지가 개입하고 방해할 수 있다.

4. 이때 마음근육이자 알아차림 기능인 sati 활력이 좋으면 간섭하는 방해요소를 유효하게 차단하고 새로운 데이터를 유효하게 가공할 수 있다. 이것이 SATI 학습이론에서 주목하는 요소다.

5. 마음근육과 알아차림 기능인 sati가 활기차고 힘이 좋으면 sati와 마음공간에 존재하는 기억이미지가 필요한 곳에 자유롭게 옮겨 다니며 관련 데이터와 상호결합할 수 있어야 데이터 가공력도 향상하고 창의력이 높아진다.

6. 옮김과 머묾이 자유롭기 위해서 데이터 가공주체인 sati 힘이 강해야 하고 기억이미지와 결합한 마음오염원을 해체해 기억이미지가 가벼

워야 한다. 그래야 자유롭게 이동하고 데이터 결합력도 높아져 학습효과를 향상시킬 수 있다.*

7. 마음근육이자 알아차림 기능인 sati가 학습주제에 집중할 때 관련 데이터가 함께 집중해야 데이터 가공력이 높아진다. 그러기 위해서 sati 활력도와 집중도가 높고 sati와 데이터 옮김과 머묾이 자유로워야 한다.

7. 창의력향상

1. SATI 학습이론에서 중요하게 생각하는 것 가운데 하나는 창의력이다.

2. 뇌와 마음을 많이 쓰고 학습능력과 창의력을 요구하는 교육과 연구 분야에 일하는 사람은 몸뿐만 아니라 뇌와 마음도 피곤하고 지치기 쉽다. 몸과 마음이 피곤하고 지친 상태로 연구하고 학습하면 효율성도

Harvard와 SATI 학습이론

최근 Harvard 교육학과에서 주장한 SATI 학습이론은 수행자가 마음닦을 때 방해요소 처리 이론과 기술을 학습에 도입한 것이다. 가령 저녁에 수학공부 하는데 낮에 친구와 다툰 생각이 개입해 공부를 방해할 때 그것을 어떻게 처리하고 주제에 집중할 수 있는가 하는 문제다.

새로운 데이터를 입력하는데 기존에 입력한 데이터가 개입해 방해할 때 적절히 처리하면 새로운 데이터 입력효율성이 높아진다. 그렇지 않고 방해요소에 밀리면 데이터 입력효율성이 낮아진다. 그들은 수행자가 배나 발 움직임에 기준점 정하고 마음근육이자 알아차림 기능인 sati를 집중할 때 방해현상이 개입하면 망상, 들림, 보임 하고 그 방해현상을 알아차림하고 즉시 기준점으로 돌아오고 어느 정도 익숙해지면 그것이 개입한 것만 인지하고 계속 기준점 알아차림하는 집중기술을 주목했다. 이런 기술을 교육학에 응용한 것이 SATI 학습이론이다.

미술치료나 음악치료도 수행할 때 끼어든 방해물 처리방법을 치료에 응용한 것이다. 이런 이론과 기술을 개발하고 활용하는 사람은 불교수행처로 와서 수행자로부터 필요한 것을 배워 잘 사용한다. 그러나 일반인은 그 원천기술이 어디서 온 것인지 잘 모르는 경우가 많다.

떨어지고 창의력도 나오지 않는다.

3. 데이터 처리주체인 뇌와 마음이 충분히 휴식하고 쾌적한 상태를 유지할 때 데이터 가공효율성이 높아진다.

4. 사람과 사람 사이 발생하는 긴장과 갈등은 그곳에 마음뺏기고 에너지를 소비하고 학습과제 해결에 직접 영향미친다.

5. SATI 수행은 창의력향상을 위해 두 가지 방면에 활용할 수 있다. 하나는 뇌와 마음이 휴식하고 마음에너지를 보충해 데이터 가공을 효과있게 하는 것이고 다른 하나는 사람사이에 발생하는 문제를 유효하게 해결해 연구나 학습에 집중할 수 있게 하는 것이다.

6. 첫째, 데이터 가공할 때 SATI 수행을 활용하면 두 가지 효과가 있다. 하나는 마음근육이자 알아차림 기능인 sati가 인식대상에 집중하고 마음공간에 있는 관련 데이터가 sati가 집중하는 곳으로 함께 집중하면서 데이터 가공수준이 높아진다. sati 집중력이 클수록 데이터 집중도가 높아지고 연구나 학습 효과도 향상되고 창의력도 나온다.

7. 다른 하나는 데이터 가공주체인 뇌와 마음 휴식이다. 충분한 휴식이 생산성을 높이고 창의력도 나오게 하는 원천이다.

8. 우리는 몸 휴식방법은 잘 알고 있지만 뇌와 마음 휴식은 어떻게 해야 하는지 잘 모른다.

9. 하루 종일 연구실에서 분석, 사유, 논리로 데이터 가공하면 몸만 지치는 것이 아니라 마음도 피곤하고 지친다. 몸과 마음을 쉬어주는 것은 기본이다. 몸이 쉬는 것처럼 마음도 쉬어야 한다. 특히 데이터 가공주체인 sati를 쉬게 해야 한다.

10. 마음이 피곤하다는 것은 마음근육이 과도한 노동으로 지쳤다는 것이고 데이터 가공하느라 마음에너지를 많이 소모해 고갈했다는 것을 의미한다.

11. 뇌와 마음이 많은 에너지를 소비하는 것은 데이터를 분석, 사유, 논리로 체계화할 때다. 뇌와 마음이 피곤하고 지치는 것은 존재를 끊임 없이 가공하고 휴식하지 못하기 때문이고 마음근육이 지치는 것은 알아차림 기능인 sati가 한 곳에 머물지 못하고 인식대상에 끌려다니기 때문이다.

12. 존재를 분석, 사유, 논리로 체계화하지 않고 있는 그대로 알아차림하면 된다. 마음근육이자 알아차림 기능인 sati가 기준점인 배나 발 움직임에 머물기만 하면 된다. 그러면 아주 간단히 뇌와 마음이 휴식하고 마음에너지를 보충해 활기차진다.

13. 사람은 오랫동안 존재를 분석, 사유, 논리로 체계화하는데 길들어 있고 어떤 데이터가 마음공간에 들어오더라도 즉각 가공한다. 그래서 훈련을 통해 데이터를 가공하지 않는 습관을 키워야 한다.

14. 마음근육이자 알아차림 기능인 sati는 오랫동안 인식대상을 쫓아 돌아다니다보니 한 곳에 진득이 머무는데 익숙하지 않다. 또 끊임없이 소모한 마음에너지를 보충하지 않아 마음이 허하다. 배나 발에 기준점 정하고 그곳에 sati를 머물게 하면 수월하게 뇌와 마음이 휴식하고 마음에너지를 보충할 수 있다.

15. 둘째, 수행으로 사람 사이에 발생하는 여러 문제를 해결하고 자유롭고 여유롭고 행복하게 살 수 있다. 사람사이에 발생하는 일은 대화하거나 마음나눔으로 해소할 수 있다. 그러나 먼저 자기마음에 낀 생각 거품이나 마음오염원 제거도 필요하다.

16. SATI 수행으로 뇌와 마음에 쌓인 거품을 제거하고 마음근육을 키우고 마음에너지를 보충하면 몸과 마음은 무기력한 상태에서 벗어나 맑고 건강해진다.

17. sati 집중력이 향상하면 기억이미지에 낀 거품을 제거하고 데이터

응집력이 높아지고 창의력도 나온다. 사람사이에 낀 거품을 제거하면 사람관계가 평화롭고 맑아진다. 그래야 온전히 본업에 충실할 수 있다.*

8. 앎의 숙성

1. SATI 학습이론에서 중요하게 생각하는 것 가운데 하나는 마음공간에 존재하는 앎의 숙성이다.

2. 외부에서 데이터를 입력하지 않으면 마음공간에 존재하는 데이터는 서로 결합하고 발전한다. 이런 상태를 앎의 숙성이라고 한다.

3. 방금 입력한 데이터보다 이전에 입력한 데이터가 일정정도 시간이 지나면 수준높게 회상되는 것을 볼 수 있다. 이것은 입력한 데이터가 다른 데이터와 결합해 발전하고 데이터에 낀 거품을 제거하고 앎이 성숙하기 때문이다.

4. 음식을 날 것으로 먹는 것도 좋지만 익혀먹는 것도 맛있다. 앎도 마찬가지다. 벼락치기 공부로 지식을 갖출 수 있지만 마음공간에 입력한 데이터는 어느 정도 숙성기간이 필요하다. 그래야 질 높은 앎으로 성숙한다.

교사역할

자신이 경험하고 축적한 데이터를 다른 사람에게 효과있고 유용하게 이전함으로써 사회는 발전한다. 이때 데이터 생산과 이전 주체 주관견해가 많이 들어가거나 다른 사람에게 자신이 가진 데이터를 억지로 전달하는 것은 폭력이다. 교육자는 자신이 알고 있는 데이터를 다른 사람에게 이전할 때 주관확신에 기초하거나 정치, 종교, 국가, 인종, 성 등 특정집단 관점으로 가공해 이전하면 곤란하다. 특정집단 이익이나 관점에 기초하지 않고 있는 그대로 전달하기 위해서 맨 먼저 해야 할 일은 데이터 이전주체인 교사가 자기 마음공간에 존재하는 욕망, 분노, 편견 계열 마음오염원을 제거하고 마음을 맑고 건강하게 해야 한다.

5. 깨어있을 때 데이터 입력에 주력하지만 잠들면 깨어있을 때 입력한 데이터인 기억이미지를 분류하고 관련 데이터를 서로 결합한다. 그렇게 하면 앎의 질과 유효성이 높아진다.

6. 공부할 때 데이터 입력만 한다. 공부가 끝나고 데이터 입력을 중단하면 깨어있을 때 받아들인 데이터를 계통별로 분류하고 관련 데이터와 결합한다. 이렇게 마음공간에 입력한 데이터가 숙성하면 학습력이 높아지고 창의력이 나온다.

7. Buddha는 마음이 깨어있는 상태에서 데이터 입력을 차단하면 마음공간에 존재하는 데이터 결합수준이 높아지고 앎이 성숙한다고 보았다. 이 과정에서 데이터에 낀 거품을 제거하고 데이터 구조조정이 일어나 앎의 수준을 높인다.

8. 데이터 숙성은 여러 가지 방법이 있다. 그 가운데 마음근육이자 알아차림 기능인 sati를 기준점에 밀착고정해 데이터를 분석, 사유, 논리로 체계화하지 않는 것이다.*

창고에 물건넣기

일반창고에 물건넣고 계통별로 분류하고 정돈한다. 마음창고에 6감을 통해 외부 데이터를 입력하고 잠잘 때 마음근육이자 알아차림 기능인 sati가 입고물건인 기억이미지를 계통별로 분류한다.

마음창고 문을 닫고 입력한 기억이미지를 정돈하면 다음에 입력할 데이터 가공력이 높아진다. sati를 인식대상에 밀착고정해 인식대상을 분석, 사유, 논리로 체계화하지 않고 단지 알아차림만 하는 것이 마음창고 문을 닫는 것이다.

한약 먹을 때 계속 먹는 것보다 5~7일 먹고 하루나 이틀 정도 쉬었다 다시 먹으라고 한다. 그래야 몸이 약을 흡수하고 적응할 수 있기 때문이다. 공부도 마찬가지다. 한 번씩 데이터 입력을 중단하고 입력한 데이터가 마음공간에서 서로 결합해 숙성하고 성장할 수 있도록 휴식이 필요하다.

일반물질로 만들어진 기계도 한 번씩 쉬어야 잘 돌아가듯 뇌나 마음도 마찬가지다. 쉬어가는 지혜가 필요하다. 뇌와 마음 휴식방법이 마음근육이자 알아차림 기능인 sati를 인식대상에 밀착고정하는 것이다. 하루 5분만 해도 효과는 좋다. 기다리는 여유가 일을 효과있게 처리하고 삶을 한층 풍요롭게 한다.

9. 데이터 저장과 회상

1. SATI 학습이론에서 중요하게 생각하는 것 가운데 하나는 데이터 저장과 회상이다.

2. 학습은 데이터가 마음거울에 상을 맺고 마음공간에 효과있게 저장하고 필요할 때 편리하게 회상하느냐가 관건이다.

3. 현재 하고 있는 학습방법에 sati 활력을 키울 수 있는 방법만 추가해도 학습효과가 향상할 수 있다. sati 힘이 강한 것은 선천으로 타고난 사람도 있지만 후천으로 훈련해 키울 수 있다.

4. SATI 수행으로 마음근육이자 알아차림 기능인 sati 힘을 키워 마음상태를 안정하면 데이터 가공시간과 학습 에너지를 절약할 수 있다.

5. 외부 데이터를 마음공간에 입력할 때 마음공간에 존재하는 기억이미지와 새로 입력하는 데이터가 접속하고 결합한다. 이때 마음공간에 저장한 기억이미지와 새로 입력하는 데이터가 어느 수준으로 결합하고 처리되느냐에 따라 데이터 가공수준을 결정한다.

6. 학습자는 외부에서 더 많은 데이터를 마음공간에 입력하려고 노력한다. 외부로부터 많은 데이터를 입력하는 것은 기본이고 양이 많고 질이 높으면 더 좋다.

7. 거기에 더해 마음공간에 입력하는 외부 데이터와 마음공간에 있던 기억이미지가 어느 수준에서 결합하는지가 학습에 더 본질이다.

8. 동일 텍스트도 학습자수준만큼 입력한다. 같은 책을 읽어도 중학생이 읽는 것과 전문가가 읽는 것은 이해와 활용, 입력, 가공, 출력에 많은 차이가 있을 수 있다. 데이터 양과 질은 동일하지만 그것을 흡수하고 가공하는 사람수준에 따라 가공결과는 차이있다.

9. 마음공간에 존재하는 데이터는 산만하게 흩어져 있다. 마음근육이

자 알아차림 기능인 sati 힘이 크면 sati 집중하는 곳으로 관련 기억이미지도 함께 집중하고 데이터 결합력도 높아진다.

10. 마음공간에 흩어져있는 데이터를 서로 연결하기 위해서 마음공간에 압력을 가해 데이터를 모으고 서로 연결되도록 조건을 갖춰야 한다. 그래야 데이터 가공력이 높아진다.*

11. 마음근육이자 알아차림 기능인 sati 힘이 크고 주제집중 힘이 강하고 기억이미지가 가벼우면 그만큼 마음공간에 있는 데이터 집중도가 향상하고 결합력이 높아지고 앎의 순도가 높아지고 지혜가 성숙한다.*

12. 학습에 중요한 것은 마음공간에 존재하는 기억이미지를 필요할 때 회상해 사용하는 것이다. 배우고 익히는 것 못지않게 그것을 필요할 때 회상해 사용하는 것이 중요하다. 입력만큼 중요한 것이 회상해 사용하는 것이다.

13. 학습은 모르는 것을 배우고 혼돈된 것을 정돈하고 어두운 것을 밝히고 흐린 것을 맑히는 과정이다.

14. 우리가 아는 것만큼 동시에 자신의 앎에 철저히 구속돼있는 것도 현실이다. 앎이 고정되면 뇌와 마음이 경직하고 행동과 삶이 굳어져

결합수준

10+10, 10×10, 10^{10} 처럼 마음공간에 새로 입력한 데이터와 이미 마음공간에 존재하는 기억이미지가 어떻게 결합하느냐에 따라 데이터 입력, 가공, 출력 수준을 결정한다.

암기입력

데이터를 암기방식으로 입력한 사람은 자신이 입력한 것만 인정하고 다른 것은 거부하는 경향이 강하다. 암기 테스트로 자격을 획득한 사람일 수록 자신이 암기한 것에 대한 신뢰도가 높고 자기보다 암기력이 떨어지는 사람에 대한 구분과 차별이 심하다. 암기로 데이터를 입력한 사람은 한 번 입력한 데이터를 꾸준히 발전시키지 않고 입력지점에 고정해놓는 특징이 있다. 그리고 변화를 싫어한다.

더 이상 새로운 앎을 창조하지 못하고 정체한다.

10. 필요성과 목적의식

1. SATI 학습이론에서 중요하게 생각하는 것 가운데 하나는 학습 필요성과 목적의식이다.

2. 무슨 일을 하든 그 일에 대한 절실한 필요성이 있고 목적의식이 뚜렷하고 동기부여가 올바르며 실천하는 사람이 그것을 분명히 인지할 때 행위유효성이 높아진다.

3. 억지로 하는 것은 재미없다. 즐기면서 하는 것이 효과있다. 일이든 취미든 그것을 좋아하고 자신이 하고 싶어하는 것이 재미있고 일의 성취도도 높다.

4. 자신이 처한 상황에서 있는 그대로 보고 그 상황에서 자신이 해야할 일을 하는 것. 상황이 종료하면 행위, 결과, 평가로부터 자유로워지는 것이야말로 일의 효율성을 최고단계로 끌어올릴 수 있고 행복지수도 높아진다.

5. SATI 수행으로 마음오염원을 제거하고 지혜가 성숙하면 직면한 삶에서 자신이 좋아하는 것, 하고 싶은 것, 해야 하는 것을 구분하고 행동할 수 있다. 그리고 본질인 것, 중요한 것, 지금 당장 처리해야 하는 것을 올바르게 이해하고 실천하게 된다.

6. 전체상황 통찰기능인 paññā(般若, 慧)는 SATI 수행으로 성숙할 수 있다. SATI 수행은 인성과 지혜를 성장시키는 자양분이다.

7. 학습 최종목적인 자유로운 삶, 여유로운 삶, 청정한 삶, 행복한 삶, 공존하는 삶의 중심에 마음과학과 SATI 수행이 있다.

17
의료복지 분야

check point

이 장에서는 SATI 수행을 의료, 복지, 교정, 재활 분야 등에 활용할 수 있는 가능성을 배우고 익힌다. SATI 수행을 독립해 사용하면 수행자가 Arahant Maggaphala를 성취하고 Nibbāna를 체험하고 자기 마음관리하는 것 외에 별로 쓸 곳이 없다. 그러나 의료, 복지, 교정, 재활과 접목해 활용하면 사회정의를 위해 사용할 수 있고 삶의 질을 향상할 수 있고 그 쓰임새도 많고 효과도 좋다.

1. 뇌와 마음

1. 현대의학은 마음구성 기본인자, 마음화학반응, 마음물리특성, 마음작용을 잘 이해하지 못하고 뇌와 신경전달물질 차원으로 환원해 마음을 이해한다.

2. 마음만든 기관인 뇌와 뇌작용으로 만들어진 마음작용은 차원과 특성이 다르다. 이런 차이와 특성을 구분해 올바로 이해하지 못하고 마음을 뇌차원으로 환원해 다루는 오류를 범한다.

3. 일반물질인 뇌, 뇌활동 결과물인 뇌전기, 뇌전기가 복잡과정을 거쳐 일으킨 마음작용, 마음작용으로 일어난 행동유형은 각기 성질과 차원이 다른 존재다.

4. 현대의학이 마음과 행동을 일반물질 차원으로 환원해 다룬 것은 접근자체를 잘못했다. 그 결과 마음과 행동에 관한 단편정보만 이해하고 효과있게 다루지 못한다.

5. 몸이 활동하고 뇌신경조직이 작동하면 몸에서 신경전달물질과 뇌전기가 발생한다. 그것이 복잡하게 서로 되먹임하고 질적으로 비약하면 마음현상이 일어난다. 마음은 사이버 공간이다.

6. 이렇게 발생한 마음은 4가지 기본인자로 구성한다. 이와 같은 4가지 마음구성 기본인자가 결합해 마음화학반응을 일으키고 마음물리특성을 나타내고 다양한 마음작용으로 전개된다.

7. 마음은 뇌활동으로 파생한 현상이지만 뇌구성인자와 마음구성 기본인자는 차원과 성질이 다르다. 뇌구성인자나 신경전달물질 분석만으로 마음구성 기본인자와 마음작용을 알 수 없다. 마음은 마음차원에서 답을 찾아야 한다. 그래야 마음을 올바로 이해할 수 있다.*

8. 현대의학에서 마음다루는 방법은 크게 세 가지다. 하나는 물질차원에서 뇌를 마취하는 것이고 다른 하나는 인지교정이다. 마지막으로 행동치료다.

9. 병원에 가면 온갖 기계를 사용해 몸에서 일어난 변화를 측정하고 필요한 화학제품(약물)을 몸에 투입해 몸과 마음 다룬다. 이런 방법은 몸과 마음 다루는데 괄목할 만한 성과를 거두었지만 마음을 일반물질 차원으로 환원해 다룬 것은 마음에 관해서 충분치 않다.*

10. 마음은 뇌작동으로 만들어진 현상이지만 뇌신경조직이나 신경전달물질 그 자체는 아니다. 마음작용은 그것보다 훨씬 복잡하고 미묘하다. 마음은 신경전달물질 단순합이 아니다. 마음은 마음구성 기본인자가 복잡한 화학반응을 거쳐 만든 것으로 뇌구성인자와 완전히 다른 성질과 특성을 지닌 고차원 복합화합물이다.

11. 현단계에서 마음을 분자차원에서 이해하는 것이 현대의학 한계

구성인자와 감각느낌

아름다운 사람을 보고 느끼는 감정과 아름다운 사람 구성요소를 분석하는 것은 다른 차원이다. 뇌를 구성하는 요소와 뇌가 작동하고 일으키는 결과물은 다른 존재다. 스트레스 받는 것을 느끼는 것과 그때 분비되는 신경전달물질 분석하는 것은 다르다. 눈으로 대상을 보고 느끼고 이성으로 분석한다.

뇌와 마음 마취

짜증이 일어나면 행동이 거칠어진다. 이때 신경전달물질을 측정하면 특정 신경전달물질이 과도하게 분비해 균형맞지 않는 경우가 많다. 대개 의사는 약물을 주입해 신경전달물질을 균형맞춰 해결하려고 한다. 이렇게 하면 마음은 일시로 고요해(명해)지고 행동도 안정된다. 그러나 이것은 일종의 뇌와 신경조직을 마취해 마음작용을 둔화한 것이지 마음이 스스로 안정된 것이 아니다. 마취상태가 깨면 마음은 원상태로 돌아간다. 그리고 조그마한 자극에도 흔들린다. 이런 상태를 끊임없이 반복하는 것이 한계다.

다. 마음은 분자차원보다 훨씬 더 복잡하고 미묘하게 작동하는 특수물질이다. 그렇기 때문에 뇌신경구조나 신경전달물질 차원에서 마음다루면 잘 다뤄지지 않는다. 마음다룰 때 마음이 가진 특성에 기초해 다뤄야 유효성이 나온다.

12. 최근에 마음작용 관찰기계를 만들어 특정상황에서 마음이 어떻게 작용하는지 측정한다. 이런 방법은 마음작용 측정이 아니라 마음작용이 뇌에 미치는 영향을 관찰한 것이다. 이 또한 마음을 뇌차원으로 환원해 다룬 것이다.

13. 이런 방법은 마음에 관해 게으른 방법이고 단편정보만 얻을 뿐이다. 자신이 직접 마음공간으로 들어가 정밀하게 관찰하지 않고 다른 사람 마음상태를 나타내는 뇌나 신경전달물질 변화만을 측정해서는 한계가 있다.

14. 한의학도 마찬가지다. 마음에서 모든 병이 발생하기 때문에 마음을 다스려야 병도 다스릴 수 있다고 주장한다. 그러나 마음구성 기본인자, 마음화학반응, 마음물리특성을 실제로 제시한 것이 없고 서양의학처럼 마음작용을 몸차원으로 환원해 다룬다.

15. 현대의학이 사용하는 심리치료도 마찬가지다. 특정한 몇몇 가설혹은 이론에 기초해 마음다룬다. 그러나 대부분 가설이나 이론은 실험으로 증명한 사실이 아니고 주장이다. 증명되지 않은 주장을 마치 증명한 사실인 양 받아들이면 곤란하다. 항상 객관사실에 기초해 존재를 이해하는 자세가 필요하다.

2. 제3의학

1. 동양의학은 몸과 마음이 서로 연계해있고 상호작용한다고 보는데서 출발한다. 동양의학은 인체기관 사이 균형을 중시하고 몸과 마음 생명력에 초점둔다.

2. 마음상태가 인체기관에 영향미치고 인체기관은 마음상태에 영향미친다고 본다. 의사 한 명이 환자치료를 전담하는 경향이 있다. 치료만큼 예방을 중시하고 건강유지를 강조한다. 여기서는 동양의학을 제1의학이라고 한다.

3. 서양의학은 병자체에 주목한다. 이상있는 부위를 치료하는 대중요법에 초점둔다. 이상부위 제거수술이 발달하고 바이러스 같은 외부 침입 세균을 처리하는데 탁월하다. 병이 발생한 메커니즘을 규명하는데 뛰어나다. 인체특징에 따라 전공분야 나누고 한 분야를 집중해 배운다. 환자가 발생하면 관련분야 의사가 함께 모여 연합치료하는 경향이 강하다. 여기서는 서양의학을 제2의학이라고 한다.

4. 마음건강을 중시한 SATI 수행을 제3의학이라고 한다. SATI 수행은 환자를 직접치료하는 것이 아니라 치료받기 전이나 치료끝난 사람 마음건강을 중심영역으로 삼는다. 치료는 의사가 담당하고 수행자는 마음건강을 지도한다.

5. SATI 수행은 마음건강, 마음안정, 마음에너지가 몸과 삶에 미치는 영향을 중시하고 병을 직접 치료하는 것이 아니라 치료과정에 마음을 안정시켜 치료효과를 높이는데 도움주고 이미 치료끝난 사람에게 지친 몸과 마음에 활력주고 치료과정에서 충격받은 신경조직이나 마음상태를 안정시키고 정화하는데 도움주고 건강한 몸과 마음을 유지하는데 초점둔다.

6. 몸과 마음은 밀접히 연관해있다. 몸과 마음은 서로 관계맺고 서로 의존해있지만 각자 차원이 다르다.

7. 몸처럼 마음을 전적으로 의사에게 맡기는 것은 부족하다. 의사는 몸에 대해 잘 아는지 모르지만 마음에 대해선 그들이 전문가가 아니다. 마음은 마음을 전문으로 다루고 훈련받은 수행자가 다뤄야 유효성이 높다.

8. 인류가 개발한 여러 가지 마음다루는 방법 가운데 Buddha가 창안하고 실천한 수행이 최고라고 알려져 있다. 이 방식은 오늘날 동서양 마음다루는 수행, 심리학, 심리상담학, 심리치료, 교육학, 정신의학, 자연과학, 사회과학, 인문과학, 예술, 스포츠, 레저 등 거의 모든 분야에도 입해 활용한다.

9. 마음다루는 태도를 보면 동서양은 현격한 차이를 보인다. 현상자체에 집중하고 해답을 구하는 것이 서양 마음관리 역사다. 이것은 대증요법이다. 동양은 삶속에서 그 현상을 파생한 원인과 맥락을 이해하고 직면한 상황을 알아차림하고 흐름을 바꿈으로써 마음건강을 회복하려고 노력한다. 그 중심에 SATI 수행이 있다.*

통합의학

최근 미국에서는 기존에 주로 사용하던 보완대체의학(Complementary and Alternative Medicine)이란 용어를 조금씩 보완통합의학(IM: Complementary Integrated Medicine)이란 용어로 바꾸어 사용한다. 대체의학은 일반병원에서 행하지 않던 의학개입을 서양의학 치료방법을 대신해 사용하는 것을 말하고 보완의학은 이런 치료방법을 서양의학 치료방법에 보조로 사용하는 것을 일컫는 용어다. 최근에 많이 상용되는 통합의학이란 용어는 보완·대체 의학 치료방법을 기존 서양의학과 함께 통합으로 사용해 서양의학 한계를 극복하고 좀 더 나은 치료의 방향을 찾으려는 뜻이 반영되어 있는 것으로 볼 수 있다(한겨레 2005.10.26.).

이런 흐름은 치료효과가 있는 것은 무엇이든 다 사용할 수 있다는 환자중심, 치료중심 의지표현이다. 의사나 서양의학만 최고라는 편견에서 하루빨리 벗어나야 한다.

3. 의료 분야

1. 몸과 마음은 사람구성 중요요소다. 이 둘은 서로 관계맺고 서로 영향미친다. 오늘날 사람에게 심각한 병은 대개 스트레스로 대표되는 마음에서 기인하는 것이 많다.

2. 몸에 관해 많은 연구가 이뤄졌지만 마음에 관한 주장은 많지만 객관접근이 부족하다.

3. 현대의학이 마음에 대해 말하지만 마음을 잘 모른다. 동양의학도 마찬가지다. 모든 병이 마음에서 시작한다고 말하지만 정작 마음자체

대개 서양의학은 병만 다루는 경향이 있고 동양의학은 환자의 삶과 병의 전체맥락에서 접근하는 경향이 있다. 서양의학은 발생한 병 치료기술이 뛰어나고 동양의학은 몸의 생체리듬을 강화해 병을 예방하는데 주목한다. 서양의학은 수술과 항생제가 발달하고 동양의학은 침과 보약이 풍부하다. 서양의학은 몸을 특성에 따라 전문분야로 나누고 각 분야 전문가가 모여 환자를 치료하고 동양의학은 의사 한 사람이 환자 몸과 마음을 다루는 경향이 많다.

본류문화는 어떤 이론을 사용하다 유효성이 떨어지거나 더 좋은 방법이 나오면 미련없이 기존 것을 버리고 새로운 것을 채택하고 사용한다. 주변부문화는 자신이 전해받은 대로 단어 하나 틀리면 큰일 날 것처럼 원형을 고수한다. 그래서 본류문화는 유연하고 주변부문화는 경직된다. 본류문화는 내용중심이고 주변부문화는 형식을 강조한다. 이것은 이념중심으로 사고할 것인지 사람중심으로 사고할 것인지 차이다. 모든 것에 우선해 사람이 중요하다. 나머지는 필요에 의해 사람이 만든 것이다.

선진국에서는 자동차 급발진과 같은 원인모를 사고가 나면 자동차회사가 자동차에 「이상없음」을 증명하도록 요구받는다. 그것은 소비자는 아마추어기 때문에 비정상상태를 발견할 수 있지만 그 원인을 규명하고 원리를 설명하기 힘들다고 보기 때문이다. 한국에서는 차에 「이상있음」을 운전자에게 증명하라고 요구한다. 자동차 제조사가 아닌 법원판결이다. 이것은 명백히 생산자중심, 기득권중심 가치관을 대변한다.

한국에서는 어떤 효과있는 치료법이나 약품을 개발하면 그 효과를 발견한 사람에게 이론체계를 증명하라고 요구한다. 선진국에서는 최소한 자료만 갖추면 국가기관에서 그 이론체계를 입증하려고 노력한다. 그것은 발견은 누구나 할 수 있지만 체계있는 설명은 전문가가 더 잘할 수 있기 때문이다. 그래서 한국에서 신약개발하기가 힘들다고 한다. 기득권입장에서 모든 것을 판단하도록 구조화된 사회는 누가 뭐래도 한참 후진국이다.

를 설명하지 못한다.

4. 의학, 심리학, 상담심리학, 뇌과학이 화려한 수식어를 사용해 마음을 설명하지만 마음구성 기본인자, 마음 구조와 기능, 마음화학반응, 마음물리특성에 대해 아는 것이 빈약한 것 같다.

5. 그들은 마음을 설명할 때 뇌차원으로 환원해 신경전달물질이나 뇌과학차원에서 설명한다. 그렇게 하면 마음을 올바르게 이해할 수 없고 마음을 효과있게 다룰 수 없다. 마음에 있어 중요요소인 마음근육이자 알아차림 기능인 sati를 제대로 알지 못하면 마음은 잘 다뤄지지 않는다.*

1) 심신의학

6. 요즘은 암, 스트레스, 만성질환 치료에 심신의학(mind-body therapy, 心身醫學)을 활용한다.

7. 심신의학은 뇌, 마음, 몸, 행동 상호작용, 감정, 정신, 사회, 행동 요소가 직접 건강에 영향미친다는데 초점둔다. 치료할 때 마음이 신체에 영향미치는 것에 중요성을 두는 치료과정이다.*

앎의 수준

모르는 것으로부터 아는 것은 중요하다. 더 중요한 것은 이미 알고 있는 것에서 자유로워져야 한다. 현재 우리가 안다는 것은 현단계에서의 수준이다. 차원이 다르면 앎은 다른 차원으로 발전한다.

몸과 마음

정신신체의학 psychosomatic medicine 은 정신적 요인으로 나타난 신체증상과 신체질환과 관련된 정신질환적 요소 등 정신과 신체 간의 상호작용에 관한 분야이다. 특히 종합병원에 근무하는 정신과 의사가 타과 의사들과 협력하여 일반환자들에서 보는 정신신체장애들을 치료하는데 조력하는 임상분야를 자문조정정신의학(諮問調整精神醫學) consultation-liaison psychiatry 이라

8. 심인성질환은 마음상태가 몸에 영향미쳐 발생한 몸 이상상태를 설명한 용어다. 많은 질병이 스트레스에 기인한다는 것은 마음상태가 몸에 크게 영향미친다는 것을 의미한다. 이런 것을 다루는 의학분야가 정신신체의학(精神身體醫學)이다. 몸이 마음에 영향미치는 것을 다루는 의학 분야가 신체정신의학(身體精神醫學)이다.

9. 미국에서 침술이 보험적용을 받을 정도로 광범위하게 활용된다. 다음 표81을 보면 알 수 있듯 침술만큼 많이 선호하는 것이 명상으로 대표되는 SATI 수행이다. 환자치료에 수행을 보조제로 결합해 사용하는 것은 이미 상식이다.

부른다. 대표저자 민성길『제4개정판, 최신정신의학』(일조각, 서울, 2000) p3.

이전에는 몸만 마음에 작용한다고 생각했다. 과거에는 뇌속에 전기가 흐른다고 주장한 의사를 동료의사가 미쳤다고 정신병원으로 보냈다. 마음이 몸에 지대하게 영향미친다고 주장한 의사를 아무도 인정하지 않자 동료 앞에서 자기주장을 강하게 하다 쓰러져 죽었다. 죽으면서 흥분상태(마음)가 몸에 영향미쳐 혈압을 상승시킨다는 것을 증명했다.

이 과정을 거치면서 점차 사람지혜가 성숙하고 몸뿐만 아니라 마음상태도 몸에 영향미친다는 사실을 알았다. 심인성질환이란 마음상태가 몸에 영향미쳐 발생한 몸의 이상상태를 설명한 개념이다. 인체에 심각한 뇌신경계, 심혈관계가 스트레스에 기인한다는 것은 마음상태가 몸에 영향미친다는 것을 의미한다. 이런 것을 다루는 의학분야가 정신신체의학이다. 몸이 마음에 영향미치는 것은 신체정신분야고 마음이 몸에 영향미치는 것은 정신신체분야다.

대개 의사가 치료가 어려운 환자에게 이제 더 이상 할 수 있는 것이 아무것도 없다고 말할 때 핵심은「제가 알고 있는 범위에서 치료방법이 없습니다. 혹시 제가 모르고 있는 것도 있을 수 있으니 다른 방법을 강구해 보세요」로 이해해야 한다. 그렇지 않고 정말 아무 방법이 없다고 주장하거나 그렇게 받아들인다면 폭력이거나 무지하다.

과학이란 새로운 것을 끊임없이 발견하는 과정이다. 항상 마음열고 새로운 현상이 나타나면 왜 그런 현상이 일어났는지 그 이론구조를 발견하고 설명하는 것이 전문가 몫이다. 아마추어는 발견할 수 있어도 논리를 갖춰 설명하는데 한계가 많다. 그것을 무시하는 것은 과학자태도가 아니다.

수많은 과학자나 의사가 크리스트교, 불교, 윤회, 관세음보살을 믿고 따른다. 증명되지 않은 것을 믿고 따르면서 자신을 과학자라고 한다. 자연상태에서 어떻게 정자와 난자가 결합하지 않고 아이를 낳을 수 있는 것인지 잘 이해되지 않는다. 그것을 믿으면서 자신을 과학자라고 한다. 그러면서 종교와 과학은 다른 문제라고 우긴다.

표81 미국 통합의학 사례 --

구분	침술	아로마 요법	예술 치료	최면술	마사지	명상	심신 의학	음악 치료	기공 요법	이완	요가
베스 이스라엘 뉴욕	O	O			O	O				O	O
듀크대	O				O	O	O		O		
조지워싱턴대	O			O	O	O	O			O	O
엠디앤더슨	O	O	O		O	O	O	O	O		O
스탠퍼드대	O			O	O	O	O				
메이요클리닉	O			O	O						
유시엘에이	O			O		O					
미시간대	O					O					
메릴랜드대	O				O	O	O			O	O
존스홉킨스대	O				O	O	O				

(표 2005. 10. 26. 한겨레신문)

10. SATI 수행은 당뇨병이나 고혈압 등 만성질환 환자가 병을 치료하거나 관리할 때 마음을 안정시키고 신경조직을 청소해 약효를 증진하는데 효과있는 것으로 알려져 있다.

11. 만성질환이나 암치료에 SATI 수행을 보조제로 사용해 효과있게 병을 관리하거나 치료효과를 향상시킬 수 있다. 그러면 환자나 가족 삶의 질을 향상시킬 뿐만 아니라 사회비용을 현저히 감소시킬 수 있다.*

만성질환 도우미

말기암환자나 불치병환자를 위해 그들이 품위있고 안락하게 삶을 마감할 수 있도록 도와주고 함께 하는 것이 호스피스 활동이다. 최근에 간병도우미 제도가 정착하면서 환자나 그 가족에게

2) 스트레스 해소

12. SATI 수행은 스트레스 해소에 탁월하게 효과있다. 대부분 현대병은 스트레스로 기인한다고 알려져 있다. 스트레스 해소에 효능이 좋은 SATI수행을 도입해 사용하면 유용할 것이다.

13. 스트레스란 존재에 가해지는 힘에 대응하는 힘이다. 스트레스는 외부충격에 견디는 내부힘이다. 스트레스가 높다는 말은 외부자극을 견디기 위해 저항하는 내부힘이 증가한다는 것을 의미한다.

14. 끊임없이 가해지는 자극을 견디기 위해 에너지를 계속 공급해야 한다. 그러기 위해서 인체 다른 곳에 사용할 에너지를 가져와야 한다. 그러면 해당기관을 유지하기 위해 쓰여야 할 에너지가 부족하고 문제가 발생한다.

15. 외부충격을 견디는 과정에서 몸과 마음은 에너지를 과도하게 소모해 피곤하고 지친다. 그러면 몸에서 면역체계가 붕괴하고 병균침투에 무방비상태가 된다. 그러면 문제가 복잡하고 심각해진다.

16. 마음공간에 하중을 크게 주는 것이 기억이미지가 욕망, 분노, 편견 계열 마음오염원과 결합해 에너지를 많이 흡수하고 마음공간에 착

많이 도움된다.

암, 고혈압, 당뇨로 고통받는 사람이 자기병을 효과있게 관리할 수 있도록 도움주는 활동이 필요하다. 마음건강, 마음안정, 마음근육강화, 마음에너지 보충, 신경 클리닉을 통해 질병관리 유효성을 높일 수 있는 방법이 있다면 적극 활용하고 도움주는 것이 필요하다. 이런 활동을 통해 만성질환자가 자유롭고 행복하게 살 수 있고 보다 품위있는 삶을 누릴 수 있고 사회비용을 줄일 수 있다면 환자뿐만 아니라 사회에도 바람직한 일이다. 이런 활동은 봉사뿐만 아니라 사회공헌기업을 만들어서라도 해야 하는 것으로 삶의 질을 높이는데 필요하다.

약, 음식, 운동은 그 분야 전문가가 활동한다. 마음분야는 의사나 환자 모두 그 필요성을 절실히 느끼지만 실제로 어떻게 해야 할지 몰라 헤매는 경우가 많다. 마음과학 혹은 SATI 수행을 활용해 만성질환자가 자기마음을 관리하도록 도움주는 도우미활동이 필요하다.

상할 때이다.

17. 마음공간은 기억이미지가 가진 무게만큼 하중받고 스트레스가 증가한다. 이때 SATI 수행으로 기억이미지와 결합한 마음오염원을 해체해 기억무게를 가볍게 하고 마음공간에 가해지는 하중을 감소하거나 마음근육을 강화해 접촉면적을 넓혀 하중을 분산하면 마음무게를 가볍게 할 수 있다.

18. 마음근육을 키우고 알아차림 기능인 sati를 인식대상에 밀착고정해 마음이 휴식하고 마음에너지를 보충하면 마음상태는 평화로워지고 안정된다. 그러면 스트레스 상태에서 벗어나 자유롭고 행복하게 살 수 있다.

19. 욕망, 이기심, 분노, 적의, 원망, 서운함, 편견, 선입관, 가치관 등 마음오염원이 무게갖고 마음공간을 한바탕 휘저어 놓으면 마음공간은 크게 상처받는다.

20. 사람이 살면서 직면하는 경쟁과 갈등은 삶을 피곤하게 한다. 그렇다고 피할 수 없는 것이 현실이다. 삶의 과정에서 겪는 긴장과 좌절은 삶을 힘들게 한다. 사람사이 일어나는 일은 삶을 구속하고 얽맨다. 이것이 삶의 실재다.

21. 삶을 짓누르는 스트레스를 풀기 위해 운동이나 등산하고 노래도 부른다. 지혜와 덕을 갖춘 스승찾아 법문듣고 삶의 지혜가 담긴 책을 읽거나 자원봉사 등 의미있는 사회활동도 한다.

22. 그러면 잠시 마음이 가볍고 스트레스도 풀리는 것 같다. 그러나 혼자 있으면 미운 사람은 여전히 밉고 욕망이나 서운함도 그대로다. 운동도 마찬가지다. 운동할 때 근육이 이완하는 것 같지만 돌아보면 항상 그 자리다.

23. 원인에 따라 처방해야 유효성이 나온다. 운동부족으로 굳어진 근

육이나 신경조직은 운동으로 이완하면 된다. 기억이미지가 에너지를 많이 흡수해 수축하고 경직한 신경조직은 흡수한 에너지를 해체해야 이완하고 정상으로 돌아온다.

24. 기억이미지와 결합한 마음오염원 해체도구가 paññā(般若, 慧)다. paññā는 마음근육이자 알아차림 기능인 sati(念)와 sati 집중기능인 samādhi(三昧, 止, 定)를 먹고 자란다. 그 모든 것을 sati가 선도한다. sati 활력도가 스트레스 양과 질을 결정한다. sati 힘이 스트레스에 주변수다.

3) 신경 클리닉

25. 현단계 인류가 도달한 과학과 의학은 신경 클리닉을 잘 모른다. 이 점은 동양의학도 마찬가지다. 오직 마음닦는 sati 수행만이 신경 클리닉에 주목하고 또 할 수 있는 이론과 기술을 가지고 있다.

26. 에너지를 많이 흡수한 기억이미지가 마음공간(신경조직)에 입력되고 착상하면 기억이미지가 가진 무게로 인해 마음공간은 하중받는다. 기억무게로 마음공간이 하중받으면 그 하중이 고스란히 마음일으키는 기관인 뇌를 중심으로 한 신경조직에 영향미친다.

27. 하중받은 신경조직은 단위면적당 질량이 높아지고 신경조직은 수축하고 경직한다. 신경조직이 몸에서 하는 일을 이해하면 그것이 얼마나 큰 문제를 일으키는지 알 수 있다.

28. 신경조직은 몸에서 전기, 통신, 화학 작용을 일으켜 생명유지 핵심기능을 담당한다. 신경조직은 전기작용으로 몸과 마음 안팎에서 발생한 데이터를 관련된 곳으로 전달해(통신작용) 필요한 화학제품(신경전달물질)을 생산해 몸과 마음을 유지한다.

29. 신경조직이 수축하고 굳어진다는 것은 전기, 통신, 화학 작용에 이상이 생긴 것을 의미한다. 이렇게 하면 먼저 면역력이 현저히 낮아지고 몸은 세균에 무방비상태로 노출된다. 그래서 스트레스, āsava(流漏), 업장, 마음무게, 기억무게를 만병근원이라고 한다. 이 책 385쪽 표65 스트레스 구조와 신경조직을 참고하면 많은 도움이 될 것이다

30. 병을 고치고 치료하기 위해 먹는 약이 몸을 치료도 하지만 인체에 심각한 타격을 주기도 한다. 치료과정에 사용한 약의 일부가 신경조직에 침전해 남으면 신경조직 기능을 왜곡한다. 이런 상태를 그대로 방치하면 뚜렷한 증상이 나타나지 않지만 몸에 불편함을 느낀다.

31. 수술하고 치료가 끝나면 몸과 신경조직은 봉합되지만 신경조직이 타격입은 것은 그대로 남는다. 치료과정에 사용한 약이 신경조직에 영향미친다. 이런 상태를 그대로 방치하면 수술은 잘 했다고 하는데 수술후유증이 남기도 하고 비가 오거나 하면 몸이 불편하기도 한다.

32. 수술이나 상처로 신경이 타격받으면 그곳에 에너지 뭉침이 형성된다. 시간이 지나면 물리봉합은 되지만 신경조직이 흡수한 에너지는 잘 해체되지 않는다. 신경조직이 타격받고 흡수한 에너지 뿌리는 원래 타격받은 곳에 남아있고 나머지는 분산해 신경조직을 따라 움직인다. 그러다 기압이 낮아지거나 계절이 바뀔 때 흩어져있던 에너지가 타격받은 곳으로 뭉치면서 몸에 불편함을 느낀다.

33. 몸이 아프고 무기력해졌지만 병원에서 특별한 문제점을 발견하지 못할 때, 큰 수술하거나 독한 약을 장기간 사용할 때, 몸에 물리이상이 없는데 원인을 알 수 없이 불편하거나 수술후유증을 겪을 때가 있다. 전문가가 특별한 이상 없다고 진단했음에도 몸에 불편함을 느끼는 사람은 SATI 수행으로 신경 클리닉 해보기 권한다. 의외의 소득을 얻을 수 있다.

34. 수술하고 몸이 어느 정도 회복한 뒤 SATI 수행하면 수술로 타격 입은 신경조직을 안정시키고 신경조직에 낀 에너지 뭉침을 해체하고 신경조직을 청소하면 건강에 도움된다. 그러나 몸에 문제가 있을 때 의사나 해당분야 전문가로부터 조언든는 것이 좋다.

35. 마음근육이자 알아차림 기능인 sati가 어느 정도 활성화하면 신경조직에 낀 에너지 뭉침 해체과정을 직접 볼 수 있다.

4) 마음운동과 마음에너지

36. 일부 의학계는 우울증을 뇌이상으로 발병한 것으로 여긴다. 의사는 그 상태를 「마음감기」라 하고 신경전달물질(약품)에 의존해 뇌를 적당히 관리한다. 이런 방법이 갖는 문제점은 반복성에 있다.*

37. SATI 수행은 일부 의학계 견해에 대해 우울증을 「마음무기력」으로 본다. 우울증은 마음근육이자 알아차림 기능인 sati가 약하고 sati가 상황에 구속되고 매몰돼 마음에너지를 과다하게 소모하고 마음이 무기력해서 발생한 현상이다.

38. 마음근육이자 알아차림 기능인 sati를 강화하고 마음에너지를 보충하면 우울현상으로부터 벗어날 수 있다. sati 강화과정이 SATI 수행

세 가지 처방

현재 신경정신과에서 마음과 관련해 사용하는 약의 효능은 크게 세 가지다.

① 마음이 가라앉아 문제되는 사람은 흥분제계통을 처방한다.
② 마음이 들떠 문제되는 사람은 안정제계통을 처방한다.
③ 뇌나 마음이 지나치게 활성화해 통제가 힘든 사람은 마취제나 수면제 계통을 처방한다.

이런 방법이 갖는 문제점은 반복성이다.

이다. 불면증도 마찬가지다. sati 기능이 약해 나타난 현상이다.

39. 우울증에 대해 많은 전문가는 운동요법을 권한다. 절반은 옳은 말이다. 그러나 육체운동만으로 부족하다. 마음근육이자 알아차림 기능인 sati를 강화하는 마음운동을 육체운동과 병행해야 효과있다.

40. 마음과학과 SATI 수행은 우울증은 마음에너지가 부족해 발생한 현상으로 본다. 그렇기 때문에 마음근육이자 알아차림 기능인 sati 강화 운동으로 마음에너지를 보충하고 마음근육을 키우면 우울현상에서 효과있게 벗어날 수 있다고 생각한다.

41. 불면증도 마찬가지다. 마음과학과 SATI 수행은 마음근육이자 알아차림 기능인 sati 힘이 약해 발생한 현상으로 본다. 마음근육이 약하다보니 조그만 자극에 마음이 끌려다니고 생각이 발생하면 그 생각에 매몰돼 잠 못 드는 상황이 발생한다.

42. 불면증에 대해 여러 전문가가 운동요법을 권한다. 맞는 말이다. 그러나 육체운동만으로 부족하다. 육체운동에 더해 SATI 수행으로 마음운동을 하면 효과있게 불면증에서 탈출할 수 있다.

43. 오늘날 인류가 직면한 여러 정신병리 현상은 약물보다 마음근육이자 알아차림 기능인 sati를 강화해 마음에너지를 보충하고 마음운동으로 마음탄력을 키우면 효과있게 극복할 수 있는 것이 많다.

44. 현대인은 여러 가지 한계로 몸과 마음 운동을 소홀히 하고 지나치게 약물에 의존함으로써 면연력을 약화하고 복잡한 상황에 직면한다.

45. 외부에서 인공으로 만들어진 화학약품을 몸속에 주입하기보다 SATI 수행으로 마음근육이자 알아차림 기능인 sati를 강화하면 마음이 무기력한 상태에서 벗어날 수 있고 신경전달물질도 어느 정도 정상화할 수 있다. 무엇보다 마음면역력이 상승한다.

46. 무림계 전설에 따르면 초식이 화려하다고 싸움 잘 하는 것은 아

니라고 한다. 정신의학, 심리학, 심리상담학, 뇌과학, 불교학이 마음에 관해 화려한 수식어를 사용하지만 마음구성 기본인자, 마음 구조와 기능, 마음근육, 알아차림 기능에 대해 아는 것이 별로 없는 것 같다.

47. 오늘날 많은 병원에서 SATI 수행을 치료 보조수단으로 활용한지 오래됐다. 우울증같은 증상에 직접 치료방식으로 채택한 것은 임상실험으로 그 유효성을 증명하기 때문이다.

5) 약물치료

48. 현대의학이 화학약품에 기초해 마음다루는 방식은 마음이 비정상으로 작동하는 사람에게 효과있다. 이는 뇌를 마취함으로써 행동통제가 가능하기 때문이다. 그것은 어디까지나 뇌를 마취한 것이지 치료는 아니다. 치료와 마취는 구분해야 한다.

49. 의사, 심리학자, 심리상담학자는 사람이 마음에 병을 한두 개쯤 가지고 있다고 주장한다. 약간 예민하다고 해도 될 것을 「00증」으로 진단하고 치료해야 한다고 말한다. 그리고 대부분 약물에 의존한다.*

약과 병

대개 병이 먼저 생기고 치료하는 약이 나중에 만들어진다. 그러나 어떤 경우는 약이 먼저 만들어지고 그것을 소비하기 위해 병이 만들어지는 경우도 있다.

병원이나 제약회사 소비자는 환자다. 환자를 치료하기 위해 의사, 병원, 제약회사가 존재한다. 치료가 의사, 병원, 제약회사 존재가치지만 자본주의에서 그것이 교환가치로 기능한다. 의사, 병원, 제약회사는 모두 이윤창출을 위해 존재한다. 몸이 아파도 교환수단인 재화를 가지지 않으면 치료해주지 않는 것이 현실이다. 제약회사도 마찬가지다. 슬로건은 인류행복을 위해 존재한다지만 실상은 회사이익이 최우선이다. 그렇다보니 병에 따라 약을 만들기도 하지만 약을 먼저 만들고 거기에 적합한 병을 만들어 소비시장을 창출하기도 한다.

의사, 심리학자, 심리상담사가 모든 사람을 환자취급하는 것도 시장창출 일환은 아닌지 생각해

50. 지나치게 약물에 의존하는 것이 몸의 면역력을 떨어뜨리듯 마음도 마찬가지다 약간 예민하거나 조금 힘든 상태에 직면하더라도 스스로 극복할 수 있도록 여유갖고 기다리는 것이 좋다.

51. 그렇지 않고 다른 사람이나 약물에 의존하도록 유도하는 것은 개인의 극복의지를 약화시킨다. 공감하는 것은 좋지만 동정심과는 구분해야 하고 감상주의에 빠지는 것은 경계해야 한다.

52. 최근 의료계는 정상인 마음상태도 의료행위 범주로 삼아야 한다고 관심영역을 확장한다. 이것은 정신건강이나 예방의학 차원에서 바람직한 현상이다. 그러나 마음변화에 대한 올바른 이론이나 기술을 갖지 않고 마음다루면 불필요한 의료시장만 키울 수 있으므로 조심해야 한다.

53. 뇌나 신경전달물질 차원에 기초한 마음이해는 마음건강에 많이 부족할 뿐더러 길을 놓칠 수 있다. 마음건강 핵심은 마음 이해와 변화기술이다. 이것을 고려하지 않은 채 마음건강이 상품화되는 것은 경계해야 한다.*

볼 문제다. 종교인도 마찬가지다. 크리스트교, 이슬람, 불교, 수행 등 새로운 시장이 끊임없이 만들어지고 상품을 소비한다. 무궁무진하다. 어쩌면 현대인 삶은 제약회사, 의료계, 심리학, 심리상담학, 종교, 수행 소비자로 전락한 것이 아닌지 우리 스스로를 살펴볼 일이다.

정신의학 개념

정신의학 psychiatry은, 정신 psyche 을 치료한다는 뜻의 어원에서 나타나 있듯이, 정신(또는 행동)의 장애와 나아가 건강 상태와 병적 상태에서의 개인의 행동을 연구하고 치료하는 의학의 한 분야다. 정신질환이 하나의 의학적 병으로 인식된 것은 불과 지난 200여 년 전의 일이다. 초기에는 정신의학이 단순히 정신병을 치료하는 의학으로 인식돼 왔으나 근대의학이 발전함에 따라 개인의 인격, 행동, 주관적 생활, 대인관계 및 사회적응 등에 영향을 주는 정상과 이상 사이의 다양한 스펙트럼의 인격 장애들이 정신의학의 대상이 되고 있다. 나아가 정신현상이 아래로는 유전, 분자생물학 및 대뇌기능 등 개인의 신체적 요인들과 상호 관련됨이 밝혀져 있어, 이제 정신의학의 대상은 정신적 원인에 의한 신체적 장애, 신체적 요인에 의한 정신적 장애 그리고 사회문

6) 예방의학

54. 의학이 발달해도 병들기 전에 예방하는 것이 좋다. 그래서 예방의학이 중요하다. 마음도 마찬가지다. 이미 상처받은 마음을 치료하는 것은 쉽지 않다. 평소 마음을 건강하게 가꾸면 외부자극에 대응력을 높일 수 있고 마음탄력을 키워 마음을 건강하게 유지할 수 있다.

55. 의사나 심리상담사는 상처받은 마음을 대상으로 하고 수행자는 건강한 마음을 대상으로 한다. 수행자가 마음다루는 초점은 건강한 마음을 더 건강하게 하는데 있다.

56. 정상인 마음상태를 다루는 것에 초점두고 접근한 것이 SATI 수행이다. SATI 수행은 정상인 마음상태를 건강하고 활기차게 가꿔 자유로운 삶, 여유로운 삶, 청정한 삶, 행복한 삶, 공존하는 삶을 살 수 있는 토대를 제공하는 것이 목적이다.

57. 사람이 살면서 접촉을 피할 수 없고 접촉다음에 일어난 마음작용에서 자유롭기가 무척 힘들다. 접촉다음에 일어난 마음작용으로 인해 힘들고 지칠 때 어떻게 그 마음상태를 다룰 수 있느냐가 관건이다.

58. 좋은 것을 보면 욕망과 이기심이 일어나고 싫은 것을 만나면 분노와 적의가 일어난다. 믿었던 사람이 기대감을 저버리면 서운함과 원망이 남는다. 존재에 대한 편견과 선입관은 삶을 옹졸하고 편협하게 만든다.

59. 이런 마음작용은 지극히 정상이다. 이것을 해소할 수 있는 약품은 없고 앞으로 만들기 쉽지 않을 것이다.

화적 요인과 관련성, 지역사회정신의학 및 정신보건문제에 이르기까지 확대되고 있다. 대표저자 민성길 《제4개정판, 최신정신의학》 (일조각, 서울, 2000) p1.

60. 문제는 정상인 마음상태를 어떻게 다룰 수 있느냐 하는 점이다. 정상인 마음상태는 마음운동을 통해 더 건강하게 유지할 수 있도록 하는 것이다. 이것은 몸의 면역력을 키우는 것이 건강에 필수이듯 마음운동으로 마음근육을 키워 마음탄력을 높이고 마음에너지를 충만해 마음면역력을 키우고 삶을 활기차게 하는 것이다. 그것이 답이다.

61. 이미 발생한 비정상상태 마음에 약물을 이용해 통제하는 것처럼 정상상태 마음도 약물을 사용해 다룰 수 없다. 예방의학 차원에서 정상인 마음상태를 올바르게 이해하고 다루는 것은 시급하고 필요한 과제다.*

4. 복지 분야

1. SATI 수행을 복지차원에서 활용하면 마음건강과 관련한 사회비용을 감소하고 삶의 질을 향상하는데 유용할 것이다.

2. SATI 수행을 환자치료만 아니라 복지차원에서 이해하고 접근하면 활용할 수 있는 길이 많이 열릴 것이다.

3. 물질 풍요로움 못지않게 정신 풍요로움도 소중히 생각하는 사회가 건강한 사회다. 세계보건기구(WHO) 창립 50주년 때 세계보건기구가

상호의존

마음을 이해하고 변화하는 작동원리를 활용해 마음산업으로 발전한다는 점에서 교육학, 의학, 심리학, 심리상담학, 철학, 생물학, 컴퓨터산업, 인공지능, 수행 등 분기점이 점차 사라진다. 이것은 서로 관계맺고, 서로 의존하고, 서로 영향미치고, 서로 침투하고, 서로 해체하고, 서로 보완하고, 서로 통합하면서 변화발전한다.

정신복지에 관심기울여야 한다고 전문에 삽입했다.*

4. 모바일이나 인터넷이 마음에너지를 많이 소모해 청소년 정신건강에 적신호를 보낸 지 오래다. 마음운동인 SATI 수행은 사람이 과도하게 소모한 마음에너지를 보충해 건강하게 살 수 있도록 도와준다. SATI 수행은 마음에너지 보충기술과 뇌와 마음휴식에 관한 이론과 기술을 갖고 있다.

5. 평균연령이 늘어나고 사회가 노령화사회로 접어들면서 두 가지 문제에 봉착한다. 하나는 육체건강 문제고 다른 하나는 정신건강 문제다. 이런 문제해결 과정에서 개인뿐만 아니라 사회도 많은 비용을 지불한다.

6. 현대인이 직면한 건강문제 가운데 고혈압, 당뇨, 관절염, 각종 암등 만성질환은 치료뿐만 아니라 관리도 중요하다.

7. 필요한 약뿐만 아니라 적당한 운동, 좋은 음식, 맑은 공기가 있으면 좋다. 거기에 더해 건강한 마음상태를 유지하고 마음에너지를 보충할 수 있으면 더 좋다.

8. 삶을 정리하는 단계에 접어든 노인은 가족을 떠나보내고 노동이나 사회활동이 축소하고 경제력도 줄어듦으로 인해 소외감이나 박탈감을 느낄 수 있다.

9. 노년에 접어들면서 지나온 삶을 회상하고 회한에 젖을 수 있고 배우자와 헤어짐은 공허함과 우울증을 유발하고 말년을 쓸쓸하게 보내는

건강이란

세계보건기구(WHO)는 건강을 다음같이 정의한다.

「건강은 질병이 없거나 몸이 허약하지 않은 상태일 뿐만 아니라 몸, 마음, 사회 등으로 편안한 상태를 말한다.」

요인이 되기도 한다.

10. 나이들면 다른 사람과 함께할 수 있는 놀이나 대화가 도움된다. 거기에 더해 혼자할 수 있는 운동이나 취미활동이 있으면 더 좋다. 혼자할 수 있는 간단한 운동과 더불어 마음운동인 SATI 수행은 삶을 여유롭고 넉넉하게 할 것이다.

11. 행위끝에 마음근육이자 알아차림 기능인 sati를 갖다두는 방법은 허약한 사람이 낙상하는 것을 방지할 수 있다. 의자에 편안히 앉아 인연있는 사람에게 그들이 자유롭고 행복하게 살 수 있도록 맑은 마음보낼 때 갖는 충만함은 삶을 풍요롭고 행복하게 한다.

12. 마음맑히는 SATI 수행인 앉아서 하는 좌념, 걸으며 하는 행념, 생활하며 하는 생활념, 일하며 하는 노동념, 마음비우는 Suñña 수행, 인연있는 사람에게 마음보내는 Mettā 수행은 육체운동뿐만 아니라 마음건강과 마음에너지 보충에도 도움된다.

13. SATI 수행으로 지나온 삶을 맑게 정돈하고 마음에너지를 보충해 활기찬 마음상태, 마음근육을 강화해 건강한 마음상태로 말년을 보낼 수 있으면 여유롭고 행복한 일이다.

14. 복지활동에 인문학이나 사회학과 관련한 다양한 강좌를 개설하고 Yoga나 스트레칭 같은 운동을 도입하듯 마음건강, 마음휴식, 마음근육 강화운동, 마음에너지 보충도구로 SATI 수행을 도입하면 복지활동 지평을 많이 확장할 수 있을 것이다.

5. 가족 분야

1. 가족은 삶의 출발점이자 종착점이다. 사람은 가족에서 태어나 가

족에서 성장하고 가족을 유지하다 사라진다. 가족은 삶의 전부다.*

2. 부모세대 삶의 흔적은 가족을 통해 이전받고 자기세대에서 축적한 에너지는 가족을 통해 다음세대로 전달한다. 가족은 작은 사회다. 가족 구성원은 정으로 하나되기도 하고 각자 생각과 행동이 다르고 이익과 행복을 찾아 길을 달리하기도 한다.

3. 몸, 마음, 사회에서 아직 성숙하지 못한 자식세대는 지켜야할 것보 다 성취해야 할 것이 많다. 그들은 진보에 기초해 사고하고 유연하게 대 처하고 대담하게 행동하며 자기의지대로 움직인다. 그러나 자립할 능 력이 부족해 부모에게 의존한다. 부모에 대해 약자다.

4. 경험과 축적한 힘을 가진 부모세대는 지켜야 할 것이 많다. 그들은 신중하게 사고하고 경직하게 대처하고 보수에 기초해 행동하며 자기의 지보다 관계한 존재나 부양가족을 먼저 생각한다. 그들은 자식세대에 비해 강자다.

5. 부부도 성장환경, 교육수준, 가치관이 서로 다르다. 함께 살아도 모든 것이 같을 수 없다. 함께 살면서 자기생각을 서로에게 강요하고 서 로를 소유하려고 한다. 부부란 공동목적을 위해 함께 살아가는 존재다. 서로를 인격에 기초해 대하는 것이 올바른 자세다.

세습역사

인류역사는 자신이 획득한 힘이나 에너지를 가족을 통해 이전하는 세습역사다. 전제 왕조시대 (신분제사회)는 가족을 통해 신분을 세습했다. 왕자식은 왕으로, 청소부자식은 청소부로 그 신분 을 세습했다. 자본주의는 신분세습은 어느 정도 막았지만 가족을 통해 자본세습을 진행한다. 사 회주의는 자본세습은 막았지만 가족을 통해 권력세습이 일정 정도 이뤄진다. 인류역사에서 어떤 체제도 가족을 해체하지 않고서 가족을 통한 신분, 자본, 권력 세습을 근원으로 막을 수 없었다.

원시 공산사회는 사회에서 생산하고 결과물 또한 사회에서 소유하고 사회에서 소비했다. 그것 이 가능했던 것은 가족도 사회에서 함께 공유했기 때문이다. 모계로 혈통을 정할 수밖에 없었던 근본이유는 아버지가 누구인지 알 수 없었기 때문이다.

6. 부모는 자식을 소유물로 다루지 말고 독립된 인격체로 대해야 한다. 자식도 마찬가지다. 부모는 자식을 위해 무한정 희생하는 존재가 아니다. 부모도 사람이고 자기삶이 있다. 그것을 인정하고 이해하고 배려해야 한다.

7. 부모와 자식은 처한 상황에서 각자역할을 한다. 자식이 성장할 수 있도록 지원하는 것이 그 시기 부모일이고 부모도움으로 성장하는 것이 해당시기 자식일이다. 나이가 들면 역할이 바뀌기도 한다. 그것이 자연이치다. 부부관계도 마찬가지다.

8. 사람은 살면서 각자 자기일을 하면서 서로에게 자기생각을 강요한다. 그리고 상대가 따르지 않으면 서운해 한다. 각자역할만 하고 결과는 놓아버리자. 이것이 무위(asaṅkhāra, 無爲) 삶이다.*

9. 가족구성원이 인격에 기초해 서로를 대할 때 행복지수가 높아진다. 가능한 서로에게 자기생각을 강요하면 안 된다. 옳은 것이 있으면 옳은 이유를 설명하고 납득시켜야 한다. 자기생각을 억지로 강요하는 것은 폭력이다.

10. 가족구성원 사이 남자, 여자, 부모, 자식 등 처음부터 정해진 역

각자 일만 하자

금강경 맨 마지막에 불취어상 여여부동(不取於相 如如不動)이란 구절이 있다. 「어떤 형식에 구애받지 않고 자신이 처해있는 상황에서 각자 해야 할 일만 하라. 결과에 구속되지 말고 흔들리지 말고 미련도 갖지 마라......」

범부는 자기가 해야 할 일을 하고 그 결과에 구속된다. 결과를 예단해 행동하고 그 결과를 평가하고 그것에 스스로 구속되고 허우적거린다. 그때 내가 어쨌는데 지금 나에게 이럴 수 있나 하고 서운해 한다. 이것은 투자고 뇌물이다. 선물은 주고픈 마음따라 주지만 반대급부를 바라지 않는다. 뇌물은 반대급부를 기대하고 하는 행위다. 어려서 애가 할 일은 받아먹는 것이고 그 시기 부모가 해야 할 일은 주는 것이다. 서로 각자 일을 했다. 그런데 애가 커서 어른이 되고 나서 내가 그때 어떻게 했는데 서운하다고 하면 이것은 옵션이 걸린 뇌물이다.

할은 없다. 상황과 필요에 따라 역할이 정해진다. 그 역할도 끊임없이 변한다.

11. 가족을 어떤 형식으로 구성할 것인지 정해진 기준은 처음부터 없다. 역사조건에서 최상형식이 만들어졌고 그 형식도 영원히 지속하는 것도 아니다. 사회변화에 따라 끊임없이 변화발전한다.

12. 개인과 사회는 동일존재 다른 표현이다. 개인이 건강할 때 사회가 청정하고 건강한 사회에 사는 삶이 풍요롭다. 사회를 정의롭고 풍요롭게 가꾸고 유지하는 것은 중요한 일이다. 동시에 개인을 맑고 건강하게 가꾸는 것도 필요하다.

13. 개인을 건강한 사회인으로 양성해 사회구성원으로 합류시키는 것은 중요한 일이다. 모든 책임을 사회에 미루는 것도 개인에게 돌리는 것도 올바른 태도가 아니다.

14. 가난한 집에 발생하는 문제는 생존문제가 핵심이다. 대부분 문제는 물질을 제공하면 해결할 수 있다. 어느 정도 살만한 집에서 발생하는 문제는 만족과 행복인 경우가 많다.

15. 만족과 행복이 문제핵심인 경우에 해결책이 복잡하다. 행복은 정해진 것이 없고 사람마다 관점과 기준이 다르다. 가족구성원 사이 만족과 행복 기준이 다르고 그 기준을 각자 고집할 때 문제가 발생한다.

16. SATI 수행으로 마음오염원을 제거하고 마음을 맑고 아름답게 가꾸고 욕망, 분노, 편견 지수를 낮추고 지혜를 성숙해 존재를 있는 그대로 이해하고 행동하면 삶은 풍요롭고 만족지수와 행복지수가 높아진다.

17. 가족구성원이 함께하는 공동주제로 마음닦는 SATI 수행, 마음비우는 Suñña 수행, 마음나누는 Mettā 수행을 설정하면 유용하게 사용할 수 있다. 가족 사이 갈등이 발생할 때 욕망이나 분노를 가라앉히고 편견을 제거해 서로를 이해하고 배려하고 양보하고 한 발 물러설 수 있는

여유로움은 지혜와 자비에서 그 힘을 가져올 수 있다.

18. 남남끼리 만나 결혼해 가정을 꾸리면 삶의 방식과 가치관 차이로 서로를 힘들게 할 수 있다. 결혼전에 SATI 수행으로 마음맑히고 서로를 이해하고 배려하는 힘을 키우고, Suñña 수행으로 마음공간에 존재하는 마음오염원을 비우고, Mettā 수행으로 서로에게 맑은 마음을 전하는 방법을 배워우고 필요할 때 사용하면 좋다.

19. 소중한 아이를 가지기 전에 부부가 먼저 SATI 수행으로 몸과 마음을 맑히면 부모 몸과 마음에 있는 오염원을 제거하고 영혼이 맑은 아이를 가질 수 있다.

20. 임신해있는 동안 SATI 수행으로 부모가 가진 욕망, 분노, 편견 등 마음오염원을 정화하고 Suñña 수행으로 마음공간에 맑음을 채우고, Mettā 수행으로 부모와 태아가 맑은 마음 나누면 태아 마음상태가 평화롭게 안정되고 몸과 마음이 건강하고 따뜻한 영혼을 가진 아이를 가질 수 있다.

21. 나이들어 은퇴하고 수행도량에서 여유롭게 휴식하고 다른 사람 수행을 도와주며 생활하는 것도 의미있는 일이다.

22. 이렇게 삶을 살다 조용히 떠나는 것도 참 좋을 것 같다.

6. 교정재활 분야

1. 삶은 다른 존재와 끊임없는 접촉이다. 접촉다음에 일어난 마음작용을 놓치고 구속되기도 하고 알아차림하고 자유롭기도 하다.

2. 술, 담배, 마약, 도박, 게임, 스포츠 등 삶을 구속하는 것은 무수히 많다. 그런 것을 적당히 즐기면 좋지만 구속되면 삶이 왜곡되고 힘들어

진다.

3. 다양한 방법으로 그런 구속에서 벗어나려고 노력하지만 생각만큼 쉽지 않은 것도 현실이다. 접촉대상에 구속돼 혼자 힘으로 빠져나오지 못할 때 누군가 조금만 도와주면 수월하게 홀로설 수 있다.

4. 구속에서 벗어나기 위해 시청각자료, 육체노동, 운동이나 레저로 몸과 마음을 정화하고 관심을 다른 곳으로 돌리고 강의듣거나 책보면서 생각을 바꾸기도 한다.

5. 여기에 더해 SATI 수행을 권한다. SATI 수행을 통해 마음운동으로 마음근육을 키우고 마음에너지를 보충하고 욕망이나 분노 등 마음 오염원을 제거하고 마음공간을 맑고 아름답게 가꾸면 여유롭고 행복하게 살 수 있다.

6. 몸과 마음이 강력한 에너지에 구속된 것은 몸이 그 영향력에 중독됐을 뿐만 아니라 마음근육이자 알아차림 기능인 sati 힘이 약해 존재에 구속되기 때문에 일어난 현상이다. 중독현상은 마음뿐만 아니라 몸이 욕망, 분노, 편견, 도박, 술 등의 독성에 오염된 것을 의미한다.

7. 몸과 마음을 정화하고 생각을 변화하는 훈련뿐만 아니라 마음근육이자 알아차림 기능인 sati 강화훈련이 본질이고 핵심이다.

8. 현재까지 알려진 바에 의하면 몸과 마음정화방법은 두 가지다. 하나는 육체노동으로 몸을 정화하는 것이고 다른 하나는 SATI 수행으로 몸과 마음을 정화하는 것이다. 특히 마음정화는 신경 클리닉을 선도한다. 이런 훈련으로 몸과 마음이 중독상태로부터 효과있게 벗어날 수 있다.

9. SATI 수행으로 약물이나 습관에 중독된 몸을 정화하고 오염된 마음을 맑히고 습관화된 행동을 교정하고 잘못된 생각을 바꿀 수 있다. 하나의 훈련으로 몸, 마음, 행동, 가치관 등 여러 가지 변화효과를 거둘

수 있다.

10. 마음근육이자 알아차림 기능인 sati 강화훈련이 빠진 상태에서 교정과 재활 훈련은 반복성을 가져올 위험이 있고 노력한 만큼 유효성이 나타나지 않을 수 있다.

11. SATI 수행으로 마음오염원을 제거하고 마음공간과 신경망을 정화하고 앎을 구조조정해 삶과 존재를 바라보는 이해관점을 바꾸는 것이 필요하다.

12. 마음근육이자 알아차림 기능인 sati 힘이 강화하면 마음공간에 존재하는 데이터가 구조조정되고 쓰레기 데이터를 제거하고 마음오염원이 소멸하고 잘못된 생각을 교정하고 몸이 바뀌고 생각이 변하고 행동이 달라진다. 훈련방법은 간단하다. 마음근육이자 알아차림 기능인 sati를 강화하는 것이다.

13. 사회통념상 용인하지 않는 행동 때문에 사회에서 격리수용되는 사람이 있다. 교도소에서 그들을 교정할 때 생각을 변화하고 몸과 행동을 정화하고 통제할 수 있도록 유도하는 것이 좋은 교정 프로그램이다. 인도를 비롯한 영연방국가에서 SATI 수행을 교정 프로그램으로 도입해 일정정도 성과를 거두고 있다.

14. 참지 못하는 급한 성질 때문에 순간 한 건 저지르고 사고 내는 경우가 많다. 이런 사람이 SATI 수행으로 한 순간 참을 수 있는 인내심을 키우고 Suñña 수행으로 욕망이나 분노 등 마음오염원을 비우고 Mettā 수행으로 상대를 이해하고 배려하고 맑은 마음 보내면 몸이 바뀌고 생각이 변하고 행동이 여유로워진다.

경영 분야

project

check point

이 장에서는 경영 분야, 사람과 관련한 분야, 예술과 운동 분야에서 SATI 수행을 활용하는 방법을 배우고 익힌다.

1. 다른 존재와 관계맺는 것은 그 양과 질이 어떻든 마음과 마음 연결을 의미한다.

2. 마음은 존재와 존재 연결통로다. 마음이 어둡고 피로하면 다른 존재와 관계가 거칠고 메마르지만 맑고 건강하면 아름답고 풍요롭다.

3. SATI 수행은 사람사이 일어나는 문제해결에 좋은 도구다. 사람사이 일어나는 문제는 크게 두 가지다.

4. 하나는 물질과 관련한 문제고 다른 하나는 마음과 관련한 문제다. 이 둘은 구분되지 않고 서로 관련된 것이지만 여기서는 마음과 관련해 발생하는 문제를 중심으로 다룬다.

1. 경영 분야

1. 결국 사람이다. 아무리 기술이 발달해도 그 중심에 사람이 있다. 사람을 어떻게 조직하고 관리해 그들이 가진 능력을 발휘할 수 있게 하느냐가 생산성향상과 경영핵심이다.*

인문학 상상력

자기분야에서 큰 업적을 이뤘거나 뛰어난 창의력을 발휘한 사람이 한결같이 주장하는 것이 인문학 상상력을 발휘하라는 것이다. 자신이 발견한 것은 자기 전공분야에서 아이디어를 얻은 것도 있지만 문학작품을 읽고 여행을 다니고 마음을 쉬고 수행으로 마음속으로 여행을 떠나고 유유자적하는 과정에서 머리식히고 얻은 것도 많다. 시중에 떠다니는 싸구려 이론노예 되지 말고 지혜바다에 빠져 상상력을 발휘하는 것도 좋다. 새로운 분야 조그마한 앎과 자극이 전공분야 앎을 증폭시키는 촉매제가 될 수 있다.

1) 인간관계 관리

2. 여러 연구기관에서 보고하는 것을 보면 기업에서 이직하는 사람 가운데 해당직무에 적응하지 못하는 경우가 15% 정도고 일하는 과정에서 사람관계 때문에 힘들어 이직하는 경우가 85% 정도라 한다.

3. 기업에서 고민하고 주목해야 할 분야는 직무능력을 위한 교육 못지않게 인간관계를 성숙하고 사람사이 일어나는 일을 슬기롭게 처리하고 자유롭게 하는 훈련이 필요하다.

4. 「마음관리 프로그램」 또는 「스트레스 관리 프로그램」인 SATI 수행은 생산성향상에 직접 관여하기보다 생산성향상 방해요소를 제거하는데 활용하면 효과있다. 마음을 매개로 발생한 일을 해결하는데 탁월하다.*

5. 생산성향상에 관해서 이윤을 중시하는 기업이 훨씬 잘 알고 있다. 생상성향상을 가로막는 여러 문제 가운데 사람사이 일어나는 경쟁과 갈등, 분열과 적의, 스트레스와 피로를 제대로 처리하지 못해 고민한다.

6. 경영자는 조직이나 경영기법은 잘 알지만 마음을 매개로 일어나는 문제는 잘 모르는 경우가 많고 해결책도 마땅치 않다. 돈으로 보상하거나 각종 심리방법을 사용하지만 생각만큼 유효성있는 것도 아니다.

7. 공동체구성원 사이 발생하는 갈등과 스트레스를 효과있게 해소하고 생산성향상 방해요소를 효과있게 제거하고 일할 맛 나는 공동체를

괴로움제거

과거에는 삶의 질을 향상하기 위해 이론을 개발했지만 현재는 삶의 질을 낮추는 요인을 제거하는데 초점두고 이론을 개발하고 적용한다. Buddha는 행복하지 않아도 좋지만 괴롭지만 않으면 살아 볼 만하다고 보았다. 그래서 Buddha는 행복으로 가는 길을 괴로움제거로부터 시작했다.

만들기 위해 많은 단체나 기업에서 「마음관리 프로그램」 또는 「스트레스 관리 프로그램」인 SATI 수행을 주목한다.

8. 사람사이 일어나는 경쟁, 갈등, 욕망, 분노, 스트레스 등 각종 마음 오염원이 마음건강을 해치고 삶의 질을 저하하고 생산성을 낮춘다는 것은 이미 우려를 넘어 현실화된 지 오래다.

9. 많은 기업에서 공동체구성원 마음건강, 마음안정, 마음에너지가 생산성에 직접 영향미친다고 인식하고 그것을 해결하기 위해 다양하게 노력한다.

10. 이미 일부기업은 갈등과 스트레스가 생산원가에서 가장 큰 비중을 차지하기 시작했다. 이런 현상은 정보산업, 생명산업, 교육산업에서 현저하게 나타난다.

11. 현실이 이렇다보니 많은 기업에서 직접 생산활동에 참여하는 구성원뿐만 아니라 그 가족까지 갈등과 스트레스 해소를 위한 스포츠, 문화, 레저, 봉사 활동을 지원하고 개인능력을 향상할 수 있도록 도와준다.

12. 그것은 기본이다. 거기에 더해 마음과 스트레스 관리 프로그램인 SATI 수행을 사용해보기 권한다. 마음이 중요하다고 인식하면 마음으로 직접 들어가야 한다. 그래야 마음으로 일어나는 문제를 효과있게 해결할 수 있다.

13. 그러면 무엇을 어떻게 해야 할지 있는 그대로 실재가 보인다. 대부분 사람은 보이면 실천한다. 보이지 않기 때문에 실천하지 않는 것이지 하기 싫어 행동하지 않는 경우는 드물다.*

정보기술

IT산업에서 연구원을 연구소로 밀어넣고 결과를 재촉하기보다 수행으로 뇌와 마음을 쉬어주면 더 많은 창의력이 나온다. 정보기술에는 더 많은 휴식이 더 높은 생산성을 가져온다.

14. 사람과 사람이 부딪치는 곳에 「마음관리 프로그램」 혹은 「스트레스 관리 프로그램」인 SATI 수행을 권한다.

15. 이것은 뇌와 마음을 쉬어주고 마음근육을 키워 마음탄력을 향상하고 마음에너지를 보충해 활기차게 해주고 몸과 마음에 낀 앎, 지식, 편견, 생각, 습관 등 거품을 제거하고 존재를 있는 그대로 보고 행동할 수 있는 안목을 열어준다.

16. 많은 사람이 마음중요성을 강조하지만 정작 풀어가는 방법은 마음외적인 것만 늘어놓는다. 그것은 마음을 잘 모르기 때문이다. 그러면 마음은 꿈쩍도 하지 않는다.

17. 개인, 조직, 삶, 마음에 거품이 끼어있다. 개인에게 끼기도 하고 공동체에 끼기도 한다. 상대에게 끼기도 하고 자신에게 끼기도 한다. 조직이나 제도에 끼기도 하고 이론이나 기술에 끼기도 한다.

18. 이 가운데 가장 먼저 해야 할 일은 자신에게 낀 거품을 제거하는 것이다. 먼저 자신에게 낀 마음오염원을 제거해 마음을 건강하게 가꾸고 마음근육을 키우고 마음에너지를 보충하면 삶은 자유와 행복으로 넘쳐날 것이다.*

마음산업

오늘날 정보기술(IT) 못지않게 생명기술(BT)이 발달하고 교육기술(ET)도 그에 못지않게 규모가 점차 커진다. 그 중심에 기업연수나 사회교육이 있다. 직무교육은 인터넷에서 해결하고 남은 것은 스트레스인데 마음이 핵심이다. 앞으로는 마음을 이용한 산업이 점차 증가할 것이다.

기술이 발달해 속도가 빨라지고 삶이 복잡해지는 만큼 몸과 마음이 피곤해지고 마음휴식과 마음관리가 필요하다. 특히 BT산업이 발달해 사람수명이 늘어나면 그 간격을 마음다루는 수행으로 채워야 한다. 생명은 연장되지만 마음이나 정서가 따라가지 못하고 몸과 마음 사이 간격이 벌어지면 많은 문제가 발생할 수 있다.

2) 갈등과 스트레스 해소

19. 사람과 사람을 이어주는 연결고리가 마음이다. 마음상태에 따라 관계수준을 결정하고 관계수준에 따라 마음상태를 형성한다. 마음공간에 마음오염원이 가득 차 있으면 인간관계는 불평등, 폭력, 편견에 기초해 존재를 구분하고 차별한다.

20. 이렇게 하면 공동체구성원 사이 긴장과 갈등이 높아지고 이기주의에 빠져 편가르기와 줄서기에 전념하고 서로를 비난하고 헐뜯고 능력발휘하기 힘들고 갈등과 스트레스는 높아지고 생산성은 낮아진다.

21. 삶이 거품과 오염원으로 가득 차면 존재를 구분하고 차별하고 좋은 것은 취하고 싫은 것은 밀쳐내려고 행동한다. 존재를 있는 그대로 보지 못하고 자기입장에서 평가하고 집착한다. 공동체구성원 사이 갈등이 높아지고 스트레스는 가중돼 생산성은 떨어지고 삶의 질은 낮아진다.

22. 마음공간에 존재하는 마음오염원을 걷어내고 존재를 있는 그대로 보고 자신이 처한 상황에서 해야 할 일을 하고 다른 존재와 함께 공존할 수 있는 토대를 마련하면 삶의 현장은 자유와 행복으로 넘치고 생산성도 향상하고 삶의 질도 높아진다.

23. 누구나 이런 일터갖기 원하지만 생각만큼 쉽지 않다. 그것은 말이나 논리로 해결할 수 있는 성질도 아니다. 법이나 제도, 제재와 보상, 교육과 훈련으로 유도하지만 쉽지 않은 것도 현실이다. 사람에 관해 뾰족한 수가 있는 것도 아니다.

24. 공동체 평화와 행복은 물질뿐만 아니라 마음상태가 개입하는 것은 잘 알려진 사실이지만 어디서부터 출발하고 무엇을 어떻게 해야 할지 접근해보면 막막하다.

25. 마음에 관한 많은 정보가 넘쳐나지만 정작 이거다 하고 이론과

기술에 효과있는 것도 보이지 않는다. 거품빼자는 이론에 정작 거품이 가득 끼었다.

26. 공동체구성원이 편견과 선입관을 배제하고 존재를 있는 그대로 보고 욕망과 분노 지수를 낮추고 부분뿐만 아니라 전체흐름도 이해하는 안목을 갖출 수 있도록 노력해야 한다. 그러면 삶이 맑아지고 사람관계가 편안해진다.

27. 마음운동으로 마음탄력을 키우고 마음휴식으로 마음피로를 풀고 마음에너지를 보충하고 마음오염원을 제거해 자유롭고 행복하게 사는 것이 생산성향상에 도움되고 자유롭고 행복한 삶의 자양분이 된다. 그 중심에 「마음관리 프로그램」 혹은 「스트레스 관리 프로그램」 인 SATI 수행이 있다.

3) 공동주제

28. 오랜 역사를 가진 기업은 몇 가지 공통점을 발견 할 수 있다. 기업이윤을 내는 것은 기본이고 그것에 더해 기업이 비전을 제시해 사회를 선도하고 기업이윤을 사회로 환원해 의미있는 일을 한다.

29. 그것을 다르게 표현하면 기업구성원과 사회공동체가 의미있는 공동주제를 공유하고 실천하는 과정에서 서로를 신뢰하고 생각을 공유하고 아름다운 꿈과 희망을 함께한다는 것이다.

30. 기업이윤 창출과정은 총없는 전쟁터다. 기업구성원은 서로가 이윤을 공유하는 동지이면서 동시에 경쟁자다. 그런 관계는 서로를 피곤하고 지치게 한다.

31. 서로가 긴장과 갈등, 동지와 경쟁자로 함께 생활할 수밖에 없는 것이 현실이다. 그럼에도 불구하고 그런 마음을 내려놓고 인간으로써

서로를 신뢰하고 좋은 생각을 공유하고 사회에서 보람있고 의미있는 일을 함께하는 동지의식을 공유할 때 비로소 편안하고 자유로운 의사 표현이 이뤄진다. 그런 관계는 자연스럽게 지속가능한 생산성향상과 이윤창출로 연결되고 만족지수를 높이고 삶의 질을 향상한다.

32. 그래서 기업이나 공동체는 등산, 레저, 봉사, 환경보호 등 다양한 동아리를 만들고 회사차원에서 지원하고 구성원이 다 함께 참여해 보람있는 일을 한다.

33. 그것에 더해 마음건강과 관련한 일을 함께하는 것도 의미있다. 구성원이 마음운동으로 마음근육을 키워 마음탄력을 높이고 뇌와 마음을 쉬고 마음에너지를 보충하고 마음공간을 맑히고 스트레스를 해소하고 갈등지수를 낮추고 맑은 마음나누는 「마음속으로 여행」을 함께 떠나는 공동주제를 설정해 보면 공동체운영에 직면하는 문제를 해결하는데 유익할 것이다.

34. 그런 힘이 쌓이면 사회로 활동영역을 넓힐 수 있다. 맑고 깨끗한 자연환경을 지키고 보존하는 환경운동처럼 건강한 마음으로 자유롭고 행복하게 살 수 있도록 도와주는 마음운동 봉사활동은 보람있고 의미있는 사회활동 가운데 하나다. 이런 활동은 공동체수준을 몇 단계 성숙시킬 것이다.

35. 요동치는 욕망이나 이기심을 극복하지 못해 고통받는 사람에게 마음운동을 통해 스스로 자신의 마음상태와 스트레스를 관리하고 그들이 자유롭고 행복하게 살 수 있도록 도와주는 활동은 중요한 사회활동이다.

36. 이런 차원 높은 활동으로 공동체구성원 긍지와 자부심이 향상되고 그런 공동체에 소속해있다는 것을 자랑스럽게 여길 때 공동체는 지속가능한 성장을 보장할 것이다.

4) 리더 마음관리

37. 리더가 해야 하는 일 가운데 중요한 것이 사람관리다. 공동체구성원 사이에 발생하는 갈등조정과 스트레스 해소는 생산성향상과 공동체발전에 직결하는 문제다.

38. 공동체에서 초심자는 물질에 관련한 일을 하지만 직급이 높아질수록 사람에 관련한 업무를 담당한다. 사람관계를 조정하고 개인능력을 발휘해 공동체 이익과 번영, 안락과 행복이 지속하도록 하는 것은 공동체구성원 모두 일이지만 리더역할이 더 중요하다.

39. 일반노동자가 하는 일이 육체노동이고 리더가 하는 일이 정신노동인 경우가 많다. 육체노동은 육체 에너지를 많이 소모하고 정신노동은 육체 에너지뿐만 아니라 마음에너지를 더 많이 소비한다.

40. 리더는 공동체구성원을 관리하고 관계한 사람사이 등장하는 이해관계를 조정하고 생산성향상 과정에서 발생하는 갈등이나 스트레스를 유효하게 관리해야 한다. 리더는 일반구성원보다 노동질에 있어서 더 많은 에너지가 필요하다.

41. 일반대중을 이끄는 리더가 몸과 마음이 지치고 무기력하면 조직전체에 미치는 영향이 크다. 그래서 리더에게 더 많은 휴식과 에너지를 제공한다.

42. 리더는 육체 에너지를 보충하는 것만큼 마음에너지를 보충하기 위해 노력해야 한다. 대부분 사람은 육체 에너지 섭취는 잘 알고 있어도 마음에너지 보충은 제대로 모르는 경우가 많다.

표82 성공조건 ┄┄┄┄┄┄┄┄┄┄┄┄┄┄┄┄┄┄┄┄┄┄┄┄┄

1. 최근 각 분야에서 두각을 나타낸 리더에게 물어보면 한결같이 에너지 부족이 문제지 시간부족은 문제되지 않는다고 대답한다. 힘이 부족해서 일을 못 하지 시간이 부족해 못 하지 않는다는 것이다.

2. 성공한 사람이 삶의 활력도와 행복지수가 높을 수도 있고 활기차고 행복하게 사는 사람이 일성취도가 높을 수도 있다.

3. 대부분 연구결과는 성공한 사람에게 나타나는 특징이 활기차고 행복하고 만족지수가 높았다는 점이다. 결국 성공조건 첫째 덕목이 힘이다. 그 가운데 마음근육과 마음에너지가 핵심이다.

┄┄┄

43. 자기자신을 통제하지 못하는 사람은 조직도 장악하지 못하고 조직전체에 많은 손해를 끼친다. 그렇기 때문에 리더는 몸과 마음 관리기술을 반드시 가지고 있어야 한다.

44. 욕망이나 분노, 편견이나 선입관으로 요동치는 마음을 맑고 고요하게 안정할 수 있는 「마음관리 프로그램」 또는 「스트레스 관리 프로그램」 하나쯤 가지고 있으면 더 좋다.

45. 이런 프로그램을 가지고 있는 리더는 조직구성원에게 일만 시키는 단순관리자에서 삶을 디자인해주고 행동을 조언해주는 역할도 할 수 있다. 그러면 공동체구성원 사이 강한 신뢰관계를 형성한다. 이것은 인간관계뿐만 아니라 생산성향상에도 직결한다.

46. 이것이 리더 마음건강과 마음에너지 중요성을 인식한 회사나 공동체에서 리더를 위한 마음관리, 마음근육 강화, 마음에너지 보충 프로

그램을 적극 도입하는 이유다.

47. 과중하게 요구하는 업무를 수행하기 위해서는 리더에게 넘치는 에너지와 휴식이 필요하다. 이것은 육체 에너지뿐만 아니라 마음에너지, 몸휴식뿐만 아니라 마음휴식까지도 포함한다.

48. 마음에너지 보충, 마음관리, 마음건강, 갈등감소, 스트레스 해소 프로그램인 마음과학과 SATI 수행을 리더가 배우면 지속가능한 공동체발전을 위해 유용할 것이다.

5) 노동자 마음관리

49. 이제 노동자 마음건강을 주목해야 한다. 노동하는 사람이 세상주인이다. 그들이 자유롭고 행복하게 살 수 있고 그들이 편안하고 쾌적하게 노동할 수 있을 때 이 땅 모든 존재 삶의 질을 향상할 수 있다.

50. 노동자가 직면한 현실은 몸과 마음을 지치게 하는 것이 대부분이다. 노동현장에서 동료와 불편한 관계, 갈등과 스트레스는 몸과 마음을 지치게 한다. 경제, 진급, 자녀, 부모부양, 부부갈등 문제로 주변 사람과 사이가 원만하지 못하면 삶이 힘들다. 그러면 노동생산성이 현저히 떨어진다.

51. 노동자가 노동으로 피로해진 몸과 마음을 충분히 휴식하고 소모한 에너지를 보충해야 노동생산성이 향상한다. 그래서 더 많은 휴식이 더 높은 생산성향상을 가져온다고 한다.

52. 이런 사정을 잘 알고 있지만 정작 노동자가 휴식할 수 있는 곳이 그렇게 많지 않다는 점이 문제다. 몇몇 대기업을 제외하고는 모든 것이 부족한 실정이다. 노동으로 축적된 피로를 개인이 관리하고 해소해야 한다. 피로발생은 사회에서 이뤄졌는데 그 해결은 개인이 해야 하는 모

순에 직면해있다. 그렇다고 뾰족한 수가 있는 것도 아니다.

53. 노동으로 고갈된 몸 에너지 보충은 잘 알고 있지만 활동으로 소모한 마음에너지 보충은 잘 모른다. SATI 수행으로 마음근육을 키워 마음탄력을 높이고 마음 에너지를 보충하면 삶은 활기넘치고 행복으로 충만할 것이다.

54. 마음이 편안하고 행복할 때 일터가 아름다운 곳으로 바뀐다. 동시에 일터가 평화롭고 평등할 때 살맛 나는 세상이 열린다.

2. 예술과 운동 분야

1. 예술은 자유와 상상력을 먹고 자란다. 예술은 존재를 분석, 사유, 논리로 끝없이 확장하기도 하고 압축과 직관으로 한없이 응축하기도 한다. 침울한 마음에서 작품구상하기도 하고 맑고 건강한 마음으로 창작활동하기도 한다.

2. SATI 수행은 예술가마음을 안정시키고 데이터를 가공하고 압축해 거품빼고 실재를 통찰해 전체 관계와 상황을 볼 수 있는 직감과 영감을 제공한다. 많은 데이터를 압축해 한 번에 모든 것을 관통하는 직관력은 여백문화, 수행문화 특징이다.

3. 창조 에너지가 고갈하고 새로운 영감이나 상상력이 떠오르지 않을 때 뇌와 마음이 휴식하고 마음운동으로 마음 근육과 탄력을 키우면 더 좋은 창의력이 나온다. 건강하고 안정된 마음은 예술가 영감과 상상력을 한층 풍요롭게 해준다.

4. 뇌와 마음을 쉬게 하는 효과적인 방법이 SATI 수행이다. 마음근육이자 알아차림 기능인 sati를 인식대상에 밀착고정하면 뇌와 마음은 활

동을 최소화하고 휴식한다. 충분한 휴식으로 마음에너지를 보충하면 새로운 영감, 상상력, 창의력이 나온다. 휴식은 창조모태다.

5. 연예활동도 마찬가지다. 대중앞에 자신을 온전히 드러낸다는 것이 쉬운 일이 아니다. 화려한 조명과 대중관심은 마음에너지를 송두리째 빼앗아 버린다. 마음이 흔들리면 제대로 주제에 집중할 수 없다. 자신을 올바르게 통제하지 못하면 옆길로 빠지기 쉽다.

6. 화려함과 인기를 먹고 사는 대중스타가 외부자극에 흔들리면 생명력이 짧고 가볍게 될 수 있다. 마음근육과 마음에너지가 충만할 때 당당하고 자유롭게 활동할 수 있다.

7. SATI 수행으로 마음을 휴식하고 마음운동으로 마음 근육과 탄력을 키우고 마음에너지를 보충하면 초연하고 당당하고 여유롭게 일을 즐길 수 있다.

8. 운동선수는 몸과 마음을 격렬하게 사용한다. 자기자신과 싸움은 기본이다. 거기에 더해 상대선수와 직접 부딪치며 경쟁하고 관중반응에도 신경쓰기 때문에 늘 긴장, 갈등, 스트레스에 노출해 있다.

9. 승부세계는 대중에게 자신을 있는 그대로 드러내고 스스로를 고립시킨다. 관중기대감은 힘이 되지만 강한 압박감으로 짓누르기도 한다. 자신과 승부에서 지면 모든 것이 끝이다.

10. 어떤 상황에서도 흔들리지 않고 지금 이 순간 행위끝에 온전히 마음근육이자 알아차림 기능인 sati를 집중할 수 있도록 훈련하는 것, 어떤 예측이나 선입관을 배제하고 상황을 있는 그대로 직시하는 것, 전체 관계와 상황을 통찰하는 안목을 갖추는 것은 많은 경험을 통해 형성하기도 하지만 SATI 수행을 병행하면 더 효과있다.

11. 수행을 즐기자. 안개속을 지나면 옷이 안개에 젖듯 수행을 가지고 놀다보면 맑은 향기가 삶을 감싸고 자유와 행복이 강물처럼 흘러

넘칠 것이다.*

보리수

나무는 자기가 살기 위해 이산화탄소를 흡수하고 산소를 내뿜지만 그 옆에 사는 뭇 생명은 나무가 내뿜는 산소를 먹고 자란다. 수행자는 자기의 자유와 행복을 위해 마음을 맑히지만 수행자와 인연있는 사람은 그 수행자가 내뿜는 맑은 향기를 마시고 자유롭고 여유롭고 행복하게 산다. 험한 세상 싱그런 산소를 공급할 보리수 한 그루 마음밭에 심자. Buddha를 낳은 보리수처럼.

수행기술

수행기술

5

안개 속을 지나면 옷은 안개에 젖는다

19

수행 분류와 영역

project
1. 수행분류
2. 수행영역
3. 수행흐름

check point

이 장에서는 수행진보를 위해 수행을 내용과 형식에 따라 분류하는 것을 배우고 익히다.

1. 수행분류

1. 수행은 내용과 형식, 전해진 지역과 시대, 사용한 사람과 단체 수준과 성향에 따라 여러 가지로 분류하고 다양하게 이름붙인다.

1) 내용

2. Buddha가 창안한 SATI 수행은 내용에 따라 세 가지로 분류한다. 첫째 마음닦는 SATI(念) 수행, 둘째 마음비우는 Suñña(空) 수행, 셋째 는 마음나누는 Mettā(慈) 수행이다.*

3. 마음닦는 수행은 실재를 있는 그대로 보는 의미에서 실재보기, 깨어나기, 알아차림, paññā(般若, 慧), sati(念), vipassanā(毘鉢舍那, 觀), samādhi(三昧, 止,定), sampajāna(白知), jhāna(禪那), 명상(冥想) 등으로 부른다.

몸과 마음

Yoga 수행은 하늘에 있는 창조신 Brahma(梵)와 피조물속에 들어있는 신의 분신 atta(sk. ātman, 我)가 하나되면 신의 은총받아 자유롭고 행복하게 살 수 있다고 믿는다. 그들은 신과 신의 분신을 하나(梵我一如)로 만드는 Yoga 수행을 한다. Yoga 수행은 신과 합일에서 한 걸음 더 나아가 몸의 구조와 신경조직 기능을 이용해 몸을 치료하려고 시도한다.

힌두교 Yoga 수행 영향을 강하게 받은 밀교부수행, 특히 성을 알아차림 기준점으로 삼고 수행하는 Tantra 수행은 마음오염원을 제거해 얻는 자유로움과 행복한 느낌을 마음오염원을 제거하지 않고 현실에서 곧바로 체험할 수 있다고 주장한다. 그들은 Yoga 수행에서 개발한 몸 관리기법을 활용해 몸을 건강하게 하는 방법을 불교수행과 결합해 사용한다. 섹스를 활용해 수행할 수 있다고 주장하고 실천한다.

Buddha가 창안한 SATI 수행은 마음근육이자 알아차림 기능인 sati를 강화해 기억이미지와 결합한 마음오염원을 해체하고 삶의 흔적을 맑히고 실재를 있는 그대로 보고 자유롭고 행복하게 사는 것이다. 이런 Buddha 정통수행법에 기초해 출발한 밀교부수행은 세월이 흐르면서 이상한 방향으로 흘러갔다.

4. 마음비우는 수행은 욕망이나 분노는 비우고 맑음과 자비를 채우는 의미에서 mettā(慈), karuṇa(悲), mudita(喜), upekkha(捨), ashubha(不淨), asim māna(有我) 으로 부른다.

5. 마음나누는 수행은 자신이 가진 물질을 공유하는 amisa dāna(財施), 다른 사람이 자유롭고 행복하게 살 수 있도록 수행을 도와주는 dhamma dāna(法施), 다른 사람 두려움을 제거해주는 abhaya dāna(無畏施)가 있다.

2) 형식

6. SATI 수행은 형식에 따라 여러 가지로 분류한다. 앉아서 하는 좌념(坐念), 걸으며 하는 행념(行念), 누워서 하는 와념(臥念), 생활하며 하는 생활념(生活念), 일하며 하는 노동념(勞動念)이 있다. 이것은 내용상 마음닦는 수행에 속한다.

7. Suñña 수행은 4무량심(四無量心), 부정념(不淨念), 무유아념(無有我念)이 있다. 이것은 내용상 마음비우는 수행에 속한다

8. Mettā 수행은 자신이 가진 물질이나 기술을 필요한 사람에게 베푸는 재시(財施), 다른 사람이 수행할 수 있도록 도와주는 법시(法施), 다른 사람 두려움을 제거해주는 무외시(無畏施)가 있다.

9. 물질을 베푸는 재시는 보시, 적선, 선행, 덕행, 봉사 같은 사회활동이 있고 무외시는 현실에 적응하지 못하고 부적응상태에 빠진 사람에게 상담 등을 통해 현실에 적응할 수 있도록 도와준다. 맑은 마음 베푸는 법시는 자비념(慈悲念) 등이 있다. 이것은 내용상 마음보내는 수행에 속한다.

표83 **수행분류**

	내용상 분류	형식상 분류	특성상 분류
SATI(念) 마음닦음 수행	SATI vipassanā paññā samādhi sampajāna 참선 명상	좌념 행념 생활념 노동념	정통 SATI 수행 Ānāpāna 수행 간화수행 묵조수행 조사수행 Mantra 수행 Tantra 수행 염불수행
Suñña(空) 마음비움 수행	metta karuṇa mudita upekkha ashubha asim māna	4무량심 부정념 무유아념	마음 비움과 채움
Mettā(慈) 마음나눔 수행	보시, 봉사, 선행, 두려움 제거, 상담, 자비관, 수행지원	재시 무외시 법시	사회참여

3) 기준점

10. 수행은 알아차림 기준점[sati paṭṭhāna, 念處, 念發趣處, 出發點]을 무엇으로 정하고 어떻게 알아차림하느냐에 따라 여러 가지로 분류한다.

11. Buddha는 몸이나 호흡에 기준점 정했고 Da Hui Zong Gao(大慧宗杲, 1088~11663)는 화두(話頭)에 기준점 정했다. 소리에 기준점 정하고 수행하는 것이 티베트는 Mantra(眞言), 중국은 염불선(念佛禪) 이다.

12. 화두에 기준점 정하고 수행하면 화두수행이다. 알아차림할 때
이름붙이지 않으면 묵조수행이고 이름붙이면 화두수행이다. 몸[dama
kāya, 調身], 호흡[dama ānāpāna, 調息], 마음[dama citta, 調心]을 통
제하고 Brahma(梵)신과 합일(梵我一如)하려고 노력하면 Yoga 수행
이다.

4) 수행목적

13. 수행목적에 따라 수행을 분류하면 다음같다.

표84 **수행목적**

- ① citta vimutti(心解脫): 경험칙으로 SATI 수행으로 Maggaphala(摩訶
  婆羅, 道果)에 들어 Nibbāna(涅槃, 寂滅)를 체험하는 것. Buddha 정통
  수행법에서 기본수행임. 심해탈이 혜해탈과 견해탈을 선도함.
- ② diṭṭhi vimutti(見解脫): 사유칙으로 인지오류나 철학관점 교정으로 잘못
  알고 있던 앎으로부터 벗어나 올바른 앎을 갖춤. 자신이 가진 견해, 관점,
  세계관으로부터 자유로워지는 것.
- ③ 혜해탈(paññā vimutti, 慧解脫): 직관칙으로 SATI 수행하거나 뭔가를
  간절히 찾을때 기연을 만나 해답을 얻는 것. Maggaphala에 들어 Nib-
  bāna를 체험할 수도 있고 사유칙이 고도로 압축해 나타날 수도 있음.

① 심해탈

14. 마음근육이자 알아차림 기능인 sati 힘을 키워 지나온 삶의 흔적
을 저장한 기억이미지와 결합한 마음오염원(貪嗔痴 三毒心)인 āsava(流
漏)를 제거하고 마음공간을 맑고 아름답게 가꾸는 수행을 심해탈(citta

vimutti, 心解脫)이라고 한다.

15. 심해탈은 경험칙(經驗則)으로 이것을 통해서만 Maggaphala(摩訶婆羅, 道果)에 들어 Nibbāna(涅槃, 寂滅)를 체험할 수 있다. 이것이 Buddha가 창안한 SATI 수행 기본이다.

② 견해탈

16. 분석, 사유, 논리를 사용해 인지오류로 인해 힘들거나 잘못된 철학관점으로부터 벗어나 자유롭고 행복하게 사는 수행을 견해탈(diṭṭhi vimutti, 智解脫)이라고 한다.

17. 견해탈은 사유칙(思惟則)으로 잘못된 철학관점이나 인지오류를 교정해 올바른 앎을 갖출 수 있지만 Maggaphala에 들어 Nibbāna를 체험하는 것은 아니다. 이것이 비불교도이거나 논리를 좋아하는 사람에게 보조수행으로 가르친 것이다.

③ 혜해탈

18. 삶에 갈증을 느끼거나 어떻게 살아야 할지 몰라 삶이 흔들릴 때, 해답을 몰라 헤매며 간절히 뭔가를 구할 때, 눈 밝은 스승이 던지는 한두 마디 가르침에 모든 것이 풀리고 갈증이 해소하고 길이 분명히 보이고 답을 알게 되는 것을 혜해탈(paññā vimutti, 慧解脫)이라고 한다.

19. 혜해탈은 직관칙(直觀則)으로 어미닭이 계란을 품고 있다 병아리가 알을 깨고 나올 때를 알고 살짝 두드려 주듯 스승이 뭔가 간절히 찾고 있는 수행자를 보고 필요할 때 살짝 건드려 주어 스스로 길을 찾도록 해주는 방법이다.

20. 혜해탈은 수행자가 Maggaphala에 들어 Nibbāna를 체험할 수도 있고 그렇지 못할 수도 있다. 이 방법은 Buddha도 즐겨 사용했지만 후

기로 올수록 중국이나 한국 수행자가 선호한 수행방법이다. 그러나 이 방법은 특수하고 모험적인 것으로 일반인에게는 극히 이례적으로 사용한다.

2. 수행영역

1. 모든 일에는 중심영역이 있다. 크리스트교가 신을 다루는 것처럼 보이지만 핵심은 영원한 삶이다. 신의 노예로 살며 신의 은총받아 천국에서 영원히 살지 신을 믿지 않고 저주받아 불행하게 삶을 끝낼지를 다룬다. SATI 수행이 다루는 영역이 마음과 깨달음인 것 같지만 실제로는 삶과 행복이다.

2. SATI 수행은 중생으로 살면서 신에 의존해 나약하게 살 것이 아니라 스스로 노력해 Buddha가 되고 자기삶의 주인공돼 자기문제 해결능력을 갖추는 과정이다.

1) 행복과 불행

3. SATI 수행은 청정하고 안정되게 마음가꾸고 마음에너지를 보충해 마음을 건강하게 하고 외부자극에 대한 대응력을 키워 접촉다음에 일어난 느낌을 좋게 하고 실재를 있는 그대로 보고 자유롭고 행복하게 살 수 있게 해주는 도구다.*

4. 행복은 형식과 내용으로 이뤄진다. 형식은 물질, 객관, 조건이고 마음외부에 존재한다. 이것이 세간길[āsava puñña bhāgiya, 流漏功德, 流漏世間]이다. 내용은 정신, 주관, 느낌이고 마음내부에 존재한다. 이

것이 출세간길[anāsava lokuttara maggaṅga, 無漏出世間]이다.

5. 행복은 접촉다음에 일어난 느낌이 결정한다. 느낌이 좋으면 좋고 싫으면 싫다. 느낌은 마음내부에 존재하고 지극히 주관이다. 그것은 계측하기 어렵고 계량하기 까다롭고 다른 존재와 비교할 수 없다.

6. SATI 수행이 다루는 대상은 깨침이 아니라 자유와 행복이다. Buddha는 깨쳤기 때문에 행복한 것이 아니라 자유와 행복으로 가는 길을 발견[Buddha, 佛陀, 覺者]하고 자유롭고 행복하게 살 수 있었다.

7. 깨치면 모든 문제를 해결할 수 있다고 주장하는 것은 수행이나 Buddha 가르침을 잘못 이해한 것이다. 이런 관점은 대단히 선동이다.

2) 대상과 반영

8. 자연과학은 인식대상을 주제로 삼는다. SATI 수행은 인식대상이 감각기관과 접촉해 그 데이터가 마음거울에 상을 맺고 전개하는 마음

중생길 부처길

기도는 중생으로 가는 길이고 수행은 Buddha로 가는 길이다. 기도는 절대자에게 의존해 자신의 추함, 나약함, 무능함을 강조하고 수행은 자신의 맑음, 당당함, 홀로서기를 강조한다.

Buddha는 보리수 아래서 「나는 자유와 행복으로 가는 길을 깨달았다」고 선언했다. 흔히 수행목적이 「깨달음」이라고 하지만 Buddha는 그렇게 말하지 않았다. 동사는 수식하는 말이 있을 때 의미를 가진다. 「간다」는 말은 별 의미없다. 누가, 언제, 어디로, 왜, 무엇하러 가는지에 대한 수식어가 붙을 때 진정한 의미를 가진다. 깨침보다 더 중요한 것은 무엇을 깨쳤느냐다. Buddha는 「자유와 행복으로 가는 길을 깨달았다」고 했는데 후세인은 「깨닫기만 하면 자유롭고 행복할 수 있다」고 왜곡했다. 그 결과 무엇을 깨칠 것인지 왜 깨쳐야 하는지에 대한 설명없이 오직 깨치면 된다는 깨달음 지상주의로 흘렀다. 수단과 목적을 혼동하면 안 된다. Buddha 길은 Buddha의 길이고 나의 길은 나의 길이다. Buddha 깨침이 곧바로 나의 깨침이 될 수 없다. 그것은 Buddha 이외의 사람에게는 단지 참고사항일 뿐이다. 자신의 자유와 행복은 스스로 체득하고 성취해야 한다.

작용을 다룬다.

9. SATI 수행은 상황론에 기초해 존재가 마음거울에 어떻게 반영되고 알아차림 수준에 따라 삶에 어떻게 영향미치는지 그 상호작용을 다룬다. 이것을 Buddha는 연기론이라고 했다.

10. SATI 수행이 주제로 삼는 것은 마음작용과 행동유형이다. 존재가 마음에 어떻게 반영되고 행동으로 표출하며 자신과 사회에 어떻게 영향미치는지 다룬다.

11. 인식대상은 있는 그대로 마음거울에 상을 맺는다. 새로 입력되는 데이터가 마음공간에 존재하는 기억이미지와 결합하거나 마음근육이자 알아차림 기능인 sati를 가린다.

12. 그러면 실재를 있는 그대로 보지 못하고 마음오염원으로 포장된 허상을 보고 그것이 전부인 것처럼 인식하고 해석한다. SATI 수행은 마음오염원을 제거하면 실재를 있는 그대로 볼 수 있다는 입장에서 출발한다.

13. 내용과 형식은 일치한다. 그러나 내용이 그대로 형식으로 나타나지 않는다. 실재가 그대로 표면으로 나타나면 수행이나 과학이 필요치 않을 것이다. 존재에 내재한 실재, 법칙, 본성은 질서있게 존재하지만 드러난 현상은 혼돈스럽고 복잡하다.

14. 마음거울에 맺힌 상을 다루는 수행자는 방석을 들고 염실(念室)로 가서 마음을 맑히고 마음근육이자 알아차림 기능인 sati 힘을 키워 존재를 덮고 있는 포장을 걷어내고 실재를 있는 그대로 볼 수 있도록 노력한다.

3) 접촉과 작용

15. 감각접촉은 인식외부와 물질영역에서 객관으로 이뤄지고 마음작용은 인식내부와 마음영역에서 주관으로 이뤄진다.

16. 삶의 과정에서 접촉은 피할 수 없고 접촉다음에 마음작용이 일어난다. 동일접촉에 대해 사람마다 다른 느낌이 일어나고 그것을 대상으로 다차원 마음작용이 일어나는 것은 감각느낌과 마음작용이 발생하는데 접촉뿐만 아니라 그 수용체인 마음상태와 마음건강이 관여하기 때문이다.

17. 접촉대상이 좋아야 함은 기본이다. 거기에 더해 접촉다음에 일어나는 마음작용이 좋아야 함은 자유와 행복에 관해 더 직접이고 본질이다.

18. 접촉을 좋게 하는 것은 사회에서 다른 존재와 어떻게 관계맺고 행동하느냐에 달려있다. 감각느낌과 마음작용을 좋게 하는 것은 마음공간이 얼마나 맑고 건강하느냐에 달렸다.

4) 자유와 구속

19. 사람은 삶의 과정에서 다양한 존재를 접촉하고 다차원으로 일어난 마음작용에 구속된다. 어떤 사람은 인식대상이나 지나온 삶의 흔적에 구속돼 행복으로 가려고 하고 어떤 사람은 그런 구속에서 자유로워져 행복으로 가려고 한다.

20. 지나온 삶의 흔적이나 물리구속에서 자유로워지는 것은 불가능하다. 그것은 지울 수 없고 변경할 수 없기 때문이다.*

21. 행위[kamma, 業]는 순간에 이뤄지고 소멸하지만 행위영향력[kamma bala, 業力]은 관계된 존재에게 계속해 영향미친다. 엄밀한 의

미에서 과거에 구속당한 것이 아니라 그 영향력에 구속돼있다.

22. 접촉대상에 구속되는 만큼 고통은 커지고 자유로워지는 만큼 행복지수가 높아진다. 삶의 과정은 접촉에서 자유로울 수 없다. 그러나 접촉다음에 일어나는 마음작용에서 자유로워지는 것은 조금만 노력하면 가능하다.

5) 청정과 오염

23. Buddha는 청정한 길과 오염된 길을 제시했다. 그리고 SATI 수행으로 청정하게 사는 것이 의미있다고 강조했다.

24. Buddha는 마음오염원에 구속되는 것, 사물을 있는 그대로 보지 못하고 자기입장에서 해석하고 행동하는 것, 물질만이 삶의 전부라고 생각하는 것, 노력한 것보다 더 많은 것을 가지려는 것, 다른 존재를 배려하지 않고 자신만 살려고 하는 것, 증명되지 않은 신이나 이론에 의존해 문제해결하려는 것을 오염된 법[asuddha dhamma, 不淨法], 사법(pāpaka dhamma, 邪法)으로 규정했다.

이미지 구속

어떤 사람은 술, 담배, 마약을 통해 행복으로 가려하고 어떤 사람은 그런 접촉을 끊어 행복으로 가려고 한다. 술을 끊은 사람은 술에서 해방된 지금이 훨씬 행복하다고 말한다. 접촉을 통해 행복으로 가는 것보다 그것에서 해방돼 행복으로 가는 것이 질로는 더 높은 행복감을 누릴 수 있다. 대개 담배에 구속된 것이 아니라 담배피우고 싶은 욕망에 구속돼 있고 술에 구속된 것이 아니라 술 마시고 싶은 욕망에 구속돼있다. 행위에 구속돼 있다고 생각하기 쉽지만 실제로는 그 영향력에 구속돼있다. 행위는 순간으로 일어났다 소멸하지만 그 영향력이 지속하면서 관계한 존재에 영향미친다. 우연히 본 물건이 한 달이 지났는데 눈앞에 어른거리면 한 달 동안 그것에 구속된 것이다. 볼 때는 「아, 좋구나」 하지만 돌아서면 그 이미지에서 자유로운 사람은 그 자유로움만큼 행복 또한 커진다.

25. 마음오염원에서 자유로운 것, 실재를 있는 그대로 보는 것, 삶에 물질뿐만 아니라 마음도 중요하다는 것, 노력한 것에 상응하는 대가를 취하는 것, 다른 존재를 이해하고 배려하고 공존하는 것, 자기문제는 스스로 해결하는 것을 청정한 법[visuddhi dhamma, 淸淨法], 정법(sammā dhamma, 正法)으로 규정했다.

6) Buddha와 중생

26. 삶이 마음오염원으로 가득 차 있으면 중생(satta, 衆生, 有情)이고 마음오염원을 제거해 맑고 평화로우면 Buddha(佛陀, 覺者)다. Buddha 와 중생을 구분하는 것은 어느 것이 좋고 나쁜 것이 아니라 삶을 대하는 태도와 가치관에 있다.

27. Buddha를 신으로 보는 사람은 추함, 나약함, 무능력함, 오염함, 의존성을 강조하고 강한 힘을 가진 존재에 의존할 때 직면한 문제를 해결할 수 있다(他力)고 주장한다. 그 주된 방법이 신에 대한 제사, 기도, 가피 등이다.

28. Buddha를 인간으로 보는 사람은 맑음, 강인함, 의지력, 청정함, 가능성, 능력, 자립심, 홀로서기를 강조하고 자기문제를 스스로 해결할 수 있어야 한다(自力)고 생각한다. 그 주된 방법이 수행과 노력이다.

29. 삶의 주인공은 자기자신이다. 오직 한 번뿐인 소중한 삶을 다른 존재에게 맡기는 것은 옳지 않다. 자기 의지와 책임 아래 자기길을 가야 한다. 증명되지 않은 신이나 절대자에 의지하고 신의 노예로 살건지 자기삶의 주인공으로 살건지는 선택이고 가치관문제다. 자기삶의 주인공이 돼 자기의지대로 삶을 설계하고 행동하고 책임지는 것이 아름답고 현명하다.

30. 간혹 Ārāma에 오면 Buddha가 돼야 한다고 말하지만 정작 실천 방법은 중생으로 길들이는 과정을 강요한다. 욕망을 성취해 줄 신에 의존하고 자기 추함, 나약함, 무능함을 강조한다. 그 과정에서 점점 더 중생으로 길들고 중생처럼 사고하고 행동한다. 그 중심에 기도가 있다.

31. 만약 이런 식으로 사람을 중생으로 길들이는 개인이나 단체가 있다면 수행영역에서 추방해야 한다. 불교는 중생을 만드는 곳이 아니라 Buddha 양성도량(選佛場)이다. 사람은 Buddha로 태어나는 것이 아니라 Buddha로 길들고 중생으로 태어나는 것이 아니라 중생으로 물든다.

32. Buddha는 Buddhagaya 보리수 아래서 최상깨달음을 성취한 후 읊은 오도송(Paṭhama Bodhi Gāthā, 悟道頌)에서 신과 윤회가 삶을 이끄는 원동력이라고 주장하는 힌두철학을 부정하고 실재를 보지 못하는 무지와 욕망이 삶을 이끄는 추동력이라고 주장했다.

33. SATI 수행으로 마음에 존재하는 중생성(satta dhamma, 衆生性)을 제거하고 불성(buddha dhamma, 佛性)을 계발해 자기삶의 주인공이 돼야 한다. 이것이 Buddha 가르침 핵심이자 수행 중심영역이다.

7) 지혜로움과 어리석음

34. Buddha 당시는 오늘날 우리가 사용하는 과학이란 용어가 없었다. 그래서 과학, 논리, 실재, 법칙, 객관을 두루 포함하는 것으로 paññā(般若, 慧), 명(vijjā, 明, 科學, 論理)이란 용어를 사용했다. 그 대응개념이 비논리, 미신, 주관 등 의미인 어리석음[moha, 癡], 무명(avijjā, 無明, 非科學, 非論理)이다.

35. paññā는 객관이고 실재볼 수 있는 안목이고 자유와 행복으로 가는 도구다. 어리석음은 주관이고 존재를 자기방식대로 해석하는 안목

이고 구속과 괴로움으로 가는 도구다.

36. Buddha는 실재를 올바르게 이해하는 것이 현명하다고 보았다. 객관으로 증명할 수 있고 논리로 설명할 수 있고 누구든지 초청해 보여줄 수 있고 현실로 말할 수 있는 것은 말하고 말할 수 없는 것은 사실로 증명될 때까지 유보해야 한다고 주장했다.

3. 수행흐름

1. BCE 531년, 음력 4월 보름 Buddha에 의해 창안된 SATI 수행 혹은 불교수행은 동쪽으로 인도에서 중국을 거쳐 한국까지 서쪽으로 유럽을 거쳐 미국까지 전 세계에 광범위하게 전파됐다. 그리고 고대에서 현대에 이르기까지 많은 사람에게 영향미쳤다.

2. 수행형식은 다양하게 발전했다. SATI 수행은 앉아서 하는 좌념, 걸으며 하는 행념, 누워서 하는 와념, 움직이며 하는 동념, 생활하며 하는 생활념, 노동하며 하는 노동념, 마음비우는 Suñña 수행, 마음보내는 Mettā 수행, 소리로 하는 염불수행, 진언으로 하는 Mantra 수행, 성을 기준으로 삼는 Tantra 수행 등이 역사와 자연 환경 속에서 다양하게 발전했다.

3. 수행이름은 지역과 시기에 따라 다양하게 변화했다. Buddha는 자신이 만든 수행을 SATI라고 했다. 부파부는 vipassanā를 선호했고, vajracchedikā Prajñāpāramitā Sūtra(金剛般若波羅蜜經, 金剛經) 계통 Mahāyāna는 SATI, 대승기신론(大乘起信論) 계통 Mahāyāna(大乘部)는 vipassanā, 대부분 Mahāyāna는 samādhi를 주장했다.

4. 중국은 선(禪), 참선(參禪), 여래수행(如來禪), 조사수행(祖師禪),

화두수행(看話禪), 묵조수행(默照禪), 염불수행(念佛禪), 생활수행(生活禪), 노동수행(勞動禪)으로 불렀고, 티베트는 Mantra 수행과 Tantra 수행으로 불렀다. 오늘날 서양은 Meditation이라 하고 이것을 한문으로 옮길 때 명상(冥想)이라고 한다.

5. 수행기술은 4가지 마음구성 기본인자 가운데 어느 인자를 강화할 것인지를 중심으로 다양한 형태로 발전했다.

6. Buddha는 마음근육이자 알아차림 기능인 sati, sati를 인식대상에 집중하는 sati 집중기능인 samādhi, 의도 알아차림 기능인 sampajāna, 전체상황 통찰기능인 paññā를 사용해 수행할 것을 강조했다. sati가 samādhi를 선도하기 때문에 sati 강화방향으로 수행해야 한다고 주문했다.

7. 마음을 맑히면 실재가 보이고 마음오염원을 제거하면 paññā가 성숙한다. Buddha는 sati를 강화해 마음오염원을 제거하면 paññā가 성장한다고 주장했다. 그리고 강력한 viriya(精進)를 중요덕목으로 설정했다.

8. 남방은 마음거울에 맺힌 상을 덮고 있는 마음오염원(포장)을 뚫고 들어가는 기능인 vipassanā를 강조했다. Mahāyāna는 sati, vipassanā, Yoga 를 함께 강조했다.

9. 중국수행자는 sati와 samādhi를 함께 닦아야 한다고 강조했다. Tian Tai Zhi Yi(天台智顗, 538~597)는 지관쌍수(止觀雙修)를 주장했고, Da Tian Hui Neng(大鑑慧能, 638~713)은 정혜불이(定慧不二)를 설했다. 보조지눌(普照知訥, 1158~1210)은 정혜쌍수(定慧雙修)를 강조했다. 대부분 수행지도자는 성성적적(惺惺寂寂)을 중시했다. 성성은 마음근육이자 알아차림 기능인 sati를 강화하는 것이고 적적은 sati를 인식대상에 집중하는 samādhi를 강조한 것이다.

10. 대개 형식을 강조하는 수행자는 좌념위주 정념(靜念)을 중시하고

내용을 강조하는 수행자는 행념과 생활념을 중시하는 동념(動念)을 강조한다.

11. 인도에서 오리지널 불교가 부파부로 오면서 내용보다 형식을 강조했고 그 결과 좌념위주 수행을 중시했다. 이런 흐름은 중국과 한국도 마찬가지다. 후기로 올수록 점차 좌념위주 수행을 강조한다.

12. 좌념위주 단점을 극복하고 Buddha가 개발한 정통 수행법인 SATI 수행을 지키려는 수행자는 좌념은 기본이고 행념, 생활념, 노동념 등 동념을 병행해 수행해야 한다고 주장한다.

13. Buddha는 수행 내용과 형식 둘 다 중요하다고 보았다. 부파부는 형식을 강조했고 Mahāyāna는 내용을 중시했다. Bodhidhamma(菩提達磨, ?~528)와 Da Tian Hui Neng(大鑑慧能)은 내용을 강조했지만 그 계승자는 형식을 중시했다. 묵조수행은 좌념을 강조했고 화두수행은 좌념에 더해 행념, 생활념, 노동념을 중시했다.

14. 특정수행법이 등장할 때 그냥 평지돌출하는 것이 아니다. 대개 이전에 있던 것의 단점을 극복하기 위해 나타나는 경우가 많다. 그렇기 때문에 새로운 것이 등장한 시대배경을 유심히 살펴보면 새로 등장한 것의 특징과 핵심을 알 수 있다.*

균형잡기

저울이 기울어 있을 때 추를 기울어진 반대끝으로 갖다 놓아야 균형잡힌다. 저울이 균형잡고 있을 때 추를 가운데 놓아야 한다. 흑백논리는 상황을 고려치 않고 경직되게 해석하고 적용한다. 그렇다보니 저울추를 가운데 두는 것이 균형잡는 것으로 이해한다. 그렇게 닫힌 마음으로는 문제를 해결할 수 없다. Buddha는 항상 열린 마음으로 상황에 따라 행동하라고 주문했다. Buddha는 상황론을 강조했다. 상황론은 연기론과 유물론에 기초하고 절대론(흑백론)을 거부한다.

수행자가 정념(靜念)인 좌념을 지나치게 중시하면 동념(動念)인 행념을 통해 sati 힘을 균형있게 키우라고 지도하고 동념인 행념만 할 때는 정념인 좌념을 통해 기본기를 익히라고 주문한다. 세월이 흐르면 주문한 상황은 없어지고 단지 정념과 동념 같은 주문만 남는다. 상황이 빠진 채 결과만 열심히 고집하다 하늘만 쳐다본다.

15. 내용과 형식은 둘 다 필요하다. 내용을 강조한 것이나 형식을 강조한 것이나 어느 것이 절대로 옳다고 해서도 안 된다. 내용과 형식은 둘 다 중요하다. 그 가운데 어느 하나만 특별히 강조하는 것은 이미 화살이 삼천포로 비켜갔다.

16. 수행도 마찬가지다. 어떤 특정시기 특정 수행기술이 등장한 것은 대부분 당시 활동하던 것의 단점을 극복하기 위해서다. 그렇기 때문에 특정 수행기술 우열이나 장단점을 논하기에 앞서 그것의 등장배경을 이해하는 것이 더 필요하다.

17. SATI 수행은 인도에서 Yoga 수행과 서로 영향을 주고받으며 발전했고 중국에서는 도교나 유교와 영향을 주고받으며 성장했다. 서양에서는 심리학, 심리상담학, 교육학, 의학, 경제학, 물리학과 교류하며 진화한다.

20
수행 지향점과 출발점

project

check point

이 장에서는 수행이 추구하는 지향점과 출발점에 대해 배우고 익힌다.

1. 수행지향점

1. SATI 수행이 지향하는 방향에 대해 올바르게 알면 지치지 않는 실천력이 나오고 중간에 길을 잃지 않고 목적지까지 순조롭게 갈 수 있고 Arahant Maggaphala(阿羅漢 道果)를 성취하고 Nibbāna(涅槃, 寂滅)를 체험할 수 있다.

1) 궁극지향점

2. SATI 수행이 추구하는 궁극지향점은 자유로운 삶, 여유로운 삶, 청정한 삶, 행복한 삶, 공존하는 삶이다.

3. Buddha는 자유크기가 행복크기를 결정하고 구속크기가 고통크기를 결정한다고 보았다.

4. 삶의 과정에서 다양한 감각대상을 접촉하고 다차원으로 구속당한다. 그 구속크기만큼 삶이 얽히고 고통속으로 빠져든다. 접촉은 피할수 없지만 접촉다음에 일어나는 마음작용으로부터 자유로워지는 것은 가능하다. 그 자유크기만큼 삶은 여유로움과 행복함으로 충만해진다.

5. 우리가 살면서 획득한 앎은 삶에 계속해 영향미친다. 자신이 알고 있는 지식은 삶에 유용하게 활용하지만 동시에 그런 앎에 철저히 구속돼있는 것 또한 사실이다. 자신이 아는 것에 구속될수록 새로운 지식을 흡수하고 활용하는 능력은 떨어진다.

6. 우리는 자신이 알고 있는 지식터널에 갇혀 지낸다. 자신이 알고 있는 것은 자기수준에서 자기역량만큼 현단계 과학이 도달한 수준에서 앎이고 진리다. 과학이 진보하고 자기능력이 향상하면 기존의 앎, 낡은 앎은 새로운 앎으로 바뀐다. 그렇기 때문에 현재수준에서 자신이 알고

있는 앎을 고집하고 집착하는 것은 어리석은 일이다.

7. 고정된 진리는 없다. 현단계에서 진리는 다음단계에서 비진리로 전환할 수 있다. 마음을 열고 유연하게 사고하고 지혜롭게 행동하는 것이 필요하다.

8. 자신이 알고 있는 앎을 활용하되 그것에서 자유로워지는 것이 중요하다. Buddha는 이것을 앎의 자유라고 했다.

9. 생명가진 존재가 살아있는 한 다른 존재와 접촉을 피할 수 없다. 접촉다음에 일어나는 느낌을 대상으로 다차원 감정상태나 마음작용이 발생한다. 그런 감정상태나 마음작용에 구속될지 자유로울지는 별개문제다. 누구든지 조금만 노력하면 접촉다음에 일어나는 마음작용으로부터 자유로울 수 있다.

10. Buddha는 과거와 미래는 존재하지 않는다고 보았다. 과거가 존재하는 것이 아니라 과거에 대한 흔적이 기억이미지 형태로 마음공간에 저장돼있다가 마음거울에 반영돼 상을 맺으면 과거를 기억하고 과거가 실재하는 것으로 착각한다. 미래도 마찬가지다. 미래가 존재하는 것이 아니라 앞으로 할 일에 대한 생각이 현재 마음거울에 반영돼 상을 맺은 것이다.*

알아차림해라

금강경 18장에 「過去心不可得 現在心不可得 未來心不可得」이란 구절이 있다. 이 구절은 De Shan(德山, 782~865)을 비롯해 중국문화권 불교도가 즐겨 인용하고 말장난으로 쓰던 문장이다. 원래 이 문장은 Majjhima Nikāya Vibhaṅga Vagga(中阿含經 分析品)「한밤의 슬기로운 님」이란 시를 금강경에서 인용한 것이다. 여기서 과거나 미래 마음은 잡을 수 없기 때문에 알아차림하라고 말한다. 그러나 한문에는 이 구절이 빠져있다. 이 시의 원문은 다음같다.

「과거로 거슬러 올라가지 말고
미래를 바라지도 말라.

11. 마음거울에 반영된 것은 실재가 아니라 이미지일 뿐이다. 우리는 그런 이미지를 붙잡고 실재라고 착각하고 낑낑댄다. 그래서 옛 어른은 허깨비붙들고 씨름하지 말라고 했다.

12. 마음거울에 반영된 이미지에 구속될 것인지 자유로워질 것인지 핵심은 마음근육이자 알아차림 기능인 sati 힘이 강하느냐 약하느냐다. 수행으로 마음근육을 키워 이미지에서 벗어나 자유로워지는 것이 수행 핵심이다.

13. 지나온 삶의 흔적은 지울 수 없다. 그러나 마음공간에 남아있는 기억무게, 삶의 무게에서 자유로울 수 있다. 기억이미지를 없앨 수 없지만 기억이미지가 가진 무게를 제거해 자유롭고 행복하게 살 수 있다. 이것이 SATI 수행이 추구하는 궁극지향점이다.

2) 현실지향점

14. SATI 수행이 추구하는 현실지향점은 마음괴로움[dukkha, 苦]을 제거하고 만족지수를 높이는 것이다.

15. Buddha는 행복으로 가는 길에 가장 큰 방해요소는 마음괴로움이라고 보았다. 우리는 즐거움부족이 아니라 괴로움 때문에 행복하지

과거는 이미 버려졌고
미래는 아직 오지 않았다.
현재 일어나는 상태를
항상 잘 관찰하라.
그것에 정복되지 말고
그것에 흔들리지 말고
그것을 잘 알고 수행하라……」

못하다고 느낀다.*

16. 즐거움속성은 맑고 부드럽지만 괴로움속성은 거칠고 탁하다. 마음공간에 즐거움이 넘쳐도 괴로움이 조금만 있으면 즐거움을 모두 날려버린다. 그렇기 때문에 행복으로 가는데 즐거움충족보다 괴로움제거가 보다 현명한 길이다.

17. Buddha는 Migadāya에서 5bhikkhu(五比丘)에게 행한 최초 수행지도[Paṭhama Dhamma Cakk, 初轉法輪]에서 수행은 괴로움을 제거하고 행복으로 가는 도구라고 선언했다.

18. 그 실제도구가 8정도(ariya aṭṭhaṅgika magga, 聖八支道)고 직접도구인 마음근육이자 알아차림 기능인 sati(念)가 모든 것을 선도한다.

19. SATI 수행의 현실과제는 마음근육이자 알아차림 기능인 sati 힘을 키워 욕망, 이기심, 분노, 적의, 원망, 서운함, 편견, 선입관, 가치관 등 감정이나 마음 상태에서 벗어나 마음괴로움을 제거하는 것이다.

3) 구체지향점

20. SATI 수행이 추구하는 구체지향점은 paññā(般若, 慧)를 성숙해 마음오염원인 āsava(流漏)를 제거하는 것이다. paññā는 sati(念), sam-

---

행복으로 가는 길

Buddha는 행복으로 가는 길을 다음같이 다섯 가지로 제시했다.

① 즐거움이 아니라 괴로움제거.
② 욕망충족이 아니라 만족지수 높임.
③ 구속이 아니라 자유로움.
④ 편안함이 아니라 올바름.
⑤ 닫힌 마음이 아니라 열린 마음.

pajāna(自知), samādhi(三昧, 止, 定)를 먹고 자란다.

21. sīla(戒)는 몸에 쌓인 오염원을 제거한다. samādhi는 이미 발생해 마음공간에서 활동하는 āsava를 제거한다. 그러나 samādhi만으로 āsava 발생원인을 완전히 제거할 수 없다. āsava 발생원인과 뿌리는 sati, sampajāna, paññā로 완전히 뽑을 수 있다.

22. Buddha는 āsava 없애는 방법을 가르쳐주었다. 자기 마음공간에 떠다니는 āsava를 없앨 수 있는 사람은 오직 자신밖에 없다. 아무도 다른 사람 마음속에 있는 āsava를 제거할 수 없다. āsava를 소멸하고 마음괴로움을 제거하기 위해서는 SATI 수행으로 paññā를 성숙시켜야 가능하다.

23. paññā는 sati와 samādhi로 성장한다. 그래서 수행은 마음근육이자 알아차림 기능인 sati 힘 키우는 것에서 시작한다.

2. 수행출발점

1. SATI 수행은 마음오염원인 āsava 제거과정이다.

2. āsava 제거는 마음근육이자 알아차림 기능인 sati 강화에서 출발해야 한다. sati가 모든 것을 선도하기 때문이다. 그래서 Buddha가 창안하고 실천한 정통수행법을 SATI 수행이라고 한다.

1) āsava 정의

3. āsava는 마음이 「오염되다, 기억이미지가 무게를 가지고 마음공간에 존재하다, 에너지 뭉침, 기억무게, 마음무게」 등 의미다.

4. Buddha는 욕망, 이기심, 분노, 적의, 원망, 서운함, 편견, 선입관, 가치관 등 구체적인 단어를 사용했다. 그것을 통칭해 āsava라고 한다. 이것은 에너지 흐름이나 에너지 뭉침이다. 부파부는 그것을 계통별로 모아 kilesa(煩惱)로 표현했다. 그래서 추상개념으로 변했고 의미가 애매해졌다.*

5. 마음공간에 존재하는 āsava가 기억이미지와 결합할 때 기억이미지는 āsava가 가진 에너지를 흡수하고 기억무게가 증가한다. 이렇게 해서 힘을 가진 기억이미지가 신경조직과 마음공간에 착상하면 그 하중으로 스트레스가 높아지고 몸과 마음이 무거워진다.

6. āsava가 기억이미지에서 해체될 때는 기억이미지와 결합해있던 에너지가 해체되는데 이때 열기나 냉기 형태로 에너지를 내뿜고 몸과 마

종파불교

Buddha가 사용한 단어를 부파부는 계통별로 개념화했고 Mahāyāna는 부파부가 개념화한 것 가운데 하나를 주제삼아 대승경전이란 역사소설을 창작했다. 중국불교는 Mahāyāna가 만든 역사소설로 정치경제 이해관계를 함께하는 동아리를 형성하고 종파불교를 만들었다. 종파불교는 자신이 속한 종파이익 외에는 모든 것을 배척하고 왜곡하는 편협한 불교다. 종파불교는 불교창시자인 Buddha도 자신이 속한 종파이익에 부합하지 않으면 미련없이 비하하고 시궁창으로 보내버린다. 종파불교는 불교가 아니라 종파교다.

Mahāyāna(大乘)란 의미는 통 큰, Hīnayāna(小乘)란 의미는 편협함이란 뜻이다. 진정한 대승과 소승은 말이나 주장에 있지 않고 행동으로 결정한다. Buddha는 그렇게 말했다.

조계종은 화두수행을 수행법으로 채택하고 수행한다. 그리고 Buddha가 창안하고 실천해 Arahant Maggaphala를 성취한 수행법인 vipassanā로는 확철대오하지 못한다고 주장한다. 이 논리는 SATI 수행으로 Arahant Maggaphala에 들어 최상깨달음을 성취한 Buddha도 깨닫지 못한 중생으로 취급한다. 만일 소승에 문제가 있으면 소승만 논해야 하는데 그 소승에 Buddha까지 포함한 것이 문제다.

조계종은 금강경을 소의경전으로 한다. 금강경에서 주장한 수행법이 Buddha 정통수행법인 SATI 수행이란 사실을 모른다. 그런데도 SATI 수행이나 vipassanā로는 확철대오할 수 없다고 막말을 한다. 이것은 자기부정이며 모순이다. 금강경 핵심주장이 무위법(asaṅkhāra, 無爲法)인데도 Suñña(空) 철학이라고 우기는 것도 마찬가지다. 아마도 소의경전을 읽어보지도 않은 듯하다.

음이 맑고 가벼워진다.

2) āsava 기능

7. 접촉은 순간에 이뤄지고 소멸하지만 접촉다음에 발생하는 마음작용은 오랫동안 지속하면서 삶의 전반에 영향미친다.

8. 자신을 구속하는 것은 아무것도 없다. 지나온 삶의 흔적에 기초해 편견, 선입관, 가치관 등 관념틀을 만들고 그것으로 존재를 평가하고 구분하고 차별하고 그곳에 스스로를 가둔다.

9. āsava는 마음오염원이다. 이것이 마음공간에 존재하며 마음근육이자 알아차림 기능인 sati를 구속하고 마음을 무겁게 하고 신경조직을 오염시킨다. 마음오염원인 āsava는 삶을 고통으로 몰아넣는 주범이자 모든 괴로움 출발점이다.

3) āsava 분류

10. āsava는 거친 정도에 따라 거친 āsava, 중간 āsava, 미세한 āsava 등 세 가지로 분류한다.

11. 거친 āsava는 행동으로 표출하는 에너지 뭉침이다. 이것은 살아있는 생명을 해치거나 남의 물건을 훔치는 등 다른 존재에게 직접 피해주는 육체행위와 언어행위다.

12. 행위로 표출하는 거친 āsava는 계(질서, 행동원칙)를 지킴으로써 통제한다. 계는 안으로 자기행위를 삼가고 밖으로 다른 존재에게 피해주지 않고 모든 존재가 행복하게 살 수 있도록 도와주는 도구다.

13. 중간 āsava는 말이나 행동으로 표출하지 않지만 마음표면에 등

장해 활동하는 에너지 뭉침이다. 이것은 거친 āsava를 일으키는 원인으로 의도[saṅkhāra, 行, 有爲]가 마음표면에 등장해 활동하는 상태다.

14. 마음표면에 등장한 중간 āsava는 samādhi로 통제한다. samādhi는 이미 발생한 āsava를 마음공간 깊이 가라앉혀 고요하게 한다. 그러나 samādhi가 약화하면 언제든지 다시 마음표면에 등장해 마음공간을 어지럽힌다.*

15. 미세한 āsava는 마음표면에 아직 나타나지 않은 잠재 āsava다. 이것은 인식대상과 접촉하는 순간 마음표면에 나타나 활동하는 에너지 뭉침이다. 이것이 거친 āsava와 중간 āsava를 일으키는 근본원인이다.

16. 미세한 āsava는 마음근육이자 알아차림 기능인 sati와 전체상황 통찰기능인 paññā로 제거한다. paññā는 sati와 sampajāna로 성장한다.

17. āsava는 욕망과 이기심[lobha, 貪], 분노와 적의, 원망과 서운함[dosa, 嗔], 편견과 선입관, 특정가치관[moha, 痴] 등 탐진치 3독심으로 분류한다. āsava를 10종류로 분류하면 다음같다.

18. 이 가운데 ①~③은 Sotāppati(須陀洹, 預流), ④~⑤은 Sakadāgāmi(斯多含, 一來), ①~⑤은 Anāgāmi(阿那含, 不還), ①~⑩은 Arahant(阿羅漢, 應供) 단계에서 뿌리뽑히고 현저히 약화하기 시작한다.

흐린 물 맑히기

흙탕물 맑히는 요령은 물을 건드리지 않고 그대로 두는 것이다. 그러면 흙이 가라앉고 물이 맑아진다. 그러지 않고 흙을 건져 낸다고 휘저으면 물은 더 혼탁해진다. 욕망, 분노, 편견 계통 마음오염원은 samādhi로 가라앉히고 sati와 paññā로 살짝 걷어내면 된다.

표85 **10종 āsava**

① 유신견 (sakkāya diṭṭhi, 有身見)	윤회를 믿는 것	Sotāppati (須陀洹, 預流)	五下 分結
② 계금취견 (sīla bbataparāmasā, 戒禁取見)	신을 믿는 종교에서 주장하는 잘못된 계를 추종하는 것		
③ 의심 (vicikicchā, 疑)	증명된 사실을 믿지 않고 의심하는 것		
④ 욕망 (kāma rāga, 貪欲)	욕망, 탐욕, 이기심	Sakadāgāmi (斯多含, 一來)	
⑤ 분노 (patigha, 忿怒, 有對)	분노, 적의, 원망, 서운함		
⑥ 색탐 (rūpa rāga, 色貪, 再生)	색계(色界)에 태어나기 바라는 것	Aarahant (阿羅漢, 應供)	五上 分結
⑦ 무색탐 (arūpa rāga, 無色貪, 生天)	무색계(無色界)에 태어나기 바라는 것		
⑧ 자만 (māna, 自慢)	자만심		
⑨ 도거악작 (uddhaccakukkucca, 掉擧惡作)	들뜸과 거친 행동		
⑩ 무명 (avijjā, 無明)	편견, 선입관, 가치관		

4) āsava 발생원인

19. āsava 발생원인은 실재를 있는 그대로 보지 않고 자기 수준과 입장에서 주관으로 이해하고 행동하는 편견(moha, 痴)과 무명(avijjā, 無明)이다.

20. 우리는 살면서 형성한 편견, 선입관, 가치관에 기초해 자기 관점과 수준에서 사물을 인식하고 판단한다. 그리고 좋은 것은 취하고 싫

은 것은 밀쳐내려는 마음갈증[taṇhā, 渴愛], 감정, 정서를 일으킨다.

21. 갈애가 커지면 강한 탐욕이 일어나고 감각대상을 꽉 움켜쥐고 내 것이라고 집착한다. 그리고 물리력을 사용해서라도 그 대상을 소유하려고 한다.

22. 인식대상을 자기 관점과 수준에서 해석하고 좋은 것은 취하고 싫은 것은 밀쳐내려는 갈애, 집착, 무명이 āsava 발생주범이다. 그 크기만큼 만족감은 감소하고 괴로움은 증가한다.

5) āsava 제거

23. āsava는 SATI 수행으로 제거할 수 있다.

24. SATI 수행을 통해 마음근육이자 알아차림 기능인 sati 힘을 키우면 기억이미지와 결합한 āsava를 제거하고 마음공간을 맑고 평화롭게 가꿀 수 있다.

25. 마음괴로움 원인인 āsava를 마음공간에 그냥 둔 채 자유와 행복으로 가는 것은 잠시는 가능할지 몰라도 근원으로 불가능하다.*

26. 자유와 행복으로 가려는 사람은 먼저 마음오염원인 āsava 제거를 최우선 과제로 삼아야 한다. āsava 제거는 이제까지 알려진 방법 가운데 2600여 년 전 Buddha가 만든 SATI 수행이 최고다.*

자리와 이타

Buddha는 다른 사람을 도와주는 것은 마음공간에 마음오염원이 존재하지만 그 자체로 의미있는 것이기 때문에 세간길이라 하고 SATI 수행으로 자기 마음공간에 존재하는 마음오염원을 제거하는 것도 의미있는 것으로 출세간길이라고 정의했다. 불교는 후자를 전문영역으로 설정하고 활동하는 모임이다.

27. 모든 구속과 고통을 소멸하고 자유와 행복으로 가는 출발점은 마음근육이자 알아차림 기능인 sati 강화에서 시작해야 한다.

28. 마음근육이자 알아차림 기능인 sati는 samādhi, vipassanā, sampajāna, sāmukkaṁsika(直觀), paññā를 선도한다. sati 힘을 키우는 것이 āsava 제거 출발점이다.

29. āsava는 인식대상이 마음거울에 상을 맺는 순간을 알아차림하지 못하기 때문에 발생한다. 나쁜 느낌이 일어나는 순간을 알아차림하지 못하기 때문에 분노가 일어나고 좋은 느낌이 일어나는 순간을 알아차림하지 못하기 때문에 탐욕이 생긴다.

30. 존재를 있는 그대로 볼 수 없기 때문에 존재에 대한 갈애, 탐욕, 집착이 일어난다. 인식대상이 마음거울에 반영돼 상을 맺는 순간을 알아차림하면 그 수준만큼 paññā가 생기고 āsava는 일어나지 않는다.

31. 마음근육이자 알아차림 기능인 sati는 āsava 발생을 막아주는 방패역할을 한다. 보고, 듣고, 냄새 맡고, 맛보고, 접촉하고, 걷고, 서고, 앉고, 눕는 행주좌와 어묵동정(行住坐臥 語默動靜) 모든 일상행위에서 sati와 sampajāna가 단단히 자리잡고 있으면 āsava는 일어나지 않는다.

32. 마음오염원인 āsava 발생을 막기 위해서는 인식대상이 마음거울에 상을 맺는 순간 조금의 빈틈없이 마음근육이자 알아차림 기능인 sati를 인식대상에 집중해 지속해서 알아차림해야 한다.

행복기준

아름다움과 추함에 대한 기준이 지극히 주관이듯 행복과 불행에 대한 기준도 지극히 자의다. 유교는 입신양명으로 출세하면 행복이라고 생각한다. 크리스트교는 열심히 기도해 신의 은총을 받으면 행복이라고 간주한다. Buddha는 모든 구속에서 자유로워지는 것이 행복이라고 보았다. 어떤 사람은 성적을 높이 받으면 행복이라 생각하고 다른 사람은 행복은 성적순이 아니라고 주장한다. 행복은 접촉다음에 일어나는 느낌이 결정한다. 느낌이 좋으면 좋고 찜찜하면 찜찜하다.

33. 이때 sati 힘이 약하면 인식대상과 그것을 알아차림하는 sati 사이를 성글게 한다. 그 사이로 마음오염원이 끼어들면 실재를 있는 그대로 통찰하지 못하고 sati를 가린 마음오염원에 따라 인식대상을 주관으로 해석한다.

34. sati 힘이 약한 사람은 처음부터 미세한 마음움직임을 알아차림하기 쉽지 않다. 알아차림하기 쉬운 몸변화를 관찰하면서 서서히 sati 힘을 키우는 것이 요령이다.

35. 우리는 오랜 과거부터 āsava를 지니고 살아왔다. 이런 āsava 힘은 강해 단번에 제거할 수 없다. 처음부터 āsava와 정면으로 맞서지 말고 서서히 그 힘을 약화시키다 기회오면 제거하는 것이 효과있다.

36. sati 힘이 커지면 마음표면에 있는 āsava는 점차 소멸한다. 그러나 마음공간 깊은 곳에 존재하는 뿌리는 잘 뽑히지 않는다. āsava 뿌리는 Maggaphala에 들어 Nibbāna를 체험하면서 뽑혀 나간다.

37. Sotāpatti 단계에서는 윤회없음, 신을 믿지 않음, 의심 등의 āsava 뿌리가 뽑히기 시작한다.

38. Sakadāgāmi 단계에서는 욕망과 분노가 현저히 약해지고 āsava 뿌리가 뽑히기 시작한다.

39. Anāgāmi 단계에서는 욕망과 분노가 한 번 더 약해지고 āsava 뿌리가 뽑혀나간다.

40. Arahant 단계에서는 사물을 주관으로 보는 편견, 욕망, 분노가 현저히 약화하고 무명뿌리가 뽑히기 시작하고 모든 āsava 뿌리가 뽑혀나가기 시작한다.

41. 수행자는 어떤 존재를 만나더라도 가치판단하지 말고 사실판단(四大, 地水火風)만 해야 한다. 그러면 전체상황 통찰기능인 paññā가 성숙하고 인식대상에 대한 가치판단이 줄고 실재판단(三法印, 無我·

無常·苦) 할 수 있다. 그리고 마침내 Arahant Maggaphala에 들어 모든 고통근원인 āsava를 뿌리뽑고 최상 자유와 행복을 누릴 수 있다.

42. 이것을 이루기 위해 노력하는 수행자는 어떤 현상이라도 단지 알아차림하고 이름붙일 것. 이것이 SATI 수행 출발점이자 종착점이다.

3. 수행순서

1. 무엇을 하든 절차가 필요하다. 수행도 마찬가지다. 같은 법이라도 수행자 근기와 수준에 따라 순서를 잘 정해서 해야 유효성이 나온다.

2. 일반인은 수행을 즐기면 된다. 그러나 수행을 통해 Arahant Maggaphala를 성취하고 Nibbāna를 체험하려고 하면 처음부터 전문가식으로 해야 목적을 달성할 수 있다.

3. 아마추어는 즐기면 되지만 전문가는 목숨걸고 한다. 적당히 해도 되지만 그렇게 하면 고수와는 멀어진다.

4. 수행할 때 꼭 명심해야 할 것은 기본기에 충실해야 한다는 점이다. 당장 수행진도에 급급해 욕심이 앞서면 기본기를 소홀히 하기 쉽다. 기본기를 제대로 익히지 않으면 수행진도가 나갈수록 혼돈스럽고 힘들게 된다.

5. 마음과학과 SATI 수행을 창안한 Buddha는 수행으로 Maggaphala를 성취하고 Nibbāna를 체험하려는 사람은 다음같이 수행원칙을 지켜야 한다고 강조했다.

표86 수행원칙

---

① 기준점 정하고 해야 한다.

② 기준점은 반드시 몸에 정해야 한다.

③ 끝까지 이름붙이기 해야 한다.

---

6. Buddha 견해를 따르는 전문수행자는 Maggaphala를 성취하고 Nibbāna를 체험하는 것이 1차 출가목적이다. 그 외의 것은 모든 것이 부차다.

7. Bhante(師, 스님)가 출가수행하는 것은 출가수행하는 것 자체가 목적이 아니다. 수행으로 Arahant Maggaphala를 성취하고 Nibbāna를 체험하는 것이다. 그렇지 않다면 출가수행할 이유가 없다.

8. 마음과학, 오리지널 불교, SATI 수행을 창안한 Buddha는 우리가 출가수행하는 1차목적이 Arahant Maggaphala를 성취하고 Nibbāna를 체험하는 것이라고 분명히 말했다.

9. Buddha는 Arahant Maggaphala를 성취한 사람을 출가수행자로서 해야 할 일을 모두 마친 것이라고 규정했다.

10. Buddha는 Maggaphala를 성취하고 Nibbāna를 체험한 사람을 ariya(聖人)로 불렀고 Maggaphala를 성취하지 못한 사람을 puthuj-jana(凡夫)라고 했다.

11. Buddha가 창안한 수행핵심은 마음근육이자 알아차림 기능인 sati를 강화하는 것이다.

12. sati 힘을 키우기 위해 기준점 정하고 이름붙이고 수행(운동)하는 것이다. 그러면 수월하고 효과있게 sati 근육을 키울 수 있다.

13. 기준점 정하지 않고 하거나 기준점은 정했는데 이름붙이지 않고 하면 효과는 현저히 떨어진다.

14. 간혹 일부수행자가 기준점 정해도 이름붙이지 않고 해도 된다고 말한다. 그렇게 하면 충분하지 않다. 그렇게 하면 Maggaphala에 들어 Nibbāna를 체험하기 힘들다.

15. Maggaphala에 이르는 2/5지점까지 이름붙이지 않아도 별 상관 없다. 그러나 4/5지점을 지나면서 이름붙이지 않고 수행하면 더 이상 수행진도를 기대하기 어렵다.

16. 간혹 이름붙이지 않아도 된다고 주장하는 수행자는 2/5지점 이상 수행진도를 경험하지 않았거나 Maggaphala에 들어 Nibbāna를 체험하는 것은 관심없고 수행을 즐기는 것에 초점둔 수행지도자다.

17. 수행초기는 배, 발, 화두, 소리 같은 기준점에 집중하고 그것을 따라가기도 벅차다. 수행진도가 조금 나가면 그런 기준점에 집중하는 것은 기본이다.

18. 수행진도가 Maggaphala에 들 정도로 진도나가면 6감을 통해 들어오는 모든 데이터를 처리하면서 동시에 배, 발, 화두 같은 기준점을 놓치지 않고 집중하고 따라붙을 수 있다.

19. 마음근육이자 알아차림 기능인 sati가 배, 발, 화두 같은 기준점을 따라 붙을때 동시에 망상, 소리, 모습, 통증, 냄새 등 6감이 개입해 sati가 기준점에 집중하는 것을 방해하면 그것을 효과있게 처리하면서 동시에 기준점에 집중해야 Maggaphala에 들어 Nibbāna를 체험할 수 있다. Maggaphala에 들 정도로 수행진도 나가면 아주 짧은 시간에 모든 것이 동시에 전개한다.

20. 평소 이름붙이면서 배, 발, 화두 같은 기준점 움직임을 알아차림 해야 이런 인식대상이 마음거울에 상을 맺어도 그것을 처리하면서 기

준점 움직임에 따라붙고 집중할 수 있다. 그래야 Maggaphala에 들어 Nibbāna를 체험할 수 있다.

21. 솔직한 것이 좋다. 자신이 하는 수행이 Maggaphala에 들어 Nibbāna를 체험하기 위한 것인지 그냥 수행을 즐기는 것인지 스트레스나 분노를 관리하기 위한 것인지에 따라 기술을 달리할 수 있다. 스스로를 돌아보자.

21
수행준비

project

check point

이 장에서는 수행하기 전에 미리 준비해야 할 것에 대해 배우고 익힌다.

1. 수행할 때 모든 감각이 깨어나기 때문에 조그만 자극에 예민하게 반응한다. 그러므로 수행 중에 주변환경이나 다른 사람과 관계에 세심한 주의가 필요하다. 수행하기 전에 갖춰야 할 것은 다음같다.

1. 수행법과 수행지도자

1. 수행자는 올바른 수행법을 선택하는 것이 중요하다. Buddha가 만든 SATI 수행은 불교역사와 그 전파지역만큼 다양하게 발전했다. 그러나 수행기본은 Buddha가 만들고 직접 행해 Arahant Maggaphala(阿羅漢 道果)를 성취하고 Nibbāna(涅槃, 寂滅)를 체험한 SATI 수행이다. 수행자에게 그 이외 수행법은 참고사항이다.

2. 수행할 때 수행법만큼 중요한 것은 수행지도할 스승이다. 간혹 스승없이 수행하는 사람이 있는데 그것은 시간과 노력이 많이 들 뿐 아니라 위험하다. 물론 스승없이 수행할 수 있지만 눈 밝은 스승에게 지도받으며 수행하면 쉽고 효과있게 수행할 수 있다.

3. Buddha는 수행지도해 줄 스승을 만나지 못해 혼자 수행하다보니 Arahant를 성취하는데 6~7년 걸렸다. 그러나 Sāriputta(舍利弗, 舍利子, BCE 6세기 후반)와 Moggallāna(目犍連, BCE 6세기 후반)는 Buddha 수행지도로 각각 14일과 7일 만에 Arahant가 됐다. 혼자 해도 안될 것은 없지만 올바르게 지도할 스승이 있으면 더 좋다.

2. 장소 · 기후 · 음식

1. 수행하는데 장소는 별 문제되지 않는다. 그러나 수행초기 주변여건이 수행자에게 미치는 영향이 크기 때문에 가능하면 조용하고 쾌적한 곳에서 수행하는 것이 좋다.

2. 기후도 알아차림 대상으로 삼아 수행하면 되지만 초보단계는 쾌적한 기후가 수행향상에 도움되기 때문에 가능한 덥거나 춥지 않은 장소를 선택하면 좋다.

3. 수행할 때 약간 더운 것이 좋다. 몸에 쌓인 마음오염원이나 스트레스 제거과정에서 몸과 마음이 흡수한 에너지가 해체하는데 이때 열과 땀이 난다. 처음에 약간 덥지만 조금 지나면 도리어 서늘해진다.

4. 수행할 때 음식을 많이 먹으면 둔해지고 적게 먹으면 영양부실로 수행을 방해한다. 충분히 섭취하되 적게 먹는 것이 좋다.

5. 음식은 약간 부족한 듯 먹고 많이 먹었거나 술마셨을 때는 한두 시간 휴식한 후 하는 것이 좋다. 기간을 정해 집중수행할 때는 낮 12시부터 다음날 새벽 5시까지 음료수 이외 음식은 먹지 않는 것이 좋다.

6. 실내조명은 너무 어둡거나 밝지 않아야 하고 연기나 냄새가 들어오지 않으면 좋다.

3. 도반과 후원자

1. 다른 사람과 함께 어울려 수행할 때 좋은 도반은 수행진보를 도와주지만 어떤 동료는 방해한다. 가능하면 방해하는 동료와 함께하지 않는 것이 현명하다. Buddha는 좋은 벗은 수행전부지만 그렇지 않다면

「무소뿔처럼 혼자서 가라」고 했다.

2. 일상생활에 직면하는 잡다한 일도 하나하나 알아차림하면 좋은 수행대상이 될 수 있다. 그러나 수행할 때 이런 일이 마음먹은 것만큼 쉽지 않다. 일상잡무를 처리해주는 후원자가 있으면 수행하는데 도움된다. 그러나 후원자가 도리어 수행을 방해할 수 있다. 그럴 때는 혼자하는 것이 현명하다.

4. 몸가짐과 마음자세

1. 수행을 즐겨야 한다. 수행을 즐기면 어느새 맑은 향기가 몸과 마음에 스민다.

2. 지금 당장 Buddha가 되겠다고 하면 마음자세를 달리해야 한다. 여태껏 Arahant Maggaphala에 들어 Nibbāna를 체험하지 못한 것을 깊이 반성하고 열심히 수행해 Buddha 같은 경지에 도달하고자 다짐하고 수행해야 한다.*

전문가조건

어느 분야든 해당분야 최고소리 듣는 사람은 몇 가지 공통점이 있다. 그 가운데 하나는 끈질김이다. 이것을 수행자는 삼매력이라고 한다. 최소 하루 16시간 이상 노력해 3~4년 정도 지속해 투자해야 전문가소리 들을 수 있다. 한국 사법고시 합격률과 대학고시원 공부시간 비율을 보면 재미있다. 전체합격자 가운데 약 30% 이상 합격률을 보이는 대학고시원은 하루 최소 15시간 3~4년 정도 공부해서 합격률이 그 정도 나온다. 14시간 정도 하면 합격률이 10% 대로 떨어진다. 전문가가 경쟁할 때 많이 차이나지 않는다. 100m 달리기를 보면 결국 0.1초 사이로 1등과 2등이 갈린다. 하루 1시간 더 노력할 수 있는 힘은 그냥 1시간이 아니라 질로는 10시간 이상 차이난다. 이렇게 서너 달 지나면 도저히 따라잡을 수 없다.

언젠가 어느 대학 수석졸업자가 TV 인터뷰에서 4년 동안 전공서적 280권 정도 읽었다고 자랑

3. Buddha는 전문으로 수행하는 출가수행자에게 수행을 전쟁으로 즐겨 묘사했다. Buddha는 자신을 가리켜 전쟁승리자[vijita saṅgāma, 戰勝者], 영웅[mahā vīra, 大雄]이란 표현을 서슴지 않았다. Buddha가 평소 즐겨 사용한 말이 「죽기밖에 더하겠나」 다. 새겨들어야 한다. 아마추어는 즐기면 되지만 프로는 목숨걸고 해야 한다. 그게 전문가다.

4. 수행자 마음가짐은 확고부동해야 한다. 수행으로 마음맑히고 슬픔과 고통을 제거해 자유롭고 행복한 삶을 누릴 수 있다는 확신을 가져야 한다.

5. 주변환경이나 생활방식이 마음에 미치는 영향이 크다. 수행할 때 몸가짐을 단정히 하고 삶을 간소하고 단출히 해야 한다.

6. 수행하기 전에 몸을 깨끗이 하고 불필요한 장식물을 떼는 것이 좋다. 옷은 간편히 입고 허리, 손목, 발목을 조이는 것은 피해야 한다. 너무 두껍거나 원색 옷은 피하고 가능하면 정해진 수행복을 입으면 좋다. 무엇보다 다른 사람 수행을 방해하지 않도록 각별히 주의해야 한다.

했다. 그러나 세계수준은 1주일에 300쪽 정도 리포트를 요구한다. 300쪽 정도 리포트 쓰려면 최소 1500쪽은 읽어야 가능하다. 1주일에 책 한 권 읽고 한국을 리드하고 책 한 권 쓰고 세계를 이끈다. Kung Tzu(孔子, BCE 552~479)도 책을 3수레는 읽어야 서로 대화할 수 있다고 했다. 이것이 세계수준 최소 요구사항이다.

수행도량에서 Maggaphala를 성취하려는 하는 수행자가 하루에 얼마만큼 수행하는지 비교해보면 자신을 점검할 수 있다. 하루 12시간 정도 3개월 하고 3개월 쉬고 그렇게 해서 수행분야 최고전문가 되려고 한다면 생각을 달리해야 한다. 많이 부족한 것이 아니라 처음부터 평가대상이 아니다. 그런 법은 없다. 마음닦는 분야는 양이 아니라 질이라고 말하지만 질은 양에 기초해야 가능하다. 양이 차지 않았는데 질로 전환하지 않는다. 아직까지 게으른 Buddha는 없었다.

5. 수계(受戒)

1. 계(sīla, 戒), 정(samādhi, 定), 혜(paññā, 慧) 또는 염(sati, 念), 정(samādhi, 定), 혜(paññā, 慧) 또는 계(sīla, 戒), 정(samādhi, 定), 관(vipassanā, 觀) 등 3학(tayo sikkhā, 三學)은 수행을 배우고 익히는 도구다.

2. 수행자는 이 3학에 의지해 Maggaphala에 들어 Nibbāna를 체험할 수 있다.

3. Buddha 이래 전통으로 수행자는 수행하기 전에 수행자 행동규범인 계를 받고 몸과 마음을 청정히 한 뒤 수행을 시작했다. 계받는 것과 받지 않는 것의 근본차이는 없다. 단지 마음자세에 달린 문제다.

4. 건축에 비유하면 계는 집의 기초고 정은 벽이고 혜는 지붕이다. 지붕이 성글면 비가 스며들기 쉽고 벽이 없으면 지붕을 올릴 수 없다. 무엇보다 기초가 튼튼하지 못하면 집을 지을 수 없다. 계는 모든 수행기초이자 Maggaphala와 Nibbāna에 이르는 길라잡이다.

5. 수행은 자기마음을 맑혀 자유롭고 행복하게 살기 위한 과정이고 계는 다른 사람이 인간답게 살 수 있도록 도와주는 과정이다. 수행자는 항상 자기삶뿐만 아니라 함께 사는 타인삶도 이해하고 배려해야 한다.*

계와 이타행

Buddha는 계를 이타행(利他行), 수행은 자리행(自利行)으로 이해했다. 어떤 힌두수행자가 찾아와 자신은 다른 사람을 위해 많은 이타행과 봉사활동을 하는데 수행자는 자기 마음건강, 자유와 행복을 위한 수행만 한다고 비꼰다. 그 말을 듣고 Buddha는 다음같이 말한다. 「자기마음을 고요하고 건강하게 하는 것은 자리행일 수 있고 생존현상 본질일 수 있다. 그래서 수행자는 항상 계를 지킴으로써 다른 존재 자유와 행복을 지켜주는 이타행을 소홀히 하지 않는다」.
수행자가 스스로 지키겠다고 맹세한 행동규범 다섯 가지는 다음같다.

6. Buddha는 자기 삶과 타인 삶을 함께 볼 수 있어야 한다고 강조했다. 사실, 진리, 정의, 청정, 자유, 행복, 소승, 대승 등은 말로 규정하지 않고 행동으로 증명해야 한다.

---

① 다른 생명을 해치지 않고 보호해 평화로운 사회를 가꾸는 것(不殺生)
② 노력대가가 노력주체에게 돌아갈 수 있도록 평등한 사회를 지키는 것(不偸盜)
③ 거짓말하지 않고 사실과 진실만을 말해 건강사회를 유지하는 것(不妄語)
④ 다른 존재 성선택권을 침해하지 않는 것(不邪淫)
⑤ 술이나 마약을 하지 않고 청정사회를 건설하기 위해 노력하는 것(不飮酒)

등은 수행자자신을 위한 것인 동시에 사회공동체와 다른 사람을 위한 이타행이자 의미있는 사회활동이다.

계율에 대한 Buddha 생각을 제자가 너무 협소하게 해석하고 적용한 것 같다. 더 본질은 계를 지키기 위해 출가수행하는 것이 아니라 수행하기 위해 계가 필요하다. 아무도 신호등 지키기 위해 차사지 않는다. 차는 타기 위해 산다. 단지 차가 많으면 규칙을 정하고 서로 그것을 지키는 것이 편리하고 안전하기 때문에 도로교통법이 필요하고 서로 잘 지킨다.

22

좌념기술
坐念

project

check point

이 장에서는 수행할 때 앉아서 하는 좌념기술에 대해 배우고 익힌다. 수행기본인 좌념을 올바르게 배
우고 익히면 수행향상에 유익할 뿐만 아니라 다른 사람에게 수행지도할 때 많이 도움된다.

1. 수행 기본자세

1. Buddha 당시 수행자는 숲이나 나무 아래 머물고 마을을 다니며 탁발(piṇḍa patta, 托鉢)하며 생활했다. 수행도 앉아서 하는 좌념(nisīdana sati, 坐念)뿐만 아니라 걸으며 하는 행념(caṅkama sati, 行念), 생활하며 하는 생활념(ājīva sati, 生活念), 노동하며 하는 노동념(kamma sati, 勞動念)도 중시했다.*

2. 수행에 정해진 형식은 없다. 마음근육이자 알아차림 기능인 sati(念)를 강화하고 마음오염원인 āsava(流漏)를 해체하고 sati가 sati 집중기능인 samādhi(三昧, 止, 定)를 선도하도록 하면 된다. sati는 samādhi를 선도하지만 samādhi는 sati를 선도하지 못하기 때문이다.

3. Buddha가 만든 수행은 좌념이 기본이다. 수행진도에 따라 행념과 생활념을 강화하는 것이 좋다. 수행이 향상할수록 일상생활에서 하는 생활념이나 일하며 하는 노동념을 강화해야 한다. 그렇지 않으면 마음근육이자 알아차림 기능인 sati가 효과있게 향상되지 않는다.*

좌념자세

Buddha는 Ānāpāna Sati Sutta(入出息經)에서 좌념할 때 앉는 자세와 수행기술을 자세히 설명한다.

「수행자가 숲속 나무 밑으로 가서, 몸을 똑바로 세우고, 평좌로 앉아, 마음근육이자 알아차림 기능인 sati를 얼굴 앞 코끝에 둔다. 그리고 들숨날숨을 있는 그대로 알아차림해야 한다······」

Brahmāyu Sutta(梵摩經)에서 발자세를 다음같이 설명한다.

「앉을 때 무릎을 포개서 앉지 말고, 복사뼈를 포개서 앉지 말고, 손으로 턱을 괴고 앉지 않는다」

모방과 창조

뭔가를 배울 때 처음은 모방이 좋다. 모방을 통해 기술을 이전받아 축적하고 이론에 관한 의문을 해결한 후 서서히 자기생각에 기초해 창조활동하는 것이 순서다. 충분한 모방을 통해 기술이

4. 수행이 어느 정도 성숙할 때까지 좌념과 행념 비율을 「1:1」로 유지해 수행하는 것이 좋다. 어떤 자세를 취하든 편안히 하되 일단 한 번 취한 자세는 그 수행시간 동안 바꾸지 않는 것이 수행진보에 도움된다. 다음 시간에 다른 자세를 취해도 된다.

5. 수행효과는 행념이 좌념보다 3배 정도 크고 행념보다 생활념·노동념이 3배 정도 효과있다. 행념과 생활념이 잘 될 때 좌념이 잘 되고 좌념이 잘 될 때 행념과 생활념도 잘 된다.

2. 좌념시작

1. SATI 수행 기본은 앉아서 하는 좌념이다. 좌념할 때 몸자세를 바르게 해야 한다. 자세를 잘못 잡으면 수행하는 동안 건강을 해치고 수행진보를 가로막는다.*

익어지기 전에 자기생각을 개입해 창조하면 욕심이 앞서고 제대로 되지 않는다.

수행도 마찬가지다. 간혹 어떤 수행자는 수행을 배우면서 다른 것과 비교하고 자기생각을 개입해 평가한다. 그러면 스승이 가진 수행기술을 제대로 이전받지 못하고 설익게 된다. 마음비우고 욕심을 자제하고 스승이 가르쳐주는 대로 모방하고 배우는 것이 필요하다. Buddha는 초전법륜경(初轉法輪經)에서 「스승이 가르쳐주는 대로 자기수준에서 배우고 익히는 것이 수행향상에 중요하다」고 강조한다.

옛 어른은 소리내기 전에 먼저 듣는 연습하라고 주문한다. 마음비우고 스승에게 모든 것을 맡기고 모방하라. 그러면 창조는 자연스럽게 따라온다. 어차피 뭔가를 배우러 갔으면 그곳에 나 정도 지도할 스승은 있게 마련이다. 그들을 능가할 정도면 처음부터 그곳에 갈 필요없다. 항상 설익은 놈이 건방떤다. 겉절이도 맛있지만 충분히 숙성된 김치도 매력이다. 모방을 통해 앎을 숙성해라.

비데문화

수행할 때 앉는 시간이 많기 때문에 항문을 깨끗이 하는 것이 좋다. 옛날 스님은 변소 갈 때 항

2. 좌념하기 전에 먼저 행념하며 몸과 마음 긴장을 풀어준다.

3. 앉는 기술

1. SATI 수행할 때 방석을 깔고 앉으면 수월하다. 두께는 0.5cm 정도 넓이는 앉은 자세에서 사방 10cm 정도 여유있으면 적당하다. 얇은 담요를 한두 겹 접어 사용하면 좋다.

사진 1

2. 처음 좌념하는 사람은 방석 뒤를 약간 높여 앉아도 되지만 어느 정도 익숙해지면 평평한 바닥에서 하는 것이 좋다. 의자에 앉아 할 때 등받이에 기대지 않고 허리와 머리를 똑바로 세워 앉는 것이 좋다.

3. 허리와 머리는 곧게 세우고 턱은 약간 앞으로 당긴다. 수행초기 몸에 힘이 들어가거나 마음근육이자 알아차림 기능인 sati가 약하면 머리

상 물병(淨瓶)을 가지고 가 항문을 씻었다. 오늘날 가정에서 사용하는 비데는 수행문화에서 발전한 것이다.

나 허리가 한쪽으로 기울기도 한다.

4. 이런 현상을 알아차림하면 즉시 자세를 처음상태로 바로잡아야 한다. 자세를 바로잡으려는 의도와 진행과정 하나하나 알아차림하고 이름붙이고 바로 세워야 한다.

5. 앉는 방향은 Buddha나 수행지도자와 마주보고 앉는다. 앉는 자리는 어른 자리를 피해 불상(buddha paṭimā, 佛像)에 가까이 앉는다. 특별한 이유없이 불상이나 수행지도자를 등지고 앉는 것은 결례다.*

6. 참석한 대중이 많거나 장소에 따라 불상보고 앉기, 벽보고 앉기, 원 그리고 앉기, 등맞대고 앉기 등 상황에 맞게 활용하는 것이 좋다.

7. 좌념하기 전에 buddha에게 세 번 절하고 수행을 시작한다. 손이 내려갈 때 손끝, 손이 바닥에 닿고 이마가 내려갈 때 이마 끝에 마음근육이자 알아차림 기능인 sati를 두고 동작 하나하나 세밀히 알아차림해야 한다. 일어날 때 역순으로 한다. 3배가 끝나면 다음같이 서원세운다.

「이번 시간에 Buddha 최상법 만날 수 있기를, 이번 시간에 일어나는 망상을 놓치지 않고 모두 알아차림할 수 있기를, 이번 시간에 기준점인 배 움직임(일어남-사라짐)을 놓치지 않고 모두 알아차림할 수 있

Buddha 마주보고 앉기

좌념할 때 중국이나 한국에서는 불상을 등지고 앉는데 그렇게 할 이유없다. 수행자는 수행할 때 항상 불상을 마주보고 앉는다. 대반열반경(大般涅槃經)이나 금강경(金剛經)을 보면 Buddha는 대중을 보고 앉고 대중은 Buddha를 보고 앉아 SATI 수행한다고 쓰여있다. 이것이 수행할 때 앉는 방향이다.

Bodhidhamma(菩提達摩)가 소림굴에서 벽을 보고 앉았다(壁觀)고 해서 중국이나 한국에서 수행할 때 벽을 보고 앉는다. Bodhidhamma가 소림굴에서 불상을 벽 안쪽에 모시고 불상을 마주보고 앉아 수행했는데 지나가던 사람 눈에는 굴 안쪽에 모신 불상은 보이지 않고 벽을 보고 앉은 수행자만 보았다. 이것이 와전돼 요즘 선방에서 벽을 보고 좌념하는 전형이 됐다.

기를……등등」

8. 서원은 각자 수행진도에 맞게 적절히 한다. 너무 길게 하면 안 된다. 한 문장이면 적당하다. 그리고 나서 움직이는 동작 하나하나 알아차림하면서 천천히 방석에 앉아 좌념을 시작한다.

4. 발처리 기술

1. 발 모양은 사람마다 생김새가 다르기 때문에 어떻게 앉아야 한다고 정해진 것은 없다. 각자 몸에 맞는 자세를 취해 편히 앉으면 된다. 사람마다 발 길이, 크기, 모양이 다르기 때문에 자신에게 맞는 것을 찾으면 좋다. 신체특성을 무시하고 앉으면 골반이 뒤틀리고 건강을 해칠 수 있다.

사진 2

2. 앉을 때 한 발을 바깥에 두고 다른 발을 안에 놓는다[pallaṅka nisīdati, 쭈坐]. 한 번 취한 자세는 그 수행시간 동안 가능한 바꾸지 않

는다.*

3. 어떤 수행자는 편안한 발을 계속 앞에 두는데 불편하더라도 앉을 때마다 발을 바꿔 앉는 것이 좋다. 수행진도가 나가면 발이나 몸 자세는 자연스럽게 교정된다.

4. 발위치를 바꿀 때 먼저 바꾸려는 의도를 알아차림한 후 동작 하나하나 이름붙이고 알아차림하며 천천히 바꾼다. 이때 옆 사람 수행을 방해하지 않도록 조심해야 한다.

5. 안쪽에 놓이는 발 엄지발가락이 바깥쪽에 놓이는 발 장딴지 아래에 살짝 걸치도록 놓으면 전체로 안정감있다. 간혹 수행진도가 많이 나가면 발가락이 눌려 아프기도 하는데 이때는 조금 빼주면 된다.

6. 좌념할 때 발이나 몸에 상당한 통증이 일어날 수 있다. 수행초기 발생하는 통증은 수행에 좋은 현상이다. 통증이 일어나면 알아차림하고 견딜 수 있을 때까지 참고 견디며 수행해야 한다.

7. 바깥에 놓인 발가락방향이 안에 놓인 발 무릎쪽으로 일직선이 되면 좋다. 마음근육이자 알아차림 기능인 sati가 약하면 발방향이 느슨해지고 바깥에 놓인 발가락방향이 앞쪽으로 향한다. 이때는 그것을 알아차

인도와 중국

Buddha가 수행지도한 자료인 경전에는 발을 엇갈리게 놓고 앉는다[pallaṅka nisīdati, 平坐]고 쓰여있다. 이것을 한문으로 번역할 때 결가부좌(結跏趺坐) 혹은 跏趺坐)라고 한다. 그러나 결가부좌로 번역한 원어는 발을 엇갈리게 두다, 즉 평좌(平坐)로 번역해야 한다. 발을 꼬고 앉는 것은 Yoga 수행자세다.

전통으로 인도는 오른쪽을 신성시해 오른손으로 신께 공양올리거나 음식먹는데 사용하고 왼쪽은 불결히 여겨 뒷물하는데 사용한다. 인도인은 좌념할 때 왼발이나 왼손을 밑에 두고 오른발이나 오른손을 위에 두고 수행하는 것을 선호한다. 중국인은 음양설(陰陽說)에 따라 오른쪽은 양(陽)이고 동(動)이고 왼쪽은 음(陰)이고 정(靜)으로 생각한다. 중국인은 동(動)을 음(陰)으로 눌러야 좌우균형이 생긴다고 생각해 오른발 위에 왼발을 두고 오른손 위에 왼손을 올려놓는 것을 선호한다.

림하고 발을 앞으로 바짝 당기고 발가락방향도 무릎과 일직선되도록 펴준다. 이때 그렇게 하는 동작 하나하나 알아차림하고 해야 한다.

8. 정해진 것은 아무것도 없다. 좌념할 때 발위치를 자기체형에 맞게 적절히 활용하면 좋다.

5. 손처리 기술

1. 좌념할 때 손을 어떻게 처리할 것인지에 대해 여러 견해가 있지만 정해진 것은 아무것도 없다. 발위에 손을 편하게 올려놓는다.

사진 3

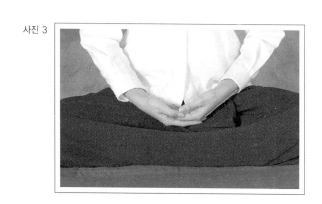

2. 처음 놓는 손은 바깥쪽에 놓인 발과 같은 방향으로 놓고 안쪽에 놓인 발과 바깥쪽에 놓인 발 사이 홈파인 곳에 편히 둔다. 그 위에 나머지 손을 올려놓는다.

3. 이때 손을 몸쪽에 지나치게 밀착하거나 발 앞쪽으로 느슨히 하면 안 된다. 손을 배꼽방향으로 끌어올리지 말고 손과 옆구리 사이가 꽉 쪼이게 밀착하거나 느슨하게 하지 말고 자연스럽게 둔다. 손목과 팔뚝은

허벅지 안쪽에 두고 팔뚝 아래로 허벅지를 살짝 받치면 자연스럽게 균형잡힌다.

4. 사람마다 손모양이 다르기 때문에 각자 편한 대로 손을 처리한다. 한 번 놓은 손은 그 수행시간이 끝날 때까지 그대로 두는 것이 좋다.

6. 눈처리 기술

1. 눈은 살포시 감는다. 눈에 힘이 들어가면 마음근육이자 알아차림 기능인 sati가 기준점인 배 움직임(일어남-사라짐)에 가지 않고 힘주는 머리에 붙는다.

사진 4

2. 좌념할 때 기본은 눈을 감는다. 눈에 힘빼고 배 움직임(일어남-사라짐)을 정확하고 세밀하게 알아차림해야 한다. 좌념할 때 눈감고 행념이나 생활념할 때 뜨고 한다.

3. 화두수행(看話禪, 話頭禪)은 수행할 때 눈을 반쯤 뜨고 한다. 그것

은 12세기 중국에서 화두수행자가 혼침, 졸음, 망상을 극복하기 위해 제시한 방법이었다.

4. 이것은 Buddha가 권장한 수행기술이 아니다. Buddha 정통수행법은 좌념할 때 눈을 감는다.

7. 기준점 · 배 알아차림 기술

1. 좌념할 때 먼저 마음근육이자 알아차림 기능인 sati를 둘 기준점 [paṭhama, 發趣處, 출발점]을 정해야 한다.*

배 · 호흡 · 32군데

좌념할 때 알아차림 기준점을 배 움직임(일어남-사라짐)으로 삼는 것은 Nālaka Sutta(聖經)에 다음같이 나온다.

「그대에게 자유의 길에 대해 말하겠다. 혀를 입천장에 대고 면도날처럼 하고 배에 집중해 자신을 다스려라. 마음이 침체해도 안 되고 많은 것을 생각해도 안 된다. 집착을 버리고 청정한 삶을 살아라. 홀로앉아 수행을 배워라. 홀로 있는데서 기쁨을 찾아라. 홀로 있는 것이 해방길이다.」

배 움직임(일어남-사라짐)을 알아차림 기준점으로 삼고 수행하는 것이 최근 미얀마 Mahāsī가 창안한 수행기술로 알고 있지만 원래 처음부터 Buddha가 만들고 사용한 것을 최근에 Mahāsī가 재차 강조한 것이다.

여러 경전에서 Buddha가 앉아서 좌념수행할 때 코끝을 지나는 공기흐름을 알아차림했다고 전한다. 여기처럼 어떤 경우는 배 움직임을 알아차림한 곳도 있다. 다른 경전은 몸 32군데를 알아차림했다고 한다.

공기나 배 움직임을 알아차림한 것은 움직임을 알아차림 대상으로 삼은 것이니 풍대(風大)를 기준점으로 삼은 것이다.

Buddha가 처음 수행을 창안하고 체계화하다보니 오늘날 우리가 하는 것처럼 처음부터 체계갖춘 수행기술을 만든 것은 아니다. Buddha도 처음에는 유효한 수행기술을 창안하기 위해 다양한 시도를 했다. 특히 마음근육이자 알아차림 기능인 sati를 강화하기 위한 도구로써 효과있는 알아차림 기준점을 찾기 위해 많은 시행착오를 했다.

2. 여기서는 Buddha 정통수행법에 따라 좌념할 때 기준점을 배 움직임(일어남-사라짐, 風大, 色=身)으로 정한다.

3. 먼저 앉은 모습을 관찰하며 「앉음」, 엉덩이가 바닥에 닿은 느낌을 「닿음」 하고 이름붙이고 알아차림한다.*

4. 앉아있는 모습을 한두 번 알아차림하고 나서 마음근육이자 알아차림 기능인 sati를 배에 툭 던진다. 그리고 생체리듬에 따라 배가 불러오면 「일어남」, 꺼지면 「사라짐」 하고 기준점인 배 움직임(일어남-사라짐)을 이름붙이고 알아차림한다.*

5. 좌념할 때 알아차림 대상은 호흡이 아니라 기준점인 배 움직임(일어남-사라짐)이다. 반드시 배 움직임을 이름붙이고 알아차림해야 효과 있다.

6. 기준점인 배 움직임(일어남-사라짐) 알아차림할 때 배 움직임을 인위로 조절하면 안 된다. 자연스럽게 생체 리듬에 맡기고 배 움직임만 알아차림해야 한다.*

이미지 기법

앉아있는 모습을 관찰할 때 이미지 기술을 쓰지 말고 알아차림 기술을 써야 한다. 앉아있는 모습을 외부에서 안으로 집게로 집듯 「앉음」 하고 알아차림해야 한다. 그러지 않고 위에서 아래로 스캔하듯 이미지 그리며 훑어내리는 것은 힌두교 Yoga 수행기술이다. 최근 미국에서 bodyscan 기술을 사용하는 것도 마찬가지다.

이름붙이기

Buddha는 인식대상을 알아차림할 때 항상 해당현상에 이름붙이고 알아차림했다. 화두수행도 이름붙이기를 사용한다. Mahāsī도 이름붙이기를 중시했다. 인식대상을 알아차림할 때 적절히 이름붙이는 것은 마음근육이자 알아차림 기능인 sati를 인식대상에 밀착고정하는 좋은 방법이다. 간혹 이름붙이기를 소홀히 하는 수행자가 있는데 이는 게으른 수행자거나 Maggaphala 2/5지점 이하수준 기술을 사용한 것이다.

7. 기준점인 배 움직임(일어남-사라짐) 알아차림할 때 방해현상이 나타나면 그것을 알아차림하고 즉시 기준점인 배 움직임으로 돌아와야 한다. 이때도 반드시 그 움직임을 이름붙이고 알아차림해야 한다. 알아차림 놓치고 행동으로 해소하거나 망상으로 가공하는 것은 수행에 도움되지 않는다.

8. 처음에 마음근육이자 알아차림 기능인 sati가 기준점인 배 움직임(일어남-사라짐)을 따라가기도 벅차지만 어느 정도 수행이 향상되면 기준점인 배 움직임과 알아차림하는 sati가 일치해 진행한다. 이때는 알아차림이 잘 되기 때문에 도리어 수행이 느슨해지기 쉽고 퇴보할 수 있다.

9. 초보자는 Maggaphala 2/5지점에 이를 때까지 기준점인 배나 발 움직임을 알아차림 대상으로 삼고 마음근육이자 알아차림 기능인 sati를 강화해야 한다.

10. 수행이 어느 정도 익숙해진 수행자는 Maggaphala 2/5~4/5지점

복식호흡

복식호흡이나 단전호흡은 호흡속도를 인위로 조절한다. 숨을 천천히 일정한 속도로 내쉬거나 들이쉰다. 이것은 힌두교 Yoga 수행 조식(調息) 기법이다. Brahma(梵) 신과 신의 분신인 atta(sk. ātman, 我)가 하나되기 위해(梵我一如) 호흡을 천천히 조절하다 마지막에 숨을 쉬지 않는다. 그러면 신과 거리가 가까워진다고 믿는다. 이것이 불교수행에 들어와 호흡조절하는 복식호흡이나 단전호흡으로 변했다. 호흡을 조절하면 단전근육은 커질지 몰라도 마음근육인 sati는 운동을 멈추고 더 이상 커지지 않는다.

Mahā Rāhulovāda Sutta(羅云)에서 Buddha는 Rāhula에게 다음같이 좌념할 때 자연호흡을 하라고 가르친다.

「숨이 길게 들이쉴 때 숨을 길게 들이쉰다고 분명히 알고 길게 숨을 내쉴 때 길게 숨을 내쉰다고 분명히 알아. 숨이 짧게 들이쉴 때 짧게 숨이 들이쉰다고 분명히 알고 짧게 숨을 내쉴 때 짧게 숨을 내쉰다고 분명히 알아」

에 이를 때까지 기준점인 배나 발 움직임을 알아차림 대상으로 삼고 sati 와 samādhi 가운데 약한 것을 강화해야 한다.

11. 수행이 성성한 고수는 기준점인 배나 발 움직임을 알아차림 대상으로 삼아 sati와 samādhi를 강화하고 sati 순발력과 유연성을 키워 Maggaphala에 들어 Nibbāna를 체험해야 한다.

12. Maggaphala에 들어 Nibbāna를 성취한 수행자는 기준점인 배나 발 움직임 또는 특수대상을 알아차림 대상으로 삼고 자신에게 맞는 방법으로 더 높은 Maggaphala를 성취해야 한다.

13. 이때 경험많고 지혜높은 수행지도자로부터 지도받으면 효과있다. Sotāpatti Maggaphala(須陀洹 道果)를 성취했을 때 마음근육이자 알아차림 기능인 sati 힘이 한창 성성할 때다. 이때 눈 밝은 스승으로부터 지도받으면 더 높은 Maggaphala로 수월하게 나아갈 수 있다.

14. 알아차림 기준점 정해놓고 수행할 때 가장 중요한 것은 기준점이다. 수행할 때 기준점이 조금이라도 알아차림되면 그것을 포기하면 안 된다. 자극이 강한 것 잡지말고 기준점을 따라가야 한다. 그게 답이다.

15. 알아차림 기준점이 핵심이다. 화두수행할 때 화두가 기준점이고 진언이나 염불 수행할 때 염불이나 진언이 기준점이다. 배나 발 움직임을 볼 때 배나 발의 움직임이 기준점이다.

16. 기준점인 배 움직임(일어남-사라짐) 알아차림할 때 일어남과 사라짐, 사라짐과 일어남 사이 배 움직임이 잠시 멈추고 틈이 생길 수 있다. 이때 미리 정해둔 제2기준점을 알아차림해야 한다. 그래야 망상이 들어오지 않고 수행이 순조롭게 진보한다.

17. 여기서는 좌념할 때 제2기준점은 앉은 「모습」과 엉덩이가 바닥에 닿는 「느낌」으로 정한다. 다른 것을 정해도 상관없다. 이때 제2기준점을 미리 정해놓고 제1기준점인 배가 움직이지 않으면 즉시 제2기

준점으로 sati를 보내 알아차림해야 한다.

18. 제1기준점인 배 움직임(일어남-사라짐)을 감지하지 못하면 다시 한 번 마음근육이자 알아차림 기능인 sati를 배로 보내 배 움직임을 찾는다. 그래도 배 움직임을 감지하지 못하면 미리 정해둔 제2기준점인 「앉음-닿음」을 알아차림해야 한다.

19. 그러다 제1기준점인 배 움직임(일어남-사라짐)을 다시 감지하면 즉시 제1기준점인 배 움직임으로 돌아가 그 움직임을 이름붙이고 알아차림해야 한다. 좌념할 때 제1기준점인 배 움직임이 최우선이다.

20. 수행이 충분히 성숙하지 못한 수행자는 마음근육이자 알아차림 기능인 sati가 약하기 때문에 기준점인 배 움직임(이어남-사라짐)이 멈추면 배 움직임이 없어진 줄 알고 sati는 다른 인식대상을 찾는다. 그 틈에 망상이 들어온다. 그래서 제2기준점을 정해두고 수행하면 수행향상에 효과있다.

8. 좌념핵심

1. 좌념할 때 알아차림 핵심은 기준점인 배 움직임(일어남-사라짐)이다.

2. 기준점인 배 움직임(일어남-사라짐) 알아차림할 때 배를 모양으로 보지 말고 고유특성인 4대(四大, 地水火風)로 알아차림하면 sati 힘이 커지면서 실재인 3법인(三法印, 無我·無常·苦)을 체득할 수 있다.

3. 이때 주의할 것은 기준점인 배 움직임(일어남-사라짐)을 모양이나 이미지를 만들어 알아차림하면 안 된다. 그것은 힌두교 Yoga 수행 기법이다. 그렇게 하면 마음근육이자 알아차림 기능인 sati는 강화되지

않고 sati 집중기능인 samādhi만 조금 향상한다. 그리고 Maggaphala 에 들지 못하고 Nibbāna를 체험할 수 없다.*

4. 좌념할 때 알아차림 대상은 배에서 일어나는 모든 현상이다. 인식 대상을 모양중심으로 보지 말고 4대(四大) 가운데 풍대(風大)로 알아차림하면 전체상황 통찰기능인 paññā(般若, 慧)가 성숙하는 만큼 실재인 3법인을 체득할 수 있다.

5. 실재를 보거나 4대(四大)를 전부 알아차림하는 요령이 4대 가운데 어느 하나에 초점맞추고 알아차림하는 것이다. 알아차림 범위를 좁히는 것이 깊고 넓게 보는 핵심이다.

9. 방해현상처리 기술

1. 기준점인 배 움직임(일어남–사라짐) 알아차림할 때 새로운 현상이 나타나 기준점인 배 움직임 알아차림을 방해하면 즉시 배 움직임 알아차림을 중지하고 개입한 방해현상을 알아차림해야 한다.

2. 방해현상이 일어난 곳으로 마음근육이자 알아차림 기능인 sati를

가치판단 · 사실판단 · 실재판단

대개 가치판단에 기초해 사물을 본다. 그러나 존재는 존재일 뿐이다. 존재를 관념으로 포장해 구분하고 차별하는 것이 불행출발점이다. 존재를 있는 그대로 사실판단만 해야 한다. 그러면 해당현상을 일으킨 인과관계나 전체 관계와 상황 등 실재가 있는 그대로 보인다. 우리는 오랜 세월 자신이 가진 가치관에 기초해 인식대상을 구분하고 차별하는데 길들었다. 그래서 사실판단과 실재판단이 잘 되지 않고 어느 사이 가치판단에 기초해 사물을 인식한다. 이런 잘못을 극복하기 위해 존재에 드러난 고유특성(四大)을 알아차림하면(사실판단) 서서히 전체상황 통찰기능인 paññā 가 성숙하고 존재를 실재판단(三法印)할 수 있다.

보내 아픔, 생각, 들림 등 적절히 이름붙이고 알아차림해야 한다. 서너 번 이름붙이고 알아차림한 후 즉시 기준점인 배 움직임(일어남–사라짐)으로 돌아와야 한다. 개입한 방해현상을 알아차림했지만 그 현상이 사라지지 않고 있어도 가능하면 배 움직임으로 돌아오는 것이 효과있다.

3. 왜냐하면 수행자는 해당현상을 알아차림한다고 생각해도 실제로는 해당현상과 어울려 놀거나 싸우고 있을 수 있기 때문이다. 개입한 방해현상이 기준점인 배 움직임(일어남–사라짐) 알아차림을 방해하면 몇번이고 다시 가면 된다.

4. 방해현상이 발생할 때 그것을 알아차림하는 것이 중요하다. 그러나 더 중요한 것은 두세 번 알아차림한 후 즉시 기준점인 배 움직임(일어남–사라짐)으로 돌아오는 것이다. 그것이 수행에 효과있다. 마음근육이자 알아차림 기능인 sati가 기준점인 배 움직임과 방해현상 사이를 오가면서 sati 힘이 강화한다.

5. 기준점인 배 움직임(일어남–사라짐) 알아차림할 때 방해현상이 일어난 순간을 알아차림하고 동시에 기준점인 배 움직임도 놓치지 않았다면 방해현상이 일어난 것만 알고 계속 기준점인 배 움직임을 알아차림해야 한다.

6. 그러나 개입한 방해현상 때문에 기준점인 배 움직임(일어남–사라짐)을 놓쳤다면 배 움직임 알아차림을 중지하고 즉시 방해현상을 알아차림해야 한다. 그런 후 곧 바로 기준점인 배 움직임으로 돌아와야 한다. 그래야 수행진보에 도움된다.

10. 배 움직임 찾는 기술

1. 수행진보에 따라 배는 다양하게 움직인다. 처음 수행할 때 몸에 힘이 들어가 배가 움직이지 않거나 마음근육이자 알아차림 기능인 sati 힘이 약해 기준점인 배 움직임(일어남-사라짐)을 감지할 수 없거나 자기 생각에 매몰돼 기준점인 배 움직임을 알아차림하지 못하기도 한다.

2. 수행이 어느 정도 향상되면 기준점인 배 움직임(일어남-사라짐)이 미세하기도 한다. 이때 배 움직임이 작아진 것에 비해 마음근육이자 알아차림 기능인 sati가 충분히 깨어나지 못하면 배 움직임을 알아차림하지 못할 수 있다.

3. 어느 경우든 기준점인 배 움직임(일어남-사라짐)을 감지하지 못하면 배에서 찾지 말고 배에서 빠져나와 배 움직임 찾는 것이 요령이다. 이때 미리 정해둔 제2기준점(앉음-닿음)으로 마음근육이자 알아차림 기능인 sati 보내 기준점인 배 움직임 찾는 것이 효과있다.

4. 제1기준점인 배 움직임(일어남-사라짐)을 알아차림하지 못할 때는 제2기준점인 앉은 모습을 「앉음」, 엉덩이가 바닥에 닿은 느낌을 「닿음」하고 알아차림해야 한다. 몇 번이라도 반복해 「앉음-닿음」 알아차림하다 다시 제1기준점인 배 움직임을 감지하면 「앉음-닿음」을 중지하고 즉시 배 움직임으로 돌아와야 한다.

5. 그렇게 해도 기준점인 배 움직임(일어남-사라짐)을 감지하지 못할 때는 배에 손을 대서라도 배 움직임(출발점)을 찾아야 한다. 살아있는 한 배는 반드시 움직인다. 단지 수행자가 자각하지 못할 뿐이다. 도저히 기준점인 배 움직임을 찾을 수 없을 때는 수행지도자와 상의하는 것이 좋다.

11. 배 움직임 여럿일 때 처리 기술

1. 수행이 어느 정도 향상되면 배 움직임(일어남-사라짐)이 여러 곳에서 동시에 일어나기도 한다. 이때 다음같은 원칙을 기준으로 알아차림해야 한다.

2. 기준점인 배 움직임(일어남-사라짐)이 배에 있으면 그것을 알아차림해야 한다. 배 움직임이 배에도 있고 가슴이나 머리에도 있을 때 배에 있는 것을 우선으로 알아차림해야 한다. 배 움직임이 배에 없고 가슴이나 머리에 있을 때 그것을 알아차림해야 한다.

3. 기준점인 배 움직임(일어남-사라짐)이 배 겉에도 있고 속에도 있을 때는 속에 있는 것을 알아차림하는 것이 효과있다.

4. 기준점인 배 움직임(일어남-사라짐)이 동시에 여러 곳에서 움직이면 처음 잡았던 것을 계속 알아차림하거나 자극이 큰 것을 선택해 알아차림하거나 「앎」 하고 모든 것을 전체로 알아차림해도 된다.

5. 현재 진행현상을 알고 있지만 복잡하고 빠르게 전개할 때 이름붙이기가 까다롭다. 이때 「현재 진행현상을 알고 있지만 이름붙일 수 없다」는 말을 한 단어로 줄여 「앎」 하고 배 움직임을 이름붙이고 알아차림해야 한다. 그러면 마음근육이자 알아차림 기능이 강화하면서 수행이 진보한다.

12. 강한 자극처리 기술

1. 수행할 때 느낌이 큰 것, 자극이 강한 것을 알아차림하라고 한다. 맞는 말이다. 그러나 그렇게만 하면 수행진보를 기대할 수 없다. 그것은

답이기도 하지만 수행자가 흔히 빠지기 쉬운 함정이기도 하다.

2. 대개 자극이 강한 것을 잡으라는 말은 감지되는 여러 자극 가운데 중요하다고 생각하거나 이미 정해둔 기준점이 알아차림되면 그것을 놓치지 말라는 뜻이다.

3. 좌념이나 행념할 때 중요한 것은 알아차림 기준점이다. 자극이 강한 것을 잡으라는 말 핵심은 처음 정한 기준점을 알아차림하라는 말의 다른 표현이다. 말꼬리를 따라가면 안 된다. 그 말이 가리키는 지향점(落處)을 주목해야 한다. 달을 가리키는 손가락을 보면 달을 볼 수 없다.*

4. 수행지도자가 자극이 강한 것을 알아차림하라고 지시할 때 강한 자극을 따라가도 되고 제1기준점(일어남-사라짐)을 알아차림해도 된다. 이때 제1기준점을 감지하지 못할 때는 강한 자극을 알아차림하지만 제1기준점도 보이고 다른 현상도 보일 때는 제1기준점 알아차림이 답이다.

5. 기준점인 배 움직임(일어남-사라짐)도 보이고 통증, 망상, 소리도 느껴질 때 수행자는 그 가운데 어느 하나를 선택해 알아차림해야 한다. 이때 배 움직임(일어남-사라짐)을 먼저 알아차림해야 한다. 배 움직임을 놓쳤을 때만 다른 것을 알아차림해야 한다. 이것이 기본기술이고 핵심기술이다.

---

sati 구속

마음근육이자 알아차림 기능인 sati가 강하면 다소 강한 자극도 알아차림할 수 있지만 약하면 인식대상에 구속된다. 이때 구속된 인식대상에서 억지로라도 sati를 빼내 기준점으로 갖다두는 것이 sati 강화요령이다. 인식대상 자극이 부드러울 때 sati를 그곳으로 보내는 것이 sati 강화기술이다. 인식대상 자극이 커 sati가 그곳에 구속되면 구속된 sati를 다른 곳으로 빼내는 것이 sati 강화 훈련이다. 1kg 정도 힘에 구속된 것을 빼낼 수 있으면 최소한 그 이상 힘이 있다. 원리를 올바르게 이해하는 것이 중요하다.

6. 그래서 옛 어른은 타성일편(打成一片)하라고 주문했다. 수행은 큰 쇳덩이를 두드려 한 조각으로 만드는 것에 비유했다. 많은 현상이 보여도 가능한 기준점 놓치지 말고 계속 알아차림하면 서서히 마음오염원 거품이 걷히면서 실재가 보인다.

7. 자극크기는 객관으로 존재하지 않고 지극히 주관이다. 그것은 인식하는 사람 주관판단으로 결정할 수밖에 없다. 기준점으로 정한 것이나 자신이 중요하다고 생각한 대상이 자극이 큰 것이다.

13. 통증처리 기술

1. 수행할 때 직면한 어려움 가운데 하나가 몸에 나타나는 통증이다. 모든 수행자에게 통증이 나타나는 것은 아니고 약 50% 정도 수행자에게 나타난다. 약간 심할 수도 있고 가볍게 지나갈 수도 있다.

2. 통증은 다차원으로 일어나는데 심하게 느껴질 때 수행진보를 크게 방해한다. 어떤 수행자는 통증 때문에 수행을 포기하기도 한다.

3. 통증은 다음같은 두 가지 요인 때문에 일어난다. 하나는 몸에 āsava(流漏), 스트레스, 업장, 번뇌(kilesa, 煩惱) 같은 마음오염원이 쌓이면 신경조직이 굳어지고 수축하는데 수행으로 마음오염원을 해체하면 신경조직이 이완한다. 이때 수축힘과 이완힘이 부딪쳐 통증으로 나타난다.

4. 다른 하나는 뇌 훈련과정에서 통증이 발생한다. 뇌는 자신이 오랫동안 익숙해진 것을 정상으로 생각한다. 편한 생활을 정상이라고 생각하다 좌념할 때 한 자세로 오랫동안 앉으면 뇌는 그것을 비정상으로 인식한다. 뇌는 평소 하던 자세로 바꾸라고 명령하고 수행자는 자기의지

대로 그 자세를 계속 유지하면 뇌에서 내려오는 명령과 수행자의지가 부딪치는 강도만큼 통증이 발생한다.

5. 어느 쪽이든 통증이 발생하면 수행자는 몸을 움직이면 안 된다. 몸을 움직이면 잠시 통증이 완화하는 것 같지만 뇌는 자기명령이 옳다고 믿고 더 강한 명령을 내려보내기 때문에 통증강도가 더 커진다.

6. 통증을 견디지 못해 몸을 움직이면 마음근육이자 알아차림 기능인 sati가 약화하고 녹아내리던 āsava가 더 이상 해체되지 않고 그 상태에서 멈춘다. 가능하면 움직이지 말고 처음 정한 자세를 유지하려고 노력하는 것이 요령이다.

7. 통증이 발생하면 무시하는 것이 좋다. 통증에 마음근육이자 알아차림 기능인 sati를 보내지 말고 기준점인 배 움직임(일어남-사라짐) 알아차림을 강화하는 것이 효과있다. 그러나 더 이상 참을 수 없을 정도로 통증이 밀려오면 배 움직임 알아차림을 멈추고 통증을 알아차림해도 된다.

8. 마음근육이자 알아차림 기능인 sati를 통증에 두고 「아픔」 하고 세 번 정도 이름붙이고 알아차림한 후 즉시 기준점인 배 움직임(일어남-사라짐)으로 돌아와야 한다. 다시 통증이 일어나 참을 수 없을 정도면 통증으로 다시 가 위의 방법대로 알아차림한 후 배 움직임으로 돌아온다.

9. 마음근육이자 알아차림 기능인 sati를 통증에 밀착해 알아차림하면 통증은 다양한 형태로 나타난다. 쑤시기도 하고 저미기도 한다. 이때 계속 「아픔」 하고 알아차림하면 지루하고 sati 집중기능인 samādhi도 약화한다. 통증이 발생한 형태에 따라 이름붙이고 알아차림하는 것이 효과있다.

10. 쑤시듯 아프면 「쑤심」, 후벼파듯 아프면 「후벼 팜」, 송곳으로 찌르듯 아프면 「찌름」, 저미듯 아프면 「저밈」 하고 현상에 따라 적절

히 이름붙이고 알아차림해야 한다.

11. 5분 정도 알아차림해도 통증이 사라지지 않으면 통증을 무시하고 즉시 기준점인 배 움직임(일어남-사라짐)으로 돌아와야 한다. 통증이 심해 도저히 배 움직임을 알아차림하지 못할 때 30분 정도 통증을 알아차림해도 된다.

12. 마음근육이자 알아차림 기능인 sati 힘과 sati 집중기능인 samādhi 힘이 강하면 통증으로부터 자유롭게 된다. 통증은 죽을 때까지 없어지지 않는다. 통증을 없애려고 애쓸 것이 아니라 sati를 강화해 통증구속에서 벗어나는 것이 핵심이다.

13. 통증은 대개 한 곳에 고정되지 않고 신경조직을 따라 이동하며 발생하고 소멸한다. 가능하면 통증은 무시하고 기준점인 배 움직임(일어남-사라짐) 알아차림하는 것이 현명하다.

14. 통증, 열기, 냉기는 마음오염원인 āsava의 다른 표현이다. 이것은 모두 에너지 뭉침이다. 삶의 흔적이 마음공간에 입력될 때 에너지를 흡수해 입력하고 해체할 때 에너지를 뿜어내며 해체한다.

15. 수행초기는 마음이 맑아지는 것만큼 통증이 커질 수 있다. 이 단계에서 행복감, āsava 해체, 마음정화, 신경 클리닉이 통증으로 나타나기도 한다.

14. 좌념길이

1. 좌념시간은 짧아도 집중해 하는 것이 좋다. 양보다 질이 중요하다. 수행초기는 1회 60분 정도가 적당하다.

2. 수행이 어느 정도 익숙해지면 수행지도자 지시에 따라 좌념시간을

적절히 늘려가면 된다. 수행지도자로부터 특별지시가 없어도 한 번에 3시간 이상 하지 않는 것이 좋다.

3. 나이에 따라 좌념시간을 조절하는 것도 요령이다. 초등학생은 15분, 중학생은 20분, 고등학생 이상은 60분 정도가 적당하다. 수행지도자가 있으면 상황에 따라 적절히 판단해줄 것이다.

4. 수행정도에 따라 수행시간을 조절하는 것도 요령이다. 초보자는 30분부터 시작해 60분까지 한 번에 5분 정도씩 늘려가는 것도 좋다. 중급자는 60분~120분, 수행이 몸에 익은 수행자는 120분~180분 정도가 적당하다. 그러나 수행자가 자의로 수행시간을 조절하지 말고 수행지도자 지시에 따라 조절하는 것이 좋다.

5. 수행진도에 따라 좌념과 행념 비율을 조절하면 효과있다. 초보자는 Maggaphala 2/5지점(道非道智見淸淨)까지 좌념과 행념 비율을 「1(60분):1(60분)」, 중급자는 Maggaphala 2/5~4/5지점(行道智見淸淨)까지 좌념과 행념 비율을 「2(120분):1(60분)」, 수행이 몸에 익은 수행자는 Maggaphala에 들어 Nibbāna 체험할 때까지 좌념과 행념 비율을 「3(180분):1(60분)」로 하는 것이 좋다. 수행진도가 나갈수록 수행지도자 지시에 따라 수행시간을 조절해야 수행향상에 도움된다. 자의로 조절하지 않는 것이 요령이다.

6. 좌념이 늘수록 행념을 소홀히 하면 안 된다. 좌념시간을 늘리거나 좌념시간과 행념시간을 조절할 때 먼저 수행지도자와 상의하는 것이 현명하다. 좌념시간이 늘어도 특별지시가 없으면 행념은 60분 이상 늘리지 않아야 한다.

7. 어떤 수행자는 좌념시간이 늘어난 것만큼 행념시간을 줄이는 경우가 있다. 이것은 좋지 않다. 수행도량에서 하루 10시간 이상 집중수행할 때 행념시간은 5시간 이상 유지해야 수행진보에 효과있다.

8. 수행자가 자의로 수행시간을 조절하지 말고 수행지도자와 상의하는 것이 현명하다. 수행진보에 따라 수행지도자는 수행자 좌념과 행념 비율을 적절히 조절해줄 것이다.

9. 시간을 정해 수행할 때 수행자가 임의로 길게 또는 짧게 하지 말고 정해놓은 시간만큼 일정하게 유지하는 것이 좋다. 자투리시간 활용할 때는 상관없다.

10. 60분 수행할 때 어떤 수행자는 57분하고 마치기도 한다. 이것은 함정이다. 가능하면 62분정도 하고 마치는 것이 좋다. 2~3분 정도 차이지만 그것이 sati 집중과 수행진보에 핵심이다.*

15. 좌념끝냄

1. 먼저 좌념을 끝내야겠다고 마음정한다. 좌념을 끝내기 전에 「마치려고 함」하고 의도를 알아차림해야 한다.

2. 호흡을 한 번 크게 토해내고 인연있는 사람에게 Mettā(慈)를 보내고 마친다.

3. 좌념 후 발을 앞으로 벋거나 손을 뒤로 짚고 휴식해도 좋다.

Maggaphala 드는 시간

　Maggaphala에 들어 Nibbāna 체험하는 것은 사람차이는 있지만 Sotāpatti 단계는 대개 수행시작한 지 30~70분 정도가 많다. 평소 120분~180분 정도 거뜬히 좌념할 수 있을 때 60분 전후에 모든 힘을 쏟아부을 수 있다. 100m 달리기선수가 97m 뛰면서 연습하면 본 시합에서 뒷심이 딸려 전력질주할 수 없다. 평소 훈련할 때 200~300m씩 뛰어야 100m에 모든 힘을 쏟아 부을 수 있다. 그래야 파괴력이 크다. 수행도 마찬가지다. 조금 넉넉히 시간을 투자해 훈련하는 것이 핵심이다.

4. 휴식한 후 Buddha께 3배 올리고 조용히 자리에서 일어나 방석을 정리한 후 행념하거나 다른 일을 본다.

5. 좌념을 마치고 5~10분 안에 스트레칭하지 않고 가볍게 1단계행념하거나 의자에 앉아 쉬는 것이 좋다.

6. 좌념이나 행념 다음 몸이 무겁거나 찌뿌듯한 것은 운동부족이 아니다. 몸과 마음에 쌓인 마음오염원이나 스트레스 해체과정에서 나타나는 일시현상인 경우가 많다.

7. 수행할 때 몸에 쌓인 āsava는 1차로 양어깨 중간지점이나 명치끝으로 모였다 머리나 하체로 이동해 해체되는 경우가 많다. 몸이 무겁거나 어깨를 짓누르는 것은 스트레칭으로 해소되지 않는다. 몸과 마음이 안정돼있는 상태에서 무리하게 스트레칭하는 것은 연골이나 근육에 무리줄 수 있기 때문에 좋지 않다.

8. 수행자는 좌념으로 얻어진 sati 힘을 흩트리지 말고 행념이나 일상생활로 연결해 수행을 향상시켜야 한다. 대개 좌념이 잘 되면 행념도 잘된다. 좌념을 마치고 곧바로 행념하거나 1단계행념을 가볍게 5분 정도 한 후 일상생활로 돌아가는 것이 좋다.*

수행할 때 죽비다루는 법

수행처는 각종 행동지시를 말로 하지 않고 손짓이나 물건소리로 한다. 중국이나 한국은 대나무를 반으로 쪼개 손바닥에 부딪쳐 나는 소리로 신호한다. 이것이 죽비(竹篦)다. 죽비는 수행할 때나 밥먹을 때 수행처에서 사용하는 신호도구다. 죽비는 대개 모임대표가 잡거나 정해진 소임자가 잡는다. 죽비를 잡고 칠 때 엄숙히 다뤄야 한다. 그것이 대중과 수행에 대한 예의이기 때문이다.

오른손으로 죽비잡고 가슴 높이만큼 두 손으로 공손히 받들어 예를 표한다. 그리고 똑바로 세운 후 왼손바닥에 가볍게 내려친다. 죽비가 왼손바닥에 닿음과 동시에 왼손으로 죽비를 잡아주면 소리무게감이 느껴진다. 다 치고 나면 다시 처음처럼 두 손으로 공손히 받들어 예를 표한 후 앞이나 옆 또는 지정장소에 내려놓는다.

16. 올바른 좌념자세

사진 5

좌념 전면

사진 6

좌념 측면

(표87) **죽비치는 법**

① 좌념

시작죽비	3번(따딱, 딱 딱 딱)
마침죽비	3번(따딱, 딱 딱 딱)

② 행념

시작죽비	3번(따딱, 딱 딱 딱)
1, 3, 6단계 바뀌는 죽비	1번(따딱, 딱)
마침죽비	3번(따딱, 딱 딱 딱)

17. 잘못된 좌념자세

사진 7

사진 8

사진 9

사진 10

23
행념기술
行念

project

check point

이 장에서는 걸으며 하는 행념에 대해 배우고 익힌다. 행념기술을 올바로 배우고 익히는 것은 수행향
상에 유익할 뿐만 아니라 다른 사람에게 수행지도할 때 많이 도움된다. 행념은 좌념보다 3배 이상 효
과있기 때문에 올바르게 익히면 유용하게 사용할 수 있다.

1. 행념(caṅkama sati, 行念)은 걸으며 하는 수행이다. 행념수행은 앉아서 하는 좌념보다 움직임이 크기 때문에 기준점 알아차림이 다소 힘들지만 제대로 하면 마음근육이자 알아차림 기능인 sati를 강화하는데 효과있다. 행념이 좌념보다 3배 이상 효과있다.*

2. Buddha 당시 수행자는 일정한 거처없이 돌아다니며 수행했기 때문에 행념을 효과있게 활용했다.

3. 현대인도 행념을 잘 활용하면 수행뿐만 아니라 건강에도 좋다. 행념은 좌념전후 또는 공양한 뒤에 하면 몸과 마음에 활력주고 수행향상에 좋다.

1. 장소선택

1. 장소는 중요치 않다. 걷기편하고 주위에 장애물없고 다른 사람으로부터 방해받지 않는 곳이면 좋다.

행념자세

Buddha는 Brahmāyu Sutta(梵摩經)에서 행념자세에 대해 다음같이 설명한다.

「존자 Gotama는 걸을 때 오른발을 먼저 내디딘다. 보폭이 너무 길지도 않고 짧지도 않으며, 걸을 때는 너무 빠르지도 않고 느리지도 않으며, 무릎이 서로 닿지 않으며, 복사뼈가 서로 부딪치지 않으며, 넓적다리를 많이 올리거나 내리지 않으며, 오므리거나 벌리지 않으며, 걸을 때 몸 아랫부분만 움직이고 몸에 힘을 빼고 자연스럽게 걷는다.」

2. 행념시작

1. 먼저 적당한 장소에 자리잡는다. 일상생활에서 행념할 때 주변사람에게 피해주지 않도록 주의해야 한다. 신은 신고 해도 좋고 벗고 해도 좋다. 신을 벗고 할 때 바닥이 차갑지 않도록 주의해야 한다.

3. 서는 기술

1. 행념할 때 긴장풀고 편하고 자연스럽게 서서 머리를 똑바로 세우고 정면을 주시한 상태에서 시선만 3~5m 정도 앞바닥에 툭 던져놓는다. 엉거주춤한 자세로 서거나 발을 잘 보기 위해 얼굴을 앞으로 숙이는 것은 좋지 않다.

4. 손처리 기술

1. 행념할 때 손은 어떻게 하든 상관없지만 처음 취한 자세를 행념마칠 때까지 유지해야 한다.
2. 손은 뒷짐지기, 팔짱끼기, 앞으로 차수하기 등 자기가 편한 대로 하면 된다.
3. 여기서는 행념할 때 1단계는 자연스럽게 두고 3단계와 6단계는 뒷짐지는 것을 권장한다.

사진 11	사진 12	사진 13	사진 14

뒷짐지기	뒷짐지기	팔짱끼기	차수하기

5. 눈처리 기술

　1. 행념할 때 눈은 뜨고 한다. 시선은 전방 3~5m 정도 던져놓는다. 눈에 힘빼고 마음근육이자 알아차림 기능인 sati를 움직이는 발바닥에 툭 던져놓는다.

　2. 행념할 때 눈을 감으면 균형잃기 쉽고 눈에 힘이 들어가면 마음근육이자 알아차림 기능인 sati가 움직이는 발바닥에 잘 가지 않는다.

6. 기준점 · 발 알아차림 기술

　1. 수행지도자로부터 행념방법과 각 단계마다 시간을 지시받았으면 그것을 준수해야 한다. 지시받은 단계와 시간을 지키는 것이 수행향상에 도움된다. 시간변경할 때는 먼저 수행지도자와 상의해야 한다.

2. 자연스럽게 선 후 「섬」하고 서있는 자세를 알아차림하고 움직이려는 발바닥에 마음근육이자 알아차림 기능인 sati를 둔다.

1) 1단계 행념기술

「왼발-오른발」

3. 1단계행념할 때 자연스럽게 서서 머리는 똑바로 세우고 전방을 주시한 상태에서 시선은 3~5m 앞에 툭 던져놓는다.
4. 1단계행념 속도와 보폭은 일상으로 걷는 정도면 적당하다. 손은 자연스럽게 흔들리게 둔다.
5. 1단계행념할 때 발 움직임(오른발-왼발, 風大)으로 기준점 정하고 알아차림하면 지대, 수대, 화대가 분명하게 알아차림된다.

2) 3단계 행념기술

「들어-앞으로-놓음」

6. 3단계행념할 때 자연스럽게 서서 머리는 똑바로 세우고 전방을 주시한 상태에서 시선은 3~5m 앞에 툭 던져놓는다.
7. 3단계행념 속도와 보폭은 보통 걷는 속도보다 약간 느리게 한다. 손은 뒷짐진다.
8. 3단계행념 보폭은 움직이는 발뒤꿈치가 서있는 발 엄지발가락 앞 5cm쯤 놓는다. 두 발 사이는 15cm정도 벌린다. 들 때 발뒤꿈치를 먼저 들고 놓을 때 발가락을 먼저 놓는다.

9. 3단계행념할 때 발 움직임(들어-앞으로-놓음, 風大)으로 기준점 정하고 알아차림하면 지대, 화대, 수대가 분명하게 알아차림된다.

3) 6단계 행념기술

「들려고 함-들어-가려고 함-앞으로-놓으려고 함-놓음-(누름)」 *

10. 6단계행념할 때 자연스럽게 서서 머리는 똑바로 세우고 전방을 주시한 상태에서 시선은 3~5m 앞에 툭 던져놓는다.

11. 6단계행념 속도는 가능한 천천히 한다. 10m 정도를 15분 정도에 가면 적당하다. 손은 뒷짐진다.

12. 6단계행념 보폭은 움직이는 발뒤꿈치를 서있는 발 중간쯤 놓는다. 두 발 사이는 15cm 정도 벌린다. 발은 수직으로 들고 수평으로 움직이고 수직으로 내려놓는다.

13. 6단계행념할 때 발 무게감(들려고 함-들어-가려고 함-앞으로-놓으려고 함-놓음-누름, 地大)으로 기준점 정하고 알아차림하면 화대, 수대, 풍대가 분명하게 알아차림된다.

의도 알아차림

6단계행념에서 발을 들고 가고 놓을 때 그런 행동을 하기 전에 먼저 의도를 알아차림하라고 주문하지만 초보자는 의도 알아차림이 쉽지 않다. 이때는 「들려고 함」 하고 들려는 발바닥 중앙에 마음근육이자 알아차림 기능인 sati를 갖다 둔다. 발을 드는 행동, 이름붙이기, 알아차림을 동시에 한다. 「가려고 함」, 「놓으려고 함」 도 마찬가지다. 의도 알아차림하라고 할 때 sati를 발바닥 중앙에 갖다두는 것이 요령이다. 점차 sati 힘이 커지면 어느 순간 의도가 보이기 시작한다. 의도 알아차림 기능인 sampajāna(自知)를 강화해야 수행진도가 순조롭게 나간다.

7. 행념핵심

1. 행념할 때 알아차림 핵심은 1단계와 3단계는 발 움직임(風大), 6단계는 움직이는 발바닥 무게감(地大)으로 기준점 정하고 알아차림하는 것이다.

2. 발 움직임을 알아차림할 때 모양중심(이미지)으로 보지 말고 드러난 고유특성인 4대(四大)로 알아차림하면 sati(念)가 커지고 paññā가 성숙한다. 전체상황 통찰기능인 paññā가 성장하는 것만큼 실재인 3법인을 체득할 수 있다.

사진 15	사진 16	사진 17
수직으로 들어올림	수평으로 이동함	수직으로 놓음
사진 18	사진 19	사진 20

3. 이때 주의할 것은 발 움직임을 모양중심으로 보아서는 안 된다. 그것은 Yoga 수행기술이다. 그렇게 하면 마음근육이자 알아차림 기능인 sati는 강화하지 않고 sati 집중기능인 samādhi만 조금 향상하고 결국 Maggaphala에 들지 못하고 Nibbāna를 체험할 수 없다.

4. 실재보거나 4대(四大) 전부 알아차림 요령이 4대 가운데 어느 하나에 기준점 정하고 알아차림하는 것이다.

5. 이때 알아차림 범위를 좁히는 것이 깊고 넓게 보는 핵심이다.

8. 방향돌거나 걸음멈출 때 처리 기술

1. 행념하는 장소끝에 도착하면 먼저 서려는 의도를 알아차림하고 「들어-놓음」하고 선 후, 방향돌기 전에 그 의도를 알아차림[sampajāna, 自知] 한 후, 「들어-(돌려)-놓음」하고 천천히 돌려놓는다.

2. 방향바꿀 때는 더 세밀한 알아차림이 필요하다. 항상 움직이려는 의도를 먼저 알아차림한 후 행동해야 한다. 그래야 수행향상에 도움된다.

9. 방해현상처리 기술

1. 행념할 때 소리나 망상 등 방해현상이 나타나도 가능한 무시하고 마음근육이자 알아차림 기능인 sati를 움직이는 발에 더 집중하는 것이 효과있다.*

2. 행념을 못할 정도로 방해현상이 강하게 나타나면 들고 있던 발을

내려놓고 눈을 감고 방해현상이 나타난 방향으로 마음근육이자 알아차림 기능인 sati를 보내 서너 번 이름붙이고 알아차림한 후 다시 시작해야 한다.

3. 방해현상이 발생할 때 그것을 알아차림하는 것은 기본이고 그보다 더 중요한 것은 방해현상을 알아차림한 후 즉시 기준점으로 돌아오는 것이다.

4. 마음근육이자 알아차림 기능인 sati가 성숙해 방해현상이 일어난 순간을 알아차림하고 동시에 발 움직임도 놓치지 않았다면 방해현상이 발생한 줄만 알고 계속 발 움직임에 sati를 집중해야 한다.

5. 행념할 때 많은 망상이 들어오는 것은 두 가지 요인 때문이다. 하나는 마음근육이자 알아차림 기능인 sati가 발 움직임에 잘 밀착하지 않기 때문이다. 다른 하나는 마음거울이 맑아지고 sati 기능이 향상해 알아차림이 잘되기 때문이다.

6. 행념할 때 태산 같은 망상이 밀려와도 그냥 발바닥 움직임만 알아차림하는 것이 좋다.

10. 행념시간

1. 시간을 정해 행념할 때 1단계 5분, 3단계 5분, 6단계 50분으로 하

방해현상

좌념할 때 방해현상이 나타나면 그것을 알아차림하고 즉시 기준점으로 돌아와야 한다. 행념할 때 어지간한 방해현상은 무시하고 발 움직임에 집중해야 한다. 생활념은 방해현상이 나타나면 철저히 무시하고 그것이 나타난 것만 자각하고 현재 하고 있는 행위끝 알아차림에 집중해야 한다.

면 수행향상에 도움된다. 자투리시간을 활용해 행념할 때 시간이나 단계에 구애받지 않아도 된다.

2. 행념시간은 한 번에 1시간 정도가 적당하다. 처음 수행하는 초보자는 좌념과 행념 비율을 「1:1」로 균형맞춰 1시간 좌념, 1시간 행념하면 좋다. 수행이 어느 정도 성숙한 수행자는 수행지도자 지시에 따라 좌념과 행념 비율, 행념할 때 단계와 시간을 조절해야 한다. 이때도 행념시간은 60분을 넘지 않아야 한다.

3. 좌념전후로 행념하면 몸도 풀리고 뇌가 활성화해 좋다. 잠에서 깨어나면 뇌가 완전히 깨어나지 않은 상태이므로 30분 이상 행념해 뇌를 활성화한 후에 좌념하는 것이 바람직하다.

11. 행념거리

1. 행념거리가 멀 필요없다. 1단계는 거리에 구애받지 않아도 된다. 3단계와 6단계는 7~10 m 정도가 적당하다.

12. 행념끝냄

1. 먼저 행념을 끝내겠다고 마음정한다. 행념을 멈추고 팔을 풀고 호흡을 크게 토해낸다. 이때 조급하거나 거칠면 안 된다. 수행후 항상 천천히 움직여야 다음수행에 도움된다.

2. 수행자는 행념으로 얻어진 수행력을 흩뜨리지 말고 좌념과 일상생활로 연결해 수행자양분으로 삼아야 한다.

3. 행념도 좌념과 마찬가지로 마치고 나서 곧바로 과격한 몸놀림이나 스트레칭은 피하는 것이 좋다.

4. 마음근육이자 알아차림 기능인 sati 힘이 강해질수록 행념중에 피곤하거나 눈꺼풀이 무겁고 졸음이 몰려올 수 있다. 이때 행념을 중단하지 말고 계속 밀어붙여야 한다. 수행진도가 조금 나간 상태에서 행념할 때 졸립거나 피곤한 것은 졸음이나 피곤함이 아니라 sati 집중기능인 samādhi 특징이다.

5. 이때 행념을 중단하고 조금 쉬었다 하면 더 잘 할 것 같지만 그것은 함정이다. 이것은 등산할 때 체력이 떨어지면 힘들고 피곤한 것과 같은 현상이다.

6. 행념이 잘 되고 난 다음 좌념할 때 앉자마자 5분 정도 졸음이 몰려오기도 한다. 이때 졸고 나면 몸과 마음이 상쾌함을 느낄 수 있다. 그러나 상쾌함과 동시에 그전 시간 쌓아 둔 수행력도 날아가기 때문에 조심해야 한다.

7. 행념을 마치고 나서 피곤함과 졸음이 오기도 한다. 행념을 마친 후 5분 안에 의자에 기대거나 누워 휴식하지 않아야 한다. 그렇게 하면 몸은 개운해지지만 5분 정도 휴식이 그 시간 동안 키워 놓은 수행력도 날려버린다.

8. 가능한 행념다음에 오는 졸음은 알아차림하고 견디는 것이 좋다. 졸음도 알아차림 대상으로 삼으면 수행진보에 도움된다.

24

생활념 · 노동념 기술
生活念

project

check point

이 장에서는 수행 꽃인 생활념 · 노동념 기본 원리와 기술을 배우고 익힌다. 생활념 · 노동념 이론과 기술을 올바르게 익히면 삶의 현장에서 유익하게 활용할 수 있고 자유롭고 행복한 삶의 토대를 튼튼히 할 수 있다.

1. 생활념 · 노동념 기본원리

1. 좌념과 행념만이 수행이라고 생각하고 나머지 시간은 아무렇게나 행동한다면 좌념과 행념으로 이룬 수행력이 흩어질 수 있다. 어떤 상황에서라도 몸 안팎에서 일어난 현상을 정확히 알아차림하고 실재통찰이 중요하다.

2. 생활념(ājīva sati, 生活念)은 일상생활이나 노동현장을 수행과 연결한 것이기 때문에 수행보다 생활이나 일이 중심이다.

3. 생활념은 장소나 시간에 구애받지 않고 언제든지 원하는 장소에서 할 수 있다. Buddha는 일상생활 전부가 수행 아닌 것이 없다고 했다.

4. 보이면 「보임」, 들리면 「들림」, 생각나면 「생각」 하고 알아차림할 때 수행은 크게 진보한다. 생활념할 때 기본원칙을 잘 숙지하고 활용하면 수행진보에 크게 도움된다.

5. 생활념할 때 마음근육이자 알아차림 기능인 sati뿐만 아니라 행동하기 전에 일어난 의도 알아차림 기능인 sampajāna(自知)도 강화해야 수행이 진보한다.

6. 행주좌와 어묵동정(行住坐臥 語黙動靜), 아침부터 저녁까지 모든 것을 있는 그대로 알아차림하는 것이 생활념이다. 생활념은 행념이나 좌념보다 알아차림하기 어렵기 때문에 제대로 하면 수행효과는 크다.*

투자와 효율성

Mano Nivāraṇa Sutta에서 Buddha는 수행에 대해 다음같이 말한다.

하늘사람
「마음을 길들이고 제어하여 괴로움의 길을 가지 않네.
항상 마음을 제어해야 괴로움에서 벗어나네」

7. 일상생활을 수행으로 활용할 때 현재 하고 있는 일을 지속해야 하고 그것을 중단해서는 안 된다. 일상생활에서 수행할 때는 할 수 있는 만큼만 수행에 활용해야 한다.

8. 수행력이 향상되기도 전에 모든 것을 알아차림 대상으로 삼고 수행하면 얼마하지 못해 지치고 싫증난다. 그렇기 때문에 생활념·노동념할 때 항상 자기수준을 넘지 않는 절제와 지혜가 필요하다.

9. 마음근육이자 알아차림 기능인 sati 강화에서 중요한 원칙은 sati 힘을 키우는 것이다. 그러기 위해서는 도구를 사용해 sati 힘을 키워야 하는데 그 도구는 다음 두 가지다.

표88 **수행핵심**

① 기준점 정함

② 이름붙임

---

1) 기준점 정함

10. 생활념할 때 알아차림 기준점은 행위끝이다. 걸을 때 움직이는 발

Buddha

「항상 마음이 잘 제어되어 있으면 일일이 마음을 통제할 필요없네.
악한 것이 일어날 때마다 그때그때 마음을 잘 제어하면 되리」

여기서 일반인은 항상 수행해야 한다고 생각하지만 Buddha는 수행하는 방법을 잘 익혀두었다가 망상이 들거나 해서 필요할 때 수행해서 마음을 안정시키면 된다고 말한다. 5분 마음안정하자고 500시간 투자하는 것은 투자대비 효율성이 현저히 낮다.

바닥, 청소할 때 빗자루끝, 대화하거나 강의할 때 해당상황 전체를 기준점으로 삼는다.

11. 좌념할 때 배 움직임(일어남-사라짐)이나 행념할 때 움직이는 발끝(들어-앞으로-놓음)도 기준점과 이름붙이기가 핵심이다.

2) 이름붙임

12. 알아차림 대상이 느리거나 단순하게 움직일 때 이름붙이고 빠르거나 복잡할 때 해당현상을 주시만 한다. 이름붙일 때 다음같은 기준으로 한다.

13. 이름은 가능한 짧게 붙인다. 1음절이면 좋고 최장 3음절 이하로 한다. 이름은 현상에 따라 붙여도 되고 한 단어로 통일해도 된다. 옛 어른이 무자(無字) 화두가 좋다고 한 것은 1음절이기 때문이다.

14. Buddha는 숫자(數息)나 현상에 따라 다양하게 이름붙였다. 화두수행은 화두(話頭), Mantra 수행은 진언(眞言), 염불수행은 염불(念佛)로 통일해 이름붙였다.

15. 이름붙이고 알아차림하면 마음근육이자 알아차림 기능인 sati가 인식대상에 밀착하기 쉽고 밀착력(三昧力)도 커진다. 그렇기 때문에 Buddha 이래 정통파는 수행할 때 반드시 기준점 정하고 이름붙이고 알아차림했다.

3) 방해현상처리 기술

16. 생활념할 때 알아차림 방해현상이 나타나면 그것이 발생했다는 것만 자각하고 현재 하고 있는 행위끝에 마음근육이자 알아차림 기능

인 sati를 더 집중해야 한다. 이때 일속도를 약간 늦추고 sati를 인식대상에 집중하면 효과있다.

2. 멈출 때(住念)

1. 길을 가다 신호를 기다리거나 버스나 지하철에서 서있을 때 기준점인 배나 발 움직임을 알아차림하면 몸과 마음이 잠시나마 휴식할 수 있다.

2. 시험보기 직전 초초함으로 마음채우기보다 마음근육이자 알아차림 기능인 sati를 기준점인 배나 발 움직임에 갖다 두면 몸과 마음이 안정되고 맑은 에너지가 충만해지고 자신감도 생긴다. 멈춰 서서하는 생활념은 다음같다.

> 서서 **배 움직임(일어남-사라짐)**
> 또는 「섬-(오른발, 왼발)- 닿음」

으로 알아차림해야 한다.

3. 누울 때(臥念)

1. 침대에 누웠다고 피로풀리는 것은 아니다. 몸은 휴식하지만 마음은 끊임없이 움직인다. 마음근육이자 알아차림 기능인 sati가 인식대상에 끌려가면 마음은 쉬지 못한다.

2. 침대에 누워 마음근육이자 알아차림 기능인 sati를 배에 밀착고정하면 마음이 편안해진다. 동시에 몸에 쌓인 피로도 해소한다. 이렇게 휴식하는 것이 숙면하는 것보다 5배 이상 효과있다고 한다. 의자에 기대거나 침대에 누워하는 생활념은 다음같다.

배 움직임(일어남-사라짐)

을 알아차림해야 한다.

3. 잠자리에서 망상피우기보다 짧은 순간이라도 배 움직임(일어남-사라짐)을 알아차림하다 잠들면 불면증도 극복할 수 있고 깊이 숙면할 수 있다.

4. 집중수행할 때 하루 몇 시간 자야한다는 고정관념에서 벗어나는 것이 필요하다. 처음부터 정해진 기준은 없다. 잠자는 시간을 아껴 수행하는 것이 바람직하다.

4. 공양할 때(供養念)

1. 음식먹을 때 수행하면 수행향상에 효과있다. 그러나 다른 사람과 함께 먹거나 음식점에서는 가능한 피하고 혼자 먹을 때 해보면 좋다. 공양할 때 하는 생활념은 다음같다. 먼저 음식 앞에 앉는다.

젓가락 잡으며 「**잡음**」
번으며 「**번음**」
집으며 「**집음**」

당기며 「당김」

입에 넣으며 「넣음」

내려놓으며 「놓음」

씹으며 「씹음」

삼키며 「삼킴」

2. 음식을 입에 넣고 바로 씹지 말고 젓가락을 밥상에 내려놓고 손을 상이나 무릎에 고정하고 나서 씹는다. 그리고 처음부터 다시 반복하면서 하나하나 알아차림해야 한다.

3. 한 번에 한 동작씩 천천히 이름붙이고 알아차림하고 공양해야 한다. 한 끼 먹는데 50분 정도면 알맞다.

4. 중요한 것은 젓가락잡은 손을 움직일 때 젓가락(숟가락) 끝, 음식씹을 때는 이가 부딪치는 곳에 마음근육이자 알아차림 기능인 sati를 둔다.

5. 대개 공양할 때 음식씹으면서 다음 먹을 음식을 두리번거리며 찾거나 뒤적거리고 옆 사람과 대화하거나 여러 가지 잡다한 것을 생각한다. 두세 동작을 동시에 하고 먹는다.

6. 점잖게 먹는 것 같지만 자세히 관찰하면 동물과 비슷한 수준이다. 밥먹는 것을 대상으로 수행하면 음식먹는 것이 품위있고 건강에 도움된다. 혼자 먹기 외로울 때 밥먹는 것을 수행으로 삼으면 삶의 다른 모습이 보일 것이다.*

공양수행

제대로 된 수행처는 수행지도자가 맨 나중에 공양한다. 일반수행자가 음식먹을 때 알아차림할 수 있도록 지도해주고 밥먹을 때 필요한 것을 직접 도와준다. 일반수행자가 거의 다 먹고 나면 그때 수행지도자가 공양한다. 이렇게 하는 것은 공양할 때 sati가 행념보다 3배, 좌념보다 10배 이상 효과있기 때문이다. 밥 한 끼 먹으며 제대로 알아차림하면 10시간 좌념하는 것만큼 좋다.

5. 공부할 때(工夫念)

1. 공부할 때 수행을 활용하면 데이터 처리주체인 뇌와 마음이 휴식하고 공부에 도움되고 유익하다. 공부할 때 수행기술은 다음 두 가지다.

첫째 공부하기 전에 잠시 뇌와 마음을 휴식한 후 시작한다.

2. 책상에 앉아 2~3분 배 움직임(일어남-사라짐) 알아차림한 후 공부 시작하면 좋다. 책상에 앉자마자 공부하는 것은 자동차 열쇠꽂고 바로 시동걸어 출발하는 것 같다. 그러면 자동차 엔진에 무리를 가해 고장원인이 된다.

3. 뇌와 마음도 마찬가지다. 책상에 앉자마자 공부하면 뇌와 마음에 부담을 준다. 잠시 뇌와 마음을 안정한 후 공부하면 효율성이 높다.

4. 시험 볼 때 문제지 배부하기 전에 옆 사람과 잡담하거나 책을 보는 것보다 조용히 눈감고 배 움직임(일어남-사라짐) 알아차림하고 뇌와 마음을 쉬어주면 좋다. 짧은 순간이지만 뇌와 마음이 안정되고 맑아지고 집중력도 향상한다.

둘째 공부하는 주제이외 방해현상이 생기면 그것을 알아차림한 후 주제로 돌아온다.

5. 지금하는 공부주제 이외 방해현상이 생기면 그 지점에서 멈추고 눈감고 방해현상이 들어온 방향으로 마음근육이자 알아차림 기능인 sati를 보내「망상, 들림, 보임」하고 해당현상에 이름붙이고 알아차림한

후 다시 공부주제로 돌아와야 한다.

6. 이것이 어느 정도 익숙해지면 방해현상이 생겨도 그 현상이 일어났다는 것만 알아차림하고 그곳으로 마음근육이자 알아차림 기능인 sati를 보내지 말고 현재 하고 있는 주제에 더 집중해야 한다.

7. 처음엔 이런 방법이 공부하는데 번거로운 것처럼 느껴지고 시간이 많이 걸리지만 조금 익숙해지면 두서너 시간 수월하게 공부에 집중할 수 있다.

6. 졸릴 때(睡眠念)

1. 수행할 때 큰 어려움 가운데 하나가 졸음이다. 그래서 수행자는 졸음퇴치 기술을 다양하게 개발해 사용한다. Buddha는 졸음도 훌륭한 알아차림 대상으로 삼고 수행했다.

2. 졸음을 피할 것이 아니라 그것을 알아차림하면 수행향상에 효과있다. 그렇다고 억지로 졸음을 대상으로 삼지 말고 기준점인 배나 발 움직임 알아차림하는데 졸음이 방해할 때만 관찰해야 한다.*

졸음관찰

처음 수행하는 초심자는 배나 발 움직임도 알아차림하기 힘들다. 알아차림이 어느 정도 익숙해지면 배나 발 움직임이 마음에 와 밀착한다. 큰 수행진보가 있으면 마음움직임조차 느리게 느껴진다. 마음움직임이 너무 쉬워 도리어 알아차림이 느슨해지기 쉽다. 이때는 특별대상을 알아차림 기준점으로 선택해 수행하는데 그것이 졸음인 경우가 많다. Moggallāna는 7일 동안 졸음을 알아차림해 Arahant Maggaphala를 성취했고 Mahāsī는 4개월 정도 졸음을 알아차림해 Arahant Maggaphala를 성취했다. 원효를 포함해 역대조사도 졸음을 수행진보에 좋은 자양분으로 삼았다. 옛 조사는 턱밑에 송곳을 세우고 수행하거나 천길 벼랑끝에 앉아 수행했다. 이때 졸음에 떨어지면 송곳에 찔리거나 벼랑밑으로 사라졌다.

3. 졸음을 알아차림 대상으로 놓고 수행할 때 다음같이 한다. 기둥모서리나 벽에서 2~3m 정도 떨어져 앉는다. 졸음을 알아차림하다 놓치면 그 압력만큼 튕겨나가는데 조심해야 한다. 졸음 알아차림은 초보자는 안하는 것이 좋고 수행이 어느 정도 성숙한 수행자가 하면 효과있다.

4. 앉은 상태에서 졸음이 오면 「졸음」 하고 마음근육이자 알아차림 기능인 sati를 머리에 밀착한다. 눈꺼풀이 무겁거나 머리를 누르는 등 다양한 현상이 전개하면 현상을 따라가며 알아차림해야 한다.

눈꺼풀이 무거우면 「**무거움**」

정수리를 누르면 「**누름**」

다시 눈꺼풀이 무거우면 「**무거움**」

머리 주변으로 바람이 일어나면 「**바람**」

하고 나타난 현상에 이름붙이고 알아차림하면서 일어난 현상을 계속 따라가면서 알아차림해야 한다.

5. 졸음은 「꾸벅」 하고 오지만 졸음이 오는 머리에 마음근육이자 알아차림 기능인 sati를 밀착하고 관찰하면 눈꺼풀이 무겁거나 머리를 누르는 현상이 나타난다. 이때 해당현상에 이름붙이고 알아차림하는 것이 졸음 알아차림 기술이다.

6. 마음근육이자 알아차림 기능인 sati 힘이 졸음보다 커 졸음이 깨질 때 갑자기 머리가 맑아지거나 잠이 확 깨거나 머리가 압력받다가 「퍽」 하고 뭔가 깨지며 고요하고 맑아진다. 마치 SF영화에서 시간터널을 통과하는 것처럼 순간 주변이 고요하고 머리가 맑아지고 마음이 선명해진다.

7. 이렇게 하면 며칠 정도 조금만 자도 개운함을 느낀다. 설사 졸음에

밀려 잠에 떨어지더라도 자고 난 후 몸과 마음이 상쾌해 수행에 효과있다. 졸음 알아차림 기술은 수행할 때뿐만 아니라 공부나 연구할 때 활용해도 좋다.

7. 강의 · 대화 · 운전할 때(勞動念)

1. 강의, 대화, 운전할때 알아차림 기준점은 해당상황 전체다.
2. 강의할 때 강의내용, 진행과정, 청중반응을 모두 알아차림하고 진행하다 강의내용 말고 다른 것이 끼어들면 그것이 방해현상이다. 이때 끼어드는 방해현상으로 마음근육이자 알아차림 기능인 sati를 보내지 말고 그것이 발생했다는 것만 인지하고 즉시 강의내용으로 돌아가 해당강의에 집중해야 한다.
3. 다른 사람과 대화할 때도 마찬가지다. 상황전체를 알아차림 대상(기준점)으로 놓아야 한다. 그러다 대화주제가 아닌 다른 것이 끼어들면 그것이 방해현상이다. 이때 끼어드는 방해현상으로 가지 말고 그것이 발생했다는 것만 인지하고 즉시 대화에 집중해야 한다. 대화할 때 입술끝이나 들리는 말을 알아차림하면 말만 들리고 내용이 들어오지 않는다.
4. 운전할 때 위험하므로 하지 않는 것이 좋다. 간혹 수행이 설익은 사람이 고난도기술을 사용하려고 한다. 고난도기술과 수행효과는 구별해야 한다.
5. 운전할 때 망상이나 방해현상이 나타나면 그곳으로 가지 말고 손으로 운전대를 살짝 잡으며 「망상」 하고 알아차림하면 효과있다. 운전할 때 앞뿐만 아니라 운전상황 전체가 알아차림 대상(기준점)이다.

8. 염불할 때(念佛念)

1. 신의 이름을 반복해 부르고 기도하면 중생이 되는 길이고 그 소리를 기준점으로 삼고 수행하면 Buddha가 되는 길이다.

2. Buddha 이래 많은 수행자가 소리를 알아차림하고 Maggaphala에 들어 Nibbāna를 체험했다. Sāriputta(舍利弗, 舍利子)도 소리듣고 Arahant Maggaphala를 성취했다. Mahādeva(摩訶提婆, 大天, BCE 4세기 활동)가 5사(五事)에서 소리듣고 Maggaphala에 들어간다고 한 것도 마찬가지다.

3. 소리 알아차림 기술은 두 가지가 있다. 하나는 소리 발생장소인 입술움직임을 알아차림 기준점으로 삼고 수행한다. 이때는 소리를 빠르게 한다. 목탁치며 할 때는 목탁채 움직임이나 목탁채 부딪치는 지점을 알아차림 기준점으로 삼아도 된다. 다른 하나는 소리들리는 귀(소리)를 알아차림 기준점으로 삼고 수행한다. 이때는 소리를 천천히 한다.

4. 여러 사람이 모여 소리를 기준점으로 삼고 수행할 때 두 모둠으로 나눠한다. 한 모둠이 염불하면 다른 모둠이 소리가 들리는 귀(소리)를 기준점으로 삼고 알아차림한다. 이렇게 교대로 역할바꿔 알아차림하면 수행향상에 도움된다.

5. 염불하는 모둠이나 소리듣는 모둠이나 입술, 귀, 소리를 기준점으로 삼고 알아차림할 때 방해현상이 나타나면 그곳으로 가지 말고 입술이나 귀(소리)에 마음근육이자 알아차림 기능인 sati를 집중하는 것이 효과있다.

9. 절할 때(拜念)

1. 뭔가 바라고 기도하고 절하면 중생이 되는 길이고 절하는 행위끝을 기준점으로 삼고 알아차림하면 수행이고 Buddha가 되는 길이다.

2. 절하는 동작을 기준점으로 삼고 수행할 때 움직이는 행위끝을 기준점으로 삼고 천천히 움직이며 동작 하나하나 알아차림해야 한다. 절하는 숫자 채우기 위해 빠르게 하는 것은 수행에 도움되지 않는다. 절할 때 하는 알아차림 기술은 다음같다.

무릎 꿇을 때 내려가는 「동작(무릎) 끝」
손 내려놓을 때 「손 끝」
머리숙일 때 「이마 끝」
일어날 때 「역순」

으로 한다.

3. 절하는 행위끝 알아차림할 때 방해현상이 나타나면 그곳으로 마음 근육이자 알아차림 기능인 sati를 보내지 말고 절하는 행위끝에 sati를 집중한다. 절하는 동작 알아차림하면 수행에 도움되고 건강에도 좋다.

10. 사경할 때(寫經念)

1. 뭔가 바라고 사경하면 중생이 되는 길이고 사경하는 행위끝을 기준점으로 삼고 수행하면 Buddha가 되는 길이다.

2. 사경할 때는 글쓰는 상황전체나 붓끝을 알아차림해야 한다. 사경할 때 방해현상이 나타나면 그곳으로 마음근육이자 알아차림 기능인 sati를 보내지 말고 붓끝에 sati를 집중해야 한다.

3. 지나치게 망상이 들어와 사경하는 것을 방해하면 사경을 멈추고 방해현상이 들어온 방향으로 마음근육이자 알아차림 기능인 sati를 보내 이름붙이고 알아차림한 후 다시 사경해야 한다.

4. 모든 것이 알아차림 대상(기준점)이다. 일상생활 전부 알아차림 대상 아닌 것이 없다. 인식대상과 어울려 놀면 망상대상이고 알아차림하면 수행대상이다. 술꾼이 절에 오면 수행처가 술집이 되고 수행자가 술집에 가면 술집이 수행처가 된다.

5. 생활념할 때 처음부터 알아차림 범위를 확대하지 말고 한두 가지 대상으로 압축해 알아차림하다 수행이 향상하면 서서히 알아차림 범위를 넓혀가는 것이 수행향상에 효과있다.

25
Suñña 기술
空

project

project

1. 4무량심

2. Suñña 수행 이론토대

3. Suñña 수행기술

4. Suñña 수행공덕

check point

이 장에서는 마음오염원을 제거하고 맑은 마음으로 마음공간 채우는 Suñña 수행 이론과 기술을 배우고 익힌다.

1. 4무량심

1. 자비는 원래 자비희사(慈悲喜捨) 4무량심(四無量心)이다. mettā
(慈)는 다른 존재에게 기쁨을 주는 것, karuṇā(悲)는 다른 존재 슬픔을
제거하는 것, muditā(喜)는 다른 존재가 즐거워할 때 함께 기뻐하는 것,
upekhā(捨)는 다른 존재와 함께 어울리는 것이다.*
2. 자비는 자신과 다른 사람이 행복하길 바라는 마음이고 사랑과 우
정이 넘치게 하는 도구다.*
3. 자비(慈悲)는 베풂이고 희사(喜捨)는 어울림이다. 전제왕조 시대
는 왕의 베풂이란 상징조작에 이론제공한 불교개념이 자비다. 함께 어
울림은 신분사회에서 금기철학이다. 그래서 자비희사는 전제 왕조시
대를 지나면서 자비만 강조하고 희사는 제거했다.

자비성질

자비는 흐르는 물과 같다. 물은 가까운 곳부터 적시고 위에서 아래로 흐른다. 자비도 마찬가지
다. 소중한 사람이나 가까이 있는 사람부터 전해진다. 이것이 자비본성이다.

자비와 에티켓

자비는 접촉다음에 일어난 첫 번째 마음이 타인을 배려하는 것이고 에티켓은 마음상태와 상관
없이 타인을 배려하는 것이다. 퇴근 길 피곤할 때 버스타고 운 좋게 자리잡고 가는데 몸이 불편
한 사람이 타는 것을 본 순간 이 자리를 저 사람에게 양보해야지 하는 마음이 일어나면 자비심이
고, 내가 더 앉고 싶지만 이 상황에서 자리를 양보하지 않으면 다른 사람에게 비난받는 것이 싫
어서 양보하면 에티켓 혹은 도덕이라고 한다. 대중이 모여사는 도시는 에티켓이 발달한 사회다.
편리하기도 하지만 마음이 멍들기도 한다.

2. Suñña 수행 이론토대

1. Buddha는 아들인 Rāhula(羅睺羅)에게 수행지도한 Mahā Rāhulovāda Sutta(羅云經)에서 마음맑히는 SATI(念), 마음비우는 Suñña(空), 마음보내는 Mettā(慈) 등 세 가지 수행을 가르쳤다.

2. Suñña 수행 이론토대는 간단하다. 마음공간에 욕망이나 미움 등 마음오염원이 등장하면 그것을 비우고 맑음으로 채우는 것이다. 그 방법은 크게 두 가지다.

3. 하나는 마음근육이자 알아차림 기능인 sati를 사용해 마음오염원을 제거하고 그것으로부터 벗어나 자유로워지는 것이다. 다른 하나는 마음공간에 맑음을 채워서 마음오염원을 밀어내고 마음공간을 비우는 것이다. 전자는 SATI 수행, 후자는 Suñña 수행이라고 한다. 일종의 관심돌리기다.

4. 마음공간에 욕망, 이기심, 분노, 적의, 원망, 서운함, 편견, 선입관, 가치관 등 마음오염원이 등장해 마음공간을 오염시키면 그것에 대응하는 마음공간을 맑음으로 채워서 마음오염원을 비우고 맑고 건강하게 가꿀 수 있다. 여기서는 이런 수행기술을 Suñña 수행, 비움과 채움 수행, 줄여서 비채수행으로 정의한다.*

5. 마음공간에 욕망이나 분노 등 마음오염원이 발생하면 마음공간은 순식간에 그런 마음오염원에 물든다. 마음공간을 맑히기 위해서 집게

맑은 물붓기

동사섭수행을 지도하는 용타는 이 수행을 「맑은 물붓기」로 이름붙인다. 아침편지를 이끄는 고도원(1952~)은 「나를 비우고 너를 채운다」를 상표로 개발해 「Viche coffee」를 만들어 판다. 원래 Viche는 조합을 뜻하는데 커피 브랜드로 즐겨 사용한다.

로 마음오염원을 하나하나 집어내기는 실제로 불가능하다. 이럴 때 마음공간에 맑은 물을 부으면 마음오염원이 밀려나고 마음공간은 맑아진다.

6. 그러나 이렇게 해서 마음공간은 정화되지만 마음근육이자 알아차림 기능인 sati는 강화되지 않는다. 그래서 마음비우는 Suñña 수행이나 마음보내는 Mettā 수행은 항상 SATI 수행 보조도구로 사용한다. Buddha 정통수행법 핵심이자 기본기술은 sati를 강화하는 것이다.

3. Suñña 수행 기술

1. Buddha는 Mahā Rāhulovāda Sutta(羅云經)에서 다음같이 Suñña 수행을 가르쳤다.

2. Rāhula(羅睺羅)여! 마음공간에 분노(byāpāda, 憤怒)가 일어나면 mettā(慈)로 마음채워라. 그러면 분노가 비워질 것이다.

3. Rāhula(羅睺羅)여! 마음공간에 적의(vihesā, 敵意, 害心)가 일어나면 karuṇa(悲)로 마음채워라. 그러면 적의가 비워질 것이다.

4. Rāhula(羅睺羅)여! 마음공간에 불쾌(arati, 不快)가 일어나면 mudita(喜)로 마음채워라. 그러면 불쾌가 비워질 것이다.

5. Rāhula(羅睺羅)여! 마음공간에 혐오(paḍigha, 嫌惡)가 일어나면 upekkha(捨)로 마음채워라. 그러면 혐오가 비워질 것이다.

6. Rāhula(羅睺羅)여! 마음공간에 욕망(ragā, 慾望)이 일어나면 asubha(不淨)으로 마음채워라. 그러면 욕망이 비워질 것이다.

7. Rāhula(羅睺羅)여! 마음공간에 내가 있다는 생각[asmi māna, 有我]이 일어나면 anicca(無常)로 마음채워라. 그러면 내가 있다는 자만

심이 비워질 것이다.

4. Suññā 수행 공덕

1. 마음공간을 맑히는 것은 생각처럼 쉽지 않다. 그러나 꼭 필요한 분야다. Buddha는 말년에 자신이 자주 Suññā(空)에 든다고 말했다. Subhuti(須菩提, 善賢, BCE 7세기 중엽~6세기 중엽)는 해공제일(解空第一)로 일컬어질 정도로 Suññā 수행을 잘했다.

2. 마음공간에 욕망, 이기심, 분노, 적의, 원망, 서운함, 편견, 선입과, 가치관 등 마음오염원이 일어나면 즉시 알아차림해 비우고 4무량심(四無量心)으로 채우는 것이 Suññā 수행이다.

3. 일반물질은 생산과 소비가 어느 정도 분리해 존재하기 때문에 문제가 발생하면 격리할 수 있다.

4. 그러나 마음상태는 그것이 긍정이든 부정이든 자기자신이 만들었다. 마음상태는 그 양과 질이 어떻든 생산과 소비가 일치한다. 마음상태는 자기자신이 최종생산자이면서 동시에 최초소비자다. 마음상태는 생산과 소비가 일치하고 분리할 수 없다.

5. 우리는 살면서 어떤 형태든 접촉은 피할 수 없고 접촉다음에 느낌이 일어난다. 그 느낌을 대상으로 마음이 흔들린다. 그렇게 일어난 마음상태를 유효하게 관리할 수 있는 이론과 기술 하나쯤 가지고 있어야 한다. 그래야 자유로운 삶, 여유로운 삶, 청정한 삶, 행복한 삶, 공존하는 삶을 살 수 있다.

Mettā기술
慈

project

check point

이 장에서는 맑은 마음을 소중한 사람에게 전하는 Mettā 수행 이론과 기술을 올바르게 배우고 익힌다.

1. pañña(般若, 慧)와 metta(慈)는 Buddha 가르침 두 축이다. 이것을 옛 사람은 수레 두 바퀴에 비유했다.

2. 마음맑히는 것이 SATI 수행이고 맑은 마음을 인연있는 사람과 나누는 것이 Metta 수행이다. Metta 수행은 SATI 수행과 더불어 수행자가 가장 선호한 수행이다.

3. Buddha도 매일 새벽 4~6시까지 하루 2시간씩 Metta 수행을 했다. Metta가 필요한 사람에게 맑고 평화로운 마음보내고 때로는 직접 찾아가 수행지도하고 함께 맑은 마음을 나눴다.

4. 지혜는 역동이고 자비는 고요하다. 지혜는 상쾌하고 자비는 온화하다. 지혜는 날카롭고 자비는 따뜻하다. 지혜는 수행으로 획득하고 자비는 실천으로 성숙한다.

5. 지혜는 직관, 응축, 단순, 전체상황 통찰기능이고 자비는 자애, 우정, 선의, 인정, 배려, 우호, 화합, 동료애, 비공격, 비폭력 등 의미를 지닌 개념이다.

1. Metta 수행 필요성

1. 존재를 배려하는 자비심으로 다른 존재에 대한 공격을 그치고 원한과 증오심을 버릴 수 있다. 자비심으로 인해 다른 사람과 함께 행복을 나누고 공존하는 마음을 갖는다.

2. 참다운 자비는 따뜻한 동료애와 이해심을 일으킨다. 이런 감정은 자비실천으로 끝없이 확대된다. 성, 인종, 정치, 경제 장벽을 무너뜨리고 존재를 포용하고 삶의 토대를 평화롭게 만든다.

3. 탐욕, 증오, 미혹, 질투에 구속돼 자유롭지 못한 마음은 삶을 옹졸

하고 편협하게 한다. 자비심은 이런 편협하고 옹졸한 멍에를 깨뜨림으로써 모든 구속에서 해방할 수 있게 해준다.

4. 마음은 빈 통이다. 그곳에 오물을 채우면 쓰레기통 되고 향수를 채우면 향수병이 된다. 마음공간을 욕망, 이기심, 분노, 적의, 원망, 서운함, 편견, 선입관, 가치관 등 마음오염원으로 채울 것이 아니라 맑고 향기로운 자비심으로 가득 채우면 삶은 자유와 행복으로 충만해진다.

5. 소중한 가족이나 인연있는 사람이 시험준비같이 힘든 일을 할 때 옆에서 도와줄 수 있으면 좋겠지만 본인 스스로 극복해야 하는 것이 대부분이다. 이때 기도로 욕망을 투사하기보다 SATI 수행으로 마음맑히고 그 맑은 향기를 Mettā 수행으로 소중한 사람에게 보내면 삶의 토대가 한결 부드러워진다.

2. Mettā 수행 이론토대

1. 뇌파를 가공해 telepathy를 만들고 그것에 마음실어 필요한 사람에게 전하는 것이 Mettā 수행 이론토대다.

2. 모든 생명체는 뇌에서 전기를 일으키고 뇌파를 발산한다. 마음근육이자 알아차림 기능인 sati를 특정지점에 보내면 산란하게 발산하던 뇌파가 sati가 집중한 곳으로 쏠린다. 이것이 telepathy다.

3. 뇌파 사이클이 같으면 서로 마음을 주고받을 수 있다. 쌍둥이, 가족, 부부, 직장동료, 어릴 때 친구 등은 뇌파 사이클이 비슷하다고 한다. 말하지 않고도 서로 마음을 읽을 수 있다.

4. 청정한 마음을 소중한 사람에게 보내는 것은 그들이 적의, 고통, 번민에서 벗어나 자유롭고 행복하게 살 수 있도록 도와준다. 자비는 자

은 감정있는 사람도 맨 뒤에 보낸다. 살아있는 사람에게 보내고 죽은 사람에게 보내지 않는다.

5. 좋지 않은 감정있는 사람에게

　1. 싫어함, 적의, 서운함, 오해 등 좋지 않은 감정을 가진 사람이 있다면 그대로 두지 말고 Mettā 수행으로 녹여내고 자신도 그런 생각에서 벗어나는 것이 삶의 토대를 맑고 건강하게 한다.
　2. 좋지 않은 감정있는 사람에게 자비심 보낼 때 먼저 자기마음을 청정한 자비심으로 가득 채우고 나서 보내고자 하는 사람 모습을 눈앞에 그린다. 그리고 나서 다음같이 자비심을 보낸다.

　「나는 그대에게 아무런 적의없다. 그대도 나에게 어떤 분노나 적의 갖지 않기를, 우리 모두 이런 마음오염원 내려놓고 자유롭고 여유롭고 청정하고 행복하게 살 수 있기를……」

6. 집단이나 지역으로

　1. 집단이나 지역 전체를 향해 자비심을 보낼 때 먼저 자기마음을 청정한 자비심으로 가득 채우고 나서 보내고자 하는 지역이나 집단 전체를 눈앞에 그린다. 그리고 나서 다음같이 자비심을 보낸다.

　「이곳에 있는 모든 존재가 욕망, 이기심, 분노, 적의, 원망, 서운함,

편견, 선입관, 가치관 등 마음오염원에서 벗어나 자유롭고 여유롭고 청정하고 행복하게 살 수 있기를……」

2. 이런 방식으로 자기집을 영상화하고 다음은 옆집을 영상화한다. 이렇게 한 집 한 집 자비심을 보내며 그 지역이 모두 자비심으로 감싸일 때까지 계속한다.

3. 다음은 옆거리 그 다음거리 순으로 온 이웃과 동네를 자비심으로 덮어간다. 그런 뒤에 방향따라 점점 넓혀가며 자비심을 확장해간다. 이렇게 마을에서 도시, 도시에서 국가, 국가에서 대륙, 대륙에서 지구, 지구에서 우주로 점점 확장하며 온 우주에 자비심을 방사한다.

4. 성, 계급, 인종, 종교, 이념에 관계없이 삶의 현장이 자비심으로 충만할 때 사자처럼 당당하고 바람처럼 자유롭고 연꽃처럼 초연하게 살 수 있다. 그리고 삶에 따뜻한 온기가 흐른다.

수행점검 기술

project

check point

이 장에서는 수행지도자에게 자기수행을 보고하고 수행지도받는 기술을 배우고 익힌다.

1. Buddha가 만든 SATI 수행은 간결하고 쉬운데 일반수행자는 수행하는 것이 어렵다고 느낀다. 이때 수행지도하는 스승이나 먼저 수행한 선배로부터 수행점검받는 것이 수행향상에 유익하다.

2. 수행진보에 효과있는 방법 가운데 하나가 수행지도자에게 자신이 경험한 수행과정을 있는 그대로 드러내고 교정받는 것이다. 이렇게 함으로써 Arahant Maggaphala(阿羅漢 道果)에 들어 Nibbāna(涅槃, 寂滅)를 체험하는 길로 올바르게 갈 수 있고 길을 벗어나면 즉시 되돌아올 수 있다.

3. Buddha가 간 길이나 다른 수행자가 가는 길은 한 길이다. 수행자 수준이나 수행법에 따라 다르게 보일 수 있지만 Maggaphala에 들어 Nibbāna를 체험하는 길은 분명 하나다. 길이 두 갈래거나 법이 다를 수는 없다.

4. 마음속으로 여행은 누구나 처음 가는 길이다. 일반도로처럼 이정표를 눈으로 확인할 수도 없다. 모든 것이 의심스럽고 혼돈스럽고 신기하다. 때로는 길이 보이지 않아 옆길로 빠지기도 한다. 이럴 때 경험많고 눈푸른 수행자가 올바르게 안내해주는 것이 중요하다.

5. Buddha로부터 마음과 마음으로 전해진 수행법은 글이나 책으로 쓰여 전해지지 않았다. Buddha로부터 Maggaphala를 성취한 수행자마음으로 전해졌고 수행점검을 통해 다음 수행자마음으로 전해졌다. 수행지도자에게 수행점검받는 것은 Buddha로부터 전해진 수행기술을 전수받는 유일한 길이다.*

불립문자

이심전심 불립문자 교외별전 직지인심 견성성불(以心傳心 不立文字 敎外別傳 直指人心 見性成佛)은 모두 수행경험을 다른 사람에게 설명할 때 사용한 용어다.

6. 수행지도하는 스승은 수행자가 수행으로 알거나 경험할 것에 대해 미리 이야기하지 않는다. 단지 수행자가 인식대상을 어떻게 알아차림할 것인지 그 방법을 지도해준다.

7. 수행지도자는 배, 발, 화두, 염불 등 기준점을 어떻게 알아차림하는지 알아차림할 때 나타나는 방해현상을 어떻게 처리하는지 가르쳐준다. 수행지도자는 Buddha 성스러운 법을 수행자 스스로 체득할 수 있도록 앞서 선도하지 않고 뒤에서 격려하고 방향을 잡아준다.

1. 수행점검 기술

1. 수행초기는 스승지도가 필수다. 수행지도하는 스승과 면담할 때 다음같은 수행보고 틀을 갖춰야 한다.

---

① 以心傳心 : 자기수행 경험은 자기마음에 존재하는데 이것을 다른 사람마음에 전해준다는 의미다.
② 不立文字 : 문자를 사용하지 않는 것이 아니라 경험은 문자로 표현하기에 한계가 많다는 의미다. 경험을 이전할 때는 그것을 이전받으려는 상대에게 먼저 스스로 체험하도록 유도한 뒤 말이나 글로 설명하면 효과있다.
③ 敎外別傳 : 경전밖에 따로 전하는 것이 있지 않다. 경전은 Buddha 수행경험을 문자로 담아 둔 것이다. 그 의미를 제대로 이해하기 위해서는 Buddha 수준만큼 수행경험이 필요하다.
④ 直指人心 : 수행자는 곧바로 자기마음으로 들어가 수행해야 한다는 의미다.
⑤ 見性成佛 : SATI 수행으로 Maggaphala에 들어 실재를 있는 그대로 보고 Buddha를 이루면 최상행복감인 Nibbāna를 체득할 수 있다는 의미다.

모두 수행과 경험이전 개념이다.

1) 용어통일

2. 좌념, 행념, 생활념을 보고할 때 자기나름대로 용어를 사용해도 상관없지만 의사소통 편리함, 객관화, 정확함을 위해 용어일치가 필요하다. 가능하면 Buddha 이래 수행도량에서 사용하는 수행용어를 사용하는 것이 좋다.

2) 보고순서

3. 수행지도자에게 수행보고할 때 좌념, 행념, 생활념 순서로 해야 한다.

4. 수행점검받을 때 미리 꼼꼼하게 준비해 시간을 유효하게 사용하는 것이 좋다. 초보자는 궁금한 것도 많고 생각과 말에 거품이 끼어 수행보고가 다소 산만해질 수 있다. 가능하면 말과 생각을 압축하고 틀에 맞춰 보고하는 것이 요령이다. 이것이 수행자에게 낀 거품 제거요령이다.

5. 먼저 보고하는 사람을 보고 배우는 것도 도움된다. 보고를 압축하고 요약해 시간을 절약하는 것이 수행지도자와 다른 수행자를 배려하는 것이다. 궁금한 것이 있으면 많은 시간을 사용해도 상관없다. 그것이 무의미하다면 수행지도자가 알아서 제지할 것이다.

2. 좌념보고 기술

1. 수행보고할 때 좌념보고가 70% 이상 차지해야 한다. 그 가운데 배움직임(일어남-사라짐) 보고가 80% 이상이어야 한다.

2. 좌념보고할 때 좌념시간, 배 움직임(일어남-사라짐), 생각움직임(망상), 몸움직임(몸에 나타난 현상) 순서로 보고해야 한다.

3. 좌념시간은 한 번에 1시간으로 정했으면 그것을 잘하고 있는지 못하고 있는지 자세히 보고해야 한다. 배 움직임(일어남-사라짐) 알아차림을 하고 있는지 다른 지시사항이 있다면 그렇게 하고 있는지 먼저 간략히 보고해야 한다.

4. 그러고 나서 알아차림 기준점인 배 움직임(일어남-사라짐)을 상세히 보고해야 한다. 배 움직임은 속도, 규칙, 위치, 폭, 유동, 일치감 순서로 자세히 보고해야 한다.

5. 배가 일상으로 빠르게 혹은 느리게 움직이는지, 어떤 때는 빠르게 움직이다 서서히 움직임이 작아지는지, 규칙으로 혹은 불규칙하게 움직이는지, 한 곳에서 움직이는지 여러 곳에서 움직이는지, 처음 움직인 데서 계속 움직이는지 다른 곳으로 이동해 움직이는지, 움직임폭이 큰지 작은지, 마음근육이자 알아차림 기능인 sati가 배에 잘 밀착하는지 안 하는지, 일상의 배 움직임 이외에 특별현상을 경험했는지도 자세히 보고해야 한다.

6. 배 움직임(일어남-사라짐) 보고가 끝나면 좌념할 때 알아차림한 생각움직임(망상 등)을 보고해야 한다. 생각이 많은지 적은지, 한 생각이 반복해 일어나는지 여러 생각이 잡다하게 떠오르는지, 과거생각[sañña, 想]이 많은지, 앞으로 할 미래의지[saṅkhāra, 行, 有爲]가 많은지, 생각이 일어난 순간[viññāṇa, 識] 바로 알아차림하는지 조금 놀다 알아차림하는지, 생각과 놀았다는 것을 알아차림하고 곧바로 배로 돌아오는지 망상하고 이름붙이고 돌아오는지 자세히 보고해야 한다.

7. 생각보고가 끝나면 몸 움직임(몸에 일어난 변화)을 보고해야 한다. 무릎에 통증이 심한지, 등이 가려운지, 발이 저린지, 수행이 힘들 때 어

떻게 하는지 자세히 보고해야 한다.

8. 좌념하는데 갑자기 눈앞이 환하게 밝아져 배를 놓치는지, 배를 보는데 속이 메스껍고 멀미가 나는지, 갑자기 설사나고 눈물난다든지 할 때 그것을 알아차림하고 어떻게 대응하는지도 자세히 보고해야 한다.

3. 행념보고 기술

1. 행념보고할 때 행념시간, 행념단계, 6단계행념, 생각움직임, 몸 움직임(현상)을 순서대로 보고해야 한다.

2. 행념은 1단계(5분)-3단계(5분)-6단계(50분)로 지시받으면 지시받은 대로 하는지, 그렇게 하지 못하면 왜 못하는지 분명한 이유를 간결하고 자세히 보고해야 한다.

3. 행념보고할 때 수행지도자로부터 특별지시가 없었다면 1단계, 3단계는 하고 있다는 것만 말하고 6단계를 자세히 보고해야 한다. 알아차림 기준점인 움직이는 발바닥 무게감을 중심으로 세밀하게 자세히 보고해야 한다.

4. 발 움직임(들려고 함-들어-가려고 함-앞으로-놓으려고 함-놓음(누름) 알아차림할 때 움직이는 발바닥에 마음근육이자 알아차림 기능인 sati가 밀착하는지, 발을 들 때 발바닥이 가벼운지 무거운지, 앞으로 갈 때 부드럽게 가는지 빠르게 가는지, 놓을 때 밑에서 당기는지 힘없이 내려가는지, 누름하면 바닥이 딱딱한지 부드러운지 자세히 보고해야 한다.

5. 행념할 때 몸이 흔들리는지 안정감있는지, 흔들릴 때 움직이는 발이 흔들리는지 지탱하는 발이 흔들리는지, 머리로부터 흔들림이 내려오

는지 지탱하는 발에서 흔들림이 올라오는지 자세히 보고해야 한다.

6. 발보고가 끝난 후 행념할 때 알아차림한 생각움직임(망상 등)을 자세히 보고해야 한다.

7. 좌념이나 행념 보고할 때 몸에 나타난 통증이나 느낌에 대해서도 자세히 보고해야 한다.

8. 현상이 일어남과 동시에 알아차림하는지 일어난 후에 알아차림하는지, 현상을 얼마나 오랫동안 알아차림하는지, 현상을 알아차림할 때 무엇을 제일 먼저 보는지, 현상을 알아차림한 뒤 즉시 기준점으로 돌아오는지 자세히 보고하고 올바르게 교정받아야 수행향상에 도움된다.

4. 생활념보고 기술

1. 좌념과 행념 보고가 끝나면 일상생활이나 노동할 때 경험한 것을 보고해야 한다. 생활념보고는 다음같이 한다.

2. 먼저 길을 다닐 때 발 움직임(오른발-왼발) 알아차림하는지, 그때 발에서 어떤 현상을 보는지 자세히 보고해야 한다.

3. 그 다음으로 밥먹을 때 어떻게 알아차림하는지 자세히 보고해야 한다. 숟가락을 들면서 「듦」, 반찬을 집으며 「집음」, 손을 당기며 「당김」, 음식을 입에 넣으며 「넣음」, 숟가락을 내려놓으며 「놓음」, 손을 무릎에 두면서 「둠」, 음식을 씹을 때 이가 부딪치는 곳을 알아차림하면서 「씹음」 하는지, 그때 어떤 현상을 알아차림하는지 자세히 보고해야 한다.

4. 마지막으로 일상생활에 문을 열 때 「열려고 함」, 닫을 때 「닫으려고 함」 하고 그 의도를 먼저 알아차림하고 문을 여닫고, 신을 신기 전에

「신으려고 함」, 벗기 전에 「벗으려고 함」하고 그 의도를 먼저 알아차림하고 신고 벗는지, 그때 어떤 현상을 보는지 자세히 보고해야 한다.

6. 그 외 일상생활에서 행위끝을 알아차림하는지 자세히 보고하고 지도받아야 한다.

5. 망상과 현상 보고 기술

1. 좌념, 행념, 생활념 보고가 끝나면 통증은 간략히 요점만 간추려 보고해야 한다.

2. 수행자는 망상이나 통증이 궁금해 질문하고 싶지만 수행지도자는 망상이나 통증은 이미 답이 나와있거나, 수행과정에서 대부분 거쳐야 하는 과정이거나, 실재를 보지 못하고 자기수준에서 현상을 이해한 것이기 때문에 참고만 한다.

3. 수행보고에서 중요한 것은 배나 발 기준점이다. 그것이 수행진퇴 핵심판단이다.

4. 수행지도자가 듣고 싶은 말은 기준점(배, 발, 화두, 염불 등)에 마음근육이자 알아차림 기능인 sati가 머무는지, 현상을 알아차림할 때 무엇을 보는지, 그때 실지로 어떻게 대응하는지다. 이것이 수행진도 판단 기준이 되기 때문이다.

6. 궁금한 것 질문

1. 모든 보고가 끝난 후 수행과 관련한 질문이나 궁금한 것이 있으면 물어본다. 이때 되도록이면 수행에 관해 질문하는 것이 좋다.

2. 수행자는 정직해야 한다. 오직 수행도중에 알아차림한 것만 보고하고 상상으로 지어내거나 다른 수행자가 보고한 것을 듣고 모방하면 안 된다.

7. 수행점검 공덕

1. 전체상황 통찰기능인 paññā(般若, 慧)가 높고 눈 푸른 수행자로부터 수행지도받는 것은 수행향상에 많은 도움된다. 수행지도자와 면담은 수행자가 알아차림 대상을 있는 그대로 보지 않고 관념으로 추론하고 자의로 해석하는 잘못된 수행을 막을 수 있다.

2. 수행지도자와 면담은 Buddha 이래 축적하고 수행자사이에 전해 온 수행 이론과 기술을 전수받을 수 있는 중요한 시간이다. 수행자는 수행지도자로부터 수행지도받는 것을 소홀히 하면 안 된다.

8. 수행점검표

표89 **수행점검표**

수행보고 총론	1. 총 수행시간 보고(하루) 　1) 좌념시간 　2) 행념시간
좌념보고 기술	2. 좌념 총 시간 보고 　1) 하루 시간 　2) 한 번 시간 3. 배 움직임(기준점, 일어남-사라짐, 風大) 　1) 속도(빠른지 느린지) 　2) 규칙(규칙인지 불규칙인지) 　3) 폭(큰지 작은지) 　4) 무게(무거운지 가벼운지) 　5) 이동(한 곳에서 움직이는지 이동하며 움직이는지) 　6) 알아차림(배 움직임을 알아차림 하는지 안 하는지) 　7) 일상적인 것 말고 특이하게 알아차림한 것 4. 생각 움직임 　1) 과거생각이 많은지 미래의지가 많은지 　2) 한 생각이 많은지 여러 생각이 많은지 　3) 일어난 생각을 알아차림하는지 놓치는지 5. 몸 움직임 　1) 몸에 나타난 현상보고 　　① 속이 울렁거리고 메스꺼운지　② 눈물나고 설사나는지 　　③ 몸에 열나고 통증이 심한지　④ 기타
행념보고 기술	6. 행념 총 시간 보고 　1) 하루 시간 　2) 한 번 시간 　3) 행념단계 보고 7. 발움직임 　1) 각 단계 시간(1단계 5분, 3단계 5분, 6단계 50분) 　2) 6단계 보고(발바닥 무게감 중심, 地大) 　　① 들 때(무거운지 가벼운지) 　　② 앞으로 갈 때(무거운지 가벼운지) 　　③ 놓을 때(무거운지 가벼운지) 　3) 생각 움직임(좌념과 같이) 　4) 몸 움직임(좌념과 같이)
생활념보고 기술	8. 생활념 보고 　1) 걸을 때 오른발, 왼발 하는지 　2) 공양하는 전 과정 알아차림 하는지 　3) 문 여닫고, 신발 신고 벗을 때 알아차림 하는지
질문하기	9. 궁금한 것 질문하기

수행이론

수행이론

6

마음이 맑으면 세상은 아름답다

SATI 수행 이론구조

project

check point

이 장에서는 Buddha가 직접 창안하고 실천해 Arahant Maggaphala를 성취한 SATI 수행 이론구조를 자세히 배우고 익힌다. 수행할 때 해당 수행기술이 가진 이론구조와 기술특성을 정확히 이해하고 실천하는 것은 유효성을 높이는데 중요하다.

1. 수행 추구목적은 이미 발생한 괴로움은 제거하고 앞으로 발생할 괴로움을 미리 방지해 자유로운 삶, 여유로운 삶, 청정한 삶, 행복한 삶, 공존하는 삶을 사는 것이다.

2. 그런 목적달성을 위해 존재에 내재한 법칙(本性, 實在, 三法印)과 존재에 드러난 고유특성(四大)을 이용해 지나온 삶의 흔적인 마음오염원을 제거하고 마음을 맑고 건강하게 가꾸고 실재를 있는 그대로 볼 수 있는 안목인 paññā(般若, 慧)를 키워야 한다.

3. 마음작용이 전개하는 주변수인 마음근육이자 알아차림 기능인 sati(念) 힘을 키워 마음을 건강하고 활기차게 관리하는 것이 중요하다.

1. 마음전개 과정

1. 감각대상과 감각기관이 접촉해 그 데이터가 마음거울에 상[viññāṇa, 識]을 맺는다. 마음공간에 데이터가 입력해 맺으면 반대편에서 마음근육이자 알아차림 기능인 sati가 활성화하면서 상이 맺혔다는 것을 알아차림하고 맺힌 상으로 집중[samādhi, 三昧, 止, 定]한다.

2. 그 순간 마음공간에 존재하는 데이터[anussati, 記憶, 기억이미지]가 개입해 새로 입력한 데이터를 포장하거나 마음근육이자 알아차림 기능인 sati를 덮는다.

3. 존재는 있는 그대로 마음거울에 상을 맺지만 마음공간에 존재하는 삶의 흔적인 기억이미지가 개입해 맺힌 상이나 알아차림 기능인 sati를 포장함으로써 색깔있는 안경을 끼게 되고 자기가 끼고 있는 안경색깔대로 존재를 인식한다.

4. 마음거울, 마음거울에 맺힌 상, 그것을 알아차림하는 sati, 마음공

간에 저장해있는 기억이미지, 4가지 마음구성 기본인자가 아주 짧은 순간 서로 결합하고 역학관계에 따라 다차원 사유과정과 정서과정으로 발전한다. 이런 과정이 끊임없이 되먹임하면서 중중첩첩 마음작용이 전개된다.

5. 이런 과정은 빠르고 복잡하게 이뤄지기 때문에 모든 것이 동시에 이뤄지는 것처럼 보인다. 그러나 마음공간에 입력한 데이터를 가공하고 되먹임하며 전개하는 전 과정은 질서있게 이뤄지고 한 번에 하나씩 순서따라 전개된다.

6. 이 모두를 선도하는 것이 마음근육이자 알아차림 기능인 sati다. sati는 마음작용 전 과정에서 주변수다. sati 기능 활력에 따라 마음작용은 다차원으로 전개한다.

7. Buddha는 마음근육이자 알아차림 기능인 sati를 이용해 마음상태를 맑고 건강하게 가꾸는 이론과 기술을 개발했다. Buddha는 자신이 만든 「마음관리 프로그램」을 SATI 수행이라고 정의했다.

8. 마음근육이자 알아차림 기능인 sati는 4가지 마음구성 기본인자가 몸, 마음, 삶에서 하는 실제역할을 올바르게 이해하고 마음관리를 마음화학차원에서 시작하면 사유작용이나 정서작용 같은 마음물리특성을 효과있게 다룰 수 있고 행동을 유효하게 통제할 수 있다.

9. Buddha는 마음거울에 맺힌 상의 전개과정을 알아차림하지 못할지라도 그 진행과정은 분명한 절차를 거치며 발전한다고 보았다.

10. 대부분 사람은 마음거울에 맺힌 상이 기억이미지와 결합해 진행하는 전개과정은 놓치고 반응차원에서 알아차림하고 행동을 통제한다.

11. 마음작용이 다음단계로 진행할수록 마음근육이자 알아차림 기능인 sati 힘은 약화하고 기억이미지는 마음오염원을 많이 흡수해 기억질량은 증가하고 삶을 구속한다.

12. 마음근육이자 알아차림 기능인 sati 힘이 약하면 마음거울에 맺힌 상을 자각하기 힘들고 해당현상에 내재한 실재나 드러난 고유특성을 있는 그대로 통찰하기 어렵다.

13. 마음근육이자 알아차림 기능인 sati가 사유과정과 정서과정이 전개되는 앞부분에서 개입하고 통제하면 기억무게를 줄이고 마음을 활기차게 할 수 있다.

14. 마음근육이자 알아차림 기능인 sati 힘이 약해 사유과정이나 정서과정이 계속 전개되면 마음공간에 입력한 데이터를 분석, 사유, 논리로 가공해 마음에너지를 많이 소모해 마음이 피로해진다.

15. 마음근육이자 알아차림 기능인 sati 힘이 강해 존재를 분석, 사유, 논리로 체계화하지 않고 있는 그대로 알아차림하면 마음에너지를 절약하고 보충해 마음이 건강해진다.

16. 수행할 때 마음거울에 맺힌 상을 분석, 사유, 논리로 체계화하고 수행자의도가 개입하면 인식대상을 자신이 가진 관념에 기초해 가공하고 평가한다.

17. 그러면 분석지인 지식[ñāṇa, 智]은 커지는 반면 존재를 전체로 이해하는 직관지인 지혜[paññā, 般若, 慧]는 성숙하지 않는다. 그 과정에서 마음에너지를 과도하게 사용해 마음이 피곤해진다.

18. 기억이미지는 마음오염원인 āsava(流漏)를 흡수해 마음공간에 에너지 뭉침[dukkha, 苦]으로 존재한다. āsava가 소멸할 때 흡수한 에너지를 해체하며 빠져나간다. āsava는 심리현상이지만 그것이 몸과 마음에 존재하고 소멸할 때는 생리흔적을 남긴다.

19. Maggaphala(摩訶婆羅, 道果) 문을 열고 Nibbāna(涅槃, 寂滅)를 체험하고 마음오염원을 제거하는 열쇠는 마음근육이자 알아차림 기능인 sati다. sati는 Buddha 정통수행법에서 가장 중요한 핵심열쇠다. 그

래서 수행 이론과 기술도 sati 힘 강화에 초점두고 펼쳐진다.

2. sati와 인식대상 역학관계

1. 인식대상인 마음거울에 맺힌 상도 힘을 가지고 있고 그것을 알아차림하는 인식주체인 sati도 힘을 가지고 있다. 인식주체인 sati와 인식대상 가운데 어느 것이 힘이 큰가는 마음작용과 행동유형에 중요한 기능을 한다.

2. 마음근육이자 알아차림 기능인 sati가 마음거울에 맺힌 상에 끌려가면 마음에너지를 소비하고 피곤해진다. sati가 주체가 돼 인식대상을 선택하고 움직이면 마음에너지를 절약하고 보충해 활기차진다.

3. 마음거울에 맺힌 상이 가지고 있는 힘은 객관기준 없고 지극히 주관이고 상대다.

4. 마음작용은 마음근육이자 알아차림 기능인 sati, 마음거울에 맺힌 상, 마음공간에 저장해있다 개입하는 기억이미지가 가진 힘 크기에 따라 다르게 작용한다.

5. 수행자가 Ārāma에서 수행하는 것은 마음근육이자 알아차림 기능인 sati 힘을 키우기 위해서다. 먼저 몸에 기준점 정하고 sati를 그곳에 보내 기준점을 알아차림하다 sati가 기준점에서 벗어나면 다시 기준점으로 돌아오는 과정을 통해 sati 힘을 키우고 기억무게를 해체하고 마음에너지를 보충하고 마음이 휴식하고 활기차게 한다.

3. 뇌와 마음 에너지

1. 뇌와 마음은 밀접히 연계해있고 서로 영향미치고 함께 작동한다. 발생순서는 마음에 대해 뇌가 1차지만 영향관계는 뇌작동으로 발생한 마음이 도리어 뇌를 지배한다. 뇌는 마음을 일으키고 마음은 뇌에 지대하게 영향미친다.

2. 뇌와 마음이 활동할 때 어떤 형태로든 에너지를 생산하고 소비한다.

3. 뇌파가 높을 때 에너지 소비가 많고 낮을 때 적다. 뇌활동이 많고 뇌파가 높으면 몸은 쉽게 피곤하고 뇌활동이 적고 뇌파가 낮으면 몸이 휴식하고 활기차다.

4. 인식대상을 분석, 사유, 논리로 체계화하거나 욕망, 분노, 편견 계열 마음오염원으로 가공하면 뇌파가 높게 형성하고 뇌와 마음 에너지를 많이 소모하고 몸과 마음이 피곤하고 지친다.

5. 마음이 존재를 치밀하게 가공할 때 뇌파가 높아진다. 마음활동이 많으면 뇌파가 높고 불안정하고 마음이 평화로우면 뇌파가 낮고 안정된다.

6. 마음근육이자 알아차림 기능인 sati를 인식대상에 밀착고정하거나 인식대상이 마음거울에 상을 맺을 때 분석, 사유, 논리로 체계화하지 않고 그것을 알아차림만 하면 뇌파는 낮고 안정되고 마음작용도 평화로워진다. 그러면 몸과 마음이 활기차진다.

7. 일반기계도 한 번씩 시동끄고 쉬어야 하듯 사람 뇌나 마음도 가끔씩 활동을 중지하고 휴식할 수 있어야 제대로 성능을 발휘한다. 충분한 휴식이 최고성능을 발휘한다.

8. 뇌나 마음은 기계처럼 완전히 시동끌 수 없지만 최소한만 가동하

면 휴식할 수 있다. 그것은 뇌와 마음공간에 입력하는 데이터를 가공하지 않는 것이다.

9. 그러기 위해서는 인식대상을 단지 알아차림만 해야 한다. 들리면 「들림」, 보이면 「보임」, 생각이 떠오르면 「망상」 하고 이름붙이고 알아차림하면 된다. 이것이 뇌와 마음을 쉬게 하는 유일한 방법이다.

10. 몸은 잠잘 때 휴식하지만 마음은 잠잘 때도 깨어있을 때 입력한 데이터 가공하느라 잠시도 쉬지 않는다. 마음이 휴식하기 위해서는 인식대상을 가공하지 않아야 한다. 그 훈련방법이 SATI수행이다.

4. sati 힘 키우기

1. 어떻게 하면 sati 힘을 키울 수 있는 가가 SATI 수행 핵심이다. 인식대상이 힘을 가지고 있느냐 없느냐보다 더 본질은 마음근육이자 알아차림 기능인 sati가 힘을 가지고 있는가 없는가다. 이것이 삶이 인식대상으로부터 자유로울 것인가 구속될 것인가 분기점이다.

2. sati 힘을 키우기 위해 만들어진 훈련방법이 몸에 기준점 정하고 이름붙이고 알아차림하는 것이다. 기준점은 자극이 강하지 않아야 하고 이름붙이기는 짧아야 한다. 그래야 마음근육이자 알아차림 기능인 sati가 온전히 자기힘으로 기준점에 밀착해 훈련하고 강화될 수 있다.

3. 마음근육이자 알아차림 기능인 sati를 기준점에 밀착고정하지만 sati 힘이 약하고 강한 자극이 마음공간으로 들어오면 sati는 기준점을 벗어나 개입한 방해현상으로 옮겨간다. sati가 기준점을 벗어나면 그것을 알아차림하고 즉시 기준점으로 돌아와야 한다. sati가 기준점과 방해현상 사이를 왔다갔다하는 과정에서 sati 활력, 순발력, 유연성, 지구

력, 완력이 향상한다.

4. 망상이 많거나 주변이 시끄러워 수행하기 힘들다는 사람은 수행이론과 기술을 충분히 이해하지 못한 것이다. 마음근육이자 알아차림 기능인 sati가 인식대상과 놀면 망상대상이지만 알아차림하면 수행대상이다. 수행은 망상을 없애는 것이 아니라 망상을 알아차림하고 그것에서 자유로워지는 것이다.

5. 인식대상이 자극이 적어 마음근육이자 알아차림 기능인 sati를 구속하지 않으면 sati를 인식대상으로 보내는 것이 훈련방법이고, 인식대상이 자극이 커서 sati를 구속하면 sati가 그 구속으로부터 떨어져 나오는 것이 sati 강화기술이다.

5. sati · samādhi · viriya 상호작용

1. 마음근육이자 알아차림 기능인 sati는 맑음이 특징이고 sati 집중기능인 samādhi는 고요함이 특징이다. sati는 동(動)이고 samādhi는 정(靜)이다.

2. 수행은 정과 동 균형잡기고 마음근육이자 알아차림 기능인 sati, sati 집중기능인 samādhi, 노력기능인 viriya(精進) 이 셋의 균형잡기다.

3. 마음근육이자 알아차림 기능인 sati가 강하면 마음이 맑다. 그러나 sati 집중기능인 samādhi가 받쳐주지 못하면 맑음은 산만함으로 바뀐다. samādhi가 강하면 마음이 고요하다. 그러나 sati가 받쳐주지 못하면 고요함은 흐림으로 바뀐다.

4. 마음근육이자 알아차림 기능인 sati가 약한 상태에서 viriya가 지나치면 마음은 산란함으로 변한다. sati 집중기능인 samādhi가 약한 상

태에서 viriya가 지나치면 몸이 피곤하고 통증이 많이 나타난다.

5. 마음근육이자 알아차림 기능인 sati는 수행자를 Maggaphala로 인도하는 길라잡이고, sati 집중기능인 samādhi는 완력 혹은 에너지고, viriya는 Maggaphala에 들어 Nibbāna를 체험하는 자양분이다. 이 셋이 골고루 발달하고 적절히 균형잡힐 때 수행이 진보하고 Maggaphala 문이 열리고 Nibbāna를 체험할 수 있다.

6. 수행진보는 마음근육이자 알아차림 기능인 sati가 sati 집중기능인 samādhi를 선도한다. 그러나 현상으로 sati 집중기능인 samādhi가 마음근육이자 알아차림 기능인 sati보다 앞선 것처럼 보인다.

7. Buddha는 지혜는 자비를 선도하지만 자비는 지혜를 선도하지 못한다고 보았다. 그래서 항상 지혜키우는 SATI 수행을 강조하고 또 SATI 수행을 중시했다.

8. sati와 samādhi 균형이 깨지고 samādhi가 sati보다 강하면 분명히 기준점인 배나 발 움직임을 하루 종일 알아차림할 수 있지만 수행중에 몸에 힘이 들어가고 무겁고 마음도 맑지 않고 흐릿하다. 수행을 마치고 나면 이번 시간 동안 뭐했나 싶게 아무것도 기억나지 않기도 한다. 이 때는 알아차림 기능인 sati를 강화해야 한다. sati 강화기술은 기준점에 이름붙이고 알아차림하는 것이다. 이렇게 하면 sati와 samādhi가 균형잡히고 수행이 진보한다.

9. 흐린 마음이 조금 맑아졌다 싶으면 다시 흐려진다. 그것은 sati가 samādhi를 따라잡아 균형이룬 순간 다시 samādhi가 앞서가기 때문이다. 그러면 계속 이름붙이고 기준점을 알아차림해야 한다. 그러면 sati와 samādhi가 균형잡히면서 수행이 진보한다.

10. 어떤 때는 배나 발이 잘 보이고 마음이 맑지만 약간 산란하고 몸에 힘이 없고 집중력이 떨어지기도 한다. 이것은 samādhi보다 sati가

강해 나타난 현상이다. 이때는 samādhi를 강화해야 한다. samādhi 강화기술은 기준점에 이름붙이고 알아차림하는 것이다. 이렇게 하면 sati와 samādhi가 균형잡히고 수행이 진보한다.

11. 산란한 마음이 어느 정도 안정되나 싶으면 다시 산란해진다. 이 것은 samādhi가 sati를 따라잡아 균형이룬 순간 다시 sati가 앞서가기 때문이다. 그러면 계속 이름붙이고 기준점을 알아차림해야 한다. 그러면 sati와 samādhi가 균형잡히면서 수행이 진보한다.

6. 순간과 지속 알아차림

1. SATI 수행 핵심은 순간 알아차림이 가능하도록 하는 것이다. 순간 sati 속에 순간 samādhi, paññā가 함께 존재한다. 마음근육이자 알아차림 기능인 sati가 그 모두를 선도한다.

2. 순간 알아차림[sati]이 이뤄지지 않으면 마음거울에 맺힌 상은 마음공간에 이미 입력해있는 기억이미지와 결합해 해당 기억이미지로부터 마음오염원을 이전받아 마음이 점점 무거워지고 마음공간을 오염한다.

3. 순간 알아차림[sati]이 점차 성숙하면 지속적인 samādhi, paññā도 점차 커진다. 그러면 존재에 드러난 고유특성인 4대(四大)와 존재에 내재한 실재인 3법인(三法印)을 체험할 수 있고, 체험하고 있다는 사실을 스스로 체득하면서 Maggaphala에 들어 Nibbāna를 증득한다.

7. 정확함 · 빠르기 · 세밀함

1. 인식대상이 마음거울에 상을 맺는 순간 얼마나 정확하고 빠르고 세밀하게 알아차림할 수 있느냐가 수행진보를 결정하는 핵심요소다.

2. SATI 수행은 빠르기나 세밀함보다 정확함이 생명이다. 정확히 보려고 노력하면 빠르기와 세밀함은 자연스럽게 따라온다. SATI 수행 힘은 정확함에서 나온다.

8. sati 순발력과 유연함

1. 수행진도가 향상하면 마음근육이자 알아차림 기능인 sati, sati 집중기능인 samādhi, 의도 알아차림 기능인 sampajāna(自知)는 기본이다. 그러나 그것만으로 수행이 더 이상 진보하지 않는다. 더 깊고 세밀히 훈련해야 한다. 이때 sati 순발력과 유연성을 강화해야 수행이 진보한다.

2. 현상은 순식간에 마음거울에 상을 맺고 찰나지간에 발전한다. 그것을 순간에 포착하고 실재를 파악하기 위해서 sati와 samādhi 힘을 강화해야 하고 거기에 더해 sati 순발력과 유연성도 갖춰야 한다. 그래야 실재를 있는 그대로 정확히 알아차림할 수 있다.

3. sati 순발력과 유연성이 약하면 마음거울에 맺힌 상을 알아차림할 때 순간 주춤하다 놓치거나 잠시 허둥대다 보면 마음거울에 맺힌 상은 이미 사라지고 없다.

4. 수행진보를 위해 무엇보다 중요한 것은 서두르지 말고 침착히 인식대상을 알아차림해야 한다. 그러기 위해서 sati 순발력과 유연성이 핵

심이다.

5. sati 순발력과 유연성을 키우기 위한 훈련은 기준점 정하고 이름붙이고 알아차림하는 것이 핵심이다. 이름붙이고 알아차림하는 것이 처음에는 수행을 방해하는 것처럼 느껴지지만 인내심을 가지고 해나가면 점차 sati 유연성과 순발력이 커지고 수행이 진보한다.*

9. sati · samādhi · sampajāna

1. 마음근육이자 알아차림 기능인 sati가 모든 마음작용을 선도하고 sati 수준이 수행진보를 결정한다.

2. 마음근육이자 알아차림 기능인 sati가 마음거울에 맺힌 상에 밀착 고정하는 것이 samādhi다. samādhi는 sati에 힘을 제공하는 완력이다. samādhi는 마음공간에서 압력기능을 한다.

3. sati 힘이 커지면 현상이나 결과를 보고 그것을 파생한 의도나 원인을 있는 그대로 알아차림할 수 있다. 이것이 sampajāna다. sampajāna는 의도 알아차림 기능이다.

이름붙이기 중요성

배나 발을 알아차림 기준점으로 삼고 수행할 때 망상이 들어오면 「망상」, 소리들리고 동시에 짜증나면 「들림-짜증남」하고 sati가 유연하고 순발력있게 옮겨갈 수 있어야 한다. 그것이 생각만큼 쉽지 않다. 대개 한두 박자 늦거나 어느 곳으로 가야할지 몰라 잠시 주춤거리거나 적당한 이름이 생각나지 않아 낑낑대다보면 망상도 놓치고 배도 놓친다. 이름붙이지 않고 그냥 인식대상을 알아차림하면 처음에 잘 되는 것 같지만 함정이다. 그렇게 하면 알아차림하는 sati에 힘이 실리지 않고 수행진도가 어느 선에서 더 이상 나가지 않고 정체한다. 그리고 졸음과 혼침에 빠지기 쉽다. 평소 지루할 만큼 이름붙이기를 훈련해야 한다. 그러면 점차 sati 순발력과 유연성이 커지고 수행이 진보한다.

4. 전체상황 통찰기능인 paññā는 마음오염원 제거도구다. paññā는 마음공간에 입력하는 모든 데이터를 최종최고 판단기능을 한다. paññā는 존재에 드러난 고유특성(四大), 내재한 실재(三法印), 존재 파생 원인, 결과, 흐름 통찰안목이다.

5. 수행이 진보해 Maggaphala 4/5지점을 지나면 좌념이나 행념뿐만 아니라 일상생활에서 하는 생활념이나 노동념을 소홀히 하면 안 된다. 보고, 듣고, 냄새맡고, 맛보고, 접촉하고, 걷고, 서고, 앉고, 눕고, 말하고, 침묵하고, 움직이고, 멈추는(行住坐臥 語默動靜) 모든 일상행위에서 sati와 sampajāna를 철저히 훈련해야 더 높은 단계로 수행이 진보한다.

6. 수행이 순조롭게 진보해 초선(paṭhama jhāna, 初禪)에 도달하면 인식대상(기준점)을 놓치지 않고 끝까지 따라붙는 sati 집중력을 키워야 한다. 그 힘으로 2선(dutiya jhāna, 二禪)으로 수행이 진보한다.

7. 2선에 도달하면 인식대상(기준점)을 알아차림하는 sati와 행위전에 일어난 의도 알아차림 기능인 sampajāna를 키워야 한다. 그 힘으로 3선(tatiya jhāna, 三禪)으로 수행이 진보한다.

8. 마음근육이자 알아차림 기능인 sati, sati 집중기능인 samādhi, 행동 전에 일어난 의도 알아차림 기능인 sampajāna 이 셋이 균형이루면 4선(catthuta jhāna, 四禪)을 지나 Maggaphala에 들어 Nibbāna를 체험하고 자유롭고 행복하게 살 수 있다.

10. 모양 · 특성 · 실재

1. 처음 수행할 때 마음거울에 맺힌 상을 알아차림하기도 힘들다. 점차 수행이 성숙하면 마음거울에 맺힌 상을 알아차림할 때 존재에 드러

난 고유특성(四大, 地水火風)으로, 고유특성에서 존재에 내재한 실재(三法印, 無我·苦·無常)로 알아차림 수준이 향상한다.

2. 존재는 답없다. 단지 존재할 뿐이다. 존재를 알아차림 수준에 따라 다차원으로 인식한다. 마음근육이자 알아차림 기능인 sati, sati 집중기능인 samādhi, 전체상황 통찰기능인 paññā 수준에 따라 존재를 가치, 사실, 실재 판단으로 알아차림한다.*

3. 동일현상도 알아차림 수준에 따라 다르게 보인다. 일반단계는 모양으로 설명하는 것이 효과있다. 다른 단계는 현상에 드러난 고유특성인 4대(四大)로 설명하는 것이 이해하기 좋다. 단계가 더 깊어지면 존재에 내재한 실재인 3법인(三法印)으로 설명하는 것이 유효하다.

4. 이것은 존재가 다른 것이 아니라 sati, samādhi, sampajāna, paññā 수준에 따라 존재를 이해하기 쉽고 설명하기 편리하도록 구분해 이름 붙인 것이기 때문이다.

11. Maggaphala

1. 마음근육이자 알아차림 기능인 sati가 성숙해 실재를 체험하고 있다는 것을 스스로 알아차림할 수 있는 단계로 접어들면 sati는 분명히

체험과 자각

4대, 3법인, 연기를 체험할 때 스스로 자각하고 있는가 없는가 하는 점이 중요하다. 누구나 존재에서 4대, 3법인, 연기를 체험한다. 다만 체험하지만 스스로 자각하지 못할 뿐이다. 이것은 시간흐름(無常)과 공간변화(無我)를 몸과 마음으로 체험하지만 매순간 스스로 자각하지 못하기 때문이다. 몸과 마음으로 체험한 것을 스스로 자각해 안 것을 체득이나 증득이라고 한다. Buddha는 자각하지 못한 체험은 의미없다고 본다. 그래서 체험하고 있는 것을 알아차림할 것을 강조한다.

깨어있지만 마음거울에 맺힌 상이 소멸하는 현상이 나타난다. 이 지점을 Magga(摩訶, 道)라고 한다.

2. 조금 지나 마음근육이자 알아차림 기능인 sati 힘이 약해지면 인식대상이 다시 마음거울에 맺힌다. 이 지점을 Phala(婆羅, 果)라고 한다. 이것은 sati 힘이 후퇴하고 「마음숙면상태」에서 깨어난 것이다.

3. 알아차림이 소멸했다 다시 돌아오는 틈을 Nibbāna(涅槃, 寂滅)라고 한다. 이것은 알아차림 기능은 분명히 깨어있지만 sati와 samādhi 기능이 고도로 활성화한 단계에서 나타나는 현상이다. 여기서는 「마음숙면상태」로 정의한다.*

4. 이 상태에서 3법인(三法印, 無我·無常·苦)을 몸과 마음으로 체득하고, 마음공간에 존재하는 기억이미지와 결합한 마음오염원인 āsava(流漏, 貪瞋痴 三毒心)가 해체되고 뿌리뽑혀 현저히 약화되고 앎이 구조조정한다. 그러면 마음공간이 맑아지고 마음기능은 건강하고 전체상황 통찰기능인 paññā가 열린다.

5. 이 상태를 통과하면 기억이미지와 결합한 마음오염원이 해체되고 기억무게가 가벼워진다. 무거운 짐을 내려놓은 것처럼 마음이 상쾌하고 최상행복감을 느낀다.

길은 하나다

길은 하나다. Buddha가 간 길이나 옛 조사가 간 길이나 지금 수행자가 가는 길은 같다. 누구나 sati와 paññā가 성숙하면 동일하게 체험한다. 수행점검과 법거량이 가능한 것은 길이 하나기 때문이다. paññā 성숙은 잘 보이지 않지만 마음오염원인 āsava가 소멸할 때 몸과 마음에 분명히 흔적을 남긴다. āsava는 심리현상이지만 그것이 몸에 축적되거나 해체될 때 생리흔적을 남긴다. 그 흔적을 보면 수행진도가 어느 정도 나갔는지 알 수 있다. 물리학에서 「객관」이란 용어는 동일조건에서 반복계측 가능한 것을 말한다. sati 수준에 따라 체험이 동일하면 수행단계도 객관으로 검증할 수 있다.

6. 동시에 앎이 구조조정하고 세상보는 관점이 변한다. 존재는 분명 있는 그대로인데 존재를 바라보는 나의 관점에 혁명이 일어난다. 사물을 있는 그대로 보고 행동한다. 그러면 대자유와 최상행복감을 누릴 수 있다.*

7. 「마음숙면상태」인 Nibbāna에 머무는 시간은 사람과 수행력에 따라 다르다. 처음 경험하는 사람은 몇 초, 몇 분, 몇 십분, 몇 시간이 걸리기도 한다. 그것은 sati와 samādhi 힘이 결정한다.

8. Magga로 들어가 Nibbāna를 체험하고 Phala로 나오는 과정에서 3법인을 어느 수준으로 알아차림하느냐가 Sotāpatti(須陀洹, 預流), Sakadāgāmi(斯陀含, 一來), Anāgāmi(阿那含, 不還), Arahant(阿羅漢, 應供) 판단기준이다.

9. Nibbāna를 체험할 때 알아차림이 소멸하고 「마음숙면상태」에 드는 것은 현미경배율 높이는 것과 같은 원리다. sati 현미경으로 인식대상을 입자수준으로 확대하면 인식대상은 분명히 존재하지만 더 이상

존재와 신념

존재는 변했는데 신념은 변하지 않아 일이 꼬이고 복잡해지기도 한다. 반대로 사유는 변했는데 존재는 그대로여서 힘들기도 하다. 존재도 변하고 신념도 변한다. 변하는 존재가 변하는 대상을 인식한다. 이때 변화속도가 일치하면 괜찮지만 다르면 인식대상에 불만족함을 느끼고 괴로워한다.

우리가 직면한 문제는 존재만큼 신념문제인 경우도 많다. 일반으로 존재가 답을 가지고 있다고 생각한다. 절반은 맞는 말이다. 물질인 경우는 존재가 답을 가지고 있는 경우가 많다. 물질을 접한 후 일어난 마음작용이 답을 결정하는 경우도 있다. 정서와 가치관에 관련한 것은 대부분 신념에 기초해 답을 결정하는 경향이 강하다.

존재가 답을 가지고 있다고 하면 유물론이고 신념이 답을 결정한다고 하면 관념론이다. 이 둘은 서로 관계맺고 서로 영향미치기 때문에 범위를 한정짓고 해당상황에서 어떤 요소가 어떻게 영향미치는지 이해하면 연기론이다. 불교는 유물론에 입각하고 연기론과 SATI 주의에 기초해 사고하고 행동한다.

시각기관으로 감지할 수 없듯 sati 기능이 고도로 활성화하면 인식대상이 입자수준으로 확장하고 마음거울에서 사라진다. SATI 수행으로 실제로 그런 일이 가능하다.*

10. 인식대상을 1초에 10배 정도 확장하면 관찰자가 그 속으로 빨려들어가는 것 같다. 마음거울에 맺힌 상을 아주 짧은 순간 수만 배 정도 확장하면 강한 흡입장치에 「물컹 쑥」하고 빨려들어가는 듯한 느낌을 받는다. 동시에 알아차림이 끊어지고 「마음숙면상태」로 접어든다.*

11. Maggaphala에 들어가는 상태는 sati 수준에 따라 다차원으로 전개된다. 여기에서 예를 든 것은 Sotāpatti Maggaphala에 드는 현상이다. Sakadāgāmi, Anāgāmi, Arahant 같이 더 높은 Maggaphala로 나아갈 때는 알아차림이 다른 상태로 소멸하고 Maggaphala에 들고나는 현상을 다르게 체험한다.

---

sati 현미경

대상을 확장하는 현미경처럼 마음기능에도 마음거울에 맺은 상을 확대하는 현미경같은 기능이 있다. 그것이 sati다. sati는 알아차림, 마음근육, 브레이크, 지렛대, 마음현미경 기능도 한다. 이들 기능 강화훈련이 SATI 수행이다.

알아차림 배율

sati 기능이 극도로 활성화해 인식대상을 입자수준으로 인지한 상태에서 인식대상도 존재하고 알아차림하는 sati도 깨어있지만 인식대상을 자각하지 못하는 현상이 일어난다. 이것은 마치 현미경배율을 조절하는 것과 같다. sati가 약해지면 입자차원에서 즉시 일상차원으로 돌아온다. 육안수준에서 전자현미경 수준으로 sati를 강화하는데 그렇게 많은 시간이 필요치 않다. 한 걸음에 Maggaphala에 갈 수 있는 지점까지 sati성숙에 하루 15시간 수행으로 100일 정도면 가능하다. Mūla Saṅgha SATI Ārāma는 12주면 충분하다고 본다. Maggaphala에 들어 Nibbāna를 체험하는 것은 결국 스스로 힘으로 해야 한다. Buddha가 와도 그것은 대신할 수 없다.

표90 마음숙면 상태

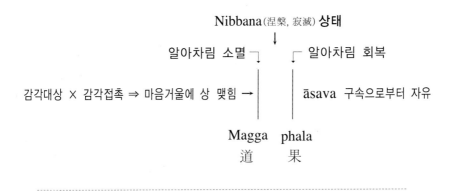

Nibbana(涅槃, 寂滅) 상태

알아차림 소멸   알아차림 회복

감각대상 × 감각접촉 ⇒ 마음거울에 상 맺힘 →   āsava 구속으로부터 자유

Magga   phala
道   果

12. Nibbāna

1. 마음근육이자 알아차림 기능인 sati가 고도로 활성화하고 인식대상(기준점)을 3법인 상태로 알아차림하면 인식대상이 아주 빠르게 진행된다.

2. 이 상태가 되면 인식대상인 존재와 인식주체인 sati가 완전히 밀착해 전개하는 것을 알아차림할 수 있다. 알아차림 주체와 객체를 분리할 수 없다. 주객이 일치한다.

3. 주객이란 개념조차 끼어들 틈이 없다. 존재하는 것은 일어남(生)과 사라짐(滅)만 있고 그 현상을 알아차림하는 sati만 존재한다. 존재가 발생하면 그것을 알아차림만 한다.

4. 이 상태가 되면 인식대상(기준점) 움직임에 이름붙이면서 알아차림하기가 불가능하다. 그러면 자연히 이름붙일 수 없다. 이름을 안 붙

이는 것이 아니라 못 붙인다. 그러기 위해서는 평소에 끊임없이 이름붙이고 알아차림해야 한다. 그것이 SATI 수행에서 전부고 핵심이다.

5. 인식대상과 그것을 알아차림하는 sati가 함께 소멸[nirodha, 滅]하면서 Magga에 들고 「마음숙면상태」를 체험하고 Phala로 빠져나오면서 알아차림 기능이 살아나고 의식이 돌아온다.

6. Maggaphala에 들어 Nibbāna를 체험하면 몸과 마음이 깊은 숙면상태를 거친 것보다 수천 배 강한 상쾌함을 경험한다. 이 상쾌함을 Buddha는 최상행복감인 Nibbāna 즐거움[nibbāna sukha, 涅槃樂]이라고 했다. 여기서는 「맑음」으로 정의한다.*

7. Maggaphala 4/5지점에 이르면 대부분 āsava는 소멸하지만 몸과 마음에 그 뿌리가 남아있다.

8. Maggaphala에 들어 Nibbāna를 체험하면서 기억이미지와 결합

출가목적

Buddha가 출가하기 전 젊었을 때 한참 방황했다. 어느 날 길을 가다 고대인도 히피이자 평등주의자인 samaṇa(沙門)를 만났다. 몇 가지 질문이 오간 후 Buddha는 자신이 갈 길을 발견하고 출가를 결심했다. Buddha가 출가한 것은 오늘날처럼 불교수행인인 bhante(師, 스님)가 되고자 한 것이 아니라 samaṇa가 되려고 출가했다. 즐거운 마음으로 집으로 돌아오는 길에 지나가던 여자가 Buddha가 즐거워하는 모습을 보고 「저렇게 멋있는 남자와 함께 살 수 있다면 얼마나 행복할까」하고 부러운 넋두리를 했다. 이 말을 듣는 순간 Buddha는 자기 출가목적을 「마음갈증을 소멸하고 최상행복을 찾는 것」으로 정했다. 그때 지나가던 여자가 말한 최상행복이 pāli어로 Nibbāna다. 이것을 한문으로 열반(涅槃)이라 음사하고 뜻은 적멸(寂滅)이다. 이 말의 원래 뜻은 「불을 끄다. 마음갈증을 해소하고 행복해하다」는 의미다. 이것이 확장돼 오늘날 어른스님이 입적(入寂)하면 열반했다고 한다. Buddha는 중생을 구제하기 위해 출가한 것이 아니다. 자기행복을 찾아 출가했다. 중생을 구제하기 위해 출가했다는 것은 Mahāyāna에서 강조한 것이다. Mahāyāna는 자신이 보다 큰 꿈(願力, 誓願)을 갖고 있다고 자랑한다. 꿈은 꿈일 뿐이다. 꿈자랑보다 더 본질은 그 꿈을 이루기 위해 어떤 노력을 했느냐고 실제로 그것이 이루어졌느냐다. Buddha 출가목적과 그것을 성취한 후 자신이 획득한 것을 필요한 대중에게 돌려준 것(pariṇāmana, 迴向)은 구분해야 한다.

한 욕망, 이기심, 분노, 적의, 원망, 서운함, 편견, 선입관, 가치관이 해체되고 āsava 뿌리가 뽑히기 시작하면서 기억무게 구속으로부터 벗어난다.

9. 이 과정을 통과하면서 마음공간에 존재하는 기억이미지가 다른 기억이미지와 결합해 데이터(앎) 구조조정이 일어난다. 그 결과 어둠과 혼돈이 밝음과 정돈으로 바뀌고 삶은 구속과 괴로움으로부터 벗어나 자유와 행복으로 충만해진다.

10. 마음오염원인 āsava는 에너지 뭉침이다. āsava는 홀로 존재하지 않는다. 반드시 기억이미지와 결합하고 에너지를 흡수해 마음공간에 존재한다.

11. 마음거울에 맺힌 상과 마음오염원이 결합할 때 에너지를 흡수하고 기억이미지와 떨어질 때는 에너지를 해체하며 빠져나간다.

12. 마음오염원인 āsava는 심리현상이지만 그것이 발생하고 소멸할 때는 몸과 마음에 반드시 생리흔적을 남긴다. 이 생리흔적이 유일한 수행진도 판정근거다.

13. 누구나 Maggaphala에 들어 「마음숙면상태」인 Nibbāna체험했다고 주장할 수 있다. 그러나 āsava가 소멸할 때 몸과 마음에 남긴 생리흔적은 감출 수 없다. 체험해 본 사람은 분명히 알고 있다.

13. 마음숙면

1. 알아차림이 끊어지고 의식이 소멸하는 「마음숙면상태」는 여섯 가지가 있다. 그 가운데 하나만 진짜 Nibbāna에 든 것이고 나머지 다섯은 가짜 Nibbāna다. 여섯 가지는 다음같다.

1) 죽음

2. 인식대상이 분명히 존재하지만 마음근육이자 알아차림 기능인 sati가 그 기능을 완전히 정지한다. 이 상태를 죽었다고 한다.

2) 잠듦

3. 마음근육이자 알아차림 기능인 sati가 무기력해져 인식대상을 놓치는 경우가 있다. 이 상태를 잠잤다고 한다. 알아차림이 깨어나면 몸자세가 허물어져 있는 것을 알 수 있다.

4. 마음근육이자 알아차림 기능인 sati가 소멸했다 돌아올 때 가장 먼저 확인해야 할 것이 몸자세다. Maggaphala를 성취하고 Nibbāna를 체험한 수행자는 알아차림 기능이 되살아올 때 몸자세가 처음자세 그대로다. sati가 무기력해져서 잠잘 때는 자세가 무너진다. 푹 자고 나서 Maggaphala에 들어 Nibbāna를 체험했다고 우기면 곤란하다.

3) pīti

5. 환희(pīti, 歡喜)가 몸과 마음에 충만해 인사불성돼 인식대상을 놓치는 경우가 있다. 환희심으로 알아차림이 끊어졌다고 한다.

6. 몸과 마음이 흥분상태에 빠져있기 때문에 알아차림 기능이 사라지고 돌아오는 과정을 알지 못하고 횡설수설한다. 아무것도 기억하지 못한다.

4) samādhi

7. 마음근육이자 알아차림 기능인 sati 힘이 좋아 인식대상에 완전히 밀착[samādhi, 止, 定, 三昧]해도 인식대상이 소멸한다. 이 상태를 samādhi로 알아차림이 끊어졌다고 한다.

8. 마음근육이자 알아차림 기능인 sati가 인식대상에 너무 밀착했기 때문에 대상을 인지하지 못한다.

9. 이때는 수행도중에 몸과 마음에 상당한 압박감을 느끼기도 한다. 이 상태에서 마음근육이자 알아차림 기능인 sati가 조금 더 깨어나면 Maggaphala에 들어 Nibbāna를 체험할 수 있다. 끝까지 이름붙이고 인식대상에 따라붙는 것이 요령이다.

10. 이 상태에서 깨어나면 몸과 마음이 약간 들뜨고 열기도 있고 몸자세도 처음 취했던 것과 비슷하다. 많은 수행자가 이런 상태를 경험한 후 자신이 Maggaphala에 들어 Nibbāna를 체험했다고 우긴다.

5) passaddhi

11. 마음근육이자 알아차림 기능인 sati가 인식대상에 밀착해 알아차림이 끊어질 듯 말 듯한 상태에서 sati 힘이 조금 더 강하면 들뜨던 힘이 가라앉고 고요한 상태로 접어든다.

12. 이때 마음근육이자 알아차림 기능인 sati 힘이 강해야 Maggaphala에 들지만 이 상태가 지속하면 서서히 sati 힘이 약해지고 알아차림이 끊어진 것 같기도 하고 깨어있는 것 같기도 한 상태[passaddhi, 安穩]로 빠져든다.

13. 알아차림 기능이 깨어나면 몸과 마음은 고요하고 가볍다. 어떻게

생각하면 알아차림이 끊어진 것 같기도 하고 아닌 것 같기도 해 본인도 헷갈린다. 자세도 정상인 경우도 있고 흩어진 경우도 있다. 이 상태로 계속 두면 무기공(無記空)에 빠져 수행이 크게 방해받는다.

14. 수행자가 Maggaphala에 들어 Nibbāna를 체험했다고 한 번쯤 우기기도 한다. 수행지도자가 강하게 물어보면 잠잤다고 한 발 뺀다. 그러다 다시 자신이 Maggaphala에 들었다고 우긴다. 본인 스스로도 헷갈려 왔다갔다 한다.

6) Nibbāna

15. 마음근육이자 알아차림 기능인 sati 힘이 최고로 활성화해 마음거울에 맺힌 상을 입자수준으로 알아차림하고 몸과 마음으로 체험할 때도 인식대상을 알아차림하지 못한다. 이 상태를 Nibbāna로 알아차림이 끊어졌다고 한다.

16. 이때는 인식대상이 소멸한 것이 아니다. 마음근육이자 알아차림 기능인 sati가 아주 활성화해 있어 인식대상을 3법인(三法印) 상태로 몸과 마음으로 체험하기 때문에 감지하지 못하는 것이다. 이것은 인식대상을 입자수준에서 알아차림하기 때문에 마음거울에서 인식대상이 사라져 보이지 않는 것처럼 느껴진다.

17. 인식대상도 존재하고 알아차림하는 sati도 깨어있지만 아무것도 감지하지 못한 상태에 든 현상을 Maggaphala에 들어 Nibbāna를 체험했다고 한다. 이때는 잠든 것과 구별되고 samādhi로 알아차림이 소멸할 때와 확연히 구분된다.

18. 알아차림 기능이 돌아오면 몸과 마음이 상쾌하고 맑고 고요하다. 아무런 자극없는 가운데 몸과 마음이 행복감으로 충만해있다. 몸자세

는 처음 그대로 유지하고 있다. 수행자 스스로 체험한 상황을 분명히 안다.

19. 이 단계에서 마음오염원인 āsava 뿌리가 뽑히기 시작한다. 알아차림이 끊어지고 다시 깨어나는 전 과정에서 체험한 3법인을 분명하고 자세히 설명할 수 있다.

20. 수행자는 자신이 Maggaphala에 들어 Nibbāna를 체험했다고 주장할 수 있지만 자신이 경험하고 알아차림한 3법인(三法印)을 객관으로 드러내고 검증받아야 한다. 그렇지 않고 주장만하면 곤란하다. 그래서 자칭 도인이 많다.

14. 인가방식

1. 수행자가 수행진도 나가서 Maggaphala에 들어 Nibbāna를 체험하면 스승은 제자가 그 단계에 도달하고 다른 사람에게 수행지도할 수 있다고 인가한다.

1) 점검내용

2. Buddha는 수행자가 Maggaphala에 들어 Nibbāna를 체험한 것을 인가할 때 다음 두 가지를 점검했다.

표91 수행점검 내용 ┈┈┈

① 수행자가 Maggaphala에 들고 Nibbāna를 체험할 때 체험하고 알아차림한 3법인
(三法印, 無我・無常・苦.)

② 몸과 마음에서 마음오염원인 āsava(流漏, 貪嗔痴 三毒心) 뿌리가 뽑혀나가면서
남긴 생리흔적.

┈┈

이 두 가지 증거를 가지고 Maggaphala에 들어 Nibbāna를 체험한 것을 평가하고 인가한다.

3. Buddha는 Maggaphala에 들어 Nibbāna를 체험하고 āsava 뿌리가 뽑히면서 몸과 마음에 남긴 생리흔적인 직접증거로 수행단계를 평가했기 때문에 정확했다. 그리고 수행자가 어느 단계 Maggaphala에 들었는지 분명히 말해주었다.

4. 중국이나 한국은 Maggaphala에 들어 āsava 뿌리가 뽑히면 맑은 마음상태가 되는데 그 느낌을 시로 적은 오도송(悟道頌)을 보고 평가했다. 오도송이란 간접증거로 평가했기 때문에 정확도가 떨어지고 평가가 애매하다.

5. 중국이나 한국에서 수행단계를 초견성(初見性), 확철대오(廓徹大悟), 몽중일여(夢中一如), 오매일여(寤寐一如)로 나누기도 했다. 이렇게 수행단계를 나눈 것은 Buddha 방식이 아니라 한국이나 중국 분류방식이다.

6. 남방 불교국가에서도 수행자가 Maggaphala를 성취하고 Nibbāna를 체험하면 스승이 제자를 인가한다. 그들도 제자가 어느 Maggaphala를 성취했는지에 대해 직접 말하지 않고 상징과 비유로 성취한 것을 인가하는 경우가 허다하다.

2) Arahant 이하

7. Paṭhama Dhamma Cakka Sutta(初轉法輪經)에서 Buddha는 Migadāya에서 5 bhikkhu(五比丘)에게 수행지도하고 그들이 최초로 Maggaphala를 성취하고 Nibbāna를 체험하자 다음 게송을 읊어 그들이 Maggaphala를 성취했다고 인가했다. 이들이 성취한 Maggaphala는 Arahant(阿羅漢) 이하수준이다.

(표92) **인가게송** ① --

먼지가 없고[viraja, 無塵] 때가 없는[vimala, 無垢] 법안(dhamma cakkhu, 法眼)을 얻었다. 발생한 법[samudaya dhamma, 生法]은 소멸하는 법[nirodha dhamma, 滅法]이라고 깨달았다.

----

3) Arahant

8. Paṭhama Dhamma Cakka Sutta(初轉法輪經)에서 Buddha가 Migadāya에서 5 bhikkhu(五比丘)에게 수행지도하고 그들이 최초로 Arahant Maggaphala를 성취하고 Nibbāna를 체험하자 다음게송을 읊어 그들이 Maggaphala를 성취했다고 인가했다.*

(표93) **인가게송** ② --

태어남은 끝났다[jāti khīṇa, 生滅]. 청정한 수행은 완성했다[brahmacariya vusita, 梵行終]. 해야할 것은 모두 실천했다. 지금 이 삶 외에 다른 삶이 없다는 것(윤회가 없다는 것)을 분명히 알았다[pajānāti, 了知].

3법인과 수행단계

Buddha는 3법인(ti dhamma lakkhaṇa, 三法印, 無我·無常·苦)을 존재실재라고 말했다. 이러한 3법인은 평소에 체험하지만 스스로 체험하고 있다는 사실을 잘 모르고 Maggaphala에 들고나면서 체험하고 있다는 사실을 스스로 분명히 알 수 있다. 그래서 수행자가 Maggaphala에 들고날 때 그것을 점검하고 수행단계 인가증표로 삼는다.

Buddha는 Migadāya에서 5 bhikkhu(五比丘)에게 최초로 수행지도할 때 그들이 모두 Arahant 미만 Maggaphala를 성취하자, 그들을 Arahant Maggaphala를 성취하고 Nibbāna를 체험시키기 위해 5온(pañca khandha, 五蘊)을 기준점으로 삼고 수행시켜 그들 모두 Arahant Maggaphala를 성취할 수 있게 한다. 이때 5bhikkhu는 5온을 3법인으로 보면서 Arahant Maggaphala에 들었다. 5온(존재, 色·受·想·行·識)에서 색(色)을 기준점 삼고 sati 힘을 키웠다. 이때 그들은 색(色)에서 3법인을 보면서 Mggaphala에 들어 Nibbāna를 성취했다.

배(色) 움직임(일어남-사라짐)을 보면서 어떤 존재든 다른 존재와 관계속에서 규정되고 재규정되고 조건지어져있다고 보았다. 배 움직임도 항상 조건지어져있다. 존재는 홀로 독립해 존재하지 않고 항상 다른 존재와 조건에 따라 관계맺고 새로운 존재를 만들고 그렇게 만들어진 존재는 또 다른 조건에 따라 새로운 존재와 결합하면서 새로운 존재를 형성하면서 중중무진 전개된 것이 오늘날 우주라고 본다. 이것이 anatta(無我, 緣起)다. 이것은 명백히 힌두철학을 부정한 개념이다. 힌두철학은 모든 존재는 홀로 독립해 존재하며 그것이 atta(sk. ātman, 我)라고 주장한다. 이것이 윤회주체가 돼 6도윤회한다고 주장한다. 이런 사유구조를 Buddha는 부정하고 모든 존재는 관계맺고 있고 공존해야한다고 주장했다.

배(色) 움직임(일어남-사라짐)을 보면서 어떤 존재든 항상 움직이고 운동한다고 보았다. 힌두철학에서는 윤회주체인 atta(我)가 윤회과정에서 어디에 존재하든 어떤 존재속으로 들어가더라도 자기정체성은 물들지 않는다[nicca, 常]고 주장했다. Buddha는 어떤 존재든 고정해있지 않고 끊임없이 움직인다고 보았다. 고정된 것은 아무것도 없다고 주장했다. 그것이 바로 anicca(無常, 變法)다. 존재는 고정돼있다고 주장하는 힌두철학을 부정하고 모든 존재는 운동한다고 본 Buddha 관점이다.

배 움직임(일어남-사라짐)을 보면서 자신이 좋아하는 것은 집착하고 구속되고 힘들어하지만 싫어하는 것은 집착하지 않고 속박되지 않고 살기 편안하다고 Buddha는 주장했다. 힌두철학은 창조신 Brahma(梵) 본성은 청정 그 자체며 지극히 순수해 어떤 불순물도 침범할 수 없고 즐거움으로 충만해있다고 주장한다. Buddha는 이러한 힌두철학을 전면으로 부정한다. 존재는 밝은 면도 있고 어두운 면도 있다. 존재의 어떤 측면을 볼 것인가는 개인수준이 결정한다. 그러나 존재에서 탐욕을 일으키고 그 탐욕에 의지해 존재에 구속되면 괴로움이 증가하고 존재를 있는 그대로 보고 존재에 욕심을 일으키지 않으면 편안하다고 보았다. 이것을 좋아하면 집착하고 구속되고 싫어하면 내려놓고 자유롭다는 의미로 설명했다. 힌두철학은 존재에 탐욕을 일으키고 집착하고 구속되는 것을 강조했다. 그 중심개념이 sukha(樂)다. Buddha는 존재를 있는 그대로 보고 해탈하고 자유로워지라고 주장했다. 그 중심개념이 dukkha(苦)다. Buddha는 Saṁyutta Nikāya Rukkhavagga(相應部 樹品)에서 많이 강조했다.

이것이 Buddha가 강조한 존재실재인 3법인이다. SATI 수행으로 Maggaphala에 들어 Nibbāna 를 체험하면서 3법인 체험을 스스로 알 수 있다고 주장했다.

29
SATI 강화기술

check point

이 장에서는 sati 강화기술을 올바르게 배우고 자세히 익힌다. 원리를 정확히 이해하면 창의력이 나오고 기술을 올바르게 익히면 유효성이 나온다. SATI 수행도 마찬가지다. 마음구조, 수행원리, 알아차림 기술을 올바르게 이해하고 실천할 때 수행진보를 기대할 수 있다.

1. 인식대상을 알아차림하고 Maggaphala(摩訶婆羅, 道果)와 Nibbāna(涅槃, 寂滅)로 인도하는 핵심도구인 sati 강화원리와 기술을 올바르게 이해하고 정확히 배우고 익히면 수행효과를 극대화할 수 있다.

1. 수행도구

1. SATI 수행은 전체상황 통찰기능인 안목인 paññā(般若, 慧)를 성장하고 마음오염원인 āsava(流漏) 제거과정이다. SATI 수행은 기억이미지에 낀 거품을 제거하고 기억이미지 구속으로부터 자유로워지는 과정이다.

2. SATI 수행은 어둠을 제거하고 밝음으로 혼돈을 바로잡아 정돈으로 흐림을 정화해 맑음으로 산란함을 없애고 평화로움으로 인도하는 과정이다. SATI 수행은 괴로움을 제거하고 행복으로 이끄는 길라잡이[magga desaka, 案內者]다.*

밭갈이 도구

Buddha는 Kasībhāradvāja Sutta(耕田經)에서 46세 되던 해 탁발하러 가다 노동하지 않은 사람에게 음식줄 수 없다는 말을 듣고 자신도 마음밭을 경작하는 마음노동자라고 주장하고 다음같이 말했다.

「믿음[saddhā, 信]이 씨앗이고, 수행[tapo, 苦行]이 비고, paññā(般若, 慧)가 멍에와 쟁기고, 부끄러움[hiri, 慚]이 자루고, 마음[mamo, 意]이 쟁기날이고, sati(念)가 몰이막대다. 몸을 조심하고, 말을 조심하고, 음식양을 알고, 진실[sacca, 諦]을 잡초제거 낫으로 삼고, 온화함[soracca, 溫和]이 멍에를 내려놓는 것이다. 속박에서 평온[yogakkhema, 瑜伽安穩]으로 이끄는 정진(viriya, 精進)이 짐을 싣는 황소다. 이것을 사용해 슬픔없는 곳으로 가서 되돌아오지 않는다. 이와 같이 밭을 갈면 감로(amata, 甘露) 열매를 거둘 수 있고, 이렇게 밭을 갈면 모든 고통[sabbe dukkha, 一切苦]에서 해탈(pamuccati, 解脫)할 수 있다.」

3. Buddha가 사용한 모든 개념은 마음, 수행, 자유, 행복에 관련해 의미를 규정한다. 그것은 Buddha가 직접 체험한 마음과 수행에 관한 것을 다른 사람에게 설명하고 지도하는 과정에서 만들어 사용한 것이기 때문이다.

4. Buddha가 사용한 개념의 정확한 의미와 사용법을 올바로 이해하는 것은 수행진보에 중요하다.*

1) 마음

5. 마음(mano, manas · 意, viññāṇa · 識, citta · 心)은 인식대상을 인지, 저장, 가공, 회상하는 장소다.

6. 마음은 Maggaphala에 들어 Nibbāna를 체험하는 공간이다. 마음은 데이터를 입력해 그 표면에 상을 맺게 하는 거울기능이 있다. 마음 거울은 6감 데이터 전부 상을 맺는다. 마음은 자동차 엔진에 해당한다.

2) 계

7. 계(sīla, 戒)는 Maggaphala와 Nibbāna로 인도하는 길라잡이다.

직관지와 분석지

① paññā는 혜(慧)고 직관지(直觀知)다.
② ñāṇa는 지(智)나 지(知)고 분석지(分析知)다.
③ vijjā는 명(明)이나 지(知)고 일반앎이다.

Buddha 당시 오늘날 사람이 사용하는 과학이나 논리 같은 용어가 없었다. 그래서 Buddha는 혜, 지, 명 등 용어를 과학, 논리, 진리란 의미로 사용해 그 당시 힌두교가 대중을 미신으로 인도하는 것을 지적했다.

8. 계는 수행자를 Maggaphala 문앞까지 인도할 수 있지만 Maggaphala 문을 열 수 없다. 계는 오직 Maggaphala로 나아가는 방향만 잡아준다.

9. 계를 잘 지키면 다른 사람에게 비난받는 것을 면할 수 있다. 계는 행동으로 표출하는 거친 āsava를 다스릴 수 있다. 계는 자동차 핸들에 해당한다.*

3) 보시

10. 보시(dāna, 布施), 선행, 덕행, 자비행은 수행진보를 가로막는 방해물을 제거하고 좋은 인연을 맺게 한다.

11. 보시는 많이 해도 Maggaphala 문을 열지 못한다. 보시는 수행할 때 직면하는 방해물제거만 한다.

12. 수행할 때 방해물이 등장하면 지체없이 보시로 제거해야 한다. 수행자는 조그만 선행이라도 적극 실천하려고 노력해야 한다. 다른 존재를 이해하고 배려하고 공존하는 자세는 다른 사람으로부터 칭송받는다.

13. 우리는 어려운 일에 직면하면 상대에게 겁을 주거나 꾀를 써서 피하려고 한다. Buddha는 덕을 베풀어 어려움을 극복하라고 주문했다. 이것이 Buddha 삶의 철학이다.

자동차와 도로교통법

우리가 자동차를 사는 것은 타기 위해 서지 도로교통법 지키기 위해 사지 않는다. 수행에 도움되기 때문에 계를 지키는 것이지 계를 지키기 위해 출가하고 수행하는 것은 아니다. 계는 어디까지나 Maggaphala에 들어 Nibbāna를 체득하는 보조수단이다. 수단과 목적을 혼동하면 안 된다. 중요하다고 전부는 아니다.

4) 4염처, 5온, 6경, 화두, 소리

14. 4염처(四念處), 5온(五蘊), 6경(六境), 화두(話頭), 염불(念佛), 진언(眞言)은 모두 알아차림 기준점이다.

15. 이것은 자동차연료에 해당한다. 이것을 사용해 수행을 향상한다. 경전에 등장하는 4염처, 5온, 6경은 수행할 때 사람을 알아차림 기준점으로 삼으라는 전문용어다.*

수행용어

① sati(念) : 알아차림 기능
② samādhi(三昧, 止, 定) : sati 집중기능, 마음근육이자 알아차림 기능인 sati를 인식대상에 밀착고정하는 것. 흔히 마음집중으로 번역하는데 여기서는 sati 집중으로 정의함
③ jhāna(禪那, 靜慮) : 이것을 줄여 선(禪) 혹은 참선(參禪)이라고 한다.
④ Yoga(瑜伽) : 마음집중. Upasād에서 창조신 Brahma와 신의 분신인 atta를 하나로 묶는 수행을 Yoga 수행이라고 한다. Buddha도 처음 출가수행할 때 Yoga 수행을 했다. 그렇다보니 수행이란 의미로 간혹 Yoga란 단어를 사용했다.
⑤ vipassanā(毘鉢舍那, 觀法) : 실재통찰 기능.
⑥ paññā(般若, 慧) : 전체상황 통찰기능.
⑦ sampajāna(自知) : 의도 알아차림 기능

Buddha는 자신이 만든 수행법을 sati라고 했다. Theravāda(長老部, 上座部) 계통이나 대승기신론은 vipassanā, Sabbatthi vādin(說一切有部) 계통이나 대부분 대승경전은 samādhi, Paññā vadin(般若部) 계통은 sati를 좋아했다. Yoga 수행은 힌두수행이기 때문에 불교도가 사용하는 것은 정체성문제가 있어 곤란하다. 오늘날 SATI 수행을 vipassanā라고 하는 것은 미얀마를 중심으로 한 남방 불교국가 수행자가 Theravāda 전통에 따라 이 용어를 선호한 것에 기인한다. 최근 그곳에서 Buddha 정통수행법인 SATI 수행을 전해받다(入南求法)보니 이 용어를 사용하게 된 것이다. 그러나 정작 SATI 수행을 창안하고 실천한 Buddha는 잘 사용하지 않았다. Buddha는 수행 전체를 말할 때 bhāvana(修行)나 sati(念)라고 했다. 마음닦는 수행전체를 영어로 meditation이라고 번역하는데 이것을 한문으로 재번역할 때 명상(冥想)이라고 한다. 명상은 불교뿐만 아니라 Yoga 등 수행전체를 포괄해 가리키는 용어로 쓰인다. 미국을 통해 확산된 명상은 명상의 여러 기능 가운데 분노관리나 스트레스 관리 등 몇 가지 기능만으로 축소하고 왜곡해 사용한다.

이런 명칭은 부분이나 전체, 지역이나 개인 등 어디에 초점맞추느냐에 따라 용어가 달랐다. 표

16. Buddha 정통수행파는 항상 알아차림 대상에서 그 기준점을 색 (rūpa, 色)이나 신(kāya, 身)에 두었다. 기준점을 색이나 신에 두는 것은 자극이 없어서 sati 강화훈련에 좋기 때문이다.

5) sati

17. 마음근육이자 알아차림 기능인 sati(念)는 마음거울에 맺힌 상 알아차림 도구다. 마음작용이 시작하는 첫 지점 혹은 한 점이다.

18. 이것은 인식대상이 마음거울에 상을 맺는 순간을 알아차림하는 것으로 자동차 엔진 점화장치나 자동차열쇠에 해당한다. 엔진실린더에 연료가 들어오면 점화 플러그가 불꽃을 튕겨 엔진이 작동하고 필요한 에너지를 얻는 것과 같은 구조다.

19. 마음근육이자 알아차림 기능인 sati만이 Maggaphala 문을 열 수 있는 유일한 열쇠다. sati는 수행에서 가장 중요한 도구다. sati가 samādhi, sampajāna, vipassanā, paññā를 선도한다.

20. 마음근육이자 알아차림 기능인 sati 힘에 따라 Maggaphala 수준을 결정한다. sati는 흐리고 어두운 마음을 정화해 맑고 밝게 해준다.

21. 마음근육이자 알아차림 기능인 sati는 욕망, 이기심, 분노, 적의, 원망, 서운함, 편견, 선입관, 가치관 등 마음오염원인 āsava 발생을 막아준다.

현이 다르고 용어가 다른 것을 내용이 다른 것으로 이해하면 핵심을 놓친다. Buddha는 Migadāya에서 최초로 수행지도할 때부터 Kusinārā에서 마지막으로 입멸할 때까지 자신이 창안한 수행법을 「SATI 수행, 念」으로 불렀다.

22. 지붕이 성글면 비가 새듯 마음근육이자 알아차림 기능인 sati 힘이 약하거나 무기력하면 āsava가 마음공간을 휘젓고 다닌다. sati 기능이 강하면 마음오염원인 āsava가 활동할 수 없다.

23. 마음근육이자 알아차림 기능인 sati는 맑음을 특징으로 한다. 그러나 sati 집중기능인 samādhi가 받쳐주지 못하면 맑음은 산만함으로 옮겨간다. 인식대상에 이름붙이고 알아차림하면 sati와 samādhi가 균형잡혀 수행이 진보한다.

6) sampajāna

24. sampajāna(自知)는 행동하기 전에 일어나는 의도 알아차림 기능이다.

25. sampajāna는 마음거울에 맺힌 상을 덮고 있는 포장밑에 존재하는 실재를 있는 그대로 알아차림하는 기능이다.

26. sampajāna는 내용과 형식, 원인과 결과, 현상이 발생한 전후관계를 분명히 아는 능력이다. 선이나 면에 해당한다.

27. sampajāna는 생활념이나 노동념할 때 필요한 도구다. 행동하기 전에 일어난 의도를 알아차림하고 수행하면 수행향상에 도움된다. 평소 생활할 때 sampajāna를 익혀두면 수행이 크게 향상한다.

7) 겨냥

28. 사유(saṅkappa, 思惟)는 마음근육이자 알아차림 기능인 sati가 마음거울에 맺힌 상에 정확히 겨냥하도록 방향을 잡아준다. 사유는 「사유하다」뿐만 아니라 「의도, 목적」 의미다. 동사로 「대상을 향하

다」이다.*

8) 이름붙임

29. 마음근육이자 알아차림 기능인 sati가 인식대상을 향해 정확하게 겨냥하고 튼튼하게 밀착고정하기 위해서 마음거울에 맺힌 상을 이름붙이고 알아차림해야 한다. SATI 수행에서 주목할 기술은 기준점 정하고 이름붙이고 알아차림하는 것이다.

9) samādhi

30. samādhi(三昧, 止, 定)는 마음근육이자 알아차림 기능인 sati를 인식대상에 밀착고정하는 기능이다.

31. samādhi는 마음완력이다. 여기서는 sati 집중으로 정의한다. 이것은 엔진 힘에 해당한다.

32. sati 집중기능인 samādhi 힘크기에 따라 Nibbāna 체험시간을 결정한다. samādhi는 인식대상에 sati를 튼튼히 고정해 기억이미지와 결합한 마음오염원을 제거한다.

33. sati 집중기능인 samādhi는 산란한 마음을 안정시켜 평화롭게 한다. 수행자 몸과 마음이 고요하고 평화로울 때 수행은 크게 진보한다.

올바른 의도

saṅkappa는 「사유, 의도, 목적, 계획」 의미가 있다. 동사인 saṅkappeti로 쓰이면 「생각하다, 상상하다, 결정하다, 노력하다」 의미다. 수행용어로 쓰일 때는 마음거울에 맺힌 상에 마음근육이자 알아차림 기능인 sati를 「정확하게 겨냥하다. 정확하게 겨냥하려고 노력하다」 뜻으로 쓰인다.

samādhi 힘만으로 Maggaphala 문을 열지 못한다. 그것은 sati만이 열수 있다. samādhi는 sati가 Maggaphala 문을 열 수 있도록 힘을 제공한다. samādhi는 이미 마음표면에 등장해 활동하는 중간 āsava를 제거한다.

34. sati 집중기능인 samādhi는 고요함을 특징으로 한다. 그러나 마음근육이자 알아차림 기능인 sati가 받쳐주지 않으면 고요함은 흐림으로 옮겨간다. 인식대상에 이름붙이고 알아차림하면 sati와 samādhi가 균형잡히고 수행이 진보한다.

10) 직관

35. 직관(sāmukkaṁsika, 直觀)은 인식대상을 분석, 사유, 논리로 이해하지 않고 압축하고 응축해 전체로 아는 능력이다.

36. 직관은 마음공간에 있는 데이터를 응축해 한 순간, 한 지점에 모두 집중해 실재를 있는 그대로 파악하는 능력이다. sati와 samādhi로 직관은 성숙한다.

37. 마음근육이자 알아차림 기능인 sati가 인식대상에 집중할 때 마음공간에 저장해있는 데이터도 함께 집중한다. 이때 얼마나 많은 데이터를 집중하느냐가 직관과 paññā 수준을 결정한다.

38. 직관은 압축, 응축, 단순함, 간결함, 쉬움의 의미가 있다.

11) paññā

39. paññā(般若, 慧)는 전체상황 통찰기능이다.

40. paññā는 전체이해 능력이다. 통밥이라고도 한다. paññā는 sati와

samādh를 먹고 자란다.

41. paññā는 행동이 일어난 전후 흐름을 이해하고 관계속에서 자극과 반응 그리고 영향력이 어떻게 퍼져나가는지 이해하는 안목이다.

42. paññā는 마음속에 잠재하지만 아직 발생하지 않은 미세한 āsava를 제거한다.

43. paññā는 누구나 가지고 있다. 단지 크기가 다를 뿐이다. paññā가 완전히 성숙한 단계가 Arahant Maggaphala고 최초 Arahant가 Buddha다.

44. paññā는 자동차 운전사와 같다. 운전사가 자동차안팎에서 일어나는 모든 것을 종합해 판단하고 운전하듯 paññā는 삶에 직면한 전체 사항을 점검하고 판단하고 결정하며 자유와 행복으로 인도하는 운전사 같은 기능을 한다.

45. 마음근육이자 알아차림 기능인 sati는 한 점이고 행동하기 전에 일어난 의도 알아차림 기능인 sampajāna는 선이나 면이고 paññā는 입체에 해당한다.

46. 자동차에 비유하면 마음은 엔진이고 sati는 엔진 점화장치나 자동차열쇠다. 4염처, 5온, 6경, 화두, 염불, 진언은 연료고 계는 핸들이다. 보시는 장애물 제거장치에 해당한다.

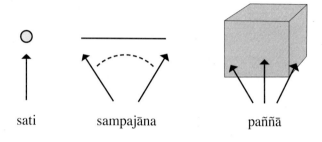

sati　　　　sampajāna　　　　　　　paññā

2. sati 수준

1. SATI 수행은 마음밖에 존재하는 인식대상이 아니라 그것이 마음 거울에 맺힌 상을 알아차림하고 실재를 있는 그대로 보는 것에 초점둔다. 마음거울에 맺힌 상을 어느 수준에서 알아차림하는지가 수행핵심이다.

2. 존재에 내재한 실재, 법칙, 본성은 보려고 하면 보이지 않는다. 그것이 보이도록 조건을 만들어야 한다. SATI 수행은 바로 그런 조건을 만드는 과정이다.

3. 마음근육이자 알아차림 기능인 sati 수준에 따라 마음거울에 맺힌 상을 다차원으로 인식한다. 존재를 인식할 때 자기경험이나 삶의 과정에서 형성한 편견, 선입관, 가치관에 기초해 이해한다.

4. 존재는 존재할 뿐인데 존재를 인식하는 사람이 존재를 규정하고 판단해 그곳에 스스로를 구속하고 힘들어한다. 이것이 무명이고 어리

석음이다. 여기서부터 마음괴로움이 시작한다.

5. 마음근육이자 알아차림 기능인 sati를 덮고 있는 거품을 걷어내면 존재를 있는 그대로 볼 수 있다. 인식하는 사람 눈을 덮고 있는 포장이 문제다. 그것만 걷어내면 존재는 있는 그대로 보인다.

6. 있는 그대로 실재를 보기 위해서 인식대상을 알아차림할 때 모양에 기초한 가치판단이 아니라 존재에 드러난 고유특성(四大, 地水火風)인 사실판단만 해야 한다. 그래야 실재판단(三法印, 無我·無常·苦)이 가능해진다.

7. Yoga 수행은 존재를 모양중심으로 본다. 이렇게 하면 samādhi가 어느 단계까지 성숙하다가 일정단계를 지나면 더 이상 향상하지 않는다. Buddha는 이 방법으로 6~7년 수행했지만 Maggaphala에 들어 Nibbāna를 체득할 수 없었다.

8. Buddha는 Prabodhigiri(鉢羅笈喜提, 前正覺山)에서 Buddhagaya 보리수 아래로 수행처를 옮기고 마음근육이자 알아차림 기능인 sati를 강화하고 인식대상을 고유특성(四大)으로 알아차림하고 한 달 정도 수행해 Arahant Maggaphala에 들어 Nibbāna를 증득했다.

9. 존재에 드러난 고유특성으로 인식하는 것이 사실판단(四大)이다. 존재를 모양위주로 보면 인식대상을 구분하고 차별하고 좋아하는 것은 취하고 싫은 것은 밀쳐내고 존재에 집착한다. 이것은 가치판단이다.

10. 존재에 드러난 고유특성으로 존재를 보면 가치판단에서 서서히 사실판단으로 관점이 옮겨지고 실재판단(三法印)하는 힘이 생긴다.*

카레추억

1996년 말 인도 Buddhagaya로 수행하러 갔을 때다. 그때는 외국이 처음이라 약간 겁도 났다. Buddhagaya에 있는 International Meditation Center에 방부들이고 처음으로 SATI 수행을 했

11. SATI 수행은 존재를 가치판단하지 않고 있는 그대로 알아차림하는 실재판단하기 위한 훈련과정이다.

12. 수행자 알아차림 수준에 따라 존재는 개별차원에서 고유특성인 4대(四大)로, 4대차원에서 실재인 3법인(三法印) 차원으로 pañña가 성숙한다.

13. 4대(四大)는 존재에 드러난 고유특성에 기초한 분류고 3법인(三法印)은 존재에 내재한 실재, 본성, 법칙에 기초한 분류다.*

14. 존재는 수행자 sati 수준에 따라 각기 다르게 인식되기 때문에 수행과정에서 만난 개별현상에 집착할 필요없다. 존재는 존재를 인식하는 수행자 sati와 pañña 수준을 반영할 뿐이다.

15. SATI 수행할 때 수행진도 나가고 인식대상을 알아차림할 때 존재가 변하는 것이 아니라 존재를 알아차림하는 sati 현미경 배율이 높아지는 것이다. 존재는 존재할 뿐이다. 그것을 인식하는 sati와 pañña 수준이 변하는 것이다. 명심해야 한다.

다. 점심 때 하얀 밥 위에 노란 카레를 얹어주는데 숟가락도 없이 손으로 먹으란다. 아직 배가 덜 고팠던지 손이 나갔다 들어오길 몇 번인가 반복했다. 그때 선원장인 Lastrapala(1927~2009) Mahāthera가 옆에 오더니 알 수 없는 영어로 몇 마디 하는데 짧은 영어로 들어도 대충 짐작가는 내용이다. 「그게 지금 똥처럼 보이지.」 아무리 마음 고쳐먹어도 어릴 때 동생이 마루 위에 눈 똥처럼 보였다. 똥을 누면 노리끼리하고 김이 모락모락 나고 꿀꿀한 냄새도 난다. 이것이 똥이 가진 특성이다. 그런데 사람은 그것을 똥이 가진 특성으로 보지 않고 더럽거나 깨끗하다는 가치판단으로 접근한다. 물론 그때는 그것을 깨닫지 못했다. 왜 꽃에서 나는 냄새는 향기고 똥에서 나는 냄새는 악취인지. 관념이 만들어낸 허구일 뿐인데.

에너지 뭉침

dukkha(苦), kilesa(煩惱), vedanā(受), āsava(流漏), 스트레스, 마음무게, 기억무게는 모두 에너지 뭉침이다. 이것을 Buddha는 업장 또는 삶의 흔적이라고 했다. 화병(火病)도 에너지 뭉침이다. āsava 소멸을 욕망 불이 꺼진 상태, 기억무게가 해체된 상태라고 한다.

16. 매순간 실재인 3법인(三法印)을 체험하지만 pañña가 충분히 성숙하기 전에는 그것을 체험하고 있다는 사실을 자각하지 못한다. 그러다 pañña가 성숙하면 3법인을 체험하면서 스스로 체험하는 사실을 자각한다.

17. 존재가 답을 가지고 있기도 하지만 어떤 것은 존재를 알아차림하는 사람이 답을 정하기도 한다. sati와 pañña 수준만큼 답을 결정한다.

18. 수행자는 실재를 보는 것이 1차목적이다. 그러나 실재보기에 초점맞추면 몸과 마음에 힘이 들어가고 수행이 잘 되지 않는다.

19. 우리는 오랫동안 인식대상을 판단하고 차별하는 가치판단에 익숙해져 있기 때문에 적은 훈련으로 존재가 있는 그대로 보이는 실재판단 단계로 잘 나아가지 않는다.

20. 그래서 실재보기(三法印)를 위해 훈련해야 하는데 그 훈련이 존재에서 사실판단(四大) 하는 것이다. 「보이면 보임, 들리면 들림, 무거우면 무거움, 뜨거우면 뜨거움, 흔들리면 흔들림, 답답하면 답답함」하고 알아차림해야 한다.

21. 존재에 어떤 의미도 부여하지 말고 있는 그대로 사실판단하면 sati와 pañña가 성숙하고 실재판단이 이뤄진다.

22. 일반현미경은 배율을 순차로 높여가지만 마음현미경은 어느 정도 배율이 커진 상태에 머물다 갑자기 배율이 높아진다. 이것은 사람마다 차이가 많다. 양이 증가하다 병곡점에 도달하면 순간 질로 변한다. 양에서 질로 전환하는 것은 인연에 맡기고 수행자가 할 일은 알아차림 양을 증가하는 것이다.

23. 언제 깨달을 수 있을지 기다리지 말고 Maggaphala에 들어 Nibbāna를 체험하기 바라지 말고 좋은 현상 만나기 기대하지 말고 존재를 구분하고 차별하지 말고 단지 마음거울에 맺힌 상을 있는 그대로 이름

붙이고 알아차림해야 한다. 이것이 수행자가 할 일이다.

24. 실재를 볼 수 있을 정도로 마음현미경 배율이 높아지면 뭔가에 쑥 빨려 들어가듯 하면서 알아차림이 끊어지고 마음숙면상태로 접어든다. 이것이 Maggaphala에 들어 Nibbāna를 체험하는 과정이다. 조금 지나 sati 힘이 후퇴하면 다시 인식대상을 알아차림하기 시작한다.

24. 존재를 일상 육안차원(일상 sati)에서 보이는 대로 들리는 대로 알아차림하는 것이 수월하다. sati가 20~50% 정도 깨어난 상태(중간 sati)에서 존재에 드러난 고유특성(四大)으로 분류하고 알아차림하는 것이 좋다. 50% 이상 sati기능이 활성화한 단계(큰 sati)에서 존재에 내재한 실재(三法印)로 범주나눠 알아차림하는 것이 효과있다. 4대(四大)나 3법인(三法印)은 sati 수준에 따라 존재를 구분하고 범주나눈 틀이다.

25. Buddha는 실재인 3법인(三法印)은 머리로 사유해 이해하는 것(解悟=思惟則)이 아니라 직접 체험하고 체득(證悟=經驗則)해야 올바로 알 수 있다고 보았다.*

26. 불교를 사상이나 철학으로 접근하는 것은 처음부터 길을 놓친 것

莫存知解

한국선방에 가면 입구에 입차문래 막존지해(入此門來 莫存知解)란 구절이 있다. 수행처는 존재를 분석해 이해하는 곳이 아니라 있는 그대로 알아차림하는 곳이란 의미다.

이 말은 Da Hui Zong Gao(大慧宗杲)가 Shuzhuang(書狀)에서 즐겨 인용한 구절이다. 그러나 이 말은 Buddha가 Dantabhūmi Sutta에서 누차 강조한 수행기술이다.

「오라 bhikkhu(比丘)여! 몸[kāya, 身]을 관찰하지만 몸에 대한 사유를 하지 말라. 느낌[vedanā, 受]을 관찰하지만 느낌에 대한 사유를 하지 말라. 마음[citta, 心]을 관찰하지만 마음에 대한 사유를 하지 말라. 법(dhamma, 法)을 관찰하지만 법에 대한 사유를 하지 말라.」

어떤 인식대상이라도 분석, 사유, 논리로 체계화하지 말고 있는 그대로 단지 알아차림하라. 이것이 Buddha로부터 간화선에 이르기까지 정통수행법 수행핵심이다.

이다. Buddha 가르침은 머리로 배우는 사유칙이 아니라 몸과 마음으로 익히는 경험칙이다. SATI 수행은 「마음관리 프로그램」 이다.

27. SATI 수행은 마음으로 하는 것이 아니라 몸으로 해야 한다. 마음 닦는 것이 SATI 수행이지만 마음공간에서 훈련하지 않는다. 말은 그럴 듯해도 실제로 해보면 잘 되지 않는다. 마음은 몸으로 다루는 것이 올바른 길이다. 몸이 마음으로 가는 통로다.

28. 현상과 실재는 일치한다. 그러나 실재가 그대로 현상으로 나타나지 않는다. 실재는 마음오염원으로 다양하게 포장해 나타나기 때문에 조금만 부주의하면 포장된 현상에 속는다. SATI 수행으로 paññā를 성숙하면 현상을 싸고 있는 관념을 뚫고 실재에 접근할 수 있다.

표95 sati 크기 비교

모양중심	특성중심	실재중심
가치판단	사실판단	실재판단
Yoga 수행	SATI 수행	SATI 수행
samādhi 강화	sati 강화	paññā 강화
현상 (모양)	특성 (四大)	실재 (三法印)
일상 sati	중간 sati	큰 sati

sati 크기

3. 직관기법

1. 영화, 소설, 그림은 분석과 나열 기법을 사용하고 광고, 시, 스포츠 사진 등은 압축과 직관(sāmukkaṁsika, 直觀, 凝縮) 기법을 쓴다.

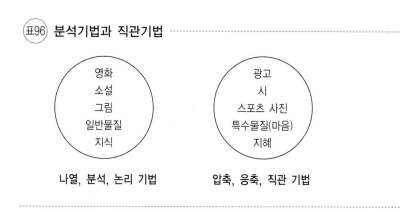

표96 **분석기법과 직관기법**

영화 소설 그림 일반물질 지식	광고 시 스포츠 사진 특수물질(마음) 지혜
나열, 분석, 논리 기법	**압축, 응축, 직관 기법**

2. 일반물질은 나열이나 분석 기법을 쓰고 마음같은 특수물질은 압축이나 직관 기법을 사용한다.

3. SATI 수행은 직관기법을 이용해 마음다룬다. 직관이 마음다루는 도구다.

4. 마음거울에 맺힌 상을 알아차림할 때 존재를 있는 그대로 알아차림해야 한다. 어떤 존재라도 분석, 사유, 논리로 체계화하지 말고 마음 공간에 존재하는 데이터를 한 순간 한 지점에 쏟아부어 존재를 덮고 있는 마음오염원을 걷어내고 있는 그대로 파악하는 것이 직관이다.*

포장지

존재를 있는 그대로 보기 위해서는 존재를 덮고 있거나 마음근육이자 알아차림 기능인 sati를 가리고 있는 포장지를 걷어내는 도구가 필요하다. 그것이 바로 paññā다.

5. 일반물질은 어느 정도 고정해있고 불변이고 모습이 선명하고 무게도 있다. 마음거울에 맺힌 상(이미지)은 움직이고 가변이고 모습이 선명치 않고 무게도 있다. 이런 특성을 가진 마음을 다룰 때 분석기법이 아니라 직관기법을 써야 효과있다.

6. 마음거울에 상이 맺히면 마음공간에 있는 기억이미지가 개입해 새로 입력한 데이터(이미지)와 결합하거나 알아차림하는 sati를 덮는다.

7. 개입하는 기억이미지는 순수하게 개입하는 것이 아니라 마음오염원(貪瞋痴 三毒心)으로 포장해 나타난다. 우리가 보는 것은 실재가 아니라 존재를 덮고 있는 포장이다. 포장밑에 존재하는 실재를 있는 그대로 볼 수 있어야 현상에 속지 않는다. 이때 포장을 뚫고 실재에 접근하는 것이 마음근육이자 알아차림 기능인 sati다. SATI 수행은 sati 힘 강화훈련이다.

8. 우리는 분석, 사유, 논리를 사용해 실재를 이해하려고 노력한다. 이런 도구는 일반물질을 다루는데 유효하지만 마음같은 특수물질 다루기에 적절치 않다. 마음은 분석, 사유, 논리를 응축해 한 순간, 한 지점에 모든 데이터를 집중해 통찰하는 직관이 더 유효하다.

9. 마음근육이자 알아차림 기능인 sati가 한 지점으로 집중하면 마음공간에 존재하는 데이터도 sati가 집중한 곳으로 모이면서 데이터 사이 결합이 이뤄지고 데이터에 낀 거품이 빠지고 데이터 구조조정이 일어나고 마음공간이 맑아지고 실재보는 수준이 높아진다. 이것이 직관 또는 paññā다.*

선화 혹은 명상음악

선화(禪畵)란 수행자가 그린 그림일 수 있고 아닐 수 있다. 많은 의미를 담지만 불필요한 것을 나열하지 않고 압축표현해 관객을 감동시킨다.

10. 직관력을 키우기 위해서 마음거울에 상이 맺히는 대로 알아차림해야 한다. 우리는 감각대상을 분석, 사유, 논리로 체계화하는데 오랫동안 길들어있어 인식대상을 알아차림하는 순간 즉각 가공한다.*

11. 인식대상을 가공하지 않고 존재를 있는 그대로 보기 위해서는 몸에 기준점 정하고 이름붙이고 알아차림해야 한다.

12. 그러면 서서히 존재를 가공하던 버릇이 줄어들고 알음알이가 엷어지고 가치판단하던 습관이 없어지고 존재를 있는 그대로 보는 직관력이 향상하고 수행이 진보한다.

13. SATI 수행은 깊이 분석하고 넓게 사유하고 치밀하게 논리로 짜

명상음악도 마찬가지다. 명상음악이라고 하면 잔잔한 멜로디를 상상하기 쉽지만 그럴 수 있고 아닐 수 있다. 작곡하거나 연주할 때 무의미한 것을 배제하고 복잡하거나 화려하게 표현하기보다 심플하게 표현해 듣는 사람이 감동받을 수 있게 한다.

SATI 수행은 단순함 속에 풍부한 의미가 있고 고요함 속에 역동성이 있다. SATI 미학 혹은 문화는 더하는 것이 아니라 빼는 것이고 나열하는 것이 아니라 압축하는 것이다.

불입차제

Buddha는 Migadāya에서 5 bhikkhu에게 행한 최초 수행지도(初轉法輪)에서 차제설법(anupubba kathā, 次第說法)과 최상설법(buddha sāmukkṁsika dhamma desana, 最上說法)을 했다.

차제설법은 보시, 지계, 천상을 강조한다. 이것은 수행에 앞선 준비운동이다. 수행을 모르는 사람에게 만나자마자 수행하라고 하면 수행도 하기 전에 거부감을 가질 수 있다. 그런 사람은 먼저 수행에 흥미느끼고 받아들일 마음자세를 갖추는 준비운동으로 선행을 베풀거나 절제하며 사는 삶의 유익함을 설명하고 관심을 유발하는데 이것을 차제설법이라고 한다.

수행할 준비가 된 사람에게는 (차제설법 없이) 곧바로 수행하도록 유도한다. 이것이 최상설법이나 선법문(禪法門)이다. 선사(禪師)가 하는 법문이 선법문이 아니라 수행법문이 선법문이다. 선사가 보시나 지계를 말하면 그것은 차제설법이다. 최상설법은 고집멸도(苦集滅道) 4성제(四聖諦) 8정도(八正道)를 사용해 마음오염원을 제거하는 것이다.

중국수행자는 불입차제(不入次第)라고 해서 직접 마음닦는 것이 중요하지 준비운동은 필요없다고 생각했다. 차제설법의 또 다른 의미는 수행진도가 점진(漸悟)으로 진행하는 것이 아니라 양이 증가하고 질로 비약해 전환(頓悟)한다는 의미다.

맞추는 과정이 아니다. SATI 수행은 마음거울에 맺힌 상을 있는 그대로 알아차림하는 과정이다. 그것을 통해 실재보는 직관력이 커진다.*

14. 존재를 수준높게 분석하고 치밀하게 사유하고 논리로 체계화하면 생존하는데 좋다. 그것을 잘할수록 출세할 수 있고 물질과 더 좋게 인연맺을 수 있다.

15. 욕망, 이기심, 분노, 적의, 원망, 서운함, 편견, 선입관, 가치관 등 마음오염원은 분석, 사유, 논리로 가공할수록 행복과 멀어지고 삶은 고달파진다. 이런 마음오염원은 분석, 사유, 논리로 체계화하지 않고 마음공간에서 제거하는 것이 좋다. 그렇게 하면 행복과 인연맺을 수 있다.

16. 직관은 기억이미지에 낀 거품제거 도구다. 기억이미지는 가공과 유통 과정에서 많은 거품이 낀다. 그렇게 낀 거품은 직관으로 압축해 빼야 한다. 그러면 기억이미지 순도가 높아지고 pañña가 성장한다.

17. 기억이미지에 낀 거품을 제거해 순도를 높여 지식을 pañña 차원으로 발전시키는 도구가 직관이다. 직관은 마음닦는 도구이자 데이터 압축기술이다. 분석, 사유, 논리로 체계화하지 않고 모든 데이터를 한 순간, 한 지점에 모두 쏟아 붓는 직관으로 성숙한다.

18. 직관은 압축, 응축, 단순함, 간결함, 편리함, 쉬움을 함축한 개념이다.

사유하지 않는 훈련

흔히 수행은 깊이 사유하는 과정이라고 설명하는데 그것은 수행「修」도 모르는 말이다. 참선을 소개하는 많은 책에서 참선은 깊은 사유과정이라고 한 것은 참선을 잘못 이해한 것이다. 수행은 분석, 사유, 논리로 체계화하지 않는 훈련과정이다.

4. 기준점 정함

1. sati 강화훈련은 기준점 정하고 이름붙이고 알아차림하는 것이 핵심이다. 기준점 정할 때 Buddha 정통파는 몸을 대상으로 한다. 기준점 정하고 이름붙이고 수행할 때와 그냥 할 때 수행진보에 큰 차이가 날 수 있다.*

2. 인식대상에 좋고 나쁜 것은 없다. 수행대상과 망상대상은 하나다. 어떤 존재라도 그것을 알아차림하면 수행대상이고 어울려 놀면 망상대상이다. 수행자가 할 일은 마음거울에 상이 맺히는 순간 있는 그대로 알아차림하는 것이다.

3. 기준점 정할때 알아차림하기 쉽고 지속으로 할 수 있고 가까이 있는 것이 좋다. 기준점 정하는 원칙은 다음같다.

1) 자극없는 대상

4. 초보수행자뿐만 아니라 숙련된 수행자도 기준점으로 삼는 대상이 자극이 적어야 한다. 마음근육이자 알아차림 기능인 sati 힘이 약하고

이름정하기

팔근육을 강화하기 위해 역기나 아령을 사용한다. 마음근육이자 알아차림 기능인 sati를 강화하기 위해 기준점 정하고 이름붙이고 sati를 그곳으로 보낸다. sati가 다른 곳으로 옮기면 그것을 알아차림하고 다시 기준점으로 되돌아 온다. 이렇게 sati가 기준점과 현상 사이 왔다갔다하는 사이 sati 활력이 커지고 강화된다. 운동도구가 무엇이냐에 따라 운동이름이 정해지듯 알아차림 기준점을 무엇으로 정하느냐에 따라 다양한 수행법에 이름이 정해진다. 소리를 기준점으로 정하면 염불수행(念佛禪), 화두를 기준점으로 정하면 화두수행(看話禪), 호흡을 기준점으로 정하면 호흡수행(入出息念)으로 이름붙인다.

인식대상 자극이 크면 sati는 인식대상에 구속된다. 그러면 sati는 에너지를 많이 소모하고 수행은 퇴보한다.

2) 단순하고 거친 대상

5. 초보수행자뿐만 아니라 숙련된 수행자도 단순하고 거친 대상을 기준점으로 선택하는 것이 좋다. 인식대상이 복잡하고 미세하면 얼마 지나지 않아 싫증나고 혼돈에 빠진다. 욕심내지 않고 자기수준에 적합한 대상을 선택하는 것이 현명하다.

3) 조금 움직이는 대상

6. 초보수행자뿐만 아니라 숙련된 수행자도 호흡정도 움직이는 대상을 기준점으로 선택하는 것이 좋다. 자극이 크고 거칠더라도 빠르게 움직이는 대상은 기준점으로 삼기에 좋지 않다.

7. 기준점이 빠르면 마음근육이자 알아차림 기능인 sati가 따라가기 힘들고 고정되면 싫증내고 다른 곳으로 옮겨간다.

8. 수행이 어느 정도 성숙한 사람은 문제되지 않지만 초보단계는 이런 것이 수행을 포기하게 만들고 수행진보를 방해할 수 있다. 가능하면 수행초기는 호흡정도 움직이는 대상이 기준점으로 삼기에 좋다.

9. 통증이나 가려움은 알아차림하기 쉬운 대신 얼마 지나지 않아 사라진다. 망상은 알아차림하기 쉽지 않고 빠르게 움직이고 복잡하기 때문에 특수한 경우가 아니라면 적절하지 않다.

4) 가까운 대상

10. 초보수행자뿐만 아니라 숙련된 수행자도 가까운 곳에 있는 대상을 기준점으로 선택하는 것이 좋다.

11. 인식대상이 멀리 있으면 마음근육이자 알아차림 기능인 sati가 에너지를 많이 소모하고 피로함을 느끼고 수행은 퇴보한다. 인식대상이 가까운 곳에 있어야 시간과 공간 제약을 덜 받고 인식대상을 알아차림하기 쉽다.*

5) 몸, 가장 좋은 대상

12. 알아차림 기준점으로 삼기에 몸이 가장 좋은 대상이다. 몸은

정파기준

Buddha는 Arahant Maggaphala를 성취한 후에도 기준점 정하고 수행했고 역대 훌륭한 수행자도 모두 기준점 정하고 수행했다. 기준점 정하고 이름붙이고 수행하면 Buddha 수행법에서 정파(正派)다. 기준점 정하지 않거나 이름붙이지 않고 하면 비정통파다. 기준점 정할 때 정파는 몸(色, 身)에 정하고 비정통파는 몸 이외 다른 곳에 정한다. 화두수행에서 화두를 몸에 두고 이름붙이면 정파고 그렇지 않으면 비파다.

Buddha는 5온을 기준점으로 삼고 수행하는 것을 선호했다. 근본경전과 대승경전 95% 이상은 5온을 기준점으로 삼고 수행한 것을 설명한다. 모든 존재가 알아차림 대상(기준점)이다. 그 가운데 어느 한 가지만 알아차림해도 Maggaphala에 들어 Nibbāna를 체험할 수 있다. 쉽고 빠른 길은 기준점을 몸에 정하고 수행하는 것이다.

Buddha는 몸의 32곳, 코끝을 지나는 공기흐름, 배 움직임(일어남-사라짐), 발 움직임(들어-앞으로-놓음)을 기준점으로 삼고 수행했다. 몸의 32곳, 공기흐름, 배 움직임은 모두 좌념수행이고 풍대(風大)를 알아차림 기준점으로 삼은 것이다. 행념할 때 움직이는 발바닥 무게감을 기준점으로 삼았다. 이것은 지대(地大)를 기준점으로 삼은 것이다. 좌념할 때 배 움직임(일어남-사라짐), 행념할 때 발 움직임(들어-앞으로-놓음)은 최근 미얀마 Mahāsi가 강조했지만 원래 Buddha가 창안하고 행한 것인데 다시 한 번 강조한 것이다.

Buddha 이래 초보수행자뿐만 아니라 숙련된 수행자도 선호한 대상이다. 몸은 거친 현상에서 부드럽고 미묘한 현상, 고정현상에서 유동현상, 큰 자극에서 자극없는 현상 등 모두 다 가지고 있다.

13. 몸은 항상 수행자와 함께 있기 때문에 언제 어디서나 마음만 먹으면 편리하게 알아차림할 수 있다. 몸은 sati 크기에 따라 다양한 변화를 나타내기 때문에 sati 강화와 수행진보를 가져올 수 있는 좋은 훈련 기회를 제공한다.

(표97) **기준점**

> 1. 강한 자극보다 자극없는 대상
> 2. 복잡하고 부드러운 것보다 단순하고 거친 대상
> 3. 빠르거나 고정된 것보다 조금 움직이는 대상
> 4. 멀리있는 것보다 가까운 대상

14. 좌념할 때 배 움직임(일어남-사라짐, 風大), 행념할 때 움직이는 발 움직임(들어-앞으로-놓음, 風大=1·3단계, 地大-6단계)을 기준점으로 삼고 모든 과정을 하나하나 알아차림해야 한다.

15. Mūla Saṅgha SATI Ārāma는 Buddha 이래 정통파전통에 따라 배나 발 움직임을 알아차림 기준점으로 삼는다.

16. 기준점인 배나 발(色, 身) 움직임을 알아차림하다 통증같은 감각 느낌(受), 평온함같은 마음상태(心), 마음공간에 있는 기억이미지(法)가 나타나 기준점인 배나 발 움직임 알아차림을 방해하면 그 방해현상

을 알아차림하고 즉시 기준점인 배나 발 움직임 알아차림으로 돌아와야 한다.

17. 기준점인 배나 발 움직임을 알아차림하고 있는데 소리나 망상 같은 방해현상이 들어왔지만 그것으로 인해 배나 발 알아차림을 방해받지 않았다면 그것이 발생했다는 것만 인지하고 배나 발 알아차림을 계속하는 것이 좋다.

18. 새로 나타난 현상이 기준점인 배나 발 움직임 알아차림을 방해할 때만 갔다와야 한다. 그렇게 해야 수행이 향상한다. 이것이 수행 핵심기술이자 기본기술이다.*

SATI 수행과 Samādhi 수행

SATI 수행은 마음거울에 맺힌 상을 알아차림하고 마음근육이자 알아차림 기능인 sati를 집중해 실재보는 것이다. Samādhi 수행은 마음근육이자 알아차림 기능인 sati를 인식대상에 밀착고정해 힌두교 창조신 Brahma와 신의 분신인 atta가 하나되는 것(梵我一如)이 핵심이다.

SATI 수행은 인식대상을 알아차림할 때 존재에 드러난 고유특성인 4대(四大)에 초점맞춘다. Samādhi 수행은 모양(이미지)에 초점맞춘다.

SATI 수행은 맑음이 특징이고 Samādhi 수행은 고요함이 특징이다.

SATI 수행은 공간으로 여기, 시간으로 지금 마음거울에 맺힌 상에 초점맞춘다. 그래야 존재와

표98 SATI 수행과 Samādhi 수행

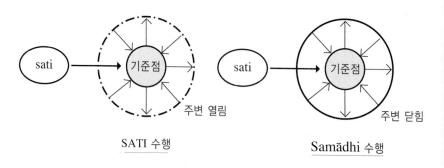

5. 이름붙임

1. 마음거울에 맺힌 상을 알아차림할 때 이름붙이고 하는 것이 효과 있다. 기준점 정하고 이름붙이고 알아차림하는 것이 SATI 수행 핵심기술이다.

2. 이름붙이기는 짧을수록 좋다. 음절이 길수록 집중력이 떨어진다. 인식대상에 따라 어느 정도 차이있지만 최대 3음절을 벗어나지 않아야 한다. 1음절로 할 수 있으면 가장 좋다.*

3. Buddha는 숫자로 하거나 현상에 따라 이름붙였다. 코끝을 지나는

연관한 모든 것과 과거, 현재, 미래를 모두 다 파악할 수 있다고 본다. Samādhi 수행은 한 지점에 초점맞춘다. 그렇게 하면 힌두창조신 Brahma와 신의 분신인 atta가 하나된다고 본다.

SATI 수행은 실재를 통찰하면 괴로움에서 벗어나 자유롭고 행복하게 살 수 있다고 본다. Samādhi 수행은 신과 하나됨으로써 신의 은총으로 행복하게 살 수 있다고 본다.

SATI 수행은 알아차림이 핵심이다. 그래서 한 지점에 초점두지만 주변에 일어나는 것을 모두 알고 있다. 단지 기준점에 초점만 둔다. 수행할수록 산만함은 맑음으로 바뀐다. Samdhi 수행은 집중이 핵심이다. 그래서 한 지점에 초점두고 주변에서 일어나는 것은 모두 무시한다. 수행할 수록 고요함은 흐림으로 바뀐다.

이 둘은 지향점과 방법이 확연히 다르다. 그럼에도 불구하고 일반대중뿐만 아니라 전문수행자도 올바로 구분하지 못하는 것은 기술과 철학 차이를 잘 모르기 때문이다. 이런 현상은 Buddha가 SATI 수행을 개발하기 전 6년 정도 고행과 Yoga 수행했고 Yoga 수행에서 많은 기술을 도입해 SATI 수행을 만들었기 때문이다. 그러나 자세히 관찰하면 확연히 다름을 알 수 있다. 비슷한 것과 다름은 다르다. 그 차이를 구분할 수 있느냐 없느냐가 전문가와 비전문가를 구분하는 분기점이다. 그 다름이 실전에서 수행진보를 하늘과 땅만큼 차이나게 하는 요인이다.

짧게 하라

단순하게 생각해보자. 그냥 벽돌깨도 되지만 기합넣고 소리지르며 하는 것이 파괴력이 크다. 마찬가지로 인식대상을 그냥 알아차림해도 되지만 이름붙이고 알아차림하면 마음근육이자 알아차림 기능인 sati가 인식대상에 잘 밀착하고 알아차림 범위도 넓어진다. 「일어남-사라짐」은 3음절이고 무(無)는 1음절이다. 그래서 옛 어른은 무자화두를 즐겨 들었다. 생활념, 노동념할 때 1음절이라야 이름붙이기 좋다.

공기를 기준점으로 삼고 공기가 코끝을 지나 나오면[āna, 出息] 하나, 들어가면[āpāna, 入息] 둘, 다시 들숨에 셋, 날숨에 넷……이렇게 해서 열까지 세고 처음부터 다시 했다. 그렇게 하다 망상이 나타나면 「망상」하고 알아차림하고 다시 날숨들숨 알아차림[ānāpāna sati, 出入息念, 安般念, 數息觀]으로 돌아와야 한다.

4. 배 움직임(일어남-사라짐) 알아차림할 때 배가 불러오면 「일어남」, 꺼지면 「사라짐」하다 소리가 들리면 「들림」하고 그 소리를 알아차림하고 다시 배로 돌아와야 한다.

5. 화두수행은 화두, 염불수행은 염불, Mantra 수행은 진언으로 이름붙이고 알아차림하고 묵조수행은 이름붙이지 않고 알아차림한다. 그 결과 수행자가 졸음과 혼침에 많이 떨어졌다.

(표99) 이름붙이기

1. 현상에 따라 이름붙임
2. 한 단어로 통일해 이름붙임
   1) 숫자로 이름붙임
   2) 진언으로 이름붙임
   3) 화두로 이름붙임
   4) 염불로 이름붙임

6. 범위좁힘

1. 마음거울에 맺힌 상을 알아차림할 때 넓고 깊게 봐야한다. 그래야 존재에 내재한 실재인 3법인을 볼 수 있다.

2. 실재를 넓고 깊게 보기 위해서 알아차림 범위를 최대한 좁혀야 한다. 좁혀야 넓고 깊게 볼 수 있다. 그래야 더 잘 보인다. 좁히는 것이 넓히는 방법이다.*

3. 어떤 수행자는 넓고 깊게 보기 위해 4대(四大)나 3법인(三法印) 전부 알아차림해야 한다고 주장한다. 그것은 마음구조와 수행원리를 잘 몰라 하는 말이다. SATI 수행은 운전과 비슷하다. 시야를 넓히는 것은

선무당 하나

어떤 수행자는 인식대상을 알아차림할 때 이름붙이지 않아도 된다고 주장한다. 그렇게 해도 되지만 그것은 함정이다. 이름붙이지 않고 수행하면 처음에 잘 되는 것 같지만 10분 정도 지나면 sati 기능이 약화하고 졸음과 혼침에 빠지기 쉽다. Buddha는 Arahant가 된 후에도 이름붙이기를 계속했다. 화두수행을 창시한 Da Hui Zong Gao(大慧宗杲)도 묵조수행 단점이 좌념을 중시하고 수행할 때 이름붙이지 않음으로써 수행자가 혼침에 빠진 것이라고 진단했다. 그는 좌념뿐만 아니라 행념이나 생활념 등 동선과 이름붙이기를 강조했다.

수행이 조금 진도나가 Maggaphala 2/5지점에 이르면 이름붙이는 것이 알아차림을 방해하는 것 같다. 실제로 이름붙이지 않고 해보면 훨씬 잘된다. 그러나 여기까지가 한계이자 함정이다. 더 이상 수행진도가 나가지 않는다. Maggaphala에 들어 Nibbāna를 체험하고 싶은 수행자는 반드시 이름붙이고 알아차림해야 한다. 그래야 수행이 진보하고 바라는 목적을 이룰 수 있다.

약간 힘들더라도 계속 이름붙이고 인식대상을 알아차림하면 서서히 수행이 진보하고 마음근육이자 알아차림 기능인 sati와 sati 집중기능인 samādhi가 효과있게 향상한다는 것을 스스로 체험할 수 있다. Maggaphala에 들면서 이름붙이기는 자연스럽게 떨어진다. 붙일래야 붙일 수 없다. 이름붙이는 것을 중단하지 말고 스스로 떨어질 때까지 끈질기게 붙여야한다.

Maggaphala를 성취하지 않은 수행자에게 이름붙이지 않아도 된다고 지도하는 것은 Maggaphala 2/5지점 이하에서 지도하거나 립서비스하는 것이거나 처음부터 그런 것을 모르거나 생각으로만 수행했거나 그중 하나다. 원리를 올바르게 이해하고 기술을 정확히 사용해야 유효성이 나온다. 선무당이 사람잡는다.

운전대잡고 차선지키고 앞을 보는 것이다. 점차 운전이 익숙해지면 시야가 넓어진다. 그러지 않고 시야를 넓힌다고 머리를 이리저리 돌리면 사고나기 쉽다.

7. 한 번에 하나씩

1. 한 번에 하나씩 알아차림하는 것이 수행향상에 효과있다. 여러 가지 일을 한꺼번에 처리하는 것이 일을 잘 하는 것처럼 보일 수 있다. 또 그렇게 해야 할 때도 있다.

2. 수행할 때는 한 번에 하나씩 처리하는 습관을 길러야 한다. 그래야 인식대상을 정확하고 세밀하게 알아차림할 수 있다. 그렇게 하면 마음근육이자 알아차림 기능인 sati 힘이 향상하고 시야가 넓어지고 깊어진다.

3. 모든 것을 다 보는 방법이 한 번에 하나씩 알아차림하는 것이다. 이렇게 하면 점차 알아차림 범위가 깊어지고 넓어져 전체상황을 통찰하는 직관력이 커진다.

8. 알아차림 기준점

1. 마음거울에 맺힌 상을 알아차림할 때 기준점 정하는 것은 Buddha 이래 정통파에서 가장 중시한 수행기술이다. Buddha가 수행지도한 것을 모아 놓은 경전은 여러 가지 기준점 정하는 방법을 자세히 설명한다.*

2. SATI 수행은 마음근육이자 알아차림 기능인 sati를 활성화해 전체

상황 통찰기능인 paññā를 키우는 과정이다. sati기능을 키우기 위해 수행할 때 기준점 정하고 이름붙이고 알아차림하는 것이 효과있다.

3. 모든 접촉대상이 수행대상이다. 모든 것을 대상으로 삼고 마음근육이자 알아차림 기능인 sati를 강화하는 것이 중요하다. 인식대상에 기준점 정하고 수행하면 수월하게 sati 기능을 강화할 수 있다.

4. 사람을 알아차림 기준점으로 삼고 수행할 때 네 가지 범주인 4염처(四念處), 다섯 가지 범주인 5온(五蘊), 여섯 가지 범주인 6경(六境)·6근(六根)·6식(六識)으로 구분하고 그 가운데 몸에 기준점 정하고 알아차림해야 한다.

5. Buddha 이래 정통파는 색(色)·신(身)을 기준점으로 삼았다. 색에 드러난 고유특성을 네 가지 범주(四大, 地水火風)로 나누고, 좌념할 때는 풍대(風大)인 배 움직임(일어남-사라짐), 행념할 때는 지대(地大)인 움직이는 발바닥 무게감(들어-앞으로-놓음)에 초점두고 알아차림해야 한다. 그러면 실재인 3법인(三法印, 無我·無常·苦)이 보인다.

1) 5온

6. Buddha는 사람을 다섯 범주[pañca khandha, 五蘊]로 나누고 그 가운데 색(rūpa, 色)을 기준점으로 삼고 수행했다.

술집과 수행처

술꾼이 절에 오면 절이 술집이 되고 수행자가 술집에 가면 술집이 수행처가 된다. 존재에 정해진 것은 아무것도 없다. 누가 어떤 용도로 사용하느냐에 따라 존재는 다르게 규정된다. 수행자근기나 수행정도에 따라 색(色)뿐만 아니라 수상행식(受想行識), 신(身)뿐만 아니라 수심법(受心法)을 기준점으로 삼고 수행할 수 있다. 수행자가 자기 수준이나 근기를 파악하는 것이 중요하다.

7. 기준점인 색을 알아차림하다 수(受), 상(想), 행(行), 식(識) 등이 나타나 마음거울에 상을 맺으면 그 상을 이름붙이고 알아차림하고 곧바로 기준점인 색으로 돌아와야 한다.

8. 기준점인 색을 알아차림할 때 수, 상, 행, 식 등 다른 인식대상(방해요소)이 나타났지만 색 알아차림을 크게 방해하지 않으면 기준점인 색을 계속 알아차림해야 한다. 이것이 핵심이고 전부다. *

9. Buddha가 경전에서 5온을 설명할 때 항상 3법인과 연계해 설명했다. Paṭhma Dhamma Cakka Sutta(初轉法輪經)에서 5온을 3법인으로 알아차림해 Arahant Maggaphala를 성취했다고 한다.

10. 이것은 5온을 수행도구로 사용했다는 것이다. 그러나 대부분 불교학자는 5온을 철학관점으로 이해하고 설명한다. Buddha 관점과 많이 다르다.

11. 이것은 오늘날 불교학자가 수행을 모르다보니 일어난 현상이다. 대부분 불교교리는 수행과 연계해 이해하고 해석해야 한다. 왜냐하면 모든 불교교리는 수행과정에서 만들어졌고 수행 이론과 기술을 설명하기 때문이다. 5온은 다음같다. *

불교교리

Buddha가 설명한 개념이나 교리는 그것을 해석하고 설명하기 위한 것이 아니다. 그것은 수행도구로 수행할 때 어떻게 사용하라는 설명이다. 5온을 분석하고 해석하는 것과 그것을 직접 수행에 사용하는 것은 다르다. 수행을 제대로 해본 사람은 해당개념을 어디에 어떻게 사용하는 것인지 안다.

경전은 암송으로 전해지다보니 모든 것을 자세히 설명하면 양이 증가하기 때문에 전문용어나 내용을 압축해 사용했다. 수행을 직접 전하는 경전이나 수행자 행위규범을 담고 있는 율장을 볼 때 항상 이 점을 염두에 두어야 행간내용을 제대로 파악할 수 있다.

① 몸

12. Buddha는 배[rūpa, 色] 움직임(일어남-사라짐, 風大)을 기준점으로 삼고 그것을 전심전력으로 알아차림했다.

13. 새로운 현상이 나타나도 그것이 배 움직임(일어남-사라짐) 알아차림을 방해하지 않으면 기준점인 배 움직임을 계속 알아차림했다. 새로운 현상이 나타나 배 움직임 알아차림을 방해할 때만 그 방해현상을 알아차림하고 즉시 기준점인 배 움직임으로 돌아왔다.

14. 이렇게 해서 마음근육이자 알아차림 기능인 sati를 강화하고 마음오염원을 제거해 전체상황 통찰기능인 paññā를 키웠다. 몸 움직임은 마음거울에 거친 흔적을 남기기 때문에 알아차림하기가 다소 쉽다.

② 감각느낌

15. Buddha는 배(色) 움직임(일어남-사라짐, 風大)을 기준점으로 삼고 수행할 때 감각느낌[vedanā, 受]이 발생하면 그것을 전심전력으로 이름붙이고 알아차림한 후 즉시 기준점인 배 움직임으로 돌아왔다.

16. 감각느낌이 특별히 배 움직임(일어남-사라짐) 알아차림을 방해하지 않으면 기준점인 배 움직임을 계속 알아차림했다.

5온

Buddha는 5온을 다음같이 정의했다.

① 색(rūpa, 色) : 인식대상
② 수(vedanā, 受) : 즐거운 느낌, 괴로운 느낌, 즐겁지도 괴롭지도 않은 느낌
③ 상(saññaṇa, 想) : 느낌을 대상으로 일어나는 지각. 마음근육이자 알아차림 기능인 sati와 비슷함
④ 행(saṅkhāra, 行, 有爲) : 지각한 것을 대상으로 일어나는 의도
⑤ 식(viññāṇa, 識) : 의도를 구체화하기 위해 가공(사유)하는 것

17. 이렇게 마음근육이자 알아차림 기능인 sati를 강화하고 마음오염원을 제거해 전체상황 통찰기능인 paññā를 키웠다.

18. 고통느낌[dukkha, 苦], 즐거운 느낌[sukha, 樂], 고통스럽지도 즐겁지도 않은 느낌[adukkha asukha, 不苦不樂]은 신체행위보다 부드럽기 때문에 알아차림하기 어렵지만 알아차림하면 수행진보는 크다.

19. 감각느낌이 발생한 순간 좋은 느낌은 즐기려 하고 싫은 느낌은 밀쳐내려고 한다. 이런 태도는 느낌에 대한 알아차림을 낮출 뿐이다. 수행자는 매순간 있는 그대로 느낌을 알아차림함으로써 느낌에 대한 고정관념을 제거하고 그 속박으로부터 자유로울 수 있다.

20. 감각느낌을 알아차림할 때 느낌자체를 기준점으로 삼기보다 배나 발 움직임인 색에 기준점 정하고 알아차림하다 통증같은 느낌이 발생하면 그것을 알아차림한 후 즉각 배나 발 기준점으로 돌아와야 한다.

21. 감각느낌이 발생했지만 배나 발 움직임보는 것을 크게 방해하지 않으면 그것이 발생한 줄만 알고 계속 기준점인 배나 발 움직임 알아차림하는 것이 수행진보에 효과있다.*

③ 과거생각

22. Buddha는 배(色) 움직임(일어남-사라짐, 風大)을 기준점으로 삼고 수행할 때 과거생각[saññā, 想]이 발생하면 그것을 전심전력으로 이

사소하지만 큰 기술

감각느낌을 알아차림하는 것이나 기준점을 알아차림하는 것이나 어느 것을 알아차림해도 답이다. 그러나 마음근육이자 알아차림 기능인 sati가 활성화하지 않은 수행자는 감각느낌을 알아차림할 때 있는 그대로 알아차림하기보다 그 느낌과 싸우거나 씨름하는 경우가 많다. 그래서 기준점 알아차림하는 것이 안전하고 효과있다. 과거생각, 미래의지, 소리도 마찬가지다. 아주 사소한 것 같지만 수행향상에 크게 영향미친다.

름붙이고 알아차림한 후 즉시 기준점인 배 움직임으로 돌아왔다.

23. 과거생각이 특별히 배 움직임(일어남-사라짐) 알아차림을 방해하지 않으면 기준점인 배 움직임을 계속 알아차림했다.

24. 이렇게 마음근육이자 알아차림 기능인 sati를 강화하고 마음오염원을 제거해 전체상황 통찰기능인 paññā를 키웠다.

25. 과거생각은 지나간 삶의 흔적이 마음거울에 반영된 것인데 망상이라고도 한다. 상은 마음작용 가운데 상당히 거친 현상이지만 느낌보다 훨씬 부드럽다.

④ 미래의지

26. Buddha는 배(色) 움직임(일어남-사라짐, 風大)을 기준점으로 삼고 수행할 때 미래의지[saṅkhāra, 行, 有爲]가 발생하면 그것을 전심전력으로 이름붙이고 알아차림한 후 즉시 기준점인 배 움직임으로 돌아왔다.

27. 미래의지가 특별히 배 움직임(일어남-사라짐) 알아차림을 방해하지 않으면 기준점인 배 움직임을 계속 알아차림했다.

28. 이렇게 마음근육이자 알아차림 기능인 sati를 강화하고 마음오염원을 제거해 전체상황 통찰기능인 paññā를 키웠다.

29. 미래의지는 미래에 대한 계획이나 의도가 마음거울에 상을 맺은 것인데 망상이라고 한다. 행은 마음작용 가운데 과거생각인 상보다 더 부드럽고 미묘하다.

⑤ 반영현상

30. Buddha는 배(色) 움직임(일어남-사라짐, 風大)을 기준점으로 삼고 수행할 때 마음거울에 상[viññāṇa, 識]이 맺히면 그것을 전심전력으

로 이름붙이고 알아차림한 후 즉시 기준점인 배 움직임으로 돌아왔다.

31. 반영현상이 특별히 배 움직임(일어남–사라짐) 알아차림하는 것을 방해하지 않으면 기준점인 배 움직임을 계속 알아차림했다.

32. 이렇게 마음근육이자 알아차림 기능인 sati를 강화하고 마음오염원을 제거해 전체상황 통찰기능인 paññā를 키웠다.*

33. 반영현상은 인식대상이 감각기관을 통해 마음거울에 맺힌 상 전부를 가리키는 개념이다. 모든 인식대상 가운데 신체작용(色), 감각느낌(受), 과거생각(想), 미래의지(行)는 특화해 분리하고 그 나머지를 반영현상이라고 한다. 색·수·상·행도 식에 포함하지만 Buddha는 특화해 분리했다. 반영현상은 마음거울에 맺힌 상 전체다.

⑥ 수행기술

34. 배(色) 움직임(일어남–사라짐, 風大) 알아차림할 때 무릎이 아파(受) 기준점인 배 움직임을 알아차림할 수 없을 때 아픔이 일어난 방향으로 마음근육이자 알아차림 기능인 sati 보내 서너 번 「아픔」 하고 이

세 가지 識

식은 다음같이 세 가지 의미가 있다.

① 마음거울에 맺힌 상. 이것은 6식에서 식이다.
② 마음거울에 맺힌 상이 마음공간에 존재하는 기억이미지와 결합해 발전한 것. 이것을 망상이나 알음알이라고 한다. 이것은 가치관에 기초해 존재를 구분하고 차별한 것이다. 이런 상태를 마음오염원으로 마음채웠다고 한다. 이것은 12연기나 5온에서 식이다.
③ 유식(vijñāpti mātratā, 唯識)에서 마음을 이중구조로 이해한 개념이다. 유식은 Buddha가 말한 6식은 표피구조로 데이터 수집만하고 그렇게 수집한 데이터는 심층구조인 식으로 보내 그곳에 저장한다고 보았다. 이 식이 윤회주체고 그곳에 저장한 데이터는 죽고 난 다음에도 소멸하지 않고 다음생으로 이전한다고 설명한다. 이것은 Buddha가 이해한 마음을 윤회와 결부하고 왜곡해 이해한 것이다.

표100 5온 알아차림 기술 ----------

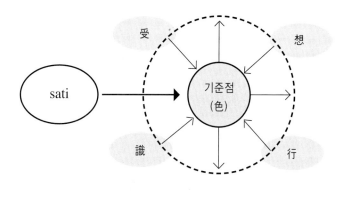

름붙이고 알아차림한 후 즉시 기준점인 배 움직임으로 돌아와야 한다.

35. 아픔(受)이 배 움직임(일어남-사라짐, 風大) 알아차림을 방해하지 않으면 아픔을 알아차림하는 것보다 계속 기준점인 배 움직임 알아차림하는 것이 수행진보에 효과있다.

36. 배(色) 움직임(일어남-사라짐, 風大) 알아차림할 때 과거생각(想)이 나타나 기준점인 배 움직임을 알아차림할 수 없을 때 과거생각이 일어난 방향으로 마음근육이자 알아차림 기능인 sati 보내 서너 번 「망상」하고 이름붙이고 알아차림한 후 즉시 기준점인 배 움직임으로 돌아와야 한다.

37. 과거생각(想)이 배 움직임(일어남-사라짐, 風大) 알아차림을 방해하지 않으면 과거생각을 알아차림하는 것보다 기준점인 배 움직임을 계속 알아차림하는 것이 수행진보에 효과있다.

38. 배(色) 움직임(일어남-사라짐, 風大) 알아차림할 때 미래의지(行)

가 나타나 기준점인 배 움직임을 알아차림할 수 없을 때 미래의지가 일어난 방향으로 마음근육이자 알아차림 기능인 sati 보내 서너 번 「망상」 하고 이름붙이고 알아차림한 후 즉시 기준점인 배 움직임으로 돌아와야 한다.

39. 미래의지(行)가 배 움직임(일어남-사라짐, 風大) 알아차림을 방해하지 않으면 미래의지를 알아차림하는 것보다 기준점인 배 움직임을 계속 알아차림하는 것이 수행진보에 효과있다.

40. 배(色) 움직임(일어남-사라짐, 風大) 알아차림할 때 마음거울에 상(識)이 맺혀 기준점인 배 움직임을 알아차림할 수 없을 때 상이 맺힌 방향으로 마음근육이자 알아차림 기능인 sati 보내 상이 보이는 대로 서너 번 이름붙이고 알아차림한 후 즉시 기준점인 배 움직임으로 돌아와야 한다.

41. 식(識)이 배 움직임(일어남-사라짐, 風大) 알아차림을 방해하지 않으면 식을 알아차림하는 것보다 기준점인 배 움직임을 계속 알아차림하는 것이 수행진보에 효과있다.

42. 배(色) 움직임(일어남-사라짐, 風大) 알아차림할 때 감각느낌(受), 과거생각(想), 미래의지(行), 반영현상(識)이 함께 나타날 수 있다.

43. 마음근육이자 알아차림 기능인 sati 유연성과 순발력이 좋으면 현상 하나하나 따라가며 알아차림해도 되고 전부 알아차림해도 되고 그 모든 것이 발생한 줄 알고 기준점인 배 움직임(일어남-사라짐)만 알아차림해도 된다.

44. 배(色) 움직임(일어남-사라짐, 風大)을 기준점으로 삼고 수행할 때 기준점인 배 움직임 이외 것이 나타났지만 기준점인 배 움직임 알아차림을 방해하지 않으면 그것이 발생한 줄 알고 기준점인 배 움직임을 계속 알아차림하는 것이 수행진보에 더 효과있다.

45. 존재가 복잡하게 전개할 때 이름을 「앎」으로 해도 된다. 존재가 전개하는 것을 알아차림할 수 있지만 이름붙이기는 까다롭다는 것을 화두처럼 줄여 「앎」 이라고 한다. 이것은 복잡하거나 빠르게 움직이는 현상에 이름붙일 때 좋다. 그리고 즉시 기준점인 배 움직임(일어남-사라짐)으로 돌아와야 한다.

46. 5온을 알아차림 기준점으로 삼고 수행할 때 색(色)보다 수(受), 수보다 상(想), 상보다 행(行), 행보다 식(識)에 대한 알아차림이 더 복잡하고 미묘하기 때문에 몸을 알아차림 기준점으로 삼는 것이 수행진보에 효과있다.

47. 어떤 수행자는 색(色)보다 수(受), 수보다 상(想), 상보다 행(行), 행보다 식(識)을 알아차림하는 것이 더 좋다고 말한다. 또 다른 수행자는 색에서 수, 상, 행, 식으로 순차로 해나가는 것이 효과있다고 주장한다.

48. 이것은 지나치게 경직되게 해석한 것이다. 그렇게 하면 수행은 오히려 퇴보할 수 있다. 어려운 것이 반드시 좋은 것은 아니다. 자기수준에 알맞게 수행기술을 선택하고 사용하는 것이 현명하다.

49. 몸(色) 움직임(일어남-사라짐, 風大)이 마음거울에 상을 맺을 때 대개 거칠고 단순하게 나타나고 감각느낌(受), 과거생각(想), 미래의지(行), 반영현상(識)은 미세하고 복잡하게 나타난다. 마음 깊은 곳으로 내려갈수록 현상은 미묘하고 끈질김은 강하다. 그것을 알아차림하고 기준점으로 돌아올 수 있으면 수행은 향상한다.

50. 모든 존재가 알아차림 대상(기준점)이지만 쉽고 효과있는 것은 기준점을 몸(色)에 정하고 이름붙이고 알아차림하는 것이다.

2) 4염처

51. Buddha는 사람을 네 가지 범주(cattāro Sati paṭṭhāna, 四念處)로 나누고 그 가운데 신(kāya, 身)을 기준점으로 삼고 수행했다.

52. 기준점인 신(身)을 알아차림하다 수(受), 심(心), 법(法)이 나타나 마음거울에 상을 맺으면 그것을 이름붙이고 알아차림하고 곧바로 기준점인 신으로 돌아왔다.

53. 기준점인 신을 알아차림할 때 수, 심, 법 등 다른 인식대상이 나타났지만 신 알아차림을 크게 방해하지 않으면 기준점인 신을 계속 알아차림했다. 이것이 핵심이고 전부다.

54. 4염처는 5온에서 말한 상(想)과 행(行)을 심(心, 마음작용, 감정상태)으로 단순화한 것이다. 5온은 인식대상이 마음거울에 맺힌 상을 식(viññāṇa, 識)이라 하고 4염처는 마음공간에 저장한 기억이미지가 마음거울에 맺힌 상을 법(dhamma, 達摩, 法)이라고 한다.

① 신

55. Buddha는 배[kāya, 身] 움직임(일어남-사라짐, 風大)을 기준점으로 삼고 그것을 전심전력으로 이름붙이고 알아차림했다.

56. 새로운 현상이 나타나도 그것이 기준점인 배 움직임(일어남-사라짐) 알아차림을 크게 방해하지 않으면 기준점인 배 움직임을 계속 알아차림했다. 새로운 현상이 나타나 기준점인 배 움직임 알아차림을 크게 방해할 때만 그것을 알아차림하고 즉시 기준점인 배 움직임으로 돌아왔다.

57. 이렇게 마음근육이자 알아차림 기능인 sati를 강화하고 마음오염원을 제거해 전체상황 통찰기능인 paññā를 키웠다.

② 감각느낌

58. Buddha는 배(身) 움직임(일어남-사라짐, 風大)을 기준점으로 삼고 수행할 때 감각느낌[vedanā, 受]이 발생하면 그것을 전심전력으로 이름붙이고 알아차림한 후 즉시 기준점인 배 움직임으로 돌아왔다.

59. 감각느낌(受)이 특별히 배 움직임(일어남-사라짐) 알아차림을 방해하지 않으면 기준점인 배 움직임을 계속 알아차림했다.

60. 이렇게 마음근육이자 알아차림 기능인 sati를 강화하고 마음오염원을 제거해 전체상황 통찰기능인 paññā를 키웠다.*

③ 마음작용

61. Buddha는 배(身) 움직임(일어남-사라짐, 風大)을 기준점으로 삼

선무당 둘

돈 돈 하는 사람치고 돈번 사람 드물고 권력 권력 하며 권력잡은 사람 많지 않다. 수행도 마찬가지다. 수행은 느낌을 좋게 하고 마음오염원을 제거하고 앎을 정화해 paññā를 키워 자유롭고 행복하게 사는 것이 목적이다. 그렇기 때문에 느낌을 좋게 한다고 느낌만을 관찰하거나 마음오염원 없앤다고 마음만 중시하면 답이 없다. 그것으로부터 자유로워지기 위해서는 올바른 이론과 기술을 사용해야 한다.

Buddha는 몸에 기준점 정하고 그곳에 마음근육이자 알아차림 기능인 sati를 두었다. 기준점을 지나치게 방해할 때만 방해하는 존재로 가서 서너 번 알아차림하고 즉시 기준점으로 돌아왔다. sati와 samādhi가 강하면 자연스럽게 인식대상으로부터 자유롭게 된다. 구속하는 인식대상에서 벗어나고자 낑낑댈 것이 아니라 sati 힘을 키우는 것이 순서다. sati 힘이 크면 머묾과 옮김이 자기 의지대로 자유롭다.

Tantra 수행이 성(性)을 수행도구로 삼는 것은 감각느낌인 수(受)나 촉(觸)을 알아차림 기준점으로 삼은 것이다. Rajneesh도 즐겨 성을 수행대상(기준점)으로 삼았다. 이론은 모든 것이 알아차림 대상이지만 현실은 수행자수준에 따라 느낌을 알아차림하기보다 오히려 그 느낌을 즐기는 쪽으로 진행되는 것을 볼 수 있다. 성을 알아차림 기준점으로 삼았던 Tantra 수행이 활동한 13세기 전후 티베트와 파미르 고원에 성병이 만연했던 사례는 많은 것을 의미한다.

선무당이 사람잡는다고 한다. 말꼬리를 따라가지 말라. 그러면 놓친다. 말의 낙처를 잡아야 한다. 달을 가리키는 손가락을 보지 말고 손가락이 지향하는 방향을 따라가야 한다. 잘 살필 일이다.

고 수행할 때 마음작용[citta, 心]이 발생하면 그것을 전심전력으로 이름붙이고 알아차림한 후 즉시 기준점인 배 움직임으로 돌아왔다.

62. 마음작용(心)이 특별히 배 움직임(일어남-사라짐) 알아차림을 방해하지 않으면 기준점인 배 움직임을 계속 알아차림했다.

63. 이렇게 마음근육이자 알아차림 기능인 sati를 강화하고 마음오염원을 제거해 전체상황 통찰기능인 paññā를 키웠다.

64. 감각대상인 6경(六境)과 감각기관인 6근(六根), 이 둘의 접촉으로 발생한 데이터가 마음거울에 상을 맺는 6식(六識)이 일어난다. 6식은 마음작용 출발점이다.

65. 인식대상이 마음거울에 상을 맺음과 동시에 이미 마음공간에 저장돼있던 기억이미지가 개입하고 결합해 전개하면서 다양한 마음작용이 일어난다. 이때 일어난 마음상태는 다음같다.

「욕망있는 마음과 욕망없는 마음, 성냄있는 마음과 성냄없는 마음, 어리석음있는 마음과 어리석음없는 마음, 주의깊은 마음과 주의깊지 않은 마음, 넓은 마음과 좁은 마음, 우월한 마음과 열등한 마음, 고요한 마음과 산란한 마음, 자유로운 마음과 구속된 마음」

66. 이런 마음상태는 자극없고 부드럽기 때문에 알아차림하기 까다롭다. 우리는 접촉다음에 일어난 마음상태(心, 감정상태)를 알아차림하지 못하고 그것과 어울려 놀거나 행동으로 발전한다.

67. 마음작용(心)이 진행함에 따라 인식대상이 즐거운 것이면 기쁜 느낌이 일어나고 그것을 대상으로 만족한 마음상태, 행복한 마음상태가 발생한다.

68. 인식대상이 괴로운 것이면 불편한 느낌이 일어나고 그것을 대상

으로 불만족스런 마음상태나 괴로운 마음상태가 발생한다.

69. 인식대상이 중립이면 중립느낌이 일어나고 그것을 대상으로 무감각한 마음상태, 지루한 마음상태가 일어나고 새로운 대상을 찾아 헤맨다. 이런 마음상태도 전부 알아차림해야 한다.

70. 마음작용(心)을 기준점으로 삼고 수행할 때 주의할 것은 마음상태를 분석, 사유, 논리로 체계화하면 안 된다. 배나 발을 보듯 단지 마음상태를 있는 그대로 알아차림만 해야 한다. 그렇지 않고 마음상태를 분석, 사유, 논리로 가공하면 sati 기능은 강화하지 않고 수행은 퇴보한다.

④ 기억대상

71. Buddha는 배(身) 움직임(일어남-사라짐, 風大)을 기준점으로 삼고 수행할 때 마음공간에 저장한 기억이미지가 마음거울에 회상해 상[dhamma, 達摩, 法]을 맺으면 그것을 전심전력으로 이름붙이고 알아차림한 후 즉시 기준점인 배 움직임으로 돌아왔다.

72. 기억이미지(法)가 특별히 배 움직임(일어남-사라짐) 알아차림을 방해하지 않으면 기준점인 배 움직임을 계속 알아차림했다.

73. 이렇게 마음근육이자 알아차림 기능인 sati를 강화하고 마음오염원을 제거해 전체상황 통찰기능인 paññā를 키웠다.*

意·識·心·法

마음을 나타내는 불교용어는 대략 네 가지다.

① mano(manas, 意): 인식대상이 상을 맺게 하는 마음거울, 데이터를 저장하는 마음공간 등 마음작용 전체를 나타낸다. 意는 마음작용 전과정을 의미한다.
② 식(viññāṇa, 識): 감각기관이 감각대상과 접촉해 그 데이터를 마음거울에 보내 맺힌 상이 1차의미고, 그 상이 마음공간에 저장한 기억이미지와 결합해 발전한 것은 2차의미다.
③ 심(citta, 心): 접촉다음에 꿈틀하고 일어난 마음작용이다.
④ 법(dhamma, 法): 마음공간에 저장한 기억이미지가 회상돼 마음거울에 상을 맺은 것이다.

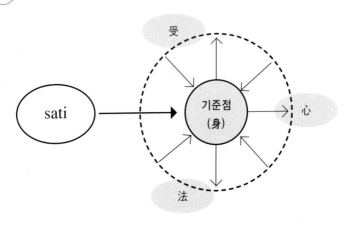

표101 4념처 알아차림 기술

⑤ 수행기술

74. 배(身) 움직임(일어남–사라짐, 風大)을 알아차림할 때 어깨가 아파(受) 기준점인 배 움직임을 더 이상 알아차림할 수 없을 때 아픔이 일어난 방향으로 마음근육이자 알아차림 기능인 sati 보내 「아픔」 하고 서너 번 이름붙이고 알아차림한 후 즉시 기준점인 배 움직임으로 돌아와야 한다.

75. 아픔이 특별히 배 움직임(일어남–사라짐) 알아차림을 방해하지 않으면 아픔을 알아차림하는 것보다 기준점인 배 움직임을 계속 알아차림하는 것이 수행진보에 효과있다.

76. 배 움직임(일어남–사라짐)을 기준점으로 삼고 수행할 때 소리(法)가 들리고 그것을 대상으로 불쾌한 마음(心)이 꿈틀하고 일어나 기준점인 배 움직임을 알아차림할 수 없을 때 불쾌한 마음에 마음근육이자 알아차림 기능인 sati 보내 「불쾌함」 하고 서너 번 이름붙이고 알아차림

한 후 즉시 기준점인 배 움직임으로 돌아와야 한다.

77. 불쾌한 마음이 특별히 기준점인 배 움직임(일어남-사라짐) 알아차림을 방해하지 않으면 불쾌한 마음을 알아차림하는 것보다 기준점인 배 움직임을 계속 알아차림하는 것이 수행진보에 효과있다.

78. 배 움직임(일어남-사라짐)을 기준점으로 삼고 수행할 때 망상(法)이 나타나 기준점인 배 움직임을 알아차림할 수 없을 때 망상이 일어난 방향으로 마음근육이자 알아차림 기능인 sati 보내 「망상」 하고 서너 번 이름붙이고 알아차림한 후 즉시 기준점인 배 움직임으로 돌아와야 한다.

79. 망상이 특별히 배 움직임(일어남-사라짐) 알아차림을 방해하지 않으면 망상을 알아차림하는 것보다 기준점인 배 움직임을 계속 알아차림하는 것이 수행진보에 효과있다.

80. 법(法)은 마음공간에 저장한 기억이미지가 마음거울에 회상돼 상을 맺은 것이다. 모든 인식대상 가운데 신체작용(身), 감각느낌(受), 마음상태(心)는 특화해 분리하고 그 나머지를 법이라고 한다. 신수심도 법에 포함하지만 여기서는 분리했다.

81. 4염처를 알아차림 기준점으로 삼고 수행할 때 신(身)보다 수(受), 수(受)보다 심(心), 심(心)보다 법(法)에 대한 알아차림이 더 복잡하고 미묘하기 때문에 신(身)을 알아차림 기준점으로 삼는 것이 효과있다고 주장한다.

82. 어떤 수행자는 신보다 수, 수보다 심, 심보다 법 알아차림이 더 좋다고 말한다. 또 다른 수행자는 신에서 수, 심, 법으로 순차로 하는 것이 효과있다고 주장한다. 이것은 지나치게 경직되게 해석한 것이다. 그렇게 하면 수행은 오히려 퇴보할 수 있다. 기본에 충실해야 한다.

3) 6경

83. Buddha는 사람을 여섯 가지 범주[cha visaya · 六境 · cha indriya · 六根 · cha viññāṇa · 六識]로 나누고 그 가운데 색(rūpa, 色)을 기준점으로 삼고 수행했다.

84. 색(色)을 알아차림하다 성(聲) · 향(香) · 미(味) · 촉(觸) · 법(法) 등이 마음거울에 나타나 상을 맺으면 그것을 이름붙이고 알아차림한 후 즉시 기준점인 색으로 돌아왔다.

85. 기준점인 색을 알아차림할 때 성, 향, 미, 촉, 법 등 다른 인식대상이 나타났지만 색 알아차림을 크게 방해하지 않으면 기준점인 색을 계속 알아차림했다. 이것이 핵심이고 전부다.

① 시각대상

86. Buddha는 배[rūpa, 色] 움직임(일어남-사라짐, 風大)을 기준점으로 삼고 수행할때 그것을 전심전력으로 이름붙이고 알아차림한 후 즉시 기준점인 배 움직임으로 돌아왔다.

87. 새로운 현상이 나타나도 그것이 기준점인 배 움직임(일어남-사라짐) 알아차림을 크게 방해하지 않으면 기준점인 배 움직임을 계속 알아차림했다.

88. 이렇게 마음근육이자 알아차림 기능인 sati를 강화하고 마음오염원을 제거해 전체상황 통찰기능인 paññā를 키웠다.

② 청각대상

89. Buddha는 배(色) 움직임(일어남-사라짐, 風大)을 기준점으로 삼고 수행할 때 청각대상인 소리[sadda, 聲]가 발생하면 그것을 전심

전력으로 이름붙이고 알아차림한 후 즉시 기준점인 배 움직임으로 돌아왔다.

90. 소리가 특별히 기준점인 배 움직임(일어남–사라짐) 알아차림을 방해하지 않으면 기준점인 배 움직임을 계속 알아차림했다.

91. 이렇게 마음근육이자 알아차림 기능인 sati를 강화하고 마음오염원을 제거해 전체상황 통찰기능인 paññā를 키웠다.

③ 후각대상

92. Buddha는 배(色) 움직임(일어남–사라짐, 風大)을 기준점으로 삼고 수행할 때 후각대상인 냄새[gandha, 좀]가 발생하면 그것을 전심전력으로 이름붙이고 알아차림한 후 즉시 기준점인 배 움직임으로 돌아왔다.

93. 냄새가 특별히 기준점인 배 움직임(일어남–사라짐) 알아차림을 방해하지 않으면 기준점인 배 움직임을 계속 알아차림했다.

94. 이렇게 마음근육이자 알아차림 기능인 sati를 강화하고 마음오염원을 제거해 전체상황 통찰기능인 paññā를 키웠다.

④ 미각대상

95. Buddha는 배(色) 움직임(일어남–사라짐, 風大)을 기준점으로 삼고 수행할 때 미각대상인 맛[rasa, 味]이 발생하면 그것을 전심전력으로 이름붙이고 알아차림한 후 즉시 기준점인 배 움직임으로 돌아왔다.

96. 맛이 특별히 기준점인 배 움직임(일어남–사라짐) 알아차림을 방해하지 않으면 기준점인 배 움직임을 계속 알아차림했다.

97. 이렇게 마음근육이자 알아차림 기능인 sati를 강화하고 마음오염원을 제거해 전체상황 통찰기능인 paññā를 키웠다.

⑤ 촉각대상

98. Buddha는 배(色) 움직임(일어남-사라짐, 風大)을 기준점으로 삼고 수행할 때 접촉대상인 감각느낌[phassa, 觸]이 발생하면 그것을 전심전력으로 이름붙이고 알아차림한 후 즉시 기준점인 배 움직임으로 돌아왔다.

99. 감각느낌이 특별히 기준점인 배 움직임(일어남-사라짐) 알아차림을 방해하지 않으면 기준점인 배 움직임을 계속 알아차림했다.

100. 이렇게 마음근육이자 알아차림 기능인 sati를 강화하고 마음오염원을 제거해 전체상황 통찰기능인 paññā를 키웠다.

⑥ 기억대상

101. Buddha는 배(色) 움직임(일어남-사라짐, 風大)을 기준점으로 삼고 수행할 때 마음공간에 저장한 데이터인 기억이미지가 마음거울에 상[dhamma, 達摩, 法]을 맺으면 그것을 전심전력으로 이름붙이고 알아차림한 후 즉시 기준점인 배 움직임으로 돌아왔다.

102. 마음거울에 맺힌 기억이미지가 특별히 기준점인 배 움직임(일어남-사라짐) 알아차림을 방해하지 않으면 기준점인 배 움직임을 계속 알아차림했다.

103. 이렇게 마음근육이자 알아차림 기능인 sati를 강화하고 마음오염원을 제거해 전체상황 통찰기능인 paññā를 키웠다.

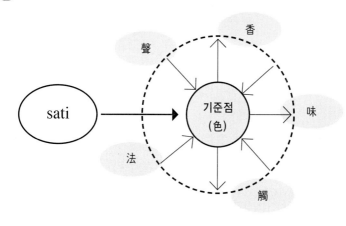

표102 6경 알아차림 기술

⑦ 수행기술

104. 배(色) 움직임(일어남-사라짐, 風大)을 기준점으로 삼고 수행할 때 소리(聲)가 들려 기준점인 배 움직임을 알아차림할 수 없을 때는 소리가 일어난 방향으로 마음근육이자 알아차림 기능인 sati 보내 소리를 서너 번 「들림」하고 이름붙이고 알아차림한 후 즉시 기준점인 배 움직임으로 돌아와야 한다.

105. 소리(聲)가 특별히 배 움직임(일어남-사라짐) 알아차림을 방해하지 않으면 소리 알아차림보다 기준점인 배 움직임을 계속 알아차림하는 것이 수행향상에 효과있다.

106. 배(色) 움직임(일어남-사라짐, 風大)을 기준점으로 삼고 수행할 때 냄새(香)가 나 더 이상 기준점인 배 움직임을 알아차림할 수 없을 때는 즉시 냄새가 일어난 방향으로 마음근육이자 알아차림 기능인 sati 보내 「냄새」하고 서너 번 이름붙이고 알아차림한 후 즉시 기준점인 배

움직임으로 돌아와야 한다.

107. 냄새(香)가 특별히 배 움직임(일어남-사라짐) 알아차림을 방해하지 않으면 냄새 알아차림보다 기준점인 배 움직임을 계속 알아차림하는 것이 수행향상에 효과있다.

108. 배(色) 움직임(일어남-사라짐, 風大)을 기준점으로 삼고 수행할 때는 달콤한 맛(味) 때문에 더이상 기준점인 행위끝을 알아차림할 수 없을때 즉시 맛이 일어난 방향으로 마음근육이자 알아차림 기능인 sati를 보내 「달콤함」 하고 서너 번 이름붙이고 알아차림한 후 즉시 기준점인 행위끝으로 돌아와야 한다.

109. 맛(味)이 특별히 기준점인 행위끝 알아차림을 방해하지 않으면 맛 알아차림보다 기준점인 행위끝을 계속 알아차림하는 것이 수행향상에 효과있다.

110. 배(色) 움직임(일어남-사라짐, 風大)을 기준점으로 삼고 수행할 때 모기가 물어(觸) 더 이상 기준점인 배 움직임을 알아차림할 수 없을 때는 즉시 가려움이 일어난 방향으로 마음근육이자 알아차림 기능인 sati를 보내 「가려움」 하고 서너 번 이름붙이고 알아차림한 후 즉시 기준점인 배 움직임으로 돌아와야 한다.

111. 가려움(觸)이 특별히 기준점인 배 움직임(일어남-사라짐) 알아차림을 방해하지 않으면 가려움 알아차림보다 기준점인 배 움직임을 계속 알아차림하는 것이 수행향상에 효과있다.

112. 배(色) 움직임(일어남-사라짐, 風大)을 기준점으로 삼고 수행할 때 망상(法)이 나타나 더 이상 기준점인 배 움직임을 알아차림할 수 없을 때는 즉시 망상이 일어난 방향으로 마음근육이자 알아차림 기능인 sati보내 「망상」 하고 서너 번 이름붙이고 알아차림한 후 즉시 기준점인 배 움직임으로 돌아와야 한다.

113. 망상(法)이 특별히 기준점인 배 움직임(일어남-사라짐) 알아차림을 방해하지 않으면 망상을 알아차림하는 것보다 기준점인 배 움직임을 계속 알아차림하는 것이 수행향상에 효과있다.

114. 배(色) 움직임(일어남-사라짐, 風大)을 알아차림할 때 기준점인 배 움직임 이외 것이 나타났지만 기준점인 배 움직임 알아차림을 방해하지 않으면 그것이 발생한 줄만 알고 기준점인 배 움직임을 계속 알아차림하는 것이 수행진보에 효과있다.

115. Buddha 정통수행법을 응용할 때 대부분 알아차림 기준점을 감각기관별로 구분한 6경, 6근, 6식을 활용했다. 이때 정통파는 기준점을 항상 색(色)·신(身)에 두고 응용파는 색 이외 대상으로 정한다.

116. 소리(聲)를 기준점으로 삼고 수행하는 파는 대략 두 가지가 있다. 하나는 Mantra 수행인 밀교부고 다른 하나는 염불수행이다. Mantra 수행자는 Dhāranī(陀羅尼)나 Mantra(眞言)를 외우며 수행하고 염불수행자는 아미타불(Amitābha Buddha, 阿彌陀佛)이나 불보살이름을 부르며 수행한다.

117. 향(香)을 기준점으로 삼고 수행한 사람도 있다. 차마시는 사람은 맛(味)을 기준점으로 삼고 수행한다. 차마시는 과정을 향, 맛, 색, 행다(行茶)로 구분해 각 과정을 기준점으로 삼고 수행한다. 그것을 다선일미(茶禪一味)라고 한다.

118. 감각접촉 다음에 일어나는 느낌(觸)을 기준점으로 삼고 수행하는 사람은 Tantra 수행자다. 이들은 성교할 때 전해지는 느낌을 기준점으로 삼고 수행한다. 이론은 가능한데 실제는 기준점자극이 강해 그것을 알아차림하기도 전에 마음근육이자 알아차림 기능인 sati가 그곳에 매몰된다. 그리고 끝이다.

119. Mantra 수행은 6세기 중엽 인도 Nālanda Vihāra(那爛陀寺),

Tantra 수행은 8세기경 Viklamasīla Vihāra(無染寺) 지역에서 발생해 티베트와 파미르 고원으로 전파돼 대중성을 획득했다. 현대에 Tantra 수행기술을 서구에 전해 대중화한 사람이 Rajneesh Chandra Mohan Jain, Osho Rajeesh(1931~1990)다.

120. 화두수행은 기준점인 화두두는 위치와 화두잡는 기술에 따라 정통파가 되기도 하고 비정통파가 되기도 한다.

121. 행위끝(色, 身)에 기준점 정하고 그곳에 화두두고 이름붙이고 알아차림하면 정통파고 행위끝에 기준점 정하지 않고 화두두지 않고 이름붙이지 않고 수행하면 비정통파다.

122. 색(色)이나 신(身)에 기준점 정하고 수행하면 정통파고 색(色)이나 신(身) 이외 대상이나 이미지에 기준점 정하고 수행하면 비정통파다.

123. 6경을 알아차림 기준점으로 삼고 수행할 때 몸(色)보다 소리(聲), 냄새(香), 맛(味), 느낌(觸), 기억(法)에 대한 알아차림이 더 복잡하고 미묘하기 때문에 몸을 알아차림 기준점으로 삼는 것이 효과있다고 주장하는 수행자가 있다.

124. 어떤 수행자는 몸보다 소리, 냄새, 맛, 느낌, 기억을 알아차림하는 것이 좋다고 말한다. 또 다른 수행자는 색에서 성, 향, 미, 촉, 법으로 순차로 해나가는 것이 효과있다고 주장한다. 이것은 지나치게 경직되게 해석한 것이다. 그렇게 하면 수행은 오히려 퇴보할 수 있다. 원칙을 지키는 것이 좋다.

4) 몸 32곳

125. Buddha는 몸 32곳을 기준점으로 삼고 수행했다.

126. 몸 32곳에 기준점 정하고 순서에 따라 정해진 곳으로 옮겨가며

이름붙이고 알아차림한다. 새로운 존재가 나타나 몸 32곳 기준점 알아차림을 방해하면 그곳으로 마음근육이자 알아차림 기준인 sati를 보내 그것을 전심전력으로 서너 번 이름붙이고 알아차림한 후 즉시 중단지점(기준점)으로 돌아왔다.

127. 개입해 들어온 방해현상이 특별히 몸 32곳(기준점) 알아차림을 방해하지 않으면 그것이 발생한 줄 알고 계속 몸 32곳(기준점)을 차례로 알아차림했다.

128. 이렇게 마음근육이자 알아차림 기능인 sati를 강화하고 마음오염원을 제거해 전체상황 통찰기능인 paññā를 키웠다.

5) 호흡

129. Buddha는 코끝을 지나는 공기흐름[āna āpāna, 出入息, 數息觀]을 기준점으로 삼고 수행했다.

130. 새로운 현상이 나타나 기준점인 공기흐름 알아차림을 방해하면 그곳으로 마음근육이자 알아차림 기능인 sati를 보내 그것을 전심전력으로 서너 번 이름붙이고 알아차림한 후 즉시 기준점인 공기흐름으로 돌아왔다.

131. 새로 나타난 존재가 특별히 기준점인 공기흐름 알아차림을 방해하지 않으면 계속 공기흐름을 알아차림했다.

132. 이렇게 마음근육이자 알아차림 기능인 sati를 강화하고 마음오염원을 제거해 전체상황 통찰기능인 paññā를 키웠다.

133. 코끝을 지나는 공기흐름을 기준점으로 삼고 수행할 때 기준점인 코끝을 지나는 공기흐름만 알아차림해야 한다. 그러다 방해현상이 나타나면 그것을 알아차림한 후 다시 기준점인 공기흐름으로 돌아와야

한다.

134. 명심할 것은 공기가 코끝을 지나 가슴으로 들고 날 때 마음근육이자 알아차림 기능인 sati가 공기흐름을 따라가는 것이 아니라 코끝을 지나는 공기흐름만 알아차림해야 한다. 수식관은 sati를 코끝에 두는 것이 요령이다.

135. 새로운 현상이 나타났지만 기준점인 공기흐름 알아차림을 크게 방해하지 않으면 그것이 나타난 것만 알아차림하고 기준점인 공기흐름 알아차림하는 것이 수행진보에 더 효과있다.

136. 이때 숫자를 사용해 이름붙이고 알아차림하면 수행진보에 효과있다. 날숨[āna, 出息.]에 하나, 들숨[āpāna, 入息.]에 둘, 날숨에 셋, 들숨에 넷……. 이렇게 열까지 세고 처음부터 다시 하나, 둘……하고 알아차림하는 것이 수식관(數息觀)이다.

137. 공기흐름을 기준점으로 삼고 수행할 때 주의할 것은 기준점인 공기흐름을 인위로 조절하지 않아야 한다. 이것이 핵심기술이다. 단전호흡이나 복식호흡하듯 공기흐름을 조절하면 뇌에 무리갈 수 있고 마음근육이자 알아차림 기능인 sati는 강화하지 않고 수행은 퇴보한다.

6) 수행핵심

138. 좌념할 때 배 움직임(일어남-사라짐, 風大)을 인위로 조절하면 마음근육이자 알아차림 기능인 sati가 정지한다. sati 힘을 강화하기 위해 배 움직임을 자연리듬에 맡기고 기준점인 배 움직임을 알아차림만 해야 한다. SATI 수행은 sati 강화 프로그램이지 근육강화 운동이 아니다.*

139. 배 움직임(일어남-사라짐) 알아차림하는 것, 공기흐름(날숨-들

숨) 알아차림하는 것, 몸 32곳 알아차림하는 것은 모두 앉아서 하는 좌념기술에서 사용하는 기준점이다.*

140. Buddha는 앉아서 하는 좌념을 배 움직임(일어남-사라짐), 걸으며 하는 행념을 발 움직임(들어-앞으로-놓음)으로 간소화해 수행했다.

141. 이것을 Mahāsī(1904~1982)는 앉으면 배, 서면 발로 다시 강조했다. 화두수행 창시자인 Da Hui Zong Gao(大慧宗杲, 1089~1163)는 화두 하나로 더 압축했다. 이렇게 해야 좌념, 행념, 생활념, 노동념 모두 가능해진다.*

142. 좌념, 행념, 생활념, 노동념 수행효과는 각각 「1:3:10」 정도다. 좌념 10시간보다 행념 3시간이 좋고 행념 3시간보다 생활념이나 노동념 1시간이 더 효과있다.

143. 수행기본은 좌념이다. 좌념과 행념에서 기본기를 탄탄히 익혀야 생활념과 노동념을 제대로 할 수 있다. 무엇을 하든 기본에 충실해

운동과 수행

운동은 육체근육 강화과정이고 수행은 마음근육이자 알아차림 기능인 sati 강화과정이다. 근육을 강화하기 위해 운동도구를 사용해 움직여야 하고 sati를 강화하기 위해서는 배나 발 등에 기준점 정하고 그것이 자연스럽게 움직이도록 두고 수행자는 그 움직임만 알아차림해야 한다. 그래야 마음근육이 강화한다.

화두길이

긴 문장으로 이뤄진 공안(公案)을 무(無)처럼 한 단어(話頭)로 줄인 것이 화두(話頭)다. 그래야 이름붙이기(話頭)가 쉽고 생활념과 노동념을 할 수 있다. 화두는 이름붙이는 도구이기 때문에 짧을수록 좋다.

배와 발

Mūla Saṅgha SATI Ārāma는 Buddha가 직접 창안하고 행한 방법에 따라 좌념할 때 배 움직임(일어남-사라짐), 행념할 때 발 움직임(들어-앞으로-놓음), 생활념이나 노동념할 때 「행위끝」을 알아차림 기준점으로 삼고 이름붙이고 한다. 이름은 현상에 따라 붙인다.

야 한다.

144. 좌념에 편중해 수행하면 수행진도가 일정수준 이상 진보하지 않는다. 졸음과 혼침에 빠져 수행이 퇴보하기도 한다. 특히 이름붙이지 않고 알아차림할 때 그런 현상이 더 심해진다.

145. Sotāpatti(須陀洹, 預流) 단계는 좌념만으로 Maggaphala에 들어 Nibbāna를 체험할 수 있다. 그러나 더 높은 Maggaphala 단계에 들기 위해서는 좌념만으로 부족하다. 행념, 생활념, 노동념에서 힘을 축적해야 한다. 좌념만으로 수행향상을 기대하는 것은 곤란하다.*

9. 고유특성

1. 마음거울에 맺힌 상을 알아차림할 때 존재에 드러난 고유특성인 4

선무당 셋

수행자가 Sotāpatti Maggaphala에 들어 Nibbāna를 체험할 때 좌념으로 들어가는 경우가 90% 이상이다. 그 이상 단계는 사정이 다르다. 실정이 이렇다보니 대부분 수행자는 좌념을 중시한다. 이런 추세는 수행이 형식화하면서 더욱 강화된다.

Buddha 입멸 후 500년 정도 지나면 인도를 비롯한 남방불교권 수행자 대부분이 힌두교 Yoga 수행과 Buddha가 창안한 SATI 수행을 구분하지 못하고 Yoga 수행과 SATI 수행을 혼동해 사용하거나 수행기술과 철학관점을 섞어 버렸다. Mahāyāna경전에서 제시하는 90% 이상 samādhi 기술은 Yoga기술이고 밀교부계통 이론과 기술 또한 힌두교 수행기술과 철학관점이다. 화두수행이 등장한 12세기 중국 묵조수행자는 정법안장(正法眼藏)에서 좌념 길이만큼 마음이 맑아진다고 극단으로 주장했다.

이런 주장은 왜 그렇게 해야 하는지에 대한 이론설명없이 자파에서 주장한 형식만 추종하는 눈 먼 수행자를 대량생산했다. 이것을 비판하면 해당종파에서 축출했다. 오늘날 조계종은 화두수행을 한다고 주장한다. 그 내용을 보면 형식과 기술은 완벽한 묵조수행이고 Yoga 기법이다. 선무당이 사람잡는다고 한다. 어리석은 사람은 모래로 밥하고 지혜로운 사람은 쌀로 밥짓는다. 어리석은 사람은 형식을 강조하고 지혜로운 사람은 내용과 기술을 주목한다.

대(catur dhātu, 四大, 地水火風)로 알아차림해야 수행진보에 효과있다.

2. 인식대상을 4대(四大)로 알아차림하면 존재를 구분하고 차별하는 가치판단을 줄이고 존재에 드러난 고유특성으로 사실판단(四大)할 수 있다. 수행이 진보하면 존재를 있는 그대로 보는 실재판단(三法印, 無我 · 無常 · 苦)을 하게 된다.

3. 4대(四大)를 깊고 넓게 알아차림하기 위해 4대 전부 알아차림하지 말고 그 가운데 어느 하나를 알아차림 기준점으로 삼고 알아차림해야 한다. 수행이 진보하면서 점차 4대 전체가 보이고 서서히 실재인 3법인(三法印)도 보인다.*

4. 실재는 보려고 해서 보이는 것이 아니다. 실재가 보이도록 조건을 만들어야 한다. 마음근육이자 알아차림 기능인 sati 힘이 커지면 실재는 자연스럽게 보인다. 아직 볼 수 있는 수준이 아닌데 억지로 보려고 하면 몸과 sati에 힘이 들어가 도리어 보는 것을 방해한다.

5. 마음근육이자 알아차림 기능인 sati는 마음현미경이다. 실재를 보려고 애쓸 것이 아니라 sati 힘을 키우려고 노력해야 한다. sati 힘이 향상하면 존재는 있는 그대로 보인다. 이것은 현미경배율을 높이면 미세한 것도 보이는 것과 같은 이치다.

선무당 넷

운전할 때 시야넓힌다고 눈을 좌우로 돌리면 사고나기 쉽다. 시야넓히는 방법이 좁히는 것이다. 처음에 지나가는 차에 신경쓰이지만 운전대잡고 자기차선 지키고 가면 서서히 시야가 넓어지고 지나가는 차속도까지 감지할 수 있다. 수행도 마찬가지다. 알아차림 범위를 넓히기 위해 이것저것 다 보려고 하면 모두 놓친다. 배, 발, 화두 등 기준점만 알아차림하면 점차 sati 힘이 커지고 알아차림 폭과 깊이가 확장한다. 좁혀야 넓어진다. 선무당이 사람잡는다고 한다. 행동하기 전에 먼저 질문하자. 왜 그렇게 해야 하는지. 자세히 이론설명을 듣고 올바르게 기술을 익혀야 한다. 그래야 유효성이 있다.

6. 좌념할 때 기준점인 배 움직임(일어난-사라짐, 風大)에서 4대 (四大) 전부 알아차림하려고 하면 다 놓친다. 배 움직임을 기준점으로 삼고 알아차림하고 수행하면 점차 지대, 수대, 화대도 알아차림할 수 있다.

7. 배 움직임(일어남-사라짐, 風大)을 알아차림하는데 지대, 수대, 화대 등 방해현상이 나타나고 마음근육이자 알아차림 기능인 sati 힘이 약해 방해현상으로 가면 기준점인 배 움직임은 보이지 않고 방해현상만 보인다. 그러면 알아차림 범위가 좁아지고 수행은 정체한다.

8. 존재를 드러난 고유특성으로 구분하는 4대(四大)는 사람이 선천으로 타고난 성질(기질) 분류기준이다. 이 책 230쪽 표19 고유특성을 보면 4대(四大)를 이해하는데 도움된다.

1) 지대

9. 땅의 특성인 지대(pathavī dhātu, 地大)는 실제 땅이 아니라 존재에 나타난 딱딱함과 부드러움, 무거움과 가벼움 등 고유특성(地大)에 붙인 이름이다.

10. 존재를 알아차림할 때 모양이 아니라 존재에 드러난 고유특성으로 알아차림하면 존재를 가치판단하지 않고 사실판단할 수 있다. 전체 상황 통찰기능인 paññā 성숙에 따라 지대는 다차원으로 알아차림된다.

2) 수대

11. 물의 특성인 수대(āpo dhātu, 水大)는 실제 물이 아니라 존재에 나타난 흐름과 막힘, 팽창과 수축 등 고유특성(水大)에 붙인 이름이다.

12. 존재를 알아차림할 때 모양이 아니라 존재에 드러난 고유특성으로 알아차림하면 존재를 가치판단하지 않고 사실판단할 수 있다. 전체상황 통찰기능인 pañña 성숙에 따라 지대는 다차원으로 알아차림된다.

3) 화대

13. 불의 특성인 화대(tejo dhātu, 火大)는 실제 불이 아니라 존재에 나타난 뜨거움과 차가움 등 고유특성(火大)에 붙인 이름이다.

14. 알아차림할 때 모양이 아니라 존재에 드러난 고유특성으로 알아차림해야 존재를 가치판단하지 않고 사실판단할 수 있다. 전체상황 통찰기능인 pañña 성숙에 따라 수대는 다차원으로 알아차림된다.

4) 풍대

15. 바람의 특성인 풍대(vāyo dhātu, 風大)는 실제 바람이 아니라 존재에 나타난 흔들림과 번댐 등 고유특성(風大)에 붙인 이름이다.

16. 존재를 알아차림할 때 모양이 아니라 존재에 드러난 고유특성으로 알아차림해야 존재를 가치판단하지 않고 사실판단할 수 있다. 전체상황 통찰기능인 pañña 성숙에 따라 풍대는 다차원으로 알아차림된다.

5) 수행기술

17. Buddha가 창안하고 실천한 방식으로 수행할 때 마음근육이자 알아차림 기능인 sati 강화가 핵심이다. sati 힘이 좋아야 전체상황 통찰기능인 pañña가 성숙하기 때문이다.

18. 먼저 마음근육이자 알아차림 기능인 sati 힘을 키우기 위해 훈련도구와 기준점(대상)을 정하고 알아차림 범위를 좁힌다.

19. 앉아서 하는 좌념, 걸으며 하는 행념, 생활하며 하는 생활념, 일하며 하는 노동념을 각자 사정에 맞게 선택한다.

(표103) **수행핵심**

1. Buddha는 사람(4염처, 5온, 6경)이 가장 좋은 훈련도구라고 보았다. 사람을 훈련도구로 삼고 수행할 때 알아차림 기준점을 몸(色, 身)에 정하고, 4대(四大, 地水火風) 가운데 좌념할 때 기준점인 배 움직임(일어남-사라짐)인 풍대(風大), 행념할 때 1단계와 3단계는 풍대(風大)인 발 움직임과 6단계는 지대(地大)인 무게감, 생활념이나 노동념할 때 행위끝(風大)에 초점두고 알아차림했다.

2. 기준점을 알아차림하다 방해현상이 나타나면 그 방해현상을 알아차림하고 즉시 기준점으로 돌아왔다. 새로운 존재가 나타났지만 그것이 기준점 알아차림을 크게 방해하지 않으면 그것이 발생한 것만 알고 계속 기준점을 알아차림했다.

3. 방해현상이 발생하면 좌념은 어지간하면 무시하고 기준점에 집중한다. 행념은 가능한 무시한다. 생활념이나 노동념은 철저히 무시한다. 이것이 핵심이다.

4. 방해현상이 나타나면 그것이 발생한 줄 알고 알아차림 초점은 방해현상으로 옮기지 않고 기준점에 두어야 수행진보에 효과있다.

5. 수행초기는 마음근육이자 알아차림 기능인 sati를 깨어나게 하고 강화해야 하기 때문에 기준점을 알아차림하다 새로운 현상이 나타나면 그것을 알아차림하고 다시 기준점으로 돌아오는 것이 좋다.

6. 어느 정도 수행이 향상하면 그렇게만 해서는 수행이 유효하게 진보하지 않는다. 이때는 새로운 현상이 나타난 것만 알아차림하고 가능한 기준점지키는 것이 효과있다. 그렇게 해야 마음근육이자 알아차림 기능인 sati가 인식대상에 집중하는 samādhi 힘(三昧力)이 향상하고 수행이 진보한다.

7. 수행할 때 할 수만 있으면 기준점을 지속해 이름붙이고 알아차림해야 한다. 이렇게 하면 머지않아 Arahant Maggaphala에 들어 Nibbāna를 성취할 수 있다.

20. Maggaphala에 들어갈 때 인식대상이 너무 빠르고 미묘하게 전개하기 때문에 이름붙일 수 없다. 평소에 지루할 만큼 이름붙이고 알아차림하는 훈련을 해두어야 한다. 그래야 마음근육이자 알아차림 기능인 sati 유연성과 순발력이 향상해 인식대상 변화를 놓치지 않고 수월하게 알아차림할 수 있다.*

21. 이런 수행기술을 Buddha나 역대조사는 한마디로 응축해 말했다. 「알아차림해라, 실재봐라, 화두챙겨라, 의심해라…」 그 짧은 말속에 핵심기술이 함축해있다.

10. 존재실재

1. 마음거울에 맺힌 상을 알아차림할 때 존재에 내재한 법칙, 본성, 실재인 3법인(ti dhamma lakkhaṇa, 三法印, 無我, 無常, 苦)을 체험하고 Maggaphala에 들어 Nibbāna를 성취한다.

打成一片

타성일편(打成一片)하란 말이 있다. 큰 쇳조각을 두드려 한 조각으로 만들면 불순물이 제거되고 순수한 쇠뭉치를 얻을 수 있다는 말로 수행을 비유한 것이다. 마음공간에 욕망, 이기심, 분노, 적의, 원망, 서운함, 편견, 선입관, 가치관 등 수많은 마음오염원이 떠다닌다. 수행하려고 자리에 앉으면 이런 마음오염원이 태산처럼 일어나 기준점(배, 발, 호흡, 화두, 소리 등)에 온전히 집중하기 힘들다. 이때 그런 방해현상에 마음빼앗기면 수행이 퇴보한다. 그러나 기준점 놓치고 않고 지속해 알아차림하면 수행이 진보한다. 수행은 운전하는 것과 비슷하다. 차가 많아도 운전대잡고 자기차선 지키고 앞만 보고 가면 목적지까지 순조롭게 갈 수 있다. 주변차에 마음빼앗기면 사고나기 쉽다. 도로에 차가 없을 수 없다. 차있는 것이 자연스럽고 현실이고 실재다. 결국 주변차가 아니라 운전사 실력문제다. 화두잡고 놓치지 않고 타성일편하면 원하는 것을 얻을 수 있다. 삶에 일이 없을 수 없다. 일 있는 것이 현실이다. 문제는 내공이 부족해 주변에서 일어나는 별일에 마음뺏기고 징징대는 것이다.

2. 이때 존재에 드러난 고유특성(四大)으로 알아차림해야 존재에 내재한 실재(三法印)를 알아차림할 수 있다. 그래야 존재를 가치판단(分別心)하지 않고 사실판단(四大)하고 마침내 실재판단(三法印)할 수 있다.

3. 전체상황 통찰기능인 paññā는 존재에 내재한 실재(三法印), 존재에 드러난 고유특성(四大), 존재 구성관계인 연기(緣起), 가치판단 기준인 인과(因果), 관계와 상황 통찰안목이다.

4. 접촉이 있으면 마음근육이자 알아차림 기능인 sati가 그곳으로 집중하고 동시에 마음공간에 존재하는 기억이미지도 sati가 집중한 곳으로 모여 존재를 가공해 얻은 앎이 paññā다.

5. paññā는 성숙하고 작동할 때까지 그 실체를 파악할 수 없다. paññā는 고정해있지 않고 끊임없이 움직인다.

6. 특정상황에서 얻은 paññā는 해당상황이 종료함과 동시에 마음공간으로 잠복한다. 다음에는 다른 상황에 적합한 paññā가 나온다.

7. paññā는 상황에 따라 다르게 작동한다. paññā는 하나의 상황에 한 번만 작동한다. paññā는 이전에 형성한 것을 다음상황에 최대한 적용해 활용한다. 이것이 paññā 실체다.*

8. paññā는 스스로 느낄 정도로 성숙하는데 어느 정도 시간이 필요하다. paññā 성숙은 수행단계마다 나타나는 현상으로 유추해볼 수 있다.

9. paññā는 완전히 성숙할 때까지 기다려야 한다. paññā가 성숙하기

지식과 지혜

지식은 고정돼있고 지혜는 유동이다. 「삼천포가 어디 있습니까」에 대한 답은 고정돼있다. 그러나 사람사이 일어난 다툼을 해결할 때 「모범답안」이 없다. 상황에 따라 답을 결정해야 하는 경우가 많다. 이렇게 답을 결정하는 것이 지혜다. 그래서 지혜는 유동이다. 지식은 어느 정도 고정형태로 마음공간에 존재하고 지혜는 유동형태로 마음공간에 존재한다. 지혜는 상황이 발생하면 마음공간에 존재한 모든 데이터가 재조합해 나타난다.

전에 그 싹을 건드리면 안 된다. 그러면 paññā는 그 상태에서 성장을 멈춘다. paññā가 완전히 성숙하면 실재인 3법인(三法印)을 몸으로 체험해 알게 된다. 이때 3법인을 어느 수준으로 알아차림하느냐가 Maggaphala와 paññā 수준을 결정한다.

10. Maggaphala에 들어 Nibbāna를 체험하는데 그렇게 많은 시간이 필요치 않다. 1,500시간이면 한 걸음에 Maggaphala에 들 수 있는 지점까지 갈 수 있다. 성공확률 70% 이상이다.

11. Maggaphala에 들어 Nibbāna를 체험하는 것은 궁극으로 수행자 몫이다. 이것은 누구도 대신할 수 없다. 3법인(三法印)은 다음같다.

1) 무아

12. 무아(anatta, 無我) 본래 뜻은 힌두교 창조신 Brahma(梵) 분신인 atta(sk, Ātman, 我)가 없다는 것이다.

13. 힌두교 전신인 Brahma교는 창조신 Brahma가 우주와 피조물을 만들고 피조물 행복과 불행을 결정한다고 주장했다.

14. 그들은 피조물인 사람이 살아있는 동물피로 창조신 Brahma께 제사지냄으로 신의 은총받아 행복하게 살 수 있다고 생각했다.

15. Brahma교와 인더스 강 중류 토착민 수행문화가 중인도에서 결합해 만들어진 Upasād(sk. Upanisad) 철학은 오리지널 신인 Brahma가 자신이 만든 피조물 속으로 들어왔다고 믿었다.

16. 창조신은 하나고 피조물은 많기 때문에 신이 직접 피조물속으로 들어간 것이 아니라 분신을 만들어 피조물속에 넣었는데 그 분신이 atta다. 그들은 atta가 주체가 돼 윤회(saṁsāra, 輪廻)한다고 주장했다.

17. Upasād 수행자는 우주를 창조한 Brahma는 대우주고 피조물인

atta는 소우주인데 대우주인 Brahma와 소우주인 atta가 하나되거나 [brahmātmāikya, 梵我一如] 피조물속에 들어있는 신의 분신인 atta와 하늘에 있는 창조신 Brahma가 하나되면 신의 은총으로 행복하게 살 수 있다고 믿었다.

18. Upasād 수행자는 신의 분신과 창조신을 하나로 묶는 작업을 했다. 그것이 Yoga 수행이다.

19. Buddha는 창조신도 없고 피조물속에 존재하는 신의 분신도 없다고 주장했다.

20. Buddha는 보리수 아래서 무상정자각(anuttara sammā sambodhi, 阿耨多羅三藐三菩提, 無上正自覺)을 성취한 후 읊은 오도송(Paṭhama Bodhi Gāthā, 悟道頌)에서 신과 윤회를 부정했다.

21. Buddha는 삶을 추동하는 것은 신과 윤회가 아니라 욕망[taṇhā, 渴愛]과 무지[avijja, 無明]라고 규정했다.

22. Buddha는 신을 만들고 행복을 구걸하는 제사나 신과 신의 분신을 하나로 묶는 Yoga 수행이 아니라 전체상황 통찰기능인 paññā를 키우는 SATI 수행으로 실재를 있는 그대로 보고 마음오염원을 제거하고 자유롭고 행복하게 살 수 있다고 보았다.

23. 신과 윤회를 부정하는 Buddha 이론이 무아를 핵심으로 한 3법인(三法印)이다. 3법인은 신과 윤회를 중심으로 한 허구세계관을 부정하고 자연질서를 중시한 연기세계관이다.*

24. 오늘날 강단 불교학자가 관념으로 정리한 불교철학은 무아를 공간(시간) 개념으로 이해한다. 그들은 불교개념이 원래 마음과 수행을 설명한 것이란 사실을 모르고 일반철학 범주에서 불교를 논한다. 4대(四大)나 3법인(三法印)도 마찬가지다. 그들은 기술개념을 철학개념으로 환원해 이해하는 오류를 범한다.

atta 특성

힌두교는 하늘에 있는 창조신 Brahma와 피조물 속에 들어있는 신의 분신인 atta 특성에 대해 다음같이 설명한다.

표104 신과 신의 분신

Brahma(梵) 신 특징	정(淨)	창조주 Brahma는 순수하고 청정 그 자체임
	락(樂)	창조주 Brahma는 즐거움으로 충만해있음
atta(我) 분신특징	아(我)	신의 분신인 atta는 모든 존재에 들어있음
	상(常)	신의 분신인 atta는 정체성은 변하지 않음

창조신 Brahma 특성은 다음 두 가지다.

① 청정(淨)하고 순수 그 자체다.
② 즐거움(樂)으로 충만해있다.

신의 분신인 Atta특성은 다음 세 가지다.

① 모든 피조물속에는 창조신 Brahma 분신인 atta(sk. ātman, 我)가 들어있다.
② atta가 윤회과정에서 어떤 존재에 깃들더라도 그 정체성은 변하지 않는다(常).
③ atta는 나의 것이기 때문에 내가 하고자 하는 대로 할 수 있다.

이런 힌두철학을 Buddha가 부정한 개념이 3법인이다. 이것은 불교철학 정체성과 독창성을 나타낸다. 3법인은 다음같다.

① 무아(anatta, 無我) : 창조신 Brahma도 없고 신의 분신인 atta(sk. ātman, 我)가 없다.
② 무상(anicca, 無常) : 존재에 영원히 변하지 않는 신의 정체성[nicca, 常]은 없고 존재에 고정불변한 실체가 없다(無常).
③ 고(dukkha, 苦) : 좋아하면 집착하고 구속되고 싫어하면 내려놓고 자유롭다. 삶에 즐거움만 있지 않고 때로는 괴로움도 있다. 인식주체와 인식대상 변화속도가 각기 다르고 그 간격만큼 감각대상에 불만족스러움을 느낀다. 존재에서 즐거움(樂)을 보고 욕망을 일으키면 존재에 구속되고 힘들다. 존재에서 괴로움(苦)을 보고 놓아버리면 존재에서 벗어나 행복해진다. Buddha가 3법인에서 말한 고(苦)는 이것이었다.
④ 염(kilesa, 染) : 마음은 닦으면 청정해지고 방치하면 오염된다.

그런데 대승열반경은 불성(Buddha dhamma, 佛性) 정체성 혹은 Buddha(佛陀) 4덕을 상락아정(常樂我淨)이라고 해서 힌두신과 신의 분신 정체성을 Buddha 정체성으로 치환했다.

25. 존재는 공간과 시간으로 조건지어져 있다. 존재는 고정불변한 나 또는 나의 것으로 경계를 정할 수 없다. 조건이 변하면 존재도 변한다. 모든 존재는 조건지어져 있고 서로 관계맺고 있기 때문에 서로 공존해야 한다. 이것이 자연법칙이고 존재본성이다.

26. SATI 수행에서 무아는 실재체득 수준을 나타낸다. 인식대상을 사유로 알기보다 몸과 마음으로 체득해 이해하는 것이 중요하다. 무아를 몸으로 체험하면 어떤 모습일까? 그 답이 Maggaphala와 paññā 수준을 나타내는 척도다.

2) 무상

27. 무상(anicca, 無常) 기본의미는 힌두교 창조신 Brahma 분신이고 윤회주체인 atta(sk. ātman, 我)가 윤회할 때 다양한 존재속으로 들어가지만 신의 분신으로서 정체성을 상실하지 않고 그대로 유지한다[nicca, 常]고 본 것에 대해 Buddha는 신도 없고 신의 분신도 없다고 신과 윤회를 부정한 개념이다.*

28. 힌두교는 신의 분신인 atta가 윤회과정에서 피조물인 사람, 돼지,

Atta 신의 분신

이것이 오늘날 경전번역할 때 가장 왜곡한 부분이다. 신의 분신이란 개념이 Atta(sk. Ātman)인데 한문으로 아(我)로 번역했다. 경전에 전형으로 나오는 문구는

① 나[eso aha asmi, 我]
② 나의 것[etaṁ mama, 我所]
③ 내 속에 들어온 신의 분신[eso me atta, 我我], 나의 윤회주체, 나의 영혼 등이다.

이것을 모두 한문으로 아(我)로 번역하지만 3법인에 있는 무아(anatta, 無我)의 아(我)를 내가 없다뿐만 아니라 문맥에 따라서는 윤회주체, 즉 신의 분신이 없다로 해야 올바른 번역이 된다. 한

소, 개에 들어가더라도 신의 분신으로서 정체성을 잃지 않고 그대로 유지한다고 주장했다.

29. Buddha 생각은 달랐다. 모든 존재, 사람, 동물, 식물은 자연산물이고 각기 자신수준에서 정서와 마음작용을 가지고 있다고 보았다. 모든 존재는 동일한 마음을 가질 수 없으며 존재에 따라 마음작용이 다르게 나타난다고 보고 신의 분신 정체성을 부정했다.

30. Buddha는 모든 존재는 조건에 따라 형성된 것이기 때문에 창조신도 없고 피조물도 없으며 영원불변한 신과 신의 분신도 없다고 보았다.

31. 오늘날 강단 불교학자가 관념으로 정리한 불교철학은 무상을 시간(공간) 개념으로 이해한다. 그들은 불교개념이 원래 마음과 수행을 설명한 것이란 사실을 모르고 일반철학 범주에서 불교를 논한다.

32. 모든 존재는 시간과 공간으로 끊임없이 변하는데 이것을 무상이라고 한다. 조건이 변하면 존재도 변한다. 변하지 않는 것은 아무것도 없다. 변하지 않는 것은 아무것도 없다는 이 법칙만이 영원히 변하지 않는다. 이것이 Buddha 기본생각이었다.

33. Buddha는 경전에서 변하는 것을 말할 때 항상 변법(vipariṇāma dhamma, 變法)이란 용어를 사용했다. 무상은 3법인(三法印)에서 힌두교에서 주장하는 창조신 Brahma과 신의 분신인 atta를 부정할 때만 사용한 개념이다.

34. SATI 수행에서 무상은 실재체득 수준을 나타낸다. 인식대상은

문으로 아(我)로 번역하기 때문에 혼동하고 있지만 pāli어 원문은 분명히 다르다. 이것은 불교경전 번역사 최대오역이다. 여기처럼 3법인의 아(我)를 「신의 분신」으로 번역하면 경전내용이 분명하게 드러나고 힌두철학과 불교철학 차이와 정체성이 선명해진다.

사유로 알기보다 몸과 마음으로 체득해 이해하는 것이 중요하다. 무상을 몸으로 체험하면 어떤 모습일까? 그 답이 Maggaphala와 paññā 수준을 나타내는 척도다.

3) 고

35. 고(dukkha, 苦) 기본의미는 힌두교 창조신 Brahma 본성이 순수 그 자체고 항상 즐거움으로 충만해있다는 것을 부정한 개념이다.

36. Buddha는 존재에서 즐거움(樂)을 보고 욕망을 일으키면 존재에 구속되고 삶이 오염되고 힘들다. 존재에서 괴로움(苦)을 보고 놓아버리면 존재에서 벗어나 행복해진다고 보았다.

37. Buddha는 인식대상을 좋아하면 집착하고 구속되지만 싫어하면 집착하지 않고 내려놓고 자유롭게 된다고 주장했다. 그래서 힌두철학에서 신의 속성을 청정(淨)과 즐거움(樂)으로 규정할 때 Buddha는 자연(緣起)과 괴로움(苦)이란 대응개념을 만들었다.

38. Buddha는 마음은 닦으면 맑아지고 방치하면 오염되고 흐려지는 것이지 처음부터 청정하거나 영원히 변하지 않는 순수는 없다고 힌두철학을 부정했다.*

39. 인식대상도 변하고 그것을 받아들이는 마음, 정서, 가치관도 변

철학관점

인도철학은 각 학파에 따라 철학관점과 수행방법이 다르다.

① 힌두교는 창조신 Brahma(梵)을 믿고 신의 질서인 saṃsāra(輪廻說)를 믿고 철학관점은 atta(sk. ātman, 我)가 주체가 돼서 윤회하면 변한다는 전변설(prakṛti, 轉變說)을 주장했다. 처음에는 신에게 기도하고 은총을 가하다가 Upasad(sk. upanisad) 시기로 오면 창조주이자 대우주인 Brahma(梵)과 Brahma 분신이자 소우주인 atta(ātman, 我)가 하나되면(梵我一如) 신의 은총을 받는다는 가설아래 신과 하나 되는 방법인 Yoga 수행을 선호했다.

한다. 인식대상 변화속도와 인식주체인 마음변화 속도가 일치하면 만족하고 행복해하지만 불일치할 때 불만족스럽게 느끼고 괴로워한다. 인식대상과 인식주체 간격이 클수록 고통느낌 또한 커진다.

40. 시간과 공간, 존재와 존재가 접촉하면 그 흔적이 남는다. 그것은 마음공간에 기억무게, 마음무게, 스트레스, 업장 등 에너지 뭉침으로 존재한다. 기억이미지 무게를 SATI 수행을 통해 제거하면 자유로운 삶, 여유로운 삶, 청정한 삶, 행복한 삶, 공존하는 삶을 살 수 있다.

41. Buddha는 사람이 살다보면 괴로울 때도 있고 즐거울 때도 있는 것이지 어떻게 즐거움으로만 충만할 수 있느냐고 보았다. 그래서 괴로움에서 벗어나 자유롭고 행복한 삶은 수행과 노력으로 성취해야 한다고 주장했다.

42. Buddha는 행복으로 가는 길은 즐거움부족이 아니라 괴로움이 문제라고 보았다. 사람이 살면서 즐거움은 문제될 것 없지만 괴롭지만 않으면 살아볼만 하다고 생각했다. 삶에 즐거움충족보다 괴로움제거가 더 본질이고 직접이라고 보았다.

43. 강단 불교학자는 고를 불만족상태(부적응상태)로 이해한다. 그러나 이 개념은 힌두교 창조신 본성을 부정한 개념이다.

---

② 고행주의자는 영혼은 맑고 순수하지만 육체가 원하는 대로 욕망에 휘둘리다 보니 외부오염원이 영혼에 쌓여서 하늘로 올라가지 못한다고 생각했다. 그들은 철학관점은 적취설(samūha, 積聚說)를 주장하고 수행으로는 Tapo(苦行)를 했다. 욕망으로 오염된 몸에 고통을 가하는 것만큼 영혼이 맑아지고 하늘로 올라갈 수 있다고 생각했다.

③ Buddha는 철학관은 세계는 개별요소가 조건에 따라 결합하고 조건이 변하면 결합도 변한다는 연기설(paṭicca samupata, 緣起說)을 주장했다. 수행은 존재실재를 통찰할 수 있는 안목인 paññā(般若, 慧)를 키우고 존재와 상황을 있는 그대로 보고 자연주의와 과학방법에 기초해 세상을 살면 삶이 풍요로워질 것이라고 주장했다. 존재를 잇는 그대로 보기 위해서 지나온 삶의 흔적인 간직해있는 마음공간을 맑히는 SATI 수행을 선호했다.

44. SATI 수행에서 고는 실재체득 수준을 나타낸다. 인식대상은 사유로 알기보다 몸과 마음으로 체득해 이해하는 것이 중요하다. 고를 몸으로 체험하면 어떤 모습일까? 그 답이 Maggaphala와 paññā 수준을 나타내는 척도다.

(표105) 수행기술 핵심 기술

가치판단

↑

준재
사실판단(四大)

→

실제판단(三法印)

1. sati 강화

① 마음근육 강화
② 알아차림 강화

2. 이름붙이기

① 현상에 따라
② 한 단어로
③ 숫자로

3. sati 기준점

① 5온(色受想行識) → 色
② 4념처(身受心法) → 身
③ 6경(色聲香味觸法) → 色
④ 몸 32곳

4. 고유특성(四大)

① 지대(地大) : 햇님 6단계 기준점
② 수대(水大) :
③ 화대(火大) :
④ 풍대(風大) : 좌님 기준점
     햇님 1, 3단계

5. 실제(三法印)

① 무아(anatta, 無我)
② 무상(anicca, 無常)
③ 고(dukkha, 苦)

좌님
햇님
생활님

SATI 수행 진행과정

project

check point

이 장에서는 처음 수행을 시작해서 최고단계인 Arahant Maggaphala에 들어 Nibbāna를 체험할 때까지 수행진행 과정을 배우고 익힌다.

1. 수행진행 각 단계마다 마음오염원인 āsava(流漏)를 제거하고 전체 상황 통찰기능인 paññā(般若, 慧)가 성숙하고 그 단계에 적합한 자유로움과 행복감을 체험한다.

2. 수행자가 도달한 수준만큼 āsava 해체, paññā 성숙, 행복감은 다양한 형태로 나타난다. 수행자는 현상에 속지 말고 실재를 있는 그대로 보려고 노력해야 한다.

3. Maggaphala(摩訶婆羅, 道果)에 이르지 못한 사람 수행단계 구분은 의미없다. 거기서 거기다. 약간 앞서거나 뒤서는 것일뿐 수행은 진보하기도 하고 퇴보하기도 한다.

4. Mūla Saṅgha SATI Ārāma는 Buddha 기준에 따라 수행단계를 구분한다.

5. 범부단계에서 나타난 몇 가지 현상을 상세히 설명하지만 이것은 수행단계를 구분한 것이 아니라 범부단계에서 나타난 특징을 살펴본 것이다.

6. 수행도중 매 순간마다 실재인 3법인(三法印)을 체험하지만 수행자 sati 기능이 약하면 수행자가 체험한 것을 스스로 자각하지 못한다.

7. 전체상황 통찰기능인 paññā 성숙 각 단계마다 존재에 드러난 고유 특성인 4대(四大, 地水火風)와 존재에 내재한 실재인 3법인(三法印, 無我・無常・苦)을 몇 가지 특정현상으로 자각할 수 있다. 그것을 통해 수행자가 도달한 paññā 크기와 수행단계를 알 수 있다.

8. 수행진도가 향상하는 것은 고통지수가 감소하고 자유와 행복 지수가 증가함을 의미한다. Buddha는 행복을 다음 세 단계로 구분했다.

표106 행복단계 ....

① pīti(歡喜) 단계 : 기쁨이나 환희심으로 번역한다. 술 한 잔 먹고 기분 좋게 약간 들 뜸을 동반한 행복감이다. 행복감 중에서 첫 단계다. maggaphala 2/5 단계에서 나타난다.

② sukha(樂) 단계 : 즐거움이나 청량감으로 번역한다. 더울 때 땀 흘리고 시원한 냉수 한 잔 마시는 기분으로 착 가라앉으면서 상쾌한 청량감을 동반한 행복감이다. 행복감 중에서 두 번째 단계다. maggaphala 4/5 단계에서 나타난다.

③ Nibbāna(涅槃, 寂滅) 단계 : 맑음으로 번역한다. 아무 자극없는 가운데 맑음이 흐른다. Buddha는 이것을 행복감 중에서 최고상품으로 꼽았다. maggaphala에 들어 Nibbāna를 체험하면서 나타난다.

....

1. 수행진행

1. 수행이 진행됨에 따라 수행향상을 위해 각 단계에서 사용할 도구와 다음단계를 위해 성숙해야 할 도구가 있다.

1) 세 가지 요소

2. 수행진보에 영향미치는 세 가지 요소가 있다. 그것은 마음근육이자 알아차림 기능인 sati(念), sati 집중기능인 samādhi(三昧, 止, 定), 균형기능인 viriya(精進)다.

3. 마음근육이자 알아차림 기능인 sati는 Maggaphala로 가는 길을 인도하고, sati 집중기능인 samādhi는 추진력이고, viriya는 sati와 samādhi 균형기능이다.

4. 마음근육이자 알아차림 기능인 sati는 맑음이 특징이고, sati 집중

기능인 samādhi는 고요함이 특징이다. sati가 samādhi보다 강하면 마음은 맑지만 산만함이 있고 samādhi가 sati보다 강하면 마음은 고요한데 흐림이 있다.

5. 마음근육이자 알아차림 기능인 sati가 약한 상태에서 viriya가 지나치면 sati가 인식대상에 집중하지 못하고 튕겨나가 산만해진다. sati집중 기능인 samādhi가 약한 상태에서 노력이 지나치면 몸이 고달프다.

6. 수행할 때 잘 되는 요소를 줄이는 것보다 부족한 것을 강화하는 것이 핵심이다. Buddha는 수행자에게 두드러지게 드러난 것은 장점으로 보았다.

7. 수행이 진행될 때 대개 sati 집중기능인 samādhi가 앞선다. 이때 마음근육이자 알아차림 기능인 sati가 samādhi에 따라붙어야 이 둘이 균형잡힌다. 반대로 samādhi가 sati를 앞서기도 한다. 이때 samādhi가 sati에 따라붙어야 한다. 그래야 균형잡힌다. 균형잡는 요령이 이름붙이고 알아차림하는 것이다.

8. 마음근육이자 알아차림 기능인 sati, sati 집중기능인 samādhi, 균형기능인 viriya가 균형이뤄야 수행이 진보한다. 이 세 가지가 적절히 균형이룰 때 Maggaphala에 들어 Nibbāna를 체험하고 마음오염원인 āsava 뿌리를 제거할 수 있다.

2) 매 수행단계 강화도구

9. 알아차림과 정확함이 수행기본이다. 수행진행 각 단계마다 중점으로 훈련해야 하는 요소가 있다. 그것이 해당단계에서 수행을 선도한다.

10. 수행초기는 마음근육이자 알아차림 기능인 sati를 깨어나게 하고 인식대상을 겨냥하는 정확도를 강화하는 것이 효과있다. 마음거울에

맺힌 상을 가능한 한 모두 다 알아차림하려고 노력해야 한다. 이때 이름붙이고 알아차림하는 것이 요령이다.*

11. 수행진보가 Maggaphala 2/5지점[maggāmagga ñāṇadassana visuddhi, 道非道智見淸淨]을 지나면 인식대상을 놓치지 않고 따라붙는 sati 집중기능인 samādhi를 강화하는 것이 효과있다. 이때 알아차림 대상(기준점)을 끈질기게 따라붙으려고 노력한다. 그 요령이 바로 이름붙이기다.*

12. 수행진보가 Maggaphala 2/5~4/5지점[paṭipadā ñāṇadassana visuddhi, 行道智見淸淨] 사이는 마음근육이자 알아차림 기능인 sati, sati 집중기능인 samādhi, 균형기능인 viriya(精進), 이 세 가지 가운데 부족한 것을 집중해서 강화해야 한다. 이때 이름붙이고 알아차림하는 것이 요령이다.

13. 수행진보가 Maggaphala 4/5지점부터는 sati 순발력과 유연성을 키우는데 중점두고 수행해야 한다. 이때 이름붙이기가 핵심이다.

14. 이 정도로 수행이 향상하면 마음근육이자 알아차림 기능인

못박기

나무가 단단한데 망치로 강하게 박으면 못이 구부러지거나 튕겨나간다. 나무성질과 못상태에 따라 적당히 힘을 배분해야 한다. 마찬가지로 sati와 samādhi가 약한데 억지로 sati를 인식대상에 밀착하려고 노력하면 sati는 그곳으로 가지 않고 튕겨나간다. 그러면 마음은 산만하고 수행은 퇴보한다.

무시하기

수행이 어느 정도 진도나간 단계에서 기준점인 배나 발 움직임을 알아차림할 때 망상이 들어온 것을 알았지만 그것이 기준점인 배나 발 알아차림하는데 방해하지 않으면 그것이 들어왔다는 것만 자각하고 마음근육이자 알아차림 기능인 sati를 기준점인 배나 발 움직임에 집중하는 것이 수행진보를 도와준다.

sati, sati 집중기능인 samādhi, 균형기능인 viriya가 상당히 깨어나고 균형잡혀있기 때문에 마음거울에 맺힌 상을 정확하게 알아차림하고 즉시 기준점인 배나 발로 돌아오는 유연성과 순발력을 키우는 것이 중요하다.

15. 수행진보가 Maggaphala 4/5지점을 지나면 좌념이나 행념뿐만 아니라 일상생활에서 하는 생활념을 소홀히 하면 안 된다. 보고, 듣고, 냄새 맡고, 맛보고, 접촉하고, 걷고, 서고, 앉고, 눕는 모든 일상생활에서 알아차림하는 sati와 행위전에 일어나는 의도 알아차림 기능인 sampajāna(自知)를 철저히 훈련해야 더 높은 단계로 수행이 진보한다.

16. 수행진보가 순조롭게 이뤄져 초선(pathama jhāna, 初禪)에 도달하면 인식대상을 놓치지 않으려고 노력하는 sati 집중기능인 samādhi 힘(三昧力)을 키워야 한다. 그 힘으로 수행이 2선(dutiya jhāna, 二禪)으로 진보한다.

17. 2선에 도달하면 마음근육이자 알아차림 기능인 sati와 의도 알아차림 기능인 sampajāna를 향상해야 한다. 그 힘으로 수행이 3선(tatiya jhāna, 三禪)으로 진보한다.

18. 마음근육이자 알아차림 기능인 sati, sati 집중기능인 samādhi, 의도 알아차림 기능인 sampajāna가 균형이루면 4선(catuttha jhāna, 四禪)을 지나 Maggaphala로 들어간다.

19. 수행진보는 각 단계가 순차로 비슷한 시간이나 강도로 전개되지 않는다. 어떤 단계는 통과하는데 몇 달이 걸리는가 하면 어떤 단계는 1~2분 혹은 10~20분 사이에 혹하고 지나간다.

20. 분명한 것은 어떤 경우라도 수행단계를 생략하고 지나가지 않는다는 점이다. 모든 단계를 분명히 거치지만 수행자 sati와 paññā 수준에 따라 압축해 올라갈 수 있다.

표107 수행진행단계 도표

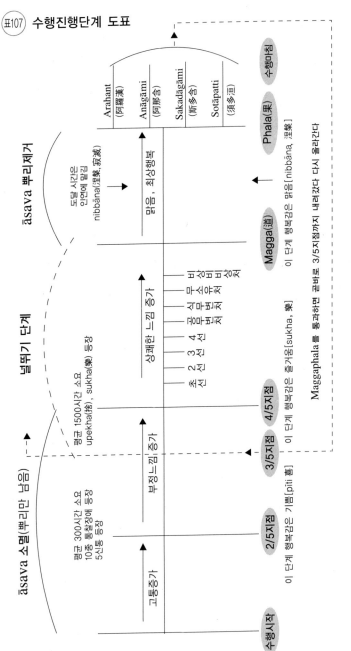

pañña 성숙(慧解脫, 悟) = āsava 소멸(心解脫, 修), 일반으로 pañña 성숙는 돈(頓), āsava 소멸은 점(漸) 형태를 띰. 수행 진행은
수행자 근기, 태도, 의지가 영향 미침

836 6부 수행이론

2. 범부단계

1. 수행할 때 몸과 마음 적응과정이 필요하다. 그것은 수행자에게 있어 일종의 통과의식과 같다. 이것을 옛 어른은 몸 조복받는 시기라고 했다.

2. 자유로움이나 청정함과 거리가 먼 생활을 한 사람은 그 기간만큼 적응과정에서 어느 정도 어려움이 나타난다. 점차 수행이 익숙해지면 고통감이 감소하고 행복감이 증가한다. 학습과 재학습 사이에 몸과 마음에 상당한 아픔이 있을 수 있다.

3. 처음 수행해서 Maggaphala에 이르기까지 몸과 마음에 몇 가지 현상이 나타난다.

4. 수행초기는 수행에 적응하고 āsava 제거과정에서 고통감이 집중해서 일어날 수 있다. 수행진도가 나가면서 몸과 마음에 쌓인 거친 āsava를 제거하고 pīti와 paññā가 생긴다. 이때 간간히 우울증 비슷한 현상이 올 수 있다. 이것은 욕망과 분노 금단현상이다.

5. 이 과정을 통과하면 부정감이 집중해 나타난다. 그 다음에 상쾌함과 즐거움이 집중해 나타나고 더 진도나가면 Maggaphala에 들어 Nibbāna를 체험할 수 있다.

6. 이런 과정은 반드시 거치지만 수행자근기, 마음근육이자 알아차림 기능인 sati, sati 집중기능인 samādhi, 의도 알아차림 기능인 sampajāna, 전체상황 통찰기능인 paññā 크기에 따라 어떤 과정은 아주 빠르거나 느리게, 어떤 과정은 강하거나 약하게 체험하기 때문에 개별현상이나 수행단계에 지나치게 집착할 필요없다.

1) 수행초기

7. 처음 수행할 때는 마음근육이자 알아차림 기능인 sati, sati 집중기능인 samādhi, 의도 알아차림 기능인 sampajāna, 전체상황 통찰기능인 paññā 등의 힘이 약하다.

8. 존재가 마음거울에 상을 맺고 그것을 알아차림하는 sati가 약하기 때문에 수행초기 이 기능을 강화하기 위해 노력해야 한다. 이 단계에서는 sati 정확함이 수행을 선도한다.

9. 스트레스받거나 기억무게가 늘어나 마음오염원인 āsava가 증가하면 신경조직은 단위면적당 고질량상태가 되고 수축하고 경직한다. 수행으로 āsava를 제거하면 기억이미지가 흡수한 에너지(마음오염원)가 해체되면서 수축하고 경직한 신경조직이 이완하고 유연해진다.

10. 이때 흡수한 에너지를 뿜어내는데 수행자 sati와 paññā 수준에 따라 에너지 해체를 다양하게 인식한다. 이 단계에서 āsava 해체는 열기와 통증을 일으키며 전개한다.

11. 경직하고 수축한 신경조직이 이완할 때 두 힘이 부딪친다. 이때 수행자는 통증을 느낀다. 통증은 수행자 sati와 paññā 수준에 따라 다양하게 나타나는데 현상에 속지 않아야 한다. 이 단계에서 āsava 해체와 몸과 마음에서 느끼는 행복감은 열기와 통증으로 나타난다.

12. 이 단계에서 몸과 마음에 나타난 현상은 다음같다.

13. 수행초기 고통감이 많지 않지만 마음근육이자 알아차림 기능인 sati가 깨어나면서 고통감이 서서히 증가한다. 아픔, 가려움, 쑤심, 진동, 메스꺼움, 설사, 흔들림, 경련, 열감 등 몸에 고통감이 많이 나타나기도 한다.*

14. 고통감이 일어날 때 그것을 알아차림하지 못하면 분노나 짜증이

일어난다. 그 때문에 마음이 동요하고 우울함과 슬픔이 일어난다.

15. 수행자는 몸에 박혀있는 가시를 뽑아내듯 고통감을 극복하기 위해 그것과 싸우거나 피하려 하지 말고 단지 고통실재를 통찰하려고 노력해야 한다.

16. 무엇보다 먼저 고통감에 대해 의연한 태도를 가져야 한다. 인내가 Nibbāna로 인도한다는 말을 명심하고 수행도중에 일어난 고통감 때문에 힘들 것이라고 미리 걱정하거나 두려워해서 안 된다. 무엇보다 고통 때문에 수행을 포기하는 것은 안타깝고 어리석은 일이다. 그런 일이 일어나지 않도록 노력해야 한다.

17. 고통감이 통증이나 짜증을 수반하는데 그것이 고통실재다. 그러므로 수행자는 통증과 어울려 싸우거나 언짢아하고 피할 것이 아니라 단지 고통실재를 통찰하려고 노력해야 한다.

18. 고통감이 커질 때 무의식으로 몸과 마음이 긴장한다. 이때 먼저 몸과 마음 긴장풀고 이완해야 한다. 그리고 나서 마음근육이자 알아차림 기능인 sati를 고통감이 있는 위치에 갖다 놓고 통증강도와 변화과정을 놓치지 않고 알아차림해야 한다. 이때 통증변화에 따라 적절히 이름붙이고 알아차림하는 것이 요령이다.

19. 통증을 알아차림할 때 견딜 수 있는데까지 참고 기준점인 배 움직임(일어남-사라짐)을 알아차림해야 한다. 아픔으로 더 이상 기준점인 배 움직임을 알아차림할 수 없을 때 한두 번 통증을 알아차림하고 다

āsava

āsava, 번뇌, 스트레스, 에너지 뭉침, 마음무게, 기억무게, 마음오염원이 쌓이면 신경조직이 수축한다. 수행으로 āsava를 해체하면 신경조직이 이완한다. 기억이미지와 결합한 에너지가 빠져나올 때 통증, 열감 같은 현상으로 나타난다. 현상은 다양하지만 실재는 마음오염원인 에너지 뭉침 해소이고 마음공간이 맑아지는 과정이다.

시 기준점인 배 움직임으로 돌아가야 한다.

20. 통증이 더 심해 기준점인 배 움직임(일어남-사라짐)을 알아차림할 수 없을 때 5~10분 정도 통증을 알아차림해도 된다. 그러나 30분 이상 통증 알아차림은 수행진보에 도움되지 않는다.

21. 통증도 알아차림 대상이지만 그 속성상 통증과 싸우거나 제거하려고 하기 때문에 수행진보를 방해한다. 어떤 현상이라도 수행자는 그 현상과 어울려 놀거나 싸우지 말고 단지 통증실재를 통찰하려고 노력해야 한다.

22. 어떤 수행자는 몸에 통증이 현저하게 증가하는 것을 경험하면 자기수행이 잘못됐다고 판단하고 당황한다. 그러나 이 단계에서 몸에 통증이 많이 나타나는 것은 sati와 paññā 성숙, 수행진도로 인해 몸과 마음에 쌓인 마음오염원인 āsava 제거과정에서 일시로 나타난 것이다. 이것은 수행자라면 반드시 거쳐야 하는 과정이다. 이것은 마음정화 과정에서 몸이 먼저 정화하기 때문이다.

23. 마음근육이자 알아차림 기능인 sati가 성숙하는 것만큼 고통감도 증가할 수 있다. 계속된 노력으로 고통감이 서서히 감소하고 통증이 약간 풀리기도 한다.

24. 가능하면 참을 수 있는데까지 참고 기준점인 배 움직임(일어남-사라짐) 알아차림하는 것이 수행진보에 도움된다. 할 수 있으면 몸을 움직이지 말고 그대로 앉아 있으면서 기준점인 배 움직임을 알아차림하는 것이 요령이다. 참을성없이 저림, 피곤함, 통증 때문에 자세를 자주 바꾸면 마음근육이자 알아차림 기능인 sati는 약해지고 수행은 퇴보한다.

25. 생체리듬이 안정됨으로써 몸에 있던 에너지 뭉침이나 고질병이 드러나 통증이 증가하기도 한다. 평소 생체 리듬이 높게 형성되기 때문에 몸에 있는 에너지 뭉침을 감지하기 쉽지 않다.

26. 수행으로 생체리듬이 안정되면 몸에 있던 에너지 뭉침을 감지하기 때문에 통증이 더 크게 느껴진다. 큰 에너지 뭉침은 의사나 전문가 도움받는 것이 좋다. 가벼운 에너지 뭉침은 수행으로 마음근육이자 알아차림 기능인 sati 힘이 향상하면 자연스럽게 해소된다.

27. 수행초기 갑자기 잠이 쏟아지기도 하고 뚜렷하지 않은 많은 생각이 떠오르기도 한다. 이것은 수행을 잘못한 것이 아니다. 수행진보로 거친 āsava나 마음표면에 떠있던 생각거품이 한꺼번에 빠져나가면서 나타나는 일시현상이다. 3~5일 정도 지나면 마음이 서서히 명료해지고 생각도 줄어들고 잠도 없어진다.

28. 이 단계에서 몸과 마음에 다음같은 현상이 나타난다. 배가 딱딱해지고 기준점인 배 움직임(일어남-사라짐)이 없는 것 같으나 손으로 만져보면 움직임을 느낄 수 있다.

29. 기준점인 배 움직임(일어남-사라짐)이 크게 일어났다 짧게 사라지기도 하고 크게 사라졌다 짧게 일어나기도 한다. 배 일어남만 있고 사라짐은 못 느끼기도 하고 사라짐만 있고 일어남은 못 느끼기도 한다. 배가 깊숙이 사라지거나 크게 일어나 잠깐 멈추기도 한다. 배가 2~3단계로 계단을 지으며 움직이기도 한다.

30. 기준점인 배 움직임(일어남-사라짐)이 빨라지거나 느려지기도 하고 망상 때문에 알아차림을 방해받기도 한다. 마음근육이자 알아차림 기능인 sati가 배에 푹푹 꽂히기도 하고 공이 벽에서 튕겨 나오듯 탄력있기도 한다.

31. 몸이 앞뒤로 흔들리고 허리가 앞뒤로 젖혀지기도 하고 몸이 진동해 놀라는 수도 있다. 손과 발이 뒤틀리거나 경련이 일어나기도 하고 종종 강도가 다른 다양한 아픔을 느끼기도 한다.

32. 때로는 송곳이나 가시에 찔린 것 같은 통증이 오기도 한다. 환영

이 많이 나타나기도 하지만 몇 차례 알아차림으로 사라진다. 모든 실재가 3법인(三法印)이라는 것을 어렴풋이 체험으로 안다.

2) Maggaphala 2/5지점

33. 이 단계[道非道智見淸淨, 歡喜地, 乾慧智]에서 몸과 마음에 느끼는 행복감은 기쁨[pīti, 歡喜]으로 나타난다.

34. 이 단계에서 마음근육이자 알아차림 기능인 sati가 깨어나면 수행자 몸과 마음에 pīti, paññā, mettā(慈)가 집중해 일어난다.

35. 이때 발생한 pīti는 자극이 강해 마음근육이자 알아차림 기능인 sati를 그곳에 구속한다. 그런 현상을 즐기다 보면 Maggaphala로 가는 길을 잃기 쉽다. 현상에 속지 말고 기쁨실재를 알아차림하려고 노력해야 한다.

36. 기쁨실재가 즐거움이고 슬픔실재가 괴로움이고 아픔실재가 아픔이다. 수행자는 존재에서 실재를 알아차림하려고 노력해야 한다. 현상을 따라가면 모든 것을 놓친다.

37. 이 단계에 이르면 마음근육이자 알아차림 기능인 sati는 어느 정도 깨어나지만 sati 집중기능인 samādhi가 약해 자극이 조금만 강해도 sati는 새로운 현상으로 옮겨간다. 이때는 sati 집중기능인 samādhi 힘(三昧力)을 강화하는 것이 요령이다. 이 단계에서 sati 정확함이 수행진보를 선도한다.

38. 기준점인 배나 발 움직임을 알아차림하는데 크게 방해하지 않으면 새로운 현상이 나타나도 기준점인 배나 발 움직임을 계속 알아차림해야 한다. 새로 나타난 현상이 기준점인 배나 발 움직임 알아차림을 방해하면 그것을 알아차림한 후 즉시 기준점인 배나 발 알아차림으로 돌

아와야 한다. 그렇게 해야 수행진보를 기대할 수 있다.

39. 전체상황 통찰기능인 paññā가 성숙하고 몸과 마음에 쌓인 거친 āsava를 제거하면 몸에 나타난 고통감이 서서히 또는 급격히 소멸하고 기쁨이 일어난다. 이때 일어난 기쁨은 약간 들뜬 기운이 있거나 설사가 나거나 멀미할 때처럼 어지럽기도 하는 등 몇 가지 현상을 수반한다.

40. 이 단계에 도달하면 작은 행복감이 집중해서 나타남과 동시에 작은 분발심이나 작은 paññā 등 10종 통찰장애가 나타나기 시작한다. 6신통(cha abhiññā, 六神通) 가운데 5신통도 나타나기 시작한다.*

41. 이때 나타난 10종 통찰장애나 5신통이 수행진도가 향상해 나타난 현상이지만 그 속성상 자극이 강해 마음근육이자 알아차림 기능인 sati를 그곳에 구속한다. sati가 그 구속에서 빠져나오지 못하면 수행은 크게 방해받는다. 그 구속으로부터 빠져나오는 기술이 기준점으로 돌아오는 것이다. 이때 이름붙이고 빠져나오는 것이 효과있다.

42. 이 단계에 나타나는 현상에 매몰되고 해당현상에 집착하면 수행이 퇴보하고 비도(amagga, 非道, 邪道)로 빠진다. 현상을 따라가지 말

6신통

신통은 뛰어난 능력이다. 6신통은 다음같다.

① 신족통(iddhi pāda abhiññā, 神足通) : 몸이 가벼운 능력.
② 천안통(dibba cakkhu abhiññā, 天眼通) : 멀리있는 대상보는 능력.
③ 천이통(dibba sota abhiññā, 天耳通) : 멀리있는 소리듣는 능력.
④ 타심통(para citta abhiññā, 他心通) : 다른 사람 마음아는 능력.
⑤ 숙명통(pubbe nivāsa abhiññā, 宿命通) : 과거아는 능력.
⑥ 누진통(āsavānaṁ khayo abhiññā, 漏盡通) : 마음오염원 제거능력.

이 가운데 ⑥ 누진통은 Arahant Maggaphala에 들어 Nibbāna를 체험하고 나타난다.

고 기준점인 배나 발에 머물면 마음근육이자 알아차림 기능인 sati가 향상하고 Maggaphala로 나아갈 수 있다.

43. 이 단계에 도달하면 몸과 마음이 경쾌하고 편안해진다. 몸과 마음에 경쾌함, 행복함, 고요함, 평온함 등 좋은 경험을 많이 한다. 이전에는 1시간 좌념하는 동안 두세 번 자세를 움직여야 했던 사람도 자세를 바꾸지 않고 두세 시간 거뜬히 좌념할 수 있다.

44. 이 단계에 도달하면 마음근육이자 알아차림 기능인 sati가 충분히 깨어있으므로 이전에는 sati가 인식대상을 쫓아다녔지만 이제는 인식대상이 sati에 와서 꽂히기 때문에 알아차림하기 쉬워진다.

45. 이 단계에서 마음근육이자 알아차림 기능인 sati는 예리해져 있고 느슨하거나 강하지 않고 경직하지도 않는다. 노력은 조화롭고 굳건하며 수행은 깊어져 기쁨, 행복함, 평화로움을 경험할 수 있다. 이런 느낌도 알아차림해야 한다. 이런 경험은 수행도중에 반드시 경험하는 통과과정이기 때문에 꾸준히 노력하면 빨리 극복할 수 있다.

46. 이 단계에서 수행자는 몸과 마음에 편안함을 즐기고 그런 느낌에 머물러있고 싶어한다. 그것은 기쁨속에 탐욕이 존재하기 때문이다. 이 탐욕을 제거하기 위해 고통실재를 통찰한 것처럼 기쁨실재를 통찰할 때까지 알아차림해야 한다. 기쁨실재가 즐거움이다.

47. 이같은 좋은 경험을 하면 수행자는 이 기쁨[pīti, 歡喜]이 수행 최종단계인 Maggaphala에 들어 Nibbāna를 체험해 경험하는 행복감으로 착각할 수 있다. 만일 수행자가 pīti를 Nibbāna로 착각하고 이를 즐기면 더 이상 수행진보를 기대할 수 없다.

48. 이는 수행자가 스스로 도달한 경험에 집착하기 때문이다. 만일 수행자가 이 상태를 Nibbāna라고 붙들고 있으면 잘못된 길(非道)로 접어든다. 수행자는 이런 잘못된 길을 버리고 어떤 현상이라도 수행과정

에서 만난 즐거움 가운데 하나라 생각하고, 그것은 진정한 즐거움이 아니며 단지 조건지어진 현상이라고 알아차림하고 올바른 길(正道)로 가야한다.*

49. 수행자는 어떤 현상을 만나더라도 그것을 있는 그대로 알아차림하고 기준점인 배나 발 움직임으로 돌아와야 한다. 그래야 수행이 진보한다.

50. 이 단계에서 몸과 마음에 다음같은 현상이 나타난다. 기준점인 배 움직임(일어남- 사라짐)은 아주 빠르게 진행된다. 조그만 충격이나 움직임도 몸 전체로 퍼져나가는 것을 느낄 수 있다.

51. 간혹 자기 수행진보에 만족한 나머지 수행을 일시 중단하고 마음을 느슨히 갖기도 한다. 그러나 여기서 멈추지 말고 기준점에 대한 알아차림을 계속해야 수행이 진보한다.

52. 기준점인 배 움직임(일어남-사라짐)이 여러 단계로 이뤄지거나 가끔씩 사라지기도 하고 시작과 끝을 분명히 알아차림하기도 한다. 앉아 있을 때 깊은 잠에 빠진 것처럼 몸이 앞뒤로 굽어지기도 하고 환영이 보이기도 한다. 환영이 보일 때 「봄」 하고 알아차림하면 곧바로 사라진다. 온몸에 쑤시는 듯한 느낌이나 가려움이 연속해 짧게 나타나기도 한다.

등산길

산을 오르다 보면 한 굽이 돌면 다른 굽이 나오고 한 계곡 건너면 다른 계곡 나온다. 산길 가다 만나는 경치 다 구경하다가는 정상에 오를 수 없다. 보고 버리고 듣고 버리고 하면서 꾸준히 오를 때만이 정상에 도달할 수 있다.

수행도 마찬가지다. 마음속으로 떠나는 여행길에 다양한 현상을 만난다. 그렇게 만나는 현상을 즐기고 일일이 시비하고 간섭하면 목적지에 도달할 수 없다. 어떤 현상이라도 알아차림하고 떠나야 한다. 그래야 Maggaphala에 들어 Nibbāna를 체험할 수 있다.

53. 밝은 빛이 나타나고 기쁨으로 소름끼치고 눈물이 흐르고 전신에 묘한 전율과 들뜸이 일어나고 현기증이나 구토가 나기도 한다. 몸과 마음이 평온하고 상쾌해지고 무기력함과 나태함이 없고 힘이 솟기도 한다.

54. 때로는 자기 경험과 느낌을 다른 사람에게 전달하고 싶거나 현상을 즐기려는 묘한 집착이 일어나기도 한다. 수행자는 몸과 마음에 일어난 환희심을 감지하고 그 현상을 다시 한 번 경험하고 싶어한다. 그러면 수행은 퇴보한다. 수행자는 현상이 발생하는 대로 있는 그대로 알아차림해야 한다.

3) Maggaphala 3/5지점

55. 이 단계에서 몸과 마음에 느끼는 행복감은 불쾌감[asukha, 不樂]으로 나타난다.

56. 현상은 부정이지만 실재는 즐거움이다. 마음근육이자 알아차림 기능인 sati가 성숙하고 몸과 마음에 쌓인 āsava가 소멸하는 것이 부정 현상으로 나타난다.

57. 이 단계에서 sati 집중기능인 samādhi 특징이 두드러지게 나타난다. 수행하면서 마음근육이자 알아차림 기능인 sati와 sati 집중기능인 samādhi가 균형있게 성숙하지만 이 단계에 이르면 samādhi가 sati보다 더 발달하는 경향이 있다. 그 결과 samādhi 특징인 고요함, 답답함, 흐림이 함께 나타난다.

58. 이때 수행자는 마음근육이자 알아차림 기능인 sati를 향상시키기 위해 인식대상에 이름붙이고 끈질기게 알아차림해야 한다. 그러면 sati가 점차 진보하고 서서히 맑음이 찾아온다. 이 단계에서 sati가 수행을

선도한다.

59. 이 단계에서 수행자는 의지할 것이 아무것도 없다는 것을 통찰하고 몸뿐만 아니라 마음까지 나약해지기도 한다. 우울한 생각에 사로잡히고 인식대상이나 삶이 유치하고 역겹다고 생각하기도 한다.

60. 몸과 마음에 대해 혐오감을 느끼지만 이런 느낌도 계속 알아차림해야 한다. 간간이 이런 현상으로부터 벗어나기 바라는 간절한 마음이 일어나기도 한다. 여러 가지 고통감이 나타나지만 그것은 몸에 축적된 에너지 뭉침 해체과정에서 일어나는 일시현상이다.

61. 현상을 알아차림해도 수행자는 스스로 잘 하고 있다고 여기지 않고 인식대상과 마음근육이자 알아차림 기능인 sati가 충분히 밀착해있지 않다고 생각한다. 스스로 알아차림에 만족하지 못하기 때문에 자세를 자주 바꾼다.

62. 좌념할 때 앉아서 하는 좌념보다 서서 하는 행념이 보다 효과있다고 생각하고 일어나 행념한다. 행념할 때 좌념이 필요하다고 생각하고 행념을 중지하고 좌념한다. 앉은 후에 몸자세를 자주 바꾸고 수행장소를 다른 곳으로 옮기기도 한다. 어떤 자세를 취해도 한 자세로 오래 있지 못하고 불편해한다.

63. 이것은 수행자가 실재를 알 수 있을 정도로 마음근육이자 알아차림 기능인 sati가 예리해졌지만 sati 힘이 약간 부족해 나타난 일시현상이다. 실제로는 수행을 잘하고 있지만 수행자 스스로가 그렇게 생각하고 있지 않을 뿐이다. 이것은 수행자욕심이다. 수행진보에 대한 기대감이 지나치게 크기 때문에 나타나는 현상이다.

63. 이런 상태를 극복하기 위해서 한 자리에 머물고 한 자세를 유지하려고 노력해야 한다. 그렇게 하면 마음근육이자 알아차림 기능인 sati가 점차 살아나고 마음이 맑아지고 산만함은 사라진다.

64. 이 단계에서 몸과 마음에 다음같은 현상이 나타난다. 기준점인 배 움직임(일어남-사라짐)이 빠르게 전개되거나 일시로 멈추기도 한다. 어떤 수행자는 기준점인 배 움직임이 2~4일 동안 멈추기도 한다. 이때는 행념이 도움된다.

65. 제1기준점인 배 움직임(일어남-사라짐)이 없어지면 즉시 제2기준점인 「앉음-닿음」을 알아차림해야 한다. 다시 제1기준점인 배 움직임을 감지하면 즉시 제1기준점인 배 움직임으로 옮겨 배 움직임을 따라가며 이름붙이고 알아차림해야 한다. 항상 제1기준점인 배 움직임 알아차림이 가장 중요하다

66. 존재 「발생-지속-소멸」이 분명히 보이기도 하고 때로는 희미하게 없어지기도 한다. 발생과 소멸이 너무 빠르게 일어날 때 눈앞에 안개가 낀 것처럼 뿌옇게 보이기도 한다. 모든 것이 안개처럼 희미하고 불분명하게 보인다.

67. 사물이 흔들리는 것처럼 보이기도 한다. 하늘을 쳐다보면 공기가 진동하는 것 같다. 현상이 갑자기 끊어졌다 다시 나타나기도 한다. 이런 현상은 연속해 일어난 것인데 이 단계에서 마음근육이자 알아차림 기능인 sati 힘이 부족하기 때문에 그렇게 보인다.

68. 여러 가지 인식대상이 아득히 먼 곳에 있는 것처럼 느껴진다. 온몸이 따뜻해지고 태양열받는 듯 덥고 건조하게 느껴지고 그물에 덮인 것처럼 답답하게 느끼기도 한다.

69. 걸을 때나 서있을 때 발이나 팔에 신경통같은 아픔을 느끼기도 한다. 온몸이 간지럽고 개미나 작은 벌레가 물어뜯거나 얼굴이나 목으로 기어오르는 것 같기도 한다. 온몸이 가시에 찔린 것 같고 여러 가지 다른 불쾌감이 일어나지만 두세 번 알아차림으로 사라지기도 한다.

70. 졸리거나 무기력함을 느끼기도 하고 몸이 뻣뻣하고 알아차림이

흐려지는 것 같지만 청각기능은 작용한다. 인식대상을 보고 놀라기도 하고 순간 두려움을 느끼기도 한다. 공포심을 알아차리지만 그것 때문에 겁내지 않는다.

71. 때로는 모든 것이 싫증나고 추해보이기도 한다. 기쁨도 즐거움도 없어지고 게을러진 것 같으나 사물에 대한 알아차림은 분명하다. 허전하고 슬퍼지거나 이전에 경험하지 못했던 강한 지루함을 느끼기도 한다.*

72. 마음에 즐거운 것은 찾아볼 수 없고 모든 것이 혐오스럽고 즐길만한 것은 아무것도 없다고 여겨진다. 외로움, 슬픔, 냉담함을 느끼거나 친척이나 친구를 생각하며 울기도 하고 부정이고 예민한 감정을 경험하기도 한다.

73. 이 단계에서 마음근육이자 알아차림 기능인 sati 힘으로 몸과 마음 깊은 곳에 박혀 있던 묵은 āsava가 녹아 나온다. 그것이 마음밖으로 날아갈 때 몸과 마음에 부정흔적을 많이 남기는데 주의해야 한다. 현상은 부정이지만 실재는 맑음이다.

74. 다른 사람은 땀 냄새만 난다는데 자신은 몸에 심한 악취가 난다고 느낀다. 어떤 존재를 보아도 좋지 않은 모습만 보이고 부정생각이 일어난다. 이때는 인식대상에 어떤 반응도 하지 말고 단지 알아차림만 하고 기준점인 배나 발 움직임으로 돌아와야 한다.

75. 참을성이 없어지고 일상행동을 잘 알아차림하지 못하기도 한다.

현상에 속지마라

예로부터 이 단계를 「보따리싸는 단계」라고 한다. 실제는 전체상황 통찰기능인 paññā가 성숙해 마음오염원인 āsava가 날아가고 마음이 맑아지는 과정이지만 맑아지는 마음은 보이지 않고 āsava 날아가는 것만 보이기 때문이다. 어떤 수행자는 이 단계를 통과하면서 수행을 포기하고 집으로 돌아가기도 한다. 큰 용맹심과 인내심으로 극복해야 한다.

불안하고 지루해하거나 수행을 포기하고 집으로 돌아가기 위해 물건을 챙기기도 한다. 그래서 옛 어른은 이 단계를 보따리싸는 단계라고 했다.

76. 인식대상 알아차림이 너무 쉽게 이뤄지기 때문에 도리어 알아차림하려는 노력이 느슨해진다. 이런 느슨함과 무기력함을 극복하기 위해 기준점인 배나 발 움직임에 이름붙이고 끈질기게 알아차림해야 한다.

77. 아무것도 영원한 것이 없고 모든 것은 조건지어져 있으며 존재는 「발생-지속-사라짐」만 있다는 것을 분명히 자각한다. 이같은 현상 가운데 몇 가지를 체험하면서 수행이 진보한다.

78. 어떤 수행자는 이전에 갖고 있던 명예욕이나 재산에 대한 욕망과 애착을 버린다. 집착이 사라지고 인식대상 구속에서 자유로워지려는 강렬한 열망이 솟아나기도 한다.

79. 옛 어른은 이 단계를 널뛰기단계라고 했다. 이 단계부터 Maggaphala에 도달하는 것은 수행자 paññā 수준에 따라 한 번에 도약하기도 하고 여러 번에 나눠 진행하기도 한다.

80. 꼭 필요한 몇 가지만 체험하고 Maggaphala에 드는 것이 복많은 수행자다. 그렇지 않고 보고 듣는 것마다 일일이 인사하고 참견하다가 길을 잃고 수행목적을 달성하기 힘들다.

4) Maggaphala 4/5지점

81. 이 단계(行道智見淸淨)에 도달한 수행자는 몸과 마음으로 느끼는 행복감이 즐거움[sukha, 樂]으로 나타난다.

82. 마음근육이자 알아차림 기능인 sati와 sati 집중기능인 samādhi가 잘 균형이루고 몸과 마음이 평화롭다. 수행자에 따라 이런 상태가 짧게 지나갈 수 있고 오랫동안 지속될 수 있다.

83. 이런 상태가 상당히 오랫동안 지속될 때 수행자는 그 상태를 즐기기 때문에 알아차림이 느슨해지기도 한다. 수행자는 마음근육이자 알아차림 기능인 sati가 약화되지 않도록 세심한 주의를 기울여야 한다.

84. 끊임없이 이름붙이고 알아차림하는 것이 sati가 끊어지지 않고 약해지지 않게 하는 요령이다. sati가 Maggaphala 문을 여는 핵심도구이기 때문이다.

85. 이 단계에서 마음근육이자 알아차림 기능인 sati가 확연히 깨어 있기 때문에 sati 정확함, 순발력, 유연성을 키우도록 노력해야 한다. 그것이 이 단계에서 수행을 선도하기 때문이다. sati 정확도에 따라 Maggaphala와 Nibbāna 수준을 결정한다.

86. 이 단계에 도달한 수행자는 일상생활에서 두렵고 걱정스런 인식대상을 마주쳐도 동요하지 않고 기쁘고 즐거운 인식대상을 만나도 흔들리지 않고 존재를 있는 그대로 알아차림할 수 있다. 모든 존재가 개별요소 결합으로 이뤄진 것(緣起, 존재구성)이고, 조건지어진 것은 끊임없이 변한다는 것(變法, 물리특성)을 이해한다.

87. 이 단계에서 편견, 선입관, 가치관이 엷어지고 존재를 있는 그대로 보는 paññā가 열린다.

88. 마음은 맑아지고 현상을 분명히 알아차림할 수 있다. 알아차림은 별다른 노력없이 잘 되고 몸에서 어떤 느낌이 일어나도 알아차림할 수 있다.

89. 오랜 시간 수행해도 피로하지 않다. 고통감에서 자유로워져있기 때문에 어떤 자세를 취해도 오랫동안 유지할 수 있다. 두서너 시간 좌념해도 불편하거나 피로를 느끼지 않고 계속 할 수 있다. 가끔 몸 전체에 알아차려야 할 인식대상이 너무 많거나 적어지는 것을 발견한다.

90. 이 단계에서 수행자는 특별한 노력을 기울이거나 느슨해져도 안

된다. 걱정, 즐거움, 집착, 기대감 때문에 알아차림이 느슨해지고 퇴보한 것 같고 때로는 수행목표가 가까이 와있는 듯 해 큰 노력을 기울이지만 그것이 도리어 수행을 퇴보시킬 수 있다.

91. 마음근육이자 알아차림 기능인 sati가 느슨해도 안 되지만 특별한 노력을 추가해도 안 된다. 거문고 줄처럼 균형을 이뤄야 한다. 계속 그렇게 수행하면 머지않아 수행 최종목표인 Maggaphala에 들어 Nibbāna를 체험할 수 있다.

92. 이전에 어느 단계에서 마음근육이자 알아차림 기능인 sati를 충분히 성숙시키지 않았다면 수행은 더 이상 진보하지 못하고 그것이 충분히 성숙하지 못한 단계까지 퇴보한다. 그곳에서 다시 sati를 성숙시켜 수행을 향상해야 한다. 그러나 이때는 시간이 많이 걸리지 않는다. 어떤 수행자는 이런 과정을 계속 반복하기도 한다.

93. 마음근육이자 알아차림 기능인 sati가 Maggaphala에 들어갈 만큼 성숙하지 못한 때는 수행이 진보와 퇴보를 반복하지만 실망하면 안 된다. 지금 Maggaphala 문턱에 와있기 때문에 sati가 향상하는 순간 곧바로 Maggaphala와 Nibbāna를 성취할 수 있다.

94. 이 단계에서 마음근육이자 알아차림 기능인 sati가 무르익어 예리하고 강하며 명료해질 때 3법인(三法印) 가운데 어느 하나를 알아차림하는 것이 더욱 명확해진다.

95. 이 단계에서 몸과 마음에 다음같은 현상이 나타난다. 기준점인 배 움직임(일어남-사라짐)을 분명히 알아차림한다. 마음근육이자 알아차림 기능인 sati가 인식대상을 분명히 알아차림할 수 있다. 어떤 인식대상을 접하고도 놀라거나 기뻐하지 않고 그것을 알아차림하고 평온하게 반응한다.

96. 인식대상에서 상당히 자유로워져있다. 자기수행에 만족하고 수

행시간을 잊을 정도로 열심히 정진한다. 몸에 있던 여러 가지 고통과 질병으로부터 상당히 자유롭다. 류머티즘 계통 신경질환이 상당히 호전되는 것을 볼 수 있다.

97. 몸과 마음이 위로 뜬 것 같고 어떤 때는 몸형체가 모두 사라지고 알아차림하는 sati만 남기도 한다. 수행자는 몸내부에 미세한 물방울로 목욕한 것 같은 상쾌함을 느끼기도 한다. 이런 평온함, 만족함, 상쾌함에 머물러서는 안 된다. 이런 현상도 알아차림해야 한다.

98. 이 단계에서 수행자 근기, 성질, 성격이 나타난다. 자기근기에 적합한 수행기술이나 알아차림 대상(기준점)을 선택해 수행하면 수행진보에 효과있다. 이것이 7각지분(satta bhojhaṅgā, 七覺支分) 가운데 택법(dhamma vicaya, 擇法)이다.

99. 이 단계에서 초선, 2선, 3선, 4선을 거쳐 곧바로 Maggaphala에 들어 Nibbāna를 체험한다.

100. 초선은 어느 정도 사유작용[vitakka, 尋 · vicāra, 伺]이 있고 pīti(歡喜)와 즐거움인 sukha(樂)가 일어난다. 2선은 사유작용이 멈추고 pīti와 sukha가 공존한다. 3선은 pīti는 가라앉고 sukha만 남는다. 4선은 sukha도 가라앉고 마음에 upekhā(捨)만 남는다.

101. 수행이 진보해 Maggaphala 4/5지점을 지나면 좌념이나 행념뿐만 아니라 일상생활에서 알아차림하는 생활념을 소홀히 하면 안 된다.

102. 보고, 듣고, 냄새 맡고, 맛보고, 접촉하고, 걷고, 서고, 앉고, 눕는 등 모든 일상생활에서 마음근육이자 알아차림 기능인 sati와 의도 알아차림 기능인 sampajāna를 철저히 훈련해야 더 높은 단계로 수행진보를 기대할 수 있다.

103. 수행이 순조롭게 진보해 초선에 도달하면 인식대상을 놓치지 않으려고 노력하는 sati 집중력(三昧力)을 키워야 한다. 그 힘으로 수행이

2선으로 진보한다.

104. 2선에 도달하면 마음근육이자 알아차림 기능인 sati와 의도 알아차림 기능인 sampajāna를 키워야 한다. 그 힘으로 수행이 3선으로 진보한다.

105. 마음근육이자 알아차림 기능인 sati, sati 집중기능인 samādhi, 의도 알아차림 기능인 sampajāna가 적절히 균형이루면 4선을 지나 Maggaphala에 들어 Nibbāna를 체험할 수 있다.

106. 수행진보는 각 단계가 순차로 비슷한 시간이나 강도로 전개되지 않는다. 어떤 단계는 통과하는데 몇 달이 걸리는가 하면 어떤 단계는 1~2분 혹은 10~20분 사이에 슬렁 지나기도 한다.

107. 4선 통과시간은 사람마다 다르다. 알아차림 크기에 따라 현상도 다르게 나타난다. 어떤 사람은 초선단계에 막혀 오랜 시간 소비하고 어떤 수행자는 2선, 3선, 4선에 정체돼 많은 시간 낑낑대기도 한다. 어떤 수행자는 한두 시간 만에 각 단계를 통과하기도 하고 알아차림이 성성한 사람은 각 단계를 몇 분 만에 통과하기도 한다.

108. 무엇보다 명심해야 할 것은 4선 각 단계는 마음에서 일어난 현상이지만 대부분 몸에서 현상으로 나타난다. 현상을 보면 수행이 어떻게 전개하는지 알 수 있다. 초선, 2선, 3선, 4선에 도달하면 해당단계에 접어들었다는 표시가 분명히 몸에 현상으로 나타난다.

109. 수행진보가 많이 나간 수행자 가운데 수행진보가 정체해있을 때나 몸이 아파 병원에 가도 특별증상이 발견되지 않는 수행자는 4선 가운데 어느 한 단계에 막힌 경우가 많다. 잘 살필 일이다.

110. 4선과 Maggaphala 사이를 더 세분해 공무변처(ākāsānañcāyatana, 空無邊處), 식무변처(viññāṇañcāyatana, 識無邊處), 무소유처(ākiñcaññāyatana, 無所有處), 비상비비상처(nevasaññānāsaññāyatana,

非想非非想處)로 구분하기도 한다.

111. 이런 구분은 별 의미없다. 서울에서 부산까지 고속도로 나들목을 「부산-대구-대전-서울」로 설명하거나 대전에서 서울까지 구간을 더 세분해 설명하는 정도 차이만 있다. 말이나 형식에 끌리지 않는 지혜가 필요하다.

112. 공무변처는 인식대상을 알아차림하는 순간 그 형체가 사라지는 단계다. 식무변처는 마음거울에 맺힌 상을 알아차림하는 순간 그 상이 사라지는 단계다. 무소유처는 인식대상이든 마음거울에 맺힌 상이든 모든 것이 알아차림하는 순간 사라지는 단계다. 알아차림 순간 모든 것이 사라지는 단계에 접어들면 알아차림이 끊어진 것도 깨어있는 것도 아닌 상태에 접어든다. 이것이 비상비비상처. 이런 것은 대부분 힌두 수행에서 이미지를 가지고 수행할 때 나타나는 현상이다.

113. 여기를 지나 Maggaphala에 들어 Nibbāna를 체험한다. 모든 것이 순식간에 전개된다. 수행단계를 세밀하게 나누기는 했으나 전개할 때는 순간으로 압축해 진행되기도 한다.

3. 성인단계

1. Buddha는 Ariya(聖人)를 4단계로 나눴다. 이것을 다시 Magga(摩訶, 道)와 Phala(婆羅, 果) 8단계(四向四果)로 세분했다.

2. Nibbāna에 들어가는 지점이 Magga고 Nibbāna에서 빠져나오는 지점이 Phala다. Magga와 Phala 사이 틈을 Nibbāna라고 한다. 여기서는 「마음숙면상태」라고 한다. Nibbāna에 진입하면 알아차림이 끊어지고 빠져나오면 알아차림이 되살아난다.

3. 해당단계에서 āsava를 뿌리뽑기 시작하면 Paṭipanna(向) 단계, 해당단계에서 제거해야 할 āsava를 어느 정도 제거하면 Phala(果) 단계라고 하기도 한다. 전체상황 통찰기능인 paññā는 차이없고 āsava를 어느 정도 제거했느냐와 puñña(福, 功德)는 차이날 수 있다.

4. Phala를 빠져나오는 순간 마음근육이자 알아차림 기능인 sati는 3/5지점으로 내려간다. 거기서 다시 힘을 키워 올라온다. 이때는 빠르게 올라오기도 하고 오랫동안 특정단계에 머물기도 한다. 어떤 수행자는 욕심이 앞서 다시는 Maggaphala에 들지 못하기도 한다.

5. 이 단계에서 마음거울에 맺힌 상[viññña, 識]과 마음근육이자 알아차림 기능인 sati가 함께 사라지고 Magga에 들어간다. 순서상으로는 인식대상[rūpa, 色, 몸]이 먼저 사라지고 그것을 알아차림하는 sati(念, 마음)가 뒤따라 사라지고 Maggaphala에 들어 Nibbāna에 빨려 들어간다.*

6. Nibbāna 상태가 길게 혹은 짧게 지나기도 한다. 처음 체험하는 사람은 순식간에 지나기도 한다. 그래서 자신이 체험하고도 어리둥절해 잘 모르기도 한다. 어떤 사람은 몇 분에서 수십 분, 몇 시간 이상 지속

Magga에 드는 순서

Buddha는 Cūḷavedalla Sutta(法樂比丘尼經)에서 Magga에 들고 나는 순서를 다음같이 말한다.

「먼저 몸(kāya, 身)이 사라지고 그 후에 마음(citta, 心)이 사라진다……그리고 도에서 나올 때는 마음이 먼저 깨어나고 몸이 생겨난다….」

이 문답은 Visākha와 Dhammadinnā가 대화한 것을 뒤에 Buddha가 옳다고 추인한다.

Sāriputta는 Mahāvedalla Sutta(大拘稀羅經)에서 Magga에 들어 Nibbāna를 체험할 때 몸상태에 대해서 다음같이 말한다.

「죽으면 생명이 끝나고 몸(kāya, 身)에서 온기가 사라지지만……Magga에 들면 죽은 것처럼 몸은 고요하지만 몸에 온기가 있고 감관은 청정하다……」

할 수 있다.

7. Magga에 들 때 초선, 2선, 3선, 4선을 거쳐 곧바로 든다. 그러나 이 과정을 통과하면서 어떤 단계는 오랫동안 머물기도 하고 어떤 단계는 빠르게 지나기도 한다.

8. 4선에서 Sotāpatti Maggaphala(須陀洹 道果), Sakadāgāmi Maggaphala(斯多含 道果), Anāgāmi Maggaphala(阿那含 道果), Arahant Maggaphala(阿羅漢 道果)로 들어간다.

9. 한 단계씩 순차로 올라가기도 하고 각 단계를 한 번 체험하고 나서는 그 다음부터 자유롭게 특정단계에 들기도 한다.

10. 마음근육이자 알아차림 기능인 sati가 얼마나 성성하게 깨어있느냐에 따라 Maggaphala와 Nibbāna 수준을 결정한다.

1) Sotāpatti

11. Sotāpatti Maggaphala(須陀洹 道果, 預流) 단계에서 몸과 마음으로 느끼는 행복감은 Nibbāna로 나타난다.

12. 이것을 Buddha는 최상행복감이라고 했다. 이것은 지극히 맑고 선명해 진수무향(眞水無香)처럼 자극없는 가운데 맑은 행복감이 흐른다. 여기서는 Nibbāna 행복감을 「맑음」으로 정의한다.*

억수로 많다

한국사람은 뭔가 많다고 할 때 「억수로 많다」는 표현을 즐겨 쓴다. 이 말 의미는 억 개로 많다는 것이 아니라 아주 많다는 뜻이다.

인도인은 좋다고 표현할 때 몇 번이나 더 이 땅에 태어나고 천상으로 가 즐겁게 살 수 있는가로 표현한다. 고대인도 일반민중은 이 땅에 태어나는 것 자체를 고통이라고 생각했다. 어떻게 하면 고통스런 이 땅에 그만 태어나고 행복이 넘친다는 천상에 태어날 수 있는지가 관심초점이었

13. 이 단계에서 수행자는 실재인 3법인을 체험하고 체험한 것을 스스로 알아차림하며 Magga에 들어 Nibbāna를 체험하고 Phala로 나온다.

14. Magga에 접어들 무렵에 기준점인 배 움직임(일어남-사라짐)이 보통 때보다 3~4배 이상 빠르게 움직인다. 마음근육이자 알아차림 기능인 sati 힘이 강하고 알아차림이 저절로 진행된다. 이처럼 빠르게 알아차림이 진행되다 마지막으로 알아차림이 끊어지고 Magga에 들어 Nibbāna를 체험한다.

15. 이때 뭔가에 빨려 들어가듯 「물컹 쑥」 하고 들어간다. 마치 어두운 밤길을 가다 구덩이에 떨어지는 것 같다. 그 순간 알아차림이 끊어지고 Magga에 들어간다.*

16. 마음근육이자 알아차림 기능인 sati가 아주 짧은 사이 인식대상 배율을 크게 높이면 인식대상은 존재하지만 너무 확장해지고 미세해 인지할 수 없는 것과 같은 상태가 된다. 순간으로 인식대상을 확대하면 그것에 빨려 들어가는 것처럼 느낀다. 마치 SF영화에서 블랙홀에 빨려

다. 그들은 좋다는 말을 이 땅에 몇 번 더 태어나는가로 표현했다.

「수행으로 Sotāpatti Maggaphala에 들어 Nibbāna를 체험해 마음오염원 제거하는 것이 얼마나 좋으냐 하면 이 땅에 일곱 번만 더 태어나고 천상으로 갈 정도로 좋은 거야, Sakadāgāmi는 한 번만 이 땅에 태어나고 천상으로 갈 정도로 좋은 거야, Anāgāmi는 더 이상 이 땅에 태어나지 않을 정도로 좋은 거야, Arahant는 죽으면 끝이야. 그 정도로 좋아」

라고 표현했다. Buddha는 Arahant가 되면 비로소 윤회없음을 분명히 안다고 했다.

사유와 체험

이 단계 이전에 체험한 3법인은 사유해 이해한 것[vitakka, 解悟, 思惟則]이다. 이 단계에서 비로소 3법인을 몸과 마음으로 체험해 알게 된다[abhiññā, 證悟, 經驗則].

들어가는 것처럼 쑥하고 빠져든다.

17. Maggaphala에 들어 Nibbāna를 체험할 때 존재를 3법인(三法印) 상태로 체험한다. 3법인을 체험하면서 Magga에 들고 Nibbāna를 체험할 때도 3법인을 체험하고 Phala를 통해 나올 때도 3법인을 체험하면서 나온다. 3법인 체험수준으로 Maggaphala 단계와 paññā 수준을 결정한다.

18. 이 단계에서 마음근육이자 알아차림 기능인 sati가 분명히 깨어있지만 인식대상을 자각하지 못한다. 이것은 알아차림 대상(기준점)이 없어진 것이 아니라 인식대상을 입자수준으로 인식하기 때문에 sati 채널에 걸리지 않기 때문이다. sati 수준이 후퇴해 일상차원으로 돌아오면 인식대상을 다시 알아차림할 수 있다.

19. Magga에 든 시간은 짧게는 1~2분 길게는 몇 시간이 되기도 한다. 어느 정도 오랫동안 Magga에 머물 것인가는 samādhi 힘이 결정하고 Magga에 들어가는 것은 sati 힘이 결정한다. 얼마나 오랫동안 Nibbāna 상태에 머물렀나 보다 어느 단계 Maggaphala와 Nibbāna를 체험했느냐가 더 중요하다.

20. 순서상으로 Phala에 드는 것은 Magga에 든 후다. Phala를 통과하고 알아차림이 되살아오는 순간 알아차림이 너무 선명해 그 전 과정을 분명하고 세밀히 알 수 있다. Maggaphala에 들어 Nibbāna를 체험한 사람은 이 순간을 정확하고 분명하게 설명할 수 있다.

21. Phala를 통과하고 알아차림이 돌아온 후 Magga와 Phala를 통과하는 전 과정을 역으로 조사해 알 수 있다. 이것을 회광반조(廻光返照)라고 한다. 처음 Magga에 들어갈 때 자신도 잘 모를 수 있다. 그러나 자주 드나들다 보면 세밀하게 알 수 있다.

22. Phala를 통과하고 알아차림이 되살아올 때 아주 밝은 불빛을 보

기도 하고 āsava 뿌리가 뽑히면서 상당한 아픔과 열감을 수반하기도 한다. 이런 느낌이 서서히 수그러들면서 존재를 고요하고 분명히 알아차림할 수 있다.

23. Maggaphala에 들어 Nibbāna를 체험한 직후 마음근육이자 알아차림 기능인 sati가 현저히 약화해 Maggaphala 3/5지점까지 떨어졌다 서서히 또는 아주 빠르게 향상한다. 이때 수행자는 알아차림이 느슨해지고 수행이 퇴보한 것처럼 느낄 수 있다.

24. Maggaphala에 들어 Nibbāna를 체험한 수행자는 몸과 마음에 일대혁신이 온 것을 스스로 느낀다. 수행자는 청량감과 평온함을 얻고 마음에 행복감이 솟아오른다.

25. 때로는 들뜨기도 하고 얼떨떨하기도 하고 간혹 웃음이나 자비심이 많아지기도 한다. Maggaphala에 들어 Nibbāna를 체험한 직후는 인식대상을 분명히 알아차림하지 못할 수 있다. 하지만 이런 경험은 며칠 지나면 서서히 없어지고 다시 선명히 알아차림할 수 있다.

26. 어떤 수행자는 Maggaphala에 들어 Nibbāna를 체험한 후 천근이나 되는 짐을 벗은 것처럼 편안하고 자유로움을 느껴 더 이상 수행을 계속하지 않으려고 한다.

27. 이 단계 Maggaphala에 들어 Nibbāna를 체험하며 10종 āsava 가운데 ①~③번 āsava가 현저히 약화하거나 뿌리뽑히 시작한다.

표108 **āsava 해체 ①** --

① 유신견(sakkāyadiṭṭhi, 有身見) : 윤회주체가 있다는 견해, 윤회를 믿는 것

② 계금취계(sīlabbataparāmasā, 戒禁取見) : 신을 믿는 종교에서 동물을 죽여 신께 공양올리는 계를 믿고 따르는 것, 신을 믿는 것

③ 의심(vicikicchā, 疑) : 올바른 사실을 믿지 않고 의심하는 것

---

28. 눈 밝은 선지식(kalyāṇa mitta, 善友, 善知識)을 만나면 수월하고 효과있게 더 높은 Maggaphala로 나아갈 수 있다. 그렇지 않으면 오랜 세월이 걸릴 수 있다.

29. 최초 Ariya 단계인 Sotāpatti Maggaphala(須陀洹 道果)를 성취했을 때가 마음근육이자 알아차림 기능인 sati 힘이 가장 성성할 때다.

30. 이 단계에 도달한 수행자는 수행을 늦추지 말고 용맹정진해 더 높은 Maggaphala에 들어 Nibbāna를 체험할 수 있도록 노력해야 한다. 눈 밝은 스승[cakku vijja satthar, 明眼祖師]을 만나면 한 달이면 모든 것을 끝낼 수 있다.

31. 실제로 여기서부터 수행지도자 역할이 필요할 때다. 가는 길은 하나다. 인연이 지중하고 복이 많아 눈 밝은 스승을 만나면 수월하게 성취할 수 있다. 그렇지 않으면 많은 시간이 걸릴 수 있다.

32. 도고마성(道高魔盛)이라고 한다. 수행이 잘 될 때 조심해야 한다. 수행이 크게 진보해 Maggaphala와 Nibbāna를 성취하면 그것을 송두리째 날려버릴 정도 방해현상이 나타나기도 한다.

33. 이때 알아차림, 보시, 인욕으로 그런 방해물을 순조롭게 극복해야 한다. 그러면 다음단계로 나아갈 수 있다. 그렇지 않고 방해현상에 밀리면 수행은 더 이상 진보하지 않는다.

34. 결국 복과 인연 문제다. 수행이 잘될 때 그만큼 방해현상도 크게 나타나지만 복을 쌓으며 방해물을 슬기롭게 극복할 수 있고 좋은 인연 만나 수행향상을 이룰 수 있다. 오직 수행자 몫이다.

2) Phala 다시 체험

35. Maggaphala와 Nibbāna를 성취한 수행자가 Phala와 Nibbāna를

다시 한 번 체험하기 원하면 수행목표를 Phala를 향해 고정해놓고 알아차림해야 한다.

36. 한 번 Magga에 들고 다시 들 때 Phala에 든다고 한다. 몇 번이라도 반복해 같은 단계 Phala에 들어 Nibbāna를 체험할 수 있다. sati 힘이 향상하면 다음단계 Maggaphala에 들어 Nibbāna를 체험할 수 있다.*

37. Phala 단계가 지속하는 동안 가끔씩 알아차림이 깨어나는 순간이 생길 때가 있지만 서너 번 알아차림으로 다시 Phala 단계로 되돌아온다. Phala 단계가 계속되는 동안 마음은 Nibbāna 상태에 머문다.

38. 간혹 수행도중에 소름끼침, 하품, 전율, 떨림, 눈물흐름 현상을 경험하고 알아차림이 느슨해지기도 한다. 어떤 수행자는 여러 번 기회를 놓친 다음 Phala 단계를 다시 체험하기도 한다. 알아차림이 약하면 Phala 단계에 다시 들어가는 것이 지연되거나 오랫동안 들지 못할 수 있다.

3) Sakadāgāmi

39. 수행자가 첫 번째 성스러운 단계인 Sotāpatti Maggaphala를 성취했으면 보다 높은 단계이며 두 번째 성스러운 단계인 Sakadāgāmi Maggaphala(斯多含 道果, 一來)를 성취하기 위해 용맹정진해야 한다. 수행

사전지식

수행진행 과정을 미리 알고 있는 사람은 앞으로 전개할 것에 대한 기대감 혹은 욕심 때문에 수행진퇴를 여러 번 되풀이할 수 있다. 수행자가 수행진행 과정에 대한 지식을 미리 얻는 것은 바람직하지 않다. 그것은 자칫 잘못 사용하면 독약이 될 수 있다.

할 때 다음같이 큰 서원(paṇidhāna, 誓願)을 세우고 해야 한다.

「이 시간 동안 이미 체험한 Sotāpatti Maggaphala를 반복하지 않고 지금까지 경험하지 않았던 보다 높은 paññā를 성취할 수 있기를」

40. 이런 큰 결심을 한 후 보다 높은 Maggaphala 얻기 위해 평상시처럼 기준점인 배 움직임(일어남–사라짐)을 알아차림해야 한다. 전체 상황 통찰기능인 paññā가 성숙하고 존재에 대한 분명한 알아차림이 이뤄지면 보다 높은 단계인 Sakadāgāmi Maggaphala에 들어 Nibbāna를 체험할 수 있다.

41. 수행진보없고 알아차림이 성숙하지 못하면 다음단계로 나아가는데 많은 시간이 걸릴 수 있다. 그러나 큰 수행진보있고 알아차림이 성숙하면 찰나지간에 보다 높은 경지로 나아갈 수 있다.

42. 이 단계를 통과하고 Nibbāna를 체험하면서 10종 āsava 가운데 ④~⑤번 āsava가 현저히 약화하거나 뿌리뽑히기 시작한다.

표109 **āsava 해체 ②** --

④ 욕망(kāmarāga, 貪慾) : 탐욕이나 이기심.

⑤ 분노(paṭigha, 忿怒, 有對) : 분노나 적의

----

43. 눈 밝은 선지식을 만나면 수월하고 효과있게 더 높은 Maggaphala로 나아갈 수 있다. 오직 수행자 복과 인연에 달린 문제다.

4) Anāgāmi

44. 수행자가 두 번째 성스러운 단계인 Sakadāgāmi Maggaphala를 성취했으면 보다 깊은 단계이며 세 번째 성스러운 단계인 Anāgāmi Maggaphala(阿那含 道果, 不還)를 성취하기 위해 용맹정진해야 한다. 수행할 때 다음같이 큰 서원을 세우고 해야 한다.

「이 시간 동안 이미 체험한 Sakadāgāmi Maggaphala를 반복하지 않고 지금까지 경험하지 않았던 보다 깊은 paññā를 성취할 수 있기를」

45. 이런 큰 결심을 한 후 보다 깊은 Maggaphala 성취하기 위해 평상시처럼 기준점인 배 움직임(일어남–사라짐)을 알아차림해야 한다. 전체상황 통찰기능인 paññā가 성숙하고 존재에 대한 분명한 알아차림이 이뤄지면 보다 깊은 단계인 Anāgāmi Maggaphala에 들어 Nibbāna를 체험할 수 있다.

46. 수행진보없고 알아차림이 성숙하지 못하면 다음단계로 나아가는데 많은 시간이 걸릴 수 있다. 그러나 큰 수행진보가 있고 알아차림이 성숙하면 눈 깜빡할 사이에 보다 깊은 경지로 나아갈 수 있다.

47. 이 단계를 통과하고 Nibbāna를 체험하며 10종 āsava 가운데 ①~⑤번 āsava가 다시 한 번 현저히 약화하거나 뿌리뽑히기 시작한다.

48. 눈 밝은 선지식을 만나면 수월하고 효과있게 더 높은 Maggaphala로 나아갈 수 있다. 오직 수행자 복과 인연에 달린 문제다.

5) Arahant

49. 수행자가 세 번째 성스러운 단계인 Anāgāmi Maggaphala를 성취했으면 보다 높고 깊은 Buddha 법 가운데 최고단계이자 네 번째 성스런 단계인 Arahant Maggaphala(阿羅漢 道果, 應供)를 성취하기 위해 용맹정진해야 한다. 수행할 때 다음같이 큰 서원을 세우고 해야 한다.

「이 시간 동안 이미 체험한 Anāgāmi Maggaphala를 반복하지 않고 지금까지 경험하지 않았던 보다 높고 깊은 Buddha 법 가운데 최상 paññā를 성취할 수 있기를」

50. 이런 큰 결심을 한 후 보다 높고 깊은 Maggaphala 얻기 위해 평상시처럼 기준점인 배 움직임(일어남-사라짐)을 알아차림해야 한다. 전체상황 통찰기능인 paññā가 성숙하고 존재에 대한 분명한 알아차림이 이뤄지면 최상단계인 Arahant Maggaphala에 들어 Nibbāna를 체험할 수 있다.

51. 이 단계를 통과하며 Nibbāna를 체험하고 10종 āsava가 전부 뿌리뽑히고 무명뿌리도 뽑히고 마음이 맑아진다. 편견, 선입관, 가치관 등 앞에 구조조정이 일어난다. 그리고 Arahant, 즉 Buddha가 된다. 대자유와 최상행복감을 누린다.

표110 āsava 해체 ③

⑥ 색탐(rūparāga, 色貪, 再生) : 색계(色界, 이 땅)에 태어나기 바라는 것.

⑦ 무색탐(arūparāga, 無色貪, 生天) : 무색계(無色界, 천상)에 태어나기 바라는 것.

⑧ 자만(māna, 自慢) : 자만심.

⑨ 도거악작(uddhaccakukkucca, 掉擧惡作) : 들뜸과 거친행동.

⑩ 무명(avijjā, 無明) : 편견, 선입관, 가치관에 기초해 존재를 이해하는 것.
    존재를 있는 그대로 보지 않고 주관으로 해석하는 것.

4. 수행단계 구분

1. Buddha는 수행진행 정도에 따라 수행을 몇 단계로 구분했다. 수행자 근기와 노력에 따라 이런 단계를 하나하나 거치고 Maggaphala에 들어 Nibbāna를 체험하는 사람도 있고 한 순간에 Maggaphala에 들어 Nibbāna를 체험하는 사람도 있다.

2. 전자를 점오(漸悟), 후자를 돈오(頓悟)라고 한다. 이것은 수행우열 판단기준이 아니라 수행진행 특성을 나타낸 설명이다.

3. 빨리 가든 천천히 가든 압축하고 가든 늘어뜨리고 가든 수행단계가 동일하면 마음근육이자 알아차림 기능인 sati와 전체상황 통찰기능인 paññā 수준도 동일하다.

4. 수행자근기, 주변상황, 지도방식에 따라 수행진행 방식이 다르게 보일 수 있지만 길은 하나다. 수행진도는 수행기술보다 수행자 근기, 태도, 의지가 영향미친다.

5. 한 순간에 Maggaphala에 들어 Nibbāna를 체험했다고 수행단계를 건너뛰어 올라간 것은 아니고 짧은 순간 최고단계까지 압축해 올라간 것이다. 수행진보는 거쳐야 하는 모든 단계를 반드시 거치며 진행한다. 생략되는 것은 아무것도 없다.

6. 수행단계를 구분짓는 것은 3법인(三法印)을 체험하고 자각하는 paññā 수준과 수행단계마다 몸과 마음에 나타난 두드러진 현상이나 특징에 이름붙이고 단계나눈 것이다.

7. 수행단계를 구분할 때 사용한 Maggaphala는 sati, samādhi, sampajāna, paññā 크기 측정단위다.

8. 수행단계 구분을 이정표삼고 정진하면 빠르고 효과있게 Arahant Maggaphala에 들어 Nibbāna를 체험하고 대자유와 최상행복감을 성취할 수 있다. 수행진보는 오직 수행자 의지와 노력에 달렸다.

9. 대개 수행은 곡선방식이 아니라 계단방식으로 진행한다. 아래위 몇 단계에 걸쳐있고 오르락내리락하다 수행이 진보하면 한두 단계 위로 올라간다. 그리고 다시 몇 단계에 걸쳐있다.

10. 수행진행은 양이 충분히 쌓일 때까지 질변화를 감지할 수 없다. 그러다 양이 충분히 쌓이면 질로 변하면서 한두 단계 또는 아주 높이 올라간다. 이때 몸과 마음에 많은 변화가 일어난다.

1) Buddha

11. Buddha는 수행을 시작해 최고단계인 Arahant Maggaphala에 들어 Nibbāna를 체험하는 단계를 사람에 따라 여러 가지로 설명했다.

12. Buddha는 처음 몇 년간은 수행자를 직접 지도했지만 얼마 지나지 않아 초보자는 먼저 수행마친 제자가 지도하고 어느 정도 수행진도

가 나간 사람은 Buddha가 직접 지도했다.*

13. 대부분 경전은 Buddha 나이 55세 이후 활동내용을 담고 있다. 이때부터 초보자를 상대로 한 것은 많지 않고 전문가를 상대로 수행지도한 것이 대부분이다. 따라서 수행단계도 생략해 설하거나 아니면 Maggaphala 부근 높은 단계를 세분해 설명했다.

① 범부와 성인

14. Buddha는 수행단계를 지식인이나 수행진보 나간 사람에게 설명할 때 범부(puthujjana, 凡夫)와 성인(Ariya, 聖) 두 단계로 구분했다. Maggaphala에 들어 Nibbāna를 체험하면 성인이고 그렇지 못하면 범부다.

15. 성인은 다시 네 단계로 구분했다. 처음 성인지위에 오른 것을 Sotāpatti, 두 번째 성인단계를 Sakadāgāmi, 세 번째 성인단계를 Anāgāmi 마지막이자 최고 성인단계를 Arahant라고 했다.

16. 성인 네 단계는 āsava 제거수준에 따라 Magga와 Phala 여덟 단계(四雙八輩)로 세분했다.

② 8단계

17. 여덟 단계는 Sotāpatti Magga(須陀洹道 預流向), Sotāpatti Phala(須陀洹果 豫流果), Sakadāgāmi Magga(斯多含道, 一來向),

---

성문제자

Buddha에게 직접 수행지도받은 직계제자를 성문제자(sāvaka saṅgha, 聲聞弟子), 줄여서 성문이라고 한다. Mahāyāna는 이들 성문제자를 비하해 다룬다. 그렇게 비하하는 제자 가운데 Buddha 수제자인 Sāriputta를 포함해 10대제자가 모두 포함된다. 조심할 일이다.

Sakadāgāmi Phala(斯陀含果, 一來果), Anāgāmi Magga(阿那含道, 不還向), Anāgāmi Phala(阿那道, 不還果), Arahant Magga(阿羅漢道, 應供), Arahant Phal(阿羅漢果, 應供)로 구분한다.

18. 이것은 수행이 해당단계에 도달해 āsava 뿌리가 뽑히기 시작하면 Magga, 그 단계에서 어느 정도 뿌리뽑히면 Phala라고 한다.*

19. 최초 성인단계인 Sotāpatti 단계는 마음오염원인 10종 āsava 가운데 윤회주체가 있다고 믿는 유신견(有身見), 신을 믿는 종교에서 제정한 잘못된 계율을 따르는 계금취견(戒禁取見), 올바른 사실을 믿지 않는 의혹(疑惑) 등 세 가지 āsava 뿌리가 뽑히기 시작한다.

20. 두 번째 성인단계인 Sakadāgāmi 단계는 욕망계열인 탐심(貪心), 분노계열인 진심(嗔心) āsava 뿌리가 뽑히기 시작한다.

21. 세 번째 성인단계인 Anāgāmi 단계는 유신견, 계금취견, 의혹, 탐심, 진심 등 5하분결(pañca orambhāgiyāni saṁyojjanāni, 五下分結, 下界, 欲界) āsava 뿌리가 더 많이 뽑히기 시작한다.

22. 마지막 성인단계인 Arahant 단계는 색계(인간계)에 태어나고 싶은 욕망인 색탐(色貪, 再生), 무색계(천상계)에 태어나고 싶은 욕망인 무색탐(無色貪, 生天), 자만하는 마음인 아만(我慢), 들뜨고 악행하는 도거악작(掉擧惡作), 실재를 보지 못하고 자기관점에서 존재를 해석하는

격의불교

불교개념을 설명할 때 다른 종교개념을 차용해 설명한 것을 격의불교(格義佛敎)라고 한다. 중국에서는 주로 도교용어를 차용해 불교개념을 설명했다. Magga와 Phala란 마음근육이자 알아차림 기능인 sati와 전체상황 통찰기능인 paññā 크기 측정단위다. 이것을 한문으로 번역할 때 도교개념인 도(道)를 차용해 쓰다 보니 우주 실재나 진리라는 거창한 개념으로 오해했다.

오늘날 미국을 중심으로 한 서구에서는 불교개념을 심리학, 심리상담학, 정신분석학, 분석심리학, 정신의학 개념을 빌려 표현하기 좋아한다. 이것은 서구식 신격의불교다.

무명(無明)의 5상분결(pañca uddham hāgiyāni saṁyojjanāni, 五上分結, 上界, 色界) 등 10종 āsava 뿌리가 모두 뽑히기 시작한다.

23. Maggaphala 4/5지점과 성인 사이를 다시 세분해 4선(四禪)으로 구분했다. 4선을 색계(色界)라고 한다. 4선에서 Maggaphala에 이르는 과정을 다시 네 단계로 세분해 공무변처(空無邊處), 식무변처(識無邊處), 무소유처(無所有처), 비상비비상처(非想非非想처)로 구분했다. 이것을 무색계(無色界)라고 한다.

③ 7단계

24. Buddha는 범부에서 Maggaphala에 이르는 수행단계를 일곱 단계로 세분했다. 이러한 수행분류는 이후 모든 수행분류 모범이 된다.

25. 계청정(sīla visuddhi, 戒淸淨)은 수행을 시작할 때 먼저 계받고 몸을 청정히 하는 단계다. 계는 수행하기 전에 수행자 행동규범을 준수할 것을 맹세한 것이다.

26. 계를 잘 지키면 다른 사람에게 비난받는 것을 피할 수 있다. 그러나 계를 잘 지켜도 Maggaphala를 성취할 수 없다. 그것은 마음근육이자 알아차림 기능인 sati로만 가능하다. 계는 Maggaphala로 나아가는 길라잡이 역할을 한다.

27. 심청정(citta visuddhi, 心淸淨)은 수행을 시작하면서 마음을 굳게 가지는 단계다. 마음상태에 따라 수행진도가 많이 영향받는다.

28. 수행자는 항상 마음을 견고히 해서 수행에 임해야 한다. 그렇다고 경직될 필요없다. 수행을 즐기면 된다. 큰 수행진보를 기대한다면 어느 정도 마음을 굳게 다지는 것이 좋다. 긴장없이 즐기기만 하면 쫄딱 망한다.

29. 견청정(diṭṭhi visuddhi, 見淸淨)은 좌념이나 행념 등 수행기술을

실제로 익히는 단계다. 수행은 말이나 생각으로 하는 것이 아니라 수행 기술을 실제로 몸에 익히는 과정이다. 가능한 정확하고 올바르게 수행 기술을 익히는 것이 필요하다.

30. 도의청정(kaṅkhāvitaraṇa visuddhi, 度疑淸淨)은 수행을 직접 해보고 수행에 대한 의심이 사라지고 어느 정도 확신이 선 단계다. 수행하면 좋다는 말을 들으면 그럴 것이라고 짐작하지만 그래도 눈으로 볼 수 없는 것이 수행인지라 정말 그리될까 하는 의심이 들지 않을 수 없다.

31. 직접 수행해 실제로 마음오염원인 āsava가 사라지고 마음이 평화로워지는 것을 체험하면 수행에 대한 의심이 사라진다. 이런 방법으로 Maggaphala에 들어 Nibbāna를 체험하고 마음괴로움을 소멸해 자유롭고 행복하게 살 수 있다는 확신이 든다.

32. 도비도지견청정(maggāmaggañāṇadassana visuddhi, 道非道智見淸淨)은 수행이 어느 정도 진보해 Maggaphala 2/5지점에 도달해 5신통과 10종 통찰장애가 나타나기 시작한 단계다.

33. 이것은 수행이 진보해 나타난 현상이다. 마음근육이자 알아차림 기능인 sati 힘이 아직 충분히 성숙하지 않은 단계에서 강한 힘을 가진 현상을 만나면 sati가 해당현상에 구속된다. 그러면 수행은 크게 방해받는다.

34. 이때 만나는 5신통이나 10종 통찰장애는 자극이 강해 마음근육이자 알아차림 기능인 sati 힘이 약하면 해당현상을 알아차림하지 못하고 그곳에 갇히고 구속된다. 그곳에서 빠져나오지 못하면 수행은 퇴보한다.

35. 그런 방해현상이 나타날 때 구속되고 즐기면 Maggaphala로 가는 길을 잃고 사도(邪道, 非道)로 빠진다. 알아차림하고 배나 발이나 화두 등 기준점으로 돌아오면 Maggaphala로 가는 길(正道) 위에 설 수 있

다. 이 단계를 무사히 통과하면 Maggaphala로 가는 길을 잃지 않고 목적지까지 큰 어려움 없이 갈 수 있다.

36. 행도지견청정(paṭipadāñāṇadassana visuddhi, 行道智見淸淨)은 Maggaphala 4/5지점 단계다.

37. 이 단계에서 upekhā와 sukha가 집중해서 나타난다. 5신통이나 10종 통찰장애를 극복하고 그 구속에서 벗어나면 수월하게 Maggaphala에 갈 수 있다. 수행이 여기까지 도달하면 몸과 마음에 쌓인 āsava가 대부분 제거한다. 그러나 기억이미지 깊이 박혀있는 뿌리는 잘 뽑히지 않는다. 그것은 Maggaphala에 들어 Nibbāna를 체험해야 뽑혀 나간다.

38. 지견청정(ñāṇadassana visuddhi, 智見淸淨)은 수행이 충분히 성숙해 Maggaphala에 들어 Nibbāna를 체험하고 몸과 마음에 쌓인 āsava 뿌리가 뽑히기 시작하는 단계다.

④ 5단계

39. Buddha는 수행단계를 다섯 단계로 구분해 설명했다.

40. 계(sīla, 戒)는 Maggaphala로 가는 길라잡이다. 수행할 때 수행자가 수행자 행위규범인 계를 잘 지키면 Maggaphala로 가는 길을 잃지 않고 습관과 같은 몸에 낀 좋지 않은 삶의 거품을 제거하고 삶의 과정에서 발생하는 불필요한 것을 미연에 방지할 수 있다.

41. 정(samādhi, 三昧, 止, 定))은 마음공간에 있는 생각거품을 가라앉히는 기능을 한다. 그 제거는 paññā로만 할 수 있다.

42. 혜(paññā, 般若, 慧)는 앎의 거품 제거도구다. paññā는 전체상황 통찰기능이다. paññā는 마음오염원을 제거하고 자유로운 삶, 여유로운 삶, 청정한 삶, 행복한 삶, 공존하는 삶으로 인도한다.

43. 우리가 알고 있는 앎은 직접 몸으로 체험해 안 것보다 책이나 매스컴을 통해 간접으로 안 것이 대부분이다. 본인은 많이 알고 있다고 생각해도 이것은 직접 안 것이 아니라 다른 사람이 알고 있다는 사실을 아는 것이다.

44. 이런 앎은 거품이 끼게 마련이다. 불필요한 앎을 제거하고 앎에 낀 거품을 제거해야 새로운 앎을 담을 수 있다. paññā는 앎에 낀 거품을 제거하고 실재를 있는 그대로 볼 수 있게 해준다.

45. 해탈(vimutti, 解脫)은 모든 구속에서 벗어난 자유상태다. Maggaphala에 들어 Nibbāna를 체험하고 마음오염원인 āsava 뿌리를 뽑고 그 구속에서 자유로워진 상태다. 삶의 흔적에 구속되는 것만큼 고통지수는 올라가고 자유로워지는 것만큼 행복지수는 높아진다.

46. 해탈지견(vimuttiñāṇadassana, 解脫智見)은 스스로 자유로워졌다는 것을 자각하는 상태다. 이미 자유로워졌지만 스스로 자유로워진 줄 모르고 허상속에 갇혀 지내는 경우가 많다. 삶에 낀 거품을 걷어내고 그 구속에서 자유로워지고 자신이 자유로워졌다는 사실을 자각하는 것이야말로 진정한 자유로움이다.

47. 이것이 5분향(五分香)이다. 수행자는 아침저녁 예불할 때 이것을 합송하면서 시작한다.

48. 수행단계에 많은 의미를 부여할 필요없다. 서울에서 부산까지 난 고속도로 나들목설명과 같다. 압축해 설명할 수 있고 세밀히 설명할 수 있다. 서울에서 대구까지 간략히 설명하고 대구에서 부산까지 세밀히 묘사할 수 있다. 어느 지점을 세밀하게 또는 간략하게 설명할 수 있다.

49. 빨리 갈 것인지 천천히 갈 것인지 차량상태, 운전자수준, 처한 상황에 따라 결정된다. 그러나 길을 생략하고 갈 수 없다. Buddha는 반드시 모든 과정을 거치며 통과한다고 말했다.

2) Mahāyāna

50. Mahāyāna(摩訶衍, 大乘部) 처음에는 Buddha가 설한 수행단계를 그대로 사용했지만 서서히 내용은 그대로 두고 수행단계를 구분하는 새로운 개념을 사용했다.

① Vajracchedikā prajñāpāramitā Sūtra(金剛般若波羅蜜經, 金剛經)

51. Vajracchedikā prajñāpāramitā Sūtra(金剛般若波羅蜜經, 金剛經)는 수행단계를 5안(pañca cakku, 五眼)을 사용해 다섯 단계로 나눈다

52. 육안(cakku, 肉眼)은 수행을 처음 시작한 단계다.

53. 천안(dibba cakku, 天眼)은 Maggaphala 2/5지점(道非道智見清淨) 단계로 5신통이 나타나는 단계다.

54. 혜안(paññā cakku, 慧眼)은 Maggaphala 2/5지점에서 Nibbāna에 들기 전까지 단계다. Buddha는 이 단계에 대한 자세한 설명이 없다.

55. 법안(dhamma cakku, 法眼)은 Sotāpatti, Sakadāgāmi, Anāgāmi Maggaphala 가운데 어느 하나에 든 단계다.

56. 불안(buddha cakku, 佛眼)은 Arahant 단계다.

57. 5안은 근본경전에서 Buddha가 설한 것을 Mahāyāna경전에서 즐겨 인용했다.

② Pañcaviṃśatisāhasrikā Prajñāpāramita(二萬五千頌般若, 大品般若經)

58. Pañcaviṃśatisāhasrikā Prajñāpāramita(二萬五千頌般若, 大品般若經))는 수행단계를 10단계(十地)로 설한다. 이것은 그들의 독자개념이다.

59. 1지는 건혜지(sukkha dassana bhūmi/sk. śuklavidaśanā bhūmi,

乾慧地, 淨觀地)다. Buddha가 설한 도비도지견청정(道非道智見淸淨) 단계와 같다. 이것은 마음근육이자 알아차림 기능인 sati가 아직 충분히 성숙하지 못한 상태다. Maggaphala 2/5지점이다. 이 단계에 도달하면 몸과 마음에 쌓인 거친 āsava를 제거한다. 몸과 마음에 환희심이 나타난다. 동시에 전체상황 통찰기능인 paññā와 이해와 배려인 Metta도 나오지만 질과 양이 적다. 지속해 수행하지 않으면 얼마 못가 사라진다. 그래서 건혜(乾慧)라고 한다.

60. 2지는 성지(gotta bhūmi/sk. gotra bhūmi, 性地)다. Maggaphala 4/5지점이다. 이 단계에서 Maggaphala로 나아가 성인이 될지 범부상태로 계속 머물지 결정하는 단계다.

61. 3지는 8인지(aṭṭha purisa bhūmi/sk. aṣṭamaka bhūmi, 八人地)다. 성인흐름에 들어 Sotāpatti Magga를 성취한 단계다. 이 단계에서 10종 āsava 가운데 유신견(有身見), 계금취견(戒禁取見), 의혹(疑惑) 등 세 가지 āsava 뿌리가 뽑히기 시작한다. 8인지란 Ariya(聖人) 4향4과(四向四果), 4쌍8배(四雙八輩) 여덟 단계를 가리킨다.

62. 4지는 견지(dassana bhūmi/sk. darśana bhūmi, 見地)다. Sotā-patti Phala를 성취한 단계다. 이 단계에서 8인지에서 말한 세 가지 āsava 뿌리가 더 많이 뽑혀나간다.

63. 5지는 박지(tanu bhūmi/sk. tanu bhūmi, 薄地)다. 성인 두 번째 단계인 Sakadāgāmi Maggaphala를 성취한 단계다. 이 단계에서 욕망계열인 탐심, 분노계열인 진심의 āsava 뿌리가 뽑히기 시작한다.

64. 6지는 이욕지(vigāra bhūmi/sk. vītarāga bhūmi, 離欲地)다. 성인 세 번째 단계인 Anāgāmi Maggaphala를 성취한 단계다. 이 단계에서 유신견(有身見), 계금취견(戒禁取見), 의혹(疑惑), 탐심(貪心), 진심(瞋心) 등 5하분결(pañca orambhagiyani samyojanani, 五下分結, 下

界, 欲界) āsava 뿌리가 더 많이 뽑히기 시작한다.

65. 7지는 이작지(karato bhūmi/sk. kṛtāvī bhūmi, 已作地)다. 성인 마지막 단계인 Arahant Maggaphala를 성취한 단계다. 이 단계에서 색탐(色貪), 무색탐(無色貪), 자만(自慢), 도거악작(掉擧惡作), 무명(無明) 등 5상분결(pañca uddham bhāgiyāni saṁyojjanani, 五上分結, 上界, 色界)을 포함해 10종 āsava 뿌리가 모두 뽑히기 시작한다.

66. 8지는 벽지불지(paccekabuddha bhūmi/sk. pratyekabuddha bhūmi, 辟支佛地)다. 스승없이 혼자 수행해 Arahant Maggaphala를 이룬 단계다. 독각(獨覺) 혹은 연각(緣覺)이라고 한다. Pacceka Buddha(辟支佛)는 Arahant를 이룬 후 대중에게 수행을 회향하지 않고 자신만 해탈락(vimutti sukha, 解脫樂)을 즐긴다. 연각(緣覺)은 연기법(緣起法)을 깨달은 사람이다.

67. 9지는 보살지(bodhisatta bhūmi/sk. bodhisatva bhūmi, 菩薩地)다. Arahant Maggaphala를 이룬 단계다. 다른 사람에게 수행지도하는 단계다. 금강경은 다른 사람이 무상정자각(anuttara sammā sambodhi, 阿耨多羅三藐三菩提, 無上正自覺)을 성취할 수 있도록 도와주는 사람을 Bodhi Satta(菩提薩陀, 菩薩)라고 정의한다.

68. 10지는 불지(buddha bhūmi, 佛地)다. Buddha를 이룬 단계다. 자신이 Arahant가 된 줄을 스스로 안 사람, 최초 Arahant, 자유와 행복으로 가는 길을 발견하고 다른 사람에게 가르친 사람이다. Mahāyāna는 이 단계를 수행 최고최후 단계로 본다.

69. Arahant, Bodhi Satta, Pacceka Buddha, Buddha는 모두 같은 수행단계다. 단지 Mahāyāna에서 구분하고 차별할 뿐이다. Buddha는 언제나 자신을 Arahant라고 했다.*

③ Daśabhūmiśvaronāma Mahāyāna Sūtra(十地支配大乘經, 十地經)

70. Daśabhūmiśvaronāma Mahāyāna Sūtra(十地支配大乘經, 十地經)는 Mahāvastu(大事)를 계승해 수행단계를 10단계(十地)로 체계화했다. 이것은 Aṣṭasāhasrikā Prajñāpāramitā(八千頌般若, 小品般若經)에 나타난 4종보살에 대한 구분을 더 세분한 것이다.

71. 1지는 환희지(pīti bhūmi/sk. pramuditā bhūmi, 歡喜地)다. 건혜지(乾慧地)와 같다. 이 단계에서 강한 pīti가 몸과 마음에 일어난다. Maggaphala 2/5지점이다.

72. 2지는 이구지(vimala bhūmi/sk. vimalā bhūmi, 離垢地)다. 성지(性地)와 같다. 이 단계에서 성인으로 갈지 범부로 남을지 결정한다. 이 단계에서 마음근육이자 알아차림 기능인 sati 힘으로 마음깊은 곳에 존재하는 묵은 마음오염원인 āsava가 녹아나온다. Maggphala 4/5지점이다.

73. 3지는 명지(paññābhūmi/sk. prabhākarī bhūmi, 明地)다. 8인지(八人地)와 같다. 이 단계에서 생각거품이 걷히고 마음이 맑고 밝아지

모두 같다

① Buddha(佛陀, 覺者) : 자유와 행복으로 가는 길을 발견한 사람, 최초로 Arahant가 된 분.
② Arahant(阿羅漢, 應供) : 수행으로 자유와 행복을 성취한 사람.
③ Pacceka Buddha(辟支佛) : Arahant가 됐지만 수행을 사회로 회향하지 않고 자신만이 즐기는 사람.
④ 연각(緣覺) : 연기법을 깨달은 사람.
⑤ 독각(獨覺) : 스승없이 혼자 깨달은 사람.
⑥ Bodhi Satta(菩提薩陀, 菩薩) : 다른 사람이 자유롭고 행복하게 살 수 있도록 도와주는 것을 원력으로 삼고 수행해 Arahant가 되고 자기원력을 실천하는 사람.

8지부터 10지까지는 그 역할이 동일하다. 단지 Mahāyāna가 자기정체성을 강조하기 위해 불필요한 단계를 설정하고 구분하고 차별할 뿐이다.

기 시작한다. Sotāpatti Magga 단계다.

74. 4지는 염지(acci bhūmi/sk. arcismatī bhūmi, 焰地)다. 견지(見地)와 같다. 이 단계에서 깊은 āsava를 제거하고 실재가 보이기 시작한다. 이 단계에서 āsava 뿌리를 불꽃처럼 태워버린다. 기억이미지와 결합한 마음오염원이 해체할 때 강력한 불꽃을 일으키면서 에너지를 뿜어내기 때문에 염지(焰地)라고 한다. Sotāpatti Phala 단계다.

75. 5지는 난승지(sudujjaya bhūmi/sk. sudurjayā bhūmi, 難勝地)다. 박지(薄地)와 같다. 예로부터 이 단계는 도달하기 어렵다고 해서 난승지라고 한다. Sakadāgāmi Maggaphala 단계다.

76. 6지는 현전지(abhimukhī bhūmi/sk. abhimukhī bhūmi, 現前地)다. 이욕지(離欲地)와 같다. Arahant 단계가 바로 눈 앞에 있다고 해서 현전지라고 한다. 이 단계에서 깊은 마음오염원을 제거하고 실재가 더 많이 보이기 시작한다. Anāgāmi Maggaphala 단계다.

77. 7지는 원행지(dūragama bhūmi/sk. dūraṇgama bhūmi, 遠行地)다. 이작지(已作地)와 같다. 이 단계에서 더 깊은 āsava 뿌리가 뽑히기 시작한다. Arahant Maggaphala 단계다.

78. 8지는 부동지(acala bhūmi, 不動地)다. Pacceka Buddha(辟支佛地, 緣覺, 獨覺)와 같다. 이 단계에서 흔들리지 않는 마음이 생긴다. 이 단계부터 생활하는 것 자체가 바로 수행이다. 생활과 수행이 하나된다. 자신이 가진 편견이나 선입관에 기초해 인식대상을 구분하고 차별하지 않는 것이 자연스럽게 이뤄진다.

79. 9지는 선혜지(sumedha bhūmi/sk. sādhumatī bhūmi, 善慧地)다. 보살지(菩薩地)와 같다. 이 단계에서 다른 사람에게 자유자재로 법문하고 수행지도할 수 있는 능력이 생긴다.

80. 10지 는 법 운지 (dhammavalāhaka bhūmi/sk. dharmameghā

bhūmi, 法雲地)다. 불지(佛地)와 같다. 이 단계에서 수행자는 구름처럼 내용과 형식에 걸림없이 활동하면서 자기수행뿐만 아니라 다른 사람에게도 수행지도할 수 있다.

④ 기타

81. Daśasahatrikā Prajñāpāramitā(道行般若經)는 Sotāpatti, Sakadāgāmi, Anāgāmi, Arahant 단계를 그대로 따른다.

82. Saṃdhi Nirmocana Sūtra(解深蜜經)는 사람근기를 성문종성(聲聞種性), 독각종성(獨覺種性), 보살종성(菩薩種性), 부정종성(不定種性), 무종성(無種性) 등 다섯 단계로 구분한다. 이런 종성은 각각 자기 근기에 따라 수행하면 Buddha를 이룰 수 있다고 주장한다.

83. Laṅkāvatara Sūtra(入楞伽經)는 수행단계를 우부소행선(愚夫所行禪), 관찰의선(觀察義禪), 반연진여선(攀緣眞如禪), 제여래선(諸如來禪) 네 단계로 구분한다. 이 경전은 Bodhidhamma(菩提達摩) 이래 중국 선종이 소의경전으로 삼을 만큼 중국불교 문화권에 크게 영향미쳤다.

84. 우부소행선(愚夫所行禪)은 불교이외 선과 부파불교 선이고 관찰의선(觀察義禪)은 Mahāyāna 선이다. 반연진여선(攀緣眞如禪)은 실재 관찰선이고 제여래선(諸如來禪)은 Buddha 경지에 이른 단계다.

85. Laṅkāvatara Sūtra(入楞伽經)는 수행단계를 구분한 것이 아니라 수행기술 우열을 구분했다. 이런 수행기술 구분은 인도보다 중국불교에 더 많이 영향미쳤다.

86. 중국선종은 교종이 한 교상판석(教相判釋)을 수행에 적용해 수행판석(修行判釋) 이론토대로 삼고 수행법을 더욱 세분하고 상징조작해 자신과 같은 파가 아니면 구분하고 차별했다.

87. 이상을 살펴보면 Buddha가 설한 수행단계를 Mahāyāna에서 더

복잡하게 계층화했음을 알 수 있다. 8지, 9지, 10지 즉 Arahant, Pacceka Buddha, Buddha는 그 기능, paññā 실천에서 아무 차이없는데 굳이 구분하는 것은 잘못이다. Bodhi Satta, Arahant, Buddha가 하는 일은 동일하다. 단지 이름만 다를 뿐이다. 복은 차이날 수 있다.*

88. 길도 하나고 성취한 법도 하나다. 단지 삶의 방식과 문화가 다를 뿐이다. 현상이 다르지 내용은 동일하다. 같은 것을 다르다고 하는 것은 무지하거나 다른 생각이 있어서다.

89. 사소한 차이로 존재를 구분하고 차별할 것이 아니라 같음을 보면 함께 할 수 있는 길이 많다. 존재는 다름보다 같음이 더 많다.

밀교수행법

밀교부는 수행단계를 Mahāyāna에서 설정한 10지(十地)를 응용해 생기차제(生起次第), 구경차제(究竟次第), 보리도차제(菩提道次第)로 구분한다. 대개 존재를 상상하고 관찰하기 때문에 이미지 기법을 이용한 힌두교 Yoga 수행을 그대로 차용한다.

죽은 다음에 윤회하고 재생하는 과정 하나하나를 상상하고 태어나기 이전 삶을 상상으로 추적해간다. 이런 수행기술은 Buddha가 Arahant Maggaphala를 성취하기 전에 잠시 지나온 과거나 앞으로 펼쳐질 미래를 상상한 결론은 「윤회없음」이었는데 밀교수행자는 뒤 결론은 어디 보내고 윤회만 전면에 내세우고 힌두교 Yoga 수행기술을 불교수행으로 포장해 사용한다.

마음이 과거와 미래로 시간을 따라 움직인다고 해서 시륜(kala cakka, 時輪)이라고 한다. 간혹 Dalai Rama(Tenzin Gtatso, 14th Dalai Rama, 1935~)가 주재하는 Kala cakka 법회가 이것이다. 이런 과정을 거치며 이 몸이 곧 바로 Buddha가 되는 즉신성불(卽身成佛) 과정을 마음속으로 관상한다. 자신이 태어나 성장하고 소멸하고 재생하는 전 과정을 Buddha가 법신(法身)에서 화신(化身)으로 전개과정으로 대체해 관상한다.

Tantra 수행자도 있다. 이 방법은 애욕을 버리지 않은 중생을 위한 수행법이다. 이것은 āsava를 제거하지 않고 곧바로 Maggaphala에 들어 Nibbāna를 체험할 수 있다고 주장한다. 성적욕망을 알아차림 대상(기준점)으로 삼고 수행하는 것은 부처와 중생, 성과 속, 맑음과 흐림이 하나라는 이론(不二法門)에서 출발한다. 결국 이 수행기술은 성을 수행대상으로 삼는다.

밀교수행은 열림, 밝음, 맑음, 깨달음을 지향하지만 닫힘과 어둠에 기반한다. 명칭에서 가리키듯 모든 것이 대중에게 열려있지 않고 스승과 제자 사이 비밀스럽게 전해진다. 이런 수행기술은 모든 것을 열어두라는 Buddha 관점과는 많이 달랐다. 그 결과 옆길로 갈 수 밖에 없었다.

3) 현대 vipassanā

90. 오늘날 마얀마나 타일랜드 등 남방에서 활동하는 일부 vipas-sanā(毘鉢舍那, 觀) 수행자는 수행단계를 16단계로 나눴다. 성인은 Buddha 구분법을 따랐지만 범부단계를 13단계로 세분했다. 이 구분법은 수행단계를 지나치게 나눠 다소 번잡하다.

91. 오늘날 남방불교는 타일랜드는 Vinaya Piṭaka(律藏), 스리랑카는 Sutta Piṭaka(經藏), 미얀마는 Abhidhamma Piṭaka(論藏)를 중시한다.

92. 미얀마는 Sutta Piṭaka(經藏)보다 오히려 Abhidhamma Piṭaka(論藏)와 Visuddhimagga(淸淨道論)에 기초해 수행지도하는 경향이 강하다.

93. Buddhaghosa(佛音, 5세기 전반)는 Visuddhimagga에서 Maggaphala에 이르는 수행단계를 Buddha가 Rathavinīta Sutta(七車經)에서 설한 일곱 단계에 기초해 체계화했다.

4) 수행단계 비교

94. 다음표에서 알 수 있듯 Buddha가 구분한 수행단계를 부파부는 범부단계를 세분화했고 Mahāyāna는 범부단계는 간략히 하고 성인단계에서 Arahant 위에 Pacceka Buddha, Bodhi Satta, Buddha 단계를 추가했다. 현대 vipassanā 수행자는 범부단계를 더욱 세밀히 구분했다.

95. 수행단계를 간략히 또는 세밀히 구분하지만 수행이 진보할 때는 모든 단계를 반드시 거친다. 어떤 수행자는 특정단계에 오랫동안 머물기도 하고 어떤 단계는 빠르게 통과하기도 한다. 어떤 수행자는 한 순간에 모든 단계를 올라가기도 하고 어떤 수행자는 각 단계를 천천히 올

라가기도 한다.

96. 수행진행은 수행자가 3법인을 체득한 paññā 수준과 sati 크기만큼 진보한다. 중요한 것은 수행기술 우열이 아니라 수행자 근기와 노력이다. Buddha 이래 제시된 수행단계를 비교하면 다음같다.

표111 수행단계 비교표

단계	번호	Buddha 구분 2/9단계 구분 (근본경전)	Buddha 구분 7단계 구분 (근본경전)	Mahāyāna 5단계 金剛經	Mahāyāna 10단계 般若經	Mahāyāna 10단계 十地經	현대 구분
범부단계	1	① 凡夫	① 戒清淨	① 肉眼	① 乾慧地	① 歡喜地	色心구분
범부단계	2		② 心清淨	① 肉眼	① 乾慧地	① 歡喜地	因果구분
범부단계	3		③ 見清淨	① 肉眼	① 乾慧地	① 歡喜地	實在이해
범부단계	4		④ 度疑清淨	① 肉眼	① 乾慧地	① 歡喜地	生滅 앎
범부단계	5		⑤ 道非道智見清淨	② 天眼	① 乾慧地	① 歡喜地	現像 앎
범부단계	6		⑥ 行道智見清淨	③ 慧眼	② 性地	② 離垢地	두려움 앎
범부단계	7		初禪	③ 慧眼	② 性地	② 離垢地	괴로움 앎
범부단계	8		二禪	③ 慧眼	② 性地	② 離垢地	혐오감 앎
범부단계	9		三禪	③ 慧眼	② 性地	② 離垢地	解脫
범부단계	10		四禪	③ 慧眼	② 性地	② 離垢地	返照
범부단계	11		空無邊處	③ 慧眼	② 性地	② 離垢地	平等
범부단계	12		識無邊處	③ 慧眼	② 性地	② 離垢地	適應
범부단계	13		非想非非想處	③ 慧眼	② 性地	② 離垢地	成熟
성인단계		② 聖人	⑦ 智見清淨	④ 法眼	③ 八人地 Sotāpatti Magga 須陀洹道	③ 明地 Sotāpatti Magga 須陀洹道	道 Sotāpatti Magga 須陀洹道
성인단계	14	Sotāpatti Magga 須陀洹道	Sotāpatti Magga 須陀洹道	④ 法眼	④ 見地 Sotāpatti Mhala 須陀洹果	④ 焰地 Sotāpatti Phala	果 Sotāpatti Phala 須陀洹果
성인단계	14	Sotāpatti Phala 須陀洹果	Sotāpatti Phala 須陀洹果	④ 法眼			迴光返照
성인단계	15	Sakadāgāmi Magga 斯多含道	Sakadāgāmi Magga 斯多含道	④ 法眼	⑤ 薄地 Sakadāgāmi Maggaphala 斯多含 道果	⑤ 難勝地 Sakadāgāmi Maggaphala 斯多含 道果	Sakadāgāmi Maggaphala 斯多含
성인단계	15	Sakadāgāmi Phala 斯多含果	Sakadāgāmi Phala 斯多含果	④ 法眼			
성인단계	16	Anāgāmi Magga 阿那含道	Anāgāmi Magga 阿那含道	④ 法眼	⑥ 離欲地 Anāgāmi Maggaphala 阿那含道果	⑥ 現前地 Anāgāmi Maggaphala 阿那含道果	Anāgāmi Maggaphala 阿那含道果
성인단계	16	Anāgāmi Phala 阿那含果	Anāgāmi Phala 阿那含果	④ 法眼			
성인단계	17	Arahant Magga 阿羅漢道	Arahant Magga 阿羅漢道	⑤ 佛眼	⑦ 已作地 / ⑧ 辟支佛 / ⑨ 菩薩地 / ⑩ 佛地	⑦ 遠行地 / ⑧ 不動地 / ⑨ 善慧地 / ⑩ 法雲地	Arahant Maggaphala 阿羅漢道果 辟支佛, 緣覺,獨覺
성인단계	17	Arahant Phala 阿羅漢果 佛, 辟支佛, 緣覺, 獨覺	Arahant Phala 阿羅漢果 佛, 辟支佛, 緣覺, 獨覺	⑤ 佛眼			

SATI 수행특징

project

check point

이 장에서는 SATI수행 특징, 수행자 근기, 수행기술에 대해 배우고 익힌다.

1. SATI 수행특징

1. 행동이나 기술은 효과를 극대화하는 특징과 장점이 있다. 그것을 잘 파악하고 실천하면 유효성을 높일 수 있다.

2. 수행은 인식대상을 얼마나 정확하고, 세밀하고, 빠르고, 순발력있고, 유연하게 알아차림할 수 있느냐가 핵심이다. 이것이 수행진보를 결정하는 중요요소다. 그 중에서 정확함이 수행 힘이자 생명이다.*

수행법 힘

모든 수행기술은 자기정체성을 드러내는 고유한 힘이 있다. Buddha 가풍은 정확함과 시원함, 임제가풍(臨濟家風)은 우직함, 운문가풍(雲門家風)은 날카로움, 법안가풍(法眼家風)은 올바른 앎(正知, 정확함), 조동가풍(曹洞家風)은 임기응변(활용, 응용), 위앙가풍(潙仰家風)은 부드러움이 힘이다. 서산휴정(西山休靜, 1520~1604)은 선가귀감(禪家龜鑑, 용화선원, 1984)에서 8~10세기 중국에서 활동한 수행가풍을 다음같이 적고 있다.

① 임제가풍 : 맨손에 칼들고 부처를 만나면 부처를 죽이고 조사를 만나면 조사를 죽인다. 예와 지금 삼현삼요로 판단하고 용과 뱀을 빈주구로 알아낸다. 금강보검으로 도깨비 쓸어내고 사자위엄 떨쳐 여우와 너구리 넋을 찢네. 임제종을 알고 싶은가? 푸른 하늘에 벼락치고 평지에 파도 일어 난다(赤手單刀 殺佛殺祖 辨古今於玄要 驗龍蛇於主賓 操金剛寶劍 掃除竹木精靈 奮獅子全威 震裂狐狸心膽 要識臨濟宗廳 靑天轟霹靂).

② 운문가풍 : 칼날에는 길이 있고 철벽에는 문이 없다. 온 천하갈등 둘러엎고 못된 견해 잘라내니 번쩍하는 번갯불은 사량으로 미칠 수 없다. 활활 타는 불꽃 속에 어찌 머물 수 있으리오. 운문 종을 알고 싶은가? 주장자 날아 하늘 높이 오르고 잔 속에서 모든 부처 설법한다(劍鋒有路 鐵壁 無門 掀翻露布葛藤 剪却常情見解 迅電 不及思量 烈焰 寧容漆泊 要識雲門宗廳 拄杖子 跳上天 盞子裡 諸佛說法).

③ 위앙가풍 : 스승과 제자가 부르면 화답하고 아버지와 아들이 한집에 살고 있네. 옆구리에 글자쓰고 머리위에 뿔 뾰족하다. 방안에 사람 시험하니 입은 둘이 있으나 혀는 하나도 없는 것이 마치 구곡주를 꿰뚫었다. 위앙종을 알고 싶은가? 부러진 비석 옛길에 쓰러져 있고 무쇠 소는 작은 집에 잠자네(父子一家 脇下書字 頭角崢嶸 室中驗人 獅子腰折 離四句絶百非 一搥粉碎 有兩口 無一舌 九曲珠通 要識潙仰宗廳 斷碑橫古路 鐵牛眠小室).

2. 수행자근기와 수행기술

1. 수행기술이 수행진보에 영향미칠 수 있다. 거기에 더해 수행자가 선택한 수행기술을 소화할 수 있는 능력은 더 중요하다.

2. 문제는 사람이다. 아무리 좋은 수행기술이라도 수행자가 소화할 능력과 의지가 없으면 유효성이 낮아진다. 수행기술 우수성 못지 않게 수행자 능력과 근기, 수행에 임하는 자세와 수행과정이 중요하다.

3. 특정 수행기술에 집착하는 것은 어리석은 일이다. 그것은 약효만 강조하는 것과 같다. 아무리 좋은 약이라도 환자상태에 적합해야 하듯 특정 수행기술 우열을 논하기 전에 수행자근기를 살피는 것이 현명하다.

4. Buddha는 수행기술보다 수행자근기를 중시했다. 수행자근기에 맞는 수행기술이 가장 좋다. Buddha는 수행자근기에 맞춰 수행지도하는 대기설법(abhiupanissaya kathā, 對機說法)이라는 독특한 교육기술을 창안했다.

5. Buddha는 수행지도할 때 수행자가 선천으로 타고난 성질, 후천으

---

④ 조동가풍 : 방편으로 오위 열고 세 가지 근기 잘 다루며 보검 빼어들고 모든 사견숲 베어내며 널리 통하는 길 묘하게 맞추어 모든 기틀 천착을 끊음이로다. 위음왕불 나기 전 눈에 가득한 풍경이요 공겁이전 별세계다. 조동종을 알고 싶은가? 부처와 조사가 안 나고 아무것도 없던 시절 정편이 유무기틀에 떨어지지 않음이다(權開五位 善接三根 橫抽寶劍 剗諸見稠林 妙協弘通 截萬機 穿鑿 威音那畔 萬目煙光 空劫已前 一壺風月 要識曹洞宗麼 佛祖未生空劫外 正偏不落有無機).

⑤ 법안가풍 : 말 가운데 메아리 있고 글 속에 칼날 숨었다. 해골이 온 세상 지배하고 콧구멍은 어느 때나 그 가풍 불어낸다. 바람 부는 나뭇가지와 달 비치는 물가에는 참마음 드러나고 푸른대와 누런 꽃은 묘한 법 밝혀준다. 법안종을 알고 싶은가? 맑은 바람 구름을 산마루로 보내주고 밝은 달 물에 떠서 다리 지나 흘러온다(言中有響 句裡藏鋒 髑髏 常千世界 鼻孔 磨觸家風 風柯月渚 顯露眞心 翠竹黃花 宣明妙法 要識法眼宗麼 風送斷雲歸嶺去 月和流水橋來).

로 학습한 성격, 일처리 총역량인 근기를 먼저 파악한 뒤 수행자근기에 적합하게 수행지도했다.

6. Buddha가 창안하고 실천한 수행은 오랜 역사 속에서 다양한 형태로 변화했다. 대개 자파 수행기술이야말로 Buddha 이래 가장 우수한 것이라고 주장한다. 우수하거나 열등한 수행기술은 없다. 수행자근기에 적합한 것이 가장 좋은 수행기술이다.

7. Buddha가 만든 수행기술이 인도에서 중국으로 건너와 정착한 것이 참선이다. 참선은 묵조수행, 화두수행, 염불수행 등으로 발전했다. 남방은 vipassanā로 정착했다. 티베트는 Mantra 수행, Tantra 수행으로 변형했다. 서양은 Meditation으로 받아들였다.

8. 몸에 기준점 정하고 이름붙이고 알아차림해 마음근육이자 알아차림 기능인 sati 힘을 키우고 마음오염원인 āsava를 제거하고 전체상황 통찰기능인 paññā를 성숙하면 Buddha 정통수행법이라고 정의한다.

3. 수행자 · 수행기술 · 수행지도자

1. 수행은 수행자, 수행기술, 수행지도자 세 가지 요소로 구성한다. 이 가운데 어느 것 하나 중요하지 않은 것은 없다. 세 가지 수행요소가 조화롭게 어울리면 수행은 진보하지만 그렇지 않고 어느 특정요소만 강조하면 노력한 것에 비해 효과가 떨어진다.

1) 수행자

2. 수행자근기는 수행의 모든 것을 결정한다. 아무리 좋은 수행기술

도 수행자근기에 맞지 않으면 아무 소용없다.

　3. Buddha는 수행자근기를 지수화풍 4대(四大)로 구분했다. 각각 근기에 따라 장점과 단점이 있다. 장점은 살리고 단점은 극복하고 수행하면 효과있다.

2) 수행기술

　4. 수행기술이 수행향상에 크게 영향미친다. 대개 수행기간을 길게 잡는 수행법(漸悟法)은 수행기술이 다양하게 개발돼있지 않고 수행지도자가 반드시 필요하지도 않다. 이 수행기술은 수행자에게 최대한 자율권을 주면서 수행진보를 수행자에게 맡긴다.

　5. 수행기간을 짧게 잡는 수행법(頓悟法)은 수행기술이 다양하게 개발돼있고 수행지도자가 수행자 앞에서 인도한다.

　6. 돈오법 수행기술은 수행지도자 역할이 중요하다. 화두수행을 경절문(徑截門, 지름길)이라고 한 것은 「깨달음 단기속성과정 혹은 깨달음 족집게과외」란 의미다.

　7. 한국불교는 돈오법을 선호한다. 돈오법핵심이 수행지도다. 돈오법에서 수행지도가 빠지는 순간 점오법으로 전환한다. 조실(祖室)이나 방장(方丈) 역할이 수행지도하는 것이다.

3) 수행지도자

　8. 수행지도자는 수행에서 중요한 비중을 차지한다. 수행이란 눈으로 볼 수 없고 손으로 만질 수 없는 마음, 자유, 행복을 대상으로 한다.

　9. 마음속으로 여행은 일반여행처럼 눈으로 이정표보며 가는 것이 아

니다. 누구나 처음 가는 길이다. 먼저 간 사람이 만들어 둔 이정표를 혜안으로 보고 찾아가야 한다. 풍부한 경험을 가진 눈 밝은 수행지도자 지혜와 자비에 의존하고 등불로 삼아야 한다.

10. 눈 밝은 수행지도자가 수행자근기를 파악하고 적절히 수행지도하면 수행향상을 기대할 수 있다. 수행자근기를 볼 수 있는 안목은 수행지도자 몫이다.

4. 수행목적과 수행기술

1. 수행하는 궁극목적은 자유로운 삶, 여유로운 삶, 청정한 삶, 행복한 삶, 공존하는 삶을 누리는 것이다. 현실목적은 마음공간을 오염하고 삶을 속박하는 마음오염원인 āsava(流漏)를 제거하는 것이다. 그러나 목적을 강조하면 욕심이 앞서고 수행진보를 방해할 수 있다.

2. 수행자는 항상 수행으로 얻어지는 결과보다 수행과정에 초점맞춰 열심히 정진해야 한다. 수행진보에 따라 수행성과물은 자연스럽게 나타난다. 수행성과물은 수행자 몫이기에 굳이 결과를 강조할 필요없다.

3. 수행지도자는 수행목표인 자유로운 삶, 여유로운 삶, 청정한 삶, 행복한 삶, 공존하는 삶을 강조하기보다 sati(念), samādhi(三昧, 止, 定), sampajāna(自知), paññā(般若, 慧), vipassanā(毘鉢舍那, 觀), 보시, 지계 등을 통해 Maggaphala(摩訶婆羅, 道果)에 들어 Nibbāna(涅槃, 寂滅)를 체험할 것을 강조하고 격려해야 한다.

4. 지금 이 순간 마음거울에 맺힌 상을 이름붙이고 알아차림할 수 있도록 유도하는 것이 수행지도자 지혜와 자비다.

5. 수행진보 유형

1. 수행자 신체와 심리 특징으로 인해 수행할 때 경험하는 감각느낌이 각자 다르게 나타난다. 감각느낌은 수행진보에 많이 영향미친다. 사람마다 특징으로 나타나는 감각느낌과 수행진보를 살펴보면 다음 네 가지 유형이 있다.

1) 고통많고 진보느린 유형

2. 수행할 때 몸에서 고통감[dukkha, 苦] 많고 실재통찰[paññā, 慧] 느린 수행자가 있다.
3. 이런 유형 수행자는 마음근육이자 알아차림 기능인 sati와 sati 집중기능인 samādhi 둘 다 약한 사람이다. 이런 유형 수행자는 드물다. 대개 수행초기에 많이 나타난다.

2) 고통많고 진보빠른 유형

4. 수행할 때 몸에서 고통감은 많지만 실재통찰은 빠른 수행자가 있다. 대부분 수행자는 이 유형에 속한다. 이런 유형 수행자는 sati 집중기능인 samādhi는 강하고 마음근육이자 알아차림 기능인 sati가 약하거나 욕심이나 의욕이 앞선 사람이다.
5. 몸에 통증이 많은 유형은 두 가지가 있다. 하나는 스트레스나 āsava로 경직되고 수축한 신경조직이 수행으로 āsava가 해체되고 이완할 때 수축하는 힘과 이완하는 힘이 부딪치는데 그것이 통증으로 나타난다.

6. 다른 하나는 수행진도가 순조롭게 나가지만 수행자가 욕심이 많아 수행진도를 자신이 원하는 것만큼 성취하기 위해 지나치게 몰아갈 때 몸이 견디지 못하고 그 압력만큼 통증으로 나타난다.

3) 즐거움많고 진보느린 유형

7. 수행할 때 몸에서 즐거움[sukha, 樂]은 많지만 실재통찰은 느린 수행자가 있다. 이런 유형 수행자는 마음근육이자 알아차림 기능인 sati는 강하지만 sati 집중기능인 samādhi가 약한 사람이다.

4) 즐거움많고 진보빠른 유형

8. 수행할 때 몸에서 즐거움도 많고 실재통찰도 빠른 수행자가 있다. 이런 유형 수행자는 마음근육이자 알아차림 기능인 sati와 sati 집중기능인 samādhi 둘 다 좋은 사람이다. 이런 유형 수행자는 드물다.

9. 대개 수행자는 위의 네 가지 유형 가운데 어느 하나에 속한다.

10. 모든 수행자는 알아차림도 쉽고 몸도 편안하며 실재통찰도 빨리 보는 네 번째 유형에 속하기 원하지만 모두 그렇게 되지 않는다. 수행진도에 따라 특정유형이 집중해 나타나기도 한다.

32
10종 통찰장애

check point

이 장에서는 수행할 때 나타나는 10종 통찰장애를 대해 배우고 익힌다. 수행할 때 만나는 여러 가지 현상을 잘 처리하면 수행향상에 도움되지만 잘못 처리하면 수행을 크게 방해한다.

여기서 다룬 현상은 Buddha로부터 저자에 이르기까지 축적한 불교수행자 공통자산이다. 이 책은 저자 수행체험과 수행지도해준 스승 paññā를 담고 있다.

1. 수행자가 수행초기에 경험하는 작은 행복을 진정한 행복으로 생각하고 집착할 수 있다. 이런 작은 행복에 도취해 알아차림을 소홀히 하면 수행은 더 이상 진보하지 않는다.

2. 수행초기 Maggaphala(摩訶婆羅, 道果) 2/5지점부터 나타나기 시작하는 10가지 작은 행복을 10종 통찰장애라고 한다.

3. 이것은 수행이 순조롭게 진행되고 마음근육이자 알아차림 기능인 sati(念)와 sati 집중기능인 samādhi(三昧, 止, 定)가 몸과 마음에 쌓인 거친 āsava(流漏)를 제거하고 몸과 마음이 행복감을 느끼기 때문에 나타나는 현상이다.

4. 수행이 진보해 나타나는 작은 행복이 도리어 수행진보를 방해하기도 한다. 이때 만나는 작은 행복은 그 속성상 자극이 강하기 때문에 수행자가 그것에 집착하고 즐기기 쉽다.

5. 수행자가 이를 즐기고 따라가면 수행은 더 이상 진보하지 못하고 옆길(非道)로 접어든다. 알아차림하고 기준점인 배나 발 움직임으로 돌아오면 Maggaphala에 들어 Nibbāna(涅槃, 寂滅)를 체험할 수 있다.

6. 이런 작은 행복은 수행진보를 방해하기 때문에 통찰장애라고 한다. 이 단계는 아직 마음근육이자 알아차림 기능인 sati가 충분히 성숙하지 않았기 때문에 인식대상 힘이 크면 그 영향력에 구속된다. 10종 통찰장애는 자극은 강하지만 알아차림하면 즉시 소멸한다.

7. 어떤 수행자는 10종 통찰장애를 많이 만나고 어떤 수행자는 한두 가지만 만나기도 한다. 수행과정에서 만나는 10종 통찰장애는 다음같다.

1. 발광

1. 이 단계에서 작은 행복은 번쩍이는 불빛형태인 obhāsa(發光)로 나타난다. 수행자는 그 불빛 때문에 기준점인 배나 발 움직임을 알아차림하지 못하고 산만함에 빠지기 쉽다.

2. 불빛이 나타나 기준점인 배나 발 움직임 알아차림을 방해하지 않으면 들판에 바람 지나가듯 그냥 두고 기준점인 배나 발 움직임에 이름 붙이고 알아차림해야 한다. 몸과 마음에 나타난 현상은 다음같다.

밝은 빛을 본다.
빛이 자동차 전조등같이 번쩍거린다.
둥근 점같은 불빛이 보인다.
자기몸에서 밝은 빛이 발산하는 것을 느낀다.
염실이 밝아지는 것을 본다.
염실지붕이나 벽이 없는 것처럼 느낀다.
문이 열려있는 것처럼 착각한다.
넓은 공간이 펼쳐 보인다.
환상이 보인다.

2. 기쁨

1. 이 단계에서 작은 행복은 기쁨형태인 pīti(歡喜)로 나타난다. 몸과 마음이 들뜨고 기쁨을 수반한다. 현상이 다양하게 나타나기 때문에 수행자가 속기 쉽다.

2. 수행자는 기쁨에 도취해 기준점인 배나 발 움직임 알아차림을 놓치고 그 기쁨을 즐기는데 이것은 탐심이다. 기쁨이 즐거움형태로만 오지 않듯 괴로움이 아픔형태로도 오지 않는다. 현상에 속지 않는 paññā(般若, 慧)가 필요하다. 기준점인 배나 발 움직임에 이름붙이고 알아차림해야 한다. 몸과 마음에 나타난 현상은 다음같다.

1) 작은 기쁨 [khuddaka pīti]

기쁨이 짧게 나타난다.
알아차림이 순간 좋아진다.
머리에서 다리까지 뭔가 천천히 흘러내린다.
부드럽고 따끔한 느낌이 있다.
몸이 부드럽게 흔들린다.
가끔씩 떨림이 다리에서 가슴으로 올라온다.
몸이 가볍게 진동한다.
오싹함과 진동을 느낀다.
공포감이 밀려온다.
가벼운 어지럼증이 있다.
눈물이 흐른다.
경련이 일어난다.
몸에 개미가 기어오르는 것 같다.
몸이 뻣뻣해진다.
몸에 털이 가볍게 선다.
흰빛이나 섬광이 보인다.

2) 거듭하는 기쁨 [okkantika pīti]

기쁨이 몸에 반복해 나타난다.

시원함이나 뜨거움으로 샤워한 것 같다.

몸이 부풀어 오른다.

공기속을 달리는 것 같다.

앉아있을 동안 몸이 격렬히 흔들린다.

용수철 위를 걷는 것 같다.

집이 흔들리는 것 같다.

몸에 힘이 넘쳐난다.

몸이 앞뒤로 굽어진다.

손발이 저절로 움직인다.

경련이 일어난다.

구토증이 일어난다.

잠든 것 같다.

몸이 공중에 떠있는 것 같다.

노랗거나 주황빛이 보인다.

3) 솟구치는 기쁨 [ubbhinna pīti]

기쁨이 몸에 격렬히 솟구쳐 올라온다.

부드러운 전율을 느낀다.

온몸에 벌레가 기어오르는 것 같다.

설사를 한다.

몸이 뭔가에 끌리는 것 같다.

손이 앞으로 나가거나 바닥에 떨어진다.

몸이 앞뒤로 흔들린다.

바닥에 눕는다.

냉기를 느낀다.

몸이 앞으로 튕겨나간다.

누워있을 때 몸이 저절로 돌아눕는다.

손발이 자동으로 들리거나 뒤틀린다.

머리가 갑자기 움직인다.

등 뒤에서 미는 것 같다.

상체를 앞으로 굽힌다.

머리를 비틀거나 돌아가는 것 같다.

은빛이 보인다.

4) 황홀한 기쁨 [ubbega pīti]

기쁨이 온몸에 퍼진다.

몸에 한기를 느낀다.

몸과 마음이 고요하고 평화롭다.

몸에 심한 가려움이 있다.

졸음에 잠기듯 몽롱하다.

머리에서 발끝까지 짜릿한 쾌감을 느낀다.

입이 움직이거나 우물거린다.

가끔씩 이가 부딪친다.

비취빛이 보인다.

5) 충만한 기쁨 [pharaṇa pīti]

기쁨이 온 몸에 충만하다.
몸속으로 에너지 흐름이 밀려와 가슴에 머문다.
몸에 부드러운 전율이 흐른다.
몸에 추운 기운이 퍼진다.
몸이 시원하다.
얼굴에 이가 기어오르는 듯 가려움이 나타난다.
졸려서 눈을 뜨고 싶지 않다.
몸이 간지럽다.

3. 평온

1. 이 단계에서 작은 행복은 평온감인 passaddhi(輕安, 安穩)로 나타난다. 수행자는 고요함과 평화로움에 매몰돼 기준점인 배나 발 움직임을 알아차림하지 못하고 혼침에 빠지기 쉽다.
2. 기준점인 배나 발 움직임에 이름붙이고 알아차림해야 한다. 평온심에서 빠져나오는데 행념이 도움된다. 몸과 마음에 나타난 현상은 다음같다.

몸과 마음에 평화로움과 만족함을 느낀다.
너무 만족스러워 알아차림이 잘 안되고 인식대상을 바라보기만 한다.
몸은 나른하고 마음은 고요하다.
sati와 samādhi가 좋다.

자기수행에 만족한다.

마음이 맑고 밝다.

거칠거나 나쁜 사람도 온화해지고 나쁜 버릇을 버린다.

1) 경쾌한 평온 [lahuka passaddhi]

몸과 마음이 경쾌하다.

마음이 빠르게 움직인다.

마음이 가볍고 상쾌하다.

몸이 가볍다.

몸이 빠르게 움직인다.

2) 부드러운 평온 [mudu passaddhi]

몸과 마음이 부드럽다.

samādhi가 좋다.

사람 만나는 것을 좋아하지 않는다.

염실에 머물고 계속 수행하기 원한다.

3) 균형잡힌 평온 [kammañña passaddhi]

sati, samādhi, viriya가 균형잡힌다.

몸과 마음이 굳건해 오랫동안 수행할 수 있다.

4) 친밀한 평온 [paguṇa passaddhi]

수행에 친밀감을 가진다.
알아차림이 쉽다.
몸과 마음 피곤함이 없다
망상이 소멸한다.

5) 솔직한 평온 [ujjuka passaddhi]

솔직해진다.
거칠게 살아온 사람도 반성하고 착하게 살려고 한다.

4. 행복

1. 이 단계에서 작은 행복은 행복감인 sukha(樂)로 나타난다. 수행자는 그 행복감에 매몰돼 기준점인 배나 발 움직임을 알아차림하지 못하고 들뜨기 쉽다. 기준점인 배나 발 움직임에 이름붙이고 알아차림해야 한다. 몸과 마음에 나타난 현상은 다음같다.

몸과 마음이 평화롭고 상쾌하다.
가슴이 만족감으로 물결친다.
심장이 가끔씩 펄쩍뛴다.
가끔씩 몸에 리드미컬한 두드림이 있다.
오싹함을 느낀다.

즐거워 미칠 것 같다.

오랫동안 수행하려고 한다.

큰 행복감과 자긍심을 느낀다.

수행지도자에게 깊이 감사한다.

5. 믿음

1. 이 단계에서 작은 행복은 믿음감인 saddhā(信心)로 나타난다. 수행자는 수행법과 수행지도자에 대한 믿음에 매몰돼 기준점인 배나 발움직임 알아차림을 놓치고 산만하기 쉽다.

2. 다른 사람에게 수행을 전하느라 정작 자기수행을 등한시 한다. 기준점인 배나 발 움직임에 이름붙이면서 알아차림해야 한다. 몸과 마음에 나타나는 현상은 다음같다.

Buddha와 수행지도자에 대한 강력한 믿음이 생긴다.

마음이 신선하고 청정하다.

인식대상과 알아차림이 함께 나타났다 사라진다.

지금보다 더 Buddha를 존경한다.

수행지도자를 존경하고 감사한다.

수행을 오랫동안 할 것이라고 다짐한다.

수행하다 죽어도 좋다고 다짐한다.

자신이 다른 사람보다 더 강력한 신심을 가지고 있다고 생각한다.

기쁨으로 눈물이 흐른다.

다른 사람에게 수행하라고 권한다.

6. 분발

1. 이 단계에서 작은 행복은 분발감인 paggaha viriya(奮發, 勇猛精進)로 나타난다. 수행자는 솟아오르는 열정으로 자기수준보다 더 강력하게 수행함으로써 도리어 수행이 퇴보한다.

2. 이때 나오는 힘은 진정한 수행에서 나온 것이 아니다. 이때 나오는 지혜와 자비는 아스팔트 길에 비 온 것 같다. 양이 적어 잠깐 나오다 만다.

3. 수행으로 마음에 쌓인 āsava를 제거하고 작은 지혜와 자비를 몸과 마음에 쌓아두어야 한다. 그렇게 생긴 지혜와 자비를 사용하지 않고 축적해 어느 단계를 지나면 축적한 힘이 끝없이 쏟아져 나온다. 그 힘으로 Maggaphala에 들어 Nibbāna를 체험할 수 있다.

4. 이때는 가능한 지나치지 않는 것이 요령이다. 차가 언덕 올라갈 때 3단 놓고 갈 수 있어도 2단 놓고 가라고 한다. 힘을 남기며 가야 끝까지 갈 수 있다. 수행도 마찬가지다. 힘을 축적하지 않은 상태에서 나온 힘은 헛힘이다.

5. 이 단계에 도달한 수행자는 노력을 느슨하게 하고 기준점인 배나 발 움직임에 이름붙이고 알아차림해야 한다.

6. 이 단계에 도달한 수행자는 수행할 때 정해진 시간을 지키는 것이 요령이다. 수행을 더 하고 싶어도 멈추고 좌념과 행념 비율을 「1(60분) : 1(60분)」으로 균형잡아야 한다. 몸과 마음에 나타난 현상은 다음 같다.

많이 노력하지 않았는데 sati와 samādhi가 잘 된다.
자기수준보다 더 많이 노력하려고 한다.

지치지 않는 정진력을 얻은 것으로 생각한다.
목숨이 끊어질 때까지 수행하려고 한다.

7. 몰입

1. 이 단계에서 작은 행복은 몰입감인 udakanti(沒入, 潛水)로 나타난다. 수행자는 알아차림을 어느 한 곳에 몰입함으로써 기준점인 배나 발 움직임 알아차림을 놓치고 인식대상에 매몰되기 쉽다.

2. 수행자는 기준점인 배나 발 움직임에 이름붙이고 알아차림해야 한다. 간혹 특정생각이 반복해 나타나기도 하는데 이때는 이름을 짧고 강하게 붙이며 알아차림하고 즉시 기준점인 배나 발 움직임 알아차림으로 돌아와야 한다. 몸과 마음에 나타난 현상은 다음같다.

특정생각에 몰입해 현재를 알아차림하지 못한다.
과거생각에 파묻힌다.
지나온 삶의 흔적에 매몰된다.
앞으로 할 미래일을 설계하는데 몰두한다.

8. 평등

1. 이 단계에서 작은 행복은 평등감인 upekhā(捨, 平等)로 나타난다. 수행자는 인식대상에 무심함으로써 기준점인 배나 발 움직임 알아차림을 놓치고 혼침에 빠지기 쉽다.

2. 기준점인 배나 발 움직임에 이름붙이고 알아차림해야 한다. 이 단계에서는 좌념뿐만 아니라 행념을 소홀히 해서는 안 된다. 몸과 마음에 나타난 현상은 다음같다.

인식대상 「발생-지속-소멸」을 분명히 알아차림할 수 있다.
인식대상을 좋아하거나 싫어하는 마음없이 무관심하게 본다.
알아차림도 잘 되지 않지만 다른 생각에 빠지지도 않는다.
마음상태는 혼란하거나 산만하지 않고 평화롭다.
욕구가 일어나지 않는다.
배 움직임(일어남-사라짐)이 불분명하거나 잘 인식하지 못한다.
좋은 인식대상이나 나쁜 인식대상에 마음이 동요하지 않고 무심하다.

9. 지식

1. 이 단계에서 작은 행복은 지식인 ñāṇa(智)로 나타난다. 수행자는 인식대상을 분석하고 구별하느라 기준점인 배나 발 움직임 알아차림을 놓치고 들뜸과 산만함에 빠지기 쉽다.
2. 기발한 아이디어와 창의력이 나와 마음근육이자 알아차림 기능인 sati를 그곳에 구속한다. 가능하면 필기도구를 치워버리고 생각이 떠오르면 즉시 알아차림하고 기준점인 배나 발 움직임으로 돌아와야 한다. 몸과 마음에 나타난 현상은 다음같다.

인식대상을 분석하고 구별하는 마음이 넘쳐난다.
데이터를 논리있게 정리하느라 수행을 방해한다.

온갖 것에 기준정하고 의미부여하며 분석하고 평가한다.

이전에는 떠오르지 않던 기발한 생각이 떠오른다.

자기견해가 옳다고 스승과 겨루기도 한다.

기준점인 배나 발 움직임 알아차림을 놓치고 생각에 매몰된다.

10. 만족

1. 이 단계에서 작은 행복은 만족감인 nikanti(望, 希求)로 나타난다. 수행자는 만족감으로 기준점인 배나 발 움직임 알아차림을 놓치고 무기력함과 방관상태에 빠지기 쉽다.

2. 기준점인 배나 발 움직임에 이름붙이고 알아차림해야 한다. 이때는 행념이 도움된다. 몸과 마음에 나타난 현상은 다음같다.

자기수행에 만족한다.

평화로움과 안락함을 느낀다.

마음거울에 맺힌 상에 만족한다.

마음이 충만함을 느낀다.

33

수행격언
助道法

check point

이 장에서는 수행진보를 가져오는 몇 가지 요령이나 격언에 대해 배우고 익힌다.

짧은 말이나 글 속에 많은 의미가 담겨있고 한두 마디 압축한 말이 핵심을 전달하기도 한다. 경험을 이전하고 마음다루는 수행은 말이나 글로 표현할 수 없는 경우가 많다. 어떤 경우는 글이나 말이 핵심이해를 오히려 방해할 때도 있다. 이럴 때 격언처럼 짧은 한두 마디 말이 마음이해와 수행향상에 크게 도움준다. Buddha를 비롯해 역대조사는 수행진보를 도와주는 간단한 요령이나 짧지만 인상적인 격언을 즐겨 사용했다. 수행진보를 도와준다고 해서 조도법(助道法)이라고 한다. 수행격언은 함축한 의미뿐만 아니라 유효성도 있다. 적극 사용해 수행자양분으로 삼으면 좋다.

1. 수행할 때 미루지 마라

1. 수행하겠다는 의지가 있어도 실천이 없으면 아무 소용없다. 다음 기회에, 보다 좋은 여건이 허락하면, 현재 급한 일 처리해놓고 홀가분한 마음으로, 더 좋은 스승이나 수행도량이 나타나면 등등 갖가지 이유로 수행을 미룬다. 해야 할 사람은 해야 할 이유를 찾고 하지 않을 사람은 하지 않을 핑계를 찾는다. 스스로 살필 일이다.

2. 마음오염원인 āsava(流漏)를 제거하고 모든 종류 슬픔과 괴로움을 제거하고 자유롭고 행복한 삶을 살겠다고 마음먹은 바로 그 순간 수행은 실천해야 한다.

3. 좋은 수행법 만나기 어렵고 눈 밝은 스승 만나기 더욱 어렵다. 인연있어 좋은 수행법과 좋은 스승만나 쾌적한 수행여건 갖추기는 정말어렵다. 그렇기 때문에 작은 기회라도 있을 때 수행에 전념해야 한다.

2. 수행을 즐기자

1. 수행을 즐기자. 안개 속을 지나면 옷이 안개에 젖듯 수행을 가지고 놀다보면 맑은 향기가 몸과 마음에 스민다. 억지로 되는 것은 아무것도 없다. 자연스럽게 삶에 스미게 하는 것이 좋다.

3. 프로처럼

1. Buddha가 즐겨 사용한 용어를 조금 각색하면「죽기밖에 더 하겠나」란 표현이다.

2. 아마추어는 즐기면 되지만 전문가는 목숨걸고 해야 한다. 어느 대중가수가 어떤 자세로 노래 부르는지 질문받고「죽을 둥 살 둥 부릅니다」라고 대답했는데 그게 정답이다. 해당분야에서 두각을 나타낸 사람이 한결같이 하는 말이「목숨걸고 합니다」다. 물론 그런 긴장감조차도 여유갖고 즐기겠지만.

3. 수행도 마찬가지다. Maggaphala(摩訶婆羅, 道果)에 들어 Nibbāna(涅槃, 寂滅)를 체험하는 것이 쉽다면 쉽지만 반드시 쉬운 것도 아니다. 모든 것을 투자해 노력할 때만이 Nibbāna 향기를 맡을 수 있다.

4. 수행할 때 지혜롭고 효과있게 해야 한다. 지혜로운 사람은 쌀로 밥 하는 것 같고 어리석은 사람은 모래로 밥하는 것 같다고 한다. 수행도 생산성과 효율성을 피할 수 없다. 얼마나 오랫동안 했느냐보다 얼마나 높은 지혜를 얻었는가가 핵심이다. 수행은 양보다 질이다.

5. 설렁설렁 되는 일은 아무것도 없다. 놀면서 해당분야 전문가가 된 사람은 인류역사에 없다. 투자한 만큼 거두는 것이 자연질서다.

4. 정확함이 생명

1. Buddha가 창안하고 실천해 Arahant Maggaphala(阿羅漢 道果)를 성취한 Buddha 정통수행법 힘은 정확함이다.

2. 인식대상을 있는 그대로 알아차림하는 것은 수행진보를 결정하는

핵심이다. 수행자는 마음거울에 맺힌 상을 빠르게 알아차림하려고 노력하지만 정확함을 결여한 빠르기는 수행진보에 아무런 도움되지 않는다. 조금 느리더라도 정확히 알아차림하려고 노력하면 빠르기와 세밀함은 자연스럽게 이뤄진다.

5. 서두르지 않기

1. 조급함은 수행진보를 가로막는 가장 큰 장애다. 낙동강 뒷물이 앞물을 밀어내듯 서두르지 않고 노력하면 Maggaphala 문은 저절로 열린다.

6. 강력한 노력과 끈질긴 알아차림

1. 강력히 노력해야 한다. 강력한 노력이야말로 Maggaphala에 들어 Nibbāna를 체험하는 원동력이다.

2. 인식대상이 마음거울에 맺은 상을 알아차림하는 것이 sati(念)고, 알아차림한 인식대상을 놓치지 않고 끈질기게 따라 붙는 것이 samādhi(三昧, 止, 定)다.

3. 어떤 수행자는 여유부리고 수행하는 경우도 있다. 그러나 일단 수행을 시작했으면 이 시간 안에 Maggaphala에 들어 Nibbāna를 체험하지 못하면 죽어나가겠다는 큰 용맹심으로 실천할 때 Nibbāna 향기가 다가온다. 강력한 노력에 더해 어떤 존재라도 끈질기게 알아차림하고 끈질기게 따라붙는 것이 중요하다. 그렇게 할 때 비로소 실재를 있는 그

대로 통찰할 수 있다.

4. 수행하는 동안 몸이 뻣뻣하고 통증이 심해 다리를 바꾸거나 지루해 수행하기 싫을 때가 있다. 수행자가 이런 방해물을 만났을 때 참을 수 있는데까지 참아야 한다. 참을성없이 발저림이나 몸 피곤함 때문에 자세를 바꾼다든지 손이나 발위치를 자주 바꾸면 수행진보가 더뎌진다.

5. 고통, 저림, 가려움 같은 현상이 있을 때 쉽게 자세바꾸거나 행동으로 해소하지 말고 방해현상을 알아차림해야 한다. 마음근육이자 알아차림 기능인 sati를 방해현상이 일어난 곳에 밀착해 알아차림하는 것이 요령이다. 이런 용기, 신념, 끈기, 인내심이야말로 수행자를 Nib-bāna로 이끄는 힘이다.

6. 수행자가 고통, 갈등, 불안, 초조, 나태함을 극복하지 못하고 쉽게 알아차림을 포기하면 애석한 일이다. 어떤 어려움이나 고통에 직면하더라도 참고 자기 몸과 마음에서 일어나는 현상에 분별심을 일으키지 않고 있는 그대로 보아야 한다.

7. 수행자는 몸과 마음 안팎에서 일어난 현상을 있는 그대로 올바르게 알아차림하려고 노력해야 한다. 수행목적은 인식대상에 구속되지 않고 고통현실을 극복하고 자유롭고 행복한 삶을 누리는데 있다. 그것을 달성하기 위해 어떤 어려움도 참고 견뎌야만 바라는 목표를 달성할 수 있다.

7. 마음이 선택

1. 마음근육이자 알아차림 기능인 sati는 인식대상을 스스로 선택한다. 수행자가 특정 인식대상을 선택하는 것은 그것에 애착이 있거나 싫

어하는 것을 의미한다.

2. 마음근육이자 알아차림 기능인 sati는 자극이 크거나 강한 것에 쏠리는 특징이 있기 때문에 수행자는 sati가 선택한 인식대상을 알아차림만 해야 한다. 그래야 수행진보를 기대할 수 있다.

8. 제1기준점

1. 마음근육이자 알아차림 기능인 sati는 인식대상을 스스로 선택하지만 그것만으로 수행진보가 더디게 진행될 수 있다. 수행진보를 앞당기려는 마음조차 욕망이지만 처음 수행하는 사람은 인식대상을 어떻게 알아차림해야 할지 몰라 헤매는 경우가 많다.

2. 수행을 향상하기 위해서는 기준점 정하고 하면 좋다. 좌념할 때 배 움직임(일어남-사라짐), 행념할 때 발 움직임(들어-앞으로-놓음)을 기준점으로 삼고 알아차림하면 수행진보에 도움된다.

3. 기준점인 배 움직임(일어남-사라짐) 알아차림하는데 방해현상이 나타나면 그것을 알아차림한 후 즉시 기준점인 배 움직임으로 돌아온다. 좌념할 때 배 움직임(일어남-사라짐)이 제1기준점이다.

4. 이때 마음근육이자 알아차림 기능인 sati와 인식대상 사이 빈틈없고 정확하고 신속하게 알아차림을 연결해야 한다. 알아차림하는데 틈이 있으면 āsava나 방해물이 끼어들고 알아차림은 약화한다. 수행자는 항상 알아차림이 끊어지지 않도록 주의해야 한다.

9. 제2기준점

1. 마음근육이자 알아차림 기능인 sati가 인식대상을 놓치면 곧바로 잠에 떨어지거나 망상이 끼어든다. 성숙한 수행자는 졸음이나 망상도 알아차림 대상이지만 초보수행자는 졸음이나 망상을 알아차림하지 못하고 그것과 어울려 놀거나 잠에 떨어지기 쉽다.

2. 이런 단점을 보완하기 위해 제2기준점을 정해두면 효과있다. 처음 정한 제1기준점을 놓친 순간 미리 정해둔 제2기준점을 알아차림하는 것이 수행진보에 효과있다.

3. 좌념할 때 배 움직임(일어남-사라짐, 제1기준점)을 알아차림하지 못하면 즉시 앉아있는 모습을 「앉음」, 엉덩이가 바닥에 닿은 느낌을 「닿음」하고 알아차림해야 한다. 「앉음-닿음」이 좌념할 때 제2기준점이다. 제1기준점인 배가 다시 움직이면 곧바로 제1기준점인 배 움직임(일어남-사라짐)으로 돌아와야 한다. 좌념할 때 제1기준점인 배 움직임이 최우선이다.

10. 인식대상 선택

1. 수행할 때 두세 개 인식대상을 동시에 알아차림할 때가 있다. 모든 것을 알아차림해야 하지만 수행초기는 그 가운데 어느 하나를 선택해 알아차림하는 것이 효과있다.

2. 이때 가장 크게 느껴지는 현상이나 수행자가 중요하다고 생각한 인식대상을 선택해 알아차림하면 나머지가 모두 보인다. 모든 현상을 다 보는 방법이 마음근육이자 알아차림 기능인 sati를 한 곳에 두는 것

이다.

3. 자극이 큰 것과 수행자가 중요하다고 생각하는 것은 다를 수 있다. 자극크기는 지극히 주관이라 객관기준이 없다. 결국 수행자가 선택해야 한다.

4. 배나 발 움직임에 기준점 정하고 수행할 때 통증같은 현상이 발생해도 기준점인 배나 발 움직임을 감지하면 통증으로 가지말고 기준점을 끈질기게 알아차림해야 한다. 이것이 답이다.

11. 사실판단

1. 인식대상을 있는 그대로 사실판단만 해야 한다. 어떤 경우라도 의도를 개입해 가치판단하고 인위로 인식대상을 조작하거나 선택하면 안된다.

2. 인식대상을 의도에 적합하도록 변경하는 것은 가치관이 개입한 결과다. 마음오염원에 기초해 의도를 개입해 알아차림하면 망상대상이다. 존재에 좋고 나쁜 것이 없다. 수행자는 모든 편견이나 선입관 없이 존재를 구분하거나 차별하지 말고 있는 그대로 알아차림해야 한다.

12. 자연스럽게

1. 인식대상을 알아차림할 때 자연스럽게 해야 한다. 마음근육이자 알아차림 기능인 sati에 힘이 들어가면 실재를 있는 그대로 볼 수 없다.

2. 수행이 서툴면 통증을 알아차림할 때 몸이나 마음[sati, 念]에 자연

스럽게 힘이 들어간다. 그러면 마음근육이자 알아차림 기능인 sati가 인식대상에 집중하는 것 같지만 실제로는 수행자 머리나 몸에 머문다. 이러면 수행은 진보하지 않는다.

3. 몸과 마음에 힘이 들어가면 인식대상은 고유특성(四大)이나 실재(三法印)로 보이지 않고 모양(이미지)으로 보인다. 그러면 실재를 통찰하지 못한다. 몸과 마음에 힘 빼고 자연스럽게 인식대상을 알아차림해야 실재를 있는 그대로 통찰할 수 있다.

13. 한 번에 하나씩

1. 우리는 여러 가지 일을 동시에 한다. 걸으며 두리번거리고 밥먹으며 말을 한다. 이런 태도는 수행하는 사람에게는 바람직하지 않다.

2. 한 번에 여러 가지 일을 하는 것은 집중력이 그만큼 분산됨을 의미한다. 하나의 일에 전심전력할 때 실재통찰하는 힘이 생긴다. 일을 잘하는 요령이 알아차림 범위를 좁히고 한 번에 하나씩 하는 것이다.

14. 범위좁히기

1. 알아차림 범위를 확대하지 말고 축소해야 한다. 수행이 진보한 사람은 문제되지 않지만 초보자는 알아차림 범위를 축소하는 것이 수행향상에 도움된다.

15. 밀착하기

1. 마음근육이자 알아차림 기능인 sati를 인식대상에 최대한 밀착해야 한다. sati와 인식대상 거리가 망상이나 방해요소가 끼어드는 것을 결정한다. sati와 인식대상 사이 틈이 생기면 마음오염원인 āsava나 방해물이 끼어든다. 건성으로 천 번 하는 것보다 성심껏 한 번 하는 것이 효과있다.

16. 정확하게 겨냥

1. 마음근육이자 알아차림 기능인 sati를 인식대상에 정확히 겨냥해야 한다. 겨냥이 올바를 때 인식대상을 제대로 포착할 수 있다.

2. 마음근육이자 알아차림 기능인 sati와 인식대상이 만나는 각도가 어긋나면 집중도와 파괴력이 떨어진다. sati가 인식대상을 정확히 겨냥하는 것은 인식대상을 올바르게 통찰하는 중요요소다.

17. 이름붙이기

1. 마음근육이자 알아차림 기능인 sati와 인식대상 밀착방법 가운데 하나가 이름붙이고 알아차림하는 것이다. sati를 인식대상에 정확히 겨냥하는 것이 처음은 서툴고 어려울 수 있다. 이런 어려움 극복기술이 「이름붙이기」다.

2. 기준점인 배 움직임(일어남-사라짐), 발 움직임(들어-앞으로-놓

음)에 이름붙이고 알아차림해야 한다. 통증이 일어나면 「통증」, 망상이 일어나면 「망상」하고 이름붙이고 알아차림해야 한다. 이렇게 이름붙이고 알아차림하면 마음근육이자 알아차림 기능인 sati가 인식대상을 향해 정확히 겨냥하고 밀착해 실재를 통찰할 수 있다.

3. 현상이 복잡하고 빠르게 진행해 이름붙이고 알아차림하기 힘들 때 해당현상에 이름붙이지 못하지만 그것을 알고있다는 의미에서 「앎」하고 이름붙이고 알아차림해야 한다.

4. 이름붙이기는 수행향상을 돕기 위한 것이므로 지나치게 매몰될 필요없다. 그러나 Maggaphala에 들어가는 순간까지 이름붙이고 알아차림해야 한다. Buddha로부터 화두수행자에 이르기까지 이름붙이기가 중요한 수행기술이다. 이름붙이지 않는 수행자는 게으른 수행자다. 이런 수행자는 수행진보를 기대할 수 없다.

18. 지속해 알아차림

1. 인식대상을 지속해서 알아차림해야 한다. 기준점인 배 움직임(일어남-사라짐)을 알아차림하고 있을 때 망상이 나타나면 그곳으로 마음근육이자 알아차림 기능인 sati 보내 알아차림한 후 즉시 기준점인 배 움직임으로 돌아와야 한다. 배 움직임을 알아차림하고 있을 때 무릎통증이 나타나면 그곳으로 sati 보내 알아차림한 후 즉시 기준점인 배 움직임으로 돌아와야 한다.

2. 기준점인 배나 발 움직임을 알아차림하다 다른 현상이 나타나 더 이상 기준점을 알아차림하지 못하면 즉시 방해현상을 알아차림해야 한다. 두세 번 알아차림한 후 곧 바로 기준점인 배나 발 움직임으로 돌아

와야 한다. 기준점인 배나 발 움직임을 알아차림하는데 지장없으면 새로 끼어든 방해현상은 그대로 두고 기준점인 배나 발 움직임을 계속 알아차림해야 한다. 마음근육이자 알아차림 기능인 sati가 인식대상을 놓치지 않고 따라붙는 것이 sati 집중기능인 samādhi다.

3. 마음작용 전 과정을 분명히 알아차림하고 있으면 마음근육이자 알아차림 기능인 sati가 많이 움직여도 sati와 sati 집중기능인 samādhi가 끊어진 것이 아니다.

4. 기준점인 배나 발 움직임을 알아차림하다가 다른 현상이 나타났지만 그것을 알아차림하지 못하고 sati가 이곳저곳으로 옮겨 다니며 망상 피우는 것이 sati와 samādhi가 끊어진 것이다. 끊어진 철사는 사용할 수 없듯 토막 난 sati와 samādhi는 아무 소용없다.

19. 두 가지 노력

1. 수행자는 다음같이 두 가지 노력을 해야 한다.

1) 몸자세 바로잡기

2. 수행할 때 자세를 똑바로 가지려고 노력해야 한다. 좌념할 때 허리나 머리를 똑바로 세우고 손과 발을 편안히 둔다. 수행을 처음 시작할 때 잡았던 자세를 유지하려는 노력이 중요하다. 처음 취했던 자세에서 벗어나면 즉시 알아차림하고 처음자세로 돌아오려고 노력해야 한다.

2) 인식대상 놓치지 않기

3. 수행자는 인식대상을 놓치지 않고 끈질기게 알아차림하려고 노력해야 한다. 기준점인 배 움직임(일어남-사라짐) 알아차림할 때 망상이나 통증 때문에 마음근육이자 알아차림 기능인 sati가 기준점을 벗어나면 알아차림하고 즉시 기준점인 배 움직임으로 돌아오려고 노력해야 한다.

20. 두 가지 알아차림

1. 수행자는 다음 두 가지를 알아차림하려고 노력해야 한다.

1) 현상 알아차림

2. 수행자는 인식대상이 마음거울에 상을 맺는 순간 정확히 알아차림하려고 노력해야 한다. 마음근육이자 알아차림 기능인 sati가 무기력하거나 알아차림하려는 노력이 부족한 사람은 인식대상이 마음거울에 상을 맺는 순간을 알아차림하지 못하고 해당현상과 어울려 논다.

3. 인식대상이 마음거울에 상을 맺는 순간을 놓치지 않고 알아차림하려고 노력하면 마음근육이자 알아차림 기능인 sati는 점차 깨어나고 활기찾는다. 그러면 인식대상이 마음거울에 상을 맺는 순간을 놓치지 않고 빠르고 정확히 알아차림할 수 있다.

2) 실재 알아차림

4. 수행자는 마음거울에 상을 맺은 인식대상 실재를 있는 그대로 통찰해야 한다. Yoga 수행은 모양에 마음을 고정하지만 SATI 수행은 현상에서 실재를 통찰하려고 노력한다. 실재는 보려고 해서 보이지 않는다. 실재가 보이도록 조건을 만들어야 한다.

5. 인식대상을 드러난 고유특성(四大)으로 알아차림하면 마음근육이자 알아차림 기능인 sati가 서서히 깨어나고 전체상황 통찰기능인 paññā가 가치판단에서 사실판단으로 성숙한다. paññā가 어느 정도 성숙하면 실재판단(三法印)할 수 있다.

21. 여기 그리고 지금

1. 마음근육이자 알아차림 기능인 sati는 인식대상을 찾아 끊임없이 돌아다닌다. sati가 인식대상을 찾아 과거와 미래 이곳저곳 다니면 여기 그리고 지금 이 순간 마음거울에 맺힌 상을 놓친다.

2. 과거나 미래가 현재 삶에 지대하게 영향미친다 하더라도 그것은 지금 이 순간 마음거울에 회상될 때만 의미를 가진다.

3. 이곳저곳에 마음근육이자 알아차림 기능인 sati 보낼 것이 아니라 현재에 머물게 하고 지금 이 순간 마음거울에 맺힌 상을 알아차림하도록 해야 한다. 지금 이 순간 내가 서있는 이곳이 나에게 가장 소중한 곳이다.

4. 인식대상 변화를 있는 그대로 알아차림하면 āsava나 망상을 제거할 수 있다. 이렇게 하면 마음공간에 āsava가 들어올 기회를 주지 않고

과거나 미래에 대한 환상이나 착각에 헤매지 않고 좋은 경험을 바라는 마음도 사라진다. 수행자는 지금 이 순간 마음거울에 맺힌 상을 알아차림만 해야 한다.

5. 마음근육이자 알아차림 기능인 sati가 하나의 대상에서 다른 대상으로 옮겨질 때 빈틈없이 있는 그대로 알아차림이 이어져야 한다. 그렇게 알아차림할 때 과거나 미래가 아닌 여기 그리고 지금 이 순간에 머물 수 있다.

22. 행동으로 해소하지 않기

1. 수행할 때 몸과 마음에 일어나는 현상을 행동으로 해소하면 안 된다. 현상이 발생한 것을 알아차림하고 그곳으로 마음근육이자 알아차림 기능인 sati를 올바르게 겨냥해 알아차림해야 한다.

2. 대개 알아차림 놓치고 마음오염원에 기초해 행동으로 해소한다. 이렇게 하면 수행은 퇴보한다. 수행자는 어떤 현상이든지 알아차림만 해야 한다. 수행자가 할 일은 인식대상을 단지 알아차림하는 것이다.

3. 인식대상을 알아차림하는 동안 고통감이나 불쾌감이 몸과 마음에 일어날 때 평범한 사람은 이런 과정을 알아차림하지 않고 그것이 발생한 순간 자세를 바꾸거나 행동으로 해소하려고 한다. 그러나 행위가 알아차림없이 이뤄지는 순간 고통씨앗이 싹튼다.

4. 기준점인 배 움직임(일어남- 사라짐)을 알아차림할 때 가려움을 느끼면 그곳으로 마음근육이자 알아차림 기능인 sati를 보내「가려움」하고 알아차림해야 한다. 그것이 일어난 순간 마음에 긁고 싶은 생각이 일어나면「긁고 싶음」하고 그 의도를 알아차림하고 기준점인 배 움직

임으로 돌아와야 한다. 다시 가려움을 느끼면 「가려움」하고 다시 알아차림해야 한다. 수행에 전념하는 동안 가려운 현상이 사라지면 즉시 기준점인 배 움직임으로 돌아와야 한다. 수행자는 가능한 행동으로 해소하면 안 된다. 단지 알아차리기만 해야 수행이 진보한다.

5. 만약 가려움이 사라지지 않고 도저히 참을 수 없어 긁고 싶다고 생각하면 「긁고 싶음」하고 그 마음을 알아차림해야 한다. 고통감이 일어나도 마찬가지다.

6. 고통이 심하지 않으면 자세를 바꿔서는 안 된다. 한 번 정해진 자세를 바꾸려는 마음이 생기면 그 마음을 곧바로 주시하고 그 느낌을 알아차림해야 한다. 항상 주변에서 일어나는 현상을 주의깊게 알아차림하면 그 속에서 실재를 있는 그대로 통찰할 수 있다.

23. 의도 알아차림

1. 행동하기 전에 먼저 의도가 일어난다. 그러나 의도를 알아차림하지 못하거나 알아차림해도 그곳에 마음근육이자 알아차림 기능인 sati를 집중하지 못하고 행동하는 경우가 많다. 일상생활은 물론이고 수행할 때 행동뿐만 아니라 행동하기 전에 일어나는 의도를 반드시 알아차림해야 한다. 그래야 행동을 통제하고 수행이 진보한다. 행동하기 전에 일어난 의도 알아차림 기능이 sampajāna(自知)다.

24. 자세바꾸기

1. 알아차림으로 현상이 해소되지 못하면 행동으로 해소해야 한다. 그때 먼저 행동하려는 의도를 알아차림한 후 천천히 움직임 하나하나 알아차림하고 행동해야 한다. 동작을 마무리한 후 기준점인 배나 발 움직임으로 즉시 돌아와야 한다.

2. 수행자는 오로지 고통을 더 이상 참을 수 없을 때만 자세바꾸거나 움직여야 한다. 이 경우에도 자세바꾸려는 의도를 먼저 알아차림하고 움직이는 과정을 세밀히 알아차림해야 한다. 손을 올리며 「올림」, 굽으며 「굽음」, 손을 내리며 「내림」 하고 알아차림해야 한다.

3. 수행자는 항상 행동을 천천히 하도록 노력해야 한다. 될 수 있는 한 느리게 움직이는 것이야말로 마음근육이자 알아차림 기능인 sati가 성숙하고 수행이 향상하는 자양분이다.

25. 천천히 행동

1. 수행자는 천천히 행동해야 한다. 행동이 빠르면 알아차림을 많이 놓친다. 어떤 수행자는 빠르게 행동하면서도 모두 다 알아차림할 수 있다고 한다. 천천히 행동하면 더 많은 것을 알아차림할 수 있다. 수행자는 환자처럼 천천히 움직이고 마음거울에 맺힌 상을 하나하나 알아차림해야 한다. 수행도량에서 집중수행할 때는 반드시 이렇게 해야 한다. 그래야 수행이 진보한다.

26. 분주히 행동하지 않기

1. 수행자는 분주한 일을 줄이고 삶을 간소하고 단순히 해야 한다. 어떤 수행자는 수행도중에 책읽고 글쓰고 이야기하느라 알아차림을 놓치기도 한다. 수행자는 삶을 단출히 해야 한다. 이것이 수행진보에 도움된다.

27. 좋은 경험 기다리지 않기

1. 어떤 수행자는 이전에 경험한 것을 다시 경험하고 싶어한다. 책이나 법문으로 알게 된 현상을 체험하기 바란다. 또 자기 수행단계를 다른 수행자와 비교하기도 한다.

2. 이전에 경험한 좋았거나 싫었던 현상에 집착하면 수행진보는 그 상태에서 멈추거나 퇴보한다. 이전에 좋았던 경험을 다시 한 번 갈망하는 것은 마음에 욕망과 산란함만 남긴다.

3. 수행목표가 마음오염원 제거와 그 구속으로부터 자유로움인데 수행과정에서 체험한 현상에 욕망을 일으키고 그것에 구속되는 것은 잘못이다. 이런 것이 마음공간에 자리잡으면 실재를 있는 그대로 알아차림하지 못하고 수행 최고목표인 Maggaphala에 들어 Nibbāna를 체험할 기회를 놓칠 수 있다.

28. 올바른 목표와 균형잡힌 노력

1. 수행할 때 목표가 뚜렷해야 하고 그것을 성취하기 위해 끊임없이 노력해야 한다. 이 두 가지가 균형잡혀있으면 수행에 흥미가 생긴다.

2. 자신이 해야 할 일과 필요한 것이 무엇인지 정확히 파악하면 의욕도 일어난다. 수행목표에 대한 정확한 이해와 균형잡힌 노력은 수행진보에 필수다.

3. 마음근육이자 알아차림 기능인 sati가 깊고 강해 별다른 노력없이 인식대상을 쉽게 알아차림할 때 주의하지 않으면 sati는 서서히 무기력해진다. 마음거울에 상이 맺히는 대로 이름붙이고 알아차림하면 sati가 살아나고 sati와 sati 집중기능인 samādhi가 균형잡힌다. 그래야 수행이 진보한다.

4. sati 집중기능인 samādhi가 마음근육이자 알아차림 기능인 sati 보다 강할 때 마음이 침체하고 흐려진다. 이때는 좌념보다 행념을 조금 더 하고 이름붙이고 알아차림하는 것이 좋다. sati가 samādhi보다 강할 때 마음이 들뜨고 산란하다. 이때 행념보다 좌념을 조금 더 하고 이름붙이고 알아차림하는 것이 좋다.

5. 균형기능인 viriya에 비해 마음근육이자 알아차림 기능인 sati나 sati 집중기능인 samādhi가 약하면 마음은 들뜨고 산만해진다. 이때는 주의깊게 알아차림하고 노력을 약간 느슨히 해야 한다. 그러면 sati와 samādhi가 균형이루고 수행이 진보한다.

29. 정과 동 균형잡기

1. Buddha 정통수행법인 SATI 수행은 고요함[samādhi, 定, 靜, 寂寂]과 움직임[sati, 念, 動, 惺惺] 균형잡기다. 수행할 때 어떤 때는 마음이 산란하기도 하고 침체되기도 한다. 마음이 산란해도 안 되지만 침체해도 수행진보를 방해할 수 있다.

2. 마음이 산란할 때 sati 집중기능인 samādhi 힘을 강화하면 들뜬 마음이 고요해진다. 마음이 침체하면 마음근육이자 알아차림 기능인 sati를 활성화해 무기력한 마음을 활기차게 해야 한다. 마음에 고요함과 움직임이 적절히 균형잡힐 때 수행진보를 기대할 수 있다.

30. 나무오르기

1. 수행은 나무오르기다. 나무에 올라갔다 내려오면 다시 올라가야 하듯 어떤 때는 수행이 향상하고 어떤 때는 퇴보한다. 수행 진보와 퇴보에 지나치게 연연하지 말고 꾸준히 노력하는 것이 중요한다. 처음은 서툴고 힘들지만 꾸준히 반복하면 서서히 익숙해지고 힘도 생긴다.

31. 호수에 벽돌쌓기

1. 수행은 호수에 벽돌쌓기다. 물밑에 많은 벽돌을 쌓아도 마지막 한 장 놓일 때 비로소 수면 위로 벽돌이 드러나는 것과 같다. 인내심가지고 열심히 paññā 싹에 자양분을 공급하는 것이 수행자가 할 일이다.

2. 전체상황 통찰기능이 paññā다. paññā는 마음근육이자 알아차림 기능인 sati와 sati 집중기능인 samādhi로 성장한다. paññā가 어느 정도 성숙했거나 마음오염원이 어느 정도 해소되는지 잘 감지할 수 없다. 수행이 지루하고 회의가 들기도 한다. 결국 인내하고 끈질기게 수행하는 수밖에 달리 왕도가 없다.

32. 주체없음

1. 수행도중에 직면한 통증, 저림, 가려움, 피곤함, 자존심에 나 또는 나의 것이라는 개념을 부여하는 것은 잘못이다.

2. 내가 피곤하다, 나의 등에 기어오른다, 나의 어디가 아프다, 나의 어디가 가렵다고 생각한다. 그것이 일어난 순간 올바르게 알아차림하면 나의 피곤함, 나의 가려움, 나의 등에 기어오름이 존재하는 것이 아니라 단지 피곤함, 가려움, 기어오름과 그것을 알아차림하는 sati만 존재함을 알 수 있다.

3. 전체상황 통찰기능인 paññā가 성숙하면 나의 무엇이 어떻다가 아니라 단지 몇몇 조건이 결합해 발생한 현상에 불과하며 한 현상이 사라지고 새로운 현상이 나타나는 연속흐름으로 파악한다.

4. 나의 어디가 아픈 것이 아니라 단지 아픈 현상만 존재함을 깨닫는다. 「발생–지속–소멸」하는 존재를 있는 그대로 알아차림하면 존재에 나 또는 나의 것이 있다는 잘못된 견해를 극복하고 존재하는 것은 오직 조건지어진 현상뿐이라는 올바른 앎을 얻는다. 그래서 모든 속박으로부터 자유로워지고 행복한 삶을 살 수 있다.

33. 감각느낌

1. 수행할 때 몸에서 고통감이 일어나면 수행이 고통스럽고 불편하게 된다. 쑤시거나 가려운 느낌을 경험할 때 수행자마음은 불편해지고 불쾌함, 우울함, 분노가 일어난다.

2. 수행자가 고통감에 불쾌해하고 성내고 그것과 싸우는 것은 고통실재를 알아차림하지 못했기 때문이다. 고통실재가 불쾌함이다. 고통에서 불쾌함을 실재로 이해하고 「불쾌함」 하고 알아차림할 때 고통안에 머무는 분노를 제거하고 실재를 있는 그대로 알아차림할 수 있다.

3. 수행할 때 몸에서 즐거움이 일어나면 수행이 즐겁다. 즐겁고 상쾌한 느낌을 경험할 때 수행자마음은 행복하고 즐거움, 상쾌함, 기쁨이 일어난다.

4. 이때 수행자가 즐거움을 알아차림해 기쁘고 상쾌한 느낌을 즐기는 것은 즐거움실재를 통찰하지 못했기 때문이다. 즐거움실재가 행복감이다. 즐거움에서 행복감을 실재로 이해하고 「즐거움」 하고 그것을 알아차림할 때 즐거움안에 머물고 있는 탐욕을 제거하고 실재를 있는 그대로 알아차림할 수 있다.

34. 잘 될 때 조심

1. 수행이 잘 될 때 처리를 잘못해 수행이 퇴보하는 경우가 많다. 수행이 잘 된다 싶으면 수행자는 수행진보에 욕심내고 자기능력보다 지나치게 노력하는 경향이 있다. 그러면 얼마 지나지 않아 산만해지고 싫증나고 그나마 있던 수행력마저 사라진다. 수행이 재미없고 스승이 수

행지도를 잘 못한다고 생각한다.

2. 자동차가 언덕 올라갈 때 3단 기어로 갈 수 있어도 2단 기어로 힘을 남기고 올라가야 한다. 그래야 끝까지 힘차게 올라갈 수 있다. 수행도 마찬가지다. 항상 자기수준보다 한두 단계 아래 힘을 축적해 약간 느리게 가면 수월하게 Maggaphala에 들어 Nibbāna를 체험할 수 있다.

35. 도고마성

1. 수행이 깊어지면 방해물이 더 많이 나타날 수 있다. 수행이 성숙할수록 더 조심하고 방심하지 않아야 한다. 수행이 크게 진보했을 때 각별히 조심해야 한다. 어떤 때는 수행진보를 송두리째 날려버릴 정도 방해물이 나타난다. 이것을 도고마성(道高魔盛)이라고 한다.

2. 처음 수행하는 사람은 친구가 찾아오거나 일상문제가 발생해 평소 문제없던 잡다한 것이 방해요소로 등장할 수 있다. 수행할 때는 마음이 안정되기 때문에 사소한 것이 더 크게 다가올 수 있다. 이런 것을 만나면 침착하게 행동하고 보시와 자비심으로 상대를 이해하고 배려하면서 슬기롭게 극복해야 한다.

3. 평소 타인을 배려하고 자비심을 베푼 사람은 방해현상이 적거나 쉽게 피해갈 수 있고 이기심에 기초해 행동한 사람은 방해물이 많이 나타나고 힘들게 할 수 있다. 덕을 베풀고 자신을 살필 일이다.

4. 방해가 클수록 그것을 극복하면 수행은 크게 진보한다. Buddha는 수행하는데 어려움없기 바라지 말라고 했다. 일이 잘될수록 방해 또한 높아진다는 평범한 진리를 명심해야 한다.

36. 처음부터

1. 수행할 때 이상하다 싶으면 즉시 기준점인 배나 발 움직임으로 돌아와 처음부터 다시 하는 것이 요령이다. 그것은 기준점으로 삼고 있는 배나 발 움직임 알아차림이 가장 안전하고 확실하기 때문이다.*

37조도품(Bodhi pakkhika, 道品)

Buddha 이래 수행자는 수행도중에 직면하는 방해물을 유효하게 제거하고 수행진보를 가져오기 위해 다양한 방법을 사용했다. 그 가운데 수행진보를 도와주는 핵심요소를 Buddha는 37가지로 요약하고 이것을 37조도품이라고 했다. 이것은 겹치는 것이 많기 때문에 간추리면 마음근육이자 알아차림 기능인 sati 힘을 키우라는 것이 핵심이다. 37조도품은 다음같다.

(표112) **37조도품**

Cattāro satipaṭṭhāna (四念處)	① kāya(身, 몸, 신체작용): 몸에 대한 알아차림.
	② vedanā(受, 감각느낌): 느낌에 대한 알아차림.
	③ citta(心, 마음작용): 마음에 대한 알아차림.
	④ dhamma(法, 인식대상, 기억이미지): 법에 대한 알아차림.
Cattāro iddhipāda (四神足, 四如意足)	① 욕여의족(欲如意足): 뛰어난 경지를 획득하려는 욕망.
	② 정진여의족(精進如意足): 뛰어난 경지를 획득하려는 노력.
	③ 심여의족(心如意足): 마음을 맑고 아름답게 다스리는 것.
	④ 사유여의족(思惟如意足): 깊고 치밀하게 사유할 수 있는 것.
Cattāro padhānāni (四正勤, 四正斷)	① 이미 발생한 악은 없애려고 노력하는 것.
	② 아직 발생하지 않은 악은 생기지 않게 노력하는 것.
	③ 이미 일어난 선은 더욱 성장하도록 노력하는 것.
	④ 아직 발생하지 않은 선은 일어나도록 노력하는 것.
Pañca indriya (五根)	① saddha(信): 수행지도하는 스승과 수행법에 대한 확고한 신뢰.
	② viriya(勤): Arahant Maggaphala에 들어 Nibbāna를 성취하기 위해 열심히 노력하는 것.
	③ sati(念): 마음거울에 맺힌 상을 알아차림하는 것.
	④ samādhi(三昧, 止, 定): sati 집중기능. 알아차림 기능인 sati를 마음거울에 맺힌 상에 집중하는 것.
	⑤ paññā(般若, 慧): 전체상황 통찰기능, 존재를 있는 그대로 보는 것.

Pañca bāla (五力)	① saddha(信): 수행지도하는 스승과 수행법에 대한 확고한 신뢰.
	② viriya(勤): Arahant Maggaphala에 들어 Nibbāna를 체험하기 위해 노력하는 것.
	③ sati(念): 마음거울에 맺힌 상을 알아차림하는 것.
	④ samādhi(三昧, 止, 定): 알아차림 기능인 sati를 마음거울에 맺힌 상에 집중하는 것.
	⑤ paññā(般若, 慧): 전체상황 통찰기능, 존재를 있는 그대로 보는 것.
Satta bojjhaṅga (七覺支分)	① sati(念): 마음거울에 맺힌 상 알아차림하는 것.
	② dhammavicaya(擇法): 자신의 수행단계에 맞는 적합한 수행법이나 수행기술을 찾는 것.
	③ viriya(勤): Arahant Maggaphala에 들어 Nibbāna를 체험하기 위해 노력하는 것.
	④ pīti(歡喜): 수행에서 오는 첫 번째 행복감, 기쁨으로 번역한다. 몸과 마음이 약간 들뜸.
	⑤ passaddhi(安穩): 몸과 마음이 고요하고 상쾌함.
	⑥ samādhi(三昧, 止, 定): sati 집중기능. 알아차림 기능인 sati를 마음거울에 맺힌 상에 집중하는 것.
	⑦ upekhā(捨): 일체 편견을 내려 놓고 다른 존재와 함께 어울리는 것.
Ariya aṭṭhaṅgikamagga (聖八支道, 八正道)	① sammā diṭṭhi(正見): 존재를 바라보는 올바른 관점(견해, 세계관, 가치관).
	② sammā saṅkappa(正思): 올바른 의도(목적).
	③ sammā vācā(正語): 올바른 말.
	④ sammā kamma(正業): 올바른 행위.
	⑤ sammā ājīva(正命): 올바른 생존방법(직업).
	⑥ sammā vāyāma(正精進): 올바른 노력.
	⑦ sammā sati(正念): 올바른 알아차림.
	⑧ sammā samādhi(正定): 올바른 sati 집중.

Cattāro appamaññayo (四無量心)	① mettā(慈): 다른 존재를 기쁘게 하는 것. 마음에 분노(byāpāda, 憤怒)가 일어나면 Mettā로 마음채움.
	② karuṇā(悲): 다른 존재 슬픔을 제거하는 것. 마음에 적의(vihesā, 敵意)가 일어나면 Karuṇā로 마음채움 .
	③ muditā(喜): 다른 존재가 기뻐할 때 함께 기뻐하는 것. 마음에 불쾌(arati, 不快)가 일어나면 muditā로 마음채움.
	④ upekhā(捨) 다른 존재와 함께 어울리는 것. 마음에 증오(paḍigha, 憎惡)가 일어나면 upekhā로 마음채움.

화두수행
看話禪 · 話頭禪

check point

이 장에서는 중국에서 발달한 화두수행 기본원리와 핵심기술에 대해 배우고 익힌다. Buddha가 창안한 정통수행법인 SATI 수행과 중국에서 개량한 화두수행, 묵조수행, 염불수행은 이론과 기술에서 서로 다르지 않고 하나라는 것을 알 수 있을 것이다.

1. 화두수행 필요성

  1. 화두수행(看話禪, 話頭禪)은 Buddha 정통수행법에서 보면 보편성에 기반한 기본수행법이 아니라 특수성에 기초한 특별수행법이다.

  2. 이 책 602쪽 수행목적에서 자세히 설명한 것인데 논리전개상 필요해 여기서 한 번 더 설명한다.

① citta vimutti(心解脫): 경험칙으로 SATI 수행으로 Maggaphala(摩訶婆羅, 道果)에 들어 Nibbāna(涅槃, 寂滅)를 체험하는 것. Buddha 정통수행법에서 기본수행임. 심해탈이 견해탈과 혜해탈을 선도함.

② diṭṭhi vimutti(見解脫): 사유칙으로 인지오류나 철학관점 교정으로 잘못 알고 있던 앎으로부터 벗어나 올바른 앎을 갖춤. 자신이 가진 견해, 관점, 세계관으로부터 자유로워지는 것.

③ 혜해탈(paññā vimutti, 慧解脫): 직관칙으로 SATI 수행을 하거나 뭔가를 간절히 찾을때 기연을 만나 해답을 얻는 것. Maggaphala에 들어 Nibbāna를 체험할 수도 있고 사유칙이 고도로 압축해 나타날 수도 있음.

1) 심해탈

  3. 심해탈은 마음근육이자 알아차림 기능인 sati 힘을 키워 지나온 삶의 흔적을 저장한 기억이미지와 결합한 마음오염원(貪嗔痴 三毒心)인 āsava(流漏)를 제거하고 마음공간을 맑고 아름답게 가꾸는 수행을 심해

탈(citta vimutti, 心解脫)이라고 한다.

4. 경험칙으로써 심해탈을 통해서만 Maggaphala에 들어 Nibbāna를 체험할 수 있다. 이것이 Buddha가 창안한 SATI 수행에서 기본수행이다. 심해탈이 견해탈과 혜해탈을 선도한다.

2) 견해탈

5. 분석, 사유, 논리를 사용해 인지오류로 인해 힘들거나 잘못된 철학관점으로부터 벗어나 올바른 앎을 획득하는 수행을 견해탈(diṭṭhi vimutti, 見解脫)이라고 한다.

6. 견해탈은 사유칙으로써 잘못된 철학관점이나 인지오류를 교정해 올바른 앎을 갖출 수 있지만 Maggaphala에 들어 Nibbāna를 체험하지 못한다. 이것은 비불교도이거나 논리를 좋아하는 사람에게 가르친 보조수행이다. 대학강단에서 불교학연구하는 것이다.

3) 혜해탈

7. 삶에 갈증을 느끼거나 어떻게 살아야 할지 몰라 삶이 흔들릴 때, 길을 찾아 간절히 뭔가를 구할 때, 눈 밝은 스승이 던지는 한두 마디 가르침에 모든 것이 풀리고 갈증이 해소하고 길이 분명히 보이고 답을 알게 되는 것을 혜해탈(paññā vimutti, 慧解脫)이라고 한다.

8. 직관칙으로 어미닭이 알을 품고 있다 병아리가 알을 깨고 나올 때를 알고 살짝 두드려주듯 뭔가 간절히 찾고 있는 수행자를 보고 스승이 필요할 때 살짝 건드려주어 스스로 길을 찾도록 해주는 방법이다.

9. 혜해탈은 수행자가 Maggaphala에 들어 Nibbāna를 체험할 수도

있고 그렇지 못할 수도 있다. 이런 방법은 Buddha도 즐겨 사용했지만 후기로 올수록 중국이나 한국 수행자가 선호한 수행법이다. 그러나 이런 방법은 특수하고 모험적인 것으로 일반인에게는 극히 이례적으로 사용한다.

4) 화두수행이 필요한 사람

10. 화두수행(看話禪, 話頭禪)은 처음부터 삶에 심각한 회의가 들어 방향을 잃어버렸거나 삶의 갈증으로 고통받는 사람에게 필요한 수행법이다.

11. 이 말은 세속에서 출세한 사람이 어떤 장애물로 인해 심각한 고민에 빠져 삶이 요동치고 삶을 구조조정해야 할 필요성이 있을 때, 존재, 돈, 사람, 분노, 욕망, 권력, 지위를 대하는 태도를 정해야 할 때, 풍요로움이나 척박한 삶으로 인해 삶에 회의가 들 때, 삶의 방향을 정하고, 삶의 갈증을 해소하고, 존재를 대하는 태도를 성숙시키기 위해 사용하는 수행법이다.

12. 백척간두 진일보(百尺竿頭 進一步)라고 한다. 어떤 탈출구나 해답이 보이지 않을 때, 어둠에서 밝음으로 혼돈에서 정돈으로 무지에서 정지로 나아가야 하는데 어떤 답을 찾을 수 없어 헤맬 때, 애들이 노는 모습을 보거나, 스쳐 지나가는 한두 마디 말이나, 평범한 자연현상을 보거나, 눈 밝은 수행자로부터 한두 마디 듣자마자 언하(言下)에 눈 앞이 환해지면서 그토록 찾던 해답을 찾는 경우가 있다.

13. 화두수행 생명은 간절함이다. 간절함이 큰 만큼 해답을 찾았을 때 기쁨도 크다.

14. 이때 Maggaphala에 들어 Nibbāna를 체험하기도 한다. 이것이 심해탈과 혜해탈이다.

15. 논리나 분석을 압축해 해답을 찾기도 한다. 이것이 직관지(sā-mukkaṁsika ñāṇa, 直觀智)다. 이것은 Maggaphala에 들어 Nibbāna를 체험하지 못하고 단지 논리를 압축해 간절히 찾던 해답을 얻을 수 있다. 이때는 혜해탈만 이룬 것이다.

16. 간혹 확철대오했다는 수행자가 윤회설에 대해 말하거나 수행진도 과정을 혼돈스럽게 말하는 것은 해당수행자가 어떤 기연을 만나 직관지를 통해 혜해탈은 이뤘지만 Maggaphala에 들어 Nibbāna는 성취하지 못하고 심해탈을 통해 기억이미지와 결합한 마음오염원(貪嗔癡 三毒心) 뿌리를 제거하지 못한 결과다. 이 말은 해당수행자가 수행과정에 대해 제대로 체험하지 못했다는 말이다.*

2. 확철대오

1. 화두수행자는 화두를 타파하고 확철대오(廓徹大悟)했다는 표현을 자주한다. Buddha는 마음오염원인 āsava가 많으면 전체상황 통찰기능인 paññā(般若, 慧)가 줄고 paññā가 성숙하면 āsava가 줄어 마음공간이 맑아진다고 보았다.*

바보 도 터지는 소리

간혹 옛 어른이 바보 도 터지는 소리한다고 말할 때가 있다. 이것은 어떤 사람이 뭔가 간절한 해답을 구할 때 평소에 아무리 노력해도 답이 보이지 않다가 다른 일을 하는데 문득 그토록 찾던 해답이 떠오를 때 무릎을 치면서 내가 「그렇지, 아차」 하고 고함칠 때 하는 말이다.

깨침동력

간화선에서 확철대오하기 위한 동력은 간절함이다. 궁즉통이다. 간화선은 흔들리는 삶의 해답을 찾기 위해 출발한다. 삶의 갈증이 클수록 그 막막함만큼 변혁동력도 커진다. 그래서 대분심

2. Buddha는 Arahant Maggaphala(阿羅漢, 道果)에 들어 Nibbāna를 체험해야 마음오염원을 제대로 제거할 수 있다고 보았다. Arahant Maggaphala에 들지 않은 상태에서 존재를 이해한 것은 아직 무명이 남아있기 때문에 마음오염원에 기초해 이해한 분석지고 사유칙으로 보았다.

3. 수행과정에서 다차원 paññā가 성숙한다. 그 가운데 착각하기 쉬운 것이 Maggaphala 2/5지점에서 열리는 건혜지(乾慧智)다. 이것은 몸과 마음에 쌓인 거친 āsava를 제거하고 열린 paññā다. 이것은 아직 마음오염원이 많이 남아있기 때문에 자기입장에서 사물을 이해한 것이다. 이 단계에서 나타난 paññā는 분석지고 사유칙이다.

4. Sotāpatti Maggaphala(須陀洹 道果), Sakadāgāmi Maggaphala(斯多含 道果), Anāgāmi Maggaphala(阿那含 道果)를 체득하고 paññā가 열린다. 이 또한 아직 Arahant Maggaphala를 성취하지 못했기 때문에 마음오염원에 기초한 분석지고 사유칙이다.

5. 전체상황 통찰기능인 paññā는 Arahant Maggaphala에 들어야 열린다. 이 단계에서 비로소 경험칙인 직관지가 열린다.

6. 그렇기 때문에 확철대오를 논하기에 앞서 Arahant Maggaphala에 들어 Nibbāna를 체험했는지 점검해야 한다.*

과 대의단이야말로 깨침으로 인도하는 자양분이라고 강조한다. 조사는 수행자에게 의심을 일으키라고 요구하지만 그게 말처럼 쉽지 않다. 처음부터 간절함이 없다면 아무리 노력해도 의심이 일어나지 않는다. 그래서 간화선에서 간절함이 없거나 의심이 일어나지 않으면 수행진도가 나가지 않는다.

확철대오

실재를 있는 그대로 이해하는 것을 「깨달았다」 또는 「확철대오」 했다고 한다. 이런 상태를 경전은 혜해탈(paññā vinutti, 慧解脫)이라고 한다. Buddha는 Arahant Maggaphala에 들어 마음오염원인 āsava를 완전히 제거상태에서 실재를 있는 그대로 볼 수 있다고 했다. 따라서 Maggaphala에 들지 않은 상태에서 이해한 것은 분석지(vitaka ñāna, 分析智)고 알음알이다.

표113) pañña 성숙 ---------------------------------

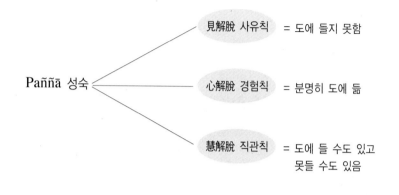

Pañña 성숙

見解脫 사유칙 = 도에 들지 못함

心解脫 경험칙 = 분명히 도에 듦

慧解脫 직관칙 = 도에 들 수도 있고
못들 수도 있음

7. 견해탈은 존재를 분석, 사유, 논리로 이해하는 것이다. 이것은 어떤 경우도 Maggaphala에 들어 Nibbāna를 체험할 수 없다.

8. 분석, 사유, 논리를 통해 지식이 성장하고 마음공간에 존재하는 앎이 구조조정하면서 기억이미지와 결합한 마음오염원이 화학결합을 해체하고 기억무게를 감소할 수 있다. 이것은 점오법(漸悟法)이고 강단철학에 속한다.

9. 혜해탈은 뭔가 의심나는 점에 대해 골똘히 생각하다 어떤 기연을 만나 해답을 찾고 앎이 구조조정해 올바른 앎을 얻을 수 있다. 그러나

Buddha 견해에 다르면 확철대오를 논하기에 앞서 Maggaphala에 들었는지 먼저 점검해야 한다. 화두타파도 마찬가지다. 화두타파를 주장하기에 앞서 Maggaphala에 들었는지 먼저 점검해야 한다. 만일 들지 못한 상태에서 뭔가를 알았다면 그것은 분석지고 Maggaphala 2/5지점에서 나오는 건혜지(乾慧智)다. 화두는 마음근육이자 알아차림 기능인 sati 강화도구인데 이것을 타파했다는 것은 이상하다. 팔근육을 강화하기 위해 역기를 들던 사람이 역기를 타파했다는 것만큼 생뚱맞게 들린다. 화두타파 핵심의미는 화두를 기준점삼고 sati 강화훈련을 해서 마음오염원을 제거하고 마음공간이 맑아져서 실재를 있는 그대로 보았다는 말이다.

이것은 특수한 상황에 처한 사람에게 적용하는 특별수행이다.

10. 삶에 갈증을 느끼거나 어떻게 살아야 할지 몰라 삶이 흔들릴 때, 간절히 해답을 찾아 헤맬 때 눈 밝은 스승이 던지는 한두 마디 가르침에 모든 것이 일시에 풀리고 갈증이 해소되고 분명한 길이 보인다. 이것을 혜해탈이라고 한다.

11. 혜해탈은 수행자가 해답을 찾은 순간, 흔히 언하(言下)에 한 소식한 순간 Maggaphala에 들어 Nibbāna를 체험했을 수도 있고 아닐 수도 있다. 이것은 SATI 수행으로 Maggaphala에 들어 Nibbāna를 체험하고 마음공간이 지극히 맑아지면서 올 수도 있다.

12. 혜해탈이 이뤄지는 순간 기억이미지와 결합한 마음오염원이 화학결합을 해체하고 기억무게를 감소할 수 있다. 기억이미지와 결합한 마음오염원을 해체하고 마음공간이 맑아지면서 혜해탈이 올 수 있다.

13. 성우경허(惺牛鏡虛, 1849~1912)는 통도사 백운암(白雲庵) 돌겨단 밟는 순간 닭 우는 소리듣고 깨쳤다고 한다. 대부분 화두수행자는 이와 비슷한 기연을 통해 깨달음세계로 들어갔다고 한다.

14. 그 순간 단순히 인지교정이나 철학교정만 했을 수도 있고 그 소리듣는 순간 그것을 알아차림하고 간절함 크기만큼 Maggaphala에 들어 Nibbāna를 체험했을 수도 있다. 그것은 반드시 수행점검을 통해 수행단계를 점검받아야 한다.

15. 이것은 분석, 사유, 논리를 압축해 한 순간 앎이 구조조정하는 것으로 직관지에 해당한다. 이것은 중국이나 한국에서 화두수행자(看話禪, 話頭禪)가 선호하는 수행법이다. 이 수행법은 간절함과 우직함이 생명이다. 그래서 간절하게 의심하라고 주문한다. 그것이 필요한 부적응상태에 처한 사람에게 필요한 수행법이기 때문에 그렇다.

16. 분명한 것은 혜해탈은 Buddha 정통수행법인 SATI 수행에서 궁

극지향점이기는 해도 보조수행이다.

17. 마음근육이자 알아차림 기능인 sati를 강화해 기억이미지와 결합한 마음오염원(貪嗔痴 三毒心)인 āsava를 제거하는 심해탈이 기본수행이다. 심해탈이 견해탈과 혜해탈을 선도한다.

18. 심해탈만이 Maggaphala에 들어 Nibbāna를 체험하는 정통기술이다. 마음근육이자 알아차림 기능인 sati(念) 힘을 키워 기억이미지와 결합한 마음오염원을 해체하고 Maggaphala에 들어 Nibbāna를 체험하면서 기억이미지와 결합한 마음오염원이 화학결합을 해체하고 기억무게를 감소한다.

19. 무엇을 하든 보편성 위에 특수성을 적용해야 한다. 특수성 위에 보편성을 적용하면 곤란하다.

20. 수행도 마찬가지다. 경험칙인 심해탈을 적용하는 기본수행법 위에 혜해탈이나 직관지, 견해탈이나 분석지가 필요한 사람에게 특수수행법을 사용하는 것이 수행하는 올바른 태도다.

21. 만일 그렇지 않고 특수수행법인 혜해탈이나 직관지, 견해탈이나 분석지를 모든 수행자에게 적용하고 강요하는 것은 근기에 따라 수행지도한 Buddha 가르침을 위배할뿐더러 심각한 왜곡을 불러 올 수 있다. 그렇게 하면 Maggaphala(道果)에 들 수 없다.

3. 깨침(悟)과 닦음(修)

1. Buddha 정통수행법인 SATI 수행으로 전체상황 통찰기능인 paññā를 성숙하고 앎에 낀 거품을 제거하고 앎의 순도를 높이는 과정을 깨침(悟, 慧)이라 하고 āsava를 제거하고 마음맑히는 과정을 닦음(修, 心)이

라고 한다.

2. 깨침과 닦음은 동일내용 다른 표현이다. 전체상황 통찰기능인 paññā가 성숙하면 마음오염원인 āsava는 줄고 āsava가 증가하면 paññā는 감소한다.

3. 전체상황 통찰기능인 paññā가 성숙하면 그 힘으로 마음오염원인 āsava를 제거한다. paññā는 순간에 성장(頓)하기도 하고 점차 성숙(漸)하기도 한다. āsava도 순간에 제거되기도 하고 차츰 해체되기도 한다. āsava 제거와 paññā 성숙은 사람마다 차이날 수 있고 수행진도에 따라 차이나기도 한다.

표114 悟(頓)와 修(漸) 관계 ----------------------------------

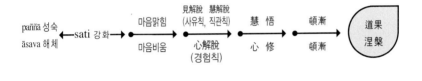

4. āsava 뿌리는 뽑았지만 그것이 몸과 마음에서 완전히 소멸하는데 어느 정도 시간이 필요하다. 그 틈을 메우는 과정이 보림(保任)이다.

5. SATI 수행으로 Maggaphala를 성취하고 Nibbāna를 체험해 āsava 뿌리를 잘랐지만 몸과 마음에 습관이 남아있거나 잘린 āsava가 몸과 마음에 남아있는 경우도 있다. 습관은 하루아침에 고쳐지지 않는다. 긴 세월 학습한 습관은 오랜 기간 털어내는 재학습과정이 필요하다.

6. 일반으로 Maggaphala를 성취한 사람이 아직도 어떤 습관이나 특

정한 āsava를 지니고 있는 것을 의아스럽게 생각할 수 있다. 나중에 해당수행자가 활동할 때 불필요한 오해를 살 수 있다. 수행으로 성취한 지혜와 자비가 몸과 마음에 스미고 자리잡는 시간도 필요하다.

7. 이때 지혜로운 스승은 제자가 큰 수행진보를 체득하면 대중시야에서 잠시 사라지게 해서 몸과 마음에 남아있는 āsava나 습관을 제거한 뒤 다시 대중앞에 서게 했다. 현명한 방법이다. **Da Jian Hui Neng(大鑑慧能)**은 15년 동안 보림기간을 거쳤다.

8. 이것은 수행에서만 필요한 것이 아니다. 어떤 일을 하더라도 그것을 어느 정도 익히고 나면 자기 몸과 마음에 스며들도록 여유롭게 기다리는 시간이 필요하다. 억지로 하려고 하면 부작용이 더 클 수 있다. 여유로움은 자신감에서 온다.*

1) 돈오법

9. 전체상황 통찰기능인 paññā 성숙이 갑자기 이뤄진다고 본 것이 돈오법(頓悟法)이다. 돈오법은 두 가지 형식이 있다. 하나는 paññā가 성숙한 순간 마음오염원인 āsava 제거나 습관변화(재학습)가 동시에

단번에 또는 조금씩

30년 수행해 단번에 마음맑히고 Arahant(Buddha)를 이룬 것과 30년 동안 조금씩 마음맑혀 같은 경지에 도달했다면 지혜와 자비 품질에 차이있을 수 없다. 전자를 돈오(頓悟), 후자를 점오(漸悟)라고 한다. 일부 중국이나 한국 수행자는 전자가 우수하고 대근기라고 주장한다. 그것은 단지 그들 주장일 뿐이다. 그것이 오히려 모험이고 선동이다. 30년 투자하고 단번에 깨치지 못하면 어떻게 되나? 단번에 확철대오한 수행자도 수행이 어느 단계까지 조금씩 진행하다 갑자기 질적변화를 일으키는 것이지 처음 수행한 곳에 머물다 그렇게 되는 것은 아니다. 결국 돈오도 점오변형이고 말장난에 지나지 않는다. 단번에 마음맑힌 것이나 조금씩 마음맑힌 것이나 수행이 동일수준에 도달하면 수행결과, 수행품질, 지혜수준에 어떤 차이도 있을 수 없다.

이뤄진다고 본 돈오돈수(頓悟頓修)다. 다른 하나는 paññā가 먼저 성숙한 뒤 어느 정도 시차두고 āsava나 습관이 제거된다고 본 돈오점수(頓悟漸修)다.

10. 돈오돈수는 매우 드문 경우에 속하는 특수근기다. 근래 한국에서 퇴옹성철(退翁性徹, 1911~1993)이 돈오돈수를 주장했다.

11. 돈오점수는 수행할 때 일반적인 전개방식이다. 전체흐름 통찰기능인 paññā 성숙, 마음청정, 자비성숙 틈을 메우는 방법이 보림이다. 보조지눌(普照知訥, 1158~1210)이 주장했다. 95% 이상 수행자가 이 유형에 속한다.

12. 돈오법으로 수행할 때 수행자근기보다 더 중요한 것이 스승역할이다. 스승이 앞에서 제자를 인도하는 것이 이 수행기술 힘이다. 스승이 제자를 끌고 가는 방법이 수행점검이다. 수행점검으로 제자를 몰아간다. 수행점검이 빠진 순간 돈오법은 점오법(漸悟法)으로 떨어진다. 돈오법은 스승중심 수행기술이다.

2) 점오법

13. 전체상황 통찰기능인 paññā 성숙이 점차 이뤄진다고 본 것이 점오법(漸悟法)이다. 점오법은 두 가지 형식이 있다. 하나는 paññā는 차츰 성숙하지만 paññā 성숙 순간 마음오염원인 āsava 제거나 습관변화가 한 순간에 교정(재학습)된다고 본 것이 점오돈수(漸悟頓修)다. paññā가 점차 성숙하고 āsava 제거나 습관변화도 차츰 이뤄진다고 본 것이 점오점수(漸悟漸修)다.

14. 점오법은 스승역할보다 스스로 판단하고 실천하는 수행자가 더 중요하다. 오랜 수행기간이 필요한 것이 특징이고 화엄종(華嚴宗)과 유

식(唯識) 계통에서 주장한 수행기술이다. 점오법은 수행자중심 수행기술이다.

15. 돈오(頓悟)와 점오(漸悟), 돈교(頓敎)와 점교(漸敎) 중에서 어느 것이 좋다고 규정할 수 없다. 수행자에게 적합한 수행기술이 가장 좋은 수행기술이다.

16. 원래 점교와 돈교 논쟁은 중국에서 교종(敎宗) 특히 유식(vjñāti mātrata, 唯識)과 결합한 화엄종과 중관(mādhyamika, 中觀)과 결합한 선종(禪宗) 사이에 일어난 노선투쟁이었다.

17. 화엄철학은 긴 세월 동안 점차로 수행해 Buddha를 이룰 수 있다고 생각했다. 이것이 점교다. 선종수행자는 이런 관점에 반대했다. 지금 이 순간 이 생에서 최상깨달음을 이루는 것이 Buddha 진정한 뜻이라고 주장했다. 이것이 돈교다.

18. 힌두교 윤회설은 현재 여기가 아니라 끝없는 과거와 한량없는 미래로 초점을 확장했고 현재를 회피했다. 화엄철학은 힌두철학에 기초해 윤회설을 도입했다. 그러나 Buddha는 이런 관점을 단호히 배격했다. Buddha 관점은 지금 여기에 집중하는 것이다. Buddha는 대단한 현실주의자였다.

19. 교종과 선종 사이에 일어난 점돈(漸頓) 논쟁은 점차 선종내부 우열논쟁과 주도권 쟁탈전으로 전개했다. Da Jian Hui Neng(大鑑慧能) 계통 수행자는 좌념위주 수행(靜念)을 점오, 생활념위주 수행(動念)을 돈오로 규정하고 점오에 비해 돈오가 상근기 수행기술이라고 주장했다. 여래수행(如來禪)은 점오법(漸悟法)이고 조사수행(祖師禪)은 돈오법(頓悟法)이라고 주장했다. 이것은 종파주의자의 자파 이기적인 주장이다.

4. SATI 수행과 오리지널 불교 전래

1. 약간 이설이 있기는 해도 중국에 처음 불교가 전해진 것은 BCE 220년 무렵이다.

2. 이 무렵에 불교발생지인 인도에서도 Mahāyāna(大乘部)가 없었기 때문에 중국에 전해진 불교는 Āgama(阿含)에 기초한 오리지널 불교와 Buddha 정통수행법인 SATI 수행이었다.

3. 170년 무렵 An Shi Gao (安世高, 147~170 활동)가 코끝을 지나는 공기흐름을 기준점으로 삼고 수행하는 이론서인 Ānāpāna Sati Sutta(安般守意經)를 비롯한 많은 근본경전을 번역했다.*

4. 180년 Zhi Lou Jia Chen(支婁迦讖, 167~?)은 힘차고 빠르게 걷는 행념(勇健三昧)을 강조한 Sūraṁgama Samādhi Sūtra(首楞嚴三昧經), 불상이미지[buddha paṭimā, 佛像]를 기준점으로 삼고 수행하는 Pratyutpanna Samādhi Sūtra(般舟三昧經), SATI 수행을 강조한 반야부(般若部) 계통 Daśasahatrikā Prajñāpāramitā(道行般若經) 등을 비롯한 Mahāyāna경전을 번역했다. 이때까지만 해도 중국인은 오리지널 불교와 SATI 수행을 따랐다.

5. 220년 무렵 Zhi Qian(支謙, 223~253)이 Amitāyus Sūtra(大阿彌陀經) 2권을 번역하면서 중국인이 극락과 아미타불을 알게 됐다. 이것

念 · 觀 · 看 · 照

화두수행(話頭禪, 看話禪)에서 간(看)은 「보다」란 의미다. 여기서는 「알아차림」으로 번역한다. 이것을 Buddha 언어인 pāli어로 번역하면 sati(念, 看), vipassanā(觀, 看, 照)다. 묵조수행(黙照禪)에서 조(照)도 「보다, 비추다」란 의미다. 이것을 pāli어로 번역하면 sati(念, 看) 또는 vipassanā(觀, 看, 照)다. 성성적적(惺惺寂寂)에서 성(惺)은 pāli어로 sati, 적(寂)은 samādhi이다. 간화(看話)는 화두를 기준점으로 삼고 이름붙이며 알아차림하고 관법(觀法)은 인식대상(法)을 기준점으로 삼고 수행한다는 말이다.

은 중국에서 불교가 조상신앙과 결합할 수 있는 이론토대를 제공했다.

6. 286년 무렵 Dhamma raksa(曇摩羅刹, 竺法護, 231~308?)가 Saddharma Puṇḍarika Sūtra(正法華經)를 번역했다. 이로써 중국인이 Avalokitesvara Bodhisatta(觀世音菩薩)를 알게 됐다.

7. 421년 Buddha bhadra(佛馱跋陀羅, 覺賢, 359~429)가 Buddha avataṁsaka mahāvaipulya Sūtra(大阿彌陀經, 華嚴經)를 번역함으로써 중국인이 Vairocana Buddha(毘盧遮那佛), Mañjuśrī Bodhisatta(文殊菩薩), Samantabhadra Bodhisatta(普賢菩薩) 등 대승불보살에 대해 알게 됐다.

8. 이 시기에 수행자 행동규범을 정한 Vinaya Piṭaka(律藏)와 수행기술과 마음관리 매뉴얼을 담고 있는 근본경전인 Āgama(阿含)도 번역했고 Mahāyāna경전도 함께 번역했다.

9. Mahāyāna경전은 중국 정치상황과 환상주의, 모험주의, 과장주의, 실용주의 정서와 결합해 급속히 대중성을 획득했다. 초기 좌념위주 Buddha 정통수행법인 SATI 수행은 이 시기에 접어들면 서서히 기도불교, 불사불교로 바뀌고 오리지널 불교에서 Mahāyāna로 불교주축이 이동했다.

10. 그렇다고 오리지널 불교와 수행불교가 없어진 것은 아니다. 중국 전역에서 좌념위주 수행불교는 지식층이나 상류층 중심으로 상당한 세력을 유지했다.

11. 중남부에서 활동한 Dao An(道安, 312~385), Hui Yuan(慧遠, 334~416), Dao Sheng(道生, ?~434) 등은 유명한 선승이었다. Hui Yuan은 선사(禪師)란 칭호를 받을 정도로 수행을 중시했고. Dao Sheng 은 돈오성불론(頓悟成佛論)을 지어 Mahāyāna경전, 특히 화엄사상이 주장한 점오성불론(漸悟成佛論)을 강력히 비판했다.

12. 이 시기를 관통한 수행법은 Buddha가 창시한 정통 SATI 수행 가운데 앉아서 하는 좌념을 강조한 정선(靜禪)이 주류였다.

5. Bodhidhamma 등장

1. 520년 무렵 남인도로부터 Bodhidhamma(菩提達摩, ?~528)가 중국에 왔다. 그는 남인도 향지국왕자였는데 출가해 Arahant가 됐다. 그는 말년에 법을 회향할 인연처를 찾아 중국으로 건너왔다고 한다.

2. Bodhidhamma가 중국으로 올 때 나이가 90이었다. 그는 배를 타고 Guang Zhou(廣州)로 와 Jinling(金陵)에서 Liang Wu Di(梁武帝, 6세기 중엽활동)와 토론한 후 Chong Shan Xiao Lin Si(嵩山 少林寺)로 건너가 수행했다.

3. Liang Wu Di(梁武帝)는 불사(佛事), 찬불(讚佛), 간경(看經) 등 Mahāyāna로 이념삼고 Liang(梁)을 경영했다. 그런데 Boddhidhamma가 등장해 불교정체성은 불사나 기도가 아니라 수행이라고 강조했다.

4. Boddhidhamma가 중국에 SATI 수행(禪佛敎)을 처음 도입한 것으로 생각하지만 그렇지 않다. 중국불교는 처음부터 오리지널 불교이자 SATI 수행이었다. Boddhidhamma는 선불교로 일컬어지는 SATI 수행을 최초로 전한 것이 아니다. 기존 불교가 SATI 수행을 등한시한 것에 대해 수행중요성을 다시 한 번 일깨운 것이다.

5. 기존의 SATI 수행기술과 Boddhidhamma가 소개한 SATI 수행기술 차이점이 있다면 그것은 다음 두 가지로 추측할 수 있다.

6. 하나는 기존 SATI 수행이 좌념을 강조한 정념(靜念)이었다면 Boddhidhamma는 좌념뿐만 아니라 행념, 생활념, 노동념 등 동념(動念)도

강조했다고 추정한다. Bodhidhamma가 강조한 생활념이나 노동념은 중국 실용주의와 결합해 대중성을 획득했다.*

7. 다른 하나는 기존 SATI 수행은 스승이 제자에게 수행지도하고 제자는 스승으로부터 수행을 배운다. 제자가 수행을 완성하면 스승과 제자 의무관계가 끝나고 각자 서로에게서 자유로워졌다.

8. Boddhidhamma 계통은 중국 장자상속제인 종법제도(宗法制度)를 도입해 스승과 제자 사이 법맥(法脈)을 강조하고 그 틀속에 제자를 묶어두었다. 그 결과 세월이 흐르면서 Boddhidhamma 계통은 강한 당파성을 띠고 중국대지에 뿌리내렸다.

6. 문자선과 구두선

1. 동서고금을 막론하고 새로운 문화는 항상 지식인과 상류층이 먼저 도입한다. 그것은 그들이 외부세계와 접할 기회가 많기 때문이다.

2. SATI 수행도 마찬가지다. 새로운 수행 이론과 기술을 도입할 때 지식인과 상류층이 먼저 관심보이다가 점차 대중속으로 확산한다.

3. Boddhidhamma가 새로운 SATI 수행 이론과 기술을 소개하고 세

소림무술 복합문화

Bodhidhamma가 창시했다고 알려진 소림무술은 단순히 근육강화 운동이 아니다. 마음근육이자 알아차림 기능인 sati를 강화해 마음다스리는 수행과 근육을 강화해 몸다스리는 운동이 적절히 결합한 동념이자 복합문화다. 소림무술은 SATI 수행 마음관리, Yoga 수행 몸동작, 중국무술 장점이 두루 결합한 수준높은 「몸과 마음 관리 프로그램」 이다. 이것은 수행자가 좌념(靜念)하며 피로해진 몸을 운동(動念)으로 활력찾게 하는 좋은 도구다. Buddha도 좌념과 행념을 병행하라고 주문했다. 수행, 운동, 예술이 어울려 새로운 문화로 태어난 것이 소림무술이다. 소림무술은 중국문화 한 축을 이루고 전 세계로 퍼져나갔다.

월이 지나자 서서히 지식층과 상류층에서 관심보이기 시작했다.

4. 지식인은 머리로 노동하는 사람이다. 수행이 몸과 마음에 좋은 줄 알지만 몸으로 익히고 수행을 지속해서 하는데 어느 정도 한계를 보인다. 그들은 대개 수행을 머리로 익히고 말로 풀어낸다.

5. 그들은 수행은 조금하고 자기경험을 「수행이란 무엇인가」란 주제로 글쓰거나 대중에게 말로 설명했다. 이러한 지식인 행동양식을 비판하는 사람은 수행은 몸과 마음으로 하는 것이지 글이나 말로 하는 것이 아니라고 주장했다.

6. 그들은 글로 하는 수행을 문자선(文字禪), 말로 하는 수행을 구두선(口頭禪)이라고 비꼬았다. 문자나 말로 하는 수행은 진정한 수행이 아니기 때문에 사선(死禪) 사구(死句)라 하고 몸으로 하는 수행을 활선(活禪) 활구(活句)라고 주장했다.

7. 일반노동자는 야외에서 일하지만 지식인 노동현장은 주로 실내였다. 이런 특성이 훗날 Da Tong Shen Xiu(大通神秀)와 Da Jian Hui Neng(大鑑慧能) 사이 노선투쟁 배경이 된다. 둘 다 노동넘인데 그런 특성은 보지 못하고 Da Jian Hui Neng 계열은 자신만이 노동넘이라고 주장했다.

7. 공안정의

1. 공안(公案)은 공부안독(公府案牘) 준말이다. 관공서문서(公府案牘)가 법적효력을 가지듯 공안은 수행자가 Maggaphala에 들어 Nibbāna를 체험하는 길라잡이란 상징개념이다. 공안을 고칙(古則)이라고도 한다.

2. Boddhidhamma가 전한 동념(生活念, 勞動念)에 기초한 Buddha 정통수행법인 SATI 수행은 몇몇 눈 밝은 사람을 중심으로 겨우 명맥을 유지하다 650년대에 이르러 비로소 대중에게 주목받기 시작했다. 그 과정에서 수행에 관한 많은 책이 저술됐다. 대부분 책은 별 의미없지만 그 가운데 어떤 것은 수행핵심을 담고 있는 것도 있었다.

3. SATI 수행에 큰 도움되는 문장, 책, 수행일화를 공안(公案)이라고 한다. 이렇게 만들어진 공안이 11세기까지 1,700여개가 된다. 이것은 Song(宋) Dao Yuan(道源, 11세기 활동)이 지은 Jing De Chuan Deng Lu(景德傳燈錄)에 등장하는 인물이 1,712명(954명은 어록이 있고 758명은 이름만 있음)인데 그것을 기준으로 했다고도 한다.

4. 문자선, 구두선은 수행자체가 아니라 수행경험담이거나 참고문헌이다. 그것은 아무리 많아도 수행에 직접 도움되지 못하고 오히려 생각을 번잡하게 할 수 있다. 문장으로 된 공안은 탐구할수록 사유칙인 지식[ñāṇa, 智]은 늘지만 직관지인 paññā(般若, 慧)는 늘지 않는다.

5. 이것은 경전읽는 것과 같은 이치다. 경전을 읽으면 사유칙인 지식은 늘지만 경험칙인 지혜는 성장하지 않는다. Mahāyāna가 경전읽기를 강조한 것과 수행을 등한시하고 번잡한 이론에 매몰된 것은 결코 무관하지 않다.

6. 오히려 경전에 등장한 주인공이름 반복해 부르고 기도하면 신의 은총받아 행복하게 살 수 있다는 것을 강조한 타력신앙인 밀교가 자력을 강조한 수행을 중시한 것은 역사 코미디다.

8. 화두정의

1. 화두는 12세기 중엽 중국에서 Da Hui Zong Gao(大慧宗杲)가 만든 SATI 수행 기술을 자신이 처한 상황에 맞게 개량한 수행기술이다.

2. Da Hui Zong Gao(大慧宗杲)는 처음에 조동종(曹洞宗) 계열에서 묵조수행을 했다. 그리고 묵조수행 단점을 극복하고자 화두수행을 창안했다. 이것은 묵조수행 단점을 개량하고 보완하는 수행법이었다.

3. Buddha는 4염처, 5온, 6경 가운데 몸(色, 身)을 기준점으로 삼고 수행하고, 화두수행은 문장으로 이뤄진 공안에서 특정단어 하나(話頭, 法)를 선택하고 그것을 기준점과 이름붙이기로 삼고 수행한다.

4. 화두를 기준점으로 삼고 수행하기 때문에 화두수행(話頭禪, 看話禪)이라고 한다. 화두수행은 동선에 기초하고 좌념뿐만 아니라 생활념, 노동념도 강조한다. 화두는 다음같이 정의한다.

(표115) **화두정의** --------------------------------

① 공안(公案)에서 단어 하나(話頭) 선택 함

② 그것(話頭)을 기준점으로 삼음

③ 그것(話頭)으로 이름붙이기 함

④ 그것(話頭)을 행위끝에 두고 마음근육이자 알아차림 기능인 sati를 강화시키는 기준점으로 삼고 수행함

---

5. Buddha는 좌념과 행념할 때 몸에 기준점 정하고 이름붙이고 알아차림했다. Da Hui Zong Gao(大慧宗杲)는 좌념이나 행념할 때 무(無 또는 다른 話頭)로 기준점정하고 화두(無)로 이름붙이고 수행했다.

6. Da Hui Zong Gao(大慧宗杲)가 개량한 수행기술은 좌념뿐만 아니라 생활속에서 하는 생활념을 보다 유효하게 했다. 다양한 현상을 하나로 통일해 이름붙이고 알아차림하는 기술은 이전에 비해 편리하고 유효했다.

7. 이것은 중국에서 단절된 Buddha 정통수행법인 SATI 수행을 복원한 것인데 아주 훌륭했다. 그리고 기본으로 Buddha가 만든 수행기술과 그 원리가 같고 기술이 비슷했다.

8. 화두잡을 때 조심하지 않으면 힌두교 Yoga 수행기술인 samādhi(三昧, 止, 定) 기술로 떨어질 수 있다. 세심한 주의가 필요하다. 단순하고 효과가 좋을수록 눈 밝은 전문가지도가 필요하다.*

9. 알아차림 기준점이자 이름붙이기인 화두를 행위끝에 두고 하는 수행기술은 24시간 내내 삶의 현장을 수행도량으로 삼을 수 있게 했다.

10. Da Hui Zong Gao(大慧宗杲)가 근본경전에 전하는 Buddha 수행기술에 기초해 창안한 화두수행 기술은 좌념, 행념, 생활념, 노동념 전부에 응용할 수 있다.*

이름붙이기

Buddha는 코끝을 지나는 공기가 「들어오면 하나 나가면 둘」 하고 이름붙였다. 좌념할 때 배가 불러오면 「일어남」, 배가 꺼지면 「사라짐」, 망상이 들면 「망상」 하고 이름붙이고 다시 기준점인 배 움직임(일어남-사라짐)으로 돌아왔다. Da Hui Zong Gao(大慧宗杲)는 좌념할 때 기준점(話頭)인 배 움직임(일어남-사라짐)이 불러오면 「無, 다른 화두도 됨」, 배가 꺼지면 「無」, 망상이 들면 「無」 하고 이름붙이고 다시 기준점(話頭)인 배 움직임(일어남-사라짐)으로 돌아왔다. 어떻게 이름붙여도 수행효과는 동일하다. 이름붙일 때 3음절 이하라야 좋다. 어느 방법을 선택하든 그것은 수행자 근기와 취향이다. 이름붙이지 않고 알아차림할 때 수행진보를 기대할 수 없다. 알아차림할 때 이름붙이는 것이 Buddha 정통수행법인 SATI 수행과 화두수행 특징이다.

Buddha 이래 3대 천재

Buddha 이래 3대 천재가 있다. 맨 처음 등장한 천재가 Da Hui Zong Gao(大慧宗杲,

11. 주의할 것은 생활념을 강조할수록 기본이 튼튼해야 한다. 생활념은 움직임을 전제로 한다. 그렇다고 삶이 움직임만 있는 것은 아니다. 활동할 때 움직이고 여유있으면 조용한 곳에 앉아 좌념했다. 좌념은 Buddha 정통수행법 기본기술이다.

12. 화두수행은 움직임을 주로 하는 일상생활에서 마음근육이자 알아차림 기능인 sati 힘을 강화하기 위해 화두를 창안했다. 문제는 화두를 어디에 둘 것인가 하는 점이다. 화두수행에서 화두놓는 위치에 따라 수행진도를 결정한다. 이것이 화두수행 핵심기술이다.

13. 화두를 어디에 두는지, 이름붙이고 하는지 붙이지 않고 하는지, 좌념을 중시하는지 좌념뿐만 아니라 행념이나 생활념도 병행하는지에 따라 화두수행은 Buddha 정통수행법이 되기도 하고 응용기술이 되기도 한다.

1088~1163)다. 그는 중국출신이고 Buddha 입멸 후 1600여 년 뒤에 활동했지만 중국에서 완전히 끊어진 Buddha 정통수행법인 SATI 수행을 복원했다.

두 번째 등장한 천재가 Mahāsī(1904~1982)다. 그는 미얀마 출신이고 Buddha 입멸 후 2500년 뒤에 활동했지만 그 또한 미얀마에서 완전히 끊어진 Buddha 정통수행법인 SATI 수행을 복원했다.

세 번째 등장한 천재가 Buddhapāla(1960~)다. 그는 Buddha 입멸 후 2600여 년 뒤 한국에서 태어나 활동한다. 그는 한국에서 완전히 끊어진 Buddha 정통수행법인 SATI 수행을 복원했을 뿐만 아니라 이론체계를 올바르게 설명했다. Buddha, Da Hui Zong Gao(大慧宗杲), Mahāsi를 비교할 수 있고, Freud 정신분석학, 심리학, 심리상담학, 뇌과학, 정신의학, 예술과 수행을 비교하고 연계해 활용할 수 있게 했다. 특히 Buddha가 설명한 이래 완전히 끊어진 마음구조와 기능, 기억구조와 기능, 기억에너지 흡수해체 구조를 경전에 근거해 완전히 복원했다. 마음구조 이해, 기억무게 해체, 마음변화에 초점둔 마음과학(mano, 心學)과 SATI 수행을 재정립하여 MOST(Mind-science Origin Sati Technic)를 창안했다. 그리고 마음운동과 마음산업 문을 열었다. 이것은 수행을 삶에 실제로 활용할 수 있게 하고 인류 이익과 번영, 현재와 미래에 기여할 수 있게 했다.

9. 화두놓는 위치

1. 화두를 행위끝에 두고 알아차림해야 한다. 이것이 화두수행에서 중요한 기술이자 특징이다.

2. 좌념, 행념, 생활념, 노동념할 때 몸 움직임 끝을 알아차림 기준점으로 삼고 그 움직임에 이름붙이고(화두들고) 알아차림하면 좌념뿐만 아니라 일상에서도 행념과 생활념을 효과있게 할 수 있다.

3. 좌념할 때는 기준점(화두)을 배 움직임(일어남-사라짐)에 둔다. 생체리듬에 따라 자연스럽게 배가 불러오면(화두가 움직이면) 무(無) 또는 일어남(生), 배가 꺼지면(화두가 움직이면) 무 또는 사라짐(滅) 하고 이름붙이고(화두들고) 알아차림해야 한다(화두챙긴다).*

4. 행념할 때는 기준점(화두)을 발 움직임에 둔다. 발을 들 때(화두가 움직이면) 무(無) 또는 들어(生), 앞으로 갈 때(화두가 움직이면) 무 또는 앞으로(住), 놓을 때(화두가 움직이면) 무 또는 놓음(滅) 하고 이름붙이고(화두들고) 알아차림해야 한다(화두챙긴다).

5. 일상생활할 때 기준점(화두)을 움직임끝에 둔다. 행위끝에 둔 기준점(화두)를 알아차림하다 망상(방해요소)이 들어와 기준점(화두) 알아차림을 방해하면 그 방해요소를 무(無, 망상)하고 이름붙이고(화두들고) 알아차림한 후 즉시 기준점(화두)인 행위끝으로 돌아온다. 이렇게 화두잡고 알아차림하면 수행이 진보한다.

자연스러움

배를 인위로 움직이면 안 된다. 복식호흡이나 단전호흡처럼 배를 인위로 움직이면 마음근육이자 알아차림 기능인 sati가 운동하지 않는다. 근육을 움직이면 운동이고 sati를 움직이면 수행이다. 수행할 때 호흡이나 배를 인위로 조절하지 말고 자연스럽게 생체 리듬에 맡기고 그 움직임만 알아차림해야 한다.

6. 동선을 강조한 화두수행에서 하루 24시간 수행하기 위해 특별한 수행기술이 필요하다. 그것이 바로 화두다. 기준점(화두)을 움직이는 행위끝에 정하고 이름붙이고(화두들고) 알아차림하는 것이 화두수행 핵심이다. 화두놓는 위치(기준점)가 화두수행 생명이다.

10. Yoga 수행과 화두수행

1. 화두수행에서 화두잡는 방법을 잘못 이해하면 힌두교 Yoga 수행으로 떨어진다.

2. Buddha 정통수행법, 화두수행, 묵조수행, Yoga 수행 관점, 지향점, 이론, 기술이 분명히 다름에도 불구하고 겉모습은 서로 비슷해 보인다. 그 분기점이 미묘해 주의하지 않으면 구분하기 까다롭다. 수행할 때 세심한 주의가 필요하다.

3. Yoga 수행은 힌두교 창조신 Brahma(梵, 대우주)와 피조물 속에 들어있는 신의 분신인 atta(sk. ātman, 我, 소우주)를 함께 묶어[yoga, 瑜伽, 結縛] 한 자세를 오랫동안 유지하면 창조신 Brahma(梵)와 신의 분신인 atta(我)가 하나되어(梵我一如) 신의 은총받아 행복지수가 높아진다고 믿는다.

4. 한 자세를 유지하다 힘들어 포기하고 자세를 바꾸면 창조신 Brahma(梵)와 atta(我)와 거리가 멀어지고 신의 은총을 받지 못하고 고통지수가 높아진다고 믿었다. Yoga 수행은 한 자세를 오랫동안 유지하기 위해 다양한 기술이 발달했다.*

5. 몸을 한 자세로 오랫동안 유지하기 위해 편한 자세보다 비비꼬는 것이 유리하다. Yoga 수행이 취하는 여러 가지 기묘한 자세는 오랫동

안 한 자세를 유지하기 위해 개발한 기술이다. 그래서 몸통제하는 조신(dama kāya, 調身) 기술이 발달했다.

6. 호흡을 통제하고 오랫동안 멈추면 신과 거리가 가까워지고 숨을 쉬고 싶은 대로 다 쉬면 신과 거리가 멀어진다고 생각했다. 그래서 호흡통제하는 조식(dama ānāpāna, 調息) 기술이 발달했다.

7. 호흡을 통제하고 멈추기 위해서는 처음에 호흡을 천천히 의지대로 움직이다 마지막에 완전히 멈춘다. 이런 호흡기술이 중국으로 전해져 복식호흡이나 단전호흡으로 발전했다. 호흡통제하는 것은 몸과 뇌에 좋지 않다. 평소 호흡만으로 뇌에 충분한 산소를 공급할 수 있다.

표116) Yoga 수행과 SATI 수행

	힌두교 Yoga 수행	Buddha SATI 수행
몸자세(調身)	한 자세 평생유지	해당시간 동안 유지함 불편하면 바꾸어도 됨
호흡(調息)	인위호흡	자연호흡
마음(調心)	한 지점에 고정	마음거울에 맺힌 상 알아차림
수행목적	신과 합일	실재보기
추구하는 것	윤회하지 않는 것	자유와 행복
세계관	Brahma 신이 우주를 창조함 객관관념론	유물론에 입각한 연기론 SATI 주의
윤회관	신과 윤회 믿음	신과 윤회 부정

신의 은총

Upasād(sk. upanisad) 수행자는 자신이 하고 싶은 대로 하면 신과 거리가 멀어지고 욕망을 절제하고 한 자세를 오랫동안 유지하면 신과 거리가 가까워진다고 생각했다. 그들은 몸통제, 호흡통제, 마음통제 기술을 개발해 즐겨 사용했다. 그러면 신과 거리가 가까워져 신의 은총으로 행복하게 살 수 있다고 믿었다.

8. 마음이 한 지점에 오랫동안 고정해있으면 신과 거리가 가까워지고 마음이 인식대상을 따라 움직이면 신과 거리가 멀어진다고 생각했다. 그래서 마음통제하는 조심(dama citta, 調心) 기술이 발달했다.

9. Yoga 수행은 집중하는 여러 가지 기술을 개발했다. 마음을 한 지점에 밀착고정하는 것이 samādhi 기술이다. 그 가운데 anuyoga(修定)는 사물 이미지를 마음에 담고 그곳에 집중하는 기술을 선호했다.

10. 모래를 한참 바라보다 눈감으면 모래 이미지가 마음에 새겨진다. 조금 지나 이미지가 사라지면 다시 모래를 보다 눈을 감고 마음에 새겨진 이미지에 집중하는 행동을 반복한다.

11. 이렇게 마음에 새겨진 이미지를 보는 행동을 3년 정도 반복하면 오랫동안 그 이미지가 지워지지 않고 마음에 상을 맺는다. 이런 수행을 몇 년 또는 수십 년 반복하면 집중력(三昧力)이 상당히 좋아진다고 생각했다. Buddha도 이런 수행을 7년 정도 했다.

12. 이런 수행으로 집중력이 어느 단계까지 진보하지만 Maggaphala 문을 열 정도까지 성장하지 않는다. 결국 Maggaphala 문을 열고 Nib-bāna로 인도하는 것은 마음근육이자 알아차림 기능인 sati인데 sati 힘을 강화하지 않는다는 것은 SATI 수행에서 아무 의미없다. 그래서 Buddha는 이미지 기술을 사용한 samādhi에 기반 둔 Yoga 수행을 포기했다.

13. 억지로 이미지를 마음에 심으려고 하면 몸과 마음에 힘이 많이 들어간다. 몸을 인위로 움직이고 몸과 마음에 힘이 들어가면 마음근육이자 알아차림 기능인 sati는 기능을 중단하고 활성화되지 않는다. 또 뇌에 무리한 힘이 가해져 뇌가 타격받는다. 그렇게 하면 두고두고 수행을 방해할 수 있다.

14. 이미지가 마음에 완전히 심어지기 위해서 최소 3년 이상 오랜

시간이 필요하다. 이것은 시간낭비다. 더 본질은 이미지 기술 또는 Yoga 수행으로는 Maggaphala 문을 열수 없고 Nibbāna를 체험할 수 없다는 점이다. 마음과학과 SATI 수행을 창안한 Buddha는 그렇게 보았다.

15. Pratyutpanna Samādhi Sūtra(般舟三昧經)에서 제시한 관불삼매(觀佛三昧)도 Yoga 수행 기술이다. 이 경에서는 불상 이미지(Buddha paṭimā, 佛像, 阿彌陀佛)를 Yoga 수행 이미지 기술에 따라 마음에 새기고 하는 sati 집중기술을 강조한다.

16. Vajracchedika Prajñāpāramitā(金剛般若波羅密經, 金剛經)는 마음근육이자 알아차림 기능인 sati 강화기법으로 수행하라고 강조한다. Kumarajiva(鳩摩羅什, 343~413)가 번역한 금강경에는 빠져있지만 saṅskṛit(梵語) 원문에는 「Buddha가 Sāvatthī(舍衛城)에서 탁발하고 Jetavana(祇園精舍)로 돌아와 발을 씻은 후 대중을 보고 앉고 대중은 Buddha와 마주 앉아 SATI 수행을 했다」고 쓰여있다.

17. Mahāyāna 경전이 소개하는 samādhi 기술은 거의 99% 이상이 Yoga 수행 기술을 불교수행 기술로 소개한다. 대부분은 이미지 기술에 기반한 수행법이다.*

18. 문제는 마음근육이자 알아차림 기능인 sati와 sati 집중기능인

조계종 정체성

조계종은 선종을 표방하고 수행기술은 화두수행을 채택하고 금강경을 소의경전으로 삼는다. 화두수행 핵심기술은 좌념뿐만 아니라 행념, 생활념, 노동념을 강조하고 화두들 때 이름붙이기를 중시한다. 소의경전인 금강경에서 주장하는 수행기술이 Buddha가 창안한 SATI 수행이다. 그런데 오늘날 조계종선방에서는 좌념만 한다. 이것은 묵조기술이다. 소의경전인 금강경에서 강조한 수행기술이 sati라는 사실도 모른다. 경전읽는 것은 Mahāyāna방식이고 기도하는 것은 밀교부방식이다. 조계종은 간경보다 기도위주로 운영한다. 이런 정체성혼돈을 어떻게 극복할 것인지 궁금하다.

samādhi 힘을 키우기 위해 이 둘 가운데 어디에 초점두고 수행할 것인가 하는 점이다. Buddha는 sati 힘을 강화하면 samādhi 힘은 저절로 향상된다는 사실을 보리수 아래서 발견했다. sati는 samādhi를 선도하지만 samādhi는 sati를 선도하지 못하기 때문이다.*

19. 화두수행할 때 화두를 어떻게 정의하고 어떤 방식으로 잡는지 그 기술을 점검해야 한다. 만일 화두를 마음에 두고 의심덩어리가 마음속에 형성됐다면 그것이 「화두 이미지 또는 의심 이미지」가 아닌지 반드시 점검해야 한다. 화두를 이미지 형태로 잡으면 그것은 Yoga 수행 기술이기 때문에 결코 Maggaphala에 들어 Nibbāna를 체험하지 못한다.

20. 화두를 이미지로 보는지 행위끝에 두고 이름붙이고 알아차림하는지에 따라 수행진보는 크게 차이난다. 이 둘을 구분하는 것은 간단하고 분명하다.

21. 마음구조와 수행이론을 제대로 이해하지 못한 사람, 수행기술을 올바르게 배우지 않은 사람, 수행이 충분히 성숙하지 않은 사람, 현재 자신이 하고 있는 수행기술에 기초해 이해하려는 사람은 그 차이점을 구분하기 쉽지 않을 것이다.

무림고수

높은 담장 뛰어넘는 능력을 키울 때 어리석은 사람은 평지에서 도약훈련하지만 지혜로운 사람은 지형지물을 이용해 장애물 뛰어넘는 연습을 한다. 평지도약은 한계가 있다. 더 높이 도약하기 위해 평지도약이 아닌 지형지물을 이용하는 도약지혜가 필요하다. 수행도 마찬가지다. sati 집중이 중요하다고 하니 sati 집중력(三昧力)만 키우려고 한다. 그렇게 해서는 한계가 많다. 마음근육이자 알아차림 기능인 sati 힘을 키우면 sati 집중력은 저절로 향상되는 것을 Buddha가 발견했다.

11. 의심정의

1. 화두수행할 때 많이 듣는 말 가운데 하나가 「의심하라」 다. 의심하라는 말을 문자 그대로 해석해 「분석으로 의심하라」 는 의미로 받아들이면 핵심을 놓친다.

2. Da Hui Zong Gao(大慧宗杲)는 화두수행 이론서이자 수행지도서인 Shu Zhuang(書狀)에서 화두잡을 때는 간절하게 의심하라고 말한다. 그리고 이어서 「분석하지 말고 의심할 것, 莫存知解)」를 주문한다.

3. 그렇다면 의심하라의 진정한 의미가 무엇일까? 그것은 의심할 것도 없이 마음거울에 맺힌 상을 분석, 사유, 논리로 체계화하지 말고 있는 그대로, 보이는 대로 「알아차림, sati, 念」하라는 말이다.

4. 좌선의(坐禪儀)에서는 「망상이 일어날 때 그것을 알아차림하면 곧바로 사라진다, 念起卽覺 覺之卽失」 이라고 했다.

5. Da Hui Zong Gao(大慧宗杲)는 Da Hui Shu(大慧書)에서 「망상이 일어나면 그것이 일어난 줄알고 마음을 망상으로 보내지 말고 화두(기준점)를 알아차림하라, 提掇擧覺看」 하다고 주문한다.

6. 달을 가리키는 손가락을 따라가면 달을 볼 수 없다. 말꼬리 잡지말고 말의 낙처를 주목해야 한다. 분석, 사유, 논리로 체계화하지 말고 있는 그대로 알아차림하는 것이 직관으로 의심하는 것이다.

7. 직관으로 의심하는 것. 그것은 어떤 대상을 만나더라도 단지 알아차림하라는 것이다. 이름붙이고 하면 더 효과있다. 그렇게 하면 존재를 가치판단하는데서 벗어나 서서히 존재에 드러난 사실판단(고유특성, 四大)할 수 있고 더 나아가 실재판단(실재, 三法印) 할 수 있다.

8. 인식대상을 분석, 사유, 논리로 가공하면 지식은 늘지만 직관은 성숙하지 않는다. 존재를 있는 그대로 보아야 직관력이 성장하고 마음오

염원을 제거하고 마음공간이 맑아지고 실재를 있는 그대로 볼 수 있다.

9. 마음이 불편할 때 「마음챙겨라, 그 생각에 빠지지 말라, 그 생각밑에 무엇이 있는지 봐라, 그 생각을 의심해라」 등등 여러 가지 주문하지만 본질은 불편한 마음상태를 「알아차림하라」 는 표현이다.

10. 의심하라는 말이 가리키는 낙처를 보아야 한다. 그래야 답이 있다. 그러지 않고 그 말꼬리를 따라가면 본질을 놓친다.

11. 의심은 하는 것이 아니라 되어지는 것이다. 화두는 잡는 것이 아니라 잡혀지는 것이다.

12. 삶의 갈증을 해소하기 위해 헤매거나 흔들리는 삶의 방향을 찾아다니다 기연을 만나 의심을 타파하고 한 소식한다.

13. 이것은 단지 의심이 풀리고 지혜가 열린 혜해탈일 수도 있고 Maggaphala에 들어 Nibbāna를 체험한 심해탈일 수도 있다. 그것은 수행점검을 통해 확인해야 알 수 있다.

12. 한국에서 화두잡는 기술

1. 오늘날 한국에서 화두잡고 수행할 때 몇 가지 부분에서 제대로 처리하지 않아 큰 어려움을 겪는다. 현재 한국에서 수행자가 화두잡는 기술과 문제점을 살펴보면 다음같다.*

역기와 화두타파

역기나 아령을 들고 훈련하면 팔근육이 강화된다. 배나 발 움직임을 기준점 삼고 수행하면 마음근육이자 알아차림 기능인 sati 힘을 강화한다. sati 활력이 커지는 것만큼 마음공간에 존재하는 마음오염원을 제거하고 마음이 맑아진다. 화두도 마찬가지다. 화두가 핵심이 아니라 마음근육이

2. 첫째, 좌념할 때 화두를 마음에 놓고 하는 수행자가 있다.

3. 이런 방법은 화두잡는(의심, 알아차림) 과정에서 화두나 의심을 이미지 형태로 잡을 수 있다. 그러면 힌두교 Yoga 수행 기술이 돼 Maggaphala에 들어 Nibbāna를 체험하기 어렵다. 이미지를 형성하는데 많은 시간이 걸린다. 이것은 수행진보도 있기 전에 수행을 포기하게 만드는 주된 요인이다.

4. 화두를 배 움직임(일어남-사라짐)에 두고 배 움직임(화두움직임)에 따라 이름붙이고(화두놓고) 알아차림(의심)하는 것이 효과있다. 그렇게 하면 수행은 크게 진보할 것이다.

5. 둘째, 좌념할 때 배 움직임(일어남-사라짐) 또는 호흡을 규칙으로 조절해 움직이고 그 움직임에 화두놓고 수행하는 수행자가 있다.

6. 근육을 조절해 움직이며 알아차림하는 것은 samādhi가 어느 단계까지 향상하지만 Maggaphala에 들어 Nibbāna를 체험할 정도까지는 성숙하지 않는다. 복식호흡이나 단전호흡처럼 배를 인위로 움직이는 것은 힌두교 Yoga 수행 기술이고 배 근육운동이다.

7. 기준점인 배 움직임(일어남-사라짐)에 화두놓고 수행할 때 어떤 경우라도 배 움직임을 인위로 조절해서는 안 된다. 배 움직임은 생체 리듬에 맡기고 수행자는 그 움직임만 알아차림해야 한다.

8. 기준점(화두둔)인 배 움직임(일어남-사라짐)은 마음근육이자 알아차림 기능인 sati 크기와 수행진보에 따라 다양하게 나타난다. 그것을 자연스럽게 따라가야 한다. 그래야 sati 기능이 활성화하고 Maggaphala

---

자 알아차림 기능인 sati 강화가 본질이다. 화두를 기준점 삼고 수행할 때 화두를 행위끝에 두고 이름붙이고 하루 15시간 정도 알아차림하면 sati 기능이 몰라보게 향상한다. 화두에 뭔가 있다고 생각하면 이미 화살은 과녁을 비켜갔다. 화두는 마음근육이자 알아차림 기능인 sati 강화도구다. 화두를 타파했다는 말은 도 근처도 못 가본 사람 잠꼬대다.

에 들어 Nibbāna를 체험할 수 있다.

9. 반드시 이름붙이고 기준점(화두둔)인 배 움직임(일어남–사라짐)을 알아차림해야 한다. 「無」화두잡는 사람은 배가 불러오면 「無」, 배가 꺼지면 「無」하고 이름붙이고 알아차림해야 한다. 그렇게 하면 마음근육이자 알아차림 기능인 sati 활력이 커지고 sati가 화두에 제대로 밀착 고정한다. 그래야 수행이 진보한다.*

10. 셋째, 행념할 때 화두잡지 않는 수행자가 있다.

11. 오늘날 한국수행자는 행념을 거의 하지 않는다. 조금 하는 경행은 운동수준으로 몸풀기만 한다. 그렇게 하면 수행은 진보하지 않고 행념으로 수행할 수 있는 기회를 놓친다.

12. 수행할 때 행념을 적극 활용해야 한다. 그래야 일상생활 전부를 수행으로 연결할 수 있다. 행념이 좌념보다 수행효과가 세 배 정도 높다. 행념은 마음근육이자 알아차림 기능인 sati와 sati 집중기능인 samādhi를 향상시킬 수 있는 좋은 기회를 제공한다.*

고수와 하수

고수와 하수 차이는 눈에 보이지 않는 한 수에 있다. 바둑에서 똑같은 개수 돌이라도 놓는 수순에 따라 사활이 갈린다. 역기를 사용해 팔근육을 강화할 수 있다는 것은 알았지만 역기를 땅에 놓고 물구나무서면 곤란하다.

마음에 화두두다

걸을 때 화두를 마음에 품고 다닌다고 말하는 사람이 있다. 이런 사람은 고도로 수행한 사람이거나, 수행을 잘 모르거나, 마음 구조와 작동원리에 어두운 사람이거나다. 실제로 수행해보면 처음에 몸움직임도 알아차림하기 어렵고 마음에 둔 화두 알아차림이 상당히 까다롭다는 것을 알 수 있다. 어느 정도 수행이 진보하면 마음에 둔 화두를 알아차림하기 쉽고 화두가 마음에 저절로 와서 박힌다. 이때 대개 화두가 마음에 이미지화하고 그 이미지를 알아차림하는 경우가 많다. 그러면 Yoga 수행으로 떨어진다. 일상생활에서 여러 동작을 동시에 하면서 화두를 행위끝이 아닌 마음에 두면 집중력이 분산해 좋지 않다. 제대로 화두챙겼다고 생각하지만 수행결과물이 없다면 착

13. 걸을 때 기준점인 움직이는 발바닥에 화두놓고, 발을 들 때 「無」, 앞으로 갈 때 「無」, 놓을 때 「無」하고 이름붙이고 알아차림해야 한다. 모든 순간을 수행으로 연결해야 한다.

14. 넷째, 한국에서 50분 좌념, 10분 경행하는 시간표에 따라 수행하는 수행자가 많다.

15. 이런 수행일과는 처음 수행하는 사람에게 적당하지만 수행진보가 Maggaphala 3/5지점 이상 나간 수행자에게 좌념시간이 많이 부족하다.

16. 대개 하루 10시간 이상 수행하는 사람은 한두 달 지나면 이 정도 단계에 도달한다. Maggaphala 3/5지점을 지나면서부터 최소 한 번에 120분 이상 좌념해야 한다. 그리고 Maggaphala 4/5 지점을 지나면 한 번에 3시간 정도 좌념할 수 있어야 한다. 그래야 수행이 진보하고 Maggaphala 문을 열 수 있다.

17. 수행자마다 편차가 많지만 최초로 Sotāpatti Maggaphala(須陀洹道果)에 들어 Nibbāna를 체험하는 시간은 좌념 후 30~70분 사이가 많다. 평소 120분~180분 정도 좌념할 수 있는 힘이 있어야 70분 안에 모든 것을 쏟아부어 Maggaphala에 들어 Nibbāna를 체험할 수 있다.

18. 다섯째, 좌념에 너무 많은 시간을 배당해 수행하는 수행자가 있다.

19. 화두수행 핵심은 동념(動念)이다. 동념은 좌념뿐만 아니라 행념, 생활념, 노동념도 강조하는 수행기술이다. 그러나 한국에서 많은 수행자는 하루 10시간 이상 좌념수행에 집중한다. 행념은 거의 하지 않는다.

각일 수 있다. 어려운 것이 반드시 좋은 것은 아니다. 어려운 것을 최고기술로 이해하고 상근기 수행법이라고 주장하는 것은 문제 많다. 선동은 솔깃한 면이 있지만 그런 주장이 실제로 가능한 일인지는 실천으로 검증해야 한다.

20. 좌념수행은 정념(靜念)이다. 좌념에만 치중하면 혼침과 졸음에 떨어지고 수행향상이 잘 되지 않을 수 있다. 화두수행 등장배경이 정념(靜念, 坐念)을 극복하기 위해서다. 그래서 움직이면서 하는 동념(動念, 行念, 生活念, 勞動念) 기술을 강조했다.

21. 더 본질로 화두수행은 「깨달음 단기속성과정, 깨달음 족집게과외, 徑截門」이다. 그러기 위해서는 24시간 전부를 온전히 수행으로 연결해야 한다. 그럴 때만이 단기간에 최고단계까지 수행이 진보할 수 있다.

22. 오늘날 한국에서 행념, 생활념, 노동념을 강조하는 동념이 사라진지 오래됐고 정념기법인 좌념에만 몰두한다. 좌념하지 않는 시간은 대부분 허비한다. 좌념 이외 시간, 하루 가운데 절반 이상을 차지하는 일상생활에서 수행을 포기한다. 이렇게 하면 수행은 진보하지 않는다.

23. 더 본질은 화두수행과 묵조수행 기술차이를 구분조차 하지 못한다고 해야 정확하다. 화두수행 창시자인 Da Hui Zong Gao(大慧宗杲)가 그토록 경계한 묵조수행 기술인 정념기술(坐念)을 오늘날 한국 화두수행자가 중시한다.

24. 그 결과 수행자가 혼침, 졸음, 망상과 씨름하느라 힘들어하고 좌념하지 않는 시간은 나름대로 의미있는 일에 몰두하느라 시간을 허비하는 경향이 많다. 하루빨리 좌념위주 수행기술에서 좌념, 행념, 생활념, 노동념을 병행하는 것으로 바꿔야 한다. 그러면 수행이 크게 진보할 것이다.

25. 여섯째, 수행할 때 이름붙이지 않고 하는 수행자가 있다.

26. 화두수행 기술특징 가운데 하나가 화두를 알아차림할 때 이름붙이는 것이다. Da Hui Zong Gao(大慧宗杲)가 조동종 수행법을 묵조수행이라고 비판한 것도 기준점(話頭) 알아차림할 때 이름붙이지 않는 점(黙照)을 지적한 것이다.

27. 수행할 때 이름붙이지 않으면 얼마 지나지 않아 졸음과 혼침에 떨어지고 망상에 빠지기 쉽다. 마음근육이자 알아차림 기능인 sati가 인식대상(話頭)에 제대로 밀착하지 않거나 sati가 인식대상에 밀착해도 파괴력이 떨어진다.

28. Maggaphala에 들어갈 때 현상이 아주 빠르게 전개한다. 이때 이름붙이고 수행한 사람과 그냥 바라보기만 한 사람은 현저히 차이난다.

29. 이름붙이고 수행한 사람은 현상이 빠르고 복잡하게 전개해도 이름붙이고 몸과 마음으로 대응하고 Maggaphala에 들어 Nibbāna를 체험할 수 있다. 그러나 이름붙이지 않고 수행한 사람은 그 순간 미세하게 주춤하거나 우물쭈물하다 놓친다. 그러면 화살은 이미 과녁을 벗어난다. 이름붙이는 것이 Buddha 이래 화두수행에 이르기까지 정통파 핵심기술이다.

30. 생활념 가장 큰 특징은 하루 24시간 내내 언제 어디서나 수행하는 것이다. 하루 종일 알아차림이 끊어지지 않게 하는 요령이 행위끝에 마음근육이자 알아차림 기능인 sati 두고 이름붙이고 알아차림하는 것이다. 이렇게 하면 수행에 혁명이 일어날 것이다.*

31. 한국수행자는 화두수행이 최고라고 주장만 할 것이 아니라 그것

무협지수준

싸울 때 무협지나 영화에서처럼 폼나게 하지 않는다. 그냥 상식선에서 싸운다. 군대 가보지 않고 전쟁이 뭔지 모르는 사람이 전쟁과 군대에 대해 과장해 이야기하듯 수행도 마찬가지다. 수행은 그냥 하는 것이지 특별할 것이 없다. 그러나 수행해보지 않은 사람이 수행에 대해 이야기할 때 고상하게 포장하고 허황되게 설명하고 아무나 할 수 없는 고난도기술을 사용해야 할 수 있는 것으로 과장한다. 그래서 처음 수행하려는 사람은 해보기도 전에 기가 질려 포기하는 경우가 허다하다. 초식이 화려하다고 싸움 잘 하는 것은 아니다. 수행을 즐기자. 잘 되면 좋고 안돼도 그만이라는 편한 생각으로 시작하면 많은 것을 얻을 수 있다. Buddha는 출가수행을 마음속으로 떠나는 한갖진 휴가로 보았다. 수행은 방석 하나 들고 마음속으로 떠나는 여유로운 여행이다.

을 논리있게 설명하고 행동으로 증명해야 한다. Buddha는 진리나 청정은 말로 주장하는 것이 아니라 실천으로 증명하는 것이라고 했다.

13. Buddha와 중국수행자 관점차이

 1. Buddha는 Arahant Maggaphala를 성취하고 난 후 다른 사람에게 수행지도하는 것과 자기수행에 전념했다.
 2. 시간이 나면 숲으로 가 휴식과 수행을 병행했다. 힌두교 수행자는 「Arahant를 이뤘으면 수행자로서 해야 할 일을 모두 마친 것인데 계속 수행한다는 것은 뭔가 부족한 것이 아닌가」하고 Buddha에게 의문을 제기했다.*

눈 감으면 피안

극락이 있을 것으로 생각하지만 그것은 오직 마음속 관념으로만 존재한다. 우리가 상상한 완벽한 세상은 존재하지 않는다. 서울에 가 본 사람과 이야기만 듣고 마음속으로 상상만 한 사람이 생각하는 서울은 같을 수 있지만 반드시 일치하는 것은 아니다.

어디든 사람사는 곳은 동일하다. 밝은 곳이 있으면 어두운 곳도 있다. 아무리 깨끗한 곳이라도 빨래터는 있게 마련이다. 순도 100% 그런 것은 처음부터 없다. Arahant든 Buddha든 그들도 사람이다. 그들도 살아있기에 접촉다음엔 반드시 마음작용이 일어난다. 마음작용을 놓치고 구속될 것인지 알아차림하고 자유로워질 것인지 차이만 있다. 어릴 때 선생님은 김치도 먹지 않고 화장실도 가지 않는 줄 안다.

Buddha도 제자를 피해 달아나기도 하고 모함받아 힘들어 하거나 구설수에 휘말려 곤혹을 치르기도 했다. 세월이 흐른 뒤 Buddha와 관련한 인간모습은 사라지고 거룩한 법만 남겨지고 신화로 각색했을 뿐이다. Buddha가 살아있을 때 별일이 많았지만 입멸한 뒤에 별일은 관심밖이고 대중은 Buddha가 남긴 최대업적인 마음과학과 SATI 수행만 주목했다.

후세인은 완벽하고 이상인물을 설정하고 그런 Buddha를 찾았지만 그것은 후세불교도가 상상한 Buddha일 뿐이다. 이상과 실재, 꿈과 현실을 구분하지 못하는 것을 Buddha는 어리석음, 무명이라고 했다. 인간적인 Buddha와 신화적인 Buddha를 구분할 수 있는 안목을 갖출 때 비로소 Buddha가 그대 앞에 나타날 것이다. 눈 감으면 그곳이 피안이다.

3. Buddha는 Bhayabherava Sutta에서 「내가 숲으로 가 수행하는 것은 나 자신 휴식과 자비심 그리고 다른 사람 행복을 위해 수행하는 것이다」라고 설명했다.

4. 하루 종일 활동하면 몸과 마음이 지친다. 그렇게 지친 몸과 마음을 숲에서 수행으로 휴식했다. 그리고 수행하는 것을 다른 사람에게 직접 보여줌으로써 그들이 수행이 필요할 때 수행할 수 있는 길을 제공했다. 동시에 자비관으로 많은 사람이 자유롭고 행복하게 살 수 있도록 마음 에너지를 보냈다.

5. Buddha는 수행으로 마음오염원을 제거하는 것과 활동으로 피곤해진 몸과 마음을 휴식하는 것은 분리해 생각했다. 그러나 대중은 이것을 구분하지 못하고 혼동했다.*

6. 일부 중국문화권 수행자는 확철대오해 마음이 청정한 줄 깨달으면 더 이상 수행할 필요가 없다고 주장한다. 지극히 위험한 선동이다. 이런 관점은 힌두철학이고 Buddha 관점을 벗어난 주장이다.

7. 중국수행자가 이렇게 주장한 것은 마음은 원래 깨끗하기(心性本淨, 自性清淨心) 때문에 닦을 필요가 없다고 생각했다. 마음자리가 본래 청정한 것을 확철대오하면 더 이상 닦아야 할 것이 없다고 본 것이다.

8. 이런 관점은 힌두교 창조신인 Brahma(梵) 본성이 순수 그 자체로 지극히 청정하다고 본 것을 Mahāyāna에서 도입해 여래장(tathāgata garbha, 如來藏)으로 변용했고 중국선종과 연결한 것이다. 자성청정심은 명백히 힌두신본성이다. 청정한 마음자리를 깨달았다면 이것은 힌

이기주의

자기이익만을 추구하고 다른 사람 땀과 노력 대가를 무시할 때 이것을 이기주의라고 한다. 봉사자나 시민운동 활동가가 이가 아파 치료하거나 휴식하는 것을 이기주의라고 하지 않는다. Buddha도 마찬가지다. 낮에 활동하고 저녁에 휴식하는 것을 이기주의라고 할 수 없다.

두교지 더 이상 불교는 아니다.

9. Buddha는 마음은 닦으면 청정해지고 방치하면 오염된다고 보았다. Buddha는 수행으로 마음을 맑히고 오염되면 다시 맑혀야 한다는 것이 기본생각이었다.

10. 일부 중국수행자는 Buddha와 견해를 달리해 그런 관점을 저급하다고 생각했다. 마음이 한 번 맑아졌거나 마음이 원래 맑은 줄 알면 다시는 오염되지 않기 때문에 그런 경지를 체험한 수행자는 더 이상 수행할 필요가 없다고 주장했다.

11. 중국선종 분기점이 된 Da Jian Hui Neng(大鑑慧能)과 Da Tong Shen Xiu(大通神秀) 대화에서도 이런 관점이 적용된다. 이런 관점은 조사수행(祖師禪) 전통으로 이어져 오늘날 한국불교에 깊이 뿌리내리고 있다.*

혜능과 신수

Da Man Hong Ren(大滿弘忍, 602~675)은 법을 제자에게 전하고자 게송 한 편씩 지어오라고 했다. Da Tong Shen Xiu(大通神秀)는 다음같이 게송을 지어 벽에 붙였다.

신시보리수(身是菩提樹) : 몸은 보리수
심여명경대(心如明鏡臺) : 마음은 맑은 거울
시시근불식(時時勤拂拭) : 항상 때를 닦아내면
물사야진애(勿使惹塵埃) : 거울에 먼지가 없네.

Da Jian Hui Neng(大鑑慧能)은 다음같이 게송을 벽에 붙였다.

보리본무수(菩提本無樹) : 보리는 본래 나무가 없고
명경역비대(明鏡亦非臺) : 거울 또한 토대가 없네
본래무일물(本來無一物) : 본래 한 물건도 없는데
하처야진애(何處惹塵埃) : 어디에 털어야 할 먼지가 있겠는가?

혜능계통은 Da Man Hong Ren(大滿弘忍)이 이 게송을 보고 Da Jian Hui Neng(大鑑慧能)에게 법을 전했다고 주장한다.

12. Buddha 관점은 달랐다. Buddha는 이런 관점은 마음본성(마음물리특성)을 제대로 이해하지 못한 것이라고 보았다. Buddha는 마음은 끊임없이 가꾸어야 하고 습관과 행동은 수행으로 학습해야 하며 마음도 활동후에 충분한 휴식이 필요하다고 보았다.

13. Maggaphala에 도달했다고 모든 마음오염원인 āsava나 습관을 즉시 해결하는 것은 아니다. āsava 뿌리는 뽑았어도 그것이 몸과 마음

Da Tong Shen Xiu(大通神秀)를 따르는 수행자를 북종(北宗), Da Jian Hui Neng(大鑑慧能)을 따르는 수행자를 남종(南宗)이라고 한다. Da Jian Hui Neng(大鑑慧能)이 입멸한 후 얼마 지나지 않아서 혜능계열 He Ze Shen Hui(荷澤神會, 685~760)가 남북돈점(南頓北漸)을 주장하며 혜능계통이 남종(南宗) 돈오법(頓悟法)이고 신수계통이 북종(北宗) 점오법(漸悟法)이다. 남종이 Da Jian Hui Neng(大鑑慧能) 적자고 신수계열은 방계라고 주장하면서 분열을 조장하고 전선을 형성했다.

혜능계통과 신수계통 논쟁은 법의 고저를 논한 것이 아니라 관점차이를 드러낸 것이다. Buddha 관점을 따를 것인지 힌두철학을 화엄경으로 각색하고 중국화한 것을 따를 것인지에 대해 말하고 있다.

혜능계통은 실재를 중시했고 신수계통은 현상을 강조했다. Da Jian Hui Neng(大鑑慧能)은 노동자출신답게 실재(性)를 강조했고 Da Tong Shen Xiu(大通神秀)는 관료출신답게 현상(相)을 강조했다. Da Jian Hui Neng(大鑑慧能)은 힌두철학에 기반해 마음을 이해했고 Tong Shen Xiu(大通神秀)는 Buddha 관점에 따라 마음작용을 설명했다. Da Jian Hui Neng(大鑑慧能)은 생활념, 노동념을 강조했고 Da Tong Shen Xiu(大通神秀)는 좌념을 강조했다. 일반노동자 활동현장은 외부공간이지만 지식인 활동공간은 실내다. Da Jian Hui Neng(大鑑慧能)이나 Da Tong Shen Xiu(大通神秀)는 둘 다 생활념, 노동념을 강조했다. 단지 그들의 노동현장이 달랐다.

이런 사소한 일이 자파이기주의와 종파주의와 결합해 전개하면 본질이나 배경, 내용과 논리는 간데없고 비약과 형식, 구분과 차별만 넘쳐난다. 이런 논쟁이 세월이 흐르면서 여래수행, 조사수행, 간화수행, 묵조수행, 돈오, 점오, 상근기, 하근기 논쟁으로 발전했다.

역대조사 가운데 12세기 중엽까지 중국에서 활동한 임제종이나 조동종을 사파(邪派)라고 규정한 적이 없는데도 불구하고 최근 퇴옹성철(退翁性徹)을 중심으로 한 한국에서 임제종출신 Da Hui Zong Gao(大慧宗杲)가 만든 화두수행 이외 수행은 모두 하근기 사파라고 규정하고 배척하는 경향이 강하다. 그 하근기 속에 당연히 불교를 만든 Buddha뿐만 아니라 Bodhidhamma, Da Jian Hui Neng(大鑑慧能), Ma Zu Dao Yi(馬祖道一), Huang Bo Xi Yun(黃檗希運), Lin Ji Yi Xuan(臨濟義玄), Yun Men Wen Yan(雲門文偃)도 포함한다. 그들은 아무도 화두수행을 몰랐다. 그들은 Buddha가 창안한 정통 SATI 수행자였다. 조계종모태라고 할 수 있는 9산선문 절반이상은 조동종계통 vipassanā 수행자가 만들었다.

에서 조금씩 소멸할 수 있다. 활동으로 몸과 마음이 지칠 수도 있다.

14. āsava를 뿌리뽑고 그것이 몸과 마음에서 완전히 소멸하고 습관을 맑은 쪽으로 재학습하는데 시차가 있다. 머리로 이해한 것과 몸으로 체험하고 변화하는데 시차가 있다. 이것을 알고 몸과 마음을 잘 다루면 수행에 큰 진보가 있다.

15. 수행으로 마음이 맑아진 것과 활동으로 몸과 마음이 피곤해진 것은 구별해야 한다. 마음이 피곤해진 것은 휴식으로 활기를 되찾고 마음오염원은 수행으로 제거해야 한다.

16. 이 둘은 별개문제다. 중국수행자는 이 둘을 한 과정으로 이해했고 Buddha는 다른 과정으로 구분했다. 불교수행자는 반드시 Buddha 관점과 견해를 적용하고 따라야 한다.

14. 여래수행과 조사수행

1. 한국이나 중국 수행자는 화두수행(話頭禪, 看話禪), 묵조수행(黙照禪), 여래수행(如來禪), 조사수행(祖師禪), 상근기(上根機), 하근기(下根機), 점교(漸敎), 돈교(頓敎) 등으로 구분하고 차별하는데 익숙하다. 항상 이런 주제가 핵심담론이다.

2. Buddha 법이 둘일 수 없다. 만일 법이 다르다면 어느 하나는 불교가 아니고 사이비다. 마음과학, SATI 수행, 오리지널 불교를 창안한 Buddha가 가짜일 수는 없고 다르다고 말하는 사람이 스스로 가짜라고 주장하는 꼴이다.

3. 표현은 다르지만 내용은 동일하다. 같은데도 불구하고 굳이 구분하고 차별할 이유가 없다. 내용에 차이가 없는데 존재를 구분하고 차별

한다면 무식하거나 기득권지키자는 것 중 하나다.

4. 수행기술에 대한 구분과 차별은 중국문화권에서 자주 나타났다. 이것은 불교에 관해서 인도가 본류고 중국이 주변부기 때문이다. 주변부 문화특징은 자신이 받아들인 형식을 선호하고 집착하는 것이다.

5. 중국에서 여래수행(如來禪)은 Buddha 수행기술에 대한 일반개념이었다. Buddha가 만든 SATI 수행을 여래수행이라고 한 것은 중국에서 12세기 말엽까지 상식이었다. 중국불교는 8세기 말부터 조사수행(祖師禪)이라는 개념을 사용하기 시작했다.

6. 내용이 바뀐 것은 아무것도 없다. 여래수행이 조사수행으로 그 이름만 바뀌었다. 내용이 바뀌지 않았다면 여래수행이 조사수행으로 이름을 바꿔야 할 사정이 있었을 것이다. 그것은 불교 안팎에서 찾아야 한다.

7. An Shi Luan(安史難, 755~763) 이후 Tang(唐)은 서서히 분열하기 시작하고 국제주의와 개방주의던 제국이 국수주의와 폐쇄사회로 변해갔다. 이런 가운데 서서히 민족주의가 대두하고 외국문화 배척운동이 일어났다. 그 주된 목표는 불교였다.

8. 9세기 초「외국문화 접촉금지법안」이 만들어지고 843년에는「외국스님 추방령」과 함께 불교탄압을 본격적으로 전개했다. 약간 과장한 측면이 있지만 26만여 명에 이르는 스님을 강제로 환속시켰고 2만6천 개 이상 사찰을 폐쇄했다. 그리고 사찰출입하는 사람은 사형에 처한다는 칙령을 발표했다.

9. 이런 광풍이 한바탕 지나가자 중국에는 두 종류 불교만 남았다. 하나는 조상신앙과 결합한 정토불교(淨土宗)고 다른 하나는 수행하는 선불교(禪宗)였다.

10. 정토불교는 조상신앙과 결합해 광풍을 피해갔다. 수행불교는 인도문화를 부정하면서 탄압을 극복했다. 이것은 불교본질을 정확히 본

것이기도 하고 불교탄압에 대한 비겁한 꼬리자르기이기도 하다. 그것이 그들의 생존비결이었다.

11. 선종수행자는 Buddha를 따르기보다 스스로 Buddha가 되고자 수행한다고 주장했다. 인도출신 Arahant인 Buddha나 Bodhid-hamma(菩提達摩)보다 중국출신 Arahant를 스승으로 삼고 수행한다고 주장했다. 중국출신 Arahant 가운데 가장 뛰어난 수행자가 Da Jian Hui Neng(大鑑慧能)과 Ma Zu Dao Yi(馬祖道一, 709~788)이라고 상징조작했다.

12. 인도출신 Arahant인 Buddha에 관한 기록을 모아 경전으로 편찬했듯 중국출신 Arahant인 Da Jian Hui Neng(大鑑慧能)에 관한 어록을 모아 Liu Zu Tan Jing(六祖壇經)으로 편찬했다. 수많은 중국출신 수행자행적을 모아 편찬했지만 경이란 이름으로 편찬한 것은 이것이 유일무이하다.

13. 중국출신 Arahant를 조사(祖師)라 했고 그들이 한 수행을 조사수행(祖師禪)이라고 규정했다. 인도출신 Arahant를 Tathāgata(如來)라고 하며 Tathāgata가 한 수행을 여래수행(如來禪)이라고 구분하고 차별했다.

14. 790년대 말까지는 여래청정선(如來淸淨禪)이 최상승선(最上乘禪)이라고 주장했는데 그 이후부터 조사수행이야말로 가장 좋은 수행법이며 상근기(上根機) 돈오법(頓悟法)이고 여래수행은 하근기(下根機) 점오법(漸悟法)이라 주장하고 조사수행이야말로 최상법이라고 상징조작했다.*

9산선문과 SATI 도량

9세기 중엽 Tang(唐)에서 귀국한 수행자가 수행도량을 만들고 함께 모여 수행한 곳이 오늘날

15. 문제는 여래수행이나 조사수행이나 내용이 동일하다는 것이다. 품질이 같은데 다름을 주장한 배경에 그 당시 문화흐름이 탈인도 친중국, 반외세 민족자주였기 때문이다. 이것이 본질이고 그 당시 불교와 사회를 읽는 핵심이다.

16. 상대방과 차별화를 내세우며 전선형성하는 것은 새로운 세력이 기존장에 진입할 때나 기득권 지키려는 사람이 새로운 진입단체를 경계하고 차별할 때 쓰는 상투수법이다.

17. 인도에서 Buddha는 정법(sammā dhamma, 正法)과 사법(micchā dhamma, 邪法)으로 불교와 힌두교를 구분하고 불교를 정법으로 규정했다. Mahāyāna는 Hīnayāna(小乘)과 Mahāyāna(大乘)으로 부파(Nikāya, 部派)와 자신을 구분하고 부파는 속좁은 단체고 대승은 통 큰 모임이라고 주장했다. 밀교부는 현교(顯敎)와 밀교(密敎)로 대승과 자신을 구분하고 대승은 껍데기고 자신은 Buddha 정수를 전해 받았다고 주장했다.

18. 중국에서는 Boddhidhamma(菩提達摩) 계통이 기존 수행법을 정

조계종뿌리인 9산선문(九山禪門)이다. 9산선문은 화두수행자가 만든 것이 아니고 전부 Buddha 정통수행법인 SATI 수행자가 만든 곳이다.

Buddha, Bodhidhamma, Da Jian Hui Neng(大鑑慧能), Bai Zhang Huai Hai(百丈懷海), Zhao Zhou Cong Shen(趙州從諗), Ma Zu Dao Yi(馬祖道一), Lin Ji Yi Xuan(臨濟義玄), Huang Bo Xi Yun(黃蘗希運), Yun Men Wen Yan(雲門文偃) 등은 모두 화두잡고 수행하지 않았다. 그들은 화두가 뭔지도 몰랐다. 그런 용어를 듣지도 보지도 못했다. 정작 그들은 알지도 못했는데 최근 한국에서 쓰인 불교사 책에는 그들이 화두에 관해 아주 해박했던 것으로 기술한다. 이것은 모두 종파이기주의에 기초해 역사를 거꾸로 쓴 것이다. 그들은 화두가 아닌 Buddha가 창안한 SATI 수행으로 Arahant Maggaphala를 성취했다. 화두수행은 12세기 중반 중국 임제종 호구파 출신 Da Hui Zong Gao(大慧宗杲)에 의해 만들어진 수행기술이다. 화두수행이 만들어지기도 전에 화두잡고 수행했다고 주장하는 것은 이순신(李舜臣, 1545~1598)이 이지스함 타고 노량해전했다는 것만큼 생뚱맞게 들린다.

념위주 하근기 수행법, 자신이 하는 수행법은 정통파 동념위주 상근기 수행법이라고 주장했다. Da Jian Hui Neng(大鑑慧能) 계통은 남종(南宗)과 북종(北宗)으로 구분하고 남종만이 Da Jian Hui Neng(大鑑慧能) 적자고 Da Tong Shen Xiu(大通神秀) 계통 북종은 방계라고 주장했다.

19. 중국은 9세기에 접어들면 여래수행과 조사수행으로 구분하고 조사수행은 최상승선 상근기용이고 여래수행은 하근기용이라 구분하고 차별했다.

20. 13세기에 접어들면 Lin Ji Yi Xuan(臨濟義玄, ?~867) 계통(臨濟宗)에서 화두수행과 묵조수행으로 구분하고 차별했다. 조동계통(曹洞宗)에서 하는 수행법은 묵조(默照) 사선(死禪) 사구(死句)고 자신이 하는 것은 간화(看話) 활선(活禪) 활구(活句)라고 주장했다.

21. Mūla Saṅgha SATI Ārāma는 Buddha 구분법에 따라 불교와 수행을 정파(正派)와 사파(邪派), 오리지널과 짝퉁으로 구분한다.

표117 전선형성

주체	자파	비자파
Buddha	정법(正法)	힌두교= 사법(邪法), 사교(邪敎), 오염법(汚染法)
Mahāyāna	대승(大乘)	부파부= 소승(小乘)
밀교부	밀교(密敎)	Mahāyāna · 부파부= 현교(顯敎)
선수행자	돈교(頓敎)	점교(漸敎)= 화엄종(華嚴宗), 유식(唯識)
혜능계통	남종(南宗) 정계(正系) 돈교(頓敎) 상근기(上根機)	신수계통= 북종(北宗) 방계(傍系) 점교(漸敎) 하근기(下根機)
민족주의	조사수행(祖師禪)	교종(敎宗)= 여래수행(如來禪)
간화선	화두수행(看話禪) 활선(活禪) 활구(活句)	기존 수행자= 묵조수행(默照禪) 사선(死禪) 사구(死句)
Mūla Saṅgha	정법(正法), 오리지널	사법(邪法), 사교(邪敎), 오염법(汚染法), 짝퉁

22. 수행기술은 마음근육이자 알아차림 기능인 sati를 강화할 것, 사람(4염처, 5온, 6경 등)을 알아차림 대상(기준점)으로 하고, 기준점은 몸(色·身)에 정할 것, 몸을 알아차림할 때 몸에 드러난 고유특성인 4대(四大)로 범주정할 것, 좌념할 때 풍대(風大, 배 일어남-사라짐), 행념할 때 풍대(風大, 1단계, 3단계)나 지대(地大, 6단계)에 초점두고 알아차림할 것, 항상 이름붙이고 알아차림할 것, sati가 samādhi를 선도하게 할 것 등을 따른다.

23. 철학은 신과 윤회 부정, 세습제부정, 능력제인정, 연기법인정, 업, 인과, 공존 등의 원칙을 적용하면 정법이라고 규정한다.

24. 이런 원칙을 파기하고 신과 윤회 믿음, 세습제추종, samādhi 기술을 따르면 사파라고 규정한다.

15. 간화수행과 묵조수행

1. 화두(話頭)를 알아차림 기준점으로 삼고 수행하는 것이 화두수행(看話禪, 話頭禪)이다.*

2. 화두수행 창시자인 Da Hui Zong Gao(大慧宗杲, 1088~1163)는 화두를 전심전력으로 알아차림하면 10일 정도 짧은 기간 안에 Maggaphala에 들어 Nibbāna를 체험할 수 있다고 했다. 그래서 이 수행법

유학기간

이전에는 오랫동안 유학생활을 했다면 존경스런 눈으로 바라보았다. 요즘은 최단기간에 학위받는 것을 선호한다. 10년 유학했다면 얼마나 실력이 없으면 그렇게 오랫동안 공부했느냐고 의심스런 눈으로 쳐다본다. 수행도 마찬가지다. 제대로 하면 그렇게 오랜 시간 투자할 필요없다. 얼마나 하근기면 수십 년 수행하고 다른 사람에게 수행지도할 수 없는지 그게 궁금하다.

을 경절문(徑截門, 지름길)이라고 한다. 여기서는 「깨달음 족집게과외 또는 깨달음 단기속성과정」이라고 한다. 화두수행 성립배경을 살펴보면 다음같다.*

3. 공안에서 발전한 것이 화두다. 공안은 해당상황을 말이나 글로 묘사하다보니 약간 길게 설명한다. 화두는 공안에 등장한 여러 단어 가운데 특정단어 하나를 선택한 것이다.

4. 공안은 문장이고 화두는 문장 가운데 등장한 단어 하나다. 그 단어(話頭)를 알아차림 기준점(話頭)으로 삼고 수행으로 응용한 것이 화두수행이다.*

지름길 혹은 둘러가는 길

화두잡고 수행하는 화두수행을 경절문(徑截門)이라고 한다. Maggaphala에 이르는 과정을 압축해 갈 수 있는 수행기술이란 의미다. 이것은 일종의 「깨달음 단기속성과정 혹은 깨달음 족집게과외」다. 그래서 옛 어른은 이 수행기술로 수행을 완성할 수 있다고 주장했다. 오늘날 조계종에서 많은 수행자가 이 수행기술로 수행하고 있지만 확철대오[Arahant, 阿羅漢]는 그만두고 초견성[Sotāpatti, 須陀洹]이라도 했다는 사람을 만나기 어려운 것은 뭔가 이상하다. 수십 년 수행하고도 아직 선방을 지켜야 한다면 이것은 분명 지름길(頓)이 아니라 둘러가는 길(漸)임에 분명하다.

실천했지만 유효성을 검증할 수 없다면 이론이 잘못됐는지 실천하는 사람이 게으른지 아니면 이론을 잘못 해석하고 기술을 제대로 적용하지 못했는지 점검해야 한다. 주장을 실천한 것과 실천결과가 주장과 같았는지는 별개다. 이것은 각각 실천과 자료로 검증해야 한다. 주장을 마치 실천결과물로 착각하면 곤란하다.

오늘날 한국 조계종계통에서 하는 화두수행(看話禪, 話頭禪)은 불교수행 특수성인 혜해탈(慧解脫)에 기반한 특별수행이다. Buddha 정통수행법은 심해탈(心解脫)이 기본이고 중심 수행법이다. 심해탈만이 분명히 Mannaphala에 들어 Nibbāna를 체험할 수 있다. 혜해탈은 확철대오, 즉 앎의 구조조정은 할 수 있어도 Mannaphala에 들어 Nibbāna 체험은 쉽지 않다.

공안과 화두

널리 알려진 공안은 Zhao Zhou Cong Shen(趙州從諗)과 관련한 「개도 불성(佛性)이 있습니까」다. 어떤 수행자가 찾아와(긍정답을 기대하며) Zhao Zhou Cong Shen(趙州從諗)에게 물었다. 개(가 미물이기는 해도)도 불성이 있겠지요?(그렇지요) Zhao Zhou Cong Shen(趙州從諗)가 보니 몰

5. 공안에서 화두로 발전과정은 인도에서 불교가 Mahāyāna(大乘部)에서 Mantra(眞言)로 전개하는 과정과 흡사하다.

6. 경전을 읽고 배우는 것은 수행에 참고사항은 되나 수행자체는 아니다. 경전배울 때 분석, 사유, 논리를 사용하는데 이것은 지식을 성장하는 자양분은 되지만 직관지인 paññā가 성숙하지 않는다.

7. Mantra는 경전에 등장한 주인공이름을 반복해 외우면 공덕이 된다고 주장했다.

8. Mantra는 주인공이름을 반복해 부르는 과정에서 소리에 마음근육이자 알아차림 기능인 sati가 집중하면서 마음압력(三昧力)을 형성하고 그 압력이 마음공간에 재차 가해지면서 기억이미지와 결합한 마음오염원(貪嗔痴 三毒心)이 녹아내리고 전체상황 통찰기능인 paññā가 성장하는 것을 발견했다.

9. 복받기 위해 기도한 것이 도리어 수행으로 발전했다. 수행중요성을 강조한 Mahāyāna가 수행과 멀어지고 기도하자고 시작한 Mantra가 도리어 수행과 가까워진 것은 주장과 행위는 반드시 일치하지 않음을

라서 하는 질문이 아니라 자신이 가진 답을 추인받으려는 수작임을 알고 대답했다. 「없다, 無」. 이 일이 소문나자 다른 친구가 찾아와(부정답을 기대하며) 조주에게 물었다. 개(와 같은 미물이)가 어찌 불성이 있겠습니까?(없겠지요) Zhao Zhou Cong Shen(趙州從諗)가 (가만히) 보니 저번에 왔던 친구와 같은 유형인데 버전이 조금 달랐다. 「있다, 有」.이것이 저 유명한 구자환유불성 야사운무(狗子還有佛性也師云無) 공안이다. 여기서 긴 설명을 무(無) 한 자로 줄여 기준점(話頭)으로 삼은 것이 「無字話頭」다. 이런 공안이 1,700개 이상이다. 대개 수행지도자가 질문받고 보이는 반응은 다음같다.

① 잘 몰라 질문하는 경우는 친절하게 대답해준다.
② 자신이 이미 답을 가지고 있으면서 그것을 추인받기 위해 질문하거나, 자신이 얼마나 많이 알고 있는지 질문으로 드러내려 하는 경우, 상대를 곤경에 빠뜨리기 위해 질문하는 경우는 무시하거나 깔아뭉개 버린다.

보여준다.

10. 공안과 화두도 마찬가지다. 문장으로 된 공안을 배우면 분석이나 지식은 늘지만 직관지인 paññā는 성숙하지 않는다. 공안을 배우는 것이 수행을 이해하는데 도움될 수 있지만 그것이 수행자체는 아니다.*

11. 선배수행자 사유방식과 행동유형을 분석, 사유, 논리를 사용해 수행을 이해하는데서 한 걸음 더 나아가 직접 수행하는 것으로 발전하

Mahāyāna와 Mantra

BCE1~CE1세기경에 등장한 Mahāyāna는 경전 수지, 독송, 사경, 보시, 찬탄, 불사 등이 공덕이라고 주장했다. 이런 행위가 공덕이 된다 해도 일반서민이나 노동자는 돈과 시간이 없고 문자를 몰라 곤란했다. 금강경 한 번 읽는데 기본이 30분이다. 법화경은 한나절 걸리고 화엄경은 한 달 정도 걸린다. 일반서민이 문자를 알 리도 없다. 결국 이런 것은 지식인과 상류층만 할 수 있다. Mahāyāna는 대중과 수행을 지향한다고 주장했지만 행위결과는 불교역사상 대중과 수행을 가장 소외시켰다. Mahāyāna에서 주장한 대로 경전읽고 불사하고 보시하는 중심에 돈이 필요하다. 결국 Mahāyāna 주장은 「돈크기가 행복크기를 결정한다」는 구호에 지나지 않았다.

상류층중심, 불사위주 Mahāyāna에서 서민중심, 기도위주 Mantra가 등장했다. 6~8세기 등장한 Mantra는 「경전을 다 읽지 않아도 된다. 경전에 나오는 주인공이름을 한 번 부르면 경전을 한 권 읽은 것과 같은 공덕이 있다」고 주장했다. 이후 많은 사람이 경전읽기보다 경전에 나오는 주인공이름 반복해 부르는 것을 선호했다. 경전을 배우고, 읽고, 쓰고, 불사를 강조하면 Mahāyāna고 경전에 나오는 주인공이름 반복해 부르면 Mantra다. 법화경을 읽으면 Mahāyāna고 법화경에 나오는 주인공인 관세음보살을 반복해 부르면 Mantra다. 이런 의미에서 한국불교는 선종이라기보다 95% 이상 Mantra에 가깝다.

경전을 배우면 분석, 사유, 논리에 기초한 지식은 늘지만 실재를 있는 그대로 보는 직관은 늘지 않는다. 경전을 압축해 주인공이름을 반복해 부르다보면 자연스럽게 단순화되고 반복하는 소리를 기준점으로 삼고 이름붙이고 수행할 수 있다. 이렇게 Mantra는 단순반복 행위를 통해 신에게 접근하고 신의 은총을 받고자 출발했지만 행위결과는 수행으로 발전했다.

Mantra는 「단순무지가 행복크기를 결정한다」고 주장했다. Buddha는 「지혜와 땀 크기가 행복크기를 결정한다」고 주장했다. Mantra는 구원계량화를 제시했다. 기도 질이 아니라 양을 중시했다. 양이 차면 구원이 저절로 이뤄진다고 생각했다.

Mahāyāna든 Mantra든 그들 또한 부파불교다. Mahāyāna는 기존불교를 부파부라고 매도했지만 정작 Mahāyāna나 Mantra 또한 엄연히 여러 부파 가운데 하나다. 아주 많이 힌두교화한 부파불교다. Mantra는 거의 95%이상 힌두교다.

는 과정에서 화두수행(看話禪, 話頭禪)이 등장한다.*

12. 공안(문장)에 나오는 특정단어 하나(話頭)를 선택해 그것을 기준점과 이름붙이기로 삼고 수행하는 화두수행을 창시한 사람은 임제종 호구파(臨濟宗 虎丘派) 출신 Da Hui Zong Gao(大慧宗杲)다. 그는 임제종출신이었지만 처음에는 묵조수행을 했다.

13. 묵조수행은 알아차림 기준점을 몸에서 멀리 정하고 이름붙이지 않고 바라보기만 했다. 그리고 좌념을 강조했다.

14. 이렇게 수행하면 전문가는 몰라도 초보자는 좌념하려고 앉으면 졸음과 혼침에 빠지기 쉽다. 이런 묵조수행 단점을 극복하기 위해 Da Hui Zong Gao(大慧宗杲)가 만든 것이 화두를 알아차림 기준점으로 삼고 이름붙이고 알아차림하는 화두수행이다. 화두수행은 좌념뿐만 아니라 행념, 생활념도 중시한다.

15. 화두수행은 좌념뿐만 아니라 행념, 생활념, 노동념을 강조했다. 알아차림 기준점을 수행자 몸에 정하고 이름붙이고 알아차림했다.*

착각과 실재

자신이 경험해 아는 것과 다른 사람이 경험한 내용을 적어 둔 책을 읽고 그 사람이 어떤 경험을 했는지를 아는 것은 다르다. 다른 사람 경험을 안 것을 마치 자신이 그 내용을 알고 있다고 착각한다.

이름짓기

화두수행(話頭禪, 看話禪) 수행자가 자신이 하는 수행기술을 스스로 화두수행이라고 하지 않았다. 묵조수행(默照禪) 수행자도 자신이 하는 수행기술을 묵조수행이라고 하지 않았다.

간화(看話)란 이름은 조동종 수행자가 임제종 수행자를 비난해 붙인 명칭이다. 묵조(默照) 또한 임제종 수행자가 조동종 수행자를 비꼬아 붙인 이름이다. 상대를 비난하던 개념이 오늘날 자기정체성을 나타내는 상징어가 됐다.

임제종 수행자는 조동종 수행자에게 「너희는 수행한다고 앉으면 졸기만 하지? 알아차림할 때 이름붙이지 않고 수행(默照)하면 그렇게 된다」고 나무랐다. 조동종 수행자는 임제종 수행자를 보고 「너희는 좌념하지 않고 생활념한다고 화두잡고(看話) 있으면 그것이 수행인가」하고 비난했

16. 12세기 화두수행 등장배경은 위에서 설명한 묵조수행 기술뿐만 아니라 당시 정치사회 배경도 한몫했다.

17. Da Hui Zong Gao(大慧宗杲)가 활동한 12세기는 Song(宋)이 Jin(金)의 팽창으로 북방영토에서 밀려나고 축소하던 시기다. 이 무렵 Song(宋)은 Jīn(金)과 전쟁을 해야 할지 말아야 할지를 두고 많은 논란이 있었다.

18. 민족주의 성향을 가진 사람은 무신을 중심으로 전쟁을 해야 한다고 주장했다. 개방사고를 가진 사람은 문신을 중심으로 Jin(金)과 화친 맺고 평화롭게 공존해야 한다고 주장했다.

19. 오랜 논쟁결과 화친론자 주장이 주전론자를 누르고 채택됐지만 주전론자는 자기주장을 굽히지 않았다. 국왕의 거듭된 경고에도 자기주장을 철회하지 않자 그들은 결국 귀양갔다.

20. 그 중심에 Da Hui Zong Gao(大慧宗杲)도 있었다. Da Hui Zong Gao(大慧宗杲)를 따르는 사람은 무신이 많았고 그들은 대부분 민족주의 성향을 가졌다. Da Hui Zong Gao(大慧宗杲)는 그들과 정치운명을 함께할 수 밖에 없었다. Da Hui Zong Gao(大慧宗杲) 자신도 오랜 기간 귀양살이를 했다. 화친론자 가운데는 묵조수행을 하는 사람이 많았다. 이런 역사배경이 훗날 묵조수행과 화두수행 사이 감정이 얽히는 한 요

다. 묵조수행 수행자는 앉아서 좌념하는 시간만큼 마음이 맑아진다고 주장했고 양을 중시했다. 화두수행 수행자는 수행기간에 상관없이 얼마나 높은 수행경지를 증득했느냐를 따졌고 질을 강조했다.

오늘날 조계종은 수행 질보다 양에 근거해 인재를 선발하다. 선원장, 조실, 방장, 종정을 선발할 때 수행고하보다 안거수에 기초해 서열을 정한다. 이것은 명백히 질이 아니라 양에 기초한 것이다. 묵조선은 양에 기반하고 간화선은 질에 기반한다. 조계종은 간화선을 강조한다.

질을 강조하는 조계종에서 정작 지도자를 뽑을때는 양에 기반한다. 이것은 분명 자기기만이다.

인으로 작용했다.

21. Da Hui Zong Gao(大慧宗杲)는 자기제자인 문신이 행정업무를 보거나 무신이 이동하면서 할 수 있는 수행기술을 개발했는데 그것이 바로 화두수행이다. 화두수행은 생활현장에서 할 수 있도록 개발된 수행기술이다.

22. 이것은 생활념에 기반 둔 동념을 중시할 수 밖에 없다. 그러나 Da Hui Zong Gao(大慧宗杲)도 강조했듯이 어디까지나 Buddha 정통수행법은 좌념이 핵심이자 기본이다.

23. 화두수행을 만든 Da Hui Zong Gao(大慧宗杲)는 처음에는 묵조수행을 했다. 그러다 묵조수행 폐해를 인지하고 묵조수행 단점을 개량하고 보완해 화두수행을 창안했다.

24. Da Hui Zong Gao(大慧宗杲)는 묵조수행을 하다 화두수행을 창안했지만 Buddha 정통수행자로 수행지도하다 입적했다.

25. 묵조수행 창시자이자 오랜 수행선배였던 Tian Tong Hong Zhi(天童宏智, 1091~1157)는 죽기 직전 묵조수행 도량인 Tiantongsi(天童寺)를 Da Hui Zong Gao(大慧宗杲)에게 부촉하고 입적했다.

26. 어차피 한 법이다. 화두수행이나 묵조수행이나 큰 흐름에 차이없다. 단지 잔기술에서 몇 가지 사소한 차이는 있다. 본질은 둘 다 Buddha가 창안한 정통수행법이란 점이다.

27. Da Hui Zong Gao(大慧宗杲)는 귀양가 있으면서도 제자에게 편지로 수행지도했다. 그 편지를 모아 둔 것이 Shu Zhuang(書狀)이다. Shu Zhuang(書狀)은 Da Hui Zong Gao(大慧宗杲)가 가장 힘들 때 서술한 내용이다. 거기서 지적한 것은 귀양이 풀리면서 대부분 해소했다.

28. 50여 년이 지난 후, 1190년대 중엽 Shu Zhuang(書狀)을 읽은 보조지눌(普照知訥, 1158~1210)이 화두수행 기술을 도입했다. 그러나 문

제는 수행기술을 책으로 도입한 것에 한계가 있었고, 한창 탄압받고 힘들 때 써 둔 내용과 날카로운 용어를 사용한 것을 받아들인 점이고, 고려와 보조지눌(普照知訥)이 중국문화 주변부문화 특성으로부터 자유롭지 못했다는 점이다.

(표118) 묵조수행과 간화수행 차이

	묵조수행	화두수행
형식	좌선중시(靜禪)	좌선, 행선, 생활선 중시(動禪)
교육방식	수행자중심	수행지도자 중심
양과 질	양 중시, 좌선시간 강조	질 중시, 확철대오강조
이름붙이기	이름붙이지 않음	이름붙임
수행지도	수행점검 없음	수행점검 중시
창시자	Tian Tong Hong Zhi(天童宏智)	Da Hui Zong Gao(大慧宗杲)
추종자	문신, 평화론자	무신, 민족주의자
알아차림 대상	법(法)	화두(話頭)
알아차림 위치	멀리 둠	가까이 둠
지향점	심해탈(實解脫)	혜해탈(慧解脫)

29. 묵조수행과 화두수행 갈등배경에는 당시 정치현실도 한몫했다. Da Hui Zong Gao(大慧宗杲)와 Tian Tong Hong Zhi(天童宏智)는 서로 멀지 않은 곳에 있는 수행도량에서 정진하고 있었다. Jin(金)이 Sòng(宋)으로 침입해 왔을 때 먼저 Tian Tong Hong Zhi(天童宏智) 수행도량으로 갔는데 안개가 끼어 절에 당도하지 못했다고 한다.

30. Jin(金)의 군대가 Da Hui Zong Gao(大慧宗杲) 수행도량에 왔을 때 수월하게 침입해 도량을 쑥대밭으로 만들었다. Da Hui Zong Gao(大

慧宗杲)는 Tian Tong Hong Zhi(天童宏智)가 멀지 않은 곳에 있으면서 도와주지 않았다는 서운한 마음을 가졌는데 이것이 묵조수행과 화두수행이 멀어지게 된 동기 가운데 하나다.

31. 묵조수행과 화두수행은 수행기술과 지향점에 큰 차이가 있는 것처럼 생각하지만 아무 차이없다. 만일 차이가 있다고 주장하는 사람은 수행을 모르는 사람으로 보아도 무방하다.

32. 오늘날 한국 조계종 수행자는 이 둘 사이에 큰 차이가 있는 것처럼 생각하지만 정작 그들 사이는 사소한 한 두가지를 제외하고 아무런 문제도 없었다.

33. 오늘날 한국수행자가 이렇게 생각하는 저변에는 퇴옹성철(退翁性徹, 1912~1993)이 한몫 거들기도 했다. 퇴옹성철(退翁性徹)은 돈오돈수(頓悟頓修)를 지향하는 화두수행을 제외하곤 모두 사마외도(邪魔外道)라고 몰아붙였다. 이것은 전형적인 주변부문화 관점이고 Buddha 관점과도 맞지 않는 주장이다.

34. 수행기술이나 지향하는 것에 많은 차이가 있었다면 어떻게 서로 법을 전해받고 후임 수행지도자로 추천하고 또 그것을 흔쾌히 받아들이겠는가?

35. 새로 온 수행지도자가 기존 수행기술과 큰 차이가 있다면 대중이 받아들이지 않았을 것이다. 상식선에서 접근하고 이해하면 답을 쉽게 찾을 수 있다.

16. 정념(靜念)과 동념(動念)

1. SATI 수행 기술특징은 정(靜)과 동(動) 균형잡기다. 이 둘이 적절

히 균형잡힐 때 Maggaphala에 들어 Nibbāna를 체험할 수 있다.

2. 이 둘을 균형잡기 위해서 여러 가지 수행기술을 개발했다. 그 가운데 인위로 균형잡는 기술이 좌념과 행념이다. 좌념은 앉아서 하기 때문에 정념(靜念), 행념은 움직이며 하기 때문에 동념(動念) 특징이 강하다.

3. 마음근육이자 알아차림 기능인 sati와 sati 집중기능인 samādhi도 균형잡아야 한다. sati는 동(動)이고 samādhi는 정(靜)이다. sati와 samādhi 균형잡는 방법이 정(靜) 수행기술인 좌념과 동(動) 수행기술인 행념으로 가능하다.

4. Buddha 이래 SATI 수행 정통파는 정념인 앉아서 하는 좌념과 걸으며 하는 동념인 행념을 적절히 균형잡으며 수행했다. 초보자는 좌념과 행념 비율을 「1:1」, 어느 정도 수행진도 나간 사람은 「2:1」, Maggaphala 문을 열 정도로 수행이 성숙한 사람은 좌념, 행념, 생활념 가운데 잘하는 방향으로 집중한다. 이때 좌념은 한 번에 3시간, 행념은 1시간 정도가 적당하다. 시간이 많으면 이같은 방식으로 반복한다.

5. Buddha는 정념인 좌념과 동념인 행념 둘다 강조했다. 부파부시기는 정념인 좌념을 강조했다. 그 이유 가운데 하나는 수행자가 육체노동자보다 지식노동자가 많았기 때문이다. 그들이 노동하는 공간이 실내고 주로 앉아서 하는 일이다 보니 자연스럽게 좌념을 강조했다. 좌념은 지식인 노동념인 셈이다. Mahāyāna와 Mantra 시기는 다시 동념인 생활념과 진언수행을 강조했다.

6. 중국에 수행불교가 처음 전해질 때는 근본불교 영향으로 정념인 좌념을 강조했다. 동념인 행념이 전해졌지만 주류는 좌념이었다. Bodhidhamma(菩提達摩)는 좌념, 행념, 생활념을 강조했다. Da Man Hong Ren(大滿弘忍, 602~675)이 활동하던 시대는 Da Tong Shen Xiu(大通神秀)를 비롯한 지식인이 수행하면서 정선인 좌념을 선호했다.

7. Da Tong Shen Xiu(大通神秀)와 동시대에 활동한 Da Jian Hui Neng(大鑑慧能)은 동념인 생활념을 강조했다. Da Tong Shen Xiu(大通神秀)는 관료출신이고 Da Jian Hui Neng(大鑑慧能)은 육체노동자 출신이다.

8. 이런 전통은 Ma Zu Dao Yi(馬祖道一, 709~788), Bai Zhang Huai Hai (百丈懷海, 720~814), Huang Bo Xi Yun(黃檗希運, ?~850), Lin Ji Yi Xuan(臨濟義玄, ?~867), Zhao Zhou Cong Shen(趙州從諗, 778~897), Yun Men Wen Yan(雲門文偃, ?~949) 등을 통해 이어지면서 종국선종 전통으로 자리잡았다.

9. 대개 일 처리방식을 보면 지식인이나 문신은 선이 세밀하고 육체노동자나 무신은 선이 굵다. 직업에 따라 선호하는 수행기술이 다른 것은 지극히 정상이고 자연스럽다.

10. 머리로 노동하는 관료나 지식인 노동념은 자연히 좌념이 될 수밖에 없다. 육체노동자는 야외에서 몸으로 노동하다보니 자연스럽게 움직이며 하는 동념을 강조한다.

11. 12세기 들어오면 서서히 정념인 좌념을 강조하는 분위기가 우세했다. Tian Tong Hong Zhi(天童宏智)는 정념을 강조한 묵조수행 창시자다. 같은 시기 Da Hui Zong Gao(大慧宗杲)는 동념인 화두수행을 창시했다.

불교흐름

35장
한국불교, 처음부터
오리지널 불교와 SATI 수행이었다.

7

흐르는 물처럼

한국불교
처음부터 오리지널 불교와
SATI 수행이었다

project

check point

이 장에서는 한국에 전해져 발전한 오리지널 불교와 SATI수행에 관해 배우고 익힌다. 흔히 Buddha 정통수행법인 SATI 수행이 최근에 한국에 소개된 것으로 알고있다. 이것은 한국불교사 전반에 대한 무지와 오해로 비롯한 것이다. 한국에는 처음부터 Buddha가 창안한 오리지널 불교와 Buddha 정통수행법인 SATI 수행이 전래했다. 그 후 그 전통이 단 한 번도 끊어진 적 없이 오늘날까지 이어져 왔다.

1. 오리지널 불교와 SATI 수행 전래와 수용

1. Buddha가 보리수 아래서 Buddha가 창안한 SATI 수행을 사용해 Arahant(阿羅漢)가 된 이래 SATI 수행은 모든 불교수행 기본이 됐다. 이후 만들어진 불교수행 또한 SATI 수행을 자신이 직면한 상황에 적합하도록 응용해 사용한 것이다.*

인도불교 흐름

BCE 566년 음력 4월 15일 Gotama Siddhattha(Buddha, 佛陀, 覺者) 탄생.

BCE 537년 Gotama Siddhattha 출가수행.

BCE 531년 음력 4월 15일 새벽 3시 무렵 Buddha를 이룸.
　　　Buddhagaya 보리수 아래서 Gotama Siddhattha가 Arahant Maggaphala(阿羅漢 道果)에 들어 Nibbāna(涅槃, 寂滅)를 체험하고 Buddha(佛陀, 覺者)가 됨.

BCE 531년 음력 6월 중순부터 9월 중순까지 최초 Vassa(安居)와 수행지도.
　　　Migadāya에서 5 bhikkhu(五比丘)에게 수행지도함.

BCE 531년 불교창립선언문 발표.
　　　음력 9월 초순 무렵 Migadāya에서 불교창립선언문(轉法宣言) 발표. 이후 45년 동안 중인도에서 매년 1300km를 맨발로 걸어 이동하면서 수행지도하고 활동함.

BCE 486년 음력 4월 15일 저녁 11시 무렵 Kusinārā에서 입멸함.
　　　활동할 때는 별일이 많았지만 Buddha 입멸후 별일은 역사속으로 사라지고 당신이 창안한 오리지널 불교와 SATI 수행만 남음.

BCE 486년 음력 6월 중순부터 이듬해 1월 중순까지 7개월 동안 제1결집
　　　최초 Ārāma(精舍)인 Rājagaha(王舍城) Veḷuvana(竹林精舍)에서 제1차 전인도출가수행자대회 개최(1차결집). 500명의 Arahant와 수만 명의 출가수행자가 7개월에 걸쳐 Buddha 가르침과 행적을 수집, 정리, 보관했음. 이때 수행자 행동규범인 율장과 수행과 마음에 관한 내용인 경장등 2장(二藏)이 성립함. 이것이 오늘날 대장경원형이 됨. 사용한 언어는 Buddha가 사용한 언어인 pāli어고 암송으로 전승함.

BCE 380년 제2결집
　　　Vesālī(毘舍離, 廣嚴城)에서 출가수행자가 계율해석 문제로 분쟁이 일어나자 제2차 전인도출가 수행자대회 개최(2차결집). 수만 명이 참여한 이 모임은 500명의 Arahant를 뽑고 그 중에서 8명의 대표를 선출해 그들의 주도로 8개월 동안 진행하면서 수없이 토론함. 이후 계율에 관한 관용파가 근본교단으로 부터 이탈하기 시작함. 이후 300년 동안

20개 부파로 분화함. 이 시기를 부파부불교라고 함.

BCE 250년 제3결집

불교철학에 힌두교 윤회사상이 침투하기 시작함. 이 문제를 해결하기 위해 Asoka(阿育, 無憂) 왕 제안으로 Pāṭaliputta(巴羅利佛, 華子城)에서 제3차 전인도출가수행자대회 개최 (3차결집). 1000명의 Arahant가 모여 9개월 동안 진행한 모임에서 윤회설은 힌두사상 이고 Buddha 가르침이 아님을 선언함. 윤회설을 인정하는 사람은 불교교단을 떠나라는 칙령을 발표함. 사상절충자이자 윤회설을 지지하던 Sabbtthi Vādin(說一切有部) 등이 윤 회설 발생지인 Gandhāra(健駄羅) 등 북인도로 떠남. 이 모임에서 율장과 경장을 해석한 7편의 논문인 Abhidhamma(阿比達摩, 對法, 論藏)를 채택함. 이것을 더해 율경론 3장이 성립함.

BCE 180년 Suṅga 왕조 탄생.

힌두교 쿠데타가 발생해 불교왕국인 Mauriya 왕조를 전복하고 힌두교를 국교로 삼는 Suṅga왕조 세움. 그리고 30여 만 명의 출가수행자를 죽이고 3만여 곳의 수행도량을 파 괴하고 대대적인 불교탄압정책 취함.

BCE 32년 Pāli 3장 문자로 기록

스리랑카에서 이제까지 암송으로 전해진 Pāli 3장을 최초로 싱할리 pāli어로 기록함.

BCE 100년~CE100무렵 Mahāyāna(大乘部) 등장.

신불교운동(근본불교운동) 전개함. 윤회부정파, 윤회인정파, 신부정파, 신인정파 등 Mahāyāna는 여러갈래로 분화함. 그들은 자기주장을 정당화하기 위해 Buddha와 직계 제자를 주인공으로 삼고 Buddha 당대를 배경으로 한 불교 역사소설을 씀. 그 역사소설 이 금강경계통, 아미타경계통, 법화경계통, 화엄경계통 등 Mahāyāna경전임. 수행은 힌 두교 Yoga 수행기법과 Buddha가 만든 SATI 수행기법을 혼합해 사용함. 대중을 포용하 고 수행을 중시하고 불교가 만들어진 근본정신으로 돌아가자고 출발한 Mahāyāna는 실 천결과 불교역사상 대중을 가장 소외했고 수행 또한 멀리하는 결과를 초래함. 그들은 돈 크기가 행복크기를 결정한다고 주장함. 그들은 경전을 읽으면 좋고, 직접 물질을 시주해 Buddha 공덕을 찬양하는 것만큼 가피력을 입는다고 주장함.

CE 150~250년 무렵 Mādhyamika(中觀派) 등장.

Mahāyāna경전을 논리있게 정리함. 이 학파를 주도한 사람은 Nāgārjuna(那伽閼剌樹那, 龍樹,150~250년 무렵 활동)를 중심으로 한 수행자임. 그들은 Suñña(空) 논리를 주장하 고 윤회를 부정하고 연기와 3법인을 몸과 마음으로 체험하기 위해 수행을 중시함.

CE 350~450년 무렵 Vijñapti mātratā(唯識派) 등장.

이들은 불교철학에 다시 윤회설을 도입하고 수행은 힌두교 Yogācāra(瑜伽行派)를 채택 함. 이 학파를 주도한 사람은 Asaṅga(獅子覺, 無着, 4~5 세기 활동)와 Vasubandhu(婆 藪槃豆, 世親, 4~5세기 활동)를 중심으로 한 수행자임.

CE 500년 무렵 Mantra(眞言) 계통 밀교부 등장.

이들은 불교 철학과 수행에 힌두요소를 전면으로 도입함. 이들은 Mahāyāna가 대중을 위한다고 주장하지만 실제는 대중을 소외했다고 생각함. 그래서 그들이 대중을 위한 불교를 실천하려고 등장했다고 주장함. 그들은 지금 대중은 하근기기 때문에 수행보다 불교로 각색한 힌두신인 관세음보살 등에 의지해 기도하고 가피를 받음으로써 행복하게 살 수 있다고 주장함. 그들은 구원계량화를 주장함. 질보다 양을 중시함. 기도 양만큼 가피를 입는다고 주장함. 그들은 단순반복 행위크기가 행복크기를 결정한다고 믿음. 그들은 경전을 직접 읽지 않아도 경전에 등장하는 주인공이름 한 번 부르는 것이 경전 한 번 읽는 것과 같은 공덕이 있다고 주장함. 물질을 직접 시주하기보다 말로 시주했다고 하면 직접 물질을 시주한 것과 같은 공덕이 있다고 주장함. 주인공이름을 반복해서 외우는 과정에서 sati 집중력(三昧力)이 생기고 수행이 됨. 수행하지 말고 기도하자고 출발한 밀교부가 도리어 수행을 중시하는 결과를 보임. Mantra 계통 밀교수행자는 소리를 기준점삼고 수행함. 물질이 아니라 말로 대체하자는 것이 물질이 척박한 티베트나 몽고 초원지대에서 대중성을 획득함.

CE　700년 Tantra 계통 밀교부 등장.

이들은 성교할 때 전해지는 감각느낌을 알아차림 기준점삼고 수행함. 모든 것이 sati 강화훈련 대상이기 때문에 감각느낌을 대상으로 삼고 수행하는 것이 이상할 것 없다고 주장함. 이들은 Maggaphala에 들어 경험하는 Nibbāna 즐거움을 Maggaphala에 들지 않고서도 직접 체험할 수 있다고 주장함. 그것이 성교할 때 느끼는 즐거움이라고 강조함. 그러나 그들은 길을 놓치고 말았음. 이런 수행기법을 강조한 밀교부수행이 대중성을 획득한 티베트와 파미르 고원에 성병이 만연한 것은 많은 것을 시사함. Mantra 계통이나 Tantra 계통이나 모두 인도중부에서 발생했지만 대중성을 획득한 지역은 티베트나 파미르 고원임.

CE　1203년 이슬람침입으로 인도에서 불교와 힌두교가 함께 몰락함.

CE　1600년 이슬람 철수.

이 무렵 이슬람이 인도대륙에서 물러가자 힌두교는 되살아났지만 불교는 아직까지 되살아나지 못하고 있음. 그 주된 이유가 Mahāyāna로부터 시작한 불교의 힌두교화가 원인임. 신과 윤회를 부정한 것이 불교철학 정체성이었는데 불교가 신과 윤회를 도입함으로써 똑같은 가치관 2개가 같은 지역에 존재할 이유가 없게 됨. 그래서 힌두교를 모방한 불교가 일반민중에게 외면 받음. 항상 오리지널은 살아남고 모조품은 생명력이 없음.

CE　1900년부터 인도불교살리기운동 시작함.

스리랑카 출신 원력가 Dhammapāla(1864~1933)가 Maha Bodhi Society(大覺會) 운동을 시작하면서 불교 4대성지 회복운동 출발함. 같은 시기 민중해방투사 B.R.Ambedkar(1891~1956)가 불교에 기초해 하층민 권리찾기 운동 시작함. 이것이 인도에서 신불교운동 시작임.

CE　2002년 Mūla Saṅgha SATI Ārāma가 인도불교 살리기 운동 시작함.

이 단체는 인도불교가 살아나지 않고서는 세계불교 또한 온전할 수 없다는 점에 주목함. 인도불교를 되살리는 일은 그 일을 직접 담당할 주체인 출가수행자를 교육하는 것이라

2. 한국에 오리지널 불교와 SATI 수행이 전해진 것은 CE 4년 신라 남해왕(南解王, 재위 4~24)) 원년 53구의 불상(佛像)이 쇠로 만든 종을 타고 와서 강원도 고성에 닿아 금강산으로 들어갔다는 것이 최초다.

3. 그 다음은 48년 인도 아유타국(阿踰陀國)으로부터 가야 김해로 온 허황옥(許黃玉, ?~188)이 가야국 김수로왕(金首露王, 재위 42~199)과 국제결혼할 때 함께 온 장유화상(長遊和尙, 1세기경 활동)이 오리지널 불교와 SATI 수행을 전했다.

4. 이때 가야에 전해진 불교는 오리지널 불교와 Buddha가 창안한 정통수행법인 SATI 수행이었다. 이때는 인도에도 Mahāyāna(大乘部)가 태동하던 시기였기 때문에 한국에 전해진 것은 오리지널 불교였고 수행법 또한 SATI 수행이 전부였다.

5. 그들은 김해 장유사(長遊寺), 은하사(銀河寺), 남해 보리암(菩提庵), 지리산 칠불암(七佛庵) 등 울산에서 삼천포에 이르는 해안선을 따라 많은 수행도량을 건립했다. 지금은 이들 수행도량 대부분 기도도량으로 사용하지만 처음 설립할 때는 오리지널 불교와 SATI 수행을 위한 수행도량으로 만들었다.

6. 372년 인도에서 온 순도(順道, 4세기경 활동)가 북중국 Qian-gin(前秦)에 머물다 그곳 왕 Fu Jian(符堅, 4세기경 활동) 사신으로 고구려에 와서 불교와 수행을 전했다.

7. 고구려에 전해진 불교는 삼론종(三論宗) 계통이었다. 삼론종은 윤회를 부정하고 수행을 강조했다. 그들은 Nāgārjuna(那伽閼剌樹那, 龍

고 결론내림. 그래서 Buddha가 깨달음을 성취하고 불교발생 장소인 Buddhagaya 보리수 옆에 국제수행도량을 설립하고 수행자양성운동 시작함. 동시에 그곳에 수행전문대학원과 무료의과대학 설립운동 전개함.

樹, 150~250 무렵 활동)가 정립한 Mādhyamaka Śāstra(中論), Dvā-dasamukha Śāstra(十二門論) 그리고 Kanadeva(眪天, 3세기경 활동)가 지은 Sata Śāstra(百論)에 기초해 불교를 이해했다.

8. 그들은 존재양식과 존재 결합방식을 설명한 연기(paṭicca samupāda, 緣起), 마음맑히는 SATI(念) 수행, 마음비우는 Suñña(空) 수행, 마음보내는 Mettā(慈) 수행은 사유로 이해하는 것(思惟則解悟)이 아니라 직접 몸과 마음으로 체험해 이해하는 것(經驗則證悟)이라 주장하고 수행을 강조했다.

9. 384년 인도에서 온 Malananta(摩羅難陀, 4세기 후기활동)가 남중국 Dong Jin(東晉)에 머물다 백제에 와서 전한 불교 또한 계율과 수행을 중시한 오리지널 불교와 SATI 수행이었다. 이때 pāli어 Vinaya Piṭaka(律藏)를 번역하고 다시 중국으로 건너갔다.

10. 가야, 고구려, 백제, 신라가 불교를 수용하고 실천한 양상을 보면 조금씩 다르다. 가야는 인도로부터 직접 오리지널 불교를 도입해 사용했고, 고구려는 논장(論藏), 백제는 율장(律藏), 신라는 Mahāyāna경전을 중시했다. 그리고 모두 Buddha가 개발한 SATI 수행을 기본으로 닦았다.

11. 529년 신라 법흥왕(法興王, 재위 514~540)은 짐승도축을 금하는 칙령을 내려 살생을 금지했고, 599년 백제 법왕(法王, 재위 599~600)은 고기잡는 도구를 불태우고 민가에서 기르는 매를 방생하고 살생을 금하라는 칙령을 내렸다. 전쟁무기를 녹여 농사도구로 만들었다.

12. 신라 원광(圓光, 555~638)은 세속 5계를 지어 젊은이를 전쟁터로 내모는데 일조했고, 자장(慈藏, 7세기 중기활동)은 현실정치에 깊숙이 개입했다. 고구려 도림(道林, 5세기 후반활동)은 백제에 첩자로 갔고, 덕창(德昌, 7세기 중기활동)은 신라에 첩자로 갔다. 삼국이 통일전

쟁하던 시기 출가수행자도 현실정치로부터 자유로울 수 없었다.

13. 한국불교는 중국이나 인도에서 불교를 수입해 쓰기만 한 것이 아니라 일본에 전했다. 552년 백제 성왕(聖王, ?~554)은 불상(佛像)과 경(經)을 일본에 전했고, 577년 위덕왕(威德王, 525~598)은 선사(禪師), 율사(律師), 경논(經論)을 일본에 전했다. 595년 고구려 영양왕(嬰陽王, 재위 590~618) 때 혜자(惠慈, ?~622)는 일본으로 가서 활동했고, 610년에는 담징(曇徵, 579~631)이 일본으로 가서 유교경전을 전했고 그림도 가르쳤다. 623년 신라 진평왕(眞平王, 579~631) 때 혜제(慧濟, 7세기 중기활동)를 시작으로 많은 스님이 일본으로 건너가 활동했다.

2. 도입과 구법여행

1. 263년 미추왕(味鄒王, 재위 262~284) 때 아도(我道, 3세기 후기활동)가 신라에 왔고, 눌지왕(訥祇王, 재위 417~458) 때 고구려로부터 서역인으로 추정되는 묵호자(墨胡子, 5세기 중기활동)가 신라에 와서 불교와 수행을 전했다. 법흥왕(法興王, 재위 514~540) 때 이차돈(異次頓, 506~527)이 순교하고 불교활동을 공인했다.

2. 600년대 중기 원효(元曉, 617~686)를 비롯한 많은 수행자가 교학(敎學)만 한 것으로 알려졌지만 Buddha 정통수행법인 SATI 수행도 함께 닦았다. 원효는 Buddha 정통수행법에 더해 아미타염불(阿彌陀念佛) 기도만 한 것이 아니라 소리를 알아차림 기준점(觀聲)으로 삼고하는 염불수행(念佛禪)을 했다. 다른 수행자도 마찬가지다.

3. 오늘날 대부분 강단불교학자는 한국수행자를 다룰 때 그들이 문자만 분석한 것으로 이해하거나 철학관점으로만 다룬다. 오늘날 학자가

마음과 수행을 모른 채 문자만 다루다 보니 자기수준에서 그렇게 해석할 뿐이다. 눈 밝은 수행자는 문자뿐만 아니라 수행대가란 사실을 간과하면 안 된다.

4. 한국불교가 중국에서 전해지는 불교를 받아 쓴 것만은 아니다. 중국이나 인도로 불법을 구하기 위해 구법여행(求法旅行)을 떠났다.

5. 526년 백제출신 겸익(謙益, 6세기 중기활동)이 중인도 상가나 대율사(常伽那 大律寺)에서 pāli어와 Vinaya Piṭaka(律藏)를 배웠다. 그리고 인도출신 배달다삼장(倍達多三藏)과 함께 귀국해 pāli어 Vinaya Piṭaka(律藏) 72권을 번역했다.

6. 600년대 중반 신라를 중심으로 많은 수행자가 중국에 가서 불교를 배우고 돌아왔다. 이때 Tang(唐)에 와서 활동하던 인도출신 스님이 유학 온 한국스님이 귀국할 때 그들을 따라 한국에 오는 경우가 많았다.

7. 안홍(安弘, 7세기 중기활동)이 귀국할 때는 인도출신 비마라진제(毗摩羅眞諦, 7세기 중기활동), 농가타(農伽陀, 7세기 중기활동), 불타승가(佛陀僧伽, 7세기 중기활동) 등이 함께 와서 경주 황룡사에 머물며 경전을 번역하고 활동했다.

8. 643년 신라출신 아리나발마(阿離那跋摩, 7세기 중후기활동)가 Tang(唐)으로 갔다가 그곳에서 파미르고원 길을 따라 인도로 가서 Nālanda Vihāra(那蘭陀寺)에서 수행하다 그곳에서 70세로 입적했다. 혜업(慧業, 7세기 중후기활동)은 Tang(唐)에 갔다가 그곳에서 다시 인도 Buddhagaya Mahābodhi Mahāvihāra(大覺大寺, 大菩提寺)에 머물며 수행한 후 Nālanda Vihāra(那蘭陀寺)로 가서 그곳에서 수행하다 입적했다. 혜업이 쓴 범본(梵本) 책이 Nālanda Vihāra(那蘭陀寺)에 전해졌다고 한다. 반냐발마(慧輪 혹은 惠申, 7세기 중후기활동)는 Xuan Zhuang(玄奘, 622~664)을 따라 인도로 갔지만 암마라파국(菴摩羅波

國) 신자사(信者寺)에서 수행하다 40세 전에 동쪽 건다라(揵陀羅) 산다
사(山茶寺)에서 병으로 입적했다.

9. 신라출신 Sarvajnadeva(玄泰, 7세기 중후기 활동)는 Tang(唐)으로
가서 그곳에서 중인도로 갔다. Buddhagaya Mahābodhi Mahāvi-
hāra(大覺大寺, 大菩提寺)에서 수행한 후 Tang(唐)으로 돌아왔지만 신
라로 귀국하지 않고 그곳에서 수행하다 입적했다. 구본(求本, 7세기 후
기활동)은 Tang(唐)에서 인도로 갔지만 자세한 행적은 알려지지 않고
있다.

10. 현각(玄恪, 7세기 중후기 활동)과 현조(玄照, 7세기 중후기 활동)
는 함께 Tang(唐)에서 인도로 가서 저란타국(闍爛陀國)에서 4년 동안
머물면서 경율을 배운 뒤 Buddhagaya Mahābodhi Mahāvihāra(大覺
大寺, 大菩提寺)에서 4년 동안 Abhidhamma Piṭaka(論藏)와 Vinaya
Piṭaka(律藏)를 익혔다. 현각은 40세에 그곳에서 병으로 입적했다. 현
조는 Nālanda Vihāra(那蘭陀寺)에서 3년 동안 머물며 승광(僧光, 7세
기 중후기 활동)으로부터 Mādhyamaka Sāstra(中論)와 Sata Sāstra(百
論) 등을 배웠고, 보사자(寶師子, 7세기 중후기 활동)로부터 유가17지
(瑜伽十七地)를 배우고 낙양으로 귀국했다. Tang(唐) 고종(高宗, 재위
650~684) 명으로 다시 인도로 갔다가 Nālanda Vihāra(那蘭陀寺)에서
중국 구법승 Yi Jing(義淨, 635~713)을 만났고 60세때 암마라발국(菴
摩羅波國)에서 입적했다.

11. 이들은 실크로드로 가지 않고 Tufan(吐蕃, 西藏) 길로 간 것 같
다. 오늘날 Cha Ma Gu Dao(茶馬古道)로 알려진 「Chengdu-Lhasa-
Kathmandu」 길로 간 것으로 추정한다. 티베트 Lhasa(拉薩)에서
Tang(唐) Wen Sheng Gong Zhu(文成公主, 7세기 중기 활동)로부터 여
비를 시주받아 구법여행을 마쳤다.

12. 고구려 출신 현유(玄遊, 7세기 중후기 활동)는 Tang(唐)으로 가서 그곳에서 승철(僧哲, 7세기 중기 활동)을 모시고 수행하다 인도로 갔다. 성지순례한 후 동인도에 머물다 그곳에서 입적했다.

13. 그 외에도 많은 한국출신 수행자가 중국으로 인도로 구법여행을 떠났지만 대부분은 귀국하지 못하고 도중에 입적했다.

14. 신라출신 혜초(慧超, 704~?)는 Guangzhou(廣州)에서 인도에서 온 밀교수행자 금강지삼장(金剛智三藏, 8세기 초기 활동)을 만나 제자가 된다. 금강지권유로 717년 Guangzhou(廣州)를 떠나 나신국(裸身國)을 거쳐 해로로 인도에 도착해서 5천축(五天竺)을 순례한 후 727년에 Tang(唐)으로 돌아온다. 신라로 돌아오지 않고 계속 Tang(唐)에 남아 활동했다. 그는 왕오천축국전(往五天竺國傳)을 지었다. 그는 해로로 가서 육로로 돌아왔다.

15. 유교나 도교 문화본류인 중국도 불교문화는 주변부다. 불교는 인도가 상징성을 가지고 있었고 인도는 불교에 관한 모든 것의 원천이었다.

16. 많은 중국불교 수행자는 정신갈증을 채우기 위해 먼 천축으로 구법여행을 떠났다. 중국수행자를 따라 많은 한국수행자도 인도로 구법여행을 떠났다. 그러나 그들 대부분은 귀국하지 못하고 그곳에서 입적했다.

17. 그 당시 아시아 중심은 중국과 인도였다. 중국문화권에 속한 나라는 Tang(唐) 수도 Changan(長安)으로 가서 신문물을 배우고 귀국해 활동하는 것이 꿈이었다.

18. 643년 신라출신 자장(慈藏, 7세기 초중기 활동)이 Tang(唐)으로부터 귀국했다. 그곳에서 화엄(華嚴), 율장(律藏), 수행을 배우고 돌아왔다. 670년 의상(義湘, 625~702)이 Tang(唐)으로부터 화엄(華嚴)과

수행을 배우고 귀국했다. 이 무렵 국내에 남아 화엄과 수행을 홀로 배우고 실천한 분이 원효(元曉)다.

19. 의상과 원효는 Xuan Zhuang(玄奘)으로부터 유식(唯識)을 배우기 위해 두 번에 걸쳐 밀항을 시도하지만 실패했다. 원효는 입당유학을 포기하고 혼자서 교학과 수행을 했고 의상은 중국으로 가서 화엄을 배워왔다. 원효는 국내파고 의상은 해외파다.

20. 이 당시 한국불교계는 입당유학파와 국내파 간에 보이지 않는 알력이 있었다. 그리고 지금도 마찬가지지만 항상 해외파가 득세했다. 그들이 신문물을 도입하고 그것으로 세상을 바꾸었기 때문이다.

21. 670년 무렵 명랑(明朗, 7세기 후기 활동)이 Tang(唐)에서 귀국해 Yoga 수행(瑜伽修行)을 전했다. 정확한 내용을 알 수 없지만 밀교 Mantra(眞言) 수행으로 추정한다. 이때부터 Mantra 수행이 유포되기 시작했다. 753년 대현(大賢, 8세기 중기활동)을 중심으로 Mantra Yoga 수행(瑜伽行)이 성행했다.

22. 704년 김사양(金思讓, 8세기 초기 활동)이 Tang(唐)에서 돌아오면서 금광명최승왕경(金光明最勝王經)을 가져 왔다. 이 경전은 고대인도 민간의학에 관한 내용이 많이 담겨있다. 오늘날 Ayurveda와 비슷한 것으로 추정한다. 이때부터 수행을 의료복지에 적극 활용하기 시작했다.

23. 신라가 3국을 통일하기 이전은 미륵신앙이나 화엄교학을 강조했다. 그것이 민중을 조직하고 통일전쟁에 참여할 수 있게 하는 이론틀을 제공해주었다. 그러나 통일한 이후는 아미타신앙, 밀교진언, 화엄교학을 강조했다. 그것은 통일전쟁 와중에 희생한 사람을 달래고 지역감정을 희석하고 민심을 달래기 위한 방편이었다. 이런 와중에 수행은 점차 대중시야에서 사라졌다.

3. Bodhidhamma 계통 수행법 도입

1. 680년 무렵 법랑(法朗, 680년 무렵 활동)으로부터 시작된 Bodhidhamma(菩提達摩, 6세기 초기 활동) 계통 수행법이 한국에 소개됐다. Bodhidhamma(菩提達摩) 수행법이 바로 Buddha 정통수행법인 SATI 수행이다.

2. Bodhidhamma(菩提達摩)는 남인도 향지국출신 수행자다. 그가 중국에 올 때 나이가 90이었다고 한다. 그는 수행하기 위해 중국에 온 것이 아니라 수행지도하고 Buddha 정법을 전하기 위해 왔다. 그가 전한 수행법이 바로 Buddha가 Arahant Maggaphala를 성취하고 최상정각을 성취할 때 사용한 SATI 수행이었다.*

3. 800년대 초중반 중국으로부터 한국에 Buddha가 창안하고 실천해 Arahant Maggaphala를 성취하고 Nibbāna를 체험한 정통 SATI 수행이 물밀듯이 전해질 때도 화두수행(話頭禪, 看話禪)은 없었다. 이때도 「Bodhidhamma(菩提達摩) – Da Jian Hui Neng(大鑑慧能) – Ma Zu Dao Yi(馬祖道一)」 계통 수행법이 전해졌다. 이것 또한 Buddha 정통수행법인 SATI 수행이었다.

4. 821년 도의(道義, 9세기 중기활동) 귀국으로부터 시작한 입당구법 수행자귀국은 그 당시 중국불교를 풍미하던 Bodhidhamma(菩提達摩)

SATI 수행

SATI 수행은 Buddha 정통수행법을 가리키는 용어다. 이 말은 Buddha가 Migadāya에서 5bhikkhu(五比丘)에게 최초로 수행지도할 때부터 Kusinārā에서 입멸할 때까지 자기수행법을 지칭하는 용어로 사용했다. 이 책에서는 SATI 수행이라고 한다. 이 용어가 부파제부는 vipassanā(觀), Mahāyāna는 sati(念)나 samādhi(三昧, 止, 定), 중국은 선(禪), 서구는 meditation이라 하고 이것을 다시 한문으로 명상(冥想) 등으로 다양하게 부른다.

계통 선수행이 주류였다. 826년 홍척(洪陟, 9세기 중기 활동)이 귀국한 후 828년 지리산 북쪽에 실상사(實相寺)를 건립하면서 수행도량을 건립하기 시작했다. 이후 약 100년 동안 9산선문(九山禪門)으로 대표하는 Bodhidhamma(菩提達摩) 계통 수행법이 한국불교에 정착했다. 이것이 오늘날 조계종뿌리다.

5. 경주를 중심으로 한 신라는 화엄(華嚴) 사상을 중심으로 한 교종(敎宗)으로 그것을 국가이념으로 삼았다. 그들은 선수행을 마구니 가르침이라고 선동하고 불온한 사상으로 간주했다.

6. 개성을 중심으로 등장한 왕건(王建, 877~943) 계통은 선수행이야 말로 새로운 사회를 이끌 지도이념으로 이해하고 받아들였다. 그들은 새롭게 등장한 선종세력과 연합해 경주중심 권력을 개성중심으로 이동하는데 성공했고 고려를 건국했다. 그리고 Bodhidhamma(菩提達摩) 계통 수행법이 주류사회에 진입했다.

4. 선교일치 운동

1. 936년 고려가 건국한 후 선종(禪宗)만 편애할 수 없었다. 그 당시 화엄교학을 중심으로 한 교종세력이 엄연히 존재했고 국가경영을 위해서 이들을 무시할 수 없었다.

2. 선종은 사람에게 자립심을 키워주고 홀로서기를 가능하게 해준다. 이런 철학은 집중된 힘을 해체하는데 효과있지만 안정된 사회에서 중앙으로 힘을 집중할 때 일정정도 한계를 가질 수밖에 없다.

3. 화엄교학을 중심으로 한 교종은 개별존재 독립성보다 전체존재 연관관계를 중시한다. 따라서 개별존재를 연결하고 한 곳으로 힘을 집중

하는 이념토대를 제공하는데 효과있다.

4. 전환기에 변화를 원하는 사람은 해체와 변혁 철학을 선호하고 기득권을 지키려는 사람은 통합과 유지 철학을 좋아한다. 변혁에 성공한 사람도 안정기에 접어들면 안정과 집중 철학을 요구한다.

5. 전환논리는 기득권을 포기하는 것이므로 좋아할 리 없다. 이런 관점에서 고려왕조는 창업할 때는 선종으로부터 지원받지만 통일이후에는 급속하게 교종을 선호했다.

6. 나말여초 변혁기를 거치면서 선종은 이미 고려사회에 굳건히 뿌리내렸다. 이런 선종의 현실힘을 무시할 수 없는 고려왕조는 선종세력을 약화시켜 교종세력과 균형맞추기 위해 선종과 교종 통합정책을 추진했다.

7. 959년 광종(光宗, 925~975)은 지종(智宗, 930~1018) 등 36명 스님을 선발해 중국으로 보내 선수행(禪修行)과 정토신앙(淨土信仰)을 겸수하는 법안종(法眼宗) 계통 수행법을 도입했다.

8. 1085년 선종(宣宗, 1049~1094) 때 대각의천(大覺義天, 1055~1101)은 중국으로 가서 선수행과 교학을 일치하는 천태교학(天台敎學)을 배우고 귀국해서 천태종(天台宗)을 개창하고 교선융합(敎禪融合) 운동을 실천한다. 이때 의천이 주도한 교선통합 운동 필요에 의해 원효에게 화쟁국사(和諍國師)란 칭호와 권위를 부여하고 역사무대에 재등장시킨다.

9. 화두수행과 화엄교학을 결합한 선교일치(禪敎一致) 운동인 수선사(修禪社) 활동은 보조지눌(普照知訥, 1158~1210)이 주도했고, 천태수행(止觀修行)과 정토신앙을 결합한 선교일치(禪敎通合) 활동은 원묘요세(圓妙了世, 1163~1245)가 백련사(白蓮社) 운동으로 발전해 대중불교 운동으로 전개했다. 그러나 이들은 자신이 처한 역사환경을 극복하지

못하고 권력 그늘밑으로 흡수됐다.

10. 화두수행에 기초한 보조지눌(普照知訥) 수선사운동은 대중견성 운동이었고 염불과 참회에 기초한 백련사운동은 대중구제 운동이었다. 보조지눌(普照知訥)은 중앙무대 무신으로부터 지원받았고 원묘요세(圓妙了世)는 지방평민에게 지원받았다. 수선사대중이 화려함을 마다하지 않았다면 백련사대중은 검소함을 좋아했다.

11. 이자현(李資玄, 1061~1125)을 중심으로 한 거사불교 운동도 활발하게 활동했다. 그들은 수행과 재가생활을 하나로 하는 생활불교 운동을 펼쳤다. 머리깎고 출가하지 않았지만 재가에 살면서 8계받아 거사(anagariga, 居士)가 되고 재가수행자 표시인 흰옷을 입고 오후불식과 8계를 지키며 재가에서 SATI 수행을 했다.

12. 고려중기 무신정권이 등장하면서 무신은 자신에게 반대하던 출가수행자를 1500명 이상 죽이면서 고려불교는 무너지기 시작했다.

13. 눈 밝은 수행자를 한꺼번에 제거함으로 인해 이후 고려불교는 인재기근에 시달린다. 이어서 Yuan(元)이 침입하자 대부분 불교교단은 외세를 지지했다. 이것은 반외세민족자주를 주장하며 등장한 조선조에서 가혹한 탄압원인으로 작용했다.

14. 고려불교는 무신집권기 전후로 많이 다름을 알 수 있다. 무신집권 이전은 국가주도로 선종과 교종을 융합하기 위해 노력했고 무신집권 이후는 스님이 주도해 다양한 결사운동을 전개하고 교단을 정화하려고 노력했다.

5. Da Hui Zong Gao 계통 화두수행 도입

1. 12세기 중엽 중국으로부터 Da Hui Zong Gao((大慧宗杲, 1088~1163)가 개발한 화두수행을 도입하면서 한국불교 수행법은 크게 바뀌기 시작한다.

2. 이때 도입한 화두수행 또한 Buddha 정통수행법인 SATI 수행 중국 Da Hui Zong Gao(大慧宗杲) 버전이다. 이것은 법이나 내용이 다른 것이 아니라 Buddha가 창안한 정통수행법인 SATI 수행이 중국토양에 적응과정에서 버전이 약간 달라진 것이다.

3. 마음근육이자 알아차림 기능인 sati를 강화하기 위해 화두를 알아차림 기준점으로 삼는 화두수행은 보조지눌(普照知訥)이 직접 중국으로 가서 수행기술을 배워온 것이 아니라 국내에서 Shuzhuang(書狀)이란 책을 통해 스스로 이해한 것이다.

4. 이 책은 Da Hui Zong Gao((大慧宗杲)가 편지로 제자에게 수행지도한 내용을 모아 편집한 것이다. 이 책은 수행 이론과 기술에 대해 Buddha 정통수행법인 SATI 수행 이론과 기술을 충실히 따르고 있다. 그러나 당시 자신이 처한 시대환경을 극복하지 못하고 화두수행 우수성을 강조하고 묵조수행 부정측면을 부각했다. 이것은 이후 중국과 한국 수행자에게 갈등과 분열을 조장하는 결과를 초래했다.

5. 책을 통해 이해한 화두수행은 많은 한계를 드러냈다. 수행은 철학이 아니라 기술이다. 수행은 머리로 이해하는 사유칙이 아니라 몸과 마음으로 체험하는 경험칙이다.

6. 따라서 스승으로부터 직접 수행기술을 전수받지 못하고 단지 책을 통해 간접으로 수행기술을 이해하고 받아들임으로써 Buddha로부터 스승과 제자가 수행점검을 통해 전해지는 수행정보가 단절되는 결과를

초래했다.

7. 그 결과 한국에서 펼쳐진 화두수행은 거대담론은 뛰어나지만 세밀한 수행기술, 수행단계에서 나타나는 현상에 대한 올바른 이해와 처리방법, 스승이 제자를 가르치는 수행지도법 등 SATI 수행 기본과 핵심을 이전받지 못했다.*

8. 보조지눌(普照知訥)이 시작한 선교일치(禪敎一致) 수선사(修禪社) 운동은 1182년 보조지눌(普照知訥)이 승과에 급제하고 도반 10여 명과 함께 정혜결사(定慧結社)를 계획함으로써 시작했다.

수행 도그마

핵심이론을 제대로 알지 못하고 자기 것이 옳다고 주장할 때 도그마에 떨어진다. 현재 한국수행자가 화두수행이 최고라고 주장하면서 왜 우수한지 설명하지 못할 때 직면하는 현실이다. 이것은 화두수행을 도입한 보조지눌이 스승으로부터 직접 수행지도받지 않고 핵심 수행기술을 이전받지 못한 결과다. 현재 한국에서 화두수행에 수행기술이 없는 것과 무관하지 않다.

화두수행은 처음부터 독창적인 수행기법이 없었다. 왜냐하면 Da Hui Zong Gao((大慧宗杲)가 만든 화두수행이 Buddha 정통수행법과 다르지 않기 때문에 특별히 새로운 수행기술을 만들 필요가 없었다. 더 본질은 화두수행은 특별한 수행기술을 필요로 하지 않는다. 그냥 우직하게 맨땅에 머리박고 벋대보는 것이다. 그렇게 하면 한 순간에 최고단계까지 수행이 진보한다. 이것은 돈키호테 스타일이다. 화두수행 특징이 우직함이다. 화두수행자는 세밀하게 수행지도하는 것은 선이 약하다고 보았다. 이것은 모험사고다. 이런 우직한 스타일을 선호한 사람이 무인이었다. 그들은 이런 우직한 수행법을 믿고 따르는 사람이 상근기고 천하대근기라고 상징조작했다.

화두수행을 경절문(看話徑截門)이라고 한다. 이것은 「깨달음 단기속성과정 혹은 깨달음 족집게 과외」 다. 사회지위나 지적수준이 높은 사람에게 모든 것을 생략하고 짧은 기간에 최고수준 깨달음을 체험시키기 위해 특수기법으로 개발한 것이 화두수행이다. 모든 것을 수행지도자에게 맡기고 수행자는 스승이 시키는 대로 따라간다. 그러면 끝이 보인다. 이렇게 하다보니 수행기술이 스승으로부터 제자에게로 제대로 이전되지 못했다.

한국에서 왜곡된 화두수행 제일주의는 필연으로 화두수행자를 엘리트주의에 빠뜨렸다. 화두수행 이외는 모두 쓰레기 수행법이라는 관념으로 물든 수행자는 불교를 창시한 Buddha도 확철대오하지 못했다고 시궁창으로 보낸 지 이미 오래다. 모든 차별을 없애자고 출가수행한 사람이 별 것 아닌 수행기술 가지고 다른 존재를 구분하고 차별하는 선민의식에 빠진 것은 자기 부정이자 모순이다.

9. 1190년 팔공산 거조암(居祖庵)에서 정혜결사문(定慧結社文)을 발표하고 정혜사운동이 출범했다. 1200년 송광사(松廣寺)로 중심도량을 옮기고 정혜사(定慧社)를 수선사(修禪社)로 이름고쳐 활동했다.

10. 수선사활동은 화두수행과 화엄교학을 결합한 선교일치 운동으로 1182년에 계획하고 1190년 출범해 활동하다 1286년 5세 천영(天英, 1215~1286)이 입적한 이후 침체했다. 무신정권과 함께 등장한 보조지눌(普照知訥) 계통 선종세력은 무신정권이 소멸하자 함께 활동을 중단하고 역사무대에서 사라졌다.

11. 1346년 태고보우(太古普愚, 1301~1382)가 중국으로 가서 임제종 호구파(虎丘派) Shi Wu Qing Gong(石屋清珙, 1272~1352)으로부터 화두수행을 배워온다. 이때부터 한국에 임제종 계통 수행법이 정식으로 전해졌다.

12. 화두수행자는 수행지도해준 스승인 조사(祖師)에게 지나치게 의탁한다. 스승을 존경하는 것은 좋지만 불교창시자인 Buddha 조차 무시하는 태도는 곤란하다. 이런 의미에서 조사수행(祖師禪)은 불교가 아니라 조사교(祖師敎)라고 해야 옳다.

13. 불교는 Buddha를 스승으로 모시고 Buddha가 창안한 정통수행법인 SATI 수행을 한다. 반면 조사교는 조사를 스승으로 모시고 화두, 묵조, 염불 수행을 중시한다. 그리고 Buddha가 만든 SATI 수행(vipassanā, 觀)을 하면 확철대오하지 못한다고 주장하고 Buddha를 무시한다.

6. Lama교 전래

1. 1170년 무신이 쿠데타로 권력잡고 1231년 Yuan(元)이 고려에 침

략한 시기에는 보조지눌(普照知訥) 수선사(修禪社), 원묘요세(圓妙了世, 1163~1245) 백련사(白蓮社) 등 다양한 수행운동이 결성돼 활동했다.

2. Yuan(元)이 고려를 지배하자 Yuan(元)에서 대중성을 획득한 Lama교(喇嘛敎)가 전해졌다. 이후 한국불교는 지금까지 밀교영향으로부터 자유롭지 못하다. 신라 명랑(明朗, 670년대 활동)으로부터 전해진 Mantra 수행이 존재했지만 원 지배기를 거치면서 티베트계통 밀교인 Lama교가 한국불교에 크게 영향미쳤다.

3. Lama교는 무늬만 불교고 내용은 98% 이상 힌두교다. 라마교는 신과 윤회를 믿는다. 불교로 각색한 힌두신에게 Mantra로 주문외우고 기도하는 것을 중시하고 수행은 힌두교 Yoga 수행 기술을 사용한다. Lama교는 환생한 전생수행자인 Lama(喇嘛)를 믿는다. 오리지널 불교와 SATI 수행을 창안한 Buddha보다 Lama를 믿고 더 중시하기 때문에 Lama교라고 한다.

7. Dhyānabhadra 계통 수행법 도입

1. 14세기 중엽 고려말 나옹혜근(懶翁惠勤, 1320~1376)과 무학자초(無學自超, 1327~1405)는 중국에서 화두수행과 Buddha 정통수행법을 배워 귀국했다.

2. 나옹혜근(懶翁惠勤)은 중국출신 화두수행자인 Ping Shan Chu Lin(平山處林, 14세기 중기 활동)과 인도출신 수행자인 Dhyānabhadra(指空, ?~1363) 두 스승으로부터 인가받았고 무학자초는 중국에서 Dhyānabhadra(指空)와 고려출신 나옹혜근(懶翁惠勤)에게 인가받고

귀국했다. Dhyānabhadra는 Buddha 이래 인도 108대 조사고 나옹혜근(懶翁惠勤)은 109대, 무학자초(無學自超)는 110대 조사라고 주장했다.

3. 나옹혜근(懶翁惠勤)과 무학자초(無學自超)에게 수행지도한 Dhyānabhadra는 한국으로 와서 금강산에 잠시 머물며 수행지도한 후 다시 중국으로 건너갔다. 그는 인도 Magadha(摩竭提) 국 왕자였는데 출가해 Arahant Maggaphala를 이루고 Buddha이래 108대 조사가 됐다고 주장했다.

4. 나옹혜근(懶翁惠勤)은 양주 회암사(檜巖寺)를 중수하고 그곳을 중심으로 Buddha 정통수행법을 지도했다. 이후 조선불교는 Buddha 정통수행법인 SATI 수행, 화두수행(話頭禪), 묵조수행(黙照禪), Mantra 수행 등이 공존했다. 수행자근기에 따라 자신에게 맞는 수행법을 선택해 수행했다.

8. 숭유배불 조선불교

1. 1231년 Yuan(元) 침략으로 시작해 1356년 공민왕(恭愍王, 1330~1374)이 친원파를 숙청할 때까지 130여 년 동안 고려사회는 암울한 그림자가 드리워졌다.

2. 이때 불교는 무극일연(無極一然, 1206~1289), 무기(無己, 고려후기 활동), 무학자초(無學自超) 등 극히 일부스님을 제외하고 대부분 스님이 Yuan(元) 지배에 부역했다.

3. 민족자주파인 참여유교(性理學)가 집권한 조선은 숭유배불(崇儒排佛) 정책을 근간으로 국가를 경영했다. 고려불교가 외세(元) 앞잡이 노릇한 결과로 조선 500년 동안 그 대가를 가혹하게 지불했다.

4. 참여유교는 조선을 개국하고 불교교단이 가진 물적 인적 토대를 송두리째 무너뜨렸지만 초기는 각종 통과의식 등 문화토대는 건재했다.

5. 성종(成宗, 1457~1494), 연산군(燕山君, 1476~1506), 중종(中宗, 1488~1544)을 거치면서 국가차원에서 불교식 통과의식을 금지하고 유교식 관혼상제를 도입했다. 그리고 조선불교는 완벽하게 무너졌다.

6. 조선불교가 참여유교로부터 가혹하게 탄압받고 뿌리까지 뽑혔지만 그런 현실을 가만히 수용하지만 않았다. 할 수 있는 방법을 동원해 끊임없이 응전했다.

7. 조선불교가 임진왜란 이전과 이후는 상당히 다른 양상으로 대응하는 것을 볼 수 있다. 임진왜란 이전은 정치상층부와 결탁해 탄압을 극복하려고 노력했지만 임진왜란 이후 민중세력과 결합해 사회변혁을 도모했다.

8. 참여유교의 가혹한 탄압에 맞서 최초로 불교세력과 정치상층부가 결탁해 집권에 성공한 것이 세조(世祖, 1417~1468)였다. 이때는 등용되지 못한 많은 재가불교도가 가세했다. 그러나 세조사후 참여유교 반격으로 불교는 심각하게 타격입는다.

9. 그 다음으로 명종(明宗, 1534~1567) 어머니 문정왕후(文定王后, 1501~1565)와 결탁해 다시 한 번 숨통을 튼다. 이때는 허응보우(虛應普雨, 1515~1565)와 재가불자가 참여했다.

10. 그러나 문정왕후 사후 허응보우(虛應普雨)는 제주도에서 암살당하고 불교세력은 뿌리뽑힌다. 이때 승과를 실시하고 양성한 많은 스님 가운데 서산휴정(西山休靜, 1520~1604), 부휴선수(浮休善修, 1543~1615), 사명유정(四溟惟政, 1544~1610) 등이 임진왜란 때 전쟁에 참여하고 이후 조선불교를 이끄는 중심에 섰다.

11. 허균(蛟山許筠, 1569~1618)을 중심으로 한 불교도와 금강산스님

은 세력으로 결집하지 못하고 역모사건에 연루해 소멸했다.

12. 1592년 일어난 임진왜란에 승군(僧軍)을 조직해 참여한 불교세력은 승군이란 물적토대를 기반으로 정치상충부와 손잡지 않고 민중변혁세력과 결탁해 사회변혁에 직접 참여했다.

13. 최초로 민중변혁 세력과 결탁한 것은 금강산 운부(雲浮, 18세기 초기 활동) 세력과 장길산(張吉山, 18세기 초기 활동) 세력이다. 이들의 변혁운동은 실패하고 민중속으로 잠복했다.

14. 그 다음으로 서장옥(一海璋玉, 19세기 중후기 활동) 세력과 갑오농민 세력이었다. 이들 또한 많은 피해를 입고 실패했다. 결국 역사는 이들의 큰 희생을 딛고 물줄기를 돌린다.

15. 한말 정치상충부와 결탁해 서구모델로 사회변혁을 도모한 것이 이동인(李東仁, ?1881), 유홍기(大致 劉洪基, 1831~?)를 중심으로 한 불교세력과 김옥균(金玉均, 1851~1894) 박영효(朴泳孝, 1861~1939)를 중심으로 한 개화당(開化黨)이었다. 이들은 갑신정변(甲申政變)에 성공하지만 짧게 끝났다.

16. 개화기를 거치면서 불교중흥 활동을 주장하는 개인이나 단체가 많이 등장했다. 일부는 교단개혁을 주장했고 다른 일부는 사회현실에 직접 참여해 Manzhou(滿洲), Shanghai(上海), Beijing(北京) 등에서 민족해방 운동을 하다 산화했다.

17. 용성진종(龍城震鍾, 1864~1940)은 선농일치에 기초해 대각회(大覺會, 새교단운동) 운동을 펼쳤고, 한영정호(漢永鼎鎬, 1870~1948)는 포교현대화 운동을 주도했고, 간정능화(侃亭能和, 1869~1943)는 거사불교 운동을 실천했고, 성우경허(惺牛鏡虛, 1848~1912)는 격외선(格外禪) 견성운동을 주창했고, 학명계종(鶴鳴啓宗, 1867~1929)은 반농반선(半農半禪) 운동을 실천했고, 만해봉완(萬海奉玩, 1879~1944)과 운암

성숙(雲巖星淑, 1898~1969)은 반외세민족자주화 운동을 주도했다.

18. 개화기를 거치면서 불교개혁론이 등장했다. 권상로(權相老, 1879~1965)는 조선불교개혁론(朝鮮佛敎開革論), 만해봉완(萬海奉玩)은 조선불교유신론(朝鮮佛敎維新論), 박중빈(朴重彬, 1891~1943)은 원불교를 창시하고 조선불교혁신론(朝鮮佛敎革新論)을 주장했다.

19. 직접 사회현실에 참여해 활동한 불교도도 많았다. 1919년 불교독립당, 상해 임시정부와 함께한 의용승군과 동아불교회, 1921년 만해봉완(萬海奉玩) 등이 조직한 조선불교유신회, 1930년 만해봉완(萬海奉玩)을 당수로 항일 비밀결사 단체인 만당(卍黨)을 조직해 반외세민족자주화 운동을 했다.

20. 해방이후부터 오늘에 이르기까지 많은 불교단체가 결성돼 활동했다. 1946년 불교혁신회, 불교혁신동맹, 불교여성동맹, 불교청년회, 선학원그룹, 불교혁신총연맹, 불교도총연맹, 불교청년당, 정토승가회, 대승승가회, 실천승가회, 민중불교운동연합 등이 사회변혁과 민주화운동을 했다.

21. 해방이후 많은 불교종단이 등장해 활동하고 있다. 조계종, 태고종, 원불교, 천태종, 진각종 등이 활동하지만 내용과 형식에서 별다른 차별성을 볼 수 없고 대동소이하다.

22. 1980년대를 지나면서 근본으로 돌아가 원칙을 지키자는 오리지널 불교와 SATI 수행에 기초해 Punnasanto(道成, 1919~), 거해(巨海, 1940~)를 시작으로 Sopaka(僧贊, 1956~), Buddhapāla(本願, 1960~)를 중심으로 사회정의와 불교 바로세우기 운동을 활발하게 펼치고 있다.

23. Buddhapāla를 중심으로 한 Mūla Saṅgha SATI Ārāma는 MOST(Mindscience Origin Sati Technic) 체계를 세우고 마음과학,

SATI 수행, 오리지널 불교 기준을 정하고 수행운동 SATI, 마음운동 SATI LIFE, 마음산업을 통해 사회정의를 실현하기 위해 노력하고 있다.

9. 서산휴정 통불교

1. 조선초 불교는 참여유교에게 기득권을 송두리째 빼앗기고 교단도 무너졌다. 겨우 명맥을 유지하던 조선불교는 삼천포 해안가 노비출신 부용영관(芙蓉靈觀, 1485~1571)에 이르러 재기발판을 마련했다.

2. 혜성처럼 등장해 기적처럼 Buddha 정통수행법인 SATI 수행을 배워 Arahant Maggaphala를 성취하고 Nibbāna를 체득한 부용영관(芙蓉靈觀)은 부휴선수(浮休善修, 1543~1615), 서산휴정(西山休靜) 등 조선후기 불교교단을 이끄는 쟁쟁한 제자를 대거 양성했다.

3. 1592년 임진왜란이 일어나고 서산휴정(西山休靜)과 사명유정(四溟惟政)은 승군을 조직하고 직접 전투에 참여했다. 그렇게 민중과 함께 피흘린 공덕으로 고려시대 외세앞잡이 노릇한 원죄로부터 어느 정도 벗어날 수 있었다.

4. 불교역사에서 치욕적인 사건으로 기록될 조선승군 전쟁참여로 인해 불교교단은 서서히 기력을 회복하고 활동할 수 있는 동력을 확보했다. 그러나 안타깝게도 이후 많은 스님이 호국불교란 이름으로 정치하수인으로 기능하고 현재까지 이어지고 있다.

5. 서산휴정(西山休靜)은 수행(徑截門), 교학(圓頓門), 기도(念佛門) 등을 수행자가 자기근기에 맞게 선택해 수행할 수 있다고 주장했다. 이것을 통불교(通佛敎)라고 한다. 수행은 Buddha가 창안한 정통수행법

인 SATI 수행뿐만 아니라 화두수행, 묵조수행, 염불수행도 병행했다.

6. 통불교는 여러 잡다한 사상이 어울려 함께할 수 있는 장점도 있지만 각자 정체성을 상실하고 잡탕이 되기도 한다. 서산휴정(西山休靜)이 일으킨 불교는 후자에 가깝다.

7. 서산휴정(西山休靜)이 주도한 통불교전통은 오늘날까지 한국불교에 직접 영향미친다. 현재 한국불교는 17세기 초 서산휴정(西山休靜)이 디자인한 불교지 Buddha가 생각한 오리지널 불교는 아니다.

8. 이것이 한국불교 최대아픔이다. 불교가 탄압받던 시기 수세에 몰려 수동으로 지키는데 급급했던 불교는 자유로운 시대 능동으로 활동하는 사회분위기에 많이 부족하다.

9. 서산휴정(西山休靜) 계열과 함께 부용영관(芙蓉靈觀)에게 법을 받은 부휴선수(浮休善修) 계열은 화두수행 못지않게 묵조수행도 중시했다.

10. 조선후기 백파긍선(白坡亘璇, 1767~1852)이 선문수경(禪門手鏡)을 발표하면서 이후 100여 년 동안 치열하게 지속된 수행이론 논쟁을 시작했다.

11. 선문수경에 대해 최초로 반박논문을 발표한 것은 초의의순(草衣意恂, 1786~1866)이었다. 그는 선문사변만어(禪門四辨漫語)를 발표하고 선문수경 잘못을 지적했다. 김정희(秋史 金正喜, 1786~1856)도 선학변(禪學辨)을 지어 초의의순(草衣意恂) 견해를 지지했다. 우담홍기(優曇洪基, 1832~1881)는 선문증정록(禪門證正錄)를 발표해 선문수경을 반박했다. 설두유형(雪竇有炯, 1824~1889)은 선원소류(禪源溯流)를 지어 선문수경을 변호했다. 축원진하(竺願震河, 1861~1926)는 선문재정록(禪門再正錄)을 발표하고 이전 논쟁을 총정리하려고 애썼다.

12. 조선후기 대흥사(大興寺)를 중심으로 Buddha 정통수행법인

SATI 수행을 활발하게 실천하고 있었다. 초의의순(草衣意恂)을 중심으로 김정희 등은 뛰어난 SATI 수행자였다. 초의의순은 자기비문에 SATI 수행자(觀法行者)라고 적고 있다. 이들과 함께 교류한 정약용(茶山 丁若鏞, 1762~1836)도 불교에 관심이 깊었다. 짧지만 대동선교소(大東禪敎考)를 지어 불교에 관한 자기견해를 드러냈다. 정약용도 SATI 수행을 했지만 망상이 많이 일어난다고 힘들어 하기도 했다. 김정희는 강남 봉은사(奉恩寺)에서 정식으로 비구계를 받고 입멸한다.

10. 일제강점기와 해방이후 불교

1. 조선 500년 동안 도성출입을 금지했던 스님에게 1895년 도성출입을 자유롭게 했다. 이런 조치는 조선스님 노력에 의한 것이 아니라 일본 일련정종 소속 Sano Zenrei(佐野前勵, 19세기 말기 활동) 건의로 이뤄졌다.

2. 1906년 일본 정토종소속 Inoue Genshin(井上玄眞, 20세기 초기 활동)으로부터 교육받은 보담(寶潭, 20세기 초기 활동)과 월초거연(月初巨淵, 1858~1934) 등이 원흥사(元興寺, 창신초등학교 터)에 불교연구회를 결성하고 명진학교(明進學校)를 세워 스님에게 신학문을 가르쳤다. 이 명진학교가 훗날 동국대학교로 발전했다.

3. 불교연구회가 일본 정토종영향을 강하게 받은 것을 지적하는 사람을 포용하기 위해 불교연구회를 해체하고 1908년 원종(圓宗)을 세웠다. 총본부를 원흥사에 두고 해인사(海印寺) 주지 회광사선(晦光師璿, 1862~1933)을 대종정으로 추대했다.

4. 회광사선(晦光師璿)은 일본 Tokyo(東京)로 가서 묵조수행하는 일

본 조동종(曹洞宗)과 한국원종을 통합하는데 합의하고 7개조연합조약을 체결했다.

5. 이런 흐름에 민족주의 성향을 가진 스님이 강하게 반발했다. 1910년 광주 증심사(證心寺)에서 1차총회를 열고, 1911년 순천 송광사(松廣寺)에서 2차총회를 열어 화두수행을 표방하고 임제종(臨濟宗)을 세우기로 결정했다. 1912년에는 본부를 범어사(梵魚寺)로 옮겼다. 이 운동은 만해봉완(萬海奉玩)이 주도했다.

6. 만해봉완(萬海奉玩)을 중심으로 일단의 수행자가 일본 조동종과 원종이 결합하는 것에 대응해 임제종을 주장한 배경에는 12세기 중국불교 상황을 염두에 둔 것이었다.

7. 고려중기 무신 쿠데타에 이어서 Mongol(蒙古)이 침입하자 무신과 화두수행자가 결합한 것이나 일제강점기를 거치면서 만해봉완(萬海奉玩)을 중심으로 민족주의 성향을 가진 수행자가 조계종을 만들고 저항한 것도 같은 맥락이다.*

8. 친일을 표방한 원종에 대해 민족자주를 주장한 임제종을 설정한 것은 자연스런 대비였다. 「일본불교-묵조수행-조동종-국제주의」에 대해 「한국불교-화두수행-임제종-반외세 민족자주」 상징이 필요했다.

수행특성

화두수행자가 많이 모여 있는 임제가풍은 우직함이 특징이다. 맨손으로 적진에 뛰어들 정도로 무모하다. 이런 우직함이 수행진보 원동력이다. 임제가풍이 자기기질에 맞는 사람이 남아서 이런 특성을 더욱 강고하게 만들었다. 이런 우직한 스타일에 적응하지 못하는 수행자는 다른 곳으로 옮겼다.

묵조수행자가 많이 모여 사는 조동가풍은 정확함이 생명이다. 복잡한 현상에 내재한 질서, 법칙, 본성을 있는 그대로 보는 것이 힘이다. 그러면 맑음과 상쾌함이 온다. 논리있고 정확함을 요구하는 이런 깐깐가풍에 우직함을 좋아하는 수행자가 머물기가 답답할 것이다. 이렇게 각각 자기기질에 맞는 수행도량을 찾아 모이다보니 각 수행법이나 수행도량에 따라 독특한 가풍을 형성한다.

9. 서울을 중심으로 한 북쪽에는 일본 조동종과 결탁한 원종이 있고 남쪽에는 민족자주파와 결합한 임제종이 활동했다. 문제는 이런 활동이 철학이나 수행법차이가 아니라 오로지 정치이유로 대립했다는 것이 한국불교 비극시작이다.

10. 일제강점기 내내 일본으로 대표되는 외세에 친근감을 가진 스님과 그것에 반감을 갖고 반외세 민족자주 성향을 가진 스님이 대립했다. 오랜 대립끝에 1941년 오늘날 조계사 자리에 각황사(覺皇寺)를 헐고 태고사(太古寺)를 세우고 조계종(曹溪宗)을 설립했다.

11. 1945년 해방 후 선학원(禪學院)에서 범산법린(梵山法麟, 1899~1964) 등이 지암종욱(智庵種郁, 1884~1969)으로부터 조계종 운영권을 넘겨받는다. 1946년 석전정호(石轉鼎鎬, 1870~1948)를 교정(敎正)으로 하는 조선불교교헌(朝鮮佛敎敎憲)을 선포했다.

12. 1954년 이승만(李承晩, 1875~1965)이 발표한 유시로 촉발된 정화운동은 한국불교를 혼돈속으로 밀어넣었다. 표면이유는 일본불교 청산이었지만 미국의 한국경영 전략과 6.25이후 이승만과 자유당정권 전쟁수습책에 휘말린 측면도 간과할 수 없다.

13. 1954.6. 24. 선학원 재경비구승회(在京比丘僧會) 소집을 시작으로 물리충돌과 법정투쟁은 1969년 대한불교조계종에 정통성을 인정한다는 대법원판결과 1970년 한국불교태고종이 분리되면서 1차로 끝났지만 이것은 새로운 혼란의 시작이었다.

11. 오해와 진실

1. 한자 간(看)을 고대인도 pāli어로 번역하면 vipassnā(觀) 또는

sati(念)다.

2. 중국이나 한국은 Buddha 정통수행법을 SATI 수행, 화두수행(看話禪, 話頭禪), 묵조수행(默照禪), 여래수행(如來禪), 조사수행(祖師禪), 염불수행(念佛禪) 등으로 불렀다. 이름이 다르고 문화가 다르고 근기가 다르지 Buddha 가르침(佛法)이 다른 것은 아니다.

3. 화두수행은 동(動)이고 좌념뿐만 아니라 행념, 생활념, 노동념을 강조한다. 묵조수행은 정(靜)이고 좌념을 중시한다. 묵조수행이든 화두수행이든 둘 다 Buddha가 창안한 정통수행법인 SATI 수행이다. 둘 다 sati(念), samādhi(三昧, 止, 定), sampajāna(自知), sāmukkaṁsika(直觀, 凝縮), paññā(般若, 慧) 등 도구를 사용해 수행한다.

4. 후세인은 세월이 흐르면서 이 두 수행법이 다르다고 주장한다. 무엇이 다른지 말하지 않고 단지 다르다고 주장만 한다. 그리고 주장을 넘어 상대를 구분하고 차별하고 비난한다. 현재는 서로를 부정하며 진흙탕에서 뒹군다.

5. 한국불교 수행이 화두를 알아차림 기준점으로 삼고 수행하는 화두수행만 존재하는 것으로 흔히 오해한 것은 극히 최근일이다.

6. 한국불교는 처음부터 오리지널 불교와 Buddha 정통수행법인 SATI 수행이었다. 조계종뿌리인 9산선문(九山禪門)을 만든 장본인이 모두 SATI 수행자였다. 1193년 보조지눌(普照知訥)이 화두수행을 도입할 때까지 한국불교 수행주류는 관법(vipassanā, 觀)으로 알려진 SATI 수행이었다.

7. 화두수행을 도입한 이후에도 화두잡고 수행하는 화두수행과 묵조수행을 병행했다. 단지 잘못 수행하는 부분에 대해서 지적했지만 역대 어떤 조사도 이 두 법이 다르다고 하지 않았고 서로를 사파라고 하지도 않았다.

8. Buddha 이래 정통파는 항상 수행자근기에 따라 수행법을 선택해 수행했다. 단지 최근 퇴옹성철(退翁性徹)을 중심으로 한 조계종 일부수행자가 조동종 계통 묵조수행을 사마외도로 매도할 뿐이다.

9. 이 두 수행법은 내용에 차이가 없다. 법은 같은데 수행기술에 조금 차이있다. 철학이나 지향점 등은 Buddha가 창안한 정통수행법인 SATI 수행과 동일하다. 같은데 다르다고 주장하는 것은 곤란하다.

10. 1970년대부터 출발한 현재 조계종은 해방이후 일본 적산가옥 불하받듯 남한 대형사찰을 점령하고 그곳에서 임제종계통 화두수행만 정법이고 다른 것은 사법이라고 가르친다. 그렇게 주장하는 가운데 마음과학, SATI 수행, 오리지널 불교를 창안한 Buddha도 포함시킨다.

11. 이것은 명백히 자파이기주의에 기초해 역사를 왜곡하고 날조한 것이다. 화두수행이 최고라고 주장하면서 정작 자신이 머무는 수행도량에서는 힌두신을 불보살로 각색한 신을 모시고 기도한다.

12. 모르긴 해도 현재 한국에는 마음과학, SATI 수행, 오리지널 불교 창시자인 Buddha가 와도 사마외도로 배척하고 남을 것이다. Buddha가 창안하고 직접 수행해 Arahant Maggaphala를 이루고 최상깨달음을 성취한 것도 부정한다. 심지어 Buddha가 창안하고 직접 행한 vipassanā(觀)를 수행하면 확철대오하지 못한다고 주장한다.

13. 참으로 안타까운 일이다. 후학과 불교도 안목을 열어주지 못하고 눈뜬 장님으로 만드는 세뇌교육은 곤란하다. 장강 앞물은 뒷물이 밀어낸다. 손바닥으로 하늘을 가릴 수 없다.

14. 한국불교식 색깔논쟁은 이제 더 이상 대중을 설득할 수 없다. 현재 부끄러운 일을 극복하지 못하면 역사에 큰 죄를 짓는 것이다.

15. CE 4년 한국에 오리지널 불교와 SATI 수행이 전해진 이후 지금까지 Buddha가 창안한 오리지널 불교와 Buddha 정통수행법인 SATI

수행이 한국에 전해진 것을 살펴보면 다음같다.

표119 **9산선문**

발해

신라

수미산문 → ☬ 광조사
해주

강릉 ○ ← 사굴산문
☬ 굴산사

☬ 흥녕사 ← 사자산문
영월 ○

문경 ○
☬ 봉암사 ← 희양산문

성주산문 → ☬ 성주사
보령 ○

← 실상산문

남원 ○
동리산문 → 곡성 ○   ☬ 실상사

봉림사 ☬ ← 봉림산문

가지산문 → ☬ 태안사
장흥 ○ ☬ 보림사   쌍계사 ●   창원
옥천어산파

표120 한국전래 수행법

法名(연대)	국내法脈	출국~귀국	외국法脈	수행특징
금강산불상(4년)				오리지널 불교와 SATI 수행
長遊和尙(1세기활동)			인도 아유타	〃
謙益(6세기중기활동)			인도 상가나대율사	〃
明朗(7세기후기활동)			중국	眞言밀교
法朗(680년활동)	曦陽山門(初祖)	?	大醫道信	좌선,행선,생활선,노동선 중시
神行(704~779)	曦陽山門(2祖)	704~779	普寂(大通神秀)	〃
道義(9세기중기활동)	迦智山門(初祖)	781~821	西堂智藏(馬祖道一)	〃
洪陟(9세기중기활동)	實相山門(初祖)	?~826	西堂智藏(馬祖道一)	〃
慧昭(774~850)	玉泉魚山派(初祖)	804~830	滄州神鑑(馬祖道一)	〃
玄昱(787~868)	鳳林山門(初祖)	?~837	章敬懷暉(馬祖道一)	〃
慧哲(785~861)	桐裏山門(初祖)	814~839	西堂智藏(馬祖道一)	〃
體澄(804~880)	迦智山門(2祖)	837~840	스승 없이 귀국함	〃
無染(800~888)	聖住山門(初祖)	821~845	麻谷寶徹(馬祖道一)	〃
道允(798~868)	獅子山門(初祖)	825~847	南泉普願(馬祖道一)	〃
梵日(810~887)	闍堀山門(初祖)	?~847	鹽官齊安(馬祖道一)	〃
順之(893년활동)	玉冠山派(初祖)	856~ ?	仰山慧寂(潙仰宗)	좌선 중시
大通(816~883)	聖住山門(2祖)	856~866	仰山慧寂(潙仰宗)	〃
行寂(837~916)	闍堀山門(2祖)	870~ ?	石霜慶諸(曹洞宗)	〃
逈微(864~917)	迦智山門(3祖)	891~905	雲居道膺(曹洞宗)	〃
忠湛(869~940)	鳳林山門(2祖)	? ~907	雲蓋志元(曹洞宗)	〃
慶猷(817~921)	계통불명	? ~908	雲居道膺(曹洞宗)	〃
麗嚴(862~930)	聖住山門(2祖)	? ~909	雲居道膺(曹洞宗)	〃
利嚴(870~936)	須彌山門(初祖)	896~911	雲居道膺(曹洞宗)	〃
璨幽(869~958)	鳳林山門(3祖)	892~921	投子大同(曹洞宗)	〃
慶甫(868~948)		892~921	疎山匡仁(曹洞宗)	〃
兢讓(878~956)	曦陽山門(7祖)	897~924	谷山道緣(曹洞宗)	〃
玄暉(878~941)	聖住山門(3祖)	906~924	九峰道虔(曹洞宗)	〃
智宗(930~1018)	曦陽山門	959~970	永明延壽(法眼宗)	고려에 있던 인도스님에게 출가
英俊(932~1014)		?	龍册曉榮(法眼宗)	좌선 중시
釋超(912~964)		?	永明延壽(法眼宗)	〃
義天(1055~1101)		1085~1086	了元(法眼宗,天台宗)	인도스님 天吉祥에게 수학함
知訥(1158~1210)	闍堀山門	1200년	大慧 書狀(臨濟宗)	좌선,행선,생활선,노동선 중시
라마수행				Mantra 수행 중시
Dhyā nabhadra(指空, ?~1363)	인도승	1328년입국		Buddha 이래 108대 조사
普愚(1301~1382)	曹溪宗(初祖)	1346~1348	石屋淸珙(臨濟宗)	좌선,행선,생활선,노동선 중시
惠勤(1320~1376)		? ~1358	Dhyā nabhadra	Buddha 이래 109대 조사 〃
自超(1327~1405)		? ~1356	Dhyā nabhadra	Buddha 이래 110대 조사 〃
巨海(1940~)	曹溪宗(梵魚寺, 知曦)	1980~1988	Upandita(Mahasī)	좌선,행선,생활선,노동선 중시
Sopaka(僧璨,1956~)	曹溪宗(法住寺, 月誕)	1996~2001	U janaka(Mahasī)	〃
Buddhapā la(本願,1960~)	曹溪宗(通度寺, 淸霞)	1996~2000	U vasava(Mahasī)	〃

16. 이상을 살펴보면 처음부터 한국불교는 Buddha가 창안한 오리지 널 불교였고 Buddha 정통수행법인 SATI 수행이었다.

17. 7세기 이전에는 Buddha 정통수행법인 SATI 수행이 전해졌고 7 세기말부터 Bodhidhamma(菩提達摩) 계통 SATI 수행이 전해졌다. 680년 무렵 Da Yi Dao Xin(大醫道信, 580~651) 계통 SATI 수행이 전 해졌고, 8세기말에는 Da Tong Shen Xiu(大通神秀) 계통 SATI 수행이 전해졌다. 9세기 초부터 중엽까지는 Ma Zu Dao Yi(馬祖道一) 계통 SATI 수행이 전해졌고, 9세기 중엽에는 Yang Shan Hui Ji(仰山慧寂, 803~887) 계통 SATI 수행이 전해졌다. 10세기 초부터 조동종계통 SATI 수행이 집중으로 들어왔다.

18. 10기말 고려 광종 때는 수행과 염불을 겸수하는 법안종계통 SATI 수행이 전해졌고, 11세기 말에는 수행과 법화교학을 겸수하는 천태종 계통 SATI 수행이 전해졌다. 13세기에는 임제종 출신 Da Hui Zong Gao((大慧宗杲)가 개발한 화두 SATI 수행이 전해졌다. 13세기에는 보 조지눌(普照知訥)이 화엄교학과 화두 SATI 수행을 결합해 수선사운동 을 했다. 14세기 말에는 인도로부터 Dhyānabhadra(指空)가 와서 Bud- dha 정통수행법인 SATI 수행을 전했다.

19. 1980년대부터 인도나 미얀마로부터 Buddha 정통수행법인 SATI 수행이 전해져 활발히 활동한다.

20. 현재 한국불교는 위에서 말한 모든 수행법이 혼재해 활동하고 있 다. 수행자는 각자 자기근기에 맞는 수행법을 선택해 수행한다.

12. 과거와 현재

1. 고려 말 이후 600여 년 동안 외부로부터 새로운 수행법이 한국에 전해지지도 않았고 또 자체로 새로운 수행법을 개발하지도 못했다.

2. 한국불교는 지난 천년 동안 정체해있다. 물은 오랫동안 고이면 썩는다. 이제 한국불교에 맑은 물을 공급해 새 생명이 싹트도록 해야 한다.

3. 조선조 불교교단은 완전히 무너지고 뿌리뽑혔고 사유체계는 혼란스럽고 행동유형은 미신화했다.

4. 1592년 일본침입에 맞서 출가수행자가 kāsāya(袈裟) 입고 전쟁에 나가 민족을 지키면서 서서히 대중으로부터 신뢰회복 단초를 마련했다.

5. 무너진 교단을 정비하고 파괴된 사찰을 복원하고 수행가풍을 회복하려고 노력한 서산휴정(西山休靜)조차도 Buddha가 창안한 오리지널 불교와 정통수행법인 SATI 수행을 올바로 이해하지 못했다.

6. 서산휴정(西山休靜)은 기도, 염불, 참선을 한 묶음(三業同修)으로 이해했고 수행과 사찰경영을 병행(理判事判)했다.

7. 조선불교는 재가수행자가 거의 없고 출가수행자가 교단을 유지하기 위해 직접 사찰경영에 참여할 수밖에 없었다. 이것이 오늘날 사찰경영을 출가수행자가 독점하는 폐단을 낳았다.

8. 열악한 환경속에서도 많은 수행자가 열심히 노력한 결과 수백 년에 걸쳐 교단의 양과 형식은 어느 정도 틀을 갖췄지만 질과 내용은 유교, 도교, 선교, 힌두교 등이 결합한 무속화, 신비화, 미신화한 불교만 남았다.

9. 조선조 출가수행자는 500년 가까이 왕이 살던 도성을 출입할 수 없었다. 18세기 중엽 크리스트교가 와서 활동할 때도 스님 도성출입을

통제했다. 19세기 말 일본불교 도움으로 도성출입 금지령을 해제하자 많은 스님이 일본불교에 대해 호의를 보였고 일본불교 영향으로 결혼 도 했다.

10. 조선에 침입한 일본인을 통해 전해진 일본불교에 호감을 갖는 것 에 대해 반외세 민족자주 의식을 가진 스님은 Shanghai(上海), Manzhou(滿洲), 국내에서 해방투쟁 도중에 죽거나 사라졌다. 그리고 국내에 남아 활동하던 스님이 오늘날 조계종을 만들었다.

11. 해방과 6.25 전쟁을 거치고 동서냉전 체제에서 미국은 남한을 동 북아시아에서 공산주의 확산을 저지하는 교두보로 삼았다. 그들은 공 산주의 무신론에 대응해 유신론인 크리스트교를 믿도록 강요했다. 그 결과 많은 사람이 불교나 무속을 믿다가 크리스트교로 개종했다.

12. 오늘날 한국불교도는 크리스트교에 상당한 피해의식을 가지고 있다. 그 대표적인 것인 미국이 펼친 여러 가지 강압장치와 상징조작으 로 많은 불교도가 크리스트교로 개종했다고 믿고 있다.

13. 이것은 사실이면서 사실이 아니기도 하다. 조선말 한국은 불교교 단이 무너진 상태에서 불교도가 거의 없었다. 불교를 믿고 절에 오는 사 람은 불교도라기보다 무당을 따르고 미신을 믿는 무속화한 불교도였 다. 그것도 소수였다. 이런 무주공산에 크리스트교가 와서 자리잡은 것 이다.

14. 남도영(南都泳, 1925~2013)에 따르면 1884년 이후 한국 크리스 트교는 학교설립 운동을 추진해 1909년까지 전문학교 1, 신학교 2, 중 학교 19, 소학교 783, 병원 3개를 갖고 있었다. 이런 학교에 재학 중인 학생은 21, 131명 정도다. 이때 불교는 1910년까지 20개 학교만을 설 립했다. 이게 현실이었다.

15. 태고종과 투쟁에서 기득권을 획득한 조계종은 그때부터 조계종

내부 권력투쟁을 시작했다.

16. 1975년 대심(大心, 1975년 활동)의 조계종 총무원 점거사건, 1980년 신군부의 10.27법란, 1982년 신흥사사건, 1994년 5공계열 조계종 지도부 추방사건(개혁회의), 2002년 조계사사태 등 끊임없이 분쟁이 일어났다.

17. 지명(之鳴, 1940~)에 따르면 처음 비구대처가 분쟁할 때인 1954년 5월 비구대처 비율이 600:7000명 이었다(현재 조계종에 소속한 스님은 약 10000명 정도다). 사찰점유 비율은 100:900이었다. 1962년 300:700, 1964년 400:600, 1970년 900:50으로 역전했다. 이 기간 동안 대부분 출가수행자는 사찰점거 투쟁에 동원됐다. 수행과 공부를 한다는 것은 꿈도 꾸지 못했다.

18. 비구측은 대처측이 점거한 사찰을 힘으로 빼앗는 과정에서 수행도량은 혼돈 속으로 빠져들었다. 불교를 배우고 수행을 하고 싶어도 현실은 그것을 허락하지 않았다. 세월이 흘러 그들이 자연스럽게 조계종 기득권을 장악했다.

19. 이 시기 출가한 스님은 현재 조계종 창립세대로 이미 입멸했거나 아직 활동하고 있다. 그들이 다른 사람에게 불교와 수행을 안 가르친 것이 아니라 못 가르친다고 하는 것이 정확한 표현이다. 오늘날 조계종 지도부는 그들로부터 교육받은 스님이다.

20. 이런 상황을 싫어하고 극복하기 위해 극히 일부수행자는 교육과 수행만이 한국불교를 개혁하고 되살릴 수 있다고 믿었다.

21. 그 중 일부는 국내외 대학으로 가서 공부하고 돌아와 동국대학교나 중앙승가대학교 등 각종대학에서 후학을 지도하고 있다.

22. 그들이 불교를 배우러 간 대학에서 기다린 것은 불교가 아니라 문자분석과 논리였다. 경전이나 문자가 불교에서 차지하는 비중은 3%

도 되지 않고 수행이 95%이상이다. 경전에 수행이 결합하면 전부지만 수행이 빠진 경전해석은 껍데기에 불과하다. 그곳에서 문자와 논리를 가르쳐준 교수 대부분은 힌두교도, 크리스천, 일반인이었다.

23. 그럼에도 불구하고 그들은 그곳에서 문자와 논리를 배웠다고 하지 않고 불교를 배웠다고 주장한다. 일반인은 그들로부터 문자를 배우면서 불교를 배운다고 착각한다.

24. 이것은 불교식 오리엔탈리즘이다. 서구인이나 힌두교도가 이해한 불교를 불교도에게 교육하고 그렇게 교육받은 불교지도자가 다른 불교도를 교육하는 악순환을 반복한다. 교육 질뿐만 아니라 내용과 형식에서도 심각한 수준에서 벗어나지 못하고 있다.

25. 선방으로 간 스님도 사정이 비슷하기는 마찬가지였다. 큰 용맹심으로 선방으로 갔지만 그곳에서 기다린 것은 방석과 아집뿐이었다. 어떻게 수행하라는 이론과 기술을 가르치지 않고 단지 화두수행이 최고고 그 외의 수행법은 모두 사마외도란 말만 앵무새처럼 되풀이 한다.

26. 그들 앞에 줄서고 함께 수행하지 않은 사람은 사마외도로 매도한다. 그리고 오리지널 불교와 SATI 수행을 창안한 Buddha도 큰 고민 없이 시궁창으로 밀어 넣는데 주저함이 없다.

27. 「깨달음 단기속성과정」이란 슬로건을 달고 화두수행을 하는데도 불구하고 20년 걸려도 다른 사람에게 수행지도하거나 제대로 설명할 수 없다. 10일이면 확철대오할 수 있다는 「깨달음 족집게과외」인 화두수행을 하는데도 수십 년 수행하고도 Sotāpatti(須陀洹) 구경도 하지 못한다.

28. 수행이나 철학 고민없이 시작한 불교개혁은 세속 민주주의를 모방한 행정, 절차, 형식 개혁만 이뤄졌고 수행, 교육, 철학 등 내용면에서는 한 치도 개선하지 못했다. 이것이 한국불교와 조계종 현실이다.

29. 그럼에도 불구하고 조계종을 비롯한 한국불교도 노력으로 조선조 가혹한 불교말살 정책과 해방 후 친미정권과 친크리스트교 사회현실을 슬기롭게 극복하고 이제 서서히 생기를 되찾고 있다. 그 중심에 Mūla Saṅgha SATI Ārāma가 있다.

13. 인도불교와 세계불교

1. Mongol(蒙古)이 세운 Yuan(元)이 중국을 지배한 시기에 중국에 밀교가 본격 유입됐다. Ming(明)을 거쳐 Qing(淸)에 이르면서 중국불교는 완전히 기도위주 밀교로 변했다.*

2. 중국불교가 생명을 다한 시기 한국불교도 활력을 잃고 역사속으로 사라졌다. 조선불교 침체를 정부탄압이나 불교타락으로만 설명하는 것은 부족하다. 그 근저에 중국불교 몰락이 있었다. 한국불교는 중국불교에 의존해있었다. 따라서 중국불교 몰락은 조선불교 몰락으로

비로자나불 혹은 힌두신

화엄경에 등장하는 Vairocana Buddha(毘盧遮那佛)는 힌두교 창조신 Brahma(梵)가 불교로 이름만 바꾼 것이다. Vairocana Buddha는 법신(dhamma kāya, 法身)이라고 하는데 법신은 형체가 없고 어디에 있느냐에 따라 다양한 모습으로 나타난다[nirmāṇa, kāya, 化身]. 법신이 극락에서 활동하면 아미타불, 지옥에서 활동하면 지장보살, 지혜가 필요한 사람에게는 문수보살, 행동이 필요한 사람에게는 보현보살로 등장한다. 그러나 본질은 법신인 Vairocana Buddha다.

법신본성은 청정 그 자체다. 그래서 청정법신(淸淨法身)이라고 한다. 힌두교 창조신 Brahma를 한문으로 범(梵)이라고 번역하는 것도 그 본성이 청정하기 때문이다. 이런 생각은 피조물형상은 각기 다르지만 그 속에 Brahma 분신인 atta(sk. ātman, 我)가 들어있는 것으로 모든 존재는 평등하다고 본 Upasād(upanisād, 梵我一如) 철학을 Mahāyāna(大乘部)가 모방한 것이다. 이것을 의상(義湘)은 일중일체다중일 일즉일체다즉일(一中一切多中一 一卽一切多卽一)로 각색해 신라 중앙집권체제 이념으로 제공했다. 왕과 백성은 각각 따로 존재하고 존재는 다양하지만 왕과 백성이 동일존재라는 것이다. 그리고 모든 힘은 왕으로부터 나온다.

이어졌다.

3. 중국불교는 인도불교에 의존했다. 그들은 항상 인도불교로부터 새로운 에너지를 전해 받았다. 그러나 1203년 이슬람에 의해 Nālanda Vihāla(那爛陀寺)가 불타고, Vikramasīla Vihāra(無染寺)가 무너지면서 인도불교가 몰락했다. 그 영향력은 인도불교나 중국불교뿐 아니라 세계불교 몰락으로 이어졌다.

4. 이후 인도불교는 아직도 미로속을 헤매고 있고 중국불교는 뚜렷한 수행기술도 없이 티베트계통 Mantra 밀교위주로 활동하다 역사속으로 사라졌다.

5. 중국불교는 최근 다시 되살아나고 있지만 수행에 기초하지 않고 힌두교 아류인 Mantra 밀교를 믿고 있으므로 앞으로 어떻게 전개될지 걱정된다. 한국불교도 사정은 마찬가지다. 형식은 어느 정도 갖췄지만 내용면은 아직도 한참 멀었다.

6. 고려 말 이후 600여 년 동안 외부로부터 새로운 수행법이 한국에 전해지지 않았고 또 자체로도 새로운 수행법을 개발하지도 못했다. 한국불교는 지난 천 년 동안 정체해있다. 물이 고이면 썩는다.

7. 이제 한국불교에 맑은 물을 공급해 새 생명이 싹트도록 해야 할 때다. 그 중심에 Buddha가 창안하고 직접 실천해 Arahant Maggaphala를 성취하고 Nibbāna를 체험한 오리지널 불교와 정통 SATI 수행이 있다.

14. 현실과 전망

1. 현재문제를 해결하기 위해서 현재수준으로 해결할 수 없다. 새로

운 생각과 행동만이 현재문제를 해결할 수 있다. 오늘날 한국불교가 직면한 문제를 현재 한국불교 수준에서 해결하려고 하면 해결관점을 찾기가 쉽지 않을 것이다. 현재수준으로 해결할 수 있는 것이었다면 처음부터 문제되지 않았을 것이다.

2. 현재 한국불교가 직면한 문제를 극복할 수 있는 지혜를 불교창시자인 Buddha, 오리지널 불교, SATI 수행으로부터 가져올 때 현재문제를 해결할 수 있는 관점을 발견할 수 있을 것이다. 모든 기득권과 가치관을 내려놓고 근본에서부터 출발하는 발상전환이 절실히 필요하다. 무언가 문제가 복잡할 때 처음부터 다시하는 용기와 결단이 요구된다.

3. 한국불교 개혁은 새로운 것을 만드는 것이 아니라 Buddha로부터 너무 멀리 온 것을 다시 Buddha에게로 돌려놓는 것이다. 불교에 있어 Buddha를 능가할 어떤 명분도 존재하지 않기 때문이다.

4. 불교도관심은 오직 Buddha 그 분뿐이다. 우리는 Buddha가 어떻게 살았고, 직면한 고민이 무엇이었는지, Buddha는 자기 고민해결을 위해 어떻게 노력했는지 알고 싶어 한다. 그래야 현재 자신에게 필요한 지혜를 배울 수 있기 때문이다.

5. 밝은 면의 Buddha뿐만 아니라 고뇌하는 Buddha를 볼 수 있어야 비로소 Buddha 지혜와 자비를 얻을 수 있다. 그래야 Buddha는 자신이 직면한 문제해결을 위해 어떤 지혜와 자비를 사용했는지 알 수 있다.

6. 이제 한국불교는 Buddha가 창안한 오리지널 불교와 직접 실천해 Arahant Maggaphala를 성취하고 Nibbāna를 체험한 Buddha 정통수행법인 SATI 수행으로 돌아가야 한다.

7. 중국과 한국의 훌륭한 전통을 존중하지만 Buddha가 불교기준이란 것에 이론이 있을 수 없다. 그 바탕 위에 선배수행자의 소중한 수행경험과 지혜를 참고해야 한다. 이것이 답이다.

8. 모든 수행자가 한국불교를 개혁하고 세계불교에 기여하고 더 나아가 현재와 미래, 이익과 번영, 자유와 행복, 평등과 평화, 공정과 정의, 이해와 배려, 관용과 포용, 공존과 어울림 등 인류공통 관심사에 기여하는 불교와 수행 사용가치에 충실해야 한다. 그 출발이 바로 SATI 수행이다.

9. Buddha가 불교창립선언문인 「轉法宣言」에서 주장하고 Mahāyāna(大乘部) 경전인 Vajracchedikā Prajñāpāramitā Sūtra(金剛般若波羅密經, 金剛經)에서 대승을 규정하듯 많은 사람의 자유로운 삶, 여유로운 삶, 청정한 삶, 행복한 삶, 공존하는 삶을 위해 수행으로 봉사하는 것이야말로 수행자 자존심이고 명예이고 꿈이고 원력이란 사실을 자각하고 실천할 때 새로운 길이 열릴 것이다.

부록

찾아보기

경전과 단행본 색인

1. 경전(율장, 경장)

수행도량과 단체 색인

Harvard대학 87, 473, 538
Hīnayāna(小乘) 622, 980
Individual Psychology Theory(개인심리학) 498
Mādhyamika(中觀派) 998
Maha Bodhi Society(大覺會) 999
Mahāyāna(大乘部) 71, 223
Mantra(眞言派) 61, 284, 601
Medicines Sans Frontiers(국경없는 의사회) 67, 270
Mind-Body Therapy(心身醫學) 555
Moscow학파 448
MOST(Mindscience Origin Sati Technic) 67, 959, 1018
Mūla Saṅgha(根本僧伽) 67, 831, 981
Nikāya(部派) 980
Paññā vadin(般若部) 762
Person-Centered Therapy(인간중심학) 498
Psychoanalytic Theory(정신분석학) 445
Psychosomatic Medicine(精神身體醫學) 555
Rational Emotive Behavior Therapy(합리-정서-행동학) 498
Sabbatthi vādin(說一切有部, 有部) 762
Saṅgha(僧伽, 敎團, 衆) 9, 70, 179
SATI International(마음운동) 67, 270
Tantra파 284, 797, 808
Theravāda(長老部, 上座部) 762
Trait-Factor Therapy(특성요인학) 498
Vijñapti mātratā(唯識派) 998
Waldorof 학교 437, 532
WHO 세계보건기구 567, 568
Yale대학 83, 84
Yogācāra(瑜伽行派) 998

가지산문(迦智山門) 1027
개화당(開化黨) 1017

격외선(格外禪) 견성운동 1017
교단(Saṅgha, 僧伽, 衆, 敎團) 1031
교종(敎宗) 981, 950, 1009
남종(南宗) 976, 981
대각회(大覺會, 새교단운동) 1017
대승승가회 1018
돈교(頓敎) 451, 950, 977
동국대학교 1031
동리산문(桐裏山門) 1027
동사섭법회(同事攝法會) 320
만당(卍黨) 1018
명진학교(明進學校) 1021
민중불교운동연합 1018
밀교(密敎) 980, 981
밀교부(密敎部) 981, 998, 999
백련사(白蓮社) 1009, 1014
법안가풍(法眼家風) 887
법안종(法眼宗) 1009
봉림산문(鳳林山門) 1027
북종(北宗) 975, 980, 981
불교도총연맹 1018
불교여성동맹 1018
불교청년당 1018
불교청년회 1018
불교혁신동맹 1018
불교혁신총연맹 1018
불교혁신회 1018
사굴산문(闍堀山門) 1027
삼론종(三論宗) 1000
선불장(Buddha 양성도량, 選佛場) 610
선종(禪宗) 950, 1008
성주산문(聖住山門) 1027
수미산문(須彌山門) 1027
수선사(修禪社) 1009, 1012, 1013
신체정신의학(身體精神醫學) 556
실상산문(實相山門) 1027

이름 색인

1. 한글발음

일반 색인

1. 숫자

2. 한글

A, Ā

표 색인

SATI Ārāma 수행안내

SATI Ārāma는 당신을 환영합니다.

　누구라도 언제든지 Buddha가 창안하고 직접 행한 정통 SATI 수행을 지도받고 수행할 수 있다.

　수행기간은 자신이 정하고 눈 푸른 수행자로부터 수행점검 받으며 하루 14시간 수행한다. 이 기간 동안 모든 비용은 Ārāma에서 지원한다.

　성 · 인종 · 지역 · 종교 등에 걸림없이 누구나 수행하고픈 마음만 가지고 오면 된다. 수행도량 SATI Ārāma는 자유로운 삶, 행복한 삶, 공존하는 삶으로 인도하는 좋은 친구다.

시 간	일 과
3시	일어남
3시 30분 ~ 6시	예불, 새벽 수행
6시 ~ 6시	아침 공양, 청소, 휴식
7시 ~ 10시	오전 수행
10시 ~ 12시	점심 공양, 휴식
12시 ~ 17시	오후 수행
17시 ~ 18시	차, 휴식
18시 ~ 21시	저녁 수행
21시 ~ 23시	자유 수행
23시 ~ 3시	와선, 잠자기

1. 모든 수행자는 묵언하고 독서와 전화를 금지한다.
2. 모든 수행자는 오후불식을 해야 한다.
3. 365일 수행이 진행된다.

※집중수행할 수 있는 SATI Ārāma 는 김해 다보산과 인도 Buddhagaya에 있습니다.

www.sati.me

출가수행 안내

좋은 사람과 함께 가는 산이 좋은 산이듯
좋은 벗과 함께 사는 세상이 아름다운 세상이고
맑은 마음으로 사는 것이 행복한 삶이다.

출가수행은 잠시 하던 일을 내려놓고
마음속으로 떠나는 한갓지고 여유로운 여행이다.

출가수행은 지친 몸과 마음 휴식과정이다.
삶의 무게로 피곤한 몸과 마음에
잠시 휴식이 삶을 한층 여유롭게 해줄 것이다.

머리깎고 가사입고 계받아
청정한 출가수행자 되어
Buddha 처럼 아름다운 삶을 사는 것은
당신 삶을 풍료롭게 해줄 것이다.

평생 출가수행자로 살 수 있고
1주일에서 1년까지
원하는 만큼 기간정해
단기 출가수행자로 머물 수 있다.

이 기간 동안 모든 비용은 무료고
SATI Ārāma 수행 프로그램에 따라
하루 14시간 이상 수행하고
눈 푸른 수행지도자로부터
수행지도받으며 수행할 수 있다

SATI Ārāma는
1년 내내 문이 활짝 열려있다.
누구든지 언제든지 환영한다.

www.sati.me

SATI workshop 안내

이 과정은
마음과학과 SATI 수행
전문 workshop이다.

어둠에서 밝음으로
혼돈에서 정돈으로
무지에서 정지로

www.sati.me

4박 5일이면 충분하다.
마음과학
SATI 수행
오리지널 불교
그리고 당신 삶에 혁명이 일어날 것이다.

2시간 이론, 2시간 수행으로 진행한다.
Buddha가 창안하고
직접 수행해 Arahant Maggaphala를 성취하고
Nibbāna를 체험한 SATI 수행과 마음과학을
좌념과 행념을 중심으로 배우고 익힌다.

강의 내용
마음구성인자, 마음 구조와 기능, 마음화학반응, 마음물리특성, 마음작동 원리
기억 구조와 기능, 스트레스 구조, Freud와 Buddha 그리고 유식 마음이해 비교
SATI(念), Suñña(空), Mettā(慈) 수행
sati 강화기술, 수행진행 과정이해, 화두선 이론과 기술 등

SATI 연구소 교육 · 연수 안내

올바른 관점
분명한 이론
정확한 기술
명품 SATI 수행을 만나보세요.

www.sati.me

눈 푸른 수행자를 통해
마음근육 강화
마음에너지 보충
뇌와 마음 휴식
스트레스 관리
집중력 강화
인간관계 향상 등에 관한
이론과 기술을
배우고 익히는 것은
큰 기쁨이다.

마음과 수행에 관한 연수, 교육, 연구 공간
SATI 연구소는
고품격 명품 마음관리
이론과 기술을 배우고 익히는 공간이다.

- 5명 이상이면 교육과 연수를 할 수 있다.
- 개인, 가족, 동아리, 단체, 기업 등에서 인연있는 사람과 함께 신청해 같이 수행할 수 있다.
- 단체 사정과 상황에 따라 스케줄을 조정할 수 있다.
- 짧게는 2시간 길게는 4박 5일까지 맞춤형 교육과 연수를 할 수 있다.
- 사업주 지원과정으로 연수할 수 있다.
- 필요한 사람은 공익자금에서 비용을 지원받을 수 있다.

SATI MASTER 교육안내

SATI MASTER는 삶의 안내자이자 수행지도자다.

SATI MASTER는 마음운동, 마음산업, 마음상담, 스트레스 관리,
갈등관리 등을 수준높고 유효하게 관리할 수 있도록 하는 안내자다.

SATI MASTER 과정은 올바른 관점과 삶의 방향을 제시하고,
우주를 품에 안고, 새로운 문화를 창조하고, 인류의 현재와 미래,
지유와 행복, 평등과 평화, 공정과 정의, 이해와 배려, 관용과 포용,
공존과 어울림에 기여하는 활동가 양성과정이다.

	수업형식	수업일시	원전수업
일반과정 2년 4학기	출석수업(매주 1회 5시간) * 수행, 이론, 수행점검	부산 토 1시 ~ 6시 서울 월 18시 ~ 22시	부산 토 10시~12시 인터넷 상시
심화과정 2년 4학기	출석수업(매주 1회 3시간) * 프로그램 단위로 수업출가	부산 목 18시 ~ 22시 서울 화 18시 ~ 22시	
전문과정 1년 1안거	수행하며 수업	주 5일 매일 14시간	매일
출가과정 6년 12안거			

● 일반과정 : 마음운동 활동가 양성
● 심화과정 : 마음운동 지도자 양성
● 전문과정 : 마음산업 활동가 양성
● 출가과정 : 마음과학과 SATI 수행 교수 양성
　www.sati.me

기본과정 교육안내

   이 과정은 마음과학, SATI 수행, 오리지널 불교를 창안한 Buddha가 만든 그대로 원형을 배우고 익힐 수 있는 소중한 시간이다.

   이 과정은 불교발생 시대배경, 오리지널 불교, 마음과학, SATI 수행, 마음운동, 인도불교사를 배우고 익힐 수 있다.

   이 과정을 통해 혼자 수행할 수 있는 이론과 방법을 습득할 수 있고, 불교와 수행 이해수준을 한층 높일 수 있고, 자유로운 삶, 여유로운 삶, 행복한 삶, 공존하는 삶에 대한 Buddha 관점을 배우고 삶의 자양분으로 삼을 수 있을 것이다.

개설과목	수업장소
오리지널 불교	부산 서울 대구 인천 인터넷
마음과학	
SATI 수행	
마음운동	
불교발생 시대배경	
인도불교사	

www.sati.me

www.sati.me

International SATI CAMP 안내

BCE 531년 음력 4월 보름, 인도 Buddhagaya 보리수 아래서 Buddha에 의해 창안된 마음과학, SATI 수행, 오리지널 불교는 긴 세월 넓은 지역 다양한 문화 많은 사람을 거치면서 내용이 변질되고 형식이 복잡해졌다.

이런 혼돈을 극복하기 위해 불교, 수행, 마음 기준을 정한다는 슬로건으로 2006년부터 매년 겨울 3개월 동안 마음과학, SATI 수행, 오리지널 불교를 창안한 Buddha가 Arahant Maggaphala를 성취한 곳이자 불교발생지인 인도 Buddhagaya 보리수 옆에 설립된 수행도량 SATI Ārāma와 SATI School에서 겨울 SATI CAMP를 진행한다.

Buddha가 마음관리와 수행지도 매뉴얼로 설명한 Sutta(經典) 반과 Buddha가 창안한 정통수행법인 SATI을 배우고 익히는 SATI반을 개설한다.
경전반은 초전법륜경과 대반열반경을 영어로 배우고, 수행반은 한국어와 영어로 수행지도한다. 경전반은 Pāli어, 영어, 수행을 함께 배우고 익힐 수 있다.
수행반은 눈 푸른 스님으로부터 Buddha 수준에서 수행을 지도받을 수 있다.

출가수행자는 항공료와 체재비를 지원하고 일반인은 자비로 참가할 수 있다.

마음운동 SATI LIFE 활동안내

삶은 홀로 존재할 수 없다.
함께 어울리고 공존해야 행복한 삶이 가능하다.
맑고 건강한 자연환경이 삶의 질을 높이듯
평화롭고 건강한 마음환경이 자유롭고 행복한 삶을 가능케 해준다.
아름다운 자연환경을 지키기 위해 노력하듯
건강한 마음환경을 가꾸기 위해 구체적으로 노력해야 한다.

스스로 자기인권을 지킬 수 없는 사람을 지원하는는 인권운동
의료사각지대를 찾아다니며 활동하는 의료활동
자연환경을 보호하기 위한 환경운동
이 모든 것이 사회정의 실현과
인간과 자연이 공존하는 사회를 만들기 위한
중요한 사회활동이다.

거기에 더해 마음환경을 오염하는
욕망, 이기심, 분노, 적의, 편견 등 마음오염원을 제거하고
건강한 마음환경을 가꾸고
자유로운 삶, 여유로운 삶, 행복한 삶, 공존하는 삶으로 가는
이론과 기술을 배우고 익히고 실천하고 공유하는 것은
필요한 사회활동이다.

마음운동 기본교육은
SATI 평생교육원과 SATI SCHOOL에서 하고
참여활동은 SATI LIFE에서 함께 할 수 있다.

www.sati.me

자유와 행복으로 가는 길 ①

BUDDHA 수행법

초 판 佛紀 2549(2006)년 11월 15일
6판 1쇄 佛紀 2558(2014)년 10월 15일

지은이 Buddhapāla
펴낸이 Buddhapāla
펴낸곳 SATI PRESS
　　　 경남 김해시 대동로 269번 안길 98 SATI Ārāma
　　　 www.sati.me Tel. (055)331-2841

제 작 도서출판 무량수
　　　 부산광역시 해운대구 재송동 1209 센텀IS타워 1009호
　　　 전화 051-255-5675 팩스 051-255-5676

ISBN 979-11-953740-0-7

· 편집 / 천윤경 · 사진 / 최배문 · 사진인물 / 박현경
· 표 / 장준현 · CI디자인 / 윤재중 · 삽화 / 이정민
· 교열 및 교정 / 강희숙 장은숙 이정석 윤선화

정가 70,000원
잘못된 책은 바꾸어 드립니다.